杭州全书

钱塘江通史

第一卷

QIANTANG JIANG TONGSHI

王国平　总主编

徐吉军　主　编

杭州出版社

图书在版编目（CIP）数据

钱塘江通史．第一卷 / 徐吉军主编．-- 杭州：杭州出版社，2023.10

（杭州全书 / 王国平总主编）

ISBN 978-7-5565-1976-7

Ⅰ．①钱… Ⅱ．①徐… Ⅲ．①钱塘江－史料 Ⅳ．①K928.42

中国版本图书馆 CIP 数据核字 (2022) 第 227864 号

QIANTANG JIANG TONGSHI (DI-YI JUAN)

钱塘江通史（第一卷）

王国平　总主编

徐吉军　主　编

策划编辑 杨清华

责任编辑 王　凯

封面设计 王立超

出版发行 杭州出版社（杭州西湖文化广场 32 号 6 楼）

电话：0571-87997719　邮编 :310014

网址：www.hzcbs.com

排　　版 杭州立飞图文制作有限公司

印　　刷 杭州四色印刷有限公司

经　　销 新华书店

开　　本 710mm × 1000mm　1/16

印　　张 36

字　　数 610 千

版 印 次 2023 年 10 月第 1 版　2023 年 10 月第 1 次印刷

书　　号 ISBN 978-7-5565-1976-7

定　　价 180.00 元

杭州全书编纂指导委员会

杭州全书编辑委员会

杭州全书总序

城市是有生命的。每座城市，都有自己的成长史，有自己的个性和记忆。人类历史上，出现过不计其数的城市，大大小小，各具姿态。其中许多名城极一时之辉煌，但随着世易时移，渐入衰微，不复当年雄姿；有的甚至早已结束生命，只留下一片废墟供人凭吊。但有些名城，长盛不衰，有如千年古树，在古老的根系与树干上，生长的是一轮又一轮茂盛的枝叶和花果，绽放着恒久的美丽。杭州，无疑就是这样一座保持着恒久美丽的文化名城。

这是一座古老而常新的城市。杭州有8000年文明史、5000年建城史。在几千年历史长河中，杭州文化始终延绵不绝，光芒四射。8000年前，跨湖桥人凭着一叶小木舟、一双勤劳手，创造了辉煌的“跨湖桥文化”，浙江文明史因此上推了1000年；5000年前，良渚人在“美丽洲”繁衍生息，耕耘治玉，修建了“中华第一城”，创造了灿烂的“良渚文化”，被誉为“东方文明的曙光”。而隋开皇年间置杭州、依凤凰山建造州城，为杭州的繁荣奠定了基础。此后，从唐代“灯火家家市，笙歌处处楼”的东南名郡，吴越国时期“富庶盛于东南”的国都，北宋时即被誉为“上有天堂，下有苏杭”的“东南第一州”，南宋时全国的政治、经济、科教、文化中心，元代马可·波罗眼中的“世界上最美丽华贵之天城”，明代产品“备极精工”的全国纺织业中心，清代接待康熙、乾隆几度“南巡”的旅游胜地、人文渊薮，民国时期文化名人的集中诞生地，直到新中国成立后的湖山新貌，尤其是近年来为世人称羡不已的“最具幸福感城市”——杭州，不管在哪个历史阶段，都让世人感受到她的分量和魅力。

这是一座勾留人心的风景之城。“淡妆浓抹总相宜”的“西湖天下景”，“壮观天下无”的钱江潮，“至今千里赖通波”的京杭大运河（杭州段），蕴涵着“梵、隐、俗、闲、野”的西溪烟水，三秋桂子，十里荷花，杭州的一山一水、一草一木，都美不胜收，令人惊艳。今天的杭州，西湖成功申遗，中国最佳旅游城市、东方休闲之都、国际花园城市等一顶顶“桂冠”相继获得，杭州正成为世人向往之“人间天堂”、“品质之城”。

这是一座积淀深厚的人文之城。8000年来，杭州“代有才人出”，文化名人灿若繁星，让每一段杭州历史都不缺少光华，而且辉映了整个华夏文明的星空；星罗棋布的文物古迹，为杭州文化添彩，也为中华文明增重。今天的杭州，文化春风扑面而来，经济“硬实力”与文化“软实力”相得益彰，文化事业与文化产业齐头并进，传统文化与现代文明完美融合，杭州不仅是“投资者的天堂”，更是“文化人的天堂”。

杭州，有太多的故事值得叙说，有太多的人物值得追忆，有太多的思考需要沉淀，有太多的梦想需要延续。面对这样一座历久弥新的城市，我们有传承文化基因、保护文化遗产、弘扬人文精神、探索发展路径的责任。今天，我们组织开展杭州学研究，其目的和意义也在于此。

杭州学是研究、发掘、整理和保护杭州传统文化和本土特色文化的综合性学科，包括西湖学、西溪学、运河（河道）学、钱塘江学、良渚学、湘湖（白马湖）学等重点分支学科。开展杭州学研究必须坚持“八个结合”：一是坚持规划、建设、管理、经营、研究相结合，研究先行；二是坚持理事会、研究院、研究会、博物馆、出版社、全书、专业相结合，形成“1+6”的研究框架；三是坚持城市学、杭州学、西湖学、西溪学、运河（河道）学、钱塘江学、良渚学、湘湖（白马湖）学相结合，形成“1+1+6”的研究格局；四是坚持全书、丛书、文献集成、研究报告、通史、辞典相结合，形成“1+5”的研究体系；五是坚持党政、企业、专家、媒体、市民相结合，形成“五位一体”的研究主体；六是坚持打好杭州牌、浙江牌、中华牌、国际牌相结合，形成“四牌共打”的运作方式；七是坚持权威性、学术性、普及性相结合，形成“专家叫好、百姓叫座”的研究效果；八是坚持有章办事、有人办事、有钱办事、有房办事相结合，形成良好的研究保障体系。

《杭州全书》是杭州学研究成果的载体，包括丛书、文献集成、研究报告、通史、辞典五大组成部分，定位各有侧重：丛书定位为通俗读物，突出“俗”字，做到有特色、有卖点、有市场；文献集成定位为史料集，突出“全”字，做到应收尽收；研究报告定位为论文集，突出“专”字，围绕重大工程实施、通史编纂、世界遗产申报等收集相关论文；通史定位为史书，突出“信”字，体现系统性、学术性、规律性、权威性；辞典定位为工具书，突出“简”字，做到简明扼要、准确权威、便于查询。我们希望通过编纂出版《杭州全书》，全方位、多角度地展示杭州的前世今生，发挥其“存史、释义、资政、育人”作用；希望人们能从《杭州全书》中各取所需，追寻、印证、借鉴、取资，让杭州不仅拥有辉煌的过去、璀璨的今天，还将拥有更加美好的明天！

是为序。

2012年10月

钱塘江全书序

“东南形胜，三吴都会，钱塘自古繁华”。钱塘江古名浙江，亦名渐江或之江，她既是浙江的母亲河，也是我国东南沿海一条独特的河流。钱塘江干流从西向东贯穿皖南和浙北，汇入东海，与金华江、曹娥江、乌溪江、分水江、浦阳江等十余条主要支流，将众多的“明珠”——雄伟奇特的黄山、千岛罗列的千岛湖、“东南锁钥”的仙霞岭、万木参天的天目山、秀比天堂的西子湖、著名古都杭州一一串缀起来，形成了一道秀美壮观的风景线。

钱塘江是我国最具有魅力的江河之一，她哺育着流域人民创造了灿烂悠久的历史文化。中华民族的五千年文明，钱塘江功不可没。早在10万年前的旧石器时代，“建德人”就已生活在寿昌江畔；新石器时期，有距今12000—8000年的“上山人”，及距今约8000—7000年的“跨湖桥人”，分别在江畔创造了“上山文化”和“跨湖桥文化”；古越人凭借钱塘江，创造了“越文化”，考古发掘证实古代的河口滨海地带是越文化发源地；在余姚“河姆渡文化”遗址中发现，距今约7000年前已有人工种植的水稻，距今五六千年前已有了水井，说明那时已有灌溉农业和生活供水设施；“马家浜文化”和“良渚文化”遗址的发掘和发现也都证明，钱塘江流域和杭州湾两岸是中华民族文化发祥地之一。

钱塘江流域治水历史悠久，流域人民为治理开发钱塘江付出了辛勤的劳动，流传着许多可歌可泣的治水故事，留下了极其丰厚的历史文化遗产。钱塘江流域名人辈出、群星璀璨的人文画卷，与秀美壮观的天然山水画卷互为映衬，相得益彰，交相辉映。

我国自古重农，举凡“水利灌溉、河防疏浚”，历代无不列为首要工作。生活在钱塘江流域的先民们亦着力兴修水利，发展农业和水运。相传虞舜遣禹治水，疏九河，建农田沟洫；越王勾践在今绍兴境内筑富中大塘和吴塘；东汉卢文台在金华白沙溪上筑三十六堰，为流域最早的梯级引水工程，至今仍灌溉着金华、兰溪一带农田；东汉会稽太守马臻主持筑堤而成鉴湖，为流域最早的大型蓄水灌溉工程，潴三十六源之水，灌溉农田九千余顷。

钱塘江河口北岸为太湖平原，南岸为宁绍平原，地势低平、河网密布、土地肥沃、交通便捷，是江南的“鱼米之乡”“丝绸之府”，也是历代王朝财赋主要聚敛之地。居住在这片土地上的勤劳智慧的钱塘人民，凭借钱塘江独特的地理优势，尤其是河口地区临江濒海的水土之利，经过几千年的不断开拓和辛勤经营，终于已将钱塘江流域发展成为一方繁荣昌盛、富甲天下的宝地。如今，这片地处长江三角洲经济区南翼的宝地，则已成为社会经济高速发展的沪、杭、甬三大城市环抱之中的一个美丽富饶的“金三角”；并在素有“文化之邦”“丝绸之府”“鱼米之乡”之称的盛名下，又博得了一个“旅游胜地”的美誉。

唐代刘禹锡在《浪淘沙》中用“八月涛声吼地来，头高数丈触山回。须臾却入海门去，卷起沙堆似雪堆”，写出了钱江涌潮的壮观气势。以“一线潮”而被誉为“天下奇观”的钱江大潮，令千百年来无数名人墨客为之倾倒，但其“滔天浊浪排空来，翻江倒海山为摧”的破坏力却又极大。为范束江水海潮，先民们在久远的年代就已开始在钱塘江修筑古海塘。现存较早的记述，有春秋时范蠡围田筑堤、东汉初会稽郡议曹华信募土筑防海大塘等。古海塘正史记载始于唐代，及至明代，明嘉靖年间黄光升在海盐创筑五纵五横鱼鳞石塘，犹如水上长城，屹立于大江南北。清代更用胶灰拌米法砌筑，桐油石灰麻丝嵌缝，再加铁件联结，成为钱塘江河口抗御涌潮和巨浪的主要塘型。古代劳动人民以其无比的勤劳智慧，创造了一个又一个海塘建筑的奇迹，值得我们引以为自豪。先人求生存发展，修筑海塘，筑塘围涂，造就了经济与文化繁荣的人间天堂，开辟了富庶的天下粮仓。如今的海塘，强调与大自然的协调，与经济社会发展的协调。站在钱塘江边，看到江水浩浩荡荡奔涌而去，我们更深深地感受到新时代脉搏的激烈跳动，更深深地体会到新时代的发展潮流不可阻挡。

观沧桑巨变，数风流人物，还看今朝。21世纪，杭州正由“西湖时代”向“钱塘江时代”迈进。钱江新城，就是杭州城市新千年发展的龙头工程，引领杭州从“西湖时代”走向“钱塘江时代”的主标志，使杭州的城市格局由“三面云山一面城”演变为“一江春水穿城过”，美丽天堂的大都市梦想、国际化CBD梦想、城市新地标梦想也都将在这里一一实现。钱江新城，已成为杭州城市文化从“精致和谐”走向“大气开放”的奠基性工程。

建筑规划大师沙里宁说过：“城市是一本打开的书，从中可以看到它的抱负。”10年来，钱江新城这本已经渐渐打开的书，不仅用高起点规划，描绘城市的美好蓝图，彰显城市的文化品位，用高标准建设，打造世纪精品、传世之作，用高强度投入，创造城市美好的人文环境、生态环境，用高效能管理，营造人与自然的和谐共生，共建共享生活品质之城，向世人展示了她的雄姿和抱负；同时也为当前方兴未艾的城市学研究的开展提供了丰富的素材和宝贵的经验。为此，作为钱江新城的建设者和管理者，杭州市钱江新城建设管理委员会还专门成立了杭州市城市学研究的一个分支机构——杭州钱塘江研究院。

杭州市城市学是研究、发掘、整理、保护杭州传统文化和本土特色文化的综合性新兴学科，钱塘江学是杭州市城市学的重点分支学科之一。为了配合杭州市城市学研究中心开展工作，切实完成各分支机构所承担的“通史＋文献集成＋丛书＋辞典＋研究报告”的系列图书编纂任务，杭州钱塘江研究院组织力量，制订规划，启动了《钱塘江全书》的编纂工作，并陆续推出了一批研究成果。钱塘江学涵盖范围很广，囊括了自然、历史、社会、经济、文化、科技、教育、医卫等领域自古至今的众多研究项目和课题。编纂《钱塘江全书》的目的，就是为了研究、发掘、整理、保护和弘扬钱塘江流域的传统文化和特色文化，不断夯实钱塘江学的学术研究基础，努力将钱塘江学打造成为一座融古汇今的珍贵文化宝库，使钱塘江学这一杭州城市学的重点分支学科，能在推进“软实力提升”战略，推进杭州网络化大都市建设，推进杭州文化名城建设，推进杭州由“西湖时代”迈向“钱塘江时代”的历史进程中，充分发挥其“存史、释义、资政、育人”的独特作用。

我们深信，随着钱江新城建设事业的更大规模发展和钱塘江学研究成果的不断增多，钱江新城这本已经渐渐打开的书，一定会增添更多精彩的新篇章，一定能书写得更加璀璨辉煌。

朱党其

2022 年 12 月

（杭州市钱江新城建设管理委员会党组书记）

序

由原中共浙江省委常委、杭州市委书记王国平担任总主编的《钱塘江通史》即将由杭州出版社出版，本书主编浙江省社会科学院历史研究所原所长徐吉军研究员来电，希望我能够为此书写一序言，我觉得这是很有意义的好事，便愉快地答应了。

浙江省名便由钱塘江而来。西汉司马迁《史记》卷六《秦始皇本纪》载：秦始皇于其在位第三十七年（前210年）东巡会稽，“至钱唐。临浙江，水波恶，乃西百二十里从狭中渡”。这里的“浙江”，便是今日的钱塘江。

世界文明史充分表明，大河流域往往是文明的发源地和文化发达的地区。世界古代的四大文明，都产生在大河所在的地区。在我国多元一体文化格局中，长江文化和黄河文化都是中华文化的发源地。钱塘江自不例外，它是浙江文明的摇篮。早在10万年前，建德人便生活于此。此后，这里又先后出现了距今1万年的浦江上山文化、8000年的萧山跨湖桥文化和7000年的余姚河姆渡文化，而距今5000年的余杭良渚文化，更是中华文明的重要起源地之一。此后，钱塘江流域不仅是浙江省最具活力的地区，亦是全国的经济重地和文化绵延昌盛之地，素有“丝绸之府”“鱼米之乡”“文物之邦”等美称，对中华文明以及世界文明作出了重要的贡献。

王国平同志在担任浙江省委常委、杭州市委书记期间，还是退下领导岗位以后，都十分重视杭州历史文化的挖掘、研究和传承弘扬。2003年，中共杭州市委、市政府计划编纂《西湖全书》（包括《西湖文献集成》《西湖丛书》《西湖通史》《西湖研究报告》《西湖辞典》）

时，曾专门成立编纂指导委员会，以前全国人大常委会委员长乔石为总顾问，集中了一批对杭州有研究的专家学者。通过王国平等同志的努力，近20年的时间里，杭州的经济和文化建设突飞猛进。以我所知的杭州历史文化的建设来看，其所取得的成就，在国内省会城市中颇为罕见。至今为止，编纂的丛书种类，已从起初单一的《西湖全书》，扩大到《钱塘江全书》《良渚全书》《杭州运河（河道）全书》《西溪全书》《湘湖（白马湖）全书》《杭州学全书》《南宋史全书》等多种。其中仅以《西湖全书》为例，《西湖文献集成》（包括续辑），已经出版有51册，总计字数在3000万字以上；《西湖丛书》出版有数十种；《西湖通史》出版有5卷，总字数在200万字以上。毫无疑问，这些图书的编纂出版，有力地推进了杭州城市的两个文明建设。杭州已经成为国内少见的具有西湖、运河、良渚三个世界文化遗产地的城市。

中国历来具有修史的优良传统。《钱塘江通史》的编纂，可以说是盛世修史的一个具体体现，恰逢其时。2006年5月30日，时任浙江省委书记的习近平，在杭州曾作《浙江文化研究工程成果文库总序》，他在这篇两千多字的序言中透露出一个省域文化建设的底气和决心：

> 千百年来，浙江人民积淀和传承了一个底蕴深厚的文化传统。这种文化传统的独特性，正在于它令人惊叹的富于创造力的智慧和力量。
>
> 浙江文化中富于创造力的基因，早早地出现在其历史的源头。在浙江新石器时代最为著名的跨湖桥、河姆渡、马家浜和良渚的考古文化中，浙江先民们都以不同凡响的作为，在中华民族的文明之源留下了创造和进步的印记。
>
> 浙江人民在与时俱进的历史轨迹上一路走来，秉承富于创造力的文化传统，这深深地融汇在一代代浙江人民的血液中，体现在浙江人民的行为上，也在浙江历史上众多杰出人物身上得到充分展示。从大禹的因势利导、敬业治水，到勾践的卧薪尝胆、励精图治；从钱氏的保境安民、纳土归宋，到胡则的为官一任、造福一方；从岳飞、于谦的精忠报国、清白一生，到方孝孺、张苍水的刚正不阿、以身殉国；从沈括的博学多识、精研深究，到竺可桢的科学救国、求是一生；无论是陈亮、叶适的经世致

用，还是黄宗羲的工商皆本；无论是王充、王阳明的批判、自觉，还是龚自珍、蔡元培的开明、开放，等等，都展示了浙江深厚的文化底蕴，凝聚了浙江人民求真务实的创造精神。

习近平总书记的这段话，说得非常好，不仅是对浙江历史文化和浙江精神的高度概括和提炼，同样也适用于钱塘江的历史文化，因为他在序言中举出的事例和人物，基本上都发生在钱塘江流域。

跨入新的千年，面对新的发展要求，中共杭州市委、市政府确定了“城市东扩、旅游西进，沿江开发、跨江发展”的战略。经过20多年的建设，以钱江新城为代表的钱塘江流域发生着翻天覆地的变化，已经成为“中国样板、浙江实践、杭州经验”的标志性地区。

在此之际，作为浙江历史文化专题研究重要组成部分的钱塘江历史文化研究，就要全方位、多角度地研究和总结其文化成就、发展规律、地域特色及其在中国文化中的地位，与海内外文化的相互影响和交融，做到古为今用，推陈出新，用以增强我们文化自信和文化软实力，为当今杭州和浙江的现代化建设服务。这是我们人文社科工作者在这个时代的重要使命所在。正如习近平总书记在序言中所说的：

代代相传的文化创造的作为和精神，从观念、态度、行为方式和价值取向上，孕育、形成和发展了渊源有自的浙江地域文化传统和与时俱进的浙江文化精神，她滋育着浙江的生命力、催生着浙江的凝聚力、激发着浙江的创造力、培植着浙江的竞争力，激励着浙江人民永不自满、永不停息，在各个不同的历史时期不断地超越自我、创业奋进。

悠久深厚、意韵丰富的浙江文化传统，是历史赐予我们的宝贵财富，也是我们开拓未来的丰富资源和不竭动力。

吉军长期从事中国历史文化的研究，曾策划和参与多部大型学术通史的主编工作，在这方面积累了丰富的经验，并取得了不少优异的成绩。他协助李学勤、傅璇琮等先生主编的《长江文化史》《黄河文化史》《中国藏书通史》等，曾先后获国家图书奖和等。《钱塘江通史》厚厚四大册、总字数达200万字，确实达到了较高的学术水准，这具体体现在以下几个方面：一是内容丰富，重点突出。过去各类地域通史着重叙述政治、军事、经济，本书则对钱塘江水利、交通等方面加以重点关注，同时还增加了文学艺术、宗教、民俗、教育等方面的内容，使全书更加丰富充实，真正做到了对地域通史“全”的要求。二是做到通贯古今。过去编写的各类地域通史，一般下限都定到民国建立之前。而本书在时间上，起自10万年的建德人，上万年的浦江上山文化、五千年的良渚文明，下至2020年钱塘江流域的两个文明建设，真正做到了“通”。特别是能够直面新中国成立后的现实问题，总结其经验教训，实在是难能可贵。三是图文并茂，二元互证。过去的地域通史大多是纯文字的叙述，缺乏考古、文物等图片资料的支撑，故有许多论点无法说深说透，可读性也差。而本书却做了大胆的突破，使用了近千幅精美而难得一见的图片，真正做到了图文并茂，使文字和图片相得益彰。这不仅使其学术质量有了大的提升，而且在可读性方面也进行了有益的尝试。四是史料翔实，学术规范。此不一一赘述了。

总之，《钱塘江通史》的出版，不仅有助于推进浙江历史文化工程的建设，而且在当今浙江“三江两岸”建设中肯定会起到很好的作用。有感于此，特撰此序，并致祝贺。

陈高华

2022年10月6日于北京

陈高华，现为中央文史研究馆馆员、中国社会科学院文史哲学部委员，中国元史研究会顾问、中国海外交通史研究会会长。曾任中国社会科学院历史研究所所长(1988—1991)，中国社会科学院研究生院历史系主任(1982—1985)、博士生导师，1992年享受国务院颁发的政府特殊津贴，中国元史研究会会长、中亚文化协会副会长、中外关系史学会副会长，国家社科规划中国史组成员(1987—2002)，中国史学会理事(1988年至今)。主要著作有《中国妇女通史·元代卷》《陈高华说元史》《元史研究论稿》《元史研究新论》《元大都》《陈高华文集》《元朝史事新证》等，合著有《宋元时期的海外贸易》《中国史稿·第5册》《中国古代史史料学》《元上都》《中国政治制度通史·元代卷》《中国经济通史·元代经济卷》《中国风俗通史·元代卷》《中国海外交通史》《元代文化史》《元大都元上都研究》等。

目　录

第一章　导　论

第二章　史前时期的钱塘江

第三章　夏商周时期的钱塘江

第四章 秦至六朝时期的钱塘江

第五章　隋唐五代时期的钱塘江

第六章　五代吴越国时期的钱塘江

第一章 导论

李志庭 徐吉军

钱塘江是我国东南沿海一条非常著名的河流，在我国古代的地理名著《山海经》中称为“浙江”，后更名为“渐江”。是浙江省的第一大河，长668千米，流域面积55558平方千米，其中浙江境内48080平方千米。而浙江省省会杭州市便位于钱塘江的下游。

钱塘江在自然界是一条非常独特的河流，其“滔天浊浪排空来，翻江倒海山为摧”的气势，蔚为壮观，名闻世界，并由此形成了弄潮和观潮的风俗。历来文人对其发出了无数的赞叹，东晋画家顾恺之撰有《观潮赋》，北宋词人潘阆的《酒泉子·长忆观潮》词，更是一首传世名作，词云：

长忆观潮，满郭人争江上望。来疑沧海尽成空，万面鼓声中。弄潮儿向潮头立，手把红旗旗不湿。别来几向梦中看，梦觉尚心寒。

钱塘江又是浙江省的母亲河，这里是浙江文明的摇篮，世代孕育着浙江文明乃至吴越文明，在中华文明及世界文明史上也有一定的地位。在距今约10万年前的旧石器时代，新安江支流寿昌江畔便出现了“建德人”活动的踪迹。此后，距今七八千年的跨湖桥文化和河姆渡文化、四五千年的良渚文化，相继创造了光辉灿烂的史前文明，中国历史上最早的稻作文明、舟船文明、玉器文明以及干栏式建筑、水井、漆器和瓷器等等，都诞生于此。此后，钱塘江仍在中国文化、浙江文化或杭州文化中占有非常重要的地位。日本著名学者池田静夫在其所著的《中国水利地理史研究》一书中对此有详细的说明：

从杭州所处之地，即地理位置上来看，这是一处通过水路而与各方相通的四通八达之地，毫无疑问是一处交通要会。即，自古以来素以海潮而闻名的钱塘江，几乎就是从杭州的南面进入杭州湾。而江南大运河也从此地开始，经嘉兴、苏州而在镇江与长江相连。又，浙东运河也在杭州的对岸开始，经绍兴而至宁波。这一系列的运河自古以来就是中国

浙江余杭庙前良渚文化遗址出土的水井木构井架（良渚博物院）

北方与中部、南方相联络的唯一的基本交通线。与这些纵向的水路相对的是横向的长江和钱塘江。这两条横向的水路与运河相对应，可以说具有运河的补助水路的功能。众所周知，长江从四川成都流至其终点上海，拥有庞大的流域，因此自古以来就被视为天府之国的四川，其丰富的物资被巧妙地通过水路，集积到长江上，再通过长江主流而运往下游，在扬州和镇江等地，通过与之相连的大运河，向北可直达北京，往南则连至杭州。无庸赘言，长江是中国中部的一条大动脉，其水运本身就具备独立的价值，而从国家经营的立场来看，更是十分重要的。其次为钱塘江，虽然从其规模上来看不及长江，但自古以来，它就是福建、江西、两广方面与杭州联系的重要水路。又杭州湾古来就海舶云集，使杭州作为近海贸易港的地位成为可能。如此看来，杭州兼具河港和海港的双重功能，是一个五方杂处之地，依靠水路的多种便利，从而拥有绝对的资格，可以作为中华帝国特别是江南帝国的首都。

然而，从历史上来说，江南帝国的首都多建立在建康（建业），即今日之南京，而不是在杭州。扼处于长江下游，居丘陵性的金陵台地之上的南京，自古就有帝王之气。根据中国古代的传说，今日流经南京的秦淮水，是秦始皇时候所开掘的，而据说正由于此河的开掘，才使这里一直郁藏着的帝王之气不断发散出来。总之，先不论传说如何，此地在南北朝时代连续为南朝五代三百年间的帝都，在后来的五代时期，它又成为南唐四十年的王都。明太祖在驱逐了元以后，在表面形式上显示了民族革命的成功，又确立汉民族的传统，建立起纯粹汉族文化的国家，当时他所选定的首都也是在南京。如此，可以最直截了当地说，自古在江南一带的帝王，都以南京作为首都，这也体现了汉民族的传统精神。

然而，南京从水路交通的便利上来看，毕竟不如杭州。在中国，从唐帝国以后，可以毫不夸张地说，帝国自身的生命和权威都是依存于水路上的。从而，控制水路也就是控制了帝国，从这样的角度来看，杭州又比南京更有优势。因此，南宋王朝就是充分认识到杭州本身所具有的地位，并利用其地之利而顺利地经营帝国的事业，建立在现实主义的立场上，将杭州定为首都。在南宋时期，杭州作为江南帝国首都的地位才实至名归，而这种情况一直持续了一百五十年左右，直至南宋灭亡。因而，杭州作为中国近世文化摇篮的地位，也正是在这个时期所育成的。

他进一步解释说："南宋之后，继承它的元是蒙古人所建立的，他们将大都即北京城定为都城。不过，元代统治者并不能真正受到汉人的敬服，在当时汉人的心目中，都城依旧是杭州。那些不满元朝政治的一群文化人集中在他们心中的都城杭州，以此地为中心开展了一场很大的文化运动，而这些起源于杭州的文化就逐渐向四方流传。后来，那些与杭州文化关系密切的文化人，逐渐分散到各地，成为地方文化的母胎，这些文化不断地互相排斥又互相影响，最终形成近世的中国文化。"[1]在七八十年前作者能够有此观点，不得不令人佩服其学识之精博，对我们今日研究中国文化史或杭州钱塘江历史，不失为一种有益的启示。

这里还是世界冲浪运动和金鱼文化的发源地，钱塘江捍海塘更是被世人誉为中国古代除万里长城、京杭大运河之外的第三大人工工程。此外，中国人自己设计、自己建造的第一座铁路大桥——钱塘江大桥，新中国成立以后的第一座自己设计和自制设备的大型水力发电站——新安江水电站等等，也都诞生在这里。

众所周知，杭州是一个"五水共导"的城市，这五水便是江（钱塘江）、河（京杭大运河）、湖（西湖）、海（钱塘江入海口）、溪（西溪），而钱塘江在杭州历史上具有举足轻重的地位，特别是在航运、水产等方面表现得更为明显。它是沟通浙西和浙东（历史上影响及至中国华北地区与华南地区）最重要的水运干线，也是浙江通航里程最长、最主要的水运干线。春秋时期越国大夫范蠡在今钱塘江河口南岸萧山西兴附近建筑的固陵军港，其建港时间之早、规模之大，在中国古代海港史上占有重要的地位。东汉初会稽郡议曹华信发动民众兴筑的钱唐防海大塘，是我国最早见诸文献记载的海塘。北宋时，杭州更是与广州、泉州、明州并列为全国四大对外贸易的海港，通过钱塘江，沟通了与日本、朝鲜、东南亚和南亚各国的联系。南宋时的杭州港，则是中国历史上唯一做过封建王朝都城的港口。

---

[1] 参见陈述主编：《杭州运河历史研究》，杭州出版社2006年版，第368—369页。

第一节 钱塘江自然地理概述

一、钱塘江流域的界定

钱塘江流域位于浙江省西北部，曾有南、北两源之说：南源兰江，集水面积大，从建德市梅城镇（兰江与新安江交汇处）向南进发，溯兰江、衢江、常山港而上，到上游马金溪，源头溪流名龙田河，河源位于安徽省休宁县龙田乡江田村青芝埭尖北坡；北源新安江，河流长，从梅城溯江而上，向西沿着新安江、千岛湖、渐江、率水到冯村河，河源位于安徽省休宁县六股尖。2010年后，综合水利普查成果，确认青芝埭尖为钱塘江正源，兰江为干流，新安江为最大一级支流。[1]新安江经淳安至建德与兰江汇合，东北流入钱塘江，是钱塘江正源。南源衢江与北源新安江流在建德梅城汇合后称富春江，向东北流经桐庐、富阳，在东江嘴揽入浦阳江到了萧山闻堰镇后称钱塘江，向东汇入东海。

钱塘江干流长688千米，流域面积55558平方千米，其中浙江省境内面积48080平方千米，占全省陆域面积的47%。富春江水电站坝下至入海口门长282千米的河段是感潮河段，是钱塘江的河口区。浙江省境内钱塘江水系流域面积100平方千米以上的支流有123条，其中一级支流51条，二级支流46条，三级支流23条，四级支流3条。

钱塘江干流各段随地异名。从发源地始，她被称为大源河；再然后，它又叫做率水；在屯溪，横江流入了率水，横江同样也是新安江上游一条重要的支流；从屯溪的率口往下，一直到浦口，这条河流称为渐江；在浦口，渐江与练

[1]《浙江通志》编纂委员会编:《浙江通志》第98卷《钱塘江专志》，浙江人民出版社2021年版，第1页。

江交汇；练江是新安江最重要的二级支流，在练江这一段当中，有几条重要的三级支流汇入，她们分别是丰乐河、富资水、扬之水；练江在浦口与浙江交汇后，往下，河流就称为新安江了。新安江一直往下流，在歙县的深渡，新安江注入千岛湖，然后，流出大坝，先是叫做桐江、富春江，到了萧山闻家堰，这条河流又改叫钱塘江。在激起一片钱塘潮之后，这条长达千里的河流，最后浩浩荡荡汇入杭州湾东海。

钱塘江主要水系流域面积500平方千米以上的一级支流有10条，即：江山港、乌溪江、灵山港、金华江、新安江、分水江、渌渚江、壶源江、浦阳江、曹娥江，其中以新安江的流域面积最大，金华江次之。

钱塘江流域涉及今浙江省内杭州、衢州、金华、绍兴、丽水等5个设区市的20多个县（市、区）。

钱塘江是一条著名的潮汐河流，潮汐每天涨落两次，涨落周期为12小时25分。钱塘江还是一条有涌潮现象的潮汐河流，钱塘江涌潮被看作是天下奇观，对两岸的地貌有巨大的塑造作用。钱塘江河口及杭州湾在历史上被称为“海”或“后海”。

钱塘江河口及杭州湾的位置，在距今6000年左右，南岸的岸线大致在今董家岙北、历山镇南、百官、绍兴下方桥、瓜沥、龛山、萧山一线，北岸的岸线位于金山、王盘山、澉浦南、赭山直至转塘一线。[1]

钱塘江河口及杭州湾，历史上一直在南北摆动，有时紧靠南部的山地平原北缘，有时则移向北岸。

钱塘江出海口自古以来就有北大亹、中大亹、南大亹三口。因此，钱塘江一直给两岸的平原以强烈的影响，塑造两岸的地貌。而这种影响，由于河口的南北移动，各个时代有所不同。

二、钱塘江水系的形成

钱塘江流域自远古以来，经历了地槽、地台及陆缘活动三大地壳演变阶段，

[1] 吴维棠:《从新石器时代文化遗址看杭州湾两岸的全新世古地理》,《地理学报》1983年第2期。

经历了神功、晋宁、加里东、华力西—印支、燕山、喜马拉雅六个构造运动巡回。在这些构造运动作用之下，产生了一系列深、大断裂及北东向的复向斜、复背斜褶皱带。并以江山—绍兴深断裂为界，分成西北部、东南部两个大地构造单元，西北部为扬子准地台的一部分，东南部为华南褶皱带的一部分。由于发展历史不同，造成了构造和地层上的明显差异，从而影响了流域内地貌和水系的发育。但总体上，流域内大地构造单元的基底古老、刚性强，新构造运动微弱，活动性断裂不显，地震烈度小于六度，地震震级很少大于五级，属于基本稳定区。[1]

钱塘江流域内地形大势西南高，东北低。除东北角干流入海外，全为中、低山构成的分水岭所包围。流域四周有天目山、黄山、五龙山（怀玉山）、仙霞岭、大盘山、天台山、四明山等与邻近流域相分隔。流域内则有千里岗山、龙门山、会稽山等将干流与支流分隔。

所以，钱塘江自形成以来，江道一直比较稳定，少有大变。

（一）水文气象

钱塘江流域邻近中国东南沿海，位于亚热带季风气候区，平均温度 17℃，天气干燥。夏季多东南风，气温高，光照强，空气湿润；春秋两季气旋活动频繁，冷暖变化大。春季及初夏多锋面雨，夏秋之际多台风，季风环流的方向与主要山脉走向基本正交，山脉起着阻滞北方寒流和台风的作用。

流域多年平均降雨量在 1200—2200mm 之间，总的分布趋势自西南向东北递减，地形影响较为显著，山区大于丘陵区，丘陵区大于滨海平原区。年际分布不均，丰水年与枯水年的变差幅度较大，最大与最小年降水量的比值达 2—3。

流域内降水量年内分配不均，年最大连续 4 个月降水量占全年降水量的 50%—60%，发生在 3—6 月或 4—7 月，最大月降水量出现在 5 月或 6 月。每年 6 月中下旬至 7 月上旬，受静止锋影响，易造成连绵阴雨天气，并伴有暴雨，而形成流域性洪涝灾害，如 1954、1955、1992、1993、1994、1997 和 1998 年等。

[1] 参见《钱塘江志》第一篇第二章第一节《地质地貌》，方志出版社 1998 年版，第 85—88 页。

支流金华江和下游支流浦阳江位于流域的东南部，受热带风暴影响较深，台风暴雨形成的洪水为主。

流域中上游地区“出梅”以后受太平洋副热带高压控制，高温、少雨、易造成流域性干旱，如 1967、1978、1979 和 1981 年等。

流域内多年平均水面蒸发量在 800—1000mm 之间，沿海大于内陆，平原、盆地高于山区。

（二）地质与地貌

钱塘江流域位于江南地层区，地层发育较为完全。地壳变形以褶皱为主，断裂并不发育。地震活动与球川—萧山深断裂、昌化—余姚深断裂以及临安—马金深断裂自全新世初以来多次活动有关，尤其与前两个深断裂交接部位的活动关系最大，震级多为弱震（3 级—5 级以下）和微震（1 级—3 级以下）。

自 2 世纪以来，杭州市域有记载的 4 级以上地震共 5 次，近期由于新构造运动趋于缓和，地震活动微弱，地震仪记录的有感地震共 7 次，震级一般都小于 3 级，最大的一次为 3.2 级（1976 年 9 月 1 日）。

地势西南高、东北低，呈阶梯级下降。地貌类型有山丘陵和平原两个地貌单元，各地貌类型均有发达的水系分布，总体构成是：山地丘陵占 65.35%，平原占 26.36%，内陆水域占 8.29%。中西部属于浙西中低山陵区，峰峦叠嶂，丘陵起伏。主干山脉有北支天目山、白际山及昱岭，南支千里岗和龙门山，从北、西、南三面环绕市域，延伸至中部演变成丘陵，余脉延伸至杭州市区钱塘江附近没入东北部平原。坐落在临安境内浙皖交界处的清凉峰海拔 1787 米，为市域最高峰，最低点为地处西湖区的蒋村（即西溪湿地），海拔仅 6 米，两者高差达 1781 米。由于水系切割，山地丘陵地带有冲积发育的带状河谷平原分布，还有大小不等的山间盆地，成为中西部山区主要农耕地带。海拔在 500 米以上的山地，一般有 2—3 级梯状平台，平台上缓坡起伏，相对高度在 50—300 米之间；海拔 10—500 米或 50—500 米的丘陵，相对高度一般在 10—100 米，绝大部分坡度小于 25 度。市域东北部属于浙北平原区，地势低平，海拔一般为 3—6 米，河渠纵横，水网密布，是典型的“江南水乡”杭嘉湖平原和萧绍平原的组成部分。

新中国成立后，部分地貌已经人工改造。淳安、建德境内原地形破碎的山地丘陵达750平方千米新安江水库建成后形成高峡平湖；原陡峭的七里泷峡谷在富春江水电站建成后形成河床水库；昔日杭州湾超过500平方千米的茫茫荒滩在治江围涂后变成了沃野平原。

（三）植被

流域地处中亚热带常绿阔叶林植被带，属中亚热带阔叶林地带北部亚热带，分两个植被片：一为钱塘江下游太湖平原植被片，位于东北部，包括余杭区、西湖区、拱墅区、江干区、高新（滨江）区和萧山区东北部；一为天目山、古田山丘陵山地植被片，位于西南部，包括桐庐、富阳、建德、临安、淳安等县（市、区）和萧山区的西南部。

经鉴定和确认的各类植物有1200余种，分属155科。其中，蕨类植物20科39种，裸子植物8科49种，被子植物127科1100余种。

（四）水量与水质

钱塘江水资源是杭州市主要过境水资源，其多年平均水资源总量386亿立方米（闻堰以上），而据资料，杭州市本地多年平均年水资源总量为141亿立方米，多年平均河川径流量为140亿立方米，按2003年末全市人口（6427797）、耕地面积（182706公顷）计算：人均水资源拥有量2195立方米，低于全省人均和全国人均拥有量；亩均水资源拥有量5148立方米，高于全省和全国亩均拥有量。

杭州市位于钱塘江中下游地区及太湖流域南部，出入境水量十分丰富。多年平均入境水量为258.84亿立方米，入境水量主要有从安徽省经新安江流入水量61.64亿立方米，从兰江经兰溪流入水量172.50亿立方米，从诸暨经浦阳江流入水量19.32亿立方米；多年平均出境水量为365.15亿立方米，出境水量主要有经钱塘江流入杭州湾水量354.50亿立方米，经东苕溪流入湖州德清水量10.65亿立方米。

钱塘江含沙量甚少，平均为5‰。

钱塘江水质矿化度一般在50—100毫克每升，总硬度在15—30毫克每升，属极低硬化度和极软水。

钱塘江水体含氯度主要受天文潮汐和上游径流等水文、气象等因素影响。

根据资料统计，钱塘江水体多年平均最大含氯度，闸口站为0.04克每升，七堡站为0.27克每升，仓前站为0.62克每升；七堡站平均每年有50天左右氯度超过饮用水的标准（0.25克每升），闸口站氯度一般不超过0.25克每升，但遇到台风暴潮、干旱少水时期也会超标。1978年7月—1979年2月连续干旱，富春江下泄流量明显减少，咸潮上溯闻家堰以上，闸口、七堡站最大含氯度高达2.99克每升、9.77克每升，杭州市以钱塘江为水源的自来水厂，不能正常取水的时间累计长达108天之多。

根据资料统计，钱塘江杭州饮用水源区闻家堰、珊瑚沙和闸口为Ⅱ类、七堡为Ⅲ类水功能区，现状水质闻家堰、珊瑚沙和闸口为劣Ⅲ类、七堡为劣Ⅴ类，均不满足要求。[1]

钱塘江干流杭州市区段设有多个常规水质监测断面，根据袁浦（闻家堰）、闸口、珊瑚沙等3个监测站点每月或隔月监测一次资料，2004—2012年各监测断面水质类别为Ⅱ类～劣Ⅴ类，Ⅲ类～Ⅳ类居多，主要超标项目为溶解氧、氨氮、总磷、铁、锰等。水环境污染以有机类为主。

钱塘江干流自富春江坝址以下为感潮河段，水质、水量主要受千岛湖、兰江来水和富春江水库下泄水控制，下游受钱塘江涌潮、江道形势等因素影响。钱塘江闻家堰断面水质受咸潮和浦阳江水质影响，水污染突发事件也时有发生，水质保障程度不高。

三、钱塘江名称的由来

钱塘江在古代文献中，或被称为浙江，或称淛河，或称渐江水。

1. 称“浙江”者

如《山海经》卷八《海内东经》云：“浙江出三天子都，在其〔蛮〕东，在闽西北，入海，余暨南。”[2]又如，《越绝书》卷八《越绝外传记地传》云：春

[1] 胡洪志、刘孔英：《钱塘江历史变迁与水利》，《浙江学刊》2011年增刊。

[2] 袁珂校注：《山海经校注》，上海古籍出版社1980年版，第332页。近代学者多认为《山海经》并非出自一时一人之手，其中14篇为战国时代作品，《海内经》4篇则为西汉初年作品。

秋时，越王“勾践与吴战于浙江之上”[1]。再如，《史记》卷四一《越王勾践世家》云：战国时，楚国“大败越，杀王无彊，尽取故吴地至浙江”[2]。

《史记》卷六《秦始皇本纪》记载：秦始皇于其在位第三十七年（前210年）东巡会稽，“至钱唐。临浙江，水波恶，乃西百二十里从狭中渡。上会稽，祭大禹，望于南海，而立石刻，颂秦德”[3]。

2. 称“淛河”者

如，《庄子》卷七《外物》云：“任公子为大钩巨缁，五十犗以为饵，蹲乎会稽，投竿东海，旦旦而钓，期年不得鱼。已而大鱼食之……任公子得若鱼，离而腊之。自制河以东，苍梧以北，莫不厌若鱼者。”王先谦注云：“若，是也。”“厌，饱食。”又云：“制同淛，浙江也。古‘折’‘制’字通。司马云：‘今在会稽钱塘。’”[4]

3. 称“浙江水”者

《汉书》载：丹扬郡黝县“浙江水出南蛮夷中，东入海”。[5]

《水经》云：“浙江水出三天子都，北过余杭，东入于海。”[6]

上述所举，大多为汉代至隋以前学者所撰文献。但也不能由此而排除先秦、秦代资料的存在。例如《越绝书》，明人田汝成在嘉靖二十四年（1545）就说过：“《内经》《内传》，辞义奥衍，究达天人，明为先秦文字。《外传》猥驳无伦，而《记地》两篇，杂以秦汉郡县，殆多后人附益无疑也。《本事篇序》则又

---

[1]〔汉〕袁康、吴平辑录：《越绝书》卷八《越绝外传记地传》，上海古籍出版社1985年版，第60页。

[2]〔汉〕司马迁：《史记》卷四一《越王勾践世家》，中华书局1959年版，第1751页。

[3]〔汉〕司马迁：《史记》卷六《秦始皇本纪》，第260页。

[4] 王先谦、刘武：《庄子集解·庄子集解内篇补正》，中华书局2002年版，第238页。《庄子》亦称《南华经》，一般认为其中“内篇”七篇，为战国时哲学家、宋国蒙人庄周所著，而“外篇”“杂篇”可能掺杂其门人及后世道家作品。

[5]〔汉〕班固：《汉书》卷二八《地理志》，中华书局1964年版，第1592页。

[6]《水经》作者，历来记载不一。《隋书·经籍志》只说“《水经》三卷，郭璞注”。未及原作者。《唐六典·工部水部员外郎注》说汉“桑钦《水经》”。《旧唐书·经籍志》作晋“郭璞撰”。《新唐书·艺文志》作“桑钦《水经》三卷，一作郭璞撰”。清代胡渭认为创自东汉，魏晋人续成。全祖望认为成书于东汉。戴震等人则认为大约三国时著作。

依托《春秋》，引证获麟，归于符应，若何休之徒，为《公羊》之学者，故知是书成非一手。习其可信而略其所疑，亦可以苴捭史氏之阙脱矣。”[1]明末郭钰甚至因此而指责《越绝书》作者“托隐语以自露，意欲盗名后世，遂尔诡迹前人，乃其文气不类，谁可为欺者”，是一种剽窃行为。[2]

实际上,不妨把《越绝书》看成一部尚未完成的吴越地区历史资料汇编（或者说长编），该书每一卷篇的内容结构，以及卷二《越绝外传记吴地传》“蛇门外大丘，吴王不审名冢也，去县十五里；筑塘北山者，吴王不审名冢也”；“湖王湖，当问之；丹湖，当问之”等条目，就足以说明这一点。

作为吴越地区的历史资料汇编，收录之前即先秦、秦汉时期，包括地名在内的各种数据，那是本份，理所当然。

有鉴于此，李志庭在1984年发表的《浙江省名的由来》一文中解释浙、淛、渐的不同时，曾经说过：浙江省名来自于江名，作为江名，出现更早，两汉时就已屡见不鲜。《汉书·地理志》《水经》等书又将它称作浙江，到了许慎在《说文》中将浙江、渐江分别著录,问题开始复杂起来。后人以此为据，著书撰文,分辨浙、渐二水,无由定论。直至近人王国维作《浙江考》,考证浙、渐实为一水，才澄清了先前的谬误。文中还说：“浙江”之名，很可能来自古代越语。浙江一带，自有史以来直到秦汉时，都是越人聚居之处，江河命名，自当出自越人之口。当时中原人亲耳所闻,著述撰文只取译音,所以就有了淛、浙、渐等不同写法，其实不过是一音之转。我们的先祖亦即越人之所以把它命名为浙江，必有其意。只是由于年代久远，史籍阙记，我们今天还无法解释其含义罢了。[3]

1987年10月24日，谭其骧教授在杭州新新饭店所作的题为《编写古地名条目应该注意的几个问题》学术报告中，也曾经指出：“（越语）它不是方言，是一个不同民族的语言。我认为可能浙江保留的越语地名最多，秦汉时候在浙江境内保留的县名，大部分都是越语。当时浙江大部分地方是会稽郡。浙江本

[1]〔明〕田汝成：《越绝书序》，〔明〕贺复征编：《文章辨体汇选》卷二九一，文渊阁《四库全书》本。

[2]〔明〕郭钰：《郭子式先生校刊书》，北京图书馆藏明刊本，转引自陈桥驿：《关于〈越绝书〉及其作者》，《杭州大学学报（哲学社会科学版）》1979年第4期。

[3] 李志庭：《浙江省名的由来》，《学习与思考》1984年第6期。

身就是越语地名。《山海经》《史记》里头都有浙江，《吴越春秋》《越绝书》里头都有浙江，奇怪的是《汉书·地理志》叫浙江，《水经》里头又叫渐江水，注文把这两个分开，把渐江水相当于今天的浙江、钱塘江，把浙江解释成长江的下游，又是在余姚入海的。长江的下游又怎么会在余姚入海的呢？《汉书·地理志》里面有一条叫分江水，说是从安徽贵池（池州）那个地方东南行，到余姚入海。从皖南山地，又到浙东来入海，根本不可能。但是清朝人迷信史籍，有一篇《浙江通考》，说这是两条水，过去搞在一条是错的。直到近代学者王国维写了一篇浙江考，他才辨别，古代的浙江就是现在的浙江，就是现代钱塘江。浙江是长江的下游，没有那么回事。可惜的是浙江是越语，王国维没有指出。实际上因为'渐''淛''浙'是越语，在译的时候有点出入，如此而已。把浙说成是曲折，也完全是望文生义，靠不住的。"[1]

四、钱塘江源和河口

（一）钱塘江源

最早记载钱塘江江源的，当数《山海经》卷八《海内东经》，其文曰："浙江出三天子都，在其〔蛮〕东，在闽西北，入海，余暨南。"该文献紧接着又提到"三天子都"曰："庐江出三天子都，入江，彭泽西。"[2]

自此以后，或以歙县之黄山（黟山）为三天子都，以丰乐水（西界河）为钱塘江正源；或以绩溪县东之玉山（三王山、大鄣山）为三天子都，以扬之水（东界河）为正源；或以婺源县北之浙岭为三天子都，以浙溪水为正源；也有以婺源县北、休宁县南之率山为三天子都，以率水为正源。不一而足。南宋《淳熙新安志》综合其说云："自歙县言者出黟山，自休宁者出率山，自绩溪者出大鄣山，自婺源者出浙山。故黟山与大鄣山皆有三天子都及鄣山之名。此其发源之著者。"[3]《舆地纪胜》《方舆胜览》《明一统志》等，皆承其说。《明史》

[1]　谭其骧：《长水集》续编，第253—254页。

[2]　袁珂：《山海经校注》，第332页。

[3]〔南宋〕罗愿：《淳熙新安志》卷四《休宁沿革》，《宋元方志丛刊》，第8册，中华书局1990年影印本，第7648页。

卷四四《地理五·浙江》载钱塘江时“亦曰浙江，有三源：曰新安江，出南直歙县；曰信安江，出开化县；曰东阳江，出东阳县。汇而东为钱塘江，至会稽县三江海口入海”。钱塘江究竟源自何方？依然是一团迷雾。

1983年5月，浙江省科学技术协会聘请了8位专家做顾问，组建了由省测绘学会、地理学会、水利学会和林学会等14位科技人员组成的“钱塘江河源河口考察队”，参照国内外公认的河源河口认证标准，于1983年和1985年先后两次对钱塘江河源河口进行了全面考察，量算了曾经被认为“河源”的河流长度、流域面积，分析了有关资料。通过对河源长度、源头离河口远近、历史习惯、源头高度、源头水量、河流流量、流域面积、流域位置以及河流顺直性等多方面的分析对比，最终确认新安江为钱塘江正源，其上游为率水主源冯村河。兰江为钱塘江的最大支流。[1]

（二）钱塘江河口的岸线变化

钱塘江河口岸线冲淤多变，距今6000年开始，海面变化不大，河口两岸平原地貌和岸线的变化，主要是江流、潮浪对泥沙冲蚀淤积的结果。河口平原形成之初，北岸有古东苕溪、东江，南岸有古姚江分散的溪流分别汇入河口段和杭州湾。后因江潮横溢，泥沙淤积两岸，沿江地面比内地高，古东苕溪北折改道入太湖，东江淤塞，姚江溪流改向东汇聚经甬江入海。而杭州至尖山段江道主槽，历史上曾发生南北摆移范围达20千米的大变迁，北岸岸线到明清时修筑石塘方制止了岸线侵蚀，南岸岸线则逐渐淤涨并人为向北增筑海塘。20世纪50年代起进行大规模治江围涂，缩窄江道，稳定主槽。20世纪末开始建设标准海塘，至2010年，河口两岸一线标准海塘基本建成，南北两岸岸线稳固，闸口、七堡、盐官、尖山、澉浦断面堤距分别由1956年的1.2千米、4.7千米、11.9千米、26.3千米、20.6千米，缩窄至1千米、1.4千米、2.4千米、8.1千米和18.1千米。

1. 杭州湾北岸岸线在东伸中北移

距今6000年的古海岸线，沿今江苏太仓市，上海青浦区蟠龙镇、闵行区马桥镇、奉贤区邬桥镇、金山区漕泾镇一线，入海至杭州湾中的平湖市王

[1] 浙江省科学技术协会：《钱塘江河源河口考察报告》，1985年12月鉴定通过。

盘山，折而西，以至海盐县澉浦镇。杭州湾北岸岸线在东伸中北移，但速度缓慢，根据在上海闵行区莘庄镇发现的南朝墓葬，直至4世纪，长江南岸沙嘴东端才从太仓、漕泾一线伸展至奉贤区柘林镇略东的闵行区莘庄、老闵行（今江川路街道）、奉贤区南桥镇一线。此后，岸线东伸加快，迄今已经东移了47千米。至8世纪初，岸线推进至旧捍海塘一线。10世纪初，推进至下砂捍海塘故址，即200年间岸线东移约10千米。11世纪中叶，推进到今上海老宝山（吴淞高程口老宝山县城）—浦东新区高桥镇—横沔老镇一线。12世纪70年代，推进至里护塘[1]外一线。现今的海岸线，又更在里护塘以东6—7千米到16—17千米不等。与此同时，杭州湾的北岸岸线也出现了北移的现象。

根据文献记载和考古发掘资料来看，公元2世纪，东汉海盐县治在乍浦九山外面的故邑城。4世纪，王盘山尚是东晋屯兵之处。8世纪，唐代岸线西起今海盐县澉浦镇，东北经望海镇（今属宁波市江北区）、宁海镇（今宁波市宁海县），过金山（今属上海金山区）东南十余里处。唐、宋时期，杭州湾北岸内坍，王盘山以北的九涂十八滩、海盐县东南25千米的贮水陂，以及距县城7.5千米的望海镇、2.5千米的望月亭和0.5千米的海月亭等，都相继为海水淹没。至12世纪，岸线已退至海盐、金山故城之南。元代，宁海镇沦入海中，岸线退至离海盐城约1千米处。15世纪初期，岸线与现代岸线大体相当。明代起，由于修筑石塘和海盐县秦山以西山体的阻挡，才制止了岸线侵蚀。

2. 杭州湾南岸岸线逐渐向北淤涨

距今6000年，岸线尚在今慈溪市横河镇童家岙北、余姚市历山镇南，绍兴市上虞区百官街道、柯桥区下方桥社区及杭州市萧山区瓜沥、龛山、萧山一线。4世纪，岸线外涨至今慈溪浒山，余姚的低塘和临山，绍兴的孙端、斗门和新甸，萧山的龛山和西兴一线。此后渐向北淤伸，宋庆历七年（1047），余姚知县谢景初筑云柯到上林海堤28000尺，即为11世纪的岸线，在今慈溪浒山以北8千米，呈凸弧状，在北岸没有大坍以前，南北岸相距约18千米。11

［1］ 里护塘位于今上海市东部海滨，北起长江口南岸，南至杭州湾。始筑于北宋，南宋乾道八年（1172）重修，从而使塘内大片农田免遭潮水浸害。

世纪中期以后，潮流冲击加剧，须赖堤防守护，故先后有宋绍圣三年（1096）前后牛秘丞筑余姚石堤，淳熙十年（1183）定海知县唐叔翰等筑定海县（今宁波市镇海区）后海塘，庆元二年（1196）余姚知县施宿重筑自上林至兰风石堤（今属余姚市）42000尺。至14世纪，又坍回今余姚市临山镇和慈溪市浒山镇、观海卫镇一线，即大古塘所在位置，直至元至正元年（1341），州判叶恒筑余姚石堤21211尺，岸线内坍方止。此后又外涨，人为垦殖利用一再向北增筑海塘，至18世纪末，基本恢复到11世纪的岸线位置。[1]

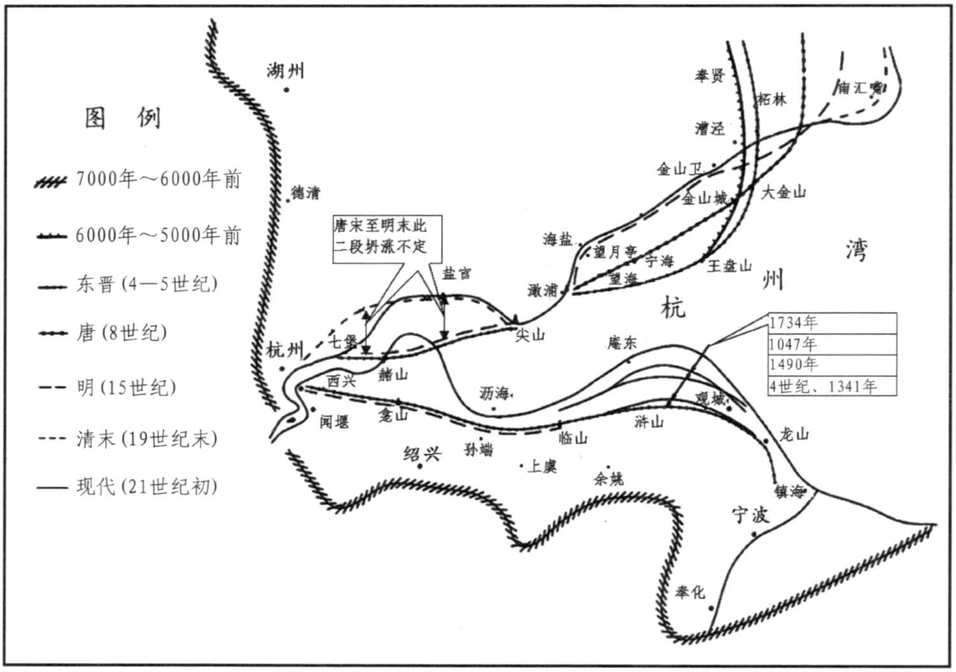

钱塘江河口岸线变迁示意图（《钱塘江志》，方志出版社1998年版，第65页）

（三）钱塘江河口的三亹之变

钱塘江河口段主槽，即杭州至尖山之间河口段江道，历史上先后有过南大亹、中小亹和北大亹三条流路。如清雍正十一年（1733）三月内大臣海望等备陈江海情形修筑事宜疏云：“伏查江海之门户有三，省城东南龛、赭两山之

[1] 以上参见《浙江通志》编纂委员会编：《浙江通志》第98卷《钱塘江专志》，浙江人民出版社2021年版，第19—20页。

间名曰南大亹，禅机、河庄两山之间名曰中小亹，河庄山之北、宁邑海塘之南名曰北大亹。此三亹形势横江截海，实为浙省之关阑也。”[1]这三亹历史上曾经发生过数次变迁，总的趋势是由南而北，变化过程则反复渐进。江流主槽南北摆移范围达 20 千米的大变迁。大致先经南大亹入杭州湾，后经中小亹入杭州湾，最后才经由北大亹入杭州湾，并形成现在的局面。这就是史上所谓的“三亹之变”。

1. 南大亹

南大亹在今萧山境内龛山之北、赭山之南。龛山，又名航坞山，亦作杭坞山、王步山。赭山为美女山、狮子山、红山之总称，别名坞里山。南大亹位处中小亹之南，江道宽广，故名南大亹。

南大亹作为钱塘江入海通道为时颇早。至迟在春秋战国时代已经如此。《越绝书》卷八《越绝外传记地传》在地名“防坞”下云：“防坞者，越所以遏吴军也。去县四十里。”又在地名“杭坞”下云：“杭坞者，勾践杭也。……度之会夷。去县四十里。”防坞，越国水上军事设施，其址当在今杭州市萧山区瓜沥镇西南航坞山附近。杭坞，即今航坞山。[2]《越绝书》的字里行间，充分反映了春秋战国时期钱塘江已经形成由南大亹入海的形势。

宋初燕肃《论海潮》已经明确指出：“夹岸有山，南曰龛，北曰赭，二山相对，谓之海门，岸狭势逼，涌而为涛耳。”[3]南宋《咸淳临安志》卷三一《海·海门》亦云：“海门，在仁和县东北六十五 里，有山曰赭山，与龛山隶绍兴府对势，潮水出其间。”紧接着又引申说：“郭璞《地记》所谓‘海门一点巽山小’，又曰‘海门笔架峰峦起’，指此也。”[4]把时间追溯到了两晋郭璞（276—324）的时代。

---

[1]〔清〕雍正《浙江通志》卷六六《海塘五》，中华书局 2001 年版，第 4 册，第 1647 页。

[2] 张仲清：《越绝书校注》本，国家图书馆出版社 2009 年版，第 225—226 页。

[3] 卢肇《潮论》所谓“夹群山而远入，射一带以中投”者是也。《淳祐临安志》卷一〇《山川·江潮》引，《宋元方志丛刊》第 4 册，第 3316 页。姚宽《西溪丛语》卷上引会稽一石碑碑文（中华书局 1993 年版，第 25 页），并孔凡礼“点校说明”第 4 页。会稽《论海潮》碑，据王明清《挥麈录》考证，知为燕肃所撰。姚宽所引，《挥麈录》《嘉泰会稽志》各做转载，但较《西溪丛语》均脱去了一段文字。

[4]〔宋〕潜说友：《咸淳临安志》，《宋元方志丛刊》本，第 4 册，第 3647 页。

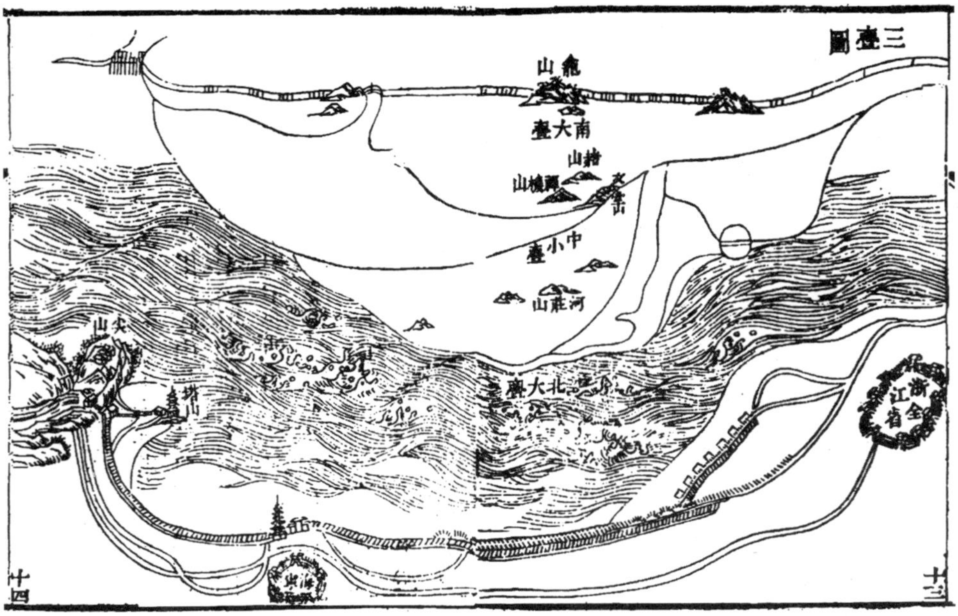

钱塘江三亹位置图（〔清〕杨鑅：《海塘揽要》卷一，嘉庆刻本，第 13—14 页）

根据南宋《咸淳临安志》卷首《浙江图》和卷一六《盐官县境图》，[1]并比对现今杭州地图，南宋时代，今西兴及其以东航坞山仍在钱塘江南岸；而时属盐官县境的赭山，还在钱塘江北岸。至元末，陶宗仪在《南村辍耕录》中论浙江潮候时尚云：“浙江之口，有两山焉，其南曰龛山，其北曰赭山，并峙于江海之会，谓之海门。”[2]明崇祯三年（1630），“邑西南，龛、赭夹峙，南阙仅三里，北阙十有八里，潮从东方来，北阙直上，折入钱塘江。迩年沙涨，以千顷之涛，束而内之三里之口，扼咽不达，转而喷薄”[3]，原宽 18 里的南大亹已淤沙仅宽 3 里。崇祯十一年，“六月辛亥大风，潮决，城西至于赭山，溺人畜伤稼”[4]，赭山仍与北岸相接，江流海潮仍走南大亹。至崇祯十五年，祁

[1]〔宋〕潜说友：《咸淳临安志》，《宋元方志丛刊》本，第 4 册，第 3355、3517 页。
[2]〔元〕陶宗仪：《南村辍耕录》卷一二《浙江潮候》，中华书局 1980 年版，第 149—150 页。
[3]〔清〕方承观：《两浙海塘通志》卷二《列代兴修上》，王国平总主编：《钱塘江文献集成》第 4 册，杭州出版社 2014 年版，第 33 页。
[4]〔明〕谈迁：《海昌外志》卷七《丛谈志·祥异》，清抄本，第 12 页。

彪佳“舟至龟山，因沙涨数十里，望海止一线耳”[1]，南大亹沙涨已淤成一线。清顺治二年（1645），清军定杭州后，明义军在南岸隔江对峙，徐鼒《小腆纪年附考》记述“郑遵谦守小亹”[2]，主槽已在中小亹。

由上述可见，自春秋至晋，至两宋，钱塘江始终经由南大亹入海。有元一代，江流主槽仍在南大亹。直到明末清初，南大亹渐淤，水势北趋渐烈。

2. 中小亹

中小亹在赭山以北，河庄山以南。赭山已于前述。河庄山原在钱塘江北岸海宁县境内，今属萧山区，又名白虎山。因位于南大亹北大亹之间，又因江道较窄，故称中小亹。

中小亹作为钱塘江主要入海通道，大致在明末清初这一时段。清朱定元《海塘节略总序》说：康熙三十六年（1697）以前，“水出中小亹，杭绍相安无事”。康熙五十九年（1720）七月，闽浙总督觉罗满保、浙江巡抚朱轼《请浚中小亹淤沙以复江海故道疏》则说：“南大亹久已淤成平陆，江海不循故道，直冲北亹而东，并海宁之老盐仓亦皆坍没入海；而赭山以北，河庄山以南，乃江海故道，近因淤塞，以致江水海潮，尽归北岸。”觉罗满保、朱轼在疏中奏请“开中小亹淤沙，使江海故道尽归赭山、河庄山中间故道”。江潮由北大亹出入后，北岸海塘屡遭冲蚀，为引导江流海潮复归中小亹，康熙五十七年、康熙五十九年、雍正十二年（1734）曾三次开浚中小亹，但均很快淤浅。乾隆十二年（1747）再度开浚中小亹，安流12年后至乾隆二十四年又复归北大亹迄今。

3. 北大亹

北大亹作为钱塘江入海通道，在河庄山以北，海宁城南。因位居“三亹”最北，江道宽广，故名北大亹。

康熙二十五年（1686），大溜已行经北大亹。但北大亹通流之初并不稳定，江流曾数度摆回中小亹，北大亹与中小亹或淤或通，难以确切考据。据清代程鹤翥《三江纪略》记载，康熙三十一年，北大亹“流尚细微”[3]，至三十四年“骤

[1]〔明〕祁彪佳：《祁忠敏公日记·壬午日历》，《北京图书馆古籍珍本丛刊20·史部·传记类》，书目文献出版社1995年版，第938页。

[2]〔清〕徐鼒：《小腆纪年附考》卷一〇，下册，中华书局2006年版，第402页。

[3]〔清〕程鹤翥：《三江闸务全书》卷上，《三江纪略》，介眉堂藏版，清刻本，第35页。

〔清〕沈宗骞《浙江海塘图卷》

决而成大江”。此后不久，江槽曾由北大亹摆回中小亹，朱定元《海塘节略总序》记载，“康熙三十六年以前，水出中小亹，杭、绍相安无事”；康熙四十二年，“水势北趋，宁城迤南之桑田渐成沧海”；康熙五十四年，“潮汐直逼塘根”[1]，其时大溜走北大亹，甚至可能江潮尽归北大亹。康熙五十九年（1720），觉罗满保、朱轼的《请浚中小亹淤沙以复江海故道疏》中，已有“南大亹久已淤成平陆，江海不循故道，直冲北亹而东，并海宁之老盐仓亦皆坍没入海”之说。说明南大亹淤塞以后，不仅中小亹，北大亹也时不时充当钱塘江入海之通道。觉罗满保、朱轼在疏中曾奏请开中小亹淤沙，“使江海尽归赭山、河庄山中间故道，可免潮势北冲”。并于当年挑浚1090丈。但第二年，巡抚屠沂即又奏停，说是北岸已有涨沙。雍正十二年（1734），杭州副都统隆升又开中小亹引河及南港（蜀山之南，青龙山之北）引河，当年竣工，但不久即淤，钱塘江仍走北大亹入海。乾隆十二年（1747），浙江巡抚常安开浚蜀山（河庄山东北）南岸一带及中小亹引河，至“十一月朔，中小亹引河一夕冲开，大溜经由故道”。[2]次年六月，中小亹引河“已冲刷三里之宽，钱江大溜虽行葛岙山以南，而逼近山足之水，仍复从山后漫流”[3]。葛岙山为河庄山一峰。说明其时钱塘江主槽虽走中小亹，但北大亹南侧仍有漫流。乾隆二十四年（1759），据浙江巡抚庄

[1] 以上参见《两浙海塘通志》卷二〇《艺文》，〔清〕朱定元：《海塘节略总序》，王国平总主编：《钱塘江文献集成》第4册，杭州出版社2014年版，第310页。

[2] 赵尔巽等：《清史稿》卷一二九《河渠志四》，第13册，中华书局1976年版，第3817页。

[3] 〔清〕杨𫓶：《海塘揽要》卷四《沙水》，载王国平总主编《钱塘江文献集成》第4册，杭州出版社2014年版，第105页。

有恭《海水趋北大亹疏》奏报："老盐仓迤西之华家弄、翁家埠，与南岸河庄、岩峰二山相对。现江溜海潮俱由二山外之北大亹往来，水势北趋。"江道主槽复走北大亹。

与此同时，中小亹淤沙日益严重。据《海塘揽要》记载，乾隆三十五年（1770），中小亹北岸西海塘之普儿兜至陆家场一带"塘外海中，潮退时新涨嫩沙一道，长二千一百余丈，宽五百丈至三百丈，水势分行南北"[1]。乾隆三十六年六月，中小亹自西向东冲出引河一条，但宽仅 10 丈。同年八月，据浙江巡抚富勒浑《潮水分入中小亹疏》报告："大汛之后，潮头分入中小亹东口，至岩峰山两路分流：一由引河西口而出；一绕河庄山北岸而出。"这种中小亹、北大亹两亹分流的形势，仅只延续到乾隆四十年。

乾隆四十一年（1776）正月，浙江巡抚三宝奏报沙水状，已经提到"水势只由蜀山之北而行"。乾隆四十三年，据两江总督高晋、浙江巡抚王亶望奏复沙水状疏言："中小亹引河旧址，二山夹峙，已成高阜，刮淋耕种""潮涨时，大溜约有九分斜趋西北，过海宁循塘而行；南岸仅有一分漫衍于阴沙之上"。自此以后，钱塘江入海信道基本稳定于北大亹，至今未变。[2]

[1]〔清〕杨鑅：《海塘揽要》卷四《沙水》，载王国平总主编《钱塘江文献集成》第 4 册，杭州出版社 2014 年版，第 107 页。

[2] 本节主要参考费黑主编《萧山围垦志》第一编第一章第一节《三亹变迁》，上海人民出版社 1999 年版，第 41—45 页。

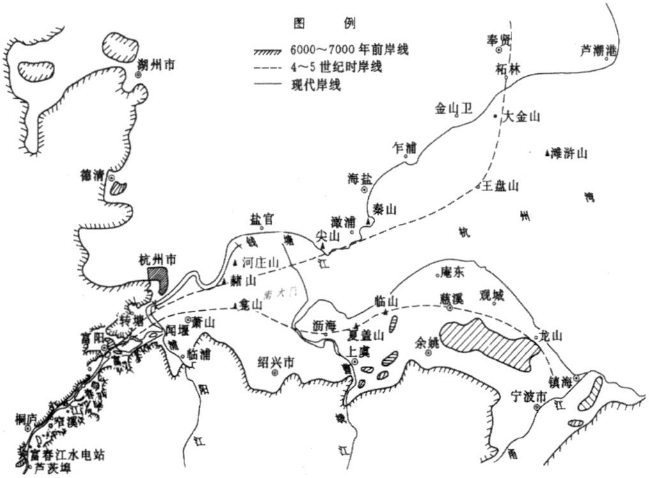

钱塘江的历史变迁

第二节　钱塘江文化概述

一、钱塘江文化在中华文明中的贡献与历史地位

钱塘江文化内涵丰富，成就辉煌，是浙江和中国文化的重要组成部分，对浙江文化和中国文化作出了极其重要的贡献，具体体现在以下几个方面。

（一）对中国古代物质文明的贡献

浙江历史上素有“鱼米之乡”“丝绸之府”等美誉，杭州在南宋时更有“上有天堂，下有苏杭”之说，是中国古代社会品质生活的典范，引领了时代风尚，对中国古代生活品质的进步作出了重要的贡献。

1. 稻作文明

钱塘江流域是中国稻作文明的重要发源地之一。考古资料表明，中国稻作农业的出现以钱塘江流域为最早，稻类作物的发现最为集中。钱塘江流域地区目前已经发现的新石器时代稻作遗址有浙江省浦江县黄宅镇上山、嵊州小黄山、萧山跨湖桥、余姚河姆渡、桐乡罗家角、杭州水田畈、吴兴钱山漾、宁波八字桥等数处。[1]经过对河姆渡出土谷物的科学鉴定，它不仅有人工栽培的水稻，而且有籼、粳两个亚种，还有过渡类型，反映的是一个亚洲栽培稻属的杂合群体[2]。同时还出土了许多制作精良的农具——骨耜，仅第四文化层就有 76 件[3]。这说明，早在距今七千年前后，这一地区就已经有了比较发达的稻作农业。此后水稻的种植始终是钱塘江流域农业生产中一个最为重要的部门，“饭稻羹鱼”成为当地人民的生活特性。

2000 年，浙江省文物考古研究所、浦江县博物馆相关考古人员在浦阳江上游地区进行考古调查，结果发现了分布于钱塘江上游和灵江流域河谷盆地的 19 处上山文化遗址，共同构成了迄今发现年代最早的农业定居聚落，我国考古学泰斗严文明称之为“远古中华第一村”。翌年 2—5 月，浙江省文物考古研究所派人对遗址进行发掘，发掘面积达 600 余平方米。考古人员选取新石器时代地层出土的夹炭陶片进行碳十四加速器质谱（AMS）年代测试，结果证明，该遗址的年代距今约一万年左右。后据北京大学考古文博学院对标本进行年代测试，表明遗址年代为距今 11400—8600 年之间。该遗址出土文物 80 余件，有石器与陶器，大多数器形为大口盆。同时，发现了房屋与灰坑遗迹，以及栽培水稻的遗存。在出土的夹炭陶片表面，有很多稻壳的印痕，且胎土中有大量的稻壳、稻叶。在上山遗址中，还发现有稻米的遗存，以及包括水稻收割、加工和食用的较为完整的证据链，这是世界上迄今发现最早的稻作农业遗存，是一个了不起的发现，引起了考古界的极大关注。有专家认为，一万年前的上山人流行种水稻，而且会利用石磨盘、石磨棒等工具进行水稻脱壳，这有力地证明了浙江文明史的书写还可以大大提前，它可以将河姆渡等史前文明上溯 3000 余年。这表明，钱塘江流域也是我国稻作和栽培稻的重要起源地。中国考古学会理事长、中国社会科学院学部委员王巍于 2020 年 11

[1] 朱乃诚：《中国史前稻作农业概论》，《农业考古》2005 年第 1 期。
[2] 游修龄：《对河姆渡遗址第四文化层稻谷和骨耜的几点看法》，《文物》1976 年第 8 期。
[3] 牟永抗、魏正瑾、吴玉贤、梅福根：《河姆渡遗址第一期发掘报告》，《考古学报》1978 年第 1 期。

月13日下午在上山考古遗址公园举行的“上山遗址发现20周年学术研讨会开幕式”上说：“上山遗址的发现非常重要，把栽培稻历史上溯到了一万年，这是世界上发现最早的栽培稻遗址。”中国环境考古学会会长莫多闻教授在中国第四届环境考古学大会上说：“上山遗址的发现与研究，是浙江乃至整个华东地区考古发现和研究的重大突破，对我国新石器考古学研究和农业起源研究均具有十分重要的意义。”

2. 蚕桑与丝绸文明

关于养蚕的起源，过去一直认为是在黄河流域。1967年，日本学者吉武成美通过用同功酶对多种家蚕品种的血液酯酶、皮肤脂酶和血液磷酸酶进行测定，提出养蚕起源于中国黄河流域，最初是一化性种，然后向江南等地及世界各地传播，并形成二化性种和多化性种。[1]这种以一地为中心、四面传播扩散的养蚕起源理论，一时被国内外学者纷纷引用。

但近几年的考古资料表明，钱塘江流域是世界上最早养蚕缫丝的发源地。1973年，考古工作者在浙江余姚河姆渡遗址中发现了大量用于纺织的打纬骨机刀、骨棱、梭形器、木制纹纱棒、打纬刀、经轴（残片）和陶制纺轮等纺织工具。而且在一件骨匕上还阴刻有编织纹，特别是在两件盅形象牙雕刻器外壁上刻有编织纹和蚕纹图像，它表明早在七千多年前的新石器时代晚期，钱塘江流域就已经开始饲养家蚕。原始纺织技术中可能已包括丝织技术，这是纺织技术发展史上的重大突破。此外，在浙江吴兴钱山漾遗址等新石器时代遗址中，还出现了绸片、丝线、丝带、麻布片等物。尤其是钱山漾遗址出土的绸片，经科学鉴定，是茧丝捻合的长丝做经纬、交织而成的平纹织物，表面细致、光洁，丝缕平整，为我国至今出土最早的丝织品。这个遗址相当于良渚文化晚期，年代在距今4200年左右。2005年，浙江省文物考古研究所联合湖州市博物馆对钱山漾遗址进行了第三次发掘，再次发现了丝带等遗物。由此我们可以断定，在距今4000多年前，浙江已经出现了真正的丝织业，有了家蚕饲养、缫丝、织绸等生产环节。而且，从出土的丝线和丝织品来看，绝不是技术草创阶段的产品，而是达到了一定的技术水准，学术界将它们认定为“中国乃至世界范围

[1]《日本蚕丝学杂志》1967年第2期。

内人类利用家蚕丝纺织的最早实例”。2015 年 6 月，湖州钱山漾遗址在北京被命名为“世界丝绸之源”。这些都有力地说明，钱塘江流域“新石器时代的纺织品，无论在种类或技术方面，都远超黄河流域”[1]。

到春秋战国时期，钱塘江流域成为中国纺织业的中心之一，丝织技术在钱塘江流域已经达到了炉火纯青的程度。越国纺织业主要以生产麻纺织品为主，产量巨大，吴王一次就“索葛布十万”。现有的资料表明，当时已能生产帛、罗、縠、素绢、彩绢、丝带等工艺精美、质地轻薄的高级丝织物。如《吴越春秋·勾践阴谋外传》载：“使相者国中得苎萝山鬻薪之女，曰西施、郑旦，饰以罗、縠。”中国丝绸博物馆原馆长赵丰研究员还认为：“在今天两湖地区出土的大量战国丝织品中，或许其中也有越国的产品，或者是在某种程度上受到过越国丝绸生产技术的影响的产品。”[2]

隋唐时期，唐代大规模生产越罗，诗人杜甫在一首题为《白丝行》的诗中写道：“缫丝须长不须白，越罗蜀锦金粟尺。”意思是用蚕丝织成的越罗和蜀锦多么珍贵，须要金粟嵌星的尺子来丈量，可见越罗在唐人心目中的分量。统治者也以丝绸作为交好北方草原民族（如突厥、回纥等）的手段，时常赠绢数万匹。至于互市贸易中的丝织品，仅唐与回纥间，总数就达上千万匹，以至唐朝无力支付，不得不拖欠绢匹。这些数量巨大的丝绸运入漠北草原，其对游牧民族的影响可想而知。此外，唐朝的丝绸还通过草原远销至希腊、罗马、埃及和印度等地。

北宋时期，浙江丝织业在全国的重要性更加突出，已经与传统的丝绸产区——中原、四川构成了三足鼎立之势。从各地上贡朝廷的丝织品数量来看，浙江虽然排在第三位，但罗、绢绸、绫三类产品数量极大，特别是罗，几乎集中了全国八成以上的产量。到南宋时期，浙江丝绸业终于超越了其他地区，成为名副其实的“丝绸之府”了。婺州（今金华、东阳一带）是两宋时期全国最重要的织罗基地，每年上贡的数量在几万匹上下。这一时期浙江各地均形成了独特的地方产品，如越州的尼罗、寺绫，剡县（嵊州）的樗蒲绫、绉纱；萧山

[1] 杨建芳：《中国南方新石器时代文化的发展水平及特点》，《人类学论文选集》，中山大学出版社 1986 年版。

[2] 赵丰：《浙江省博物馆新入藏越王者旨於睗剑笔谈》，《文物》1996 年第 4 期。

的绉、诸暨的绢、嘉兴桐乡的“濮绸”，魏塘的画绢等，这些产品均被记录在地方志中。

元代，蒙古族统治者将掳获的南方染织工匠，押送到北方腹地，设置了名目繁多的工匠局，专门生产高级丝织品，只供他们使用。因此，当时的丝织印染工艺，不仅继承了历代的传统，而且在风格上迎合了蒙古族人的审美情趣。

明代继承了元代的做法，在全国丝绸产区设置官营织染机构，共 23 所，数量比元代减少，但设在浙江的却有 10 处，几乎占了一半。其中规模较大的有杭州织染局、嘉兴织染局和湖州织染局 3 所。

清代只在三个城市，即南京、苏州和杭州设了官营织造局，被称为“江南三织造”，共同承担皇室和官府需要的绸缎的造局，这说明杭州与南京、苏州分享了丝织业最发达城市的荣耀。从织造的产品看，杭州织造局主要以各种类型的缎为主，有龙袍、蟒袍和龙褂、蟒褂，有复杂的织金、妆花等高档织物，也有纱、罗、绸、绫之类的普通丝织品。地方上的著名产品，杭州主要有线春、线绉、杭罗、杭纺、杭缎、杭绸、实地纱、亮地纱，这些产品花素兼备，多见于清晚期至民国初年的服装。其中线春是平纹地上以斜纹起花的丝织物，也叫“杭大绸”，杭罗是平纹与绞纱组织配合的横条纹织物，均朴素可爱。

民国时期最经典的当代丝绸提花产品——织锦缎、古香缎也诞生在 20 世纪 30 年代的杭州，都锦生丝织厂出品的像景织物——丝织风景画则是丝织美术工艺品的代表，成为杭州的另一张新名片。

中华人民共和国成立后，浙江在长时期内保持了丝绸生产、设计和出口的重要地位，与上海、江苏形成三足鼎立之势。从丝绸产品的类型看，浙江的提花丝绸是全国做得最好的，设计也最出色，这可能要归功于 20 世纪 50 年代成立的杭州丝织试样厂。这个厂其实是浙江丝绸新产品研发中心，集中了浙江最优秀的设计师和工程师，不断推出新颖别致的产品，在国际市场上为中国丝绸赢得了市场和荣誉。

3. 瓷器文明

瓷器是我国劳动人民的伟大发明。钱塘江流域地区是中国最早烧制釉陶的。浦江上山遗址考古发现表明，早在一万年前，生活在这里的先民们就已经开始烧制陶器了。到商朝时，在浙江出现了结构完整、装烧量大、窑温较高的烧制印纹硬陶的龙窑。还出现了原始瓷器。战国时期,这里的制陶业更是趋于发达,仅浙江绍兴的富盛和萧山的进化两地就发现了我国早期的窑址 20 多处，有的窑址还呈长条形斜坡状，说明这些窑场具有水平较高的专业作坊的性质[1]。

到东汉后期，浙江的绍兴、上虞一带已经出现了青瓷器。由于瓷器具有制作方便、成本低廉、坚固耐用、美观清洁等优点，因此一经出现，便迅速地获得了人们的喜爱，成为中国人十分喜爱的必不可少的日常生活器具。此后，越窑青瓷在钱塘江流域更是得到了飞速的发展,是这里出产的大宗物品。唐宋时，浙江越窑、龙泉窑等出产的瓷器，远销海内外，推动了中华文明和世界文明的进步与发展。

4. 茶文化

中国是“茶的祖国”，茶叶与可可、咖啡并称为世界三大无醇饮料。其起源的历史，可以上溯到传说时代。我国迄今为止的第一部药学专著《神农本草经》记载了关于茶的起源传说:“神农尝百草，一日而遇七十二毒，得茶而解之。”神农氏为我国远古传说中的人物，后人称其为“人文始祖”，距今 5000 多年。书中记载的“茶”，就是今日人们常饮的茶，它还指出了茶的功效——茶能解毒。有鉴于此，唐代的陆羽在《茶经》中把神农列为中国第一个饮用茶的人。但神农最早发现茶的说法，很难得到学术界的确定。有学者根据考古发现认为，钱塘江流域是中国茶业与茶文化的摇篮。

20 世纪 70 年代，钱塘江流域下游南岸的河姆渡遗址中出土了樟树叶堆积与原始打茶筒等原始茶文化遗物。2001 年发掘的浙江杭州跨湖桥遗址 T0510 探方的第七层中，出土一颗极其珍贵而难得的世界上最早“茶树种籽”，并且跨湖桥遗址 T0411 ⑧层中出土了一件小陶釜，外底有烟火熏焦痕迹，器内盛有一捆植物茎枝，长度 5—8 厘米，单根直径一般在 0.3—0.8 厘米，共 20 余根，纹理结节均十分清晰，出土时头尾整齐地曲缩在釜底。显然，这是陶釜煮烧植物茎枝的遗迹，考古人员认定其为煎药与药罐。[2] 2004 年，考古工作者又在余

[1] 绍兴市文管会:《浙江绍兴富盛战国窑址》,《考古》1979 年第 3 期；浙江省博物馆:《三十年来浙江文物考古工作》，见文物编辑委员会:《文物考古工作三十年》，文物出版社 1979 年版。

[2] 浙江省文物考古研究所、萧山博物馆:《跨湖桥·跨湖桥遗址出土的植物种实》彩版四五页，文物出版社 2004 年版。

姚田螺山河姆渡文化遗址的六千年前地层中发现了目前世界上已发现的最早茶树。当时共有20余株留有根部及短杆的茶树遗存出土，它们保持着种植状态竖立着，规整地分行排列于两片地块中，非常珍贵而难得地呈现着六千年前茶树的人工栽培原生态模样。2008年经日本古生物学家切片鉴定，确定是山茶属中的栽培茶树。2008年底又经中国茶叶研究所作生化检测，测出该茶树遗存含有茶树才有的茶氨酸，因此茶学专家也出具了明确的鉴定意见："是人工栽培茶叶树。"日本东北大学教授、著名植物学家、田螺山遗址出土山茶属树根遗存鉴定者铃木三男，日本金泽大学教授中村慎一以及浙江省文物考古研究所研究员孙国平、郑云飞共同署名发表的《茶树种植起源的世界最早证据的发现和初步研究》的论文，从多个侧面论述茶起源地、茶与其他植物的关系、田螺山遗址发掘与主要收获，最后得出结论为："田螺山遗址人工栽培茶树可能是目前世界上迄今发现的最古老茶树，它们的发现，意味着长江下游是茶文化的发源地，促使我们对过去茶树起源观点和研究方法进行反思。"另外，田螺山遗址中栽培茶树的发现，也是对植树造林史研究方面的重大突破，表明中国是世界上最早开始人工植树的国家。明确证明中国栽培茶树历史至少已有六千年之久。2008年12月1日，《参考消息》以《中日专家发现6000年前茶地遗址》为题报道：

> 【共同社杭州11月29日电】由日本金泽大学考古学教授中村慎一等组成的中日研究组，日前在该市召开的成果报告会上宣布，在浙江省田螺山遗址距今5500至6000年前的地层中发现了可能是世界最古老茶地的遗迹。

据此，有学者从跨湖桥遗址出土的一颗人工环境下的八千年前茶树籽、一团原始茶与茶釜组合等文物，认为这是世界上出土的最早的茶树种籽、茶和茶釜，证明了早在八千年前的跨湖桥人就已开始喝茶，开始栽培茶树了。因此，跨湖桥遗址出土的茶树种籽及与茶釜是奠定杭州为"华夏茶都"的重要证物，是确认杭州为茶树起源中心及饮茶发源地的重要证据，杭州是世界上唯一有较完整发展环节证据的茶文化起源圣地，杭州湾地区是世界茶文化起源地暨茶树起源中心。而余姚田螺山河姆渡文化遗址出土的人工栽培的茶树，也把世界驯化茶、栽培茶的历史提前到了六千年前，它成功地改写了人类的食茶叶史、驯化茶树史乃至人类的植树史等，是非常珍贵重要的历史物证，具有证明并揭示人类古老文化与文明源头的世界性独特意义，因此是个世界级的重要发现，其价值无论如何估量都不为过。[1]

商周时代，“茶”由于其所具有的丰富药用价值，给人们的生活带来了极大的影响，为大多数百姓所普遍接受。东汉末年，葛玄（164—244）在天台山的主峰华顶修炼金丹时开辟了葛仙茶圃。随后，茶叶在钱塘江流域逐渐变为一种普通之物，茶饮已经从官宦、富人的奢侈品逐渐进入寻常百姓的生活，人们竞相饮用，并成为人们在社交活动中的一种待客礼仪，“客来敬茶”“做席竞下饮”就是当时生活的写照。魏晋南北朝时期，饮茶之风更加浓烈，吴兴（今浙江湖州）已经有了御茶园，采叶时节两郡太守都会举行宴集。

唐代是中国茶文化大发展的时期，各种名茶不断涌现，茶文化从江南推广到全国各地。《封氏见闻记》就写道：“其茶自江淮而来，舟车相继，所在山积，色额甚多。”陆羽隐居苕溪（今浙江湖州），撰《茶经》三卷，对茶的性状、品质、产地、种植、采制、烹饮、器具等皆有论述，成为世界上第一部茶叶专著，从而开启了一个茶的时代，为世界茶业发展作出了卓越贡献，被后人尊为“茶圣”。

到了宋代，饮茶是人们的开门七件事之一，每日不可或缺。南宋吴自牧《梦粱录》便记载：“盖人家每日不可阙者，柴米油盐酱醋茶。”人们雅好在饭余酒后饮茶聊天，以解一天的疲劳。当时的杭州人沈括所著的《本朝茶法》一书，与宋徽宗赵佶的《大观茶论》、唐庚的《斗茶记》、黄儒的《品茶录要》、蔡襄的《茶录》、审安老人的《茶具图赞》等著作齐名，都是关于茶饮的名著。

明代时，龙井茶兴起。明高濂说：“西湖之泉，以虎跑为最；两山之茶，以龙井为佳。谷雨前采茶旋焙，时激（汲）虎跑泉烹享，香清味冽，凉沁诗脾。每春当高卧山中，沉酣新茗一月。”[2]将“虎跑泉试新茶”列为“春时幽赏”

[1] 陈珲：《从杭州跨湖桥出土的八千年前茶、茶釜及相关考古发现论饮茶起源于中国古吴越地区》，《农业考古》2003年第2期；陈珲：《杭州出土世界上最早的茶树种籽及茶与茶釜证明杭州湾地区是茶树起源中心及华夏茶文化起源圣地》，《农业考古》2005年第5期；陈珲：《饮茶文化创始于中国古越人》，《民族研究》1992年第2期；陈珲：《茶图腾的证明：中国茶文化萌生于旧石器早中期》，《农业考古》1999年第2期；陈珲《跨湖桥出土的“中药、中药罐”应是“茶、茶釜”辨》，《中国文物报》2002年7月12日。

[2]〔明〕高濂：《遵生八笺》，巴蜀书社1992年版，第133—134页。

之一。当时的杭州人田艺蘅还著有《煮泉小品》，屠隆著有《茶说》，许次纾著有《茶疏》。

清代是杭州龙井茶的辉煌期，名列众名茶之首。当时的龙井茶不仅是贡品，还成为朝廷对大臣的赏赐品。乾隆帝六次下江南，四次视察龙井茶区，品茶作诗，为宣扬龙井茶的知名度起了关键性的作用，其《观采茶作歌》对龙井茶的采摘、炒制、形状品质及茶农的辛苦都有非常详细的描述。乾隆帝还畅游老龙井品茗，钦定胡公庙前的十八棵茶树为御茶。自此，龙井茶声誉远播，名冠天下。

5. 漆器

钱塘江流域是中国髹漆的发源地。早在七千年前，河姆渡人就已经熟练使用漆器了，遗址中发现的漆器有20多件，初期是用天然漆涂于器物表面，后来就在天然漆中掺入了红色矿物质，使器物色彩鲜亮，更加美观，第三文化层中出土的木胎漆碗就是其中的代表作品。这只碗是用整段木头镂挖而成，面壁雕刻成瓜棱形状，扁鼓腹，矮圈足，敛口。碗面的红漆涂料是有机漆，为中国髹漆工艺之源头，是目前世界上发现最早的漆器之一，曾被选为中国邮票图案。此外，在杭州水田畈和余杭反山等新石器文化遗址中均有髹漆制品出土。[1]

6. 酒文化

世界上最古老的实物酒，被认为出现于大约公元前5400年的伊朗。1994年，美国宾夕法尼亚大学考古队在伊朗一处新石器时代遗址发掘出2件盛有液体的陶罐，经检测，确认这是当时所知的世界上最古老的白酒，因而酿酒的历史可追溯至距今7000年前。

中国古代酒文化丰富多彩，源远流长，一向被认为是世界上最早酿酒的国家之一。从《黄帝内经》中有黄帝与岐伯讨论用黍、稷、稻、麦、菽五谷来造酒的记载来看，最早可以追溯到黄帝时代。但从考古资料来看，我国谷物酿酒（黄酒）的起源时间，大约始于新石器时代初期。2004年12月，中美合作对河南舞阳县贾湖遗址出土陶器沉淀物的分析结果表明，其中含有酒精成分，可

[1] 每日新闻社等编：《中华人民共和国南京博物院展·1881年日本巡回展》图版拾叁，每日新闻社1981年版。

以确认其属于最早的含酒精的发酵饮料。这一发现可以称得上改写了中国和世界古酒起源的纪录。经碳十四测定，年代在公元前7000—前5500年之间。从而将人类酿酒史提前到了距今9000年前后，将世界酿酒史向前推进了1000多年。也使贾湖遗址成为目前世界上发现最早酿造酒类的古人类遗址。他们认为因掺有蜂蜜，这些最古老的含有酒精的发酵饮料，味道肯定“甘甜可口”。需要说明的是，贾湖古酒属于米酒，类似于江南地区民间制作的江米甜酒。[1] 1979年，山东莒县陵阳河大汶口文化晚期墓葬M17中出土了一组成套的酿酒器具，计有大口尊、沥酒漏缸、接酒盆、盛酒瓮等实物，这是我国史前考古中首次发现的成套酿酒用具。[2]

钱塘江流域也是我国谷物酿酒的发源地之一。有学者从余姚河姆渡文化晚期遗址出土的一件陶盉（调酒兼温酒之器）分析，认为我国先民早在公元前7000—前6000年已经学会了酿酒。[3]河姆渡文化可能出现了以米粉为主、草药为辅的原始“草曲酒”，与大汶口文化以粟黍为原料的原始曲酒有所区别，

---

[1] 2004年，张居中和麦克戈温将这项合作研究成果发表在美国《国家科学院学报》上。McGovern P. E，Zhang J，Tang J，Zhang Z，Hall G.R，et al. Fermented Beverages of pre-and proto-historic China. Proceedings of the National Academy of Sciences of the United States of America 101(51)，2004：17593—17598. 转引自赵志军、张居中：《贾湖遗址2001年度浮选结果分析报告》，《考古》2009年第8期；河南省文物考古研究院、中国科学技术大学科技史与科技考古系：《舞阳贾湖》（二）第十三章《技术工艺研究》之第三节《酿酒工艺》，科学出版社2015年版，第485—490页。又参见马利清：《从考古发现看中国古酒的起源及其与农业的关系》，《酒史与酒文化研究》（第一辑）；阎钢、徐鸿：《酒的起源新探》，《山东大学学报》2000年第3期；邢润川：《古代酿酒技术与考古发现》，《中国科技史文集》第9辑，1982年；张居中、蓝万里：《贾湖古酒研究论纲》，“中国与德国葡萄酒文化研究国际研讨会”，2007年，德国格尔木斯海姆。

[2] 见王树明：《谈陵阳河与大朱村出土的陶尊“文字”》，载《山东史前文化论文集》，齐鲁书社1986年版；王树明：《大汶口文化晚期的酿酒》，《中国烹饪》1987年第9期；凌纯声：《中国酒之起源》，载《“中央研究院”历史语言研究所集刊》第29本，1958年刊行；李仰松：《对我国酿酒起源的探讨》，《考古》1962年第1期；方扬：《我国酿酒当始于龙山文化》，《考古》1964年第2期；李健民：《大汶口墓葬出土的酒器》，《考古与文物》1984年第6期；张瑞玲、巩启明：《清醴之美·始于耒耜》，《考古与文物》1990年第5期；王赛时：《论中国酿酒的始源问题》，《衡水学院学报》2020年第1期。

[3] 陈靖显：《河姆渡陶盉与长江流域酿酒史》，《酿酒》1994年第3期。

形成了南北不同的酿酒道路。[1]陈瑞苗根据河姆渡文化遗址和马家浜遗址的发现推断不仅那一时期就诞生了黄酒，还形成了一定的生产规模，酿酒已经具备了一定的技术能力[2]。林胜华说古代金华地区发达的农业和陶制器皿的发明，为酿酒生产提供了可能，也为金华酒文化的产生和发展提供了得天独厚的条件，金华酒使金华成为孕育世界早期酒文化的摇篮，金华酒是历史留下的宝贵财富。[3]到良渚文化时期，双鼻壶、带流宽把杯等，制作精致，可能是酒器，酿酒行为当是粮食剩余现象的副产品。其酿酒器逐渐由小口尖底瓶变成大口尖底瓮，不仅说明制酒量在增大，还说明酿酒技术的进步，即由谷芽酒向曲酒转化，这是中国酿酒史上的一大进步。[4]

到了夏朝，谷物酿造黄酒已有了较大发展。这从文献记载中可以看出，如《世本》卷一载："帝女仪狄始作酒醪，变五味；少康作秫酒。"《战国策·魏策二》："昔帝女令仪狄作酒而美，进之禹，禹饮而甘之，遂疏仪狄，绝旨酒。"《说文解字·酉部》释"酒"字："古者仪狄作酒醪，禹尝之而美，遂疏仪狄。杜康作秫酒。"即夏禹时代的仪狄和杜康，是我国造酒业的祖师爷，或者说是酒业的祖神。西周时期，钱塘江流域的酒业已有一定发展。[5]但真正蓬勃发展的年代，约始于春秋战国、秦汉始期。[6]春秋时越国酿酒业就非常发达，举国上下形成浓厚的饮酒风气。《国语·越语上》记载，公元前490年，勾践自吴归来后，为复兴越国，增强国力，采取生聚政策，把酒作为鼓励生育的奖品，发出告示："生丈夫，二壶酒，一犬；生女子，二壶酒，一豚。"这种政策，无形中使酿酒业成了国家的一种战略产业。不仅对生育之家有此奖励，越王勾践还注意采取特殊举措，随时以酒来奖励广大民众和激励随征将士士气。《吕氏春秋·顺民》记载了越王勾践"有酒投江"的故事："越王苦会稽之耻，欲深得民心，以致必

[1] 包启安：《新石器时代出土文物与我国酒的起源》，《中国酿造》1994年第2期；包启安：《史前文化时期的酿酒（一）酒的起源》，《酿酒科技》2005年第1期。

[2] 陈瑞苗：《绍兴黄酒的起源及其演进》，《浙江学刊》1995年第1期。

[3] 林胜华：《金华酒文化历史源流管窥》，《扬州大学烹饪学报》2012年第2期。

[4] 朱乃诚：《中国史前稻作农业概论》，《农业考古》2005年第1期。

[5] 傅金泉：《浅谈衢州古酒文化》，《酿酒科技》2005年第12期。

[6] 洪光住：《中国食品科技史稿》上册，中国商业出版社1984年版；洪光住：《中国酿酒科技发展史》，中国轻工业出版社2001年版，第10—12页。

死于吴，身不安枕席，口不厚甘味。……有甘脆不足分，弗敢食；有酒流之江，与民同之。”《水经注》亦载：“越王栖会稽，有酒投江，民饮其流，战气百倍。”《吴越春秋·勾践伐吴外传》又载，越国灭吴北上称霸中原后，为了庆祝胜利，勾践“置酒文台，群臣为乐”，文种再进《祝酒辞》，始称“觞酒既升，万岁无极”，又称“觞酒既升，万岁难极”，于是“群臣大悦”。后世方志还记载了一处具体位置，如南宋《嘉泰会稽志》卷一〇载：“箪醪河，在府西二百步，一名投醪河。《旧经》云，越王勾践投醪之所。或又名劳师泽。”此后，酿酒业一直是钱塘江流域的重要经济产业。北宋朱肱在杭州所著的《北山酒经》，为中国古代酿酒历史上学术水平最高、最能完整体现我国黄酒酿造的科技精华，在酿酒实践中最有指导价值的酿酒专著。

7. 中药

中国医学起源甚早，早在远古时期，人们就学会了使用动植物和其他物品来充当药品，用以治疗疾病。而钱塘江流域就是中国中医药的起源地之一。考古学家在杭州萧山跨湖桥遗址发现盛有煎煮过草药的小陶釜，说明史前人已认识到自然物材的药用价值，这对研究我国中草药的起源尤其是煎药起源，具有重要价值。此后的良渚文化遗址，又发现5000年前芡实等中药化石，这证明钱塘江流域在全国医药发展史上的重要地位。桐庐桐君山，相传为黄帝时药祖桐君采药之地。相传晋代葛洪曾在杭州葛岭等处炼制化学药物；南齐时，杭州出现了“武林为医薮，大作推钱塘”的兴旺景象。南朝宋时，宋文帝还曾将徐道度的医术和褚胤的围棋、杜道鞠的弹棋、范悦的诗、褚欣远的模书，并称为“天下五绝”，说：“天下有五绝，而皆出钱唐。”南宋定都临安后，一批医学药学名流随迁来杭，其时名家荟萃，如嵇清、李立之、罗知悌等，药馆林立，成为中医药文化繁盛之城。到了明清两代，钱塘江流域的中医药学进入全盛时期。著名的医学家有张志聪、赵学敏、魏之琇、吴尚先、王士雄等。其中，张志聪等创立“钱塘医派”，在吴山修建侣山堂进行中医讲学和交流，对《内经》《伤寒论》进行研究和注解；清代著名医学家赵学敏编撰的《本草纲目拾遗》，是继李时珍《本草纲目》后中国又一部中药学巨著。今日杭州以名中医得名的历史街巷，有严官巷、金郎中巷、张卿子巷、惠民巷、嵇接骨桥河下等，杭州以老字号为主的中医馆有400多家，密度居全国之首。

8. 美食

在美食方面，钱塘江流域出现了以南宋厨娘为代表的杭帮菜和以高濂、李渔、袁枚为代表的饮食理论家。这里的文人对饮食文化的研究达到了全国一流的地位，其代表便是李渔的《闲情偶寄·饮馔部》和袁枚的《随园食单》。李渔《闲情偶寄·饮馔部》，是一部讲求饮食之道的专著。在书中，李渔除了介绍江南一带鲜蔬及鱼蟹肉禽各种吃法外，还提出了饮食原则 24 字诀，即重蔬食、崇俭约、尚真味、主清淡、忌油腻、讲洁美、慎杀生和求食益等，反映了这里的居民对饮食之美的追求。袁枚的《随园食单》也是一部系统论述明清时期烹饪技术的重要著作。该书内容除介绍江南风味为主的南北菜点和名酒、香茗，如家乡肉、蜜火腿（即今蜜汁火方）、鸡丝、干落鸭、土步鱼、醋搂鱼（即今西湖醋鱼）、酱炒甲鱼、问政笋丝、酱瓜等此外，还从 14 个方面对中国独有的烹调技术作了全面的阐述。在中国饮食理论史上，起到了承前启后的作用。

9. 花文化

钱塘江流域的人们对花卉有一种特别的爱好，这里栽花、赏花、卖花、戴花之风盛行。唐穆宗长庆二年，杭州开元寺僧惠澄风雅好事，从东都洛阳得到了一株牡丹，带回来移植到寺院中，时人称它为“洛花”，说明其品种为洛阳牡丹。白居易任杭州刺史时，曾携酒到这里赏花。后晋天福年间（936—942），钱弘佐妃仰氏在吴山宝莲山建释迦院（宋改宝成寺），广植牡丹，成为寺院胜景，宋苏轼有《赏释迦院牡丹诗》。以南宋临安为例，从赏花的社会阶层来看，上自帝王，下至平民百姓；从赏花的对象来看，主要有牡丹花、菊花、桃花、梅花、荷花等。在这种风气的带动下，花卉消费十分旺盛。此外，花木的促成栽培法也已普遍使用，如周密《齐东野语》卷一六《马塍艺花》载：“马塍艺花如艺粟，橐驼之技名天下。非时之品，真足以侔造化，通仙灵。凡花之早放者，名曰堂花。”这里所述的“堂花”，又作“塘花”，是现代园艺业广泛使用的催花法。此时，也产生了一些园艺学著作。如临安张镃的《梅品》是世界上第一部赏梅专著，被誉为我国赏梅文化中的一朵奇葩。湖州人宋伯仁在侨居西马塍期间，著有《梅花喜神谱》两卷，写梅花百图。陈思在开庆元年（1259）则著有《海棠谱》一书，该书不仅记录了有关海棠的诸家杂著以及唐以来吟咏海棠的著名诗篇，而且还汇集了许多有关海棠的故事。至明代，高濂在《四时幽赏录》“春时幽赏”中列有“苏堤看桃花”。明末清初，自称“西湖花隐翁”的园艺学家陈淏子，著有《花镜》一书。有学者认为，《花镜》的问世，奠定了中国传统观赏园艺植物学的基础。

10. 雕版印刷

钱塘江流域早在五代吴越国时印刷业就已经相当发达了。仅吴越国王钱俶和高僧延寿所印佛像、咒语，有数字可查的共计有六十八万二千卷本，数量之大，在我国古代印刷史上是空前的。到了宋代，杭州已是全国印刷业最发达的城市之一，为全国四大印刷业中心之一，“北宋刊本，刊于杭者，殆居大半”。明代杭州印刷业在全国的地位大不如昔，排在苏州、南京、建阳甚至徽州之后。明人谢肇淛《五杂组》卷一三《事部一》说：“宋时刻本以杭州为上……今杭刻不足称矣……”但杭州图书市场的繁荣程度却是其他许多地方所无法企及的，和北京、苏州、南京三地并称为全国四大图书聚散地。胡应麟在《少室山房笔丛》卷四《经籍会通四》说：“今海内书，凡聚之地有四，燕市也、金陵也、阊阖也、临安也。”其时杭州可考的书坊有24家。清代杭州仍是全国重要的出版中心和图书集散地，与金陵、苏州并称。王士祯《居易录》卷一四云：“近则金陵、苏杭书坊刻板盛行，建本不复过岭。”清初史学家戴名世言：“天下各种书板皆刊刻于江宁、苏州，次则杭州。”[1]金埴《不下带编》卷四亦云：“今闽版书本久绝矣，唯白下、吴门、西泠三地书行于世。”

11. “文房四宝”等文具文化

笔文化方面，杭州的制笔业在北宋时就著名于时，据文献记载，宋神宗、哲宗年间，大文豪苏轼非常推崇钱塘程奕所制的笔，认为“北方无此笔”。他离开杭州时，“当致数百枚而去”。[2]到南宋时，制笔业更是得到了突飞猛进的发展，出现了一批优秀的笔工，屠希就是其中的杰出代表。除屠希笔外，临安八字桥张文贵家所制的画笔也知名于时。又，明高濂《遵生八笺》曰：“杭笔不如湖笔得法，湖笔又以张天锡为最，惜乎近无传其妙者。然画笔向以杭之张文

[1] 王树民、韩明祥、韩自强编：《戴名世遗文集》，中华书局2002年版，第122页。

[2]〔宋〕苏轼：《东坡志林》卷八，文渊阁《四库全书》本。

贵首称，而张亦不妄传人。”[1]

墨文化方面，南宋临安的制墨业较为兴盛，出现了一批优秀的墨工，其中著名的有戴彦衡、赵令衿、叶世英、叶邦宪、刘士先等。

砚文化方面，北宋唐询著有《砚录》三卷。

纸文化方面，谢景初是一位在中国造纸史上占有重要地位的人物，谢公笺和唐代薛涛笺齐名，是我国历史上著名的用于书写诗柬和信函的染色加工纸。

此外，孙吴会稽郡铜镜铸造在中国工艺发展史上也占据极其重要的地位。这里铸造的各种神兽镜和画像镜，数量之多，远非其他地区所能相比。不只运销国内，亦远销国外，对日本的铜镜制作产生了影响。当时铸造的铜镜往往铸有铸造时间、地点和工匠姓名等铭文。近代杭州西湖绸伞以竹作骨，以绸张面，式样美观，携带轻便，深受游人喜爱，有“西湖之花”的美称。张小泉剪刀为杭州历史悠久的手工艺品，清宣统二年（1910）南洋劝业会，张小泉剪刀获银奖。王星记扇子是杭扇中的代表，而杭扇为中国三大名扇之一，自古以来就有“雅扇”的美称。由清末著名红顶商人胡雪岩创立的胡庆余堂中药，也名扬海内外。

（二）对中华民族精神和爱国爱民思想的引领与示范作用

钱塘江流域历史上素有“报仇雪耻之乡，非藏垢纳污之地”的誉称。历史上的宗泽、岳飞、文天祥、陈文龙、于谦、张煌言、葛云飞、秋瑾、章太炎等人的事迹，可歌可泣，彪炳史册，长期被视为民族英雄或民主革命的先烈，影响深远，他们身上体现的民族精神是中华民族精神的重要组成部分。特别是明代的于谦，在大敌当前、人心恐慌、局势危急之时，挺身而出，率领军民誓死保卫首都，终于赢得了京师保卫战的胜利，充分张扬了赤胆报国的精神，成为士大夫阶层中“忠君爱国”的典范。

钱塘江流域历史上还有不少政治名人和军事名人，也在中华民族的历史和民族精神上刻下了自己的痕迹，如：吴郡富春县（今杭州市富阳区）人孙坚、孙策和孙权父子三人，是三国时期吴国的开创者；睦州雉山县（今淳安）人陈硕真，为中国历史上第一位称帝的女性农民起义领袖；以临安人钱镠为代表的

---

[1]〔明〕高濂：《遵生八笺·燕闲清赏笺中·论笔》，第602页。

吴越国“三世五王”励精图治、保境安民，使两浙地区有一个较长的稳定发展时期，不但创建了一个在历史上较为富庶的吴越国，还形成了影响深远的“钱王精神”。

（三）对中国清廉为官行为的示范作用

钱塘江流域历史上的清官廉吏，代不乏人。既有本地人在外地为官的清官，也有外地人来此任职的清官。从汉代的郑弘、马臻、华信，南朝的孔休源，唐代的白居易，宋代的胡则、赵抃、范仲淹、苏轼、张夏、岳飞、陆游，明代的于谦、海瑞，清代的林则徐、葛云飞等等，无不清廉谨慎、勤政爱民。他们不谋私利，生活俭朴，一身正气，两袖清风，以自己冰清玉洁的情操示人。他们在思想上，信奉“清正自守、廉洁奉公”的信条，认为只有自己做人清洁自守，做官才能廉洁奉公，因而时时“省己”“戒贪”。不仅如此，他们在行为上也是言行一致，做到了洁身自好，从不收受贿赂和馈赠，也不铺张浪费，不讲排场阔气。唐代的杭州刺史白居易，做官三十多年，以清廉自守，体察民情，从未忘记民间疾苦。他在杭州任刺史期间，从未收受贿赂或向地方索取名贵物品。在其离任时，发现箱内有两片玲珑可爱的山石，他遂写成一诗追悔己过：“三年为刺史，饮水复食蘖。惟向天竺山，取得两片石。此抵有千金，无乃伤清白。”宋代范仲淹在杭州知州任上，践行“先天下之忧而忧，后天下之乐而乐”的准则。宋代大文豪苏轼两任杭州，在职期间，关心民间疾苦，救济饥民，选拔优秀人才，疏浚西湖，开导两河，政绩突出，对杭州来说可谓功德无量。民族英雄岳飞有一至理名言；“文官不爱钱，武官不惜死，则天下太平！”他身居高位，“廉洁奉公，不殖私产”。明代杭州人于谦官至兵部尚书，为官清廉刚正，一身正气，两袖清风，一生家无余财，很受百姓爱戴。其表露廉政勤政心迹的“千锤万凿出深山，烈火焚烧若等闲。粉身碎骨浑不怕，要留清白在人间”“清风两袖朝天去，免得闾阎话短长”等诗句，脍炙人口。明代淳安知县海瑞也提出：“公以生其明，俭以养其廉，是诚为邑之要道，处事临民之龟镜也。”他去世后，家中只存有俸银十余两和旧衣数件，此外别无他物。做了多年高官，死后竟连丧葬费还要靠朋友们凑集。其廉洁清贫始终一贯，为世所罕见。由此可以证明，钱塘江流域的清官文化，是中华优秀传统文化的重要组成部分。

（四）对中国文学艺术、科学技术等的重大贡献

钱塘江流域精神文明的内涵极其丰富，包涵文学、书法、绘画、篆刻、音乐、歌舞、戏曲、宗教、科学技术、教育、藏书等领域。生活在这里或来到这里为官任职、寓居的古人，在这些领域，或有所造诣，或独树一帜，或自成一派，或多有创造，对国家、民族历史的发展和文明的进步作出了重大贡献。1987 年 11 月，蒋祖怡等著的《浙江十大文化名人》一书，收录王充、沈括、陆游、王阳明、黄宗羲、龚自珍、蔡元培、章太炎、王国维、鲁迅十位文化名人，均出自钱塘江流域的下游两岸地区。

在文学上，与钱塘江流域相关的文学家主要有谢灵运、孔稚圭、白居易、施肩吾、贺知章、李频、方干、周邦彦、苏轼、范仲淹、罗隐、林逋、李清照、陆游、周密、汪元量、钱惟善、罗贯中、施耐庵、高濂、田汝成、张岱、袁枚、梁诗正、厉鹗、杭世骏、毛奇龄、李渔、洪楩、洪昇、阮元、俞樾、鲁迅、郁达夫、徐志摩等。白居易在杭州为官时为灵隐冷泉亭写的《冷泉亭记》，是中国散文史上的一篇经典之作。五代罗隐《谗书》，北宋柳永《望海潮》词、潘阆《酒泉子》词（又名《忆余杭》）、欧阳修《有美堂记》、苏轼《饮湖上初晴后雨二首》诗等，都是中国文学史上的经典名作。杭州人、南宋宫廷琴师汪元量著有诗集《水云集》、词集《水云词》、《湖山类稿》等，其作品以高度的纪实性，超出此时其他遗民同类作品的深度和广度，能补正史之不足，道正史所不能言。元末明初施耐庵在钱塘为官，后著有中国古典四大小说之一的《水浒传》。罗贯中著有《三国志通俗演义》。瞿佑所著的《剪灯新话》，是明代第一部、也是最负盛名的传奇小说集。至清代，陆圻、丁澎、柴绍炳、毛先舒、孙治、张丹、吴百朋、沈谦、虞黄昊、陈廷会都是清初顺治、康熙年间的杭州诗人，他们承明末遗民诗人之遗绪，结西泠诗社于湖上，称“西泠十子”（或称“西陵十子”），世人称为“西泠派”。到康熙年间（1662—1722）之后，一些杭州本土隐逸诗人，如厉鹗等人，以清幽空寂的韵致、深挚真实的性情，独树一帜，成就了浙江派诗。到清中期乾嘉年间（1736—1820），袁枚的西湖诗更是呈现典型的性灵诗风。厉鹗不仅是当时“浙西词派”的领袖，还是一位著名文献编纂学家，著有《宋诗纪事》《南宋杂事诗》等。洪昇创作的《长生殿》把古典戏曲创作推上一个新的高峰，和孔尚任的《桃花扇》并称的清代两

部著名的戏剧传奇。陈端生创作有长篇弹词《再生缘》，一经问世，就在社会上广为流传。

在艺术上，与钱塘江相关的著名书画家有褚遂良、萧悦、马远、夏圭、刘松年、李嵩、赵孟頫、鲜于枢、黄公望、蓝瑛、陈洪绶、丁敬、任熊、任薰、任颐、吴昌硕、任伯年、李叔同等。钱塘人褚遂良，为唐初四大书法家之一。南宋时期更是画家云集，如南渡的李唐、李迪、张择端、苏汉臣等北方画界名流寓居于此，马远、夏圭、刘松年、李嵩等成就杰出。明代戴进开创了一个以地域为名的画派，被后人推为"浙派"领袖。蓝瑛的画，以元人画法为基底，上追北宋五代，是"武林派"的创始人。钱塘人丁敬的篆刻技艺独树一帜，兼收秦汉以来的精华，博取众长，推陈出新，在篆法、章法、刀法三方面都有自己独创性的建树。丁敬确立的这种"切刀法"规范，成为其后篆刻艺术主要的运刀方法之一，同时也构成浙派篆刻的特有技法，此外，他著有《武林金石录》《砚林诗集》《砚林印谱》等。除丁敬外，蒋仁、黄易、奚冈、陈豫钟、陈鸿寿、赵之琛、钱松等，篆刻宗秦汉，兼取众长，讲究刀法，善用切刀，各有特点，在艺术上都有较高的成就。因丁敬等 8 人都是杭州人，故又称"西泠印派"。钱塘人梁同书，为晚清四大书法家之一。萧山人任熊、任薰、任颐，为近代"海上画派"早期代表人物。

在哲学上，与钱塘江相关的思想家主要有魏伯阳、嵇康、葛洪、杨时、张九成、朱熹、陈亮、叶适、吕祖谦、王阳明、邓牧、龚自珍、章太炎等。其中，上虞人魏伯阳撰《周易参同契》三篇，是道家炼丹术最早的重要著作，它把"大易""黄老""炉火"三家理论参照会同而契合为一，为后世道家所宗。宋末元初思想家邓牧，在传世名作《伯牙琴》中，以道家思想为基础作为批判黑暗社会的武器，从而发展了先秦道家"异端"思想的一面。他大胆抨击封建专制主义，指出皇帝是最大的剥削者和掠夺者，在暴君与酷吏的压迫下，人民无法生活，起来斗争是必然的，也是合理的。其思想对明末清初启蒙思想家黄宗羲有较大影响，成为黄宗羲民主思想的重要渊源之一。龚自珍是清代思想家和中国改良主义的先驱，他对死气沉沉的社会砰然一击，惊醒了很多世人的沉睡，促使人们向真、向善、向美、向勇，给人以鼓舞和激发。梁启超《清代学术概论》曰："晚清思想之解放，自珍确与有功焉。光绪间所谓新学家者，大率人人皆经过崇拜龚氏之一时期。初读《定庵文集》，若受电然。"

在佛学方面，南朝梁高僧慧皎，是著名的佛教史学家，所著的《高僧传》一书是我国第一部系统的高僧传记。五代宋释延寿为法眼宗传入高丽的重要弘法者，他的著作《宗镜录》(又名《心镜录》)，总结了宋以前中国佛学的得失，指出了此后中国佛教的发展道路。在肯定唐代密宗“禅教一致”说的基础上，进一步予以发扬光大，并把这种融合思想的原则推及所有佛教宗派。文益，余杭人，著有《宗门十规论》，为法眼宗的创立者。

在科学技术方面，良渚古城宫殿区的面积接近北京故宫(72万平方米)的一半，并且展现出中国古代都城三重结构的起源；在良渚的宫城中，目前已发现了几十座大型房屋的基址，最大的有900多平方米，接近故宫太和殿的一半规模。宫城的总土方量达到228万立方米，在公元前26世纪古埃及胡夫金字塔(260万立方米)建造之前，这已是地球上最大的单体建筑物。2019年7月，良渚古城遗址被成功列入《世界遗产名录》。而良渚古城外围的水利系统，更是迄今所知中国最早的大型水利工程，也是世界最早的水坝。此后，春秋战国时的欧冶子，六朝时的虞喜，五代末北宋初的著名匠师和造塔专家喻皓著有中国历史上第一部建筑专著《木经》。北宋时，杭州出现了毕昇、沈括等几位具有世界性影响的人物。众所周知，印刷术是中国古代的“四大发明”之一。大约到了11世纪中叶，平民出身的毕昇，在当时印刷业最为发达的地区之一杭州，总结了历代雕版印刷丰富的实践经验，经过反复试验，终于发明了一种更加进步的印刷方法——活字印刷术，是人类印刷史上一项伟大的技术革命，它对世界文明进程和人类文化发展产生过重大影响。1861年，马克思对此作出了极高的评价，他说：“火药、指南针、印刷术——这是预告资产阶级到来的三大发明。火药把骑士阶级炸得粉碎，指南针打开了世界市场并建立了殖民地，而印刷术则变成了新教的工具和科学复兴的手段，变成对精神发展创造必要前提的强大杠杆。”[1]北宋钱塘(今浙江杭州)人沈括，在科学研究上卓有成就，精通天文学、数学、物理学、化学、地质学、气象学、地理学、动植物学、农学、生物学、医学、工程建筑、冶金、兵器，以及史学、文学、语言文字、音乐、美术、文物考古等众多学科，著作等身，英国剑桥大学教授、著名科技史家李

[1] 马克思：《机器·自然力和科学的应用》，《马克思恩格斯全集》，人民出版社1978年版，第67页。

约瑟赞颂沈括是“中国整部科学史最卓越的人物”，称《梦溪笔谈》为“中国科技史上的坐标”。[1]沈括不仅是中国历史上最早利用石油烟尘制墨的人，而且还在世界上最早提出了“石油”一词。钱乙被历代医学界推崇为儿科的鼻祖。归安（今浙江湖州）人朱肱（1050—1125），隐居杭州西湖，在这里撰写我国现存的第一部关于酿酒工艺的专著《北山酒经》。北宋至和三年（1056）由将作监主簿、监浙江税场吕昌明复位的潮候时刻表，比英国伦敦桥的潮汐表早150多年，是世界上至今保留最早的潮候表。南宋於潜（今杭州临安）知县楼玮所绘制的《耕织图》，是我国最早的有关农业与蚕桑生产的成套图像资料，被誉为“我国最早完整地记录男耕女织的画卷”“世界上第一部农业科普画册”。[2]书中绘有一台高楼式的束综提花机，是我国目前发现最早的提花机图像，也是当时世界上最先进的丝织生产工具，为临安丝绸技术高度发达的重要标志。南宋时的王介，晚年移居临安（今浙江杭州）皇城郊外慈云岭西，他著的《履巉岩本草》是南宋时期的一部地方性本草著作，也是我国历史上最早的一部具有彩图的本草专著。钱塘（今浙江杭州）人杨辉是宋元四大数学家之一，他在《续古摘奇算法》中所列的各色各样的“纵横图”，是世界上对幻方最早的系统研究和记载。杨辉在《日用算法》《乘除通变算法》《算法通变本末》中，对乘除等算法进行了改革，不仅提高了运算速度和精确度，而且还为我国明代珠算的发明起到了重要的推动作用，充分体现出当时数学发展的新成就、新趋势。单俊良是元末明初科学家，牛转水车的发明者。吴敬最早记载了珠算，并记有最原始的珠算口诀。楼英是明代医学家。戴梓是清初著名火器专家。陈潢为清代著名水利学家。赵一清是清代著名地理学家。赵学敏、吴尚先、王士雄、魏之琇等均是清代著名医学家，赵学敏著有《本草纲目拾遗》。项名达、戴煦、夏鸾翔等为清代数学家。

在中外文化交流史方面，明代杨廷筠、李之藻是中国天主教的三大柱石之二。明清之际杰出学者陈元赟，对中日文化交流作出卓越贡献。戴笠，其书法和医术在日本各有传人，影响很大。

[1] Joseph Needham: Science and Civilisation in China. Vol.I，P.135—136，1954.

[2] 中国农业博物馆编：《中国古代耕织图》，中国农业出版社1995年版，第33页。

二、钱塘江文化与海外文化的交流及对世界文明的影响

（一）钱塘江文明与海外文化的交流

说起中西文化交流，海内外学术界常用的几个词语是“丝绸之路”“陶瓷之路”“香料之路”，此外还有“稻米之路”“书籍之路”等提法。而“丝绸之路”又可分为“陆上丝绸之路”“海上丝绸之路”两条。其中，“海上丝绸之路”是法国学者让·菲利奥（Jean Filliozat）在国际学术界第一次提出的名称，是指古代中国通过海洋与海外各国进行政府往来、商贸交易、文化交流等的海上航路。

中国开辟的古代海上丝绸之路受到海外学者的高度评价，日本著名航海史学者松浦章指出：“在东亚世界里，有着一片广阔的海域，这些名为渤海、黄海、东海、台湾海峡的广阔海域，将东亚各国悬隔开来。在古代，这些国家之间主要依靠船舶相互往来。船舶是海洋地域和国家间接触以及交流不可或缺一个重要因素。从 14 世纪到 20 世纪初叶这段漫长的历史时期里，从事于远洋航行的船舶主要是中国的帆船。在当时的东亚海域世界里，中国的造船和航海技术最为先进，其海洋政策也相对宽松，这使得中国帆船掌握了东亚世界的制海权，主导了当时的海上交通事业。”[1]其中，钱塘江流域文明在东西方文明的交流中扮演了极其重要的角色。

以两宋时期为例，这一时期的中外文化交流较之汉唐不仅在地域上有了进一步的发展，达到了中国古代文化交流史上前所未有的高度，直接和北非、东非国家有了交往，而且在与周边国家文化交流的范围和内容上也有了新的突破。这表现在文化物品上，过去以出口丝织品为主，而两宋时期的中国除出口丝织品外，瓷器占有了突出地位。特别是这一时期中国火药、指南针、活字印刷术的西传，影响并推动了世界文明的进程，为欧洲资本主义萌芽的出现和发展创造了重要条件。与此同时，由于周围国家文化的进步，两宋时期中国向外国学习的东西也多起来了。宋、元统治者在外来文化的吸收上，也大多采取积极的、主动的姿态，摄取了外国文化中许许多多优秀的成分，滋补、充实和发展了本

[1] ［日］松浦章：《明清时代东亚海域的文化交流》序，郑洁西等译，江苏人民出版社 2009 年版，第 1 页。

民族的文化。如朝鲜的纸、墨制造技术，越南的“李朝兵法”，印度的佛教文化，阿拉伯人的数学、医学和建筑技术，埃及的天文学等等。这种文化交流，较之唐代那种以中国单向输出为主的文化交流有了进一步的提高，它大大地促进了两宋时期中国文化的繁荣和高度发展。

具有海洋文化特征的钱塘江文化，在两宋时期的中外文化交流上，更是凭借其雄厚的物质基础和殷实的精神财富，扮演了主要的角色。它不仅将自己的优秀文化源源不断地输送到邻近的朝鲜、日本、越南、印度及中亚、西亚等国家和地区，而且还利用自己强大的文化力度，将钱塘江文化辐射到离自己很远很远的欧洲、非洲，从而在中外文化交流史上谱写了光辉灿烂的新篇章。

1. 日本

认为中日文化交流的历史远远不止 2000 年，当可以推溯到公元前 5000 年，即有 7000 年的文化交流史。1983 年 9 月 5 日，安志敏在日本京都第三十一届国际亚洲、北非人文科学会议讨论会上作了《关于河姆渡文化》的报告，指出：“以河姆渡及其后续者为代表的长江下游的新石器文化的若干因素，也可能影响到史前日本。如绳纹时代的玉玦、漆器以及稻作的萌芽，弥生时代及其以后的干栏式建筑，都可从长江下游找到渊源关系。”[1]此外，中国学者王仲殊、李学勤、陈桥驿、严文明、徐桐生、孟宪仁以及日本的日下恒夫、鸟越宪三郎等，分别从考古学、历史学、民族学、人类学、人种学、民俗学、语言学、历史地理学、宗教学、伦理学、文学艺术等学科入手，对中日的史前文化交流作了比较深入的研究和探讨，引起了学术界的注目和重视。

自唐昭宗乾宁元年（894）日本停派遣唐使以后，五代时期日本与中国虽无通聘之事，但商贾和僧侣的来往仍十分频繁。地处长江流域下游的吴越国，即为对日本交往之孔道，明州（今浙江宁波）又为中日交通的港口。当时，浙江与日本的交通，主要是从杭州港出发，横渡东海，经过九州肥前松浦郡的值嘉岛，进入博多津港。与唐代去日本的南路相同。时间上多春夏去日本，秋冬归国。

据《日本纪略》《本朝文粹》《扶桑略记》《本朝世纪》等典籍记载，吴越国和日本从后梁开平三年（909）到后周显德六年（959）的 50 年间，双方商人使

[1] 安志敏：《长江下游史前文化对海外的影响》，《考古》1984 年第 5 期。

臣僧侣等来往多达15次。吴越国文化影响日本最大的要数佛教。因吴越国王信奉佛教，吴越国的首都杭州有“东南佛国”之称。日本僧人来华，也多来吴越国，尤其天台山，为日僧向往之地。同时，日本僧人来吴越国参学和朝山的也不少，如奝然和成算、嘉因等6人于宋太平兴国八年（983）来台州，次年入京进献方物，太宗存抚甚厚。此外，吴越国刻印的名家诗文集、历书、经卷、佛画、佛像等也大批流入日本，很受日人欢迎。其他如香药、锦绮织物、越窑瓷器以及工艺品等也输入日本，对日本文化起了一定的影响。日本的鸿胪馆遗址出土过大量越窑青瓷，其中就有五代的器物。同时，日本的菅原道真、纪长谷雄、橘广相、都良香等诗集，以及小野道风的行草书，也流布中国，促进了两国之间的文化交流。

到了宋代，统治者对中日文化交流采取积极、主动的姿态。据统计，仅在北宋160多年间，去日本的宋船有据可查的就达70多艘次，而且其中没有一艘能够断定为日本商船，这清楚地表明了赵宋王朝对中日文化交流的高度重视。据日本学者木宫泰彦研究：“这时往来于日华之间的宋朝商船，一般是搭乘六七十人的小型帆船，大都从两浙地方出发，横渡东中国海，到达肥前的值嘉岛，然后再转航到筑前的博多，这似乎和唐末五代时的情况没有什么两样。”[1]而这些去日本的宋朝商人，绝大多数来自南方。他们带去的商品，也主要是产于中国南方的锦、绫、茶碗、绘画、书籍、文具以及香料、染料、药材等。从日本买回的物品，则主要是沙金、水银、绵、绢、布等，此外还有泥金画、贝壳镶嵌的漆器、琥珀和水晶制的念珠、扇子、屏风等工艺美术品。

在中国南方商人纷纷赴日的同时，日本僧侣和商人出于对中国长江文化向往之强烈感情，也源源不断地来到中国，特别是当时经济、文化最为发达的江南地区。据日本学者统计，“在整个北宋时代的一百七十余年间，入宋的僧侣是二十余人，但在南宋的一百五十余年间，仅史料上载明的入宋僧侣就超过了百人。这个僧侣数可与唐代的鼎盛时期相匹敌”[2]。与日僧相比，日商也毫不示弱，他们大批来到两浙、福建等地经商。

明代（相当于日本室町文化、江户文化初期）时，日本人与其祖先一样，

[1]［日］木宫泰彦：《日中文化交流史》，商务印书馆1980年版，第245页。

[2]［日］藤家礼之助：《日中交流二千年》，北京大学出版社1982年版，第139页。

怀着极其热烈的崇敬心情，纷纷来到中国求学取经，把明代灿烂的长江文化的成就介绍到日本，如正德年间（1506—1521），日本使者答里麻游览杭州西湖，并赋诗赞美西湖："昔年曾见此湖图，不信人间有此湖。今日打从湖上过，画工还欠着工夫。"[1]诗语虽俳，而羡慕之心闻于海外很久。日人策彦周良于嘉靖年间来中国，其所写游记《策彦和尚初渡集》下之上记嘉靖十八年十一月初一日他到杭州时所见城内文化发达商业繁盛之情形："巳刻，上岸，自西北门入杭府。府中所过，及第门多多，有'双凤坊''海蛟竞起''奎壁联辉''世进士坊''父子翰林''振纲肃纪'等之类，不遑枚举。又帘铭有'河清老酒''金华老酒''短水白酒''罗浮春''洞庭春色''上色清香高酒''瑶池玉液''紫府琼浆'等之类，不可悉记焉。又有学校，门揭'小学'二大字，里有一门，横额'云程发轸'。又有寺，寺门架以层层华构，犹如层塔，门中央以金揭'真教寺'三大字。又有铺，或刻牌以'郑氏凉伞铺'，或以'清油细伞铺'。帽铺、红铺、银铺之类不知数。又有卖饼店，以木造饼形，书中以'大白雪饼'。又有卖饭家，有木牌，书以'家常大饭'。又有一门，揭'国医坊'三大字，盖医家欤？有二重楼，横揭'镇海楼'三大字，盖置漏量时之楼也。过其下，出此楼左畔，有路之通翠微，有一小门，揭'登高览胜'四字，盖于此一览西湖也……"诸如此类记载很多。而渡日的明僧、商人等也积极主动地将先进的长江文化源源不断地输入日本，对这一时期的日本文化产生了极其深远的影响。谢肇淛《五杂组》卷四《地部二》便载："今吴之苏、松，浙之宁、绍、温、台，闽之福、兴、泉、漳，广之惠、潮、琼、崖，驵狯之徒冒险射利，视海如陆，视日本如邻室耳。"

日本人喜爱的中国物品基本上来自长江流域。明代浙江海盐人姚士麟在《见只编》卷上中就提到："大抵日本所须，皆产自中国，如室必布席，杭之长安织也；妇女须脂粉，扇漆诸工须金银箔，悉武林造也。他如饶之磁器、湖之丝绵、漳之纱绢、松之绵布，尤为彼国所重。"

2. 朝鲜半岛

五代时期，朝鲜半岛上的高丽、新罗、百济三国与南方诸国往来频繁。后梁贞明四年（918）冬十一月，百济王甄萱派使臣泛海来到杭州，向吴越国贡马，

[1]〔明〕田汝成：《西湖游览志余》卷二〇《熙朝乐事》，上海古籍出版社1998年版，第295页。

吴越王钱镠授甄萱中大夫之官。后唐同光三年（925），吴越国王钱镠派遣使臣到新罗，册封新罗王。后唐天成二年（927）高丽与百济构兵，两国遣使来吴越国首都杭州，请求调解。十一月，吴越国派尚书班□为通和使到高丽、百济两国，调解矛盾，平息战火。后唐长兴三年（932）三月吴越王钱镠死，四年（933）四月，百济国派太仆卿李仁旭泛海来杭州吊祭钱王。后唐清泰二年（935），四明僧子麟在高丽、百济等国传授天台宗，在高丽使者李仁日陪送下，浮海返回明州，吴越国王特在明州建寺院安顿僧人。后晋天福二年（937），高丽使张训泛海来杭州吴越国，通和修好。钱弘俶于宋建隆元年（960）也遣使往高丽求取佛经，高丽王遣国僧谛观报聘，并送回失传佛经，他拜羲寂为师，留居天台螺溪 10 年，后在此圆寂。钱弘俶又求佛经善本于新罗，传写而还。

杭州高僧延寿，撰有《宗镜录》，“声被异国，高丽王常投书问道，执弟子礼”[1]。高丽高僧灵照，居中国多年，先在福建受教于雪峰禅师，后居杭州龙华寺，终于虎跑寺后的大慈山[2]。

吴越国时，杭州（樟亭港、西兴港）、明州（镇海港）和温州（永嘉港）成为浙江对外交通的三大沿海港口，钱塘江流域出产的越窑瓷器、杭州丝绸，以及佛经等由此运往高丽、百济、新罗等国。越窑的制瓷技术也经此传到了全罗南道泉津和全罗北道扶安等地。

此外，吴越国文士投高丽的，后梁贞明五年（919）有酋彦规，后梁龙德三年（923）有朴岩，后晋开运二年（945）有周佇等。

明代钱塘江文化与朝鲜文化的交流，虽然远远不及与日本文化的关系密切，但也有一些。朝鲜全罗道罗州人崔溥（1454—1504 年，字渊渊，号锦南）于奔丧途中遭遇海难，漂流至中国台州，被救后由官方护送至北京。返回朝鲜后，应王命用汉文以日记体撰成记述在中国经历的《漂海录》，内容涉及明朝弘治初年的政治、军事、经济、文化、交通以及市井风情等方面的情况，对于研究我国明代的海防、政制、运河、城市、地志、民俗以及中朝两国的关系等，堪为一部很有参证价值的文献。在《漂海录》卷二中，崔溥以一个外国人的独特眼光，将从台州至北京的沿途山水风光与风土人情真实地记录下来，其中就包

[1]〔清〕吴任臣：《十国春秋》卷八九《僧延寿传》，中华书局 1983 年版，第 1287 页。
[2]〔清〕吴任臣：《十国春秋》卷八九《僧灵照传》，第 1284 页。

括杭州的西湖风光。他的记录自然使西湖的影响力在朝鲜更为扩大。

3. 东南亚

在越国文化对东南亚文化的影响中，尤以越南最为深远，影响也最大。越南历史学家陶维英在他所著的《越南古代史》一书中指出："江南地区的某一地点，有一支以捕鱼和越海为业的越族人，南下到越南，成为后来的雒越。"[1] 雒越即今日越南人之祖先。

4. 南亚、中亚和西亚

五代时吴越国和印度有友好往来。《西湖游览志》载："钱氏时，有西竺僧转智者，附海舶归。"[2]在印度勃拉名纳巴特，考古工作者发现了越州上林湖烧制的青瓷器片。可以证明唐末五代时，吴越国与印度已有僧侣和贸易往来。

吴越国与大食（今伊朗）也有贸易关系。《吴越备史》卷二载："火油得之海南大食国，以铁筒发之，水沃其焰弥盛。"南唐招徕海南商贾，取得香料、珠宝，数量甚多，又从南海诸国输入龙涎香。

与此同时，一些中亚和西亚的游客来到长江流域。明正德十一年（1516），中亚穆斯林商人塞义德·阿里·阿克巴尔·哈塔伊用波斯文撰写的《中国纪行》一书，被季羡林称赞是"记载了中国各方面的情况，地理、军队、宗教、仓库、皇帝宫廷、监狱、节日、教坊、妓女、医疗、立法、学校、外国使臣和侨民、农业、货币、法律、剧场等等，简直是一部中国的百科全书"。该书提到杭州是一个大得惊人的城市，"它非常大，十五个游览过杭州的人，其中的一人说，我们早上从杭州的一头开始走，到了晚上才到城的中间，就在那里留宿过夜，第二天早上再走，到晚上才走到它的另一头"[3]。

5. 欧洲

元代，横跨亚欧大陆的蒙古大帝国的建立，更为长江文化与欧洲文化的交流提供了空前便利的条件，使双方的文化交流再度掀起高潮，从而谱写了中外

---

[1]［越］陶维英：《越南古代史》上册，商务印书馆1976年版。

[2]［明］田汝成：《西湖游览志》卷六《南山胜迹·胜相寺》，第65页。

[3]［波斯］赛义德·阿里·阿克巴尔·哈塔伊：《中国纪行》，生活·读书·新知三联书店1998年版。

文化交流史上的新篇章[1]。在这一时期，大批商人和罗马教会的使团人员先后来到中国，更对钱塘江流域的自然风光和城市的繁华留下了深刻的印象。1318年，意大利人、方济各教会教士鄂多立克怀着“为了赢得某种灵魂之收获的愿望”，越过海洋，开始了访问东方世界各国的漫长行程。他乘船从威尼斯出发，抵达中国南方大港广州。然后他北上来到刺桐城（即泉州）、福州、杭州、南京、扬州等地。他游览了杭州以后，对杭州城市规模之大、人口之众、都市繁华等等留下了非常深刻的印象。漫游东西方各国、见多识广的鄂多立克感叹地说：“若有人想要谈谈该城的宏大和奇迹，那整卷的纸都写不下我所知的事。因为它是世上所有最大的最高贵的城市，并且是最好的通商地。”[2]在这一时期，到过中国的欧洲旅行家，都对中国的印刷技术表现出一种惊讶而赞赏的态度。如法国僧人鲁勃洛克，意大利的马可·波罗，小亚美尼亚亲王海敦，意大利僧人和德理等，对于元朝纸币的纸张质料、形态大小、币值、文字、玺印等情况均有所叙述。而脍炙人口的《马可·波罗游记》说得更为具体，影响更为巨大。通过他们的宣传，雕版印刷术就介绍给欧洲了。同时，这些西方旅行家大多到过当时印刷业最为发达的杭州，并从这些地区带回雕板，从而对欧洲印刷业的兴起产生了极其重大的影响。张秀民先生认为：作为公元15世纪末16世纪初欧洲书业中心的威尼斯，“它的纸牌与印书事业，与杭州似乎有蛛丝马迹可寻的”[3]。借印刷术之力，欧洲人的思想和社会都发生了深刻的变化，“它激发了文艺复兴和宗教改革的精神……有助于民族语文和本国文学的建设，甚至也助长了民族主义。印刷术还使教育普及，各地文盲减少，增加了社会流动的机会。简言之，西方世界现代文明进程中的几乎每一项成就都以不同方式与印刷的引进和发展有联系”[4]。

---

[1] 朱龙华：《从“丝绸之路”到马可·波罗》，见周一良主编：《中外文化交流史》，河南人民出版社1987年版，第262—305页。

[2] [意大利]鄂多立克：《鄂多立克东游录》32《关于杭州(Cansay)城，它是世上最大的城市》，载《海屯行纪 鄂多立克东游录 沙哈鲁遣使中国记》，何高济译，中华书局1981年版，第67—69页。

[3] 张秀民：《中国印刷史》，上海人民出版社1989年版，第791—792页。

[4] 李约瑟：《中国科学技术史》第5卷第1分册《纸和印刷》，科学出版社、上海古籍出版社，第329页。

明代钱塘江文化与欧洲文化的交流进一步加强。自明正德年间起，欧洲传教士、商人、旅行家、冒险家大批来华传教、经商、游览，他们以好奇的目光观赏中国城乡的风光、建筑、物产、工商业、人文和风俗等。在他们的笔下，长江流域美丽富饶，杭州、南京等都是美丽富饶的文明城市。他们以自身的感受写下了大量游记，详尽地介绍长江文化，留下的文字记录是翔实、可靠的史料。当然，不免也有夸大失实之处，这是由于他们对中国国情缺乏长久深入的了解，只能是浮光掠影式的记录，所以引用这些史料还须与中国文献、碑刻等史料予以比勘、核实，以发挥其特殊的功能。

西班牙人拉达在《记大明的中国事情》一书中，就记载了他在中国南部一些城市中所见到的丰富的肉类食品，有烧肉、鹅、鸭、阉鸡、熏咸肉及其他猪排骨、新鲜小牛肉和牛肉，另有鸽子和斑鸠等野味。[1]葡萄牙人奥伐罗·塞默多（汉名为谢务禄、曾德昭）曾在杭州传教，他为西湖美景所陶醉，写道："西湖，它是世界奇景之一，四周有30里，合6英里，其中筑有优良的宫庭，覆盖着青草，植物和树林，美丽的山峰，围绕这些宫庭；潺潺流水，从一头进水，另一头流出。水之清澈令人乐于观赏，湖底旧沙纤毫悉睹。湖上有铺石道路，任行人随意玩乐通行；备有小艇，供休歇宴乐之用，船舱或头舱，设有厨房，中间地方作厅室用。上层是妇女的居所。四周有格子窗，避免有人窥见她们。这类船，其色彩和镀金形式，奇特而且多样化，航行设备很完善，不致遭受水淹。"[2]又说杭州的特产"是丝绸，无论生丝还是成品，也不管是茧还是原料，都运往各地。总之，中国输出的丝绸，都产自该省"，他很欣赏杭州的丝织品，"优质丝绸，如以上所述非常丰富，制成品大多富有艺术，用贵重漂亮的金丝锦边"，大量供应宫廷享用。[3]

明代钱塘江文化对西方文化影响最大的当属陶瓷。正德九年（1514），葡萄牙航海家科尔沙利、埃姆渡利等人来到广州，买去了他们向往已久的中国瓷器和丝绸，这标志着我国和欧洲国家在16世纪时期的第一次直接贸易。此后，

[1] [西班牙]拉达：《记大明的中国事情》，载[英]G. R. 博舍克编注：《十六世纪中国南部行纪》，何高济译，中华书局1990年版，第205页。

[2] [葡萄牙]曾德昭：《大中国志》，上海古籍出版社1998年版，第16页。

[3] [葡萄牙]曾德昭：《大中国志》，第15页。

葡萄牙商人源源不断地来到中国，将中国的瓷器、茶叶、生丝、漆器等运回欧洲去卖，以获取高额利润。继葡萄牙之后，西班牙人也接踵而来，他们自从航海家麦哲伦在1521年3月到达了菲律宾以后，就把菲律宾作为跟中国进行商品贸易的据点。1609年，莫尔加在著作中曾叙述了西班牙和中国贸易的情况："中国的大帆船运来了生丝、用金线绣成美丽图案的天鹅绒、丝绸、织锦、麝香、国画、安息香、台布、轻便马车和车厢里的小地毯、珍珠、宝石、水晶、金和铜制成的脸盆、水壶、长袍以及质量优秀的各种规格的陶器、瓷器。"

中国瓷器大量输入欧洲，对当地的文化产生了深远的影响。首先，自中国瓷器大量进口后，这里的制陶业发生了划时代的变化，已经能够大量模仿中国瓷器，制造出新型的欧洲陶器。1470年，意大利威尼斯的安东尼奥开始用黏土制造出一批类似瓷器的东西。此后，他们以中国青花瓷为蓝本终于成功仿制瓷器，从而使中国的制瓷艺术又成为欧洲物质文明的有机组成部分。其次，丰富了欧洲人的精神生活。由于中国瓷器具有高度的艺术性和广泛的实用性，因此深受欧洲各国上层社会的喜爱。在当时，欧洲人把购买、搜集中国瓷器说成像是去"寻找黄金"一般。各国王室均把中国瓷器作为最珍贵的财产。在葡萄牙，甚至连王后和公主的手镯也是中国瓷器制作的。他们还将中国瓷器视为馈赠贵宾的最佳礼品，如1578年葡萄牙国王亨利赠送给意大利国王的一箱礼物中，就有4件描金的中国瓷器。葡萄牙的国王、王后、贵族和航海家们还往往要求在中国瓷器上铭刻自己的肖像、姓名等，以作为永久的纪念。而西班牙人更把自己的意识形态与中国瓷器紧密交融在一起，他们认为用瓷器陪葬在死者左手的手指附近，就能唤起死者的灵魂，附着在死者的身体上。因此在举行国王和王后的葬礼时，都要用最美丽的中国瓷器以及金首饰等陪葬[1]。由此可见，中国瓷器已融入欧洲文化之中，这是明代长江文化同欧洲文化密切交流的结果。

除陶瓷外，钱塘江流域一带出产的丝绸、茶叶及手工艺品等也大量输入欧洲，对欧洲文化的发展产生过一定的影响。据顾炎武《天下郡国利病书》卷九六《郭造卿防闽山寇议》所载："是两夷者（引者按：即指葡萄牙人和西班牙人），皆好中国绫罗杂缯。其土不蚕，惟借中国之丝到彼，能织精好缎匹，服

[1] 朱培初：《明清陶瓷和世界文化的交流》，轻工业出版社1984年版，第197页。

之以为华好。是以中国湖丝百斤，价值百两者至彼得价二倍。而江西瓷器、福建糖品果品诸物，皆所嗜好。”17世纪初西班牙史学家德·摩加（Antonio de Morga）更是详细地开列了中国商人在马尼拉与西班牙商人进行贸易的货单：

> 大束生丝，精粗具备；素色和彩色精美小卷散丝；大量天鹅绒，有些是本色的，有些绣有各种图案与彩色花款，有些色泽艳丽和嵌绣金线；织有金银丝的浮花锦缎；大量金银线；缎子、绫罗、平纹绸和各色衣料；亚麻布制品；不同品种的白棉布匹。中国人还带来麝香、安息香、象牙；大量床上装饰品、帐帷、被单、天鹅绒挂毯；各色织锦和丝毛混织品；台布、椅垫和地毯；用同类材料制成的嵌有玻璃珠和小珍珠的马饰；珍珠和红宝石；青玉和水晶；金属盘、铜壶、铜锅和铸铁锅；各式各样西班牙人面粉、橘子、钉子、铁板、锡和铅；硝石和火药。中国还供应桃子、梨肉、豆蔻、生姜和其他中国水果制成的蜜饯；腌猪肉和其他腌制品；良种家禽和上等阉鸡；大量新鲜水果和各种橘柑；美味的栗子、胡桃、柿子（干货与鲜货水果均同样可口）；各式各样的线、针和小摆设；小箱子和文具盒；床、桌子、椅子、描金板凳。他们还带来水牛、形似天鹅的鹅、马、骡、驴；甚至还有会说话、唱歌及逗趣的提笼鸟。中国人还带来数不清的外表好看而不值钱的小玩意和小装饰品，这些东西很受西班牙人重视。各种精美的陶器……黑色和蓝色长袍；各种念珠，红玉髓，五光十色的宝石；胡椒和其他香料；还有种种稀见之物，如果都要提到，我将永远写不完，也没有这么多纸张来写。[1]

从上引这张货单中，可见中国输入欧洲的货物十分丰富，包罗万象。在中国丝绸及工艺品等输入欧洲的同时，欧洲人对中国钱塘江文化的了解和认识也更进一步了，从而加速了东西方文化交流的深入。如罗马尼亚人尼古拉·斯帕塔鲁·米列斯库（N, Spatarn Mitescn, 1636—1708）曾以俄国使节身份出使中国，甚至进京见过康熙皇帝，并游览了中国许多地方，著有《中国漫记》一书。该书共58章，分为两大部分。第一部分20章，叙述了“中国人的公共事务，帝国情况和风俗习惯，以及一般介绍所涉及的其他情况”；第二部分38章则是“对所有的十五个省份分别作了专门的描述，介绍了这些省的省会和较小的城

---

[1]［西班牙］德·摩加:《菲律宾群岛志》(Antonio de Morga，Sucesosde Ias Iglas Filipinas)。

市。河流山川、自然资源、物产种类”；最后两章介绍了朝鲜和日本。其中，第45章专记《浙江省及所属大小城市和特点》，详细介绍了杭州：“至于这个城市的规模，威尼斯人马可·波罗说，它的方圆大约120俄里，若把郊区也算在内，则超过180俄里。城里有一座高丘，人们视为钟楼，山丘上有人专门计算时间，并用一块大牌子以金字标志时辰及预告下一时辰。”[1]所说的杭州有两个“海关”，“一个杂品海关，一个木材海关，还征收大量关税”。[2]并指出杭州城内有众多河道和桥梁，河道上布满了各色船只：“江河湖泊形成水网，用以连接城市，行船通商。……中国无一城市不是居河而立，或是天然江河或是人工运河。”“这里河川湖泊密布，比荷兰还要多，挖掘的运河水渠之多，令人难以置信，运河水渠两岸都铺有石块，还建了许多漂亮石桥。”“在这个（杭州）城市，包括它的郊区，有无数高石桥。……城市位于西湖东岸。……这个城市的另一边为钱塘江环抱。城市位于河川密布地区，还挖掘了许多运河，河上可通行大船。”“城市周围有一些名山，人工挖掘的运河环绕其间。天空似乎就是靠这些山支撑着。”“离西湖的运河不远处有一座大庙，这里经常举行庙会，汇集了全中国乃至全世界的珍奇货物。”同时，他简直为西湖的美景所倾倒，写道：“湖上有装饰得金碧辉煌、五彩缤纷的游船，船上轻歌曼舞，一片歌舞升平景象，中国人所谓的地上天堂，确实名不虚传。”[3]1735年，法国人杜赫德（P du Halde）在巴黎出版了一部名为《中华帝国全志》的百科全书式的著作。此书收集了27位欧洲来华传教士的著作，是当时欧洲人关于中国知识的总汇，伏尔泰称之为“一部关于中国最好、最详尽的著作”。此书出版后，很快被译成各种文字，在欧洲广为流传。书中有大量关于钱塘江文化的描述，如其描述杭州：

> 杭州府（Hangzhou-chew-fu），浙江省的省会。
>
> 这是中华帝国内最富有、最宏大的城市之一。尤可称道的是，此城地理位置优越，居民数量众多，运河渠道便利，盛产世界上最好的丝绸。

---

[1]［罗马尼亚］尼古拉·斯帕塔鲁·米列斯库：《中国漫记》，中国工人出版社2000年版，第174页。

[2]［罗马尼亚］尼古拉·斯帕塔鲁·米列斯库：《中国漫记》，第173页。

[3]［罗马尼亚］尼古拉·斯帕塔鲁·米列斯库：《中国漫记》，中华书局1990年版，第25、172—176、138、140页。

> 中国人有俗语“上有天堂，下有苏杭”，此地即人间天堂。此城基本为圆形，周围四十里，不包括郊区。从东门到北门为十里。城中居民上百万。一个信奉基督教的文人对居住在城中的一个传教士说，根据税务官的税册，光城里就有三十万户居民，不包括广大的郊区。
>
> 杭州城的城墙十分壮观、高耸、厚实。不过，城里河道中的水质则不太好。城外的河渠中有大量的船只，船工全家住在船上。城内街道不宽，不过店铺倒很整洁，商人也很富有。每条大街上都有牌坊，用来表彰某位官员的显赫功业，或者表明他受皇帝之恩宠。杭州城中还有四座高塔，每座都有几层楼高。驻防此城的军队可分两大类：一类共有七千人，由将军指挥；他的副手则统领另一类士兵，共有三千人。
>
> 杭州城里有此大花园，不过没有楼房，你可以想象城里的房子是多么多啊！大街上行人繁多，颇似巴黎，所不同的是，这里见不到妇女，清军（Tartar）有自己的营寨，与杭州城隔着一道城墙。宽阔的钱塘江（Tsyen-tang-kyang）就在城墙外流过。
>
> 可以毫不夸张地说，杭州是个丝绸之乡，因为中国的丝绸主要产于此地。据说光城里就有六千名丝绸工匠，如果此言可信的话，那么，其周围地区的工匠可达数十万之多。在杭城周围，以及附近的嘉兴府（Kya-hing-fu）和湖州府（Hu-chew-fu）每一个村庄无论它是多么小，都有人在从事丝绸行业。在杭州出产的丝绸中，有一种丝绸织有花色，被称为绫缎（Lin-tse），另一种丝绸平整而没有花色，被称为罗纺纱（Lau-fang-se），都是全中国最好的，并且供不应求。
>
> 不过此城最为著名的还是城边的一个小小的湖泊，名为西湖（Si-hu），周长二里格。湖水清澈，晶莹透明，就是湖底的一块小石头也能看到。湖水浅处，有莲花（Lyen-wha）覆盖。西湖边建有亭台楼阁，湖上还有精美的小桥，桥下小船穿行。
>
> 西湖之中还有两个小岛，人们在享受乘船游湖之后在此休息。岛上还有庙宇及房子，供人游玩。西湖四周同样建有众多的寺庙、豪宅，其中包括一个皇帝的行宫。皇帝南巡时，就住在这行宫中。

这段文字充分反映了当时欧洲人对杭州的典型看法。

清乾隆五十七年（1792），马嘎尔尼使团带着英王乔治三世致乾隆皇帝的国书及大量西洋礼物启航来华，于次年抵达北京，后转至承德避暑山庄觐见乾隆帝。同年10月经大运河南下，11月抵达杭州。在杭州地方官的邀请下，使团成员乘船游览西湖，并留下关于杭州西湖的旅游见闻，其中谈到湖中的小船、石桥，岸上的宅第、皇帝行宫、寺庙，并特别提到雷峰塔。王大人“有礼貌地邀请巴罗先生和其他几位团员乘坐一艘华丽游艇游西湖，一条准备饭菜的船跟随其后，湖面上荡漾着无数条供游人消遣娱乐的小船。岸上有达官贵人的宅第、一座皇帝行宫，还有不少寺庙。自山边冒出的小溪流入西湖，上面跨着美丽的石桥”。在树林中，有“几千个修筑得像房屋一样的坟墓，墓是青色的，配上白色楹柱，排列得像是一条条小街道。差不多每个晚上都有人拿着火把前来湖边的坟地向其家属的遗骸祭供”。在一座山峰上矗立着几座宝塔，其中一座位于岬角边上，名叫“雷峰塔”，“塔顶已毁坏，上面长满了绿苔和荆棘。据可靠的说法此塔是孔子时的建筑物”。

6. 太平洋诸岛国及美洲

美国学者杨江在《马来—玻里尼西亚与中国南方文化传统的关系》一文中认为：“大量的语言、习俗、物质文化方面的考证可以得出这样一个结论，即：越国人的后代与马来—玻里尼亚文化有悠久的联系。”“早在6000年前，马来—玻里尼亚人的祖先开始从中国的福建省出发进行了长途的迁移运动。他们向南行进穿越菲律宾和印度尼西亚。尔后分两个方向迁移。一路向西，到达马达加斯加；另一路向东，到达夏威夷和伊斯特岛。东徙的年代表如下：距今6000年前，到达中国东南部及台湾；距今5500年，到达婆罗洲、帝汶岛；距今4500年，到达印尼所罗门群岛新几内亚；距今4000年，到达西密克罗尼亚群岛；距今3500年，到达斐济；距今3000年，到达萨摩亚群岛；距今1700年，到达马贵斯群岛；距今1600年，到达伊斯特岛；距今1400年，到达夏成夷；距今1100年，到达新西兰。对于这次横贯太平洋的大迁移，已经有了许多翔实的史料记录。人们在语言学方面比较过该地区各地语言、语调的差异与变化；在建筑风格上比较过其中的进化与演变；同时对人种的遗传特性、杜团组织的特点、宗教的相似性及文化习俗的其他诸方面都有过考察和研究。所以，现在人们已经能够较好地理解该地区中诸种文化的联系。”[1]

---

[1] 魏桥主编：《国际百越文化研究》，中国社会科学出版社1994年版。

钱塘江流域的越文化与美洲文化也有着十分悠久的文化联系。石兴邦在《关于中国新石器时代文化体系问题》一文中认为：“多种物证表明，距今6000年夷人和越人就已同美洲和大洋洲有了接触。距今6000年前后属于夷人和越人分布范围内的我国黄淮下游、东部沿海、渤海清周围以及东南沿海的青莲岗文化系统，与北美洲文化体系基本一致。”[1]石钟健在《古代中国船只到达美洲的文物证据——石锚和有段石锛》一文中也指出：“古代古越人生活在江海之间的陆地上，同时拥有‘东绝大海’的广阔海域。由于所处地理环境特殊，因此造成了他们陆海兼处的生活特点，正如越王勾践说过的一句话，越人‘水行而山处’。正因为他们拥有非凡的航海经验，所以早在几千年前，已经驰骋于波涛汹涌的近海以及远洋之中。更因为在原始宗教和传统信念——‘朝东方去’思想支配之下，特别由于来自中原王朝的政治上和军事上的压力，迫使他们离开大陆，渡过太平洋，来到南北美洲。他们到达新大陆的时期，当在新石器时代的晚期。古代越人精于造船，擅长航海，长期从事海上生活，根据这种生活特点，说他们在古代较早时期，已经渡过太平痒，到达南北美洲，理由不能说是不充分的。”“越人到达美洲的时期，当在公元之前的一二千年之间。她们到达南、北美洲的确切时期，比公元五世纪西域五僧之东渡‘扶桑’(458)，要早一千余年；比十五世纪哥伦布的‘发现新大陆’(1492)，要早二千余年。”“古代越人到达南、北美洲，在古代世界史上是一件极关重要的大事，其重要意义有四：第一，最早打开了亚、美两大洲间北路和中路的海上交通。第二，由于受到亚洲较先进的文化的影响，美洲的原始文化有了进一步的发展。第三，证实了后此西域五僧的东渡‘扶桑’，正是沿着太平洋北岸老路前往的。第四，把发现新大陆的时期，提早了二千余年。”[2]

在明代，钱塘江文化与美洲的文化交流也进入了新的阶段。虽然，早在先秦时期，钱塘江文化就曾对美洲文化发展产生过影响，但此后一直处于停滞状态。直至明代，钱塘江文化借助西班牙、葡萄牙的商船再次将自己的文化输入美洲，其中影响最大的当推瓷器和丝绸。

[1] 石兴邦：《关于中国新石器时代文化体系问题》，《南京博物院集刊》1980年第2期。

[2] 石钟健：《古代中国船只到达美洲的文物证据——石锚和有段石锛》，《思想战线》1983年第1期。

中国瓷器输往美洲，始于大商帆贸易。1565 年 6 月，在西班牙入侵菲律宾两个月后，西班牙人乌尔达涅塔率领满载着中国丝绸、瓷器等货物的马尼拉大帆船借西南季风自菲律宾起航北上，航行 3 个月后，抵达阿卡普尔科，从此拉开了中墨两国贸易往来的序幕。由于船上运载的货物主要源于中国，当地墨西哥人索性将其直接称作"中国之船"。每当"中国之船"到达，人们便纷纷前往购买中国的丝绸、香料、瓷器和各种手工艺品。运抵阿卡普尔科港的中国丝绸，也经海陆分销到其他地区。[1] 1573 年，从马尼拉驶往阿卡普尔科的两艘大帆船中，就载有中国瓷器 22300 件，这是最早的文献记载[2]。此后中国瓷器源源不断地销往墨西哥、秘鲁、巴西、危地马拉等美洲国家，它不仅成为各国上层社会的生活用品，而且还是贵族衡量财富和文明教养的标志之一，或做住宅、教堂装饰，或做赌注，在美洲文化中留下了明显的痕迹。

中国江浙地区出产的丝绸也远渡重洋来到美洲。据学者研究，从马尼拉开往阿卡普尔科的商船，除少数年份外，都可以称之为"丝船"（又称来自中国之船，nuos de China）。在 1636 年以前，每船登记载运的各种丝织品约为三四百箱。但在 1636 年出发的商船，其中一船运载的丝货就超过 1000 箱，另一艘多至 1200 箱。这表明，从 16 世纪以后，这里已形成了太平洋上的"丝绸之路"。价廉物美的中国丝绸在美洲深受欢迎，它大大地丰富了当地人的日常穿着，不仅贵族喜用丝绸打扮自己，连当地的西班牙僧侣也用它缝制法衣，装饰华丽的教堂，甚至"下层居民"也穿丝绸和上等的中国亚麻布。1602 年 5 月 15 日，蒙特瑞公爵在给西班牙国王的上书中写道：

> 那里（利马）的西班牙人都过着非常豪奢的生活。他们都穿最上等、最昂贵的丝绸衣料。妇女们盛装丽服之繁多与奢侈，为世界上其他国家所罕见，因此，每年只要有四艘商船开往秘鲁，所有的衣料都会销售一空，其他货物也是一样，因为商船要隔很久才去一次，而人们却一向都穿新西班牙和中国运去的衣料。但就中国货物而论，只有非常贫穷的人、黑人和黑白混血种人（男女都有）、华印混血种人、大量的印第安人以及为

[1] 吴瑞根：《海上丝绸之路与"中国之船"》，中国社会科学院拉丁美洲研究所：《拉丁美洲丛刊》1983 年第 1 期。

[2] 舒尔茨：《马尼拉大商帆》（W.L.Schurz:The Manila Galleon 1959），第 27 页。

数甚多的混血儿们才穿用。印第安人的教堂也多大量使用中国丝绸，把教堂装饰得气象庄重；在这以前，这些教堂因买不起西班牙丝绸而显得简陋不堪。现在只要中国丝货大量运来，秘鲁的供应便不虞匮乏，同时货价也比较低廉。[1]

中国丝织品输入美洲，不仅影响了当地纺织工业的艺术风格和美洲人的衣着打扮，而且还为当地的丝织工业提供了廉价的原料。如湖丝运入美洲后，曾使墨西哥 14000 多名纺织工人获得了就业机会。

1776 年 7 月美利坚合众国建立后，为了其人民脱贫致富，决心用一本万利的办法，尝试直接航海到富有的东方大国——中国通商，曾有商船开赴中国但都未成功。1784 年 2 月，再次开出一艘“中国女皇号”商船来华。该船建成时原名 Anglica，音译为“安格里卡号”。船主为了将此船投入往中国的商用航行，特改名为 EMPRES OF CHINA。[2] 1784 年 8 月 24 日，抵达澳门港。几天后到终点港古黄埔。到货有花旗参 473 担，棉花 316（一说 361）担，铅 479 担，胡椒 26 担，羽纱 1270 匹，毛皮 2600 张，还有些植物油、松脂等。回程时所载货物主要有：福建红茶 2460 担，浙江绿茶 562 担，瓷器 962 担，肉桂 21 担，布 864 匹，丝织品 490 匹。[3]中国精美瓷器成为美国高级文化艺术装饰品，普通瓷器成为民间及日常饮食餐具、茶具等日用品。瓷器、绸布图案上的中国国画，成为传播中国山水风光、人物历史故事、花卉、动物、建筑物形象的文化交流载体。此行的成功，从更深远意义上说，是促成美国成为世界大国触发机。[4]

此外，钱塘江流域生产的纸扇、茶叶及园林建筑艺术等，也早就被葡萄牙、西班牙殖民者带到美洲，对当地人民的经济文化生活产生了一定的影响。

---

[1]《菲律宾群岛史料汇编》V.12，P.63—64。

[2] 菲科普·查德威克、福斯特·史密斯著：《中国皇后号》，《广州日报》国际新闻部法律室译，广州出版社、广州报社 2007 年版。

[3] 参见复旦大学国际政治系：《美国》，上海辞书出版社 1983 年版，第 64—71 页；李定一：《中美早期外交史》，北京大学出版社 1997 年版，第 7 页；丹尼尔·市尔斯廷：《美国人建国历程》，美国驻华大使馆新闻文化处 1987 年，第 8 页。

[4] 施存龙：《美国商船首航中国与中美关系之开创》，《文化杂志》（澳门）2015 年总 96 期，第 63、68—69 页。

（二）钱塘江文化对世界文明的影响

众所周知，西方对中国的称呼主要来源于中国远销海外的丝绸和瓷器，而钱塘江流域便是丝绸、瓷器和稻米、漆器以及茶文化、酒文化等的重要发源地之一，素有丝绸之府、鱼米之乡、文物之邦等美称。

1. 稻作与农业文化

日本新石器时代的绳纹文化有无农耕，是学术界长期有争议的一个问题，其观点主要有绳纹前期农耕论、绳纹中期农耕论、绳纹晚期农耕论和照叶林文化论等，众说纷纭，莫衷一是。日本考古界在北九州的许多绳纹文化晚期遗址发现有人工培育的水稻和成套的中国系统的磨制石斧，特别是 1978 年在福冈县板付发现了距今 2500—2400 年绳纹文化晚期的水田遗址。在这个遗址中，发现有调节稻田水量的堰水栅、水沟、田间小道、稻田等，以及印在陶片上的稻壳压痕和一百多粒炭化的稻米。通过对这些遗址沉积物的孢粉学研究，日本大多数学者都认为日本的稻作农耕开始于绳纹文化晚期。

但据日本农学家的研究，日本原先并没有野生稻。那么，这些野生稻是从什么地区传过去的呢？对此，几乎所有的日本学者都认为，日本的稻作农业是从中国传播过去的。

关于传播的路线，目前主要有以下几种说法：一是华北说（或称陆路说），认为水稻是从中国的河北、辽宁通过朝鲜半岛到达日本九州，再由九州沿濑户内海向畿内扩展。二是华南说，认为稻种由中国华南经南岛（琉球、宫古岛等地）进入北九州，再进一步传播到日本内地。三是华中说，此说包括四种观点：一种观点是主张稻种是从长江下游经朝鲜南部传到九州，然后再传到日本各地；第二种观点认为水稻从长江下游传到山东半岛，再渡海传到日本；第三种观点认为稻种是从长江口直接渡海传到日本中部地区的；第四种观点认为“最大的可能是从长江下游山东半岛辽东半岛朝鲜半岛日本九州再到丰州这样一条以陆路为主，兼有短程海路的弧形路线，以接力棒的方式传播过去的”。

我们认为，这几种说法都有可能成立，但从传播的时间来说，当以华中说为最早，地位也最为重要，其理由是：中国稻作农业的出现以越族地区为最早，稻类作物的发现最为集中。越族地区目前已经发现的新石器时代的稻作遗址有浙江的余姚河姆渡、桐乡罗家角、杭州水田畈、吴兴钱山漾、宁波八字桥、鄞县人交公社，上海青浦崧泽、福泉山，江苏无锡仙蠡墩、吴县草鞋山等十多处。经过对河姆渡遗址出土谷物的科学鉴定，它不仅有人工栽培的水稻，而且有籼、粳两个亚种，还有过渡类型，反映的是一个亚洲栽培稻属的杂合群体[1]。同时还出土了许多制作精良的农具，如仅第四文化层就有76件骨耜[2]。这说明，早在距今七千年前后，这一地区就已经有了比较发达的稻作农业。此后水稻的种植始终是越族农业生产中一个最为重要的门类。

中国的华北以栽培粟、黍为主，虽然少数新石器时代遗址中有所谓稻作的痕迹，但绝大多数没有发表实物的图片，而且也没有经过科学的鉴定，只是报告者根据形态近似而作出的推断，我们自然不能以此为证，说这里是中国稻作农业的中心。由此，严文明认为："长江下游及其附近是我国史前栽培稻的一个重要的传播中心。中国史前的稻作农业，正是从那里像波浪一样地呈扇面展开，其传播所及几乎包括了我国稻作农业的全部地区。"[3]

日本稻作农业源于钱塘江流域的看法，近年来不仅为大多数中国学者所接受，而且也被许多日本学者的研究所证实。如日本东京大学的赤泽建在《日本的水稻栽培》中说："一般认为，（日本）水稻栽培之始首先是受到大陆影响的刺激。关于从哪里和通过哪条路线水稻栽培得以传播，则在日本史前史的研究中争论激烈。不过，根据最近的研究，已得出结论认为，最有可能的路线是从中国南方的长江下游地区，经过朝鲜南部，直至九州北部，或者是从长江下游地区直接到达九州北部。"[4]一些日本学者还从育种学、航海学的角度，证明了"稻谷是在公元前1000年，从浙江省南部，越过东海直接传到日本九州西北的"[5]。还有一些日本学者根据稻谷酶谱的变异范围和"地理渐变"特征，对亚洲不同地区的766个水稻品种进行了酯酶同功酶的酶谱分析，

---

[1] 游修龄：《对河姆渡遗址第四文化层稻谷和骨耜的几点看法》，《文物》1976年第8期。
[2] 牟永抗、魏正瑾、吴玉贤、梅福根：《河姆渡遗址第一期发掘报告》，《考古学报》1978年第1期。
[3] 严文明：《略论中国栽培稻的起源和传播》，《北京大学学报（哲学社会科学版）》1989年第2期。
[4] [日]赤泽建：《日本的水稻栽培》，《农业考古》1985年第2期。
[5] 张建世编译：《日本学者对绳纹时代从中国传去农作物的追溯》，《农业考古》1985年第2期。

认为日本的水稻品种很可能是由中国的长江口传至日本的。[1]这些学者的论断与中国学者的研究成果可谓殊途同归。以上研究结论足以证明，日本的稻作文化是从钱塘江流域传入的。

水稻自绳纹晚期从中国渡海传到日本九州，“史前的九州人便自然从迁徙渔猎生活转向饭稻羹鱼，并逐渐向本州推进。稻作传遍日本各地以后，由于其海产资源的丰富，日本的‘饭稻羹鱼’较之中国东南沿海可说更为典型。它对日本人口的增殖，日本文化的孕育发展及其深远的影响，怎么估计也不为过分”。[2]

除水稻外，日本经济作物的栽培也受到钱塘江流域文明的影响。据日本学者研究，日本绳纹文化前期开始栽培的葫芦、绿豆、构树、芋头、菱角等植物，也是从中国长江下游渡过东海传到日本九州西北的。[3]

此外，日本弥生时代石制和木制农具的品种、使用方法等，也都可以从钱塘江流域史前文化遗址的遗物里找到其渊源。如安装木柄的石斧、石锛和收割用的半月形石镰都比较接近。特别是钱塘江流域四五千年前的新石器文化中出现的以耜、镰为代表的木制农具，同样在日本弥生文化遗址中有大量的发现。另据日本学者的研究，日本古代九州等地盛行的踏耕技术亦系由越族地区传入。由此可见，钱塘江流域和日本古代的相作农耕有着十分密切的联系。

2. 养蚕与丝绸纺织

钱塘江流域的养蚕纺织技艺，对日本产生了深远的彭响。大约在公元前3世纪，随着越族大规模的流散和外迁，先进的养蚕、织绸和缝制吴服的技术也传到了日本。如日本弥生前期的蚕丝纤维断面属于华中系的蚕品种，弥生中期后半才出现华中系与乐浪系的混合品种。[4]到西汉哀帝年间，钱塘江流域著名的“越罗”织造技术和罗织物也传到了日本。[5]

---

[1] 林键一:《利用酯酶同功酶电泳分析研究作物品种的遗传变异及其地理分布》,《国外农业科技资料》1975年第2期。

[2] 游修龄:《百越农业对后世农业的影响》,《浙江学刊》1990年第6期。

[3] [日]田中耕司:《稻作技术之类型及其分布》，渡部忠世主编:《亚洲稻作史》卷一，小学馆1987年版。

[4] [日]布目顺郎:《绢の道——长江下流域ルートを探事》，载《弥生の使者徐福》第106—108页，1989年。

[5] 蒋猷龙:《世界蚕丝业科学技术大事记》,《丝绸史研究资料》1983年第6期。

中国是世界上最早发明养蚕丝织的国家，而钱塘江流域是世界上最早养蚕丝织的发源地。1973 年，考古工作者在浙江余姚河姆渡遗址中，发现了大量用于纺织的打纬骨机刀、骨棱、梭形器、木制纹纱捧、打纬刀、经轴（残片）和陶制纺轮等纺织工具。而且，在一件骨匕上还阴刻有编织纹，特别是在两件盅形象牙雕刻器外壁上刻有编织纹和蚕纹图像，它表明早在 7000 多年前的新石器时代晚期，钱塘江流域就已经开始饲养家蚕了。原始纺织技术中可能已包括丝织技术，这是纺织技术发展史上的重大突破。此外，在浙江吴兴钱山漾等新石器时代遗址中，还出现了绸片、丝线、丝带、麻布片等遗物。尤其是钱山漾遗址出土的绸片，经科学鉴定，是茧丝捻合的长丝做经纬、交织而成的平纹织物，表面细致、光洁，丝缕平整，为人工饲养的家蚕丝产物，也是我国至今出土最早的丝织品。这个遗址相当于良渚文化晚期，年代在距今 4200 年左右。2005 年，浙江省文物考古研究所联合湖州市博物馆对钱山漾遗址进行了第三次发掘，再次发现了丝带等遗物。由此我们可以断定，在距今 4000 多年前，浙江已经出现了真正的丝绸业，有了家蚕饲养、缫丝、织绸等生产环节。而且，从出土的丝线和丝织品来看，绝不是技术草创阶段的产品，而是达到了一定的技术水准，学术界将它们认定为“中国乃至世界范围内人类利用家蚕丝纺织的最早实例”。2015 年 6 月，由新华社等组成的专家评审委员会审定，湖州钱山漾遗址被命名为“世界丝绸之源”。

到了周代，丝织技术在长江流域已经达到了炉火纯青的程度，锦、绣、罗、纨、绮等高级织物均已出现。春秋战国时期，钱塘江流域成为中国纺织业的中心之一，主要以生产麻纺织品为主。现有的资料表明，当时已能生产丝、帛、罗、纱等。吴越民族的养蚕纺织技艺，对日本产生了深远的影响。

由于丝绸之路的开通，钱塘江流域等地出土的丝织品，通过“欧亚草原路”，源源不断地输入阿拉伯地区和欧洲诸国。古罗马人已经穿上了从中国辗转而来的丝绸。老普林尼（Pline L’Ancien，23—79 年）在其著作《自然史》中这样推测制造丝绸的过程：“人们在那里所遇到的第一批人就是赛里斯人。这一民族凭借他们在森林里所产的羊毛而名震遐迩。他们向树木喷水，以冲刷树叶上的白色绒毛，再由他们的妻室来完成纺线和织造这两个工序。由于在遥远的地区有人完成了如此复杂的劳动，罗马的贵妇才能够穿上透明的衣衫出现在大庭广众之中。”由此可见，这种色彩艳丽而华贵的服饰材料，不仅深受当地人们的喜爱，而且远销至海内外，成为中国灿烂而独特文明的重要组成部分，以至中国在世界上赢得了“赛里斯”（Seres，即丝国）的美称。它是生活于长江流域的劳动人民对中国和世界文明的一大贡献。

17—18世纪，由于贩卖包括江南丝绸在内的中国丝织品，可获100%—300%的巨额利润，于是欧洲商队将东方丝绢大量运到欧洲。在法国市场上，中国的手绘丝织品和印花丝织品、白色与彩色丝绸肩巾，备受人们欢迎，销量大增。为争夺市场，法国、荷兰的丝织业工厂竞相仿制，进而推动、促进了两国丝织工业的发展。因此，西方学者利奇温在《十八世纪中国与欧洲文化的接触》一书中，便得出结论称：“十八世纪之末，法国的丝业，在美术及技术方面的欣欣向荣，实出于十七世纪中国材料不断输入的刺激”，而其技术特点连同花式装潢，则“都是取法中国的”。

隋唐时期，唐代大规模生产越罗，大诗人杜甫在一首题为《白丝行》的诗中写道：“缫丝须长不须白，越罗蜀锦金粟尺。”意思是用蚕丝织成的越罗和蜀锦多么珍贵，须要金粟嵌星的尺子来丈量，可见越罗在唐人心目中的份量。此外，唐朝的丝绸还通过草原丝绸之路，远销至希腊、罗马、埃及和印度等地。

丝绸也是钱塘江文化向东南亚地区输出的一个重要内容。如费信在《星槎胜览》中就多次记载钱塘江流域出产的丝织物品传入东南亚地区，当地人民也“皆好中国绫、罗、杂缯。其土不蚕，惟借中国之丝到彼，能织精好缎匹，服之以为华好”[1]。到16世纪末，由于价廉物美的中国丝织品和棉织品倾销菲律宾，穿中国式服装遂成为当地人民的时尚风俗，菲律宾人民每年大约要购买20万件以上的棉布或丝绸制成的中国式服装，价值约20万比索[2]。在丝绸贸易的同时，中国的养蚕和丝织技术也传到东南亚地区，并成为当地重要的家庭手工业。陶威斯·德克尔《印度尼西亚历史纲要》（*Douwes Dekker, Ichtisar Sediarch Indonesia*）说：“的确，我们的祖先是向中国学习用蚕丝织绸的。不久，我们自己也学会织绸了。”到16世纪末17世纪初，印度尼西亚已能出口自己生产的丝绸了。

[1]〔清〕顾炎武：《天下郡国利病书》，引崇祯十二年三月给事中傅元初《请开洋禁疏》。
[2] 陈台民：《中菲关系与菲律宾华侨》，马尼拉，1961年，第1册，第4页。

包括钱塘江流域出产的丝绸在内的中国丝绸，作为大宗商品，是由菲律宾运往美洲的。因此，从马尼拉开往阿卡普尔科的商船，被称作“丝船”。1748 年，安达卢西亚的商人便说，大帆船的中国货物遍布整个西班牙美洲，“沿着南美海岸，无处不有中国丝绸的踪迹”[1]。即使印第安人也喜欢用中国丝绸来打扮自己。与此同时，包括江南瓷器在内的中国瓷器也大批销往美洲。1730 年，“萨克拉·费末莉亚号”船停泊在阿卡普尔科港时，船上便载有 120 桶精美的中国瓷器。这些造型精美、图案绚丽、制作精巧的瓷制品，深受美洲各界人士的喜爱和赞叹，从而争相购置。值得注意的是，1784 年 8 月美国船“中国皇后”号木帆船抵达中国黄埔港，接着，它带着大批茶叶、丝绸、瓷器、土布、各种杂货等，于次年 5 月返回纽约。此后，不断有美国商船来到中国，进行贸易往来。这些中国货物输入美国后，得到美国社会的接受与欢迎，且使美国饮茶风气渐开，其他相关社会习俗也远播美国，使得这些风俗得以与当地风俗交流与共融。

3. 陶瓷制作

日本史前时代的陶器制作曾受到越文化的影响，其中以鬲形陶器和印纹陶最为突出。从日本青森县今津出土的鬲形陶器来看，器形与越地出土的鬲形陶器相似；纹饰也与太湖地区西周晚期至春秋前期的一些器物相似。这说明日本青森县今津出土的鬲形陶器是模仿越地的陶器而制作的，至少表明两者之间有着比较密切的文化联系。此外，日本长崎福江市发现的印纹陶罐，无论是器形还是纹饰都带有显明的吴越文化特色，它不同于绳纹文化时期的陶器，表明其祖型无疑来自中国大陆。此后赴日本的浙江余杭人陈元赟还创制了极为雅致而富有安南风趣的元赟瓷，在日本制陶史上具有一定的影响。“元赟瓷”为当时名古屋的特产，秀丽雅致，尤以茶器为上品，对日本茶道很有影响，“陈氏茶道”也因此而风行一时。[2]

钱塘江流域出产的瓷器大量输入高丽，对当地的陶瓷工艺产生了深远的影响。据《宣和奉使高丽图经》记载，大约在 11 世纪中叶，在高丽的西南部已出现了与越窑极其相似的青瓷。由于这些高丽青瓷受到越州等窑的影响，按还

---

[1] 安尼塔·布雷德利:《拉丁美洲环太平洋之关系史》，纽约，1941 年，第 6 页。

[2] 以上参见陈小法:《明代中日文化交流史研究》，商务印书馆 2011 年版。

原焰的窑法进行生产的，在器形、花纹上都带有越窑的痕迹，所以出使过高丽的徐兢说：高丽的瓷器和中国的“越州古秘色……大概相类”[1]。

越族及其先民所创的有段石锛和印纹陶在东南亚地区多有发现。“由这些特殊器物的发现，可以论证百越民族的一支，携带有段石锛和印纹陶的制造技术，南下到东南亚，成为现代东南亚民族之一来源。”[2]

由于钱塘江一带及其附近地区出产瓷器制品在内的中国传统瓷制用品，既有其日常生活的实用价值，也有着很高的艺术观赏价值（从造型、图案、花纹、釉色、质地、线条、透明度而言），因此，是外销欧洲的传统商品。清代瓷制品的外销，更有盛于前代。首先，外销数额甚巨。据《荷兰东印度公司与瓷器》一书记载，17 世纪晚期，从巴达维业每年运往欧洲的瓷器竟达 300 万件之多。其次，瓷制品深受顾客青睐。经考证，18 世纪，英、法等国在向中国的瓷器订货单中，茶具、餐具占多数便证实了这一点。其中，茶杯、茶壶、茶叶罐、糖缸、果盘、面团缸等用于茶会的茶点瓷器，尤占多数。如 1700 年荷兰东印度公司向中国的订货单中则有茶盘、茶叶罐、糖缸、大口茶壶等。而 1738 年法国的东印度公司向中国的订货单中，更列有茶壶、青花杯、五彩杯、深肚碗、果盘、糖缸、面团缸等。这表明，中国制造的五彩瓷、青花瓷茶具与餐具，在欧洲更加受到人们的青睐。从国外发现的实物来看，清代自康熙时始，已有专为国外市场制作的外销瓷器输出，主要是西餐餐具和咖啡壶，因此深受欧洲人的欢迎和喜爱。最后，中国瓷器较之欧洲瓷制品而言，不仅价格低廉，而且造型、质地、装饰上远胜过欧瓷。中国瓷器的外销欧洲市场，以及制瓷工艺技术的外传，也促进了欧洲瓷器工业的兴起。欧洲学者德克·卜德在《中国物品传入西方考证》一文中也承认：“尽管自欧洲产生瓷以来，大量的瓷器在欧洲和其他地方也生产了出来，但没有任何一个地方的瓷器能与原产地中国的上等制品相媲美。”[3]

---

[1]〔宋〕徐兢：《宣和奉使高丽图经》卷三二《器皿·陶炉》，台北商务印书馆 1976 年版，第 116 页。

[2] 陈国强、蒋炳钊等：《百越民族史》，中国社会科学出版社 1988 年版。

[3] 沈定平：《从国际市场的商品竞争看明清之际的生产发展水平》，《中国史研究》1988 年第 3 期。

4. 茶叶种植与茶文化

日本的茶文化虽然在七八世纪时已在中国大陆的影响下兴起，但直到 10 世纪以后才丰富起来。据文献记载，南宋时，日本禅宗始祖荣西曾于 1168 年、1187 年两次入宋，来到天台山学习禅学，前后在宋时间总计达四年零九个月，期间，他不仅潜心钻研禅学，而且亲身体验了宋朝的饮茶文化及茶的效用，深深感到将中国茶文化普及到故国的重要性。回国后，他不仅将从中国携去的茶籽在肥前的背振山上种植，而且还根据《太平御览》中有关茶茗的史料，撰成日本历史上的第一部茶书《吃茶养生记》，向日本人民传播中国的茶文化。自此以后，日本的公家（皇室、贵族、僧侣）和武家（将军、大名、武士）都以饮茶为乐事，并将此风扩展到民间，饮茶之风大盛。荣西由此被日本人民推为"日本的陆羽"、日本的茶圣。到 14 世纪的室町时代，在中国长期停留、为数众多的入元僧，又把中国的"唐式茶会"（如聚众品茶、赛茶、猜茶）介绍到日本，使饮茶无形中成为日本人社交、联谊的一种社会活动。

17 世纪时，茶叶在西方成为财富和难以抵御的诱惑物，用"喝所有中国茶"来比喻至高无上的享受。经过漫长的发展过程，中国的茶叶大量流入西方，茶叶成了海上丝绸之路上的五大主要商品（丝绸、瓷器、茶叶与中草药、农作物）之一。从 1697 年开始，英国每年都从中国进口茶叶万镑以上。从 1717 年开始，在英国对华贸易中，"茶叶已开始代替丝绸，成为贸易中的主要商品"。茶叶贸易成了西方列强的东印度公司中最重要和盈利最大的项目。[1]据学者研究，清代通过广州港销往西方的茶叶，绝大部分来自浙、闽、皖、苏这四省。如在 1828—1833 年间，中国通过广州港共出口 86055 吨茶叶，其中有 85% 来自这四省，只有少量来自广东省的清远和广西的梧州地区。广州港出口的中国茶叶品种也基本上是浙、皖、苏的绿茶以及闽地的黑茶和白茶，其具体品种主要有武夷茶、功夫茶、检焙茶、小种茶、松子茶、宝种茶、白毫茶、松罗茶、东溪茶、熙春茶、皮茶、珠茶、珠兰茶、三味茶和条枝茶等 15 种。它们分别供应了阿姆斯特丹、哥本哈根、巴黎、汉堡和伦敦市场。中国茶叶的出口促进和繁荣了历史上"一带一路"的发展，活跃了国际商品市场，最终导致西方于

[1] [美]马士:《东印度公司对华贸易编年史》，第 1 卷，区宗华译，中山大学出版社 1991 年版，第 156 页。

18—19世纪产生了一股强大的“中国热”风潮，从而突显了茶叶在世界人类命运共同体的形成与维系中的作用。

5. 漆器

漆器在日本绳纹文化遗址中也可见到，如唐津菜畑遗址出土的黑陶就有漆绘的花纹[1]，与良渚文化遗址出土漆器比较接近。这表明，日本的漆器制作可能也受到钱塘江文化的影响。安志敏通过对两地漆器的比较研究后认为：日本绳纹文化的漆器主要出自晚期，有竹木胎的容器以及漆弓等，甚至绳纹前期也出土了精致的漆梳，如果追溯它们的来源，也当和中国的长江流域有着密切的联系。[2]

[1] 唐津市、唐津市教育委员会:《菜畑——佐贺县唐津市にすけそる初期遗迹の调查》图版贰，1982年。

[2] 安志敏:《江南文化和古代的日本》,《考古》1990年第4期。

第二章

史前时期的钱塘江

俞为洁

第一节　史前时期钱塘江文化的发展历程

钱塘江流域的历史，可追溯到距今5万多年前的“建德人”，往后经过数万年的缓慢发展，到距今1万多年前时出现了光彩夺目的上山文化、跨湖桥文化、河姆渡文化和良渚文化等，在中华文明史占有重要的地位。

一、旧石器时代的钱塘江

1974年，考古工作者在建德李家乡新桥村乌龟洞的上层堆积中，发现了一枚人的右上犬齿化石。经中国科学院古人类学家鉴定，犬齿化石形态较“北京人”有明显进步，与广西的“柳江人”和北京的“山顶洞人”相似，应该生活在距今5万年左右的旧石器时代晚期，属晚期智人，定名为“建德人”。[1]这是迄今所知唯一经过科学鉴定的浙江旧石器时代人类化石。因为浙江地处温暖多雨的江南，土壤多为酸性，骨骼易朽，故人类和动物化石难得。

“建德人”的发现，让考古工作者预感到这里可能会寻找到更早的旧石器时代遗存，因为浙北平原（包括杭州湾以北的杭嘉湖平原和以南的宁绍平原）和沿海地区当时都还处于成陆过程中，遍地沼泽斥卤，时常遭受东来海侵和西来洪水，并不适宜人类居住，因此浙江的早期文化，只能在西部和西北部地势较高的钱塘江流域和苕溪流域寻找。苕溪流域到2005年底，已发

---

[1] 韩德芬、张森水：《建德发现的一枚人的犬齿化石及浙江第四纪哺乳动物新资料》，《古脊椎动物与古人类》1978年第4期。

全国重点文物保护单位乌龟洞“建德人”遗址

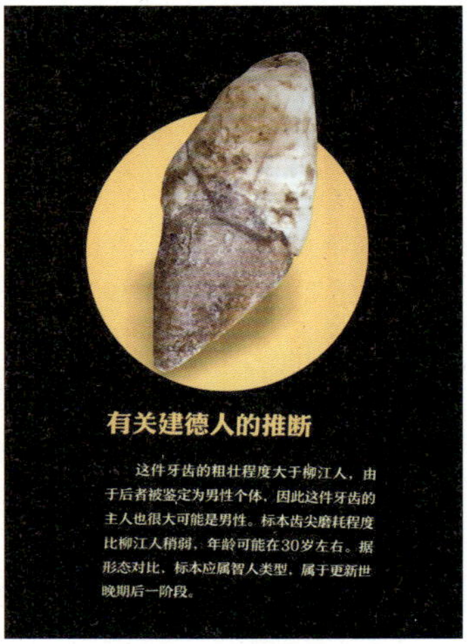

出土的史前“建德人”牙齿

现安吉的上马坎、长兴的七里亭、银锭岗、合溪洞等58处旧石器遗址点，发现了近2000件的石制品及部分骨角制品，上马坎遗址的年代可上溯至78万年前，七里亭遗址的年代甚至可上溯至100万年前。[1]但很遗憾，钱塘江流域的旧石器时代考古，迄今未有重大发现，发现的大都是动物化石，人类化石和文化遗存少见，而且在测年和资料的科学性和系统性上都有待提高。

动物化石大多发现于洞穴，如果没有伴出人类化石和文化遗存，当与人类行为无关，只

[1] 浙江省文物考古研究所编:《浙江考古新纪元》，科学出版社2009年版，第2—11页。

是穴居动物或被其捕食者遗骸的自然堆积，只能说明当时的钱塘江流域栖息着这些动物种群。20世纪30年代在江山曹田坊龙嘴洞、[1]50年代在杭州留下洞穴、[2]70年代在富阳高山龙洞[3]都发现过动物化石；60年代在建德、衢县等地调查发掘了骆洞、乌龟洞、桑园和葱洞3号，除乌龟洞发现一枚人牙外（此人牙后遗失，不是鉴定为“建德人”的那枚），其他地点都只有动物化石；[4]70年代在乌龟洞上层堆积中发现了猕猴、最后鬣狗、猪獾、大熊猫、中国犀、剑齿象、水牛、羊、鹿、麂、猪11种哺乳动物化石，北京大学用此层出土的牛牙化石做了两个铀系测年，数据接近距今10万年前，但这个测年数据与此层出土的“建德人”牙齿年代以及上下层哺乳动物的组合对比不符，明显偏早，故旧石器考古界没有采用这一测年结果。时代更早的下层堆积中有17种哺乳动物化石，其中豪猪、熊、巨貘、东方剑齿象、纳玛象是上层没有的。东方剑齿象、纳玛象的地质时代为晚更新世早期，故下层的时代当为晚更新世早期。[5]公布“建德人”材料的文章还同时公布了建德的豪猪洞、昴畈村后洞、樟村洞、白毛洞出土的动物化石；[6]80年代末和90年代初在金华双龙洞发现了包含52个种的动物化石，是当时浙江境内乃至华南地区出土动物化石种类最多的一次；[7]2001年，省考古所对衢县上方乡的葱洞和观音洞进行了小规模试

---

[1] 王恭睦：《江山龙嘴洞洞穴沉积》，《中央研究院地质研究所丛刊》第一号，1931年。

[2] 裴文中、邱中郎：《浙江杭州留下洞穴哺乳动物化石》，《古脊椎动物学报》1957年第1期。

[3] 徐玉斌、魏丰：《浙江富阳高山龙洞发现一新种麂类化石》，《古脊椎动物与古人类》1980年第2期。

[4] 黄正维、孟子江：《浙江哺乳动物化石新产地》，《古脊椎动物与古人类》1964年第1期。

[5] 韩德芬、张森水：《建德发现的一枚人的犬齿化石及浙江第四纪哺乳动物新资料》，《古脊椎动物与古人类》1978年第4期；陈铁梅：《我国旧石器考古年代学进展与评说》，《考古学报》1988年第3期；张森水：《遗憾与快慰：忆建德人牙发现始末》，载《文物之邦显辉煌：考古发掘与文物保护纪实》，浙江人民出版社2002年版。

[6] 韩德芬、张森水：《建德发现的一枚人的犬齿化石及浙江第四纪哺乳动物新资料》，《古脊椎动物与古人类》1978年第4期。

[7] 汤虎良：《双龙洞古脊椎动物化石的发现与研究》，《浙江师范大学学报（自然科学版）》1990年第1期；汤虎良、顾嗣亮：《浙江金华双龙洞的第四纪哺乳动物群》，《浙江地质》1993年第1期。

掘，在观音洞中发现了更新世晚期堆积，出土的动物化石多为牙齿。[1]这些动物化石表明，浙江的更新世时期，生活在这里的动物种类属于中国南方的大熊猫—剑齿虎动物群。这个动物群分布范围广，东起苏、浙，西至川、云，北起湖北，南达广东，延续时间也很长，从更新世早期一直延续到更新世晚期，其中东方剑齿象、大熊猫洞穴亚种、最后斑鬣狗、纳马古菱齿象等在更新世末期灭绝，中国犀和巨貘延续到了全新世的早期甚至更晚一些的时候，其余种属都成功进化为现生种。

2000 年，桐庐印渚镇延村发现了一个人类头骨化石和一些动物化石，年代在距今 20000—10000 年，为旧石器时代晚期人类，称“桐庐人”，[2]但也有测年数据认为是在距今 500—10000 年间，[3]那就不属于旧石器时代人类了。2004 年在临安市钱塘江支流分水江天目溪的二级阶地上发现了 2 个旧石器地点，采集到石片、石核以及手镐、石球、砍砸器等石器，石器多以厚石片为毛坯加工而成。[4]值得注意的是，临安境内正是钱塘江水系与苕溪水系的交接处。2007 年在浦江县大许村前山岗发现了一个旧石器地点，位于浦阳江流域的二级阶地上，采集到了 9 件中更新世时代的石制品。[5]2010 年桐庐发现了 3 个旷野旧石器地点、4 个出土动物化石的洞穴地点、3 个出土石制品的洞穴地点。其中器表遗留有网纹红土印痕的部分石器，其地质年代处在中更新世，其余的更晚，可能至晚更新世。[6]这些石器在制作技术上与苕溪流域的相同，均属于中国南方旧石器时代主工业，亦称砾石工业或砾石石器文化，也就是说打制石器的原料多为河滩砾石。但这些石器都是采集品，并未得到地层学上的确认。

虽然从总体上看，钱塘江旧石器时代的考古和研究迄今成果寥寥，但考古

[1] 浙江省文物考古研究所编:《浙江考古新纪元》，第 12 页。

[2] 王心喜:《杭州旧石器时代文化遗址的观察与思考》，《杭州文博》2006 年第 2 期。

[3] 石丽等:《浙江桐庐人类头骨的铀系年代》，《人类学学报》2002 年第 4 期。

[4] 徐新民:《临安旧石器调查简报》，《人类学学报》2008 年第 1 期。

[5] 张智强、徐新民:《浦江县发现的一个旧石器地点》，载《东方博物》第 44 辑，浙江大学出版社 2012 年版。

[6] 徐新民等:《桐庐县旧石器考古调查简报》，载《东方博物》第 42 辑，浙江大学出版社 2012 年版。

工作者坚信，这个调查方向没有错，因为这里有了越来越多新石器时代早期遗址的发现，是目前浙江地区新石器时代早期遗址最集中的地方，追根溯源，这里一定会挖掘到浙江人的“根”。

二、新石器时代的钱塘江

因为钱塘江流域的考古工作基本还处于刚刚起步的状态，所以新石器时代的考古学文化发展序列，目前还不是很清晰，只能大致排列出上山文化—跨湖桥文化—楼家桥文化类型—良渚文化—后良渚文化这样一个发展序列[1]。

（一）上山文化

在更新世距今12900—11500年的时段里，发生了一次全球气温骤降的“新仙女木事件”，这也是更新世的最后一次强降温。此后，全球气温开始大幅上升，其间虽然经历过反复，但总体变暖的趋势没变，因此世界各地大多在这个时期陆续迈入了新石器时代。

钱塘江流域目前确立的最早的考古学文化是上山文化，这是浙江境内也是长江中下游地区和东南沿海地区迄今发现的最早的新石器时代考古学文化，距今10000—9000年。上山文化以浦江上山遗址命名，此后在嵊州的小黄山，龙游的荷花山、青碓、下库，永康的庙山、太婆山、蓭山、长田、湖西、长城里，武义的大公山，金华的山下周、青阳山，义乌的桥头，仙居的下汤等遗址，均发现了相似的文化遗存。[2]这16个上山文化遗址中，15个分布于钱塘江流域，只有下汤遗址位于靠近钱塘江流域的灵江上游。由此可知，上山文化的分布范围以钱塘江上游的金衢盆地为中心。如此丰富的新石器时代早期遗址在一个区域如此集中地出现，在中国乃至世界上都是罕见的，其中龙游荷花山遗址是目前上山文化中保存最完整、内涵最丰富的遗址，遗址地貌在发掘前基本没被人为破坏过。可惜除上山和小黄山遗址外，其他遗址都还没有发表发掘报告甚至

[1] 为节约篇幅，钱塘江流域新石器时代遗址的考古资料见文末所附遗址目录，文本中只出注相关研究数据和观点。

[2] 蒋乐平:《钱塘江史前文明史纲要》,《南方文物》2012年第2期。

还没有进行考古发掘。

这些遗址都位于钱塘江支流的丘陵河谷地段，可归为山地遗址，靠山依河。这种聚落环境的特点是自然资源多样但总量不大，小族群生活较易维持但无法发展为大规模族群。而且当时的生活方式对自然资源的依赖性较强，因此这些聚落彼此离得很远，目前还未发现密集聚集的聚落群，因为每个聚落都需要占有周边大片的土地资源以维持族群的生活所需。上山、荷花山、小黄山等遗址发现有建筑遗迹，有些遗址中发现有储藏坑和墓葬，但墓葬还处于零散分布状态，未见专门营建的墓地，例如小黄山的5座长方形竖穴土坑墓，散埋于住房附近，墓主仰身直肢，有盆、罐、壶等陶器随葬。这些墓葬也是浙江目前所见年代最早的墓葬。这一切表明上山人已处于定居或半定居的生活。

上山遗址出土大口陶盆

上山遗址出土石器

从遗存物看，这16个遗址里都发现了稻遗存，都有石器和陶器。但石器大多仍为打制，少见磨制石器，数量最多的是石磨盘和石磨石（有块状、球状、棒状等）。采集和渔猎还是当时最重要的食物获取方式，虽已出现稻作农业，但水稻还处于栽培驯化过程中，收获的稻谷在整个食物供应中只是很小的一部分。陶器方面，上山遗址以夹炭陶为主，小黄山遗址以夹砂陶为主，但两者的胎壁均疏松粗厚，表面多施红衣，器形多为平底器和圈足器，最常见的是平底陶盆，而且发现了迄今为止中国最早的彩陶，距今9000多年。虽然上山文化早期陶器器型单一，基本只有大口盆和鼓腹罐，器种增加较快，有盘、钵、壶、釜、杯等器型，而且有器耳、把手、鋬耳的设置，说明已经不是最初的陶器，从这一点看浙江新石器时代的起始年代或许还会更早。

（二）跨湖桥文化

距今8000年左右，上山文化发展为跨湖桥文化，浦江上山、嵊州小黄山、龙游青碓、龙游荷花山、义乌桥头、仙居下汤等遗址中，都发现了跨湖桥文化与上山文化的叠压承续关系，永康的湖西遗址和长城里遗址也采集到了跨湖桥文化的陶片。但跨湖桥文化明显已突破上山文化的分布区域，从钱塘江上游的河谷盆地，走向了下游的河口平原，并在这里形成了典型的跨湖桥文化遗址——萧山跨湖桥遗址和下孙遗址。

人们为什么会在这个时候从山丘走向河口平原？因为距今9000年前后，东亚地区出现了短期的干冷反复，其间还在距今8200年前后经历了长达400年左右的“中全新世冷事件”，降温幅度达到7.4℃。这些气候变化导致钱塘江上游出现河流干涸甚至断流现象，[1]人类被迫向水条件比较好的河流下游迁徙。干冷的气候还导致海侵消退，钱塘江河口的地理环境渐趋稳定，上游冲刷下来的泥沙在这里淤积成肥沃的三角洲平原，成了动植物的天堂，也为人类提供了丰富多样的生活资源。最重要的是，这种环境为水稻提供了比上游河谷平原更广阔的生长环境，从而确立了稻作农业在浙江食物生产中的主粮地位。由此，跨湖桥文化进入了一个新的文化繁荣期。跨湖桥文化停滞在钱塘江河口没有进一步往东发展，则是因为距今7500年以前，浙北平原还未成形，潮水时常来袭，而且现浙北平原大部分地区都还淹没于海水之下。

跨湖桥文化的平底器、圈足器、红衣陶、彩陶、双耳罐等文化因素都继承于上山文化，但作为一支新的考古学文化，突变肯定是最重要的。外来文化往往是引发突变的一个刺激点，跨湖桥文化也不例外。已有较多的考古学证据表明，跨湖桥文化与彭头山、城背溪、皂市下层、贾湖等长江中游和淮河上游的考古学文化有关。有人认为跨湖桥文化是皂市下层文化东向迁移的结果，[2]有人认为上山文化接受了来自长江中游彭头山文化的影响，才突变为跨湖桥文化，而兴盛期的跨湖桥文化也曾反向影响长江中游文化，促成了彭头山文化向皂市

---

[1] 叶玮等：《浦阳江流域全新世早期环境演变与农业的发展》，载《环境考古研究》第4辑，北京大学出版社2007年版。

[2] 焦天龙：《论跨湖桥文化的来源》，载《浙江省文物考古研究所学刊》第八辑，科学出版社2006年版。

下层文化的转变。[1]可以明确的是，长江中游的洞庭湖流域（彭头山、城背溪、皂市下层均位于此区）与钱塘江流域有过长期的互相影响，一般认为先是钱塘江流域的夹炭陶影响了洞庭湖流域，然后是洞庭湖流域的绳纹陶影响了钱塘江流域。[2]

但跨湖桥文化时期，钱塘江流域并非完全处于跨湖桥文化圈，因为跨湖桥文化的中心区处于钱塘江最下游的出海口位置，基于逆水行舟的艰难和陆路的翻山越岭，下游文化向上游传播的速度会比较慢，因此远离跨湖桥文化中心区

跨湖桥遗址

跨湖桥文化陶釜

跨湖湖遗址出土的双耳陶罐

跨湖湖遗址出土的陶钵

[1] 韩建业:《试论跨湖桥文化的来源和对外影响：兼论新石器时代中期长江中下游地区间的文化交流》,《东南文化》2010 年第 6 期。

[2] 蒋乐平:《钱塘江流域的早期新石器时代及文化谱系研究》,《东南文化》2013 年第 6 期。

的地方，会存在一些文化特征与典型跨湖桥文化有较大区别的边缘性文化。例如，距今7000年前的衢县上方乡观音洞遗址，出土的石器有石锛和用卵石琢孔而成的椭圆环形器。陶器以绳纹夹砂陶釜为主，还有泥质红陶口沿有红衣的盘、盆等。陶釜使用泥条盘筑法成形，造型简单原始，直口微敛，绳纹拍印到口沿。烧制火候较高，胎质薄而硬。文化面貌新颖独特，目前还未能确切归类为何种考古学文化。

相较于上山文化，跨湖桥文化在定居、农耕、家畜饲养、制器、建筑等各方面都有长足的进步，跨湖桥遗址出土了迄今号称中国第一的独木舟、漆木弓、骨耜以及南中国地区最早的家猪。石器已以磨制为主，陶器出现了慢轮修整技术和黑光陶。出现骨耜，说明当时已进入耜耕稻作农业阶段。但因得天独厚的丰富自然资源，采集渔猎经济仍占极大比重。釜之外还出现了甑和釜支座等典型炊器，说明炊煮技术已进入一个新阶段，釜由此开始成为浙江史前先民的主要炊器，直到崧泽和良渚文化时期才逐渐被鼎替代。鱼、肉、坚果尚能煨烤着吃，但籽粒细小的谷物几乎只能煮着吃，因此陶炊器的兴盛应当和人们开始以稻米为主食有关，暗示了定居和稻作农业在这个时期有所强化。而且跨湖桥遗址和下孙遗址只相距2千米左右，说明由于河口三角洲自然资源丰富，加之农畜业的发展，同样的土地面积已能承担起更多人口的生活，聚落开始规模化集群，这非常有利于文化的交流和发展。

距今7500—7000年，海侵再次发生，钱塘江河口成为重灾区，聚落被淹没，族群不知去向。对跨湖桥遗址的土壤、独木舟以及其他木构件进行的含盐量测定表明，此遗址曾被海水浸没过一段时间。[1]海侵的过程在下孙遗址留下了更多更确切的证据，其文化层上清楚地叠压着中国绿螂、溢蛏、船蛆、薄壳星藤壶等海生贝类的壳，绿螂和溢蛏生活在潮间带，多见于淡咸水的港湾环境，船蛆仅见于海水中，而且蛀穿了遗址的木质构件，藤壶以吸食海潮带来的微生物为生，被发现时粘附在陶片和石块的底面，说明遗址在人类离开后不久就被海水淹没了。但作为平原文化的开拓者，跨湖桥文化在浙江历史上的地位是无可替代的。

[1] 卢衡、靳海斌:《跨湖桥遗址地层性质的盐量法研究》，载《东方博物》第18辑，浙江大学出版社2006年版。

（三）楼家桥文化类型

距今六七千年的时候，随着海侵再次消退，浙北平原逐渐发育成熟，浙江史前文化的主流发展方面随即转向平原地区，杭嘉湖平原出现了马家浜文化，宁绍平原出现了河姆渡文化。从纯粹的地理概念来说，这两支考古学文化已与钱塘江流域没有太大关系了。

这个阶段，钱塘江流域考古学文化的面貌目前还不清晰，但在诸暨楼家桥、浦江上山、嵊州小黄山、龙游三酒坛（曾称寺邸园）等遗址中都发现了相应的遗存。从这些遗存物看，这里的文化既有河姆渡文化的因素，也有马家浜文化的因素，还有自身的独特因素。因为楼家桥遗址的资料最全，故暂且把它们称为楼家桥文化类型。

从地理位置看，楼家桥、河姆渡、马家浜三支同期的考古学文化正好处于三足鼎立的状态，不同的是楼家桥文化类型属于山地文化，而另两支属于平原文化。楼家桥遗址的楼家桥文化类型堆积可分为两层：下层碳十四测年距今6500—6300年（相当于河姆渡遗址第三第四层，此两层为典型的河姆渡文化）。出土的陶器以夹炭黑陶为主，陶釜为带脊釜，亦称腰沿釜，圜底施绳纹。类似的釜在桐乡罗家角遗址（马家浜文化）和余姚河姆渡遗址（河姆渡文化）中都有发现，但发掘报告中的A型釜更接近于河姆渡遗址的有脊釜，B型釜则更接近于罗家角遗址的早期腰沿釜。出土的象牙小罐，在河姆渡遗址和罗家角遗址中也都有发现。奇怪的是，这个时段的河姆渡文化和马家浜文化的炊器都只有釜没有鼎，这里却出土了与釜共存的圆柱状足鼎，成了浙江史前文化中最早有鼎的遗址，意义重大。此外，带隔档器、陶器堆塑喜用动物头像以及刻划“龙”纹等，也被视为楼家桥文化类型的特色。上层未经碳十四测年，出土物中夹砂陶数量增加，泥质红陶亦占一定比例，器形有侈口凹沿釜、喇叭形圈足豆、侈口釜、多角沿盘、异形鬶等，遗物类似于河姆渡遗址二层、象山塔山遗址下层，推测年代当在距今6000—5800年，鼎足则从原来的圆柱足演化为颇有特色的扉棱足。浦江上山遗址的上层，与楼家桥遗址的下层文化特征基本一致，测年也在距今6500年左右，而且也出土了陶鼎。[1]龙游三酒坛遗址发现过敛口带

[1] 陈晓玲：《诸暨楼家桥遗址发掘的史学价值小议》，《浙江文化月刊》2008年第3期。

脊釜、泥质红陶喇叭豆、带孔的牛鼻耳等，这些陶器特征均类似于河姆渡文化晚期（即河姆渡遗址第一第二层）。

虽然楼家桥文化类型的考古资料还很单薄，但从中我们还是体会能到这个文化类型的发展水平，并不因为居于山地而显得特别落后，它固然受到了河姆渡文化和马家浜文化的影响，但在这两个平原文化中，我们也看到了它的身影。以陶鼎为例，马家浜文化和河姆渡文化最初的炊器都只有陶釜，陶鼎要在马家浜文化晚期和河姆渡遗址二层，也即距今6000年前后才出现。在楼家桥遗址和上山遗址发现6500年前的陶鼎之前，学界一直认为马家浜文化中的鼎来自于黄河流域的北辛、大汶口等考古学文化的影响，河姆渡文化中的鼎则来自马家浜文化的影响，尤其是马家浜文化晚期的时候，可能已有马家浜文化族群越过钱塘江和杭州湾进入宁绍平原，因为在象山塔山、奉化名山后和余姚河姆渡等遗址相当于马家浜文化晚期的地层中，都发现有鼎。

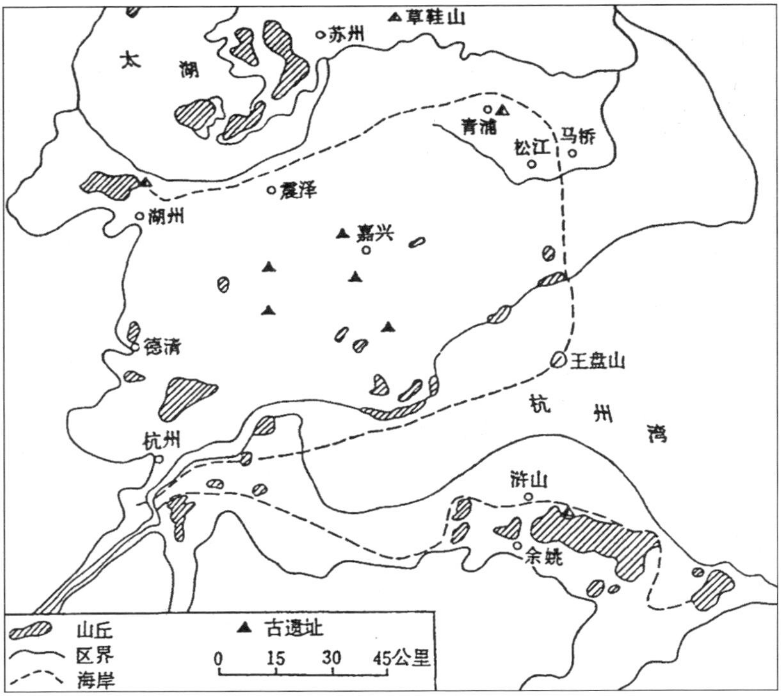

6000年前杭州湾两岸海陆的分布，从图上虚线标示来看，其“喇叭口”的雏形已经出现。（见吴维棠《从新石器时代文化遗址看杭州湾两岸的全新世古地理》，原刊《地理学报》1983年第2期）

但现在，这个观点受到了质疑，因为我们不能排除距今 6000 年左右出现在马家浜文化和河姆渡文化中的鼎，也有来自楼家桥文化类型的可能。相较于遥远的黄河下游地区，同在长江下游的钱塘江流域和浙北平原上的史前族群，彼此的交流显然会更加频繁。例如楼家桥文化类型早期地层中出现的象牙小罐，同类器目前只在河姆渡遗址第三层和罗家角遗址第二层中有过发现，有力地说明了三者之间的特殊关系。又如河姆渡文化晚期流行的是一种“双目”或“多目”足鼎，但在象山塔山遗址下层（属河姆渡文化晚期）却发现过楼家桥文化类型中的扉棱足鼎。可惜我们现在还不清楚楼家桥文化类型陶鼎的来源，不知是独创还是受其他文化的影响所致。

至于马家浜文化、河姆渡文化和楼家桥文化类型三者之间的关系，目前学界还处于探索之中，没有统一的定论。笔者认为钱塘江、杭州湾、曹娥江可能是浙江史前文化的三条主要分隔线，钱塘江中流域、曹娥江以西为一个区（此时为楼家桥文化类型），杭州湾以南、曹娥江以东为一个区（此时为河姆渡文化，以姚江谷地为中心），杭州湾以北的杭嘉湖平原为一个区（此时为马家浜文化），三个区应该都有各自独立的起源（河姆渡文化区中已零星发现打制石器等早期文化的遗存，[1]其他两区的旧石器时代遗存在本文的旧石器时代章节中已有论述）。笔者之所以把曹娥江视为一条线，是因为曹娥江流域的遗址与它西面的遗址一样，多为山居聚落，而处于它东面的遗址就多为平原聚落了，而且曹娥江流域遗址中的遗存物带有较多文化交界区的特征，例如嵊州小黄山遗址既有上山文化的因素，也有跨湖桥文化的因素，还有河姆渡文化的因素。其他两条线的划分应该没有什么争议，因为彼此的文化特征是清楚的。这三大区域的文化交流越到后期越明显，尤其是三区的交界地带，文化交融的现象更为突出，例如萧山乌龟山遗址和金鸡山遗址的主体堆积中出土有夹砂红陶或泥质红陶的牛鼻耳罐、喇叭形圈足豆、外红内黑的豆盘、带竖槽的圆锥形足鼎等带有强烈河姆渡遗址二层（即河姆渡文化晚期）器物特征的陶器，乌龟山遗址最早期地层中还发现过一片绳纹釜陶片，属于河姆渡文化早期遗存。因为马家浜文化的发展速度快于河姆渡文化，因此在马家浜文化晚期已有族群越过钱塘

---

[1] 孙国平：《宁绍地区史前文化发现不平衡现状初解》，载《宁波文物考古研究文集》，科学出版社 2008 年版。

江直接进入了钱塘江南面的绍兴地区，绍兴发现的杨汛桥寺前山遗址就是一个马家浜文化晚期遗址。

（四）良渚文化

距今6000年左右，杭嘉湖平原上的马家浜文化演化成了崧泽文化，钱塘江流域目前只有桐庐方家洲遗址大致处于这个时段，距今6000—5600年，相当于马家浜文化晚期到崧泽文化早中期，这个遗址最重要的价值就是发现了一个迄今最早的玉石器加工场遗迹，让我们看到了石器与玉器在加工技术上的分道扬镳。

距今5300—4500年左右，崧泽文化演化为良渚文化。良渚文化比此前浙江任何一支考古学文化的分布范围都要大，虽然其中心分布区在杭嘉湖平原等太湖流域，但钱塘江和杭州湾以南地区明显已是其势力范围。就钱塘江流域来说，继20世纪70年代后期在江山县进行古遗址调查后，迄今已在龙游三酒坛、建德久山湖、淳安五龙岛、桐庐小青龙、浦江查塘山背、嵊州小黄山、诸暨楼家桥、绍兴杨汛桥寺前山、绍兴马鞍寺桥、绍兴仙人山、萧山茅草山、萧山金鸡山、萧山金山、萧山蜀山、萧山华胥山老虎洞、杭州水田畈、杭州老和山、杭州吉如等遗址中发现过良渚文化的遗存和遗迹，曾采集到良渚文化遗存的地点更是数不胜数，最常见的代表性遗存有鱼鳍形足鼎、T形足鼎、镂空竹节把豆、捏口鬶、石犁、有段石锛、柳叶形石镞等。

排列对比这些遗址，我们可以清楚地看到：离良渚文化中心区越近的遗址，保持的良渚文化因素就越多越“正宗”，越远则自身特色就越强，尤其是钱塘江中上游地区，地方特色尤其浓烈。例如，江山山崖尾遗址的文化性质一直很模糊，后来有人对其中保存较完好的T2“灰坑”进行了剖析研究，认为这不是灰坑而是一个土坑墓，墓坑形制、随葬方式以及出土的4件随葬陶器表明这里既保留了较多马家浜文化、崧泽文化和良渚文化的因素，也受到了福建黄土仑文化以及山东大汶口晚期文化等其他文化的影响，结合遗址中出土的其他遗存物，可以确定这个遗址出现于良渚文化早期，结束于距今4600年左右。[1]

---

[1] 汪萍、詹剑：《对江山山崖尾遗址的再认识》，载《东方博物》第38辑，浙江大学出版社2011年版。

良渚文化遗址出土的黑陶罐

龙游三酒坛遗址中的夹砂陶豆，建德久山湖遗址发现的宽折沿圜底绳纹釜、浅盘垂棱细把豆，浦江查塘山背墓葬中出土的大嘴三足盉、一侧附着漏斗形流的鼎、兽蹄足鼎、腹部棱方的双鼻壶、平底鬶等，也都是带有浓重地方特色的遗存。因此有学者认为，太湖西部及南部广大的山地丘陵地区可能存在良渚文化的若干新类型，可统称为“良渚文化山地类型”。[1]这些山地类型的遗址，均分布于近江的岗地或山坡上，这些遗址点在江两岸形成珠串式的分布格局，不同于平原地区的良渚聚落呈中心式平面铺开，这是由地理因素决定的。虽然从总体上看，这里的良渚文化遗存堆积普遍较薄，遗存物和墓葬的档次也较低，出土物少见玉器，未见平原地区良渚大墓常见的成套玉礼器，也未见高土台式的建筑、墓地和祭坛，但在桐庐小青龙和浦江查塘山背遗址已发现规模较大的墓地，两处遗址都清理出了44座墓葬，小青龙的墓地已显现出等级差别，以北区西片墓地的等级最高，西片墓地中又以排在中间的一列墓等级最高，此列的6座墓均随葬有玉钺，有些还有玉璧、漆觚等。查塘山背遗址的墓地基本可划分出三个等级：M24为第一等，为四棺合葬墓，有独木棺葬具和玉器随葬品，但玉器均为小件装饰玉；第二等为单葬，有独木棺葬具和陶器随葬品；第三等为无葬具的竖穴坑，有单件陶器随葬或无随葬品。不见高土台，是因为这里地势高敞，营建建筑或墓地并不需要先垫高地势，但良渚文化的中心区位于低洼的太湖沼泽平原，因此在那里特别流行高土台。遗存物中，石镞、石网坠的比例较高，说明渔猎经济在当时的生活中还占有较重要的地位，例如小青龙墓葬的墓主脚端常集中放置1—4件石镞，而

［1］浙江省文物考古研究所等:《浙江桐庐小青龙新石器时代遗址发掘简报》,《文物》2013年第11期。

平原地区的良渚人此时的食物来源已基本依赖稻作和养猪业，遗址中极少见到野生兽骨。但良渚文化基本的器物如鱼鳍形足鼎、T形足鼎、有段石锛等，在这里都有发现，也偶见石钺和玉琮、玉钺、漆觚等带有礼器性质的遗物，小青龙遗址就出土有玉璧、玉琮、漆觚和玉石钺，其中一件还是带彩漆绘玉钺。因此，笔者认为这里的族群无疑属于良渚文化族群，它们与平原地区良渚文化族群之间的区别或者说差异，主要是由不同的地理环境和生业模式造成的，而且因为它们已处于良渚文化的边缘区域，故尔会受到更多土著文化和外来文化因素的影响。

（五）后良渚文化

距今4500年以后，黄河中下游地区进入统一的龙山文化时代，这是中原文明勃兴的开始。龙山文化威赫四邻，其中的一支“王油坊类型”，一度侵入东南沿海地区。中国地形西高东低，江南正处于海拔最低的滨海地带，加之太湖是个碟形洼地，这里的良渚文化此时正遭受着气象异常带来的持续性大洪水和海侵等灾难，外来势力在这种时候侵入，无疑加速了良渚社会的崩溃。

良渚文化衰落后，太湖流域进入了后良渚文化时期。但良渚文化与后良渚文化的区分界线，学界的分歧还比较大，例如以湖州钱山漾遗址一期为代表、以大鱼鳍形足鼎为典型器物的文化遗存，有人视之为良渚文化的末期，距今4500—4200年；有人认为这种遗存文化的质变已大于量变，应视为广富林文化（一种分布于太湖流域的后良渚文化）的早期阶段，广富林文化的晚期阶段则以上海广富林遗址三期文化和湖州钱山漾遗址二期文化为代表，以侧装三角足鼎为典型器物，距今4200—3900年。但不管怎么划分，广富林文化都是太湖流域新石器时代末期的文化，它之后历史将进入青铜时代的马桥文化。与此同时，浙南的瓯江流域也分布着一支后良渚文化——好川文化，以遂昌好川墓地和温州老鼠山遗址为代表，属山地文化，以渔猎经济为主，除自身的文化特点外，还带有强烈的良渚文化和闽粤文化的因素。但大家一直不知道钱塘江流域尤其是中上游地区，此时处于何种状态？随着近年诸暨尖山湾、萧山茅草山等遗址的发现，这个问题才打开了突破口。诸暨尖山湾遗址没有发现良渚文化典型的鱼鳍形足鼎和T形足鼎，却出土了大量的泥质灰黑陶器，有豆、盘、罐等器物，陶质硬实，陶色泛白，火候较高，表明它的时代要晚于良渚文化，但它没有几何印纹硬陶，又表明要早于马桥文化。因此，它的时间就落在了后良渚文化时期。

尖山湾遗址出土的大鱼鳍形足鼎、捏口篹和垂棱足、弦断绳纹等特征，在上海广富林、浙江湖州钱山漾、浙江遂昌好川等遗址中都有发现。从大鱼鳍形足鼎数量少、侧扁三足鼎数量多的情况看，年代相当于广富林文化晚期。但尖山湾与上述三个后良渚文化遗址又有区别，如矮圈足器丰富，圈足外卷翻出等。与广富林文化和好川文化相比，尖山湾遗址似乎保存了更多的良渚文化因素，究其原因，主要有二：其一，或许和它处于较偏僻内陆山区的地理位置有关，处于开阔平原地带的广富林文化就受到了来自北边的龙山文化王油坊类型的严重冲击，[1]这就是山居文化在保持文化稳定性上的优势；其二，或许和它正处于良渚文化外迁的重要交通要道——浦阳江流域（详下）有关，外迁的良渚族群曾给这里带来内涵丰富的良渚文化，甚至其本身有可能就是外迁良渚族群的留居后裔。萧山茅草山遗址以扁圆形足与T形足鼎为代表的晚期文化面貌（这里的T形足鼎与浙北良渚文化中心区T形足鼎不同，横部特别发达竖部则弱化成一道脊），可能是浙江目前所知最晚的史前文化。扁圆形足鼎在浙江史前遗址中较少见，目前只在浙江桐乡新地里遗址、诸暨尖山湾遗址、上海广富林遗址有发现，有人认为是来自龙山文化的因素，但也可能是这个时期产生于钱塘江流域的一个新的文化因素。[2]因为相应的考古资料不够丰富和系统，学界目前还没能对这些遗存做出区分和命名，我们只能暂且称之为钱塘江流域的后良渚文化。

距今3800年左右，马桥文化取代广富林文化，成为浙江最早的青铜时代文化。马桥文化的构成要素中，除了良渚文化和广富林文化外，还有闽浙赣交界处的肩头弄类型。肩头弄类型给浙江青铜时代带来了几何印纹硬陶。如果说后良渚文化时期，浙江文化带上了较强的北方因素，那么可以说马桥文化时期

---

[1] 丁品：《浙江湖州钱山漾遗址第三次发掘带来的新思考》，《南方文物》2006年第4期；陈杰：《广富林文化初论》，《南方文物》2006年第4期。

[2] 浙江省文物考古研究所：《楼家桥、䃴塘山背、尖山湾：浦阳江流域考古报告之二》，文物出版社2010年版，第320、321—322页。

又回归到了南方特色。也就是说，北方文化在龙山时代的军事性征服，并没能在这里完成文化上的征服，而那些承续不断的南方因素，却为后来的越文化奠定了基础。

（六）余论

和杭嘉湖平原、宁绍平原、瓯江流域一样，钱塘江流域应该是浙江境内一个相对独立的史前文化分布区。这个区域的特点是起步早，但发展相对平稳，未见大起大落，是浙江文化进退自如的一个根据地。

平原地区非常有利于稻作农业的发展，而稻作农业正是浙江史前先民的经济基础。密布的水域不仅为先民提供了充足的水产品，形成了饭稻羹鱼的膳食结构，还为先民提供了便捷的交通条件，有力地促进了人种和文化的交流，人种的交流有利于优生，文化的交流则有利于文化的进步和繁荣，何况中国地势西高东低，江河上游处于逆水行舟的状态，相对肥沃的表土又极易被山洪雨水冲刷到下游。因此，纵观浙江的史前文化，我们可以看到，一旦平原地区不受东来海侵和西来洪水的侵袭，族群就会不顾千辛万苦大规模地向平原推进。但任何事物都有利弊，开阔富饶的平原往往会成为别人的掠夺目标，而易于长驱直入的地理特征也使防守变得艰难，加之浙北平原易受东来海侵和西来洪水的影响，时常会造成文化的时兴时衰甚至断裂。

相反，钱塘江流域整体处于河流上游丘陵河谷的地理状态，受地理环境隔离性和生存资源不甚丰富等因素的影响，族群之间的交流远不如平原地区频繁，因此即使属于同一种考古学文化，各遗址的文化特征大多也存在着较大的差异，不如平原地区来得统一。而且文化有以河谷为依托呈带状传播的明显特征，同一河流流域发现的同一考古学文化遗址的相似性，往往要大于不同河流之间的相似性，不像平原地区那样呈平面状发散性传播。因此，从总体上看，这里的史前文化发展比较缓慢，规模不大。但正是地理上的隔离性和资源上的有限性，让这里的史前文化具有了良好的稳定性，绵延不绝，成了浙江先民进退自如的“根据地”，在浙北平原和沿海地区还是一片沼泽、斥卤和汪洋的时候，这里繁衍生息了浙江最早的新石器时代族群，此后虽不如浙江平原上的马家浜、河姆渡、崧泽、良渚文化那样繁荣，但自是生生不息，在良渚文化末期平原地区遭受洪水、军事入侵等天灾人祸的时候，这里又成了这些族群最重要的撤退路线之一，也有相当多的人留在了这里，因为这里的后良渚文化遗存中保留了较多的良渚文化因素。其中浦阳江是个尤其值得关注的亮点，浦阳江孕育了浙江最早的新石器时代文化上山文化，又沿江而下在钱塘江河口地区形成了一度繁盛的跨湖桥文化，再后来又成了良渚文化向南扩展的重要路线，在浦江蜇塘山背遗址发现的良渚文化墓地，就是一个重要的证据。因为浦阳江的上游谷地与仙霞岭、千里岗山之间的衢江河谷通连，因此这种扩展并不局限于浦阳江流域本身，龙游三酒坛遗址发现的良渚文化墓葬，就说明这一点。通过衢江河谷则可进一步向外接通到江西、广东等华南地区，江西修水发现的山背遗址和广东曲江发现的石峡遗址，就包含有明显的良渚文化因素。而且越国的重振就是从这里开始的，史籍上提到的夏少康封庶子无余于越，封地即在浦阳江流域的诸暨埤中，一直到勾践复仇灭吴称霸，越国都城才迁移到会稽山的河谷平原，再次实践了从山谷走向平原的历程。

另一点值得注意的是：为了得到更丰富的生活资源和更便利的交通，族群都有从溪河上游向下游平缓河口发展的趋势，但钱塘江河口与杭州湾相连，这里有举世闻名的钱江潮，海平面的上升和潮汐的变化都会影响到相应的遗址，因此这里的史前族群在往下游发展的时候，并非一帆风顺，在萧山跨湖桥、下孙、茅草山、新坝和诸暨楼家桥等距今7000—4000年之际或者更晚阶段的遗址中，都出现了因水患导致遗址淹没的情况。最典型的就是钱塘江河口的下孙和跨湖桥遗址，两遗址均毁灭于海侵，楼家桥遗址的早晚期地层之间也存在着一层（海）潮相自然淤积，因为这个遗址位于凰桐江畔，凰桐江是浦阳江的支流，浦阳江是钱塘江的支流，钱塘江涨潮时，江水至今可以一直涌托到遗址的位置，遇到暴雨季节，上游的洪水受下游潮水顶托，水位的上涨高度可达一米多。茅草山遗址和新坝遗址均处于浦阳江干流附近，因此也很容易受到洪、潮并袭。

第二节　史前时期钱塘江的物质文明

一、稻作农业及家畜饲养

（一）稻作

距今1万年前，随着第四纪冰川期的结束，气候转暖，以前到处游荡追寻食物资源的旧石器时代人群，大多开始转为定居生活，生产方式也因此从过去的采集狩猎转为农耕和畜牧。

上山文化迄今已知的16个遗址都出土有稻谷遗存。最值得关注的是永康湖西遗址，因为金衢盆地多为酸性红土，土中的有机质几乎被腐蚀殆尽，考古工作者无法通过土壤浮选法得到丰富的稻谷遗存，大多只能借助夹炭陶陶胎里的炭化稻遗存进行研究，但永康湖西遗址却是个例外，因为遗址堆积为黑土，土壤中的有机物遗存非常丰富，其中就有稻谷和小穗轴。经过检测上山文化各遗址出土的稻遗存，都显示同时存在着野生稻和栽培稻，稻种则近似于现代的热带粳稻。[1]说明当时的稻种还处于栽培驯化的初始阶段。上山文化的稻谷遗存表明，钱塘江中上游地区是世界稻作农业的重要发源地，浙江的稻作农业源远流长。

1973年在浙江余姚河姆渡出土的新石器时代水稻（选自中国历史博物馆编《华夏之路》，朝华出版社1997年）

[1] 郑云飞等：《7000年前考古遗址出上稻谷的小穗轴特征》，《科学通报》2007年第9期；郑云飞、蒋乐平：《上山遗址出土的古稻遗存及其意义》，《考古》2007年第9期。

河姆渡遗址出土的距今六七千年的稻谷

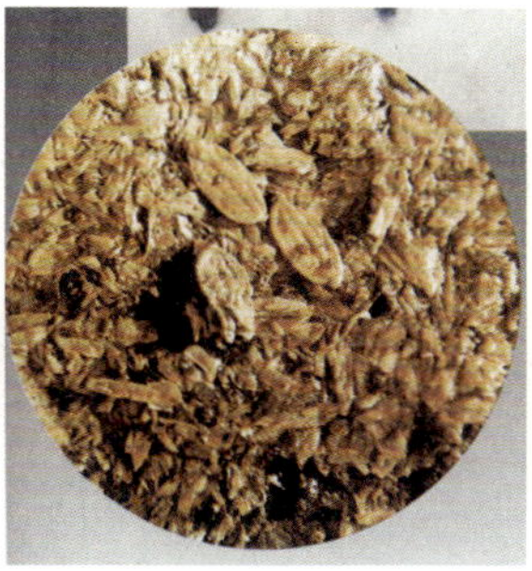

河姆渡遗址出土的稻谷（选自董贻安主编《宁波文物集粹》）

上山文化夹炭陶中普遍掺杂稻谷等稻遗存，虽然这只是一种制陶工艺，但也间接证明了稻谷在当时的食物构成中已占有一席之地。如果没有一定的稻谷收获量（包括野生稻和栽培稻），在制作夹炭陶时就不可能以谷壳为主要掺杂料。在夹炭陶的胎泥中还检测到了少量稻叶机动细胞的硅酸体，[1]说明当时制陶时还掺杂了少量的稻叶。这种稻叶应该来自于栽培稻，因为野生稻谷粒的成熟期不一样，而且脱落性较强，随熟随落，因此采集野生稻时都是每天拿着篮子、布袋等盛器去摇曳穗头，穗头上成熟的谷粒就会被摇落在盛器里，这样采集回来的稻谷自然就不会有稻叶了。收割栽培稻一开始用的是拔穗法或摘穗法，稻穗和穗旁的剑叶会被一同收割回来。上山遗址中发现的镰形石刀，很可能就是当时的摘穗工具。考虑到现代热带粳稻均为旱作稻，而且发现的上山文化遗址都在沿江的山坡上，学者们还提出了一个大胆的假设：当时的水泽之地生长着野生稻，但被先民种植在居地附近的水稻，因为无法保证灌溉，稻种整体上向旱作的热带粳稻变异。[2]

跨湖桥文化时期，河口平原的聚落环境是非常有利于发展稻作农业的。跨湖桥遗址出土有 1000 多粒稻谷（米）遗存，还有众多的小穗轴和稻叶硅酸体。有学者曾对 120 个水稻小穗轴基盘（即稻粒与小穗轴的连接处）进行观察，结果显示 41.7% 为撕裂产生的粗糙断面（表明是栽培稻，是人为脱粒造成的），58.3% 为光滑断面（表明是野生稻，为自然成熟脱落）。[3]陶片残留物的淀粉粒

[1] 郑云飞、蒋乐平：《上山遗址出土的古稻遗存及其意义》，《考古》2007 年第 9 期。
[2] 郑云飞、蒋乐平：《上山遗址出土的古稻遗存及其意义》，《考古》2007 年第 9 期。
[3] 郑云飞等：《7000 年前考古遗址出上稻谷的小穗轴特征》，《科学通报》2007 年第 9 期。

河姆渡遗址出土的陶盆上所刻的有稻穗纹

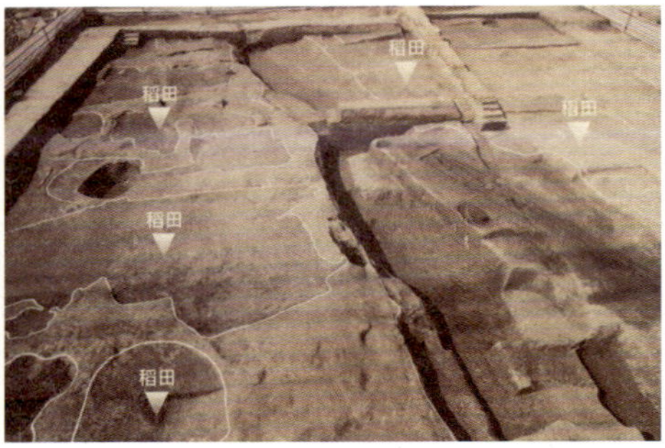

良渚文化中期块状水稻田

检测中也发现了直径达 12 微米的淀粉粒，一般野生稻淀粉粒的直径最多只有 10 微米，栽培稻才能达到 12 微米，[1]这些证据都表明当时存在着栽培稻作，而且在稻谷收获量中已占一半左右。但稻谷粒形检测显示其与现代籼稻相似，硅酸体检测却显示其与粳稻相似，说明当时栽培的可能还是一种尚未完全分化的原始栽培稻，稻种仍处于驯化过程中。[2]能佐证这种“原始性”的证据，还有许多，如跨湖桥遗址出土的稻米颗粒比稻谷小得多，这在正常发育的现生驯化种中是不常见的；跨湖桥稻谷的粒型要比野生稻谷短，形态变异范围要比野生稻群大。[3]跨湖桥遗址还出土了作为农具的骨耜（木铲和骨锯齿形器是否农具还无法确定），首次在稻遗存之外，提供了农作的证据。

跨湖桥遗址出土的骨耜是浙江史前遗址迄今发现最早的骨耜。骨耜是浙江新石器时代稻作农业中最有特色的农具，在跨湖桥文化中出现后，曾盛行于马家浜文化和河姆渡文化时期。骨耜是用鹿、牛、猪等大型哺乳动物的肩胛骨稍加砍削、凿孔而制成。但跨湖桥遗址出土的骨耜在安装木柄的方法上还比较原始，在肩臼部凿一竖孔后就直接安插木柄了，远不如河姆渡文化骨耜的安柄法来得牢固。河姆渡遗址出土的一件骨耜，正面浅槽内尚保存有木耜柄之残部，

[1] 杨晓燕、蒋乐平：《淀粉粒分析揭示浙江跨湖桥遗址人类的食物构成》，《科学通报》2010 年第 7 期。

[2] 浙江省文物考古研究所、萧山博物馆：《跨湖桥》，文物出版社 2004 年版，第 273—277 页；浙江省文物考古研究所编：《浙江考古新纪元》，第 20—21 页。

[3] 郑云飞等：《浙江跨湖桥遗址的古稻遗存研究》，《中国水稻科学》2004 年第 2 期。

1973年在浙江余姚河姆渡出土的新石器时代骨耜（选自中国历史博物馆编《华夏之路》，朝华出版社1997年）

河姆渡人耜耕的情景

其外有十多圈藤条通过耜侧之长方銎将耜身和木柄紧紧地捆缚在一起。[1]

当然，火肯定是早期农业中最大的“垦荒”力量。湘湖剖面和跨湖桥遗址剖面同时记录下了距今7700年左右的一次炭屑暴增，与之相伴的是壳斗科孢粉的明显减少，虽然有可能是因为气候燥热、雷电等因素引发了比较频繁的森林火灾，但也不能排除是烧荒等人类活动的结果。[2]巧合的是，这个阶段的孢粉检测中发现了直径大于40微米的禾本科花粉，暗示了“烧荒”与稻等禾本科植物的驯化之间可能存在着密切的关系，[3]也就是说，“烧荒”可能就是在为它们开辟农田。

但跨湖桥文化时期，稻作农业还处于非常不稳定的状态。以跨湖桥遗址为例，将水稻与其他植物遗存的绝对数量进行对比可以发现，水稻在食谱中的地位似乎一直在降低。最早阶段稻是其他种类的16倍多；到早期晚段降到5倍左右；到中期晚段，虽然水稻在数量上达到了最大值，但与其他物种的比值仅为2.37；从第7层以后，不仅水稻的总数量逐渐减少，而且其在食谱中所占

[1] 浙江省文物考古研究所：《河姆渡：新石器时代遗址考古发掘报告》，文物出版社2003年版，第87页。

[2] 顾明光等：《浙江湘湖地区全新世孢粉记录及其古气候意义》，《中国地质》2006年第5期。

[3] 潘艳：《长江三角洲与钱塘江流域距今10000—6000年的资源生产：植物考古与人类生态学研究》，复旦大学博士学位论文，2011年。

的份额已经被其他物种赶超，最后仅为其他物种的 10%。[1]这种变化主要来自气候地理条件的影响（详下），当时的技术还无法解决这些问题。

诸暨楼家桥遗址的发掘，有几个现象值得注意：一是遗址中已不见野生稻遗存；二是每克土壤中稻叶硅酸体的数量都超过了 5000 颗（5000 颗是判别是否稻田的一个基准值），表明这里曾种植过稻；[2]三是遗址中发现了收摘稻穗的工具半月形石刀，但器形还不太规整，表明楼家桥文化类型时期，稻作已有较大程度的发展。但从土壤和陶片中提取的稻叶硅酸体形状来看，既有粳稻和籼稻，也有一些非粳非籼的中间类型，说明当时的栽培稻种群仍处于分化状态，具有多样性。遗址各时段地层的稻叶硅酸体检测则表明，期间虽然存在着以籼稻为主的阶段，但总体趋势是粳稻逐渐增多，而且这个趋势在这个遗址中一直延续到了良渚文化和马桥文化甚至商周文化的地层中。[3]

良渚文化遗址出土的石犁

良渚文化遗址出土的分体石犁（良渚博物院藏）

崧泽文化和良渚文化时期，骨耜逐渐被石犁替代，杭州吉如遗址的良渚文化中晚期地层中就发现过一件长达 47 厘米的石犁，如此大型的石犁是很少见的。诸暨楼家桥遗址发现过良渚文化的半月形石刀和石镰，淳安五龙岛和杭州吉如遗址都发现过良渚文化石镰，半月形石刀的器形已非常规整，类似于青铜时代的铚，说明当时的穗收法已相当成熟，而且出现了用镰刀收割的连秆收割法。这两种方法各有利弊，穗收法只是把稻穗收回来，减轻了搬运的工作量，而且留在田里的秸秆可以放火烧掉，既

[1] 潘艳：《长江三角洲与钱塘江流域距今 10000—6000 年的资源生产：植物考古与人类生态学研究》，复旦大学博士学位论文，2011 年。

[2] 郑云飞等：《从楼家桥遗址的硅酸体看新石器时代水稻的系统演化》，《农业考古》2002 年第 1 期。

[3] 郑云飞等：《从楼家桥遗址的硅酸体看新石器时代水稻的系统演化》，《农业考古》2002 年第 1 期。

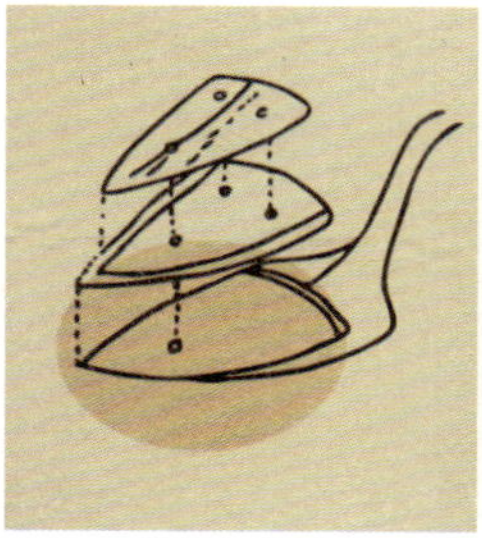

良渚文化犁耕组合形式

余杭良渚文化遗址出土的石斜把破土器和石耘田器（良渚博物院）

积下草木灰为肥，又烧死了田里的病毒、细菌和害虫，减少了下茬作物的病虫害。连秆收割法把稻穗连同稻秆一起收回来，不仅增加了搬运的工作量，而且稻田中无秸秆可烧，加速了地力的衰竭和病虫害的高发，但收回来的秸秆可用于编织、铺垫、燃料、饲料等各个方面。

余杭小古城征集良渚石耘田器

诸暨尖山湾遗址出土的植物遗存表明：后良渚文化时期，稻仍是遗址植物遗存中数量最多的一种，发掘期间共收集到4269粒稻谷（米），占植物种子总数量的98.86%。[1]但这些稻谷（米）特别短小，是已知新石器时代遗址出土炭化稻谷（米）中最短小的。研究者认为这是一种密穗型栽培稻，稻穗上的稻粒小而稠密，这种稻耐瘠、耐旱、耐寒、晚熟，谷粒一般都有芒，可在一定程度上抵制鸟兽啃啄，[2]因此特别适合在山区种植。

水稻的种植和加工都需要投入大量的人力物力，在野生食物资源比较丰富的情况下，种植稻谷可能是非常不经济的一种选择。实验考古学显示，橡子（壳斗科植物的坚果，一般包括栎、青冈、栲、石栎、栗5个属）的热量回报率是谷物的2—6倍，该数据还未计入采集和加工的代价，若计入，对比会更悬殊。因此，有学

[1] 浙江省文物考古研究所：《楼家桥、査塘山背、尖山湾：浦阳江流域考古报告之二》，文物出版社2010年版，第285—287页。

[2] 游修龄、郑云飞：《从历史文献看考古出土的小粒炭化稻米》，《中国农史》2006年第1期。

者认为,栽培水稻只是一种追求美味、夸耀财富和地位的宴享食物。[1]但笔者认为,从稻作农业产生之日起,在浙江的栽培驯化历史就没有中断过,而且整体上是逐渐发展壮大的,虽然会因气候地理等条件变化,偶尔萎缩甚至中断,但只要气候地理条件一恢复,稻作农业又会兴起,余姚田螺山遗址就发现有这方面的考古学证据。[2]因此,稻作农业在浙江史前的发展,不会只是宴享需要这么简单。首先,稻是这里的本土植物,适合这里的地理气候条件,进行种植会有相对丰足的收获;其二,作为主粮,稻米具有营养全面、口味好、耐贮藏等其他非谷类植物性食料难以替代的优点,在没有其他食物的情况下,仅食用稻米也能长久维持身体的基本营养需求,而番薯、芋头、木薯等块根、块茎植物就做不到这一点;其三,谷类作物的耐贮藏能力远高于块根、块茎植物,而主粮的耐贮藏能力对一个史前民族来说是非常重要的,决定着族群人口的维系和壮大,也间接地决定着族群文化的延续和发展,这点对生活在浙江之类有"春荒"地区的族群特别重要;其四,稻米是一种优秀的酿酒原料,酒在史前社会并不是简单的饮料,它涉及宗教和社会关系的各个方面,可以说是一种与"文化"关系特别密切的食物。综上所述,我们或许可以明白,为什么世界上大多数的民族,在条件允许的情况下,最后都发展出了谷物种植。因此,尽管在新石器时代早期,栽培水稻的结实率很低,收割和加工费时费工,自然灾害和鸟兽啄啃严重,但先民们在野生采猎的坚果和动物足以果腹的情况下,仍要坚持种植水稻,原因或许就在于此。

(二)家畜饲养

伴随着定居和农业的发生,家畜的饲养和驯化行为也开始出现。世界考古证据表明,最早被人类驯化的是狗,但狗的驯化发生于旧石器时代,而且是作为狩猎助手、族群守卫和人类宠物驯化的,主要不是作为食物对象饲养的,因此本文略而不述。但萧山跨湖桥和下孙遗址都出土有狗骨遗存,这点还是要提一下的。

---

[1] 陈淳、潘艳:《生态学视野中的跨湖桥文化》,载《跨湖桥文化论集》,人民出版社2009年版。

[2] 郑云飞等《田螺山遗址出土植物种子反映的食物生产活动》、莫多闻等《浙江田螺山遗址及河姆渡文化环境背景探讨》,两文均载《田螺山遗址自然遗存综合研究》,文物出版社2011年版。

浙江余姚河姆渡遗址出土的陶猪（选自中国历史博物馆编《华夏之路》，朝华出版社1997年）

从“食物”的角度看，猪无疑是浙江稻作先民最合适的饲养驯化对象。江南多水草，多橡实，多蛇，稻作农业和定居生活则会产生米糠之类的农副产品和厨余垃圾，而猪是杂食性动物，这些都是它的最爱。猪几乎无汗腺，天热时得在泥泽水潭中卧泡以维持正常体温，因此猪历来被视为“泽兽”，江南多水泽正合猪之生理需求。从驯化性看，猪比较容易与人建立“亲密”关系，易于被驯服。当然，猪最大的优势是生长快、易育肥，而且繁殖率高，在食物缺乏的年代，谁也不会投入大量的成本去养一个老不长肉或老不生仔的东西。因此猪虽然没有其他用途，人们却仍然热衷于饲养它，因为它“善于”长肉和生仔，让它成了农业区无可替代的最佳肉食家畜，堪与草原地区的羊媲美。

萧山跨湖桥和下孙遗址发现的家猪遗骨，不仅是浙江也是迄今南中国地区最早的养猪证据。野猪需要自己拱食寻找食物，故嘴巴长大、咀嚼力强，家猪靠人类投饲，且食物多为“柔软”的农副产品和厨余垃圾，时间一长，猪在体形上就会发生一系列的适应性改变，例如下颌骨会缩短，牙齿会弱化，因为牙齿尺寸的改变比骨骼尺寸的改变要慢，因此齿列会混乱。跨湖桥遗址出土的一些猪下颌骨上，就能清楚地看到齿列挤压错位的现象，但也有齿列很整齐的标本，说明猪当时还处于驯化之初。

跨湖桥遗址的家猪饲养业并没能一帆风顺地发展起来。按照可鉴定标本数的统计，猪在全部哺乳动物中的比例分别为早期占27.24%，中期占10.34%，晚期占8.96%；按照最小个体数的统计结果，猪在全部哺乳动物中的比例分别为早期占22.58%，中期占12.2%，晚期占8%。[1]可见家猪饲养业早期兴盛一下后，中晚期时就不断衰落了。有人认为当时猪可能是作为宴享美食少量饲养的，[2]因为饲养条件下的动物肉质往往会比野生者细嫩肥

[1] 浙江省文物考古研究所、萧山博物馆:《跨湖桥》，第267页。

[2] 陈淳等:《再读跨湖桥》，载《东方博物》第27辑，浙江大学出版社2008年版。

美。但笔者认为粗放饲养条件下的猪，肉质未必一定比野生动物鲜嫩。养猪业在这个遗址中未能发展起来，应该和这个遗址的特殊情况有关，因为从遗址出土的动物遗骨看，这里的野生动物资源非常丰富，鹿科动物和水牛在整个跨湖桥遗址存在时期的猎获量一直都很大，说明当时这些动物种群在这一带数量庞大，这些动物体形大，获肉率高，而且因为是群居又性情温驯的食草动物，相对容易猎取。狗遗骨的数量在这个遗址也一直处于上升状态，也可佐证这个遗址的狩猎业一直处于兴盛状态，因为人们养狗的主要目的就是助猎。这些因素或许才是妨碍跨湖桥养猪业持续发展的真正原因，因为狩猎得肉容易，成本低，因此人们会在一定程度上失去养猪的积极性。从采猎经济转入农畜经济，并不是一夜之间的事，而是几千年的摸索，最初的栽培和饲养并不是为了“驯化”的目的，只是人通过某些手段介入了动植物的自然生长，希望有更多的收获而已，因此就某一物种来说，其种、养历史有反复是很正常的事。

但从整体来看，自从跨湖桥遗址出现家猪后，浙江的史前养猪业一直处于不断发展的状态，河姆渡、马家浜、良渚等考古学文化遗址中出土的猪骨遗存，都可证明猪是他们最主要的家畜。钱塘江流域遗址少见猪骨，一是因为酸性红土导致骨骼易朽难存，二是因为山居聚落的稻作规模普遍不如平原地区，相应的农副产品也较少，这在一定程度上限制了养猪业的规模。例如，诸暨楼家桥遗址出土有 8 件楼家桥文化类型的家猪遗骨，同时代的余姚河姆渡遗址（河姆渡文化）却有几百件家猪遗骨。但奇怪的是河姆渡遗址这么多家猪遗骨中仅有 3 件较完整的头骨，楼家桥遗址的 8 件遗骨中就有 3 件保存较好的头骨，这个现象或许表明楼家桥人可能不吃猪头肉，猪头整个被丢弃，也可能是整个地煮食猪头，而不是事先砍劈成碎块，这两种情况都会导致遗址中见到较多完好的头骨。参考民族学研究，还有一种可能就是让猪头充分腐烂后收取完整的头骨做居所的挂饰，以示富足或避邪。

二、采集和渔猎

虽然种稻和养猪出现得很早，但我们可以看到，早期遗址中其他动植物的遗存也很丰富，而且稻和猪在食物总量中的比例并不占优势，这一切表明当时的食物来源于一个比较广泛且多元化的资源系统，而且，来自渔猎和采集的食物越早期比例越高。

（一）采集

因为大部分的上山文化遗址都还没有发表考古发掘报告，加之金衢盆地的酸性红土不利于动植物遗存的保存，因此除了上山、小黄山等遗址检测出的野生稻外，我们迄今未能见到其他野生植物遗存。但从整体的文化面貌看，采集渔猎应该是上山人获取食物的最主要手段。遗址中常发现有石锤、石磨盘和石磨石，就是加工坚果和块根块茎的重要工具。科学家曾对上山和小黄山遗址出土的石磨盘和石磨石上的残迹进行检测，发现了橡子、薏苡、菱角以及某些根茎类植物的淀粉粒。[1]笔者注意到，这些野生植物遗存几乎都是淀粉类的东西，说明当时的稻作农业还远远不能满足口粮的需要，人们还得大量采集淀粉类食料以弥补口粮的不足。

萧山跨湖桥先民采摘野果的情景

跨湖桥文化时期，采集仍是重要的食物来源。萧山下孙遗址发现过菱角遗存，萧山跨湖桥遗址发现有稻生稻、菱、芡、桃、梅、南酸枣、柿、橡子以及蓼、眼子菜、藨草、葎草、芽苞、块茎等植物遗存，还有不少禾本科、莎草科、蓼科等的草籽，其中坚果比重占绝大多数，达 80% 以上。橡子是各地层中最常见和最大量的植物遗存，芡实和菱角数量略少于橡子，但保持比较稳定的比例，桃、梅等水果在略微晚近的地层中才有发现。从绝对数量上看，橡子是最多的，其次是南

[1] Liu, L, Field, J. , Weisskopf, A., Webb, J., Jiang, L., wang, H., & Chen, X. The exploitation of acorn and rice in Early Holocene Lower Yangzi River, Chaina, Acta Anthropologica Sinica, 2010, 29 (3) .

酸枣和桃两种水果，菱角和芡实位居第三位。[1]跨湖桥遗址的陶片残渣中也检测出了水稻、橡子、小豆、七叶树种子和薏苡的淀粉颗粒。[2]从中我们可以发现，淀粉类食物仍是跨湖桥人的主要采集对象，但相较于上山人，他们在重视淀粉类食物的同时，也开始关注水果了。

菱角的脂肪和蛋白质含量不如橡子，但同样富含淀粉，而且没有苦涩味，菱肉甜脆，可以直接生吃，也可坑贮或风干贮藏。因此江南早期史前遗址中，菱角都是比较主要的出土物，这一点在平原地区的河姆渡文化和马家浜文化中表现得更加明显。橡子和七叶树种子都要经过处理后才能食用，橡子含有单宁故苦涩难咽，七叶树种子含七叶树素故有毒。单宁溶于水，因此橡子一般采用磨粉水浸的办法去除单宁，七叶树素不耐高温，而且呈酸性，因此用碱水（如草木灰水）高温蒸煮后就可食用。壳斗科植物是浙江山林的主要建构树种，先民学会加工食用橡子后，可有效缓解食物问题，因为橡子不仅总产量大，淀粉含量高，而且耐贮藏。薏苡和水稻生长在同一环境中，上山文化和跨湖桥文化都检测到薏苡淀粉，可能暗示了当时水稻和薏苡都是人类重点驯化的对象。之所以做如此推测，是因为薏苡在后世仍被当作"粮食"利用，野生采集外，零星栽培一直没断绝过，甚至近现代还被作为救灾作物提倡过，[3]只是因为它不如水稻"听话"，落粒性强、低产、难脱壳等性状很难被人为改变并稳定下来，因此一直没能上升为主要栽培作物。芡实的淀粉质量很好，但采收和处理起来很麻烦，因为芡的果实外皮上长满了坚刺，像刺猬一样让人难以下手，采来后一般是让它们堆着烂，烂掉带刺的果皮后再挑拣出其中的芡实。遗址中出土的草籽，我们也不可一概定义为杂草，因为大部分的草籽都含有较丰富的淀粉和蛋白质，是可以食用的，美洲的印第安人就曾大量采食灯芯草和菰草的籽实，只是采收和加工都很麻烦，因为野生草本植物的子实成熟期不一致，随熟随落，

[1] 陈淳、潘艳：《生态学视野中的跨湖桥文化》，载《跨湖桥文化论集》，人民出版社2009年版；潘艳等：《跨湖桥遗址的人类生态位构建模式》，《东南文化》2013年第6期；潘艳：《长江三角洲与钱塘江流域距今10000—6000年的资源生产：植物考古与人类生态学研究》，复旦大学博士学位论文，2011年。

[2] 杨晓燕、蒋乐平：《淀粉粒分析揭示浙江跨湖桥遗址人类的食物构成》，《科学通报》2010年第7期。

[3] 宋湛庆：《宋元明清时期备荒救灾的主要措施》，《中国农史》1990年第2期。

而且草籽颗粒细小，拣拾和脱壳都不易。

诸暨尖山湾遗址出土有野葡萄种子、桃核、悬钩子种子、南酸枣果核以及狭叶蓼、山靛、臭常山和紫苏的种子，表明后良渚文化时期，虽然栽培稻谷已成主粮，但采集仍是重要的食物补充。当然，这些植物遗存中有些只是遗址环境中自然生长的植物留下的遗存，并非人类的食物采集对象。但从这张清单中，我们还是清楚地看到，与此前的考古学文化不同，此时的采集已偏向于“蔬果”而非淀粉类籽实，说明稻作农业已能提供基本的口粮保证，人们不再需要采集大量的淀粉类籽实补充口粮。采集野生“蔬果”，不仅有效地丰富了人们的食物种类，而且暗示了园艺业的萌发可能远远晚于谷物种植业，因为江南植被茂盛，野外几乎一年四季都不缺“蔬果”，何况“蔬果”多时多吃点，缺时少吃点，并不会对健康和生存产生大的影响。

（二）渔猎

由土酸性红土中有机质易朽的原因，上山文化目前能列举的渔猎业证据也很少，只有永康湖西遗址因为地层保存条件较好，出土有动物骨骸（还未见发掘报告）。此外，各遗址中多有发现的石锤、砍砸器、尖状器、刮削器等则可用于动物体的处理，剥皮割肉，敲骨吸髓，都少不了这些工具。

野生动物资源，在渔猎手段落后的情况下，是逮到什么吃什么。有了一定的工具和技术后，一般会选择体形大、肉多且易猎的群居性大型食草动物，这一点在萧山跨湖桥遗址中表现得很明显。跨湖桥遗址的早期地层中，龟、鳖等爬行动物的数量相当多，达到了43.92%，中期没有超过13%，晚期为20.06%，整体趋少。相反，哺乳动物早期仅39.05%，中期达到69.95%，晚期则达到70%以上，增速明显。哺乳动物中，发现最多的就是鹿科动物和水牛，而且它们的比例一直在增长，以可鉴定标本数看，鹿科动物在哺乳动物总数中所占比例，早期为30.34%，中期为33.01%，晚期为37.06%，

萧山跨湖桥先民打猎的情景

水牛早期为 27.86%，中期为 38.97%，晚期为 42.05%。水牛遗骨在下孙遗址也有出土。[1]

跨湖桥遗址和下孙遗址处于钱塘江河口位置，因此这里的动物遗存还出现了多鸟的特点。江滩沼泽本来就是涉禽和水禽的重要栖居地，而且每年会有大批候鸟飞临，而且涉禽和水禽的体型普遍较大，肉多，值得猎捕。遗址中出土的鸟遗骨大多数种类是大中型涉禽和水禽，林禽少见，但有猛禽却不见雀形目之类的小型林禽，主要有天鹅、雁、鸭、鹰、雕、丹顶鹤、灰鹤等，正可说明跨湖桥人打鸟时对“肉”的看重，“小肉”根本不屑打。当然，捕鸟技术也是造成这种状况的原因之一，当时只会用弓箭射鸟，还不会网捕，弓箭只能射到体型大且行动迟缓的大型鸟，却很难射到行动敏捷的小型鸟。北飞候鸟落脚浙江的时候正是春季，猎食它们能有效缓解“春荒”问题，因此禽鸟一直是浙江先民的重要猎物。

河口地区，鱼虾龟鳖类水产自然也很丰富，跨湖桥遗址出土有蟹、乌鳢、鱼（鲤科）、龟、鳄等，下孙遗址的灰坑（即当时人的垃圾坑）中则发现有鲤、黄颡鱼、锯缘青蟹、牡蛎（包括近江牡蛎、长牡蛎、团聚牡蛎）及数量较多的鱼类脊骨、鳍棘、肋骨及鳃盖骨等，海洋性表现得比跨湖桥遗址还要强。上面我们已经讲到过龟鳖类遗存在跨湖桥遗址出土动物总数中的比例很高，这里我们要再强调一下蟹。跨湖桥遗址的每个地层都筛选出了一定量的蟹螯，在整个文化的中晚期数量稳定，有学者认为蟹肉少且吃起来麻烦，食用价值不大，应该是把它作为一种宴享美食食用的，文化意义大过果腹的意义。[2]笔者认为还有一点也值得考虑，蟹在江南水泽地区是大宗动物，麻烦的是蟹喜食稻穗，故对稻作农业来说是一种害虫，古称“蟹厄”，《晋书》记晋武帝太康四年（283），“会稽彭蜞及蟹皆化为鼠，甚众，复大食稻为灾”。元高德基《平江记事》亦载：“大德丁未，吴中蟹厄如蝗，平田皆满，稻谷荡尽。吴谚有虾荒蟹乱之说，正谓此也。考之《吴越春秋》，越王勾践召范蠡曰：‘吾与子谋吴’。子曰：‘未可也。今其稻蟹不遗种，其可乎？’盖言蟹食稻也，蟹之害稻。”因此，随着稻米在食物中比重的强化，吃蟹还有一种保护稻作农业的意义。

[1] 浙江省文物考古研究所、萧山博物馆：《跨湖桥》，第 264、312 页。

[2] 陈淳等：《再读跨湖桥》，载《东方博物》第 27 辑，浙江大学出版社 2008 年版。

诸暨楼家桥遗址出土有较多楼家桥文化类型时期的动物化石，涉及的野生动物有犀牛、亚洲象、牛、鼋、梅花鹿和其他无法鉴定到种的鹿科动物。[1]从出土数量上看，家猪是所有动物遗骨中数量最多的，有8件，所有这些野生动物的遗骨数量加起来和家猪的数量差不多，可见当时狩猎和家畜饲养在提供肉食方面已经平分秋色。亚洲象和犀牛是典型的热带动物，表明楼家桥文化类型时期的气候比现在温暖，因为这两种动物目前在华中地区已经完全绝迹。

诸暨尖山湾遗址的后良渚文化地层中出土有鹿颌骨、鹿角等动物遗存，说明鹿科动物一直到新石器时代末期，都是先民重要的猎食对象，而且这个遗址未见家猪的报道，鹿科动物很可能还是当时主要的肉食来源。养猪业在后良渚文化时期的衰退，在江南地区是全面性的，并不是钱塘江流域的个别现象，因为江南地区在这个时期遭遇了较严重的自然灾害和外力入侵，作为经济基础的稻作农业遭受重创，也附带着连累了与稻作农业密切契合的养猪业。

（三）采集渔猎工具

我们还无法确定上山文化先民用什么工具进行渔猎活动，石球、带槽石球和环形穿孔石器可能与狩猎有关，石球和带槽石球可用绳索或网兜组合成绊兽索和飞石索击打野兽。

跨湖桥文化时期，渔猎工具的种类就比较多了。跨湖桥遗址出土有木弓、骨镖、木镞、石镞、骨镞、木浮标等渔猎工具，下孙遗址也出土有石镞。弓箭发明于旧石器时代晚期，兴盛于新石器时代，是史前社会中最先进最高效的狩猎工具，但考古遗址中发现的大多是箭镞，弓的遗存在整个世界史前考古中都十分罕见，跨湖桥遗址出土的木弓是中国也是世界迄今发现的年代最早的木弓，残长121厘米，弓身扁圆，弓柎完整，采用韧性良好的桑木边材制作，除柎部外的其他部位均捆扎树皮，以加强弓身的强度。桑木尤其是其边材韧性很好，因此一直是最优质的弓材之一，《埤雅·释木·柘》即称“弓材莫良于檿，尤良于柘，故《皇矣》先其檿，后其柘也”。檿即檿桑。骨镖是一种重要的渔具，镖上有倒刺，扎入鱼身后，鱼越挣扎镖的倒刺就扎得越深，鱼就逃不了了。“木

[1] 金幸生等：《诸暨楼家桥遗址动物群的初步研究》，载《东方博物》第6辑，浙江大学出版社2001年版。

浮标”的定名是有疑问的，这是一块长方形扁木块，周缘切割整齐，因为两端刻双面凹槽，可以缠系绳索，故推测它是浮标，但它很小，长约2.4、宽1、厚0.65厘米，史前的网应该是用麻线织制的，比较沉重，这么小的木块能否起到浮标的作用？何况遗址中未见网坠和渔网出土，因此当时是否已用渔网捕鱼，还是件无法确定的事。此外，跨湖桥遗址出土的骨笛（哨），可模拟鸟鸣，也可充作诱捕工具。入水采集菱角、芡实、莲蓬、捕鱼捞虾等则都要用到独木舟。

诸暨楼家桥遗址出土有楼家桥文化类型的石镞、石球和良渚文化时期的石镞、石矛，石镞的器形已较规整，有柳叶形和桂叶形两种类型。这两个时期是稻作农业发展比较快的阶段，尤其是良渚文化时期的平原地区，稻作和养猪业已成为食物的主要来源，但钱塘江流域的遗址因为带有较强的山居性质，采集狩猎的比重可能会比同时期的平原文化高一些。

后良渚文化时期，诸暨尖山湾遗址出土有较多石镞，基本可分为柳叶形和桂叶形两类。萧山茅草山遗址出土有石镞、石球，石镞是遗址中最主要的石器之一，也有柳叶形和桂叶形两类。杭州水田畈遗址出土的带凹槽尖状木器和穿孔木板，可能是渔网上的浮标。虽然，这个时期的气候灾害和外族入侵对钱塘江流域的影响远小于平原地区，但山居的特点使这里的渔猎经济仍较发达。

三、烹饪和贮藏

（一）烹饪

新石器时代，定居、农耕、陶器这三个因素如鼎之三足，互相依存互相促进，共同支撑起了农耕社会模式。只有定居生活才能保障制陶业的存在和对陶器的使用，不能想象一个到处游荡的旧石器时代人群能停下来烧陶或背着沉重且易碎的陶器到处走；陶器能加水煮食的性质不仅适用于肉鱼蔬果等所有食料，而且彻底解决了草籽类食物的烹制问题，这就促进了谷物种植业的发展，而成为主食的谷物又反过来强化了制陶业。

上山文化遗址都出土有陶器，但器物种类还比较单调，最常见的是一种大敞口平底盆，此外还有盘、罐等。麻烦的是迄今仍无法确定哪一种器物是炊器，因为在它们器身都没有发现烟炱或锅巴。因此，上山人很可能沿用了旧石器时代的石烹法，即将水和食物原料放入陶器内，再不断投入烧热的石块以煮熟食物。这一方面是传统习惯的延续，一方面是因为当时的制陶技术还不过关，陶器直接放在火上加热易爆裂。从器形上看，出土最多的那种大敞口平底盆最有可能就是当时的炊器，因为它比别的陶器大，平底可稳置在地面上，敞口则方便投放烧石和取出食物。釜最早出现于距今 9000 年左右的小黄山遗址，但其上也不见炊煮痕迹，因此我们还无法确定这些釜是直接放在火上炊食还是使用石烹法煮食。上山文化遗址目前只见石磨盘和石磨石，用其给稻谷脱壳，会产生大量的粉屑，完整米粒和碎米的比例应该很少，因此上山人烹制的米食中，除了粥、糜，应该还有糊糊或者烤饼等粉屑类食品。肉食则石烹法和烧烤法都可烹制。

跨湖桥遗址出土有釜和甑两种炊器，以及罐、盘、豆、钵等饮食器和匕、匙、勺等进食具。小黄山遗址的跨湖桥文化层也出土有釜、甑、钵、豆、盘、罐等炊食器。陶釜已可确定是直接在火上煮食的，因为釜身上普遍存留有用火痕迹，例如外腹底有烟炱，内腹壁多结有锅巴，外壁的肩、颈处常见米汤类溢痕，多呈薄衣状。由于是直接受火，故损坏率很高，更新替换的量很大，跨湖桥遗址中釜的出土量几乎占到了出土陶容器总数量的52.6%。[1]釜为圜底，需要搁置在三块石头或三个釜支子上才能立稳，跨湖桥遗址和下孙遗址都发现过这种陶制的釜支子，有些釜支子上还有烟熏火燎后遗留的黑斑。罐偶尔也被用作炊器，跨湖桥遗址就出土过一只外壁较脏似烟熏、内壁有锅巴的陶罐（TO410 ⑦ A：48）残件。当然，釜、罐的作用不只

河姆渡遗址出土的十八角刻纹陶釜

河姆渡遗址出土的线刻纹样陶盆（选自《福井县 浙江省友好提携 5 周年记念特别展：中国浙江省文物展》）

[1] 浙江省文物考古研究所、萧山博物馆：《跨湖桥》，第 77—78 页。

是煮食，也用于煎饮，跨湖桥遗址出土的一件残陶釜（T0411 ⑧ A：25），内底就粘积着一小捆植物枝茎，显然是为了煎煮某种植物作为饮料或药物。甑是当时的重大发明，陶釜只能煮糜粥，因为水一收干就易爆裂，有了甑后，把米放在甑中，把甑搁在釜上，釜中盛水，用火一烧，就能利用釜中水产生的蒸汽蒸熟甑中的米饭。由此可见，跨湖桥人已有吃粥糜还是吃干饭的选择权，当然其他食物也可采用甑的方法烹制。甑的使用是人类利用蒸汽能的最早实践，也是东西方饮食文化的一个重要区别点，西方人擅长烘烤（如面包）而东方人擅长蒸煮（如馒头）。上山文化的陶器都没有盖子，跨湖桥文化时期出现盖子，这也是烹饪史上的重大进步。如果说用釜煮粥糜，不用锅盖还勉强可行的话，甑没有盖子蒸汽就会跑光，食物就蒸不熟了。但跨湖桥文化遗址中，稻谷仍使用石磨盘和石磨石脱壳，未见杵臼。传统的烧烤法仍在使用，跨湖桥遗址中发现的许多哺乳动物的骨头上都可见火烤遗留的黑焦面，肢骨端部则常被砸断，应该是为了吸骨髓。骨髓是一种非常好的营养物质，对人类智商和体格的发展都有好处。跨湖桥遗址中盘和豆的数量增多，说明当时的主副食或许已有比较明确的区分，盘、豆应该是盛“菜”器，钵才是盛“饭”器。盘有圈足，豆有高柄，是因为当时的人都是席地而坐、围聚而餐，圈足、高柄都有抬高盘、豆器身的作用，便于围食的人搛菜。当然，从当时的经济水平看，这个“饭”不一定就是白米饭或粥糜，更有可能是菜、肉、米一锅煮的菜饭。从上山文化到跨湖桥文化所见的“饭碗”都是钵而不是碗，也是一个很有趣的现象。除陶质炊食器外，跨湖桥文化时期还出现了少量木质食器，跨湖桥遗址就出土过一件大型的木盘残件（T0410 湖Ⅲ：11），是浙江迄今发现最早的木质食器。另一个值得注意的现象是：跨湖桥遗址中还存在一些明显超出个人甚至家庭用餐需要的“大器”，最大的陶罐直径达 36 厘米，高达 40 厘米，最大的陶盆直径达 110 厘米，器腹深达 43 厘米，[1]上述那件木盘也算大器，残长 49、残宽 14、高 6 厘米，[2]说明当时聚落中可能存在着群体性宴享活动，罐因为口小腹大，更适宜贮谷或盛酒水，如为后者就与宴享有关。彩陶艳丽，可能也是用于宴享或祭祀的器皿。进餐具的出现，说明跨湖桥人已经越过了用手抓食的阶段，进入了比较文明

[1] 陈淳、潘艳、魏敏：《再读跨湖桥》，载《东方博物》第 27 辑，浙江大学出版社 2008 年版。

[2] 浙江省文物考古研究所、萧山博物馆：《跨湖桥》，第 213 页。

的进食状态。骨匕上端常钻有小孔，穿上绳子后就能佩挂于身随身携带，既方便随时使用，又能专人专用，比较卫生，而且匕、匙都是小型物件，佩挂于身还不容易遗失。木勺有小有大，小者长 10 多厘米，可用于进食，大者长 40 多厘米，可作锅勺或水勺。

余杭良渚文化遗址出土的陶鼎（良渚博物院藏）

余杭良渚文化遗址出土的陶鼎（良渚博物院藏）

诸暨楼家桥遗址出土的距今 6500 年左右的陶鼎，是目前钱塘江流域也是整个浙江史前文化中发现最早的陶鼎。陶鼎相当于把陶釜和釜支子连接于一器，连在腹底的三足稳稳地撑住了器身，不像陶釜由于是圜底，不论是煮食时还是放置时，都得弄三块石头或三个釜支子把它搁住，否则就会倾覆，因此鼎使用起来无疑比釜更加方便。但把三足连在釜身下，没有想象的那么简单，什么形状的足能与釜底稳妥地粘合？多大的足能撑住釜体？鼎本身怎样做到最轻？这里面涉及了很多科学原理。鼎足在楼家桥遗址从早期（相当于河姆渡遗址和罗家角遗址早期）的圆柱足，部分根部外侧贴突脊，到中期（相当于马家浜文化晚期、河姆渡遗址二期）鼎足根部的突脊演变成锯齿状，发展为扉棱足，都是寻求最佳方案的尝试。但不管怎么说，相较于釜，鼎的优势是明显的。因此我们可以看到，在楼家桥遗址的楼家桥文化类型早期文化层中，鼎还不占优势，但到中期文化层时，鼎就成为主要炊具了。

良渚文化时期，虽然釜、甑仍在使用，但鼎已成为最主要的炊器，几乎所有良渚文化的地层和墓葬中，鼎或鼎足都是最主要的出土物之一，而且鼎还和豆、壶一起成为最重要的陶礼器组合，与玉器、漆器、丝绸共同构建了良渚玉礼制。从造型上看，良渚人创造的鱼鳍形和 T 形鼎足，使鼎达到了功用和审美的完美结合。良渚人的主要饮食器有圈足盘、豆、罐、双鼻壶、簋、尊、盉等，值得一提的是，器盖在各遗址中的出土量明显增多，例如査塘山背遗址的良渚文化墓葬中，除常见的良渚文化陶器外，还多见器盖，有时一墓会随葬好几件，如 M24-1 有 8 件，M24-2 有 5 件，M24-3、M24-4、M11、M14 均有 2 件，M5、M26、M27、M44 均有 1 件。这无疑代表了烹饪和饮食的一种进步，因为炊器加盖有利于热能的利用，饮食器加盖则有利于食物的保温和保洁。

后良渚文化时期，鼎成了最主要的炊器，诸暨尖山湾遗址中甚至已不见釜，最有特色的是一种大鱼鳍形足鼎，有些鼎的器表还残留有黑色烟炱，可见是实用器。尖山湾遗址出土的饮食器有罐、豆、盘、杯、鬶、盆、瓶、壶、碗、钵、尊、盉、缸等。碗的出现值得注意，因为我们前面看到的多是钵。陶器之外，木器仍有少量使用，杭州水田畈和诸暨尖山湾遗址都发现过木盆或木盆形器。杭州水田畈遗址出土有木杵，说明在良渚文化或后良渚文化时期，钱塘江流域的先民已使用杵臼为稻谷脱壳，完整米粒的比率当有所增加。

（二）贮藏

动植物资源尤其是植物资源都有较强的季节性，因此食物的贮藏技术往往关系到族群的维持和发展。

浦江上山和小黄山遗址发现的众多灰坑中，有些可能就是食物贮藏坑，但因坑中未见相关食物遗存，因此还不能确定上山人已知挖坑贮藏食物。

跨湖桥文化时期，食物贮藏坑已做得相当规整。跨湖桥遗址发现的 21 个灰坑中，有 6 个装满了橡子，没有夹杂其他东西，显然是食物储藏坑。这些贮藏坑的坑口多有井字形木构框架，有的坑在木框下还用大木板和木条支撑加固，有的坑底还填有一层沙，可以防潮。以 H17 为例，坑的平面呈正方形，坑口架设“井”字形木构，坑壁垫有木板。有一个坑虽不见橡子，但坑内也有类似的木板设施，应该也是未存入或已经取空食物的储藏坑。坚果贮藏要保持适宜的温度和湿度，温度太低会冻伤冻烂果肉，湿度太低果实易干瘪，太高则易霉烂变质，而且需要适当通风，以免造成坚果无氧呼吸产生有毒的乙醛物质，因此在传统社会里坑藏可能是最好的办法了。橡子产量大且耐贮藏，是浙江史前文化中最常见的坑贮物。

考古发掘中迄今未见稻谷贮藏的证据，因此还不清楚先民们是怎么贮藏稻谷的，但跨湖桥遗址发现的一只陶罐，底部残留有一定数量的稻谷，说明罐藏是当时稻谷的贮藏方式之一。但罐贮的稻谷数量有限，可能主要是留种方式而非食物贮藏的手段。

此后，钱塘江流域的楼家桥文化类型、良渚文化和后良渚文化各遗址中，均未见明确的食物储藏坑或其他食物贮藏方式，因此我们还无法对此展开讨论。

四、纺织和装饰

从世界考古成果看，旧石器时代晚期已出现骨锥、骨针等缝纫工具，说明当时人已会简单缝制兽皮、树皮之类的东西蔽体，也发现过一些穿孔贝壳、兽牙之类的装饰品。但钱塘江流域的旧石器时代遗存中，还未发现任何与服饰有关的遗存，服装和装饰品都要到新石器时代才出现。

（一）纺织和缝纫

目前，上山文化遗址中还未见与缝纫和纺织有关的报道，因此跨湖桥文化中出现的纺织缝纫工具，成了钱塘江流域的最早发现。跨湖桥遗址出土有陶纺轮、陶线轮、骨机刀（打纬刀）等纺织工具，哑铃形器、B 型、D 型棒形器等织机部件以及骨针和骨锥等缝纫工具，这些发现说明跨湖桥人已会纺纱织布、缝制衣服。但跨湖桥遗址出土的纺轮还比较原始，均由陶片打制而成，形状多为不规则的圆形，边缘或略作打磨，中间钻一个孔用来插专杆，但孔位大多偏位不在正中。上山遗址跨湖桥文化层出土的纺轮也是如此，由陶片打琢而成。我们之所以知道这种纺轮的制作方法，是因为遗址中还发现了许多半成品，有些还未打成圆形，有些还未钻孔或孔还未钻透。线轮形体比一般的纺轮要小一倍左右，整体呈圆扣状，中间薄边缘厚，边缘面上有一道凹槽，是一种比较独特的

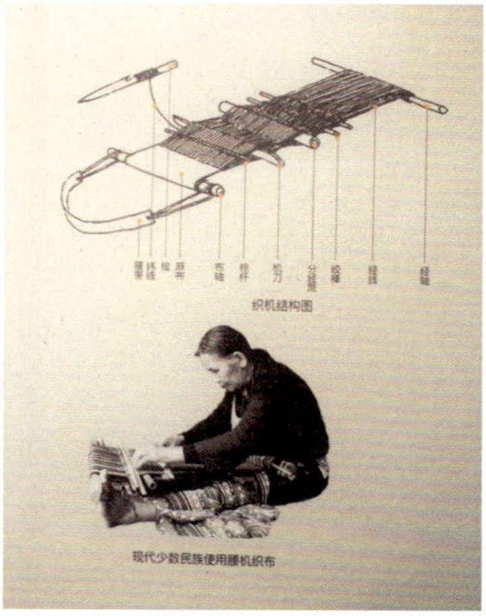

现代少数民族使用腰机织布的情景及织机结构图

浙江余杭庙前良渚文化遗址出土的石纺轮（良渚博物院）

原始腰机复制品（良渚博物院）

器物，至今功用不明，目前仅见于跨湖桥遗址和邻近的下孙遗址，因为有些线轮的凹槽中还缠绕着线，因此暂且把它归入纺织工具中。骨机刀用于打纬，但因其形态与骨匕一样，因此很难区分每一件的具体功用，但当机刀使用时，器形当以长而平直为佳。哑铃形器中段留下的浅痕，应该是绳线牵引留下的痕迹，B 型和 D 型棒形器两端有槽额，是用来捆绑绳索的，或可理解为原始纺机的构件。骨针可用于缝制麻布类织物，至于兽皮，就必须先用骨锥打出锥眼，然后借用针，穿针引线地穿越“锥眼”，后世纳鞋底用的就是这种方法。

诸暨楼家桥遗址发现有楼家桥文化类型时期的陶纺轮、石纺轮和骨锥，以陶纺轮为多。这些纺轮不再以碎陶片打制充任，而是专门捏土烧制。多为夹砂灰黑陶，也有少量泥质红陶和夹炭灰黑陶，后两者的外表均施红衣，有些还刻划有锯齿纹等装饰纹饰。

良渚文化时期的纺织遗存目前只见纺轮，诸暨楼家桥遗址、萧山蜀山 M1 和杭州吉如遗址都出土有石纺轮。后良渚文化在这方面的发现更少，只在诸暨尖山湾遗址发现过陶纺轮。针对这些零星而单调的材料，我们还无法对这些时期纺织缝纫的发展水平做出准确的评估。

（二）装饰

目前已公布的上山文化遗存中，未见明确的装饰品遗存。但跨湖桥文化时期已有发现，跨湖桥遗址出土的一件用淡青色萤石制成的璜形饰残件，短环状，截面呈椭圆形，对钻穿孔，很可能就是一个项坠，也有人称之为石曲管。[1]

从诸暨楼家桥遗址看，楼家桥文化类型时期，浙江史前最基本的一些装饰品种类都已出现，均为玉石器，有玦、璜、环、管、坠等，以玦最多，有4件，其他都只有一两件，玦为耳饰，说明东亚人对耳朵装饰的重视，在这个时期已有所体现。

良渚文化时期，装饰品的使用就更普遍了。诸暨楼家桥遗址出土有玉坠，浦江查塘山背遗址有玉锥形器、玉管，萧山茅草山遗址和杭州吉如遗址有玉锥形器，桐庐小青龙遗址有珠、管、锥形器、镯等玉饰件。小青龙遗址发现的玉珠有两种：一为纵向穿孔，一为一侧隧孔。前者可用作项串组件，后者可缝缀于衣裳作装饰，也可充当纽扣。管为串饰件，既可单独为项坠，也可穿成串作项串或腕串。锥形器的榫部多有穿孔，可作项串的坠饰。镯即手镯，为腕饰。但从总体上看，钱塘江流域良渚人使用的玉石类装饰品，多为小件装饰品，在数量和制作的精细度上也远不如良渚文化中心区，更没有中心区高等级墓葬中常见的三叉形器、玉梳背、带钩、璜、牌饰、半月形饰等。

诸暨尖山湾遗址出土有一件玉管，杭州萧山茅草山遗址出土有一件玉锥形饰，说明与良渚文化相比，后良渚文化时期的整体生活水平确实处于后退的状态，装饰趋于简单。

五、建筑和交通

（一）建筑

旧石器时代，人们大多占洞为居，或者露宿荒野，最多临时搭个窝棚。到了新石器时代，开始了定居的村落生活，建筑就必不可少了。

钱塘江流域最早的建筑遗存发现于上山文化。浦江上山遗址的早期地层中曾发现一个沟槽结构的建筑遗迹F2，有一个地基，被一条浅沟从东、北、西三面呈U形环绕。沟保存较好的西面部分长8.5米，宽1米，深10—26厘米，

[1] 方向明：《我参加的1990年跨湖桥遗址发掘》，载《跨湖桥文化论集》，人民出版社2009年版。

沟内填土颜色不一。这种房屋结构在该地区很少见。晚期地层中发现 F1，是一个长 14 米，宽 6 米的长方形结构，遗迹上可见三列长 14 米的平行柱洞，中列和北列均为 11 个柱洞，南列 10 个柱洞，各列间距 3 米，总宽 6 米，柱洞间的对应程度较好，柱洞深约 90 厘米，直径约 40—50 厘米，推定是一种立柱木构架建筑遗存。柱洞均直壁圜底，洞径 27—50 厘米，深 70—90 厘米，部分柱洞底嵌有小石块。小黄山遗址的房屋位于一处面积达 1500 平方米的方形台地上，台地正中有一座南北向的长屋 F6，由两排柱坑构成，长 33 米，宽 5.5 米，两排柱坑之间夹有一列储藏坑。柱坑的结构是先挖出一条长方形坑槽，然后再在坑槽的一端或两端深挖出柱洞，再立柱填土，柱洞直径 35 厘米左右，深约 80 厘米。F6 的南侧还有一座 F4，已处于土台的边缘，为东西向长屋，可见三排柱洞，排距 1.7—2 米，北排柱洞在浅沟内，东西残长 29.6 米，柱间相距 1.2 米左右。从两座房屋一正一侧、一高一低的位置关系来看，F4 可能是供日常起居的普通住房，F6 可能是具有某种特殊功能的建筑。一般认为，上山、小黄山遗址发现的这种带柱坑的建筑遗迹，应该是干栏式建筑的遗迹，但也有学者认为上山文化遗址都处于高爽的台地上，似乎不需要为避水患潮湿构架干栏，因为干栏建筑更费木材。[1]笔者认为干栏式建筑不完全是为了避水患潮湿，还有避虫蛇、暑热的作用，同样适合山居族群，而且山居族群获取木材相对容易。龙游荷花山遗址位于一个低矮丘陵的顶部，也发现有不太密集的柱洞，可以肯定是立柱的木构建筑，但是不是干栏式建筑还无法确定，其中甚至可能有半地穴式建筑。

河姆渡文化干栏式建筑模型

跨湖桥遗址的 F4，红烧土遗迹与柱洞遗迹处于同一个平面上，还有残高约 30—40 厘米、宽约 35 厘米的墙体，墙体土色灰白，质地纯净紧密，墙体中间每隔 30 厘米左右埋设一个木桩，木桩都经过砍削加工，横截面有半圆、三角和长方等形状，木桩底部也有明显的

[1] 潘艳:《长江三角洲与钱塘江流域距今 10000—6000 年的资源生产：植物考古与人类生态学研究》，复旦大学博士学位论文，2011 年。

河姆渡遗址建筑木桩

砍削痕迹。这一切说明 F4 是一座木骨泥墙的地面建筑，室内地面还经过局部烧烤，烧烤过的地面坚硬且不易起灰，便于打扫卫生和日常起居。另有 F2 和 F1 的残迹，建筑形式均不明，其中 F2 大致可判断为平面呈南北向的长方形房屋，以成排的木桩和柱坑为边界，F1 似以长木板为边界，上层为黄土，中层为炭灰层，上中两层分布重合，下层为黄土硬结面，质地紧密，但范围超出上中层分布区，且北部有碎石面直接叠压在下层的硬结面上。但跨湖桥遗址应该是存在干栏式建筑的，因为出土过一件独木梯，独木梯应该是上下干栏式房屋时使用的。这种独木梯由圆木劈半制成，直径 15 厘米，正面斜劈横斩出踏脚的台面。遗址中出土有木板，说明当时已发明剖板技术。搭建干栏式建筑是需要大量木板的，因为架空层的地面和墙壁都得使用木板。但跨湖桥文化的整体建筑水平还比较低，主要表现在以下两点：一是只发现过带卯孔的木构件，却未见带榫头的构件，仅有卯孔不见榫头就无法证明当时已发明和使用榫卯结构，因为卯洞也有可能是用来系绳的；二是柱子下部虽有柱洞、填土，但不见木板、石块等柱础，只偶见在坑侧插石加固，如下孙遗址的 D6。

绍兴杨汛桥寺前山遗址发现的马家浜文化建筑遗迹，有成排的柱洞，圆形柱坑底部多有块石作础，建筑前先对湿软地基铺垫块石，并铺垫比较纯净的黄土，营建比较讲究。柱洞外围有堆砌的块石护坡石磡，石磡外侧 2—3 米还有块石垒砌的“墙”，石磡与“墙”之间因此形成了一种“沟”的结构。这种类似聚落环壕性质的石砌围沟，在浙江史前考古中还是第一次发现。从中可以看出，马家浜文化的建筑水平已较高，当它侵入钱塘江流域的时候，也带来了这种先进的建筑技术。与此同时，在本地发展起来的楼家桥文化类型，建筑技术也不低，不仅出现了明确的干栏式建筑和榫卯结构，而且普遍使用了柱础。诸暨楼家桥遗址发现的 F1 就是一座干栏式建筑，选址在斜坡山体与水域之间相对狭窄的地带，走向与山体基本平行。房址东南 5 米处是含砂较多的沼泽或水塘。发现

浙江余杭下家山良渚文化遗址出土的陶屋(浙江省考古研究所藏)

浙江余杭良渚文化的民居建筑(良渚博物院)

浙江余杭良渚文化的民居建筑情景(良渚博物院)

浙江余杭良渚文化宫殿建筑模型(良渚博物院)

有两排柱洞,间距约 1.9—2.2 米。柱坑中多置石块,包括承重的础石和加固的侧石。两排柱洞周围散落着较多的陶器残片。F3 与 F1 的结构特点相似,也是一种长方形建筑,但只见侧石未见石础,有一侧置石者,也有多侧置石者。F2 由四个柱洞围成一个近方形的很小的面积,长约 2.02 米,宽约 1.8 米,被围的面积内挖成浅坑再填细沙,推测为塔楼式建筑的遗迹,可能是村落的瞭望台。此外,还发现有木桩、带榫木构件等遗存。

桐庐小青龙遗址发现了 3 个良渚文化建筑遗迹,其中 F1 位于山脊左右的高爽处,门向西北,由 4 个长方形单间构成,呈西南—东北向一字排开。单间宽 1.5—1.8、进深 3—5、间距约 1.5 米,东西总长 17 米。在房间内部均未发现活动面及其他生活设施。在 F1 前方发现 2 组柱洞,后方发现 2 条基槽,可能都与 F1 有关。F1 采用挖槽栽柱的建筑方法,在房子的后部有意将基槽开挖成长条形深坑，所埋的柱子也明显较房子其他部位的柱子粗壮，应该是出于承重的需要。在基槽中共清理出 43 个柱洞，柱洞的口部常填埋石块，起到加固柱子的作用。推测 F1 的建筑结构有两种可能：一为四间联排式建筑，二为单体七连间。但从平面空间关系来看，F1 各房间之间未发现基槽或柱洞相连，因此第一种可能性比较大。但这并不是定论,问题还有很多,例如 F1 各“房间”室内空间狭窄，而且未发现相关生活设施和墙体遗存，因此也有可能是干栏式建筑。但即使是干栏式建筑也会在周围留下生活垃圾的堆积，它却没有，因此 F1 到底是否房址还是存疑的。此外，萧山金山遗址也发现有良渚文化时期的成排柱洞。

后良渚文化时期的建筑遗存，目前我们只在诸暨尖山湾遗址中发现了带榫卯结构的木构件，而且结构已较复杂，例如有一块木头顶面一侧被加工成斜坡状，另一侧残断，底面光滑，中部刻有燕尾形卯槽。

综上所述，可知上山文化时期，钱塘江流域已出现建筑，但建筑类型不明。跨湖桥文化时期出现了木骨泥墙的地面建筑，而且已会剖木板并在木料上挖凿卯孔，但不能确定是否已出现干栏式建筑，也不能确定是否已会使用榫卯套合的原理构架梁柱结构，而且跨湖桥人还不会使用柱础，只会偶尔在坑侧或坑口放置石块以加固木柱。南下的马家浜文化为钱塘江流域带来了石础和块石垒墙技术，同时期的楼家桥文化类型中则明确出现了干栏式建筑、榫卯结构和石础。良渚文化时期的建筑情况不明，后良渚文化时期榫卯结构已较复杂。

下面我们再着重介绍一下柱础技术。打桩立柱是钱塘江流域史前建筑中出现最早使用最广泛的建筑技术之一，使用柱础可有效防止桩柱的下陷和移位，而桩柱的下陷或移位对梁、柱结构房屋的危害是致命的，因为这种房屋整个房子的结构就是靠梁、柱支撑起来的，梁、柱就是房屋的“骨架”，而梁、柱之间是靠绳条捆扎或榫卯结构连接在一起的，故不论哪根梁、柱一动都会牵动整座房子的弯斜甚至倾倒。但上山文化和跨湖桥文化遗址中都未见明确的柱础，上山和小黄山的柱坑中偶见小石块或残磨盘，但不能确定是柱础。跨湖桥人则采用截平柱底、坑口坑侧填塞石块等方法来加固柱子，例如萧山下孙遗址 D1 的柱坑呈圆桶状，残存的圆柱底面平，立于坑底，坑中填土较结实，坑口填压石块和陶片。D6 则在坑侧插立着一石块。浙江其他地区的情况也是如此，一直到余姚田螺山遗址距今 6000 年左右的地层中，才知在桩柱下垫几层木板作柱础。此后，立桩柱用“础”成为常态。木板、石块、陶片、红烧土块是浙江史前文化中最常见的几种柱础，尤以“木板础”最有特色，而且多是几层木板累叠在一起，但木板础主要流行于平原地区，余姚田螺山、嘉兴马家浜、湖州邱城、余杭庙前、余杭金霸坟、余杭横圩里等河姆渡、马家浜和良渚文化遗址中，都发现过木板础。因为木板轻而面积大，比自身重和面积小的石块更适宜沼泽平原的烂湿淤泥，不易下陷。钱塘江流域迄今未见木板础，只有石础，绍兴杨汛桥寺前山、诸暨楼家桥等遗址中都发现过石础。这或许和钱塘江流域史前聚落“山居”的特色有关，山地地基坚稳而且采运山石相对比较方便。

（二）交通

钱塘江史前族群与交通有关的考古证据，不论水路陆路，最早的证据都见于跨湖桥文化时期的萧山跨湖桥遗址。

杭州萧山跨湖桥遗址出土的独木舟

良渚文化的独木舟复原情景（良渚遗址公园）

良渚文化的主要交通工具：独木舟和竹筏（良渚博物院）

跨湖桥遗址出土有独木舟和木桨，是水路交通的最好证据。独木舟基本完整，船头上翘，残长 5.6 米，宽约 29—52 厘米，船腔较浅，只有 15 厘米左右，所用木材是马尾松。舟体周围散落有木桩、桩洞、木料、圆木、木桨、砺石、石锛、锛柄、竹编器等物，结合地层环境，推测这是一个滨水的船舶建造修理场，从这条独木舟的残损情况看，它不是新船，应该是在这里维修的旧船。独木舟所处地层距今 8000—7500 年，是迄今我国考古所见最早的独木舟，有人因此称其为“中华第一舟”。两支木桨发现于独木舟两侧，均由整块木块砍削而成。此后，在杭州水田畈和诸暨尖山湾等后良渚文化遗址中也发现过木桨遗存。

陆路交通方面，萧山跨湖桥遗址发现了用鹅卵石铺设的村落道路，其中一处遗迹面积较大，位于建筑 B 与建筑 C 之间，边缘整齐，略呈长条形，南北向，长 6.2 米，宽 0.6—2.5 米。另一处在建筑 C 的西侧，F1 的北侧，规模稍小。这是中国迄今所见最早的鹅卵石道路。

六、制器

上山文化时期，制器业还不发达，以石器、陶器为主，还有少量的骨器。跨湖桥文化时期，制器业有了较大的发展，萧山跨湖桥遗址发现了独木舟修理场遗迹，下孙遗址则发现了一个可能与制陶有关的遗迹。从遗存看，石器、木器、骨角器、编织器、陶器、漆器等制器行业都已出现，而且技术水准不低。楼家桥文化类型发现有一个石器制造场。距今约 6000—5600 年的桐庐方家洲遗址玉石器制作场中，玉、石器的制作技术开始分离。良渚文化时期治玉业有了长足的进步，新石器时代该有的制器行业至此完备。

（一）玉石作

上山文化时期，石器还较原始，遗址中发现的石器仍以打制的石片石器和砾石石器为主，磨制石器极少见。器种基本延续了旧石器时代的器种，主要盘状刮削器、砍砸器、尖状器、穿孔石器、石球、带槽石球、石锤、磨盘、磨石等，磨盘和磨石的数量较多，中期以后磨制石器有所增多，以斧、锛居多。

跨湖桥文化时期以磨制石器为主，采用打、琢、磨等方法制器，先打、琢出器物的雏形，再磨制成器，大多通体磨光。有锛、斧、凿、镞、锤、卵石器、

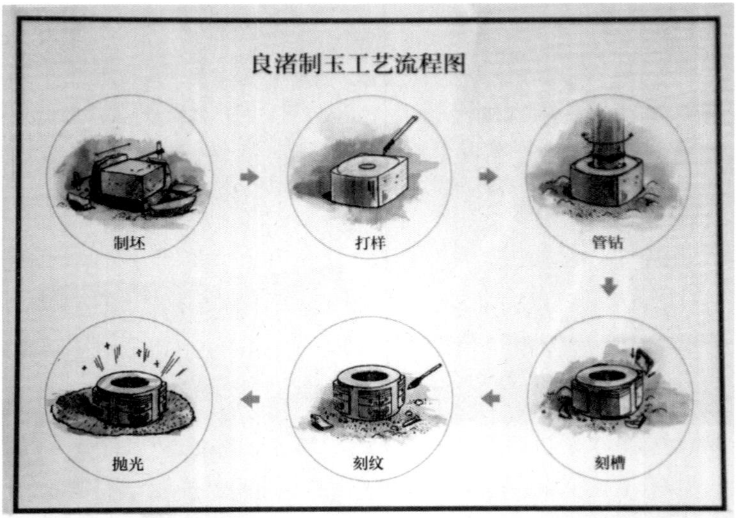

良渚玉器制玉工艺流程图（选自《艺术时尚·典藏》2019 年第 9 期）

磨石（可能包含砺石、磨盘两种）、饼形器、锉等器种，其中的石锤可能是打、琢石器雏形的工具，砺石则是磨制工具。在一件萤石质的璜形饰上，我们还看到了对钻打孔的技术。而且跨湖桥人对岩性已有一定的了解，做石锛时他们会选择泥岩，因为泥岩质地细腻，韧性好，容易磨出锋利的刀刃，使用时刃口也不易崩裂。做砺石时会选择砂岩，砂岩含有砂粒，质地粗硬，故适于磨制器物，石器、骨角器甚至竹木器都可以用砺石打磨。石锉更特别，选用的是一种多气孔、表面毛糙的特殊石材。

诸暨楼家桥遗址发现有 46 件楼家桥文化类型的石器，以石锛为主，还有石刀、石斧、石镞、石轮、砺石、石砧等，发现有 10 件玉器，有玦、璜、环、管、坠等。更重要的是发现了一个石器作坊（属楼家桥文化类型晚期，距今 6000—5800 年），面积约 300 平方米，作坊遗迹上散布着众多的石料、半成品及加工工具，包括 29 件砺石，5 件石砧，石锤和成形的石器很少，石片、石渣则遍地皆是。这些东西在遗迹面上的分布略有规律，表明当时已存在一定的作业流程和人员分工，例如在东南一角集中摆放有 5 块石砧，石砧体积较大（最大一块 44 厘米 ×40 厘米 ×25 厘米），坚硬，比较规整，但台面被击打得疤痕累累，石砧底部则支垫有石块或陶片。以石砧为中心，周围散布着石锤、石器雏形、石料、石片、石渣和砺石等遗存。东北角集中出土有较

良渚玉梳背

余杭瑶山遗址出土玉琮

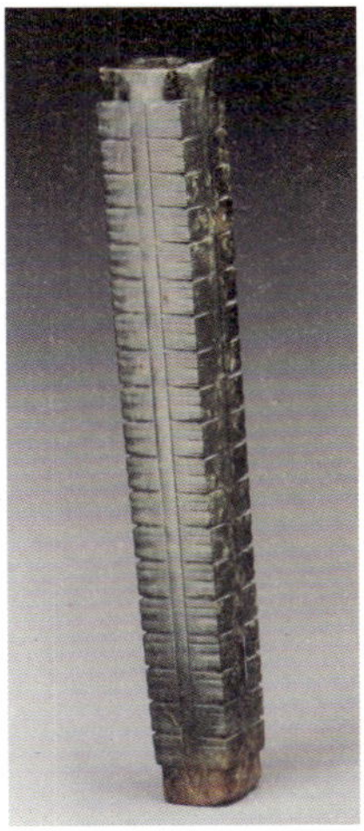
良渚文化遗址出土的玉琮（选自中国历史博物馆编《华夏之路》，朝华出版社1997年）

多砺石，可能是石器的修整区。西南角有大量碎石残片及少量砺石和大块石料，可能是综合处理区域。

桐庐方家洲遗址发现的玉石器加工场，规模远大于楼家桥遗址的石器加工场，年代距今6000—5600年。出土遗物逾2万件，主要有制作玉器的蜡石、制作石器的砾石、用作磨制材料的砂岩和磨石，以及玉石器的半成品、残次件等。制作的石器以石锛为主，还有斧、钺、刀、锤、纺轮、网坠等，玉器（包括真假玉）主要有玦、璜、管等小型装饰品。遗迹上的遗存分布也有一定的规律，说明制造流程已处于“流水线式”操作。遗存物显示石器制作分为开石、初级琢打、修整、初级磨制、精细磨制、钻孔、成品几个环节。磨石是出土数量较多的制器工具之一，有磨石山料、多棱磨石、多槽道磨石、轮状磨石以及细磨石。依据含砂颗粒粗细的不同，则可把磨石分为粗磨石与细磨石两类。粗磨石用于初级阶段的磨制，细磨石用于精细部位的修整磨制。钻孔已有实心钻、管钻和先琢打再扩孔等几种方法。厚度大于1厘米的石器，主要采用双面管钻技术。先琢打再扩孔就是先在石器上下两面的同一个点上各琢打出一个V字形孔，然后用扩孔器进行研磨，使石器孔径扩大、孔壁光滑。玉玦的制法是先琢打或管钻成圆形玉玦坯，磨制玉玦坯上下平面及边缘、管钻中孔，最后切割出玦口。玉管的制法是先琢打成长方形柱体，再磨制成圆柱体，然后对钻出穿孔。这个加工场遗址的意义重大，它不仅是目前所见最早的玉石

良渚玉钺

器加工场遗迹，而且让我们看到了当时整个玉石器的加工过程，最重要的是在这里我们清楚地看到了玉器（指透闪石玉，亦称软玉，以新疆和阗玉为代表，是为真玉）和石器在制造技术上的分道扬镳，石器（包括石英石玉、玉髓、玛瑙、蜡石等，属假玉）采用的仍是琢打成坯再磨制的技术，而软玉玉器则开始了以解玉砂为介质进行切割、修治的琢玉技术。方家洲遗址中最常见的石英石玉是蜡石，因为遗址所在的分水江流域就分布着数量众多的蜡石，有白蜡石和黄蜡石，以黄蜡石居多。黄蜡石表皮黄色，石核颜色极为丰富，有黄、绿、紫和黑等多种颜色，且质地细腻。

良渚文化以“玉礼制”为特点，玉器发达，尤其是在高等级墓葬中，琮、璧、钺等玉礼器成了最主要的随葬器，钱塘江流域虽然不是良渚文化的中心区，玉器没这么发达，但整体仍处于玉礼制的系统中。桐庐小青龙遗址良渚文化墓地中，等级最高的6座墓均随葬有玉钺，有些还有玉璧、玉琮、漆觚等，尤其是一件带柲彩漆绘玉钺，显示了墓主不一般的等级身份。淳安则曾采集到刻划有简化神人兽面纹的二节型良渚文化玉琮。但并不是所有的遗址都具有如此鲜明的良渚文化玉礼制特色，因为这里属于良渚文化边缘区，总体来说遗址的土著性都比较强，例如浦江疍塘山背遗址清理的44座良渚文化墓葬，出土的陶器器形基本上与典型的良渚文化陶器一致，但良渚文化墓葬中常见的玉石器在这里却很少见，只有等级最高的M24随葬有玉器，而且这是一座良渚文化中心区中极少见的四格形合葬墓（即一个正方形墓坑被分隔为四个小坑，每坑中置一棺），每棺中也只随葬有1—4件锥形饰、管、镶嵌料等小型装饰性玉器，根本没有大型的或带礼器性质的玉器。

（二）木作

上山文化时期的木作水平我们现在还不清楚，但因为萧山跨湖桥遗址出土了大量木器，让我们对跨湖桥文化时期的木作技艺有了较清楚的了解。

跨湖桥遗址出土的木器，种类较多，大到建筑构件、独木舟，小到木桨、织机组件、木盘、木弓、木钉形器、木锥、木柄、木镞、木浮标等等。石锛、石斧、石凿则是最主要的木器加工工具，其中石锛应该是最主要的，因为跨湖桥遗址中出土的锛、斧、凿，以石锛的数量最多，而且出土了数量较多的木质锛柄。

河姆渡建筑构件

河姆渡遗址出土的木构件（选自《福井县浙江省友好提携5周年记念特别展：中国浙江省文物展》）

浙江余杭下家山良渚文化遗址出土的木构件（浙江省考古研究所藏）

跨湖桥遗址出土有木板和带孔的木构件，说明当时已知剖板和凿孔技术。木器都是用原木或剖开的木料直接砍削而成的，还没出现木板拼接成器的技术。例如木桨就是由整块木板砍削出来的，木柄和桨叶连为一体。木盘则是用一块长方形的木料先挖凿出微凹的盘面，再砍削出两端略上翘的盘体和一个长方形的圈足。最典型的例证就是独木舟，整个船体就是由一段巨大的木头砍削挖凿出来的。

特别值得一提的是木器制作中的烧烤炭化技术。即在木器待砍削或挖凿的部位放上木屑等物点燃焚烧，然后用锛、斧、凿等石器砍削或挖凿掉烧焦炭化的部分，如此反复操作，直到得到所需要的器形为止。炭化的部分会变得疏松脆弱，因此会比直接砍削、挖凿木料省力很多。在挖凿木容器尤其是独木舟等特大型“容器”时，这种方法使用得较多。跨湖桥独木舟的船腔部位，至今仍能看到这种加工方法留下的痕迹，例如离船头1米处有一片面积较大的黑炭面，东南侧舷内发现大片的黑焦面，西北侧舷内也有面积较小的黑焦面。木器的尖锋

河姆渡遗址出土的建筑构件企口板

部位也可采用此法削制，把需要磨尖的一端先在火上烤一下，然后就能用石刀和砺石轻松地削磨出尖锋，而且这种尖锋会因为木头受热时树汁树胶内逼而变得更加坚韧。跨湖桥遗址发现的一些木锥和棒杆形器的尖头就能看到这种加工方法残留下的火焦色。火烧炭化技术以前只见于民族学调查，跨湖桥遗址的这些出土物，首次从考古学上证实了这种技术在史前已经存在。

跨湖桥遗址出土的木弓所用木材为桑木边材，独木舟和木桨均为松木，说明跨湖桥人对木材特性已有较清楚的了解，已会根据器物的功能选择相应的木材。弓材要求树枝长劲、木材坚韧，桑木就是最好的弓材之一，《埤雅·释木·柘》即称“盖弓材莫良于檿，尤良于柘，故《皇矣》先其檿，后其柘也”，檿即檿桑，而且边材的韧性通常要比心材好。选用松木造船作桨，是因为松木本身较轻易浮且耐水耐腐。

浦江査塘山背遗址的良渚文化墓葬中，发现有带漆皮的独木棺遗痕。大致处于良渚文化和后良渚文化时期的杭州水田畈遗址，也发现有木盆、木杵、木桨、木榔头、渔网浮标等众多木器，这些木器中只有宽翼木桨是分体式的，即分别砍削出桨叶和桨柄再把它们捆绑成一把完整的木桨，其余木器都是由一块木料砍削而成的。后良渚文化时期的尖山湾遗址出土的木器多为残件，较完整者只有 13 件，包括木桨、有柄木器、带榫卯构件、铣板状木器、盆形器、木陀螺等，这些木器也都是由一块木料砍削挖凿而成的。可见，整个史前时期，一直没能发明木板拼器技术。

（三）髹漆

漆树原产中国，漆树分泌出来的天然树汁，就是我们所说的生漆，可直接淋涂器物，它会在器物表面形成一层光亮的、不透水的保护层，从而使器物不易朽烂、经久耐用而且更加美观。涂在器物上的漆液，在自然状态下，其中的

良渚文化墓地瑶山 M9 出土的朱漆嵌玉高柄杯

浙江余杭良渚文化遗址出土的筒形漆器（良渚博物院）

余杭良渚文化遗址出土的彩绘漆盖残件（良渚博物院）

河姆渡遗址出土的距今 6000 年前瓜棱状漆木碗

浙江余杭下家山良渚文化遗址出土的漆豆（浙江省考古研究所藏）

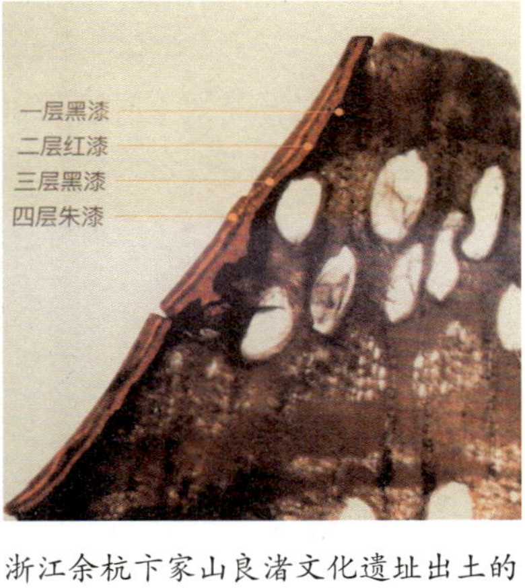

浙江余杭下家山良渚文化遗址出土的漆觚的 44 倍漆膜截面

浙江余杭良渚文化遗址出土的彩绘漆觚（经检测，此件漆觚有红黑相间的四层漆膜，黑色为生漆氧化所致，内层红漆的呈色剂为赤铁矿，表层红漆的呈色剂为朱砂）

漆酸经氧化而干固，且因酵素之作用而变成黑色，所以我们常用“漆黑”一词来形容黑色。如果在漆液中羼入其他颜料，就能得到红、白、黄、绿、蓝、赭等颜色漆，以羼朱砂的红色漆最常见。

跨湖桥遗址出土的木弓表面残留有朱漆痕，可以说是中国迄今发现最早的漆器。但浙江漆器要到河姆渡文化和良渚文化时期才真正兴起，但这个时候，钱塘江流域的漆器反而不如浙北平原发达了，目前仅在桐庐小青龙良渚文化墓葬中发现过较多漆器，以漆觚为主。漆觚可能具有一定的等级象征意义，因为它只与玉璧、玉琮、玉石钺等“礼器”同出于高等级墓葬中，但其中的一件带柲彩漆绘玉钺，在良渚文化中心区一些王陵级的墓地中都极少见到，应该象征着墓主极高的地位。这件玉钺平面呈“风”字形，是最典型的礼仪钺形状，钺身上部还残留有三叉形朱漆痕。柲虽已朽烂，但在柲之朽痕上仍能看出当时的柲通体髹朱漆，首尾两端施绘有一些条带状的黑彩图纹。浦江查塘山背遗址的一些良渚文化墓葬则使用了髹漆棺材，因为发掘时在个别墓葬底部剔出了小块棺木的漆皮。

（四）骨角牙作

河姆渡遗址出土的骨哨（选自《福井县 浙江省友好提携5周年记念特别展：中国浙江省文物展》）

史前社会，尤其是早期，渔猎是重要的食物获取方式之一，故骨、角原料丰富。骨、角的硬度低于石而高于木，故加工易于石而功效优于木。

钱塘江流域的骨角器首见于上山文化，浦江上山遗址就发现过少量骨器。

跨湖桥文化时期，骨角器已较发达。跨湖桥遗址和下孙遗址涉及的骨角器原料有动物肩胛骨、肢骨、肋骨、头骨及鱼骨、鹿角等，已出现切、割、削、磨等加工方法。其中跨湖桥遗址除原料和半成品外，出土有100余件骨角器，有耜、镞、镖、锥、针、匕、匙、笛（哨）、叉、钉形器、锯齿形器、鹿角器等。骨耜用鹿、牛、猪等大型哺乳动物的肩胛骨制成，这类动物的肩胛骨本身就像一把铲子，因此只要修削掉棘突部位，再在肩臼部凿个装柄的孔就行了。骨锥按制作工艺有三类：第一类是先将肢骨剖切成骨片或骨条，再在一端磨出锥尖；第二类是利用动物骨和鱼骨的自然形态，仅将一端磨尖；第三类是利用鹿尺骨的自然形状，将远端截断，削磨成尖锋状，近端成自然手柄。锯齿形器、镖、镞、针等骨器的制作，都是先将动物肢骨切削成骨片或骨条，再磨制出需要的形状，骨针针孔可见两面对钻成孔者，亦有单面钻者。有件骨针（T0410⑥A：1）针体截面圆形，但尾端略扁，这种设计使线能够较轻松地随针而过，特别是线比较粗而布又织得比较紧致的时候。打纬刀、匕、叉等用肋骨磨制而成，故保留着肋骨的自然弧度。骨哨是截取禽鸟肢骨的一段制成，骨管上还要锉磨出几个吹奏孔。鹿有自然脱角的现象，又是跨湖桥人的主要狩猎对象，因此野外拾得的鹿角加上狩猎所得鹿头上截下的鹿角，数量应该是比较大的。跨湖桥遗址中就发现过被作为原料截取的鹿角，也发现过用鹿角料磨制的镞，还有比较多的鹿角器，这种鹿角器为鹿角上截下的一个支叉，然后在粗端刻槽，有些器身上还刻划有类似于“卦象”的东西，可能是跨湖桥人的一种宗教用器。下孙遗址则出土有锥形器和牙器，锥形器大多是用动物肢骨剖成的骨条磨制的，有一件是用禽鸟带关节的肢骨磨制的，有关节的这头较粗壮，留作锥头，并钻了一个小孔，另一端较细，磨为锥尖，穿孔或许是为了随身佩带。牙器只发现了一件，用动物牙齿磨制而成，尖部略残，功用不明。

河姆渡遗址出土的骨镞（选自《福井县 浙江省友好提携5周年记念特别展：中国浙江省文物展》）

诸暨楼家桥遗址发现过2件楼家桥文化类型的象牙器，其中一件为象牙小罐，方口束颈球腹形。内腹被挖凿成长方形，颈部长边各有两个不对称分布的小圆孔，还有三组未钻透细孔组成的装饰，分别以8孔、5孔、7孔为一组。象牙器的发现意义重大：其一表明当时的气候比现在温暖湿润，钱塘江流域还栖息有野象群；其二表明钱塘江流域与浙北平原文化的血缘关系，因为与其同时期的桐乡罗家角遗址（马家浜文化）和余姚河姆渡遗址（河姆渡文化）中都发现过这种象牙器，说明浙江文化至迟在这个时段已处于同一个大的文化系统中。

（五）编织

杭州萧山跨湖桥先民编织的情景

搓绳和编织（不包括纺织）可以说是人类最古老的技艺之一，从全世界考古看，许多民族在旧石器时代晚期就发展出了这种技艺。这种技艺对早期人类非常重要，因为遮体的兽皮、树叶等都需要绳索捆绑，弓箭、投石索、捕兽网、渔网、建筑营建等也都需要绳索或网兜，在捕捉小动物和鱼虾方面网兜的作用甚至超过了弓箭。《淮南子·汜论训》记“伯余之初作衣也，緂麻索缕，手经指挂，其成犹网罗”，《易·系辞下》记伏羲氏“结绳而为网罟，以佃以渔”，其实都是对先民真实生活的一种追忆。笔者想强调的是网兜在早期社会作为“容器”的重要作用。因为旧石器时代还没有陶器，生活中极缺容器，兽皮可制袋，但生皮硬邦邦且遇水易腐烂，制革则程序繁琐而不易，剜挖而成的竹木器、骨角器不仅容量有限，而且分量较重不易携带，因此采集狩猎活动中最适宜的盛物袋就是编织的网兜了，携带轻便而且可随意编织出各种大小尺寸。因为编织不像纺织那样需要织机之类复杂、笨重的专业工具，只要有石刀可割回芦秆、刮来树木茎皮等编织原料，后来的工序几乎只用手就可完成，因此特别适合居无定所的旧石器时代人群。新石器时代虽有陶器，但陶器沉重且易碎，只能在定居生活中使用，外出采集狩猎甚至收摘稻穗等农作物时，编织袋仍是最佳的选择。而且随着编织技艺的成熟，编织器在新石器时代有了更广泛的生产和使用，可编织席垫用于房屋覆顶、空间隔离和地面铺垫，也可编织出各种器具甚至鞋帽，几乎介入了人类生活的各个方面。

浙江余杭下家山良渚文化遗址出土的竹席残片（浙江省文物考古研究所藏）

1973年在浙江余姚河姆渡出土的新石器时代苇编

萧山跨湖桥遗址出土的编织器，是迄今钱塘江流域也是整个浙江地区发现最早的编织器。共有两件，其中一件可能是簸箕的一个残件，保存较好，前端有木质边骨，后端起角，编织材料似为竹篾。另一件不知为何物的残件，似有上下两层，完整的一面可见一个斜向收边，较宽一侧有T字形相交的木质条骨支撑其中。由此可见，虽然当时使用的还是比较简单的一经一纬人字纹编法，篾片也较宽粗，但已会起角、收口，会使用木料作“撑骨”以加强编织器的支撑度。

杭州水田畈遗址发现有两件竹编残器，一件像篮子的残圈，另一件不知其形，编织的方法为经纬相间。此遗址的遗存原先多被视为良渚文化，但从现在的考古研究看，可能更多地反映了后良渚文化时期的情况。诸暨尖山湾也是一个后良渚文化的遗址，出土有20多件竹篾编织器，可辨识器形的有篮、筐、箕畚、竹篓、篾席等，已使用人字纹、十字纹、一经一纬、三经三纬、梅花眼、辫子口等编织方法。有2件篮的残件，一件的口部用细篾穿绕填充致密，并以较粗木条加固，腹部采用六角形梅花眼编法，篾条均为斜向，间隔压挑而成网状。有3件筐的残件，经疏纬密，经双股，纬篾窄薄，单股。一潜一浮法编织。近口部纬篾较窄较密。口沿以辫状编法收边。有1件箕畚，经篾粗实、双股。纬篾细软、单股，纬篾潜一浮一地穿绕经篾，纵向坚挺，横向弯曲成器。有3件竹篓，做法相同，纬篾上下一压一跳。有3件篾席，席篾宽窄相同，厚薄均匀，质地柔软，采用三潜三浮的编织方法，条条靠拢，不留空隙，特征是结构紧密不易散乱，其中一件呈人字纹编法，另两件呈十字纹编法。

编织器在浙江出现早、使用广泛（湖州钱山漾遗址也出土有大量竹编器），当与这里盛产竹子和芦苇等编织原料有关，但其盛行于史前末期的原因，可能与编织器的“物美价廉”有关，因为相较于良渚文化时期，后良渚文化时期的经济和社会状态都处于衰落状态，漆、玉之类“奢侈品”的消费明显受到抑制，编织器的原料和加工成本都比较低，用途却很广泛，受到青睐似也在情理之中。

（六）制陶

钱塘江流域的陶器，主要有夹炭、夹砂、泥质、彩陶等几大类，偶见夹蚌者。成形技术有泥片贴筑、泥条盘筑和慢轮修整等法。装饰技艺则有陶衣、刻纹、镂空、彩绘、贴塑等。下面我们择要做一简单介绍。

1.夹炭陶

夹炭陶就是在陶土中掺杂稻谷、稻茎叶等植物体，烧制时让其在陶胎中炭化。夹炭陶是浙江最早的陶类，出现于上山文化时期，兴盛于河姆渡文化时期。

杭州萧山跨湖桥先民制陶情景

先民在陶土中掺杂植物，推测主要有三方面的目的：一是不必千辛万苦地去寻找优质陶土，就地取材的一般性陶土搀入植物体后也会有较好的塑形能力，这个道理就等同于后世涂抹泥墙时要在泥里拌入铡成小段的秸秆一样，因为泥中的植物体会增强泥之间的牵合力，防止泥坯在干燥时开裂；二是因为当时还不会淘洗陶泥，粗杂的陶泥和原始的泥片和泥条成形法都会导致陶器厚重，炭很轻，因此烧制夹炭可在一定程度上减轻陶器的整体重量，便于使用；三是因为陶器遇火易爆裂，但胎体中的炭能在一定程度上缓冲热胀冷缩的速度和强度，从而有效地加强了炊器在煮食过程中的防爆能力。

从浦江上山遗址出土的夹炭陶陶片看，当时陶坯中掺杂的主要是稻壳，这些残留在陶片表面的谷壳印痕和陶片断面上的炭化稻壳，仅凭肉眼就能看到。此外，考古工作者还在陶坯中检测到了稻叶硅酸体，说明上山人烧制夹炭陶时，不仅掺杂了稻壳，还掺杂了稻叶。但从整体上看，上山文化的夹炭陶胎壁较厚胎质疏松，多呈外红内黑的“夹心饼干”状。

跨湖桥遗址几乎所有陶器的陶胎中都存在明显的炭素，因此从这个角度讲，我们可以说跨湖桥文化的陶器都是夹炭陶，但若细分，这些夹炭陶中有些是纯粹的夹炭陶，有些胎质中还含有或多或少的沙粒或蚌壳碎末，可以称为夹砂陶或夹蚌陶。因为跨湖桥人的夹炭陶不像其他族群的夹炭陶那样，可以在器表或陶胎中看到稻谷等的印痕或炭化粒，因此有可能是把植物体先烧成炭捣成炭末后再掺入陶泥制陶的，这样做的好处是胎壁可以做得比较细腻轻薄。其中，炊器类夹炭陶的胎体中含炭量较多，胎质疏松，非炊器类的胎质较细腻，含炭量少，泥性成分更突出。但不论是炊器夹炭陶还是非炊器夹炭陶，陶胎均呈黑色（只有部分胎芯稍许泛黄），说明相较于上山文化，此时的烧造技术已有所提高。因为露天堆烧的陶器接受的是氧化焰，烧成的陶器呈红黄色，只有出现闷烧技术后，陶器处在缺氧的还原焰下，烟火中的炭素借助高温渗透到陶器里，陶器才会呈现灰黑色。

与夹炭陶基本同时起步的夹砂陶，小黄山的上山文化层就以夹砂陶为主，只有少量夹炭陶。但与夹炭陶一样，这个时期的夹砂陶胎壁也很粗厚，小黄山的不少陶器底部厚度达 3—4 厘米。但随着陶土淘洗程度和烧造温度的提高，在导热、抗撞击、抗热胀冷缩和抗剥蚀等机械性能上都比夹炭陶好的夹砂陶后来居上，发展速度明显超过了夹炭陶。跨湖桥遗址中夹砂陶已占到一半左右，而且从跨湖桥文化早期到晚期有逐渐增多的趋势，到良渚文化时夹砂陶已成为最主要的陶类。

2. 彩陶

浙江史前文化至迟从跨湖桥文化开始，主流就是黑陶，并非彩陶流行区，但从目前的考古遗存看，浙江似乎是最早出现彩陶的地方。彩陶在上山文化中晚期就已有少量发现，有厚彩也有薄彩，有太阳纹、田字纹等纹饰。跨湖桥文化时期彩陶已成为它的文化特征之一，跨湖桥遗址发现的彩陶片占整个陶片数量的 2% 以上，主要彩绘于罐、圈足盘和豆上，至少 5% 的罐、圈足盘和豆的陶器（片）上发现有彩陶。[1]而中国其他地区的彩陶，目前都只能上推到距今7000年左右。例如长江中游洞庭湖地区的皂市下层文化时期，其钱粮湖农场坟山堡遗址底层出土的彩陶残片，时间超过了7000年，但直到丁家岗和汤家岗遗址的早期（距今7000—6500年），彩陶仍属肇始阶段。[2]北方也只能上推到距今7000年左右的大地湾下层和北首岭下层，大地湾一期钵形器的内壁发现过十多种彩绘图案。[3]

跨湖桥遗址早期彩陶均为薄彩，施于陶豆盘、圈足盘的内壁，以红彩为主，晚期薄彩、厚彩并存，彩纹丰富而规范。厚彩乳白色，由颜料层层堆积而成，触摸上去有明显的隆起感，易脱落，多施于器物的外壁，如陶罐的肩部、圈足器的圈足部位。绘制彩陶的陶器，胎质多为粗泥陶，胎表涂有一层修饰层（陶衣或化妆土），红或白的底色涂在修饰层上，然后再在红底上绘白色花纹或在白底上绘红色图案。个别色彩看上去像黑色，有可能只是涂得过浓的红彩。也有个别淡黄色的颜色，但至今无法确定是用了淡黄色颜料还是褪色的红彩。

跨湖桥文化彩陶中有一类外彩里黑的陶器，拼复成器的有侈口罐、直口钵等，器物的外壁是以红彩为主色调的彩绘，内壁为黑色。这种用色与后来外红内黑的中国传统漆器很相似，而且内壁的“黑”似乎不是胎色，光滑坚挺，局部可见剥落痕迹，其凹处和棱角处的效果并非打磨所能达到，像是涂抹上去的一层涂层。[4]如是，其对中国外红里黑漆器传统用色原则的启发意义当不容忽视。

跨湖桥彩陶的红彩原料，可能是一种含铁量较高的物质或红色矿物料，白彩的原料则是一种氧化铁含量较低的黏土泥料。邻近跨湖桥遗址的萧山下孙遗址中，曾发现大片块石集中的区域，这种块石为砂岩质矿石，就采自附

[1] 何汉生、肖梦龙：《实用美观、相得益彰：论跨湖桥文化的原始艺术》，载《跨湖桥文化论集》，人民出版社2009年版。

[2] 何介钧：《环珠江口的史前彩陶与大溪文化》，载《南中国及邻近地区古文化研究》，香港中文大学1994年版。

[3] 甘肃省博物馆文物工作队：《甘肃秦安大地湾遗址1978—1982年发掘的主要收获》，载《大地湾考古研究文集》，甘肃文化出版社2002年版。

[4] 洪丽亚：《钱塘江流域史前艺术审美意义之探讨》，载《东方博物》第13辑，浙江大学出版社2004年版。

近的山里，但却不是遗址里用来制作斧、锛类石器的原料。考古工作者推测，他们是为了取用岩缝中的铁矿石才把这些石头采挖回来的，因为有一件鹅卵石石锤的锤击面上就残留有暗红色的铁矿石粉末，可能就是锤击粉碎铁矿石时粘附上去的。[1]

从彩陶器残片观察，彩绘是先在陶坯上画好后再拿去烧制的。彩绘在器物上的布局也有一定的规律，例如彩陶罐往往是在折肩以上施衣（指陶衣）作彩，浅盘器则是在内盘作彩，施彩区的边缘均以带彩分隔。跨湖桥彩陶最常见的彩绘纹样，除继承自上山文化的太阳纹和田字纹外，还新出现了垂挂纹、火焰纹、条带、波折、波浪、环带、十字、叉形、点彩等，但仍以太阳纹为主。而且这些彩绘纹样常与刺、刻、划、镂空等技法并用，以达到良好的装饰效果，这种情况在圈足盘和陶豆上较为常见。由于彩陶的彩绘是用毛笔之类的柔韧笔尖类工具描绘上去的，因此除色彩的优势外，相较于刻划，它的线条更富有韵律，更流畅，构图更加丰富饱满。而且线条之外还有点彩，相较于线条，点彩显得更加活泼灵动。同时，我们还注意到，跨湖桥彩陶的构图，除太阳纹比较具象外，其他基本上都是几何图案，主要起装饰作用，说明跨湖桥人已有较高的抽象思维能力，因为这种我们现代人眼里毫无意义的“几何图案”，在史前人心里很可能代表了具体的物象和宗教或审美的意义，例如波纹、曲折纹很可能指代了水流和雷电，圆点、圆圈和十字纹、叉形纹指代的很可能是太阳。

但跨湖桥文化之后，彩陶不仅未得发展，反而在整个浙江史前文化中几乎消失不见，各遗址中即使有，也都是零星发现，例如楼家桥遗址的楼家桥文化类型遗存中发现一些盆、钵的腹部陶片和豆的圈足上，有隐约可见的墨绿色彩绘图案，湖州塔地遗址则出土过良渚文化彩陶片，[2]杭州水田畈遗址发现过两片彩陶片，一种是黄底，绘有四条一组的红色弦纹，另一种是黑底，绘有金黄色的弦纹。但需要注意的是，虽然彩陶在跨湖桥之后没能兴盛发达，江浙成了著名的黑陶区，但却出现了另一种颇具特色的漆绘陶，起初数量不多，良渚文化时期开始多了起来，但在整个陶器中所占比例还是很低的。这种漆绘陶最早或许可以追溯到河姆渡文化，余姚河姆渡遗址曾发现过几片“彩陶”，所绘为

[1] 浙江省文物考古研究所、萧山博物馆：《跨湖桥》，第 318 页。

[2] 浙江省文物考古研究所编：《浙江考古新纪元》，第 74 页。

色彩浓厚微有光泽的咖啡或黑褐色的变体动植物花纹图案，但这几片“彩陶”呈现一定的光泽度，很可能带有了漆的成分，发掘者就曾推测河姆渡彩陶所用的矿物颜料，是调和在漆液中再画上去的，“类乎用清漆质料调和了白垩、土赭和黑灰等颜料”。[1]因此笔者认为它们并不是跨湖桥文化彩陶的承续者，而是浙江漆绘陶器的滥觞者。

3. 陶衣

上山文化的红衣陶在世界早期陶器技术文化中别树一帜，不论是上山遗址的夹炭陶还是小黄山遗址的夹砂陶，器表大多施涂红衣。

陶衣的功能，以往我们只注意到它可以掩盖胎质的粗糙，使器物显得更加精致，不仅外观漂亮，而且手感舒适，其实陶衣还能强化器物的防渗透和保温作用，有利于饮食的保汁保温。但陶衣无法牢固地粘附在陶胎上，尤其是遇火时胎和衣的热胀冷缩率不一样，陶衣更易脱落，因此陶衣一般只施于追求美感的饮食器上。但在跨湖桥遗址中，我们却发现部分釜、甑类炊器的内外壁都有一层薄陶衣，外壁陶衣多为黄褐色，内壁陶衣多为灰白色，极个别的夹炭类陶釜的口沿也隐约可见残留的红陶衣。甑虽为炊器，但并不直接接触火焰，因此制甑时施陶衣完全可以理解。但釜为直接受火的炊器，施陶衣完全是多此一举，笔者由此推测：跨湖桥人的釜，很可能与良渚人的陶鼎一样，一部分是炊器，一部分是盛食器，被施了陶衣的应该就是作为盛食器的陶釜。

红衣是跨湖桥陶器最醒目的陶衣装饰，不同器物有不同的装饰部位，盘、钵、盆类主要施于外壁，罐主要见于肩颈部，因为浑圆的装饰区域更能突出审美效果。而且红衣之上经常绘有乳白色的彩绘图案，装饰效果更加强烈。经检测，相对于陶胎的矿物成分，红陶衣中 SiO_2 含量高（72.78%），Al_2O_3 的含量低（17.01%），Fe_2O_3（4.66%）。[2]遗址中出土过纯红的铁矿石，矿物成分与红陶衣接近，因此推测跨湖桥人是用这种原料碾磨成粉，制成浆料，涂刷器表，经烧制后就成了我们看到的红衣。

另有一种灰白（或灰黄）陶衣也值得注意，它使用得更广泛，既可单独用

[1] 林华东：《河姆渡文化初探》，浙江人民出版社 1992 年版，第 223 页。

[2] 浙江省文物考古研究所、萧山博物馆：《跨湖桥》，第 54—55 页。

作陶器的陶衣，也可充当红衣的底色，因为在红衣陶一些红衣剥落或褪色的地方，均露出灰白的底色，这层灰白衣一直延伸到一些未施红衣的部位，说明陶器成形后，器表曾施涂过灰白衣，然后再在需要施红衣的地方施涂上红衣。这种陶衣也用作彩陶的衬底，因为在一些施红色彩绘的浅盘类陶器上，其缺损处均可见灰白（黄）衣。

还有一种黑光陶，是跨湖桥遗址中很有特色的一种陶器，但仔细观察，可以发现这种黑陶表面有细微的迸裂纹，说明是一层陶衣而非陶胎的表面。当年公布跨湖桥遗址的碳十四测年数据距今七八千年而早于距今六七千年的河姆渡文化时，曾广受质疑，一个重要的原因就是这些黑光陶怎么看都不会比河姆渡文化的陶器早，甚至可以与良渚文化的黑陶相媲美。但事实上，这种黑光陶与良渚黑陶并不是一回事，前者多为夹炭陶，后者多为泥质陶，两者的胎质完全不一样。跨湖桥文化黑光陶主要有两种：一种是内外黑亮的罐、豆类器，数量较多，另一种为外红内黑的豆、钵、盆，内壁十分光亮，不见于江南其他考古学文化。外红内黑陶器的黑色往往延伸到口沿之外，这种外延的黑色痕迹呈一种流焰状，证明还原焰确实是黑陶的成因，也就是说黑光陶的黑色是通过闷烧的方法渗炭呈色的。其呈现光亮，一说是因为跨湖桥人在陶衣上涂抹了某种含硫量较高的物质，再经打磨抛光而成，因为实验证明这种黑陶衣与陶胎所含元素并不同，陶衣中硫的含量特别高。[1]一说是因为陶衣原料中羼入了大量草木灰、食盐和黄铁矿，盐中的氯化钠与草木灰中的氧化钾经过一系列化学反应后，形成了钠钾铝硅酸盐玻璃相，从而使黑光陶又黑又亮，因为黑光陶表面氯化钠和氧化钾的含量都偏高。[2]从遗存物看，这种黑光陶陶器胎壁较薄，而且陶衣的附着强度比红衣与灰白（黄）衣要强，不易脱落，推测主要是因为黑光陶陶胎所用泥料质地细腻的缘故。可以说，黑光陶是跨湖桥人陶衣技术的最高体现。

4. 成形、修整及修补技术

上山文化的陶器中存在着两种成形技术：一为泥片贴筑法，一为泥条拼接法。前者先将陶泥拍成小片，后者先将陶泥搓成泥条，再以泥片或泥条为原料，

---

［1］ 陈淳等：《再读跨湖桥》，载《东方博物》第27辑，浙江大学出版社2008年版。

［2］ 柳志青等：《跨湖桥文化先民发明了陶轮和制盐》，《浙江国土资源》2006年第3期。

余杭良渚文化遗址出土的陶刻纹贯耳壶（良渚博物院藏）

拼接出想要的器形。泥片和泥条拼接时都会产生一定的缝隙，因此陶器成形后要用陶拍和陶垫（可用鹅卵石等替代）配合着把陶胎拍紧，陶拍上大多缠绕有绳索，因此陶器上可见一些残留的绳纹。但为了陶器的美观，完成拍打后，大多会把器表的绳纹抹掉。

跨湖桥文化时期，泥片贴筑法、泥条拼接法和陶拍法都还在使用，一些胎壁较薄的部位可见加补的泥片，一些陶器的外壁可见绳纹，内壁则有陶垫抵托时留下的大小不一的浅窝。在跨湖桥遗址中，我们还观察到了分段拼接的成形技术，例如许多釜、罐类陶器的肩或颈部上下是分别成形后再拼接而成的，相接部位多残留有挤戳折痕或修刮形成的圆整脊棱。

跨湖桥陶业最大的进步是出现了慢轮修整技术，有两个考古证据可以证明这一点：一是跨湖桥遗址出土的陶器，在罐、钵、豆等器物上都出现了环状平行规整的弦纹，这种弦纹是使用慢轮修整技术的明确证据。慢轮修整技术是将已成形的陶胎置于转盘上，一手转动转盘，一手用木器、骨器或石器接触要修整的胎体，在将陶胎修薄、修匀的同时，也会在器壁壁面上遗留环状弦纹。二是跨湖桥遗址出土了一个木质陶轮底座（原发掘报告定名为砣形器），这个木质陶轮底座像个梯形圆台，台面中心位置有一个凸起的小圆柱，有明显摩擦痕迹，它就是陶轮转盘用的轴。如果制一件圆形木质转盘放在木制陶轮底座上，那么一个完整的陶轮就被复原了。正因为慢轮技术的应用，跨湖桥遗址出土的陶器，大多器形规整，厚薄均匀，器壁的平均厚度只有 0.5 厘米左右。

最后值得一提的是，跨湖桥文化时期已出现利用自然胶汁的陶器修补技术，证据出现在一片豆盘的口沿残片（T0511 ⑨ A：1）上，在这片陶片的一条裂缝里发现了一种暗红色的半透明胶结物，两个裂片被粘合在了一起。

5. 装饰手法

上山文化几乎都是素面红衣陶，除少量拍印绳纹和彩绘外，无其他装饰。跨湖桥文化时期，则出现了彩绘（详彩陶部分）、印、戳、刻、镂、贴等装饰手法。

绳纹是江浙史前时期比较重要的一种陶器纹饰。上山文化几乎都是素面红衣陶，但罐、釜等陶器的下腹部常见绳纹，跨湖桥文化中绳纹更常见了，分拍印、滚印两类，前者用绳索捆在板状物上，拍打陶器表面，形成印纹，后者是将绳索缠绕在棍条上在陶器表面滚压。需要说明的是，拍印或滚压绳纹的本意并不是为了装饰，而是为了使陶胎紧致，因此拍印工序完成后一般要把绳纹抹去。但因拍印在炊器底部的绳纹有增加受火面积的作用，因此炊器底部的绳纹一般会保留，这就是为什么我们在遗址中看到的绳纹大都只见于炊器底部的原因。

诸暨楼家桥遗址出土的楼家桥文化类型的陶器，从表面看似乎比跨湖桥文化的陶器有所退步，整体比较粗疏厚重，但在陶器装饰上却非常有特点，装饰手法多样，有刻划、按压、剔刺、堆塑等，以堆塑最为出彩。堆塑形象多为猴头、鸡冠、蜥蜴，还有猫头、人头、兔头、双环等，以“头”最有特色，猴头周围一般有鸡冠状堆塑，蜥蜴于器壁内外均有且形状各异。这些动物堆塑一般是捏塑出形状后再附贴于器表的，造型大多很逼真，一般用竹刀等工具再进行局部刺划和加工修饰。

第三节　史前时期钱塘江的精神文明

一、宗教崇拜

钱塘江流域是最早出现太阳崇拜的地区之一，上山文化中出土的少量彩陶上，太阳纹就是最主要的纹饰。跨湖桥遗址出土的彩陶上，最常见的图案也是太阳，有些用红彩涂抹出一个圆（如涂满豆盘内底的红彩），有些红圆的四周还画了放射状的红线代表光芒，有些在红圈中加一红点，有些是红色的同心双圈，有些则截取半个太阳纹以表示东升或西落的太阳。除了这些具象的太阳纹外，陶器圈足上由圆形镂孔和放射性刻划线或彩绘线条构成的图案，以及陶器上常见的“*”“+”“×”等图纹，也都代表了光芒四射的太阳，甚至有些圆点可能也代表太阳。由于跨湖桥文化中的“太阳”主要是通过彩绘来表现的，因此表达的形象是清晰的：圆、红色、带光芒。可见跨湖桥人崇拜太阳，主要是崇拜它的光与热，彩陶中出现的火焰纹、遗址中出现的“火祭”遗迹等均可佐证这一点。这一切表明：跨湖桥人的太阳崇拜还是简单的自然崇拜，是我国东南地区迄今所见最早的太阳崇拜。浙江史前的太阳崇拜在河姆渡文化时期开始复杂化，河姆渡人的太阳形象已是鸟、日相融的一种形象，崇拜内容不再只是光和热，而且涉及太阳的运行，以及由此引发的方位、阴阳、宇宙等诸多问题，但在钱塘江流域却没有发现这种鸟、日一体的崇拜遗迹。这个时期，钱塘江流域唯一可能与太阳崇拜有关的遗存，就是诸暨楼家桥遗址陶器上发现的剔刺重圈纹和堆塑重圈纹。

二、史前艺术

浙江史前艺术中，有个很奇怪的现象，就是早期的上山文化和跨湖桥文化

河姆渡遗址出土的牙质蝶形器残件，牙雕上的“双鸟舁日”图像

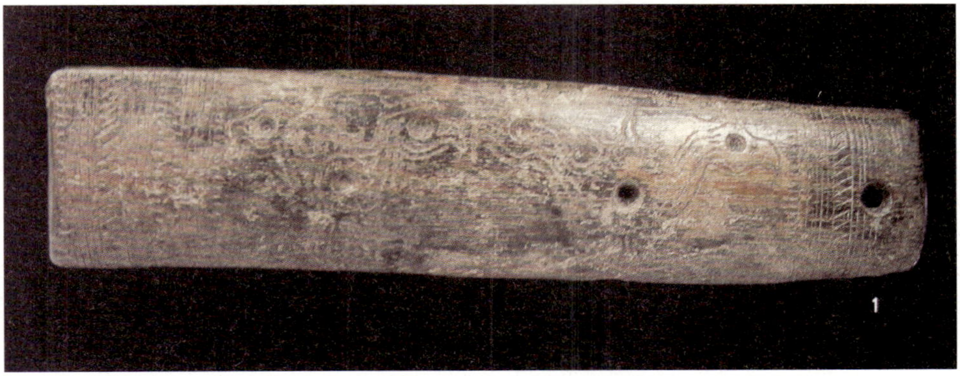

河姆渡遗址出土的象牙鸟形匕和双鸟纹骨匕

河姆渡遗址出土的太阳纹象牙蝶形器（选自董贻安主编《宁波文物集粹》）

良渚文化神徽像

反山 M14 出土玉鸟

中都不见任何动植物形象。到河姆渡和马家浜文化时期，动植物形象却开始唱主角。钱塘江流域也不例外，楼家桥文化类型时，动植物形象突然大量出现，但与河姆渡和马家浜文化相比，它在植物纹样方面似乎比较缺乏，前两者常见的叶纹、谷纹以及写实的万年青、稻穗和抽象的茎蔓等，在楼家桥遗址中几乎没有，但在动物形象上，楼家桥人的表现似乎更好，表现手法与前两者的侧重点也略有不同，前两者多见刻划和捏塑，少见堆塑，楼家桥人则最爱堆塑，少见刻划，未见捏塑。堆塑亦称堆贴、塑贴，先手工或模制出一个带立体状的纹饰，然后再粘贴于器物表面，口、眼等细部则用竹刀等工具进行刺划修饰。楼家桥的堆塑以猴头、蜥蜴最多，也有猫头、人头、兔头、双环结等，猴头多带有一条半环状的“尾巴”，周围多有鸡冠状堆塑组成的条带作为堆塑图像的区域分隔，猫头旁也有类似“尾巴”的半环，蜥蜴于器壁内外均有且形状各异。这些图像大多造型逼真，只有个别的口、眼等部位不清。刻划图案中最重要的是发现了两块残留有龙纹的陶片，一片上是龙首，一片上是龙尾，但却不是一条龙的两段，无法拼接。从这一首一尾，我们基本可以看出楼家桥人心目中龙的形象：头似兽、圆睛、长角（耳？）、突吻大嘴，躯干似爬行动物，长身、四足、曳尾。但河姆渡与马家浜文化中都有表现的猪、鸟形象，楼家桥遗址却没有，楼家桥有的猴和龙形象，前两者却没有，相同的是三者都有人和蜥蜴的形象。这正反映出了楼家桥遗址强烈的山居特色，表现的动物形象以山兽为主，居地缺乏大型的沼泽类候鸟栖息地，也未发现较成熟的家猪饲养业。

楼家桥遗址的“龙”纹陶片，是浙江迄今发现最早的龙崇拜证据（一说龙游荷花山遗址的也发现有龙纹，但还未见正式报告，如是，当以荷花山的龙纹最早）。关于龙的起源，学术界有不同的说法：一说早期龙是一种头上长角的蛇；一说龙头很像猪，龙身则与蛇相同；一说龙由鳄鱼蜕变而成。从全国范围看，史前考古发现的“龙”，已有辽宁兴隆洼的蛇龙堆塑、河南濮阳的蚌砌龙、红山文化的玉猪龙、陶寺的彩绘蛇龙等，造型各有特色。一般认为龙是多种动物的综合体，是原始社会图腾崇拜的标志，后来的龙被描述为“马头、鬣尾、鹿角、狗爪、鱼鳞”，或有牵强，但符合将动物异化、神秘化的造神规律。楼家桥遗址的“龙”身上，已体现出了这种复合化和神秘化的特征，是探索龙之起源的重要资料。

浙江余姚河姆渡出土的新石器时代鸟形象牙圆雕（选自中国历史博物馆编《华夏之路》，朝华出版社 1997 年）

钱塘江流域的史前先民似乎比较崇拜“头”。嵊州小黄山遗址出土有石雕人首。诸暨楼家桥遗址出土有猴头、猫头、兔头等陶器堆塑以及一件人头形的陶流。小黄山的石雕人首，采用了钻、刻、掏挖等工艺，距今 9000 年左右，是目前我国新石器时代考古中发现的时代最早的石雕人首。头颅是人和动物身体上最具有标志性的东西，一般也被认为是灵魂所在，因此世界上崇拜“头”尤其是“人头”的民族很多，猎头、用头奠基、寨中或屋中悬挂头骨等习俗应该都是这种观念的反映。从巫术的角度看，拥有了一个生物的头，也就拥有了对它的生命和灵魂的支配权，甚至可以通过佩带等方式把这个“头”的能量转移到自己身上。

河姆渡遗址出土的盅形器上所刻的爬行蚕纹，这是我国至今发现的最早的蚕纹图像

上山遗址发现有较多的灰坑，其中一些比较特别，形状不一，深度不过 30 厘米，一般只放置一件或多件完整陶器，推测当与某种宗教信仰有关。跨湖桥遗址发现过一个台形建筑遗迹，平面略呈圆形，有 19 层土堆积而成，每层都有一个烧土面，可能是一个祭祀场所，每次祭祀都要新铺一层土，都要举行燎祭仪式，因此才会出现 19 层的堆积而且每层都有一个烧土面的现象。

跨湖桥遗址出土的 1—3 孔的骨笛（哨），娱乐之外，也可用于祭仪中的歌舞配乐。弓箭是重要的狩猎工具，也是重要的战争武器，“黄帝尧舜作，弦木为弧，剡木为矢，弧矢之利，以威天下”，《易经·系辞》中的这段记录就着重

河姆渡出土猪纹陶钵

良渚黑陶刻符罐

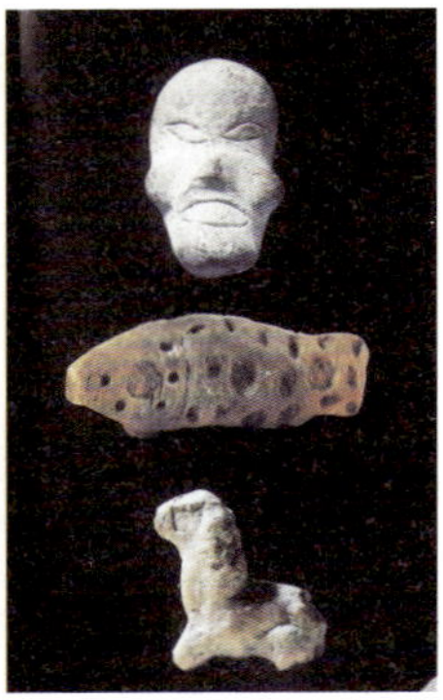

河姆渡遗址出土的极具观赏性的小型陶塑和木雕制品

强调了弓箭“威天下”的象征意义，跨湖桥遗址出土的这件木弓不仅制作精致，而且表面残留有红漆，如此华贵，推想也有可能是族长宣示威仪的一件礼器。

跨湖桥遗址出土的鹿角器和木器上的刻划符号，是我国迄今所见最早的与数字卦有关的符号类型，可能就是用于记录占卜的数字卦象。[1]遗址发掘报告对这些符号有详细描述：鹿角器（T0512湖Ⅳ：7）“两残件，似可拼合。宽端钻有纵横孔相通，并刻饰四周弦纹，器身刻有数组由条、角线组成的刻划装饰。拼接后约长33厘米”；木锥（T0409⑤A：1）“完整，尾端微收而平，扁舌端正面刻有两个‘元’字形符号，反面刻三捺。长17.8厘米，圆径0.8厘米”。[2]牛清波先生认为这些卦大多为重卦，仅1例为单卦。[3]柴焕波先生把那件鹿角器上的符号分为8组，其中3组释读为“遁”卦，另5组释读为“大壮”卦，前者代表逃遁，后者代表受伤，应是出猎前巫师所占的一个卦的卦象记录。[4]

所有这些都说明钱塘江流域的史前先民是个早慧的民族，曾对周边地区产生过巨大的影响，但它并不守旧，在保持和发扬基于地理气候形成的自身特色外，它也积极吸收外来文化，为我所用，有效地延续了文明的演替。

[1] 王长丰等：《浙江跨湖桥遗址所出刻划符号试析》，《东南文化》2008年第1期。
[2] 浙江省文物考古研究所、萧山博物馆：《跨湖桥》，第187、196页。
[3] 牛清波：《跨湖桥遗址所出刻划符号补释》，《中原文物》2013年第1期。
[4] 柴焕波：《跨湖桥契刻考释》，载《湖南考古辑刊》第8集，岳麓书社2009年版。

第三章 夏商周时期的钱塘江

马 丁 徐吉军

钱塘江流域进入夏、商、周时期，直到秦王政二十五年（前222）秦灭楚而尽收吴越故地。这段漫长的历史时期就是本章所涉及的时间范围，着重点落在春秋战国时期。在这一时期，钱塘江流域社会经济和文明的发展要落后于中原地区，虽然也曾一度逐鹿中原，创造过辉煌的文明，但经过了外力打击，又渐渐衰落，最终被秦除国置郡，统一于中原政权的历史。

本章所涉及的空间，虽然以今天钱塘江流域为主，但我们无法将笔墨限制在今天的钱塘江流域之内。历史是一个沧海桑田的过程，钱塘江及其支流曾多次发生改道，所以钱塘江流域的空间是在变化着的，而且创造钱塘江流域灿烂文明的人民的活动也并不局限于今天的钱塘江流域，如吴王打败越国后曾长期统治今属钱塘江流域的杭州、绍兴等地区，而越国也在勾践的领导下曾驱兵进入今日的上海市和江苏省内灭吴而统治了不属于钱塘江流域的该地区，然后越兵又横行于江淮之上，于齐晋争霸，甚至将国都也迁到了今山东境内的琅琊。此外，钱塘江流域内的越文化和越人的迁徙曾传播到了台湾澎湖列岛、日本列岛、海南岛南海诸岛乃至中南半岛（特别是越南）的广大西太平洋地区。所以说，钱塘江流域所孕育出来的文明对今天东南亚地区有着深远的影响。

第一节　先秦时期钱塘江流域的自然环境

自然环境可以说是上演历史大剧的舞台，在历史发展中发挥了举足轻重的作用，孟德斯鸠在《论法的精神》中就对自然环境决定文明形态有很深刻的分析。人类创造了文明、创造了历史，但人类的创造活动离不开特定的自然地理环境，气候、地形地貌、江河湖海、动植物等众多自然因素的变化都会对人类的生产生活方式、价值观念产生重要的影响。在生产力水平还很落后的先秦时期，自然环境对人类文明的影响显得尤为重大。一般而言，人类只能适应自然环境，努力去做到因势利导，使人类发展与自然相协调，才能改造自然环境，使自然环境朝着有利于人类所需要的形态存在，进而在与自然地理环境的抗争与适应中生存下来，创造和发展文明。现在的钱塘江流域是中国生态环境最为优越的地区之一，这里依山枕海，土地肥沃，山清水秀，物产丰富，有“上有天堂，下有苏杭”的美誉。然而，这种优越的自然环境并非自古有之。先秦时期的钱塘江流域先民们和其他早期拓荒定居者一样，是在一种恶劣的自然环境中生存发展，并通过不懈努力，将钱塘江流域这片原本不尽人如意的山河，改造成鱼米之乡。

一、先秦时期钱塘江流域的地理水文

先秦时期的钱塘江流域，属于亚热带季风气候和亚热带常绿阔叶林带，“卷转虫海侵”曾使钱塘江下游沿海平原成为一片浅海，随着海退的到来及先民们对自然环境的改造，平原又逐渐露出海面，形成潮汐直薄的湖沼平原。海平面有过高低的升降，气候的干湿冷暖也有过波动。

山脉骨架与主要河流在那时也已基本塑造完成，除了下游沿海平原地区因海面的升降而有所变化外，其他的山地、丘陵都已经基本塑造完成。因此当时的地势与现在也基本一样，山地多，平原少，地势从西南向东北倾斜。西南为高峻的山地，主要山峰均在1500米以上；中部为丘陵盆地，山丘起伏；东北部为堆积平原，海拔大都在10米以下。除天台山的支脉会稽山、四明山属南北走向外，主要山脉多呈西南—东北走向，与冬季、夏季气流方向近于直交。钱塘江流域的河流，大多源短流急，中上游属山溪性河流，河道比降大，调蓄能力差，焊机缺少灌溉，暴雨洪水一来，倾斜而下，泛滥成灾。河流下游除东西苕溪注入太湖外，其余各条河流均转流入海。

先秦时期的海岸线与今日相比变化则较大。根据冯怀珍、王宗涛等学者的研究表明[1]，距今12000—6000年前是海面迅速上升时期，但在上升过程中，于距今9300年和8300年前，海面有两次短暂的下降；距今6000—5000年前，海面比现今略高；此后基本稳定在现在海面的水准上，仅有3次小的波动，较高的海面分别出现在距今3800—3100、2600—1200、200年前，上下波动的幅度不超过2米。海岸线的上下波动也带动着钱塘江流域面积的波动。

大约从距今5000年开始，钱塘江下游地区海岸的性质发生了根本的转变，从海侵逐渐走向海退。在这总体背景下，各地开始海退的时间以及海退的速度是不完全一致的。最先成陆的是钱塘江北岸的杭嘉湖平原，那里良渚文化遗址已经遍布，表明距今5200—4000年前海水已经从杭嘉湖平原逐渐退去。“卷转虫海侵”以后，今上海市南部的拓林到海盐澉浦之间，海岸向东南伸展，与现在杭州湾中的王盘山相连。今海盐、乍浦、金山以东，是一片广大的陆地。接着成陆的是钱塘江南岸的萧绍平原，距今约4000年前海岸线已推进到柯桥—绍兴—上虞一线。这一时期钱塘江下游地区海面略有下降或趋向于稳定，陆源泥沙供应相对丰富，沙洲开始发育并成陆，海湾和潟湖被充填。海岸线推进较快，其轮廓趋于平直化。

[1] 冯怀珍、王宗涛:《全新世浙江的海岸变迁与海面变化》,《杭州大学学报(自然科学版)》1986年第1期。

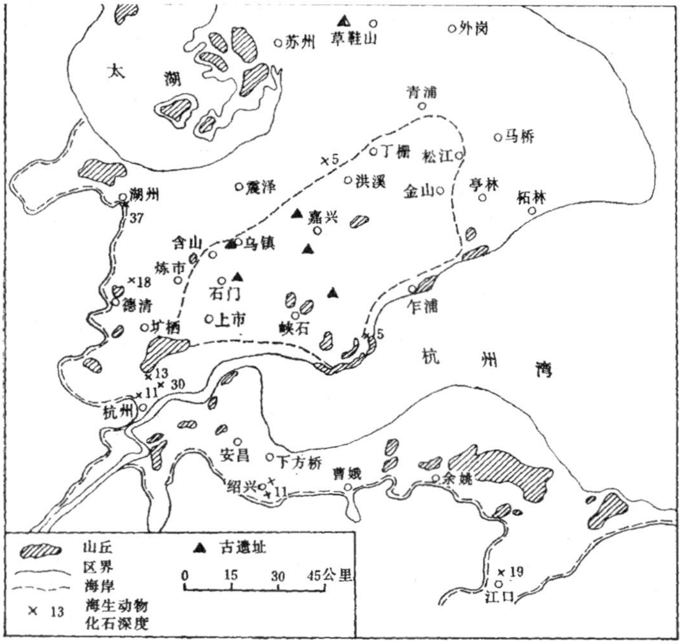

杭州湾两岸七千年前的海陆分布图[1]

老一辈的历史地理学工作者对宁绍平原地区的湖泊演替和钱塘江河口和杭州湾的摆动也有一定的研究。徐建春所著《浙江通史·先秦卷》对此有很好的归纳整理，现节选其中部分。[2]

宁绍平原位于钱塘江—杭州湾以南，是我国著名的水网平原之一，历史时期曾有一个稠密的湖泊群。随着自然环境和人文环境的变化，湖泊群消长兴废，反映了当地人、地、水三者关系的演变，也就是人地关系的演变。

宁绍平原主要由萧山、绍兴、上虞、余姚、慈溪、鄞州、镇海7县（市、区）的平原部分组成，是著名的水网地带。“卷转虫海侵”以后的海退时期，宁绍地区的湖泊群经历了一个由南部山区转向北部平原，又从北部平原返回南部山区的往复过程。这种现象，在地学研究中称为“湖泊循环”。宁绍平原倚山枕海，

[1] 吴维棠:《从新石器时代文化遗址看杭州湾两岸的全新世古地理》,《地理学报》1983年第2期。

[2] 徐建春:《浙江通史·先秦卷》，浙江人民出版社2005年版，第31—33页。

南高北低，由南向北呈山地—平原—海洋台阶式格局。晚更新世以来，宁绍地区经历过3次海侵，发生在全新世末的最后一次海侵——卷转虫海侵，便是造成湖泊循环的原始动力。

地质调查揭示，全新世最后一次海侵极盛时，海水直拍南部山麓，整个宁绍平原的大部分成为一片浅海，仅有少数孤丘和沙洲露出水面。随着长江、钱塘江等河流携带泥沙的沉积作用，就在这片浅海上自南向北沉积而形成了今日的宁绍平原。根据浅海地带水沙运动的规律，成陆过程通常经历一个湖相沉积阶段，因此，在平原向北扩展的同时，就有一大批湖泊随着岸线的北退不断出现。平原南部的天台、四明、会稽、龙门4组山脉都呈北—北—东走向，与当时的海岸斜交，因此岸线曲折，海湾众多。海湾受到泥沙的封积，其中一部分逐渐发育成涡湖。泥沙继续沉积，岸线进一步后退，潟湖就转为淡水湖。全新世末海侵后的海退，开始于距今4000年左右，由此推断，大约在原始社会末期，海岸线离开山麓地带，潟湖逐步转化为淡水湖。这些首先出现的湖泊，后来在地方史籍中记载有名称的有：萧山的桃湖、尖湖，绍兴的容山湖，上虞的漳汀湖、朱山湖，余姚的赵兰湖、蒲阳湖，鄞县的马湖、东钱湖，镇海的彭城湖和富都湖等等。

宁绍平原的历史记载始于春秋时期的于越。据《国语·越语》等古籍记载，夏商时代，于越部族就已经在今浙东地区活动了。但直到春秋晚期，于越部族的活动中心始终停留在平原南部的山区，过着“随陵陆而耕种，或逐禽鹿而给食”的迁徙农业和狩猎业并重的经济生活。这显然是因为当时的海岸线还未远离山麓，平原面积狭小，且湖沼密布，不能为越族人提供适当的生活条件。《越绝书》卷八《越绝外传记地传》称“越人谓盐日余”，则余暨（今萧山）、余姚历史上曾经都是盐场所在。说明海岸在今萧甬铁路沿线时，这里已经是于越部族的活动之地，而历史时期分布在平原中部浙东运河沿线一带的湖泊，如萧山的湘湖、戚家湖，绍兴的牛头湖、瓜渚湖，上虞的上妃湖、白马湖，余姚的牟山湖、乐安湖，慈溪的太平湖、云湖等等，都是由这一时期的潟湖演化而来的。

越王勾践七年（前490），越国开始在今绍兴城的府山附近定都，而当时的盐场朱余（即今绍兴朱储村）距今绍兴城已达35里，今浙东运河沿线以北直到汉唐古海岸之间的平原地区所分布的许多湖泊，如绍兴的贺家池，余姚的余支湖、桐木湖，慈溪的沈窑湖、灵湖等，则又是由这一时期的潟湖演化而来的。

春秋末期，于越已开始了围塘筑堤。到了唐代，沿平原北部当时岸线所在，已普遍修筑起海塘。海塘的修筑一是使人们可以在紧逼岸线的地方修建人工湖泊，如越国修建的富中大塘；二是加速了一批潟湖转化为淡水湖，例如余姚境内的黄山湖、上岙湖、汝仇湖等，据地方志载，其湖盆都直接以海塘为界。从地形分析，这些湖泊都曾经是潟湖，凭借海塘的修筑才得以和海洋脱离。

综上所述，历史时期宁绍平原的湖泊群按出现年代先后，大致可以分成三带：山麓地带（原始社会末期至春秋时代）；中部地带（春秋至汉代）；沿海地带（汉代至唐代）。[1]

钱塘江河口及杭州湾的位置，在距今6000年左右，南岸的岸线在董家岙北、历山镇南、百官、绍兴下方桥、瓜沥、龛山、萧山一线，北岸的岸线位于金山、王盘山、澉浦南、赭山直至转塘一线。[2]

钱塘江河口及杭州湾（即杭州以东到尖山一段），历史上一直摆动于南北之间，有时紧靠南部的山会平原北缘，有时则移向北岸。钱塘江出海口自古以来有南大门、中小门、北大门三口。为此，钱塘江一直给予两岸的平原以强烈的影响，塑造两岸的地貌，而这种影响，由于河口的南北移动，历代有所差异。

春秋吴、越两国争霸时代，虽然没有直接记述钱塘江河道的资料，但根据当时越国的江防情况和江道的流向，仍可勾画出钱塘江河口及杭州湾的岸线情况。《吴越春秋》卷七《勾践人臣外传》记载越王勾践战败后入臣于吴的情况是：“君臣皆送至浙江之上，临水祖道，军陈固陵。”固陵即六朝西陵，也就是今天的西兴，说明西兴当时是濒临钱塘江边的。

《越绝书》卷八《越绝外传记地传》曾记载越国的3处江防要地：“石塘者，越所害军船也……去县四十里；防坞者，越所以遏吴军也，去县四十里；杭坞者，勾践杭也……去县四十里。”上述3处地名中，今唯“杭坞”可确考，即今日萧山东南的船坞山。石塘与防坞虽然已不可考，但按《越绝书》记载的去县

[1] 陈桥驿：《论历史时期宁绍平原的湖泊变化》，载《吴越文化论丛》，中华书局1999年版，第324—345页。

[2] 吴维棠：《从新石器时代文化遗址看杭州湾两岸的全新世古地理》，《地理学报》1983年第2期。

里程与杭坞相同，则其位置当也在与杭坞相邻的钱塘江边。根据上述钱塘江西濒固陵、东靠杭坞的情况，钱塘江在春秋吴、越两国争霸时代走南大门入海可以确定无疑。

春秋战国以后，虽然整个汉代没有留下有关江道移动的直接记载，但是可以认为江道基本上仍然稳定在南大门。因为虽然郦道元对江南水系的记载存在不少错误，但据《水经》卷二九《沔水注》所载“江水又东径赭山南”，则至少说明当时在赭山以南确有水道存在。这就是六朝时期钱塘江走南大门的很好根据。

二、先秦时期钱塘江流域的气候变迁

历史气候学奠基人竺可桢说过，在中国的历史文献中，有丰富的气象学和物候学的记载。除历代官方史书记载外，很多地区的地理志（方志），以及个人日记和旅行报告都有记载，可惜都非常分散。并将五千年的古气候按照现有资料和研究手法分成四个时期：考古时期（前3000—前1100年）、物候时期（前1100—1400年）、方志时期（1400—前1900年）、仪器观测时期（1900年以后）[1]。先秦时期钱塘江流域的气候变迁属于考古时期和物候时期，资料匮乏，只有依赖出土动植物、推测古遗址地层信息才得以推测一二。根据我国气候专家的研究以及历史材料分析可知，前7500年至500年前，我国出现了三个寒冷期和四个温暖期[2]。一般来讲，温暖期洪水较多，寒冷期旱灾较多。这个观点在理论上的解释是“当大气增温时，空气中含水汽增多，潮湿不稳定能增加；反之，在大气降温时，空气中含水汽减少，潮湿不稳定能减少。这就形成了温暖期致雨过程明显强于寒冷期的原因”[3]。浙江历史上的气候变迁与灾害发生的关系也可佐证[4]：

[1] 竺可桢：《中国近五千年来气候变迁的初步研究》，《考古学报》1972年第1期。

[2] 竺可桢：《历史时代世界气候的波动》，《气象学报》1962年第4期。

[3] 张家诚等：《中国气象洪涝、海洋灾害》，湖南人民出版社1998年版，第23页。

[4] 王毓玳、吕瑾：《浙江灾政史》，杭州出版社2003年版，第58—60页。

冷暖期	距今年数	气候特征	钱塘江流域的灾害
第一温暖期	7500—5000 年前	气候温暖潮湿，平均温度比现在高 2—3℃，降水量比现在多 500—600 毫米	河姆渡时期水灾泛滥
第一寒冷期	4000 年前	气候干凉	
第二温暖期	3800—3500 年前	温暖潮湿，气温高于现在 1—2℃，降水量多 200—300 毫米	良渚文化时期水灾泛滥
第二寒冷期	3000 年前	气候再度干凉	史料缺载
第三温暖期	2500 年前	气候温暖湿润	尧舜时期，洪涝频繁期。《孟子·滕文公上》：当尧之时，天下犹未平，洪水横流，泛滥于天下。《尚书·尧典》：汤汤洪水方割，荡荡怀山襄陵，浩浩滔天。
第三寒冷期	2000—1650 年前	气候再度干凉	春秋战国两汉时期，邓拓《中国救荒史》记载浙江旱灾多于水灾
第四温暖期	900—550 年前	气候转暖，湿润	具体灾害可考

另外，古气候学与古地理学的研究表明，早在先秦时期，东亚季风气候已经形成，钱塘江流域大的地质构造也已形成骨架。钱塘江流域地处亚洲大陆的东南部沿海地区，纬度较低，背靠大陆面向海洋，其气候类型属亚热带季风气候。其基本气候特征为：第一，夏季高温多雨，冬季温和少雨。第二，热量资源丰富，光照较多。第三，雨量丰沛，空气湿润，雨热同期。第四，年均温适中，四季分明，最冷月均温大于 0℃，年均温介于 13—20℃之间。第五，四季都有一些明显的特殊气候现象，如梅雨、台风、旱涝等。

气候是影响动植物繁殖和生长的重要因素，物候是指动植物受生物因子和非生物因子如气候、水文、土壤等因素影响而出现的以年为周期的自然现象，如植物的发芽、展叶、开花、叶变色、落叶等，动物的迁徙、产卵、冬眠等规律性的现象。[1]先秦时候钱塘江流域的动植物种类和分布与当时的自然环境是相匹配的。

新石器时期到半信史时期，浙江地区植被、动物及其变迁的情况，因材

[1] 吴军：《气候变化对物种影响研究综述》，《生态与农村环境学报》2011 年第 4 期。

料较少，只能作不完全的论述。在此，主要以考古发掘为主（河姆渡、钱山漾、水田畈、千金角、马桥等遗址），并结合唯亭遗址等文化层的孢粉组合列表如下。[1]

年代（距今）	文化层	植被	动物	气候
3500	上	多柳、松，次为桧、桑、樟、紫树、麻栎、柏科，水生、草本植物增加		温暖
4000	中	木本以松、柏、落叶松及麻栎、柳为主，草本较少，水生植物增加		温凉
4500	下	木本以柳、松、柏、桦为多，草本以禾本科为主，水生植物甚少	鹿、四不像、水牛、猪、狗	转凉
5000	钱山漾下（4）	多青冈栎、樟树、甜槠、桑、竹、棕榈及麻栎	水牛、猪、狗、鹿、鼋	暖湿
5500	河姆渡（1）	水生植物显著减少，木本植物柳、松、山毛榉、枫香、栲等为主	未见犀、象	气温下降
6000	河姆渡（2）	木本植物减少，台湾枫香、栲等消失，多栎、榆，水生植物大增，以香蒲、水稻占优势	未见犀、象	温暖
6500	河姆渡（3）	木本植物占优势，有栎、台湾枫香、榆、栲、松等，草本及水生植物减少，耐旱草本增加	亚洲象、麋鹿、爪哇犀、苏门犀、水牛、猪、狗、扬子鳄、海龟、陆龟、鲨、淡水鱼等	暖热湿润，较前略干
7000	河姆渡（4）	草本植物占优势，多水生植物，禾本科最多。木本植物有台湾枫香、青冈栎、九里香等，蕨类有狭叶海金沙、柳叶海金沙、带状瓶儿小草等	同上	暖热湿润
	生土层	地层中有红树、青冈栎等	广盐性有孔虫等	暖热湿润

注：本表文化带中，距今4500年前的上、中、下，指千金孢粉带。

先秦时期，浙江地区的山地丘陵，多为茂密的原始森林所覆盖，山林中生长着华南虎、豹、熊等猛兽及其他属于亚热带的动物。越王勾践“初徙琅邪，使楼船卒二千八百人，伐松柏以为桴，故曰木客。去县十五里。一曰勾

[1] 徐建春：《浙江通史》第2卷《先秦卷》，浙江人民出版社2005年版，第33—34页。

践伐善木，文刻献于吴，故曰木客”。[1]由此可见，春秋战国时期，会稽山等地均为茂盛的山林。关于这点，越王勾践曾有描述，他说越国“山林幽冥，不知利害所在”[2]。印山大墓中发现的巨木，也是浙江地区多原始森林与巨大木材的一个实物证据。据地方文献记载，在南宋疏浚绍兴鉴湖时，从湖底挖出许多古棺，都是用整段树木把中间刨空后制成的，“盖汉未凿湖前冢墓也”。[3]充分说明浙江地区在汉代前曾有许多树木巨大的森林。

至于动物，也十分丰富。越人以鸟、蛇、蛙等为图腾，可见当时鸟类是极为丰富多彩的。特别应引起注意的是，越人曾向周朝和中原国家贡献犀角、象牙，这是越人在当地猎获的。而这两种动物现在早已在浙江地区绝迹，这说明春秋战国时期钱塘江流域气候的湿暖和动物种类之丰富。[4]

有关于先秦时期钱塘江流域具体的气候情况，目前的研究并不多，但其气候变迁归属于整个大区域的气候变迁是毋庸置疑的，流域内具体的气候特点还有赖于新的发掘研究才得以进一步推测出答案。

三、先秦时期钱塘江流域的自然灾害

公元前 21 世纪，中国进入夏商周时期。由于中国的人口逐渐增加，人均占有田亩数也随之增多，开始“与水争地”“与山争地”，围湖造田、毁林垦地的规模也有所扩大。“夏后之世，伐木火耕之举益甚，乃致人类愈繁殖，而摧残之愈甚，森林行将日减少矣。”[5]

在许多古籍与传说中，夏代建立前的帝尧之时，天下发生了一场延续长久的滔天洪水，“当尧之时，天下犹未平，洪水横流，泛滥于天下，草木畅茂，禽兽繁殖，五谷不登，禽兽逼人，兽蹄鸟迹之道交于中国”[6]。此时，尧推举禹之父鲧去治理，无功被杀于羽山，又推举鲧子禹去治理。禹“乃劳身焦思，

[1]〔汉〕袁康、吴平辑录:《越绝书》卷八《外传记地传》,上海古籍出版社 1985 年版,第 62 页。
[2]〔汉〕袁康、吴平辑录:《越绝书》卷四《记倪内经》，第 29 页。
[3]〔宋〕吕祖谦:《吕祖谦全集·入越录》，浙江古籍出版社 2008 年版，第 1 册，第 232 页。
[4] 以上参见徐建春:《浙江通史·先秦卷》，第 33—34 页。
[5] 陈嵘:《中国森林史料》，中国林业出版社 1983 年版，第 4 页。
[6]〔战国〕孟轲:《孟子·滕文公上》，高等教育出版社 2008 年版。

居外十三年，过家门不敢入”[1]，最终治水成功，缔造了夏王朝。这个伟大而神化了的历史人物与钱塘江流域的会稽有非常密切的关系。大禹治水的范围，《史记·夏本纪》的记载十分广泛，黄河、长江都是大禹治水的重点，但相传禹也到过会稽治水，“禹始也，忧民救水，到大越，上茅山，大会计，爵有德，封有功，更名茅山曰会稽”[2]。

而西周、春秋战国时期的记载就不显得那么传说化了，但由于当时钱塘江流域地区政治地位的边缘性，加之信息传达、保留不便，不太容易引起人们重视，可见于信史的很少：周敬王二十六年（前494）：昔者，吴王夫差伐越，兵败就李，大风发狂，日夜不止，车败马失，骑士坠死，大船陵居，小船没水。[3]另外有周敬王三十六年（前484）记载：越国洿下，水旱不调；越国大饥。[4]周敬王三十年（前490），越王勾践在今绍兴建立国都大越城以后，便在今绍兴市区南部的塔山修建了一座怪游台。《越绝书》有云：“龟山者，勾践起怪游台也。东南司马门，因以焰龟，又仰望天气，观天怪也。高四十六丈五尺二寸，周五百三十二步。”钱塘江流域先民通过对气象的观察，研究这一地区的旱涝灾害规律。由于史料的匮乏，我们依照其后的记载可以推测，除了上述的自然灾害，钱塘江流域上游的山区还时常会有滑坡、泥石流等灾害。在钱塘江下游的沿海地区还会有海啸等灾害，潮汐在当时对沿海地区人民生产生活造成了很大不利，也是一种灾害。虽然在史籍中鲜有先秦时期钱塘江流域地震的记载，根据钱塘江流域地质变化可以推测，中生代后期的燕山运动和第三纪末第四纪初的喜马拉雅山运动，对钱塘江流域境内基本形成的地形骨架产生了重大影响，局部地区发生断裂，还导致火山喷发、地震等灾害。

造成这些灾害的原因，除了前面所论及的气候因素、地理位置因素和地势因素外，人类的活动围湖填海、滥砍滥伐也有一定的影响。根据《越绝书》中有关的记载，“山阴故水道，出东部，从郡阳春亭，去县五十里”。[5]可见

[1]〔汉〕司马迁：《史记》卷二《夏本纪》，第51页。
[2]〔汉〕袁康、吴平辑录：《越绝书》卷八《外传记地传》，第57页。
[3]〔汉〕袁康、吴平辑录：《越绝书》卷六《外传纪策考》，第44页。
[4]〔汉〕赵晔：《吴越春秋》卷九《勾践阴谋外传》，江苏古籍出版社1986年版，第123页。
[5]〔汉〕袁康、吴平辑录：《越绝书》卷八《外传记地传》，第59页。

当时平原水网已具纵横向的水道，在这片水网的低洼地改造良田，越国用圩田（围田）的方式创出了一条新路。勾践时在多处筑塘挡水，把低洼地改造成良田。据《越绝书》卷八载，在去县18里的苦竹城“因为民治田，塘长千五百三十三步”[1]；在去县20里的地方筑塘治田，作为救济灾民的义田，因其土地肥沃，故被誉为“富中大塘”，“富中大塘”的拦截范围北起富中大塘，南至会稽山麓线（高5.5米），东界富春江，西临平水江，面积约51平方公里，其中平原耕地面积计算约为40平方公里（6万亩），当时由于人口稀少，围田垦地的规模不大，对生态环境影响也不大。[2]另外，先民们已经学会了利用木材资源，河姆渡遗址中就有大量的干栏式建筑。吴兴钱山漾遗址距今4700年，发掘出竹片、竹筏及篓、篮、簸箕等竹器200余件，这表明当时已经大量制作和使用竹子制品。进入青铜时代后，对森林资源的消耗大增。《礼记·月令》载：“季秋三月，草木黄落，乃伐薪为炭。”根据当时的生产水平，烧制一吨木炭需要三吨的木材，可见青铜铸造业对木材消耗之大。当时的建筑业也需要大量木材，越王勾践十年（前487），越国被吴国打败时，文种给勾践提出的隐忍之计中有一条便涉及伐木之事，史载：“种曰：吴王好起宫室，用工不辍。王选名山神材，奉而献之。越王乃使木工三千余人，入山伐木。一年，师无所幸。作士思归，皆有怨望之心，而歌木客之吟。”[3]又有越王勾践二十五年（前472）迁都琅琊之时的记载：“使楼船卒二千八百人伐松柏以为桴。”[4]

春秋战国时的兵事也是造成伐木扩大的原因。在战国时期，木质的弓、车、箭矢和战船大量出现。弓的制造，弓人取六材，“六材既聚，巧者和之”。“车有六等之数”，“一器而工聚焉者，车为多”[5]。《战国策》卷二二《魏一》载：“人民之众，车马之多，车马之多日夜行不休已。”战船种类也很多，据《越绝书》记载，水军战船的名目有大翼、小翼、突冒、楼船、桥船、令船等。可见战争需要大量的木材，这加剧了钱塘江流域的森林资源破坏。

[1]〔汉〕袁康、吴平辑录：《越绝书》卷八《外传记地传》，第63页。

[2] 王毓瑚、吕瑾：《浙江灾政史》，第301页。

[3]〔汉〕赵晔：《吴越春秋》卷九《勾践阴谋外传》，第119页。

[4]〔汉〕袁康、吴平辑录：《越绝书》卷八《外传记地传》，第62页。

[5] 以上参见〔宋〕林希逸：《鬳斋考工记解》卷上，文渊阁《四库全书》本。

第二节　舜、禹等的传说与钱塘江

在文明演进的过程中，各地区的人都创造出了属于自己文明的一套传说体系。这些传说虽然都是经不起推敲甚至是荒诞不经的，但是其内容与其相对应群体的思想意识形态和信史前的文明演进有千丝万缕的联系。居住在钱塘江流域的先民们开化相对较晚，在接受中原文化以前也一定有自己的一套神话传说，河姆渡出土的各种图腾崇拜的图案也许就是在述说着这些故事。可惜的是这些传说并未保存下来，流域内现流传的最早传说也是依附于中原文化的一些与钱塘江流域本土有关的内容，主要是虞舜、大禹和桐君的故事。

一、舜的传说与钱塘江

舜是中国古代神话传说中一位圣明的君王。传说他是黄帝七世孙，姓姚，名重华，有虞氏，史称虞舜。舜通过禅让制继位后，积极治理民事，国富兵强，并选拔治水有功的禹为继承人。

在浙江境内，以上虞、余姚为中心，北至绍兴、萧山，西及永康一带，历来有不少以舜命名或是与舜的事迹相关的地名和文化纪念物，在这些文化纪念物的周围地区，还世代流播着一系列有关舜的传说故事，形成了一个虞舜传说圈。[1]顾希佳先生对浙江古传说方面有较多的研究，以下采自他所搜集的民俗学调查资料。

浙江境内有关虞舜的传说，最引人注目的是上虞和余姚两个古县名的由来。《晋太康三年地记》有云："舜避丹朱于此，故以名县。百官从之，故县北有百

[1] 顾希佳：《虞舜传说与吴越文化》，《杭州师范学院学报（社会科学版）》2001年第3期。

官桥。亦云舜与诸侯会事讫,因相娱乐,故曰上虞。”[1]此处,“上”指舜,“虞”通娱,这就是上虞地名的由来。丹朱为尧之子,不满舜统治,舜避他回到上虞。这是说舜曾经到过上虞一带,因此留下上虞、百官这两个地名。据《史记·五帝本纪·正义》引《会稽旧记》云:“舜,上虞人,去虞三十里,有姚丘,即舜所生也。”则说舜出生在这一带。《路史》称:“舜之支庶或食上虞。”《越中杂识》又说:“虞舜支庶封于余姚,又封于上虞,以虞称国,故曰上虞……而其地有历山、舜井、象田、陶灶,皆其子孙象舜所居而名之者。旧以位舜生长于是,则附会矣。”这两种文献又以为是舜的后人居住在这一带,是他们为了纪念祖先才取这些地名的。以上三种说法虽不相同,却都将上虞和舜联系在一起。关于余姚,张守节《史记正义》引《括地志》云:“越州余姚县有历山、舜井。”《元和郡县志》卷二八云:“舜之庶所封之地,舜姚姓,故曰余姚。”这种说法也认为是舜的后代生活在余姚一带。

千百年来,舜一直受到浙江人民的崇奉与纪念,至今民间仍有很多口耳相传的故事。

在萧山桃源乡舜湖一带流传着一则故事,大意是说:舜出生在舜湖,小时候后娘虐待舜,舜却对后娘很孝顺。后娘每次打舜,舜都不哭。有一次,舜哭了。后娘问他为啥哭,舜说:“娘经常打我,一打就痛。今朝娘打我,一点都勿痛。我哭娘年纪大了,手无力了,都是儿子不孝之故。”这样一来,舜的名气越传越远,尧特地来找他。这天,舜在耕田,尧在田埂上大声地问他:“耕田是雄牛快还是雌牛快?”舜特地放下犁,走到田埂边,洗干净脚,穿好草鞋,行过礼,才对尧说:“耕田是雄牛快。”尧很高兴,又问他为什么不在田里直接回答。舜说,一则是回答长者不可无礼;二则,我那头牛是雌的,我当着他的面讲雄牛耕田快,它会生气的。尧一听,觉得舜果然不错,就把王位禅让给他了。在武义后树乡黄泥坑村,人们传说后娘逼着才七八岁的小虞舜到山上去开山种地。于是,老虎、野猪来帮他开垦,老鼠和麻雀又到天上去帮他偷来了稻谷种子。从此以后,天下便有了水稻。这里的人们把物种起源神话嫁接到了舜的身上,认为他是农业的发明人。

---

[1]〔北魏〕郦道元原著、陈桥驿点校:《水经注》卷四〇《渐江水》,上海古籍出版社1990年版,第759页。

在上虞、余姚一带，除了县名外，与虞舜相关的地名还有很多。正如宋代王十朋《会稽风俗赋》所云："然越之邑则有上虞、余姚，山有虞山歷山，水有渔浦、三忛，墬则有姚丘、百官，里焉有粟，陶焉有灶，汲焉有井，祀焉有庙，皆其遗迹也。意者不生于是，则游于是乎？舜为人子，克谐以孝，故其俗至今烝烝是效；舜为人臣，克尽其道，故其俗至今孳孳是蹈；舜为人兄，怨怒不藏，故其俗至今爱而能容；舜为人君，以天下禅，故其俗至今廉而能逊。"[1]据原书所注，"然越之邑则有上虞、余姚：《图经》：夏禹与诸侯会计，因相虞乐于此，故曰上虞。周处《风土记》云：舜后支庶所封舜姓姚，故曰余姚；一曰谓邑有姚丘，即舜母握登感大虹生舜之地。""山有虞山、历山：《水图经》：虞山在余姚西三十里，一云在上虞之东。《太康地志》云：舜避丹朱于此。历山在?稽东南八十四里，旧图经云昔舜耕之所。""水有渔浦三忛：《图经》：上虞县北有渔河，是舜渔之处。又上虞有地名渔滨、虞滨，《水经》：妫地入东海，江里有上、中、下三忛，言二女降时，妫地高险回曲，使者至险，辄忛然而叹，故曰三忛。""墬则有姚丘、百官：《风土记》：舜生于姚丘，去上虞四十里有姚丘，即姚丘也。《新记》云书平章百姓。今上虞有百官里，《会稽记》：百官者，丹朱从舜于此。""里焉有粟：上虞有粟里，舜时供储在此。""陶焉有灶"："上虞有古陶灶，言舜所作。""汲焉有井：舜井在上虞西北三十五里，又有舜水在县南二百五十步。""祀焉有庙：舜庙在上虞县西三十五里。"

据方志记载和民间传闻：握登山，是舜母的生地；虾漾村、谷林，是舜的出生地；历山，是舜耕种之地；渔浦湖（今白马湖），是舜捕鱼处；陶灶，是舜制陶处；粟里，是舜储粮处；舜井，是舜避父母迫害处；百官桥（又名舜桥）、百官里、百官镇，是舜率百官避丹朱处；指石山，是舜登山处；姚邱，是舜葬处；象田山、象田岭，是舜死后象为之耕田处；虞舜狩猎台，是舜巡狩处；舜王庙，是祭祀舜的地方。还有舜王山、舜江，也都是用来纪念虞舜的。

舜王庙在绍兴府境内有 4 座：一在余姚历山，一在上虞百官，一在上虞梁湖北，此三座如今都已不复存在；另有一处，在会稽东南百里，即今绍兴王坛镇，是浙江境内保存完好的一座。这座舜王庙成了绍兴虞舜文化的物质基础和

[1]〔宋〕王十朋：《王十朋全集·文集》卷一六《会稽风俗赋》，上海古籍出版社 1998 年版，第 825 页。

文化载体之一，庙址位于王坛镇的舜王山顶，景色宜人，文化氛围浓郁，建筑技术也很精巧，现已成为当地重要的旅游景点。[1]历史上，以这座舜王庙为中心，每年农历九月二十七日“舜王诞辰”前后的几天里，绍兴南部山区和与其毗邻的上虞、嵊州、诸暨等地民众1万多人，此举行盛大的庙会活动。“文化大革命”期间中断，改革开放以后，当地的舜土庙会又恢复了。庙会风俗连同人们对于舜的信仰，必然会积淀在人们的心灵深处，为虞舜传说的流播创造深厚的文化氛围。

除此之外，在嵊州市北部，距县城13公里处有舜皇山村，旧时有舜皇庙、舜井。后因建造龙皇水库，庙、井均已为水淹没。但是村名则至今不改，当地出产的名茶，也仍以“舜皇云尖”命名，表示出当地人们对舜的怀念。在萧山的南部桃源乡（距县城约25公里处），有舜湖，所在地的村落称为“舜湖村”。在永康市南部，有处釜历山，山巅有舜田、舜井、舜潭。当地人也认为这是舜的遗迹。

二、大禹传说与钱塘江

禹又称大禹、夏禹，是我国远古传说中的治水英雄，后来他接受了舜的禅让，继任部落联盟首领，成为夏王朝的初创者。夏禹曾征三苗，《墨子·兼爱下》引《禹誓》曰：“若予既率尔群对诸群，以征有苗。”其结果如《墨子·非攻下》所记，禹与三苗决战，“苗师大乱，后乃遂几”。

在传说中的人物里，禹对浙江的影响比较大，史学界一直有“越为禹后”的说法。此说出现得很早，影响也非常大。司马迁《史记·越王勾践世家》记：“越王勾践，其先禹之苗裔，而夏后帝少康之庶子也。封于会稽，以奉守禹之祀……后二十世，至于允常……允常卒，子勾践立，是为越王。”其他史籍如《吴越春秋》《越绝书》等书所记，都大同小异。也有学者对此说提出质疑，甚至完全加以否定，他们认为：“《史记》言越王勾践为夏禹之后，此不过越人托

[1] 俞日霞：《绍兴虞舜文化研究》，浙江人民出版社2006年版，第62页。

古之辞。”[1]“夏是北方民族，越是南方民族，两不相干。”[2]因为仅在长江沿线，就留存着多处传说中有关夏禹和其他夏王、夏人的史迹，即所谓“禹迹”，分布在四川、湖北、安徽、江西、浙江等省，传说的内容包括大禹生于石纽，禹娶于涂山，禹会诸侯于会稽山，禹葬会稽，禹“封皋陶之后于英、六”，禹之后裔隐居庐山及桀奔南巢等等。[3]我们在这里姑且不说越人是否真的为大禹后裔，只就禹在越地钱塘江流域的影响和传说，已是流传千古，引来无数文人墨客的慨叹。秦始皇东巡会稽，亲自祭拜大禹；司马迁为撰《史记》，亲临会稽，探访禹穴，搜集有关禹的传说。

禹在钱塘江流域的传说和遗迹，大者主要有三。

（一）禹会诸侯于会稽山

南宋马麟绘《夏禹王像》

禹何时到过越地？据《越绝书》记载：“禹始也，忧民救水，到大越，上茅山，大会稽（讨论计功行赏事），爵有德，封有功，更名茅山曰会稽。”[4]《吴越春秋》和《水经注》上都有类似的记载。这是一次论功行赏的大会，据说防风氏迟到，禹就把他杀了。另外，还传说大禹乘舟到会稽山大会诸侯，经过今杭州时“造舟以渡”“舍杭登陆”，越人便将造舟之地称为“禹杭”。“杭”古文通“航”。《说文》：“杭者，方舟也；方舟者，并舟也。”所谓方舟，即今日所指的浮桥。而“杭”字在古代指航行、渡口。其后，口语相传，讹“禹”为“余”，乃名“余杭”。因有“禹杭”“余杭”之名。这便是杭州地名之源。

越地不仅留下了禹的足迹，还留下了禹的墓穴。

---

［1］ 林惠祥：《中国民族史》，上册，商务印书馆1936年版，第112页。

［2］ 卫聚贤：《吴越民族》，吴越史地研究会编：《吴越文化论丛》，江苏研究社1937年版，第329页。

［3］ 杜金鹏：《试论夏商之际的民族迁徙与融合》，《郑州大学学报（哲学社会科学版）》1992年第2期。

［4］〔汉〕袁康、吴平辑录：《越绝书》卷八《外传记地传》，第57页。

山东省嘉良县武梁祠东汉画像石大禹像拓片（选自中国历史博物馆编《华夏之路》，朝华出版社 1997 年）

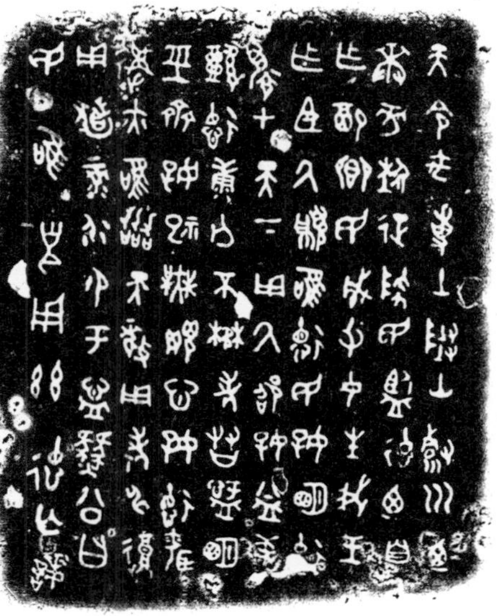

记载大禹治水的《遂公盨》铭文拓片

相传，禹第二次东巡江南时，上苗山会计诸侯而崩，遂葬于此，禹所葬之处叫禹穴。后人为了纪念大禹，在禹穴之地修建了禹陵，禹陵旁边建有禹庙。古代文献对此多有记载，如《墨子·节葬下》：

禹东教乎九夷道，死葬会稽之山，衣衾三领，桐棺三寸，葛以缄之绞之，不合道之不埳土地之深，下毋及泉，上毋通臭。既葬，收余壤其上垄，若参耕之亩。

《吕氏春秋》卷一〇《孟冬纪第十·十月纪》：

禹葬于会稽，不变人徒。

汉高诱注《淮南子》卷一一《齐俗训》：

禹葬会稽之山，农不易其亩。

《水经》卷四〇《浙江水注》：

会稽山上有禹庙，昔大禹东巡，崩于会稽，因葬其地。鸟为之耘，春拔草根，秋啄其秽。山东有井，深不见底，即禹穴也。

会稽之山，古防山也，亦谓之为茅山，又曰栋山。《越绝》云："栋犹镇也，盖《周礼》所谓扬州之镇矣。山形四方，上多金玉，下多玦石。”《山海经》曰：“夕水出焉，南流注于湖。”《吴越春秋》称覆釜山之中有金简玉字之书，黄帝之遗谶也。山下有禹庙，庙有圣姑像。《礼乐纬》云：禹治水毕，天赐神女圣姑，即其像也。山上有禹冢。昔大禹即位十年，东巡狩，崩于会稽，因而葬之。有鸟来为之耘，春拔草根，秋啄其秽。是以县官禁民不得妄害此鸟，犯案则刑无赦。山东有湮井，去庙七里，深不见底，谓之禹井。云东游者多探其穴也。秦始皇登会稽山，刻石纪功，尚存案。

汉袁康《越绝书》卷八《外传记地传》载：

禹巡狩大越，见耆老，纳诗书，审铨衡，平斗斛，死葬会稽，苇椁桐棺，穿圹七尺，上无漏泄，下无即水，坛高三尺，土阶三等，延袤一亩。尚以为居之者乐，为之者苦，无以报民功，教民鸟田，一盛一衰，当禹之时。舜死苍梧，象为民田也。禹至此者，亦有因矣。

《吴越春秋》卷四《越王无余外传第六》载：

禹周行天下，还大越，登茅山，更名曰会稽。凤凰栖于树，鸾鸟巢于侧，麒麟步于庭，百鸟佃于泽。将老，命群臣曰：“我百世之后，葬我会稽之山。葬之后，无改亩。”禹崩，众瑞并去。天美禹德，而劳其功，使百鸟还为民田，大小有差，进退有行，一盛一衰，往来有常。《皇览》：禹冢在会稽山上。《水经注》：会稽山上有禹冢。昔大禹即位十年，东巡狩，崩于会稽，因而葬之。有鸟来为之耘，春拔草根，秋啄其秽。是以县官禁民不得妄害此鸟，犯则刑无赦。注言：无所兴造，不扰民也。无畲始受封，虽有鸟田之利，租贡才给，宗庙祭祀之费，乃复随陵陆而耕种，或逐禽鹿而给食，不设宫室之饰，从民所居，春秋祠禹墓于会稽。

宋代施宿等撰《嘉泰会稽志》载：

刘向书云：“禹葬会稽，不改其列，谓不改林木百物之列也。苗山自禹葬后，更名会稽。是山之东有陇，隐若剑脊。西向而下，下有窆石，或云此正葬处。疑未敢信。然《檀弓》注：‘天子六綍四碑。’所以下棺则窆石者，固碑之制度。至其数不同，或由繁简异宜，或世代悠远，所存止此，皆不可知也。窆石之左是为禹庙，背湖而南向，然则古之宫庙固有依丘陇而立者。按《皇览》，禹冢在会稽山，自先秦古书帝王墓皆不称陵，而陵之名实自汉始。旧经云：禹陵在会稽县南一十三里。

明嘉靖年间（1522—1566），绍兴知府南大吉据此立碑，上书“大禹陵”三字，碑亭右侧有咸若亭和碑廊，左侧有禹祠，今陈列大禹治水事迹，廊下壁间嵌有“禹穴辨”“禹穴”等碑刻。

考历代文献及尊礼，少康在大禹陵的西北部立禹祠于陵所。南朝梁大同年间（535—546）修王庙，唯欠一梁，俄风雨大，至湖中得一木，取为梁，即梅梁。宋建隆二年诏令州县视守陵墓，乾德四年诏吴越立禹庙于会稽，置守陵五户，长吏春秋奉祀。宋绍熙三年十月，修大禹陵庙。政和四年，敕庙额曰告成。东庑祭嗣王启，而越王勾践亦祭别室。明洪武三年，浙江进大禹陵庙图。洪武九年，令五百步内禁人樵采，复设陵户二人。有司督近陵人看守，每三年遣道士赍香帛致祭，登极遣官告祭。每岁有司以春秋二仲月祭。后禹王祠屡毁屡建，现存正殿为民国时期重建，坐北朝南，依山而筑，午门以上逐级增高，峻拔巍峨。午门屋脊上塑有插剑逆龙，象征大禹降龙治水的神功。正殿位于最高处，殿中塑有大禹立像。禹王庙和大禹陵历史悠久，气势磅礴，构成了规模宏大的古建筑群。[1]原存湖南衡山的“岣嵝碑”，现置绍兴禹庙。碑文似篆非篆，有学者认为这是大禹治水的纪功碑。

绍兴大禹陵

[1]《钱塘江志》编撰委员会：《钱塘江志》，方志出版社 1998 年版，第 564 页。

今大禹陵旁有禹陵村，村民姒姓，自称是大禹的后裔。这些都是人们情感的一种寄托表现。

（二）涂山娶妻

有人考证，涂山即会稽山的别名。相传禹娶涂山女为妻，对此有大量的史料记载。

《吕氏春秋·初音篇》：

禹行功，见涂山之女，禹未之遇而巡省南土。涂山氏之女乃令其妾待禹于涂山之阳。女乃作歌，歌曰："候人兮，猗！"实始作为南音。周公及召公取风焉，以为《周南》《召南》。

《史记》卷二《夏本纪第二》：

夏后帝启，禹之子。其母涂山氏之女也。

十年，帝禹东巡狩，至于会稽而崩，以天下授益。三年之丧毕，益让帝禹之子启，而避居箕山之阳。禹子启贤，天下属意焉。及禹崩，虽授益，益之佐禹日浅，天下未洽，故诸侯皆去。益而朝启曰："吾君，帝禹之子也。"于是启遂即天子之位，是为夏后帝启。

《吴越春秋》卷六《越王无余外传》也记载了禹在涂山娶妻之事：

禹三十未娶，行到涂山，恐时之暮，失其度制，乃辞曰："吾娶也，必有应矣。"乃有白狐九尾造于禹，禹曰："白者，吾之服也。"其九尾者，王之证也。涂山之歌曰："绥绥白狐，九尾痝痝。我家嘉夷，来宾为王。成家成室，我造彼昌。"天人之际，于兹则行明矣哉！禹因娶涂山，谓之女娇。

《列女传》：

涂山氏长女，夏禹娶以为妃。既生启，辛壬癸甲，启呱呱泣。禹去而治水，三过其家不入其门。涂山独明教训。及启长，化其德而从其教，卒致令名君子，谓涂山强于教诲。

《楚辞注》：

禹引治水道，娶嵞山氏之女，而通夫妇之道于台桑之地。禹治水道，娶者忧无继嗣耳，故以辛酉日娶，甲子日去，而有启也。随巢子：禹娶涂山，治鸿水，通轘辕，山化为熊。涂山氏见之，惭而去。至嵩高山下化为石。

禹曰："归我子。"石破北方，而生启。

涂山在什么地方？《越绝书》认为应当在会稽（即今浙江绍兴）。也有人认为涂山在永兴（今杭州市萧山市区）北。[1]

（三）鸟田

相传在大禹陵周围的农田，常有鸟来帮忙耕耘土地，地方官明令百姓不能妄害此鸟。

汉赵煜撰《吴越春秋》卷四《越王无余外传第六》：

《地理志》：山上有禹井、禹祠，相传下有群鸟耘田也。《水经注》：鸟为之耘，春拔草根，秋啄其秽。

汉袁康撰《越绝书》卷八《外传记地传》：

昔者越之先君无余，乃禹之世，别封于越，以守禹冢。问天地之道，万物之纪，莫失其本。神农尝百草水土甘苦，黄帝造衣裳，后稷产穑制器械，人事备矣。畴粪桑麻，播种五谷。必以手足。大越海滨之民，独以鸟田小大有差，进退有行，莫将自使。其故何也？曰："禹始也忧民，救水到大越，上茅山，大会计，爵有德，封有功，更名茅山曰会稽。及其王也，巡狩大越，见耆老，纳诗书，审铨衡，平斗斛，因病亡，死葬会稽。苇椁桐棺，穿圹七尺，上无漏泄，下无即水，坛高三尺，土阶三等，延袤一亩。尚以为居之者乐为之者，苦无以报民功，教民鸟田，一盛一衰。当禹之时，舜死苍梧，象为民田也。禹至此者，亦有因矣。"

除上述外，钱塘江流域内还有一处"禹山"，位于今天的东阳市横店与湖溪镇之间，东阳江支流南江左岸。相传大禹曾到此，故名。山高 523 米，周约 10 千米。山八面玲珑，面面相似，故俗称八面山。是钱塘江流域内罕见的典型死火山，山顶广阔齐平，有一池，名"上湖"，为原火山口，泉出湛然，终年不涸。

有学者认为："上述传说，后人附会的成分颇多，大多不可靠，但并非都是无稽之谈，其中折射出许多历史的影子，是夏文化向南扩散的一种曲折的反映。""越为禹后"说，虽有托古之嫌，但考古资料表明，古越族在其早期发展

[1] 徐建春：《大禹、会稽与夏文化》，《吴越文明与文物》，复旦大学出版社 2012 年版，第 81 页。

过程中，确实曾经受到中原文化的影响。马桥文化的陶器与二里头文化有密切关系，上海马桥遗址第四层出土的三足盘、觚、鸭形尊、豆、簋、圜底盘、圈足状捉手器盖等器物的形制与二里头文化中的同类器十分接近[1]。邹衡认为马桥文化中“突然出现了大批二里头文化因素”[2]。这些二里头文化因素多属二里头文化期偏晚或第二至三期之际，由此，有些学者认为二里头文化因素大量涌现在马桥文化中正值中原夏、商之际。[3]

三、中草药始祖桐君

在上古时代，南方湿热，多瘴气、瘟疫及各种危害人类的疾病，又有轩辕氏等群雄争夺天下，战火纷飞，死伤无数。相传桐君奉黄帝之命来到江南，寻医问药并暗访冶炼之术。他跋山涉水，翻山越岭，置个人生死于度外。以身试药以探究本草药性，还在离桐君山 15 公里的富春渚上栽培草药。他的医药实验成果，被后人编成《桐君采药录》，成为有文字记载以来我国最早的药物著作之一。

桐君是中国古代早期的医药学家。有关他的文献记载最早见于约在春秋时期写成的古史《世本》一书中，据记载，桐君是黄帝的大臣，擅长本草，他所处的年代，因无确切文字可考，很难确定，目前主要有四种说法：（1）神农时代说。此说将神农氏和桐君在医药方面的学术成就并举。陶弘景：“上古神农作为《本草》。……其后雷公、桐君更增演《本草》，二家药对，广其主治，繁其类族。”[4]《延年秘录》：“神农、桐君深达药性，所以相反、畏、恶备于《本草》。”[5]（2）黄帝时代说。持此说者以为桐君与少师、雷公等人均为黄帝时代的大臣。如《路史·黄帝纪上》：“（黄帝）命巫彭、桐君处方、

[1] 黄宣佩：《上海马桥遗址第一、二次发掘》，《考古学报》1978 年第 1 期。
[2] 邹衡：《江南地区诸印纹陶遗址与夏商周文化的关系》，《文物集刊》第 3 集，文物出版社 1981 年版。
[3] 以上参见李学勤、徐吉军主编：《长江文化史》，江西教育出版社 1995 年版，第 112—113 页。
[4] 〔晋〕陶弘景：《药总诀·序》，见《金陵丛书》乙集，上元蒋氏慎修书屋铅印本。
[5] 据《医心方》卷二引唐代的《延年秘录（方）》佚文。

盄饵、湔汗、剌治而人得以尽年。”[1]徐春甫：“少师、桐君，为黄帝时臣。”[2]李时珍：“桐君，黄帝时臣也。”[3]《严州府志》：“或曰（桐君于）黄帝时尝与巫咸同处方饵，未知是否？”[4]（3）唐尧时代说。持此说者指出，桐君为唐尧时代的大臣。如：《世本》：“桐君，唐尧时臣，与巫咸同处方饵。”（4）上古时代说。持此说者认为桐君是上古时人，但时代不详。如《严州府志》：“上古桐君，不知何许人，亦莫详其姓字。尝采药求道，止于桐庐县东隈桐树下（即弯曲的桐树下面）。其桐，枝柯偃盖，荫蔽数亩，远望如庐舍。或有问其姓者，则指桐以示之。因名其人为桐君。”桐君行医济世从不收取一分钱，当地人无不感其恩的，因此他炼丹的山被称为“桐山”，山下的市镇被称为“桐庐”，江被称为“桐江”。

桐君及其《桐君采药录》一直为后世尤其是医药名家所敬仰和推崇。南朝梁时的医药学家陶弘景在研究了古代名家本草后，著《本草经集注》一书。他在该书序录部分，完整地总结了桐君的伟大成就：“识草木金石性味，定三品药物，以为君、臣、佐、使。”明代医药家李时珍编纂《本草纲目》，将《桐君采药录》放在本草中非常重要的位置。有些朝代还将它钦为定经典古籍载入正史。《隋书》中，有《桐君采药录》3卷条目；《旧唐书》中，有《桐君采药录·桐君撰》条目；《新唐书》中，《桐君采药录》仍被列为当时的重要医药典范籍；《药部》中载有桐君对30多种药物的性味评判。

桐君总结和首创的识别中药性味，定上、中、下三品药物和君、臣、佐、使的处方格律，一直沿用至今，可见这是符合客观规律的，因而具有强大的生命力。君、臣、佐、使成为中药方剂组成的基本原则：“君”是指处方中对治疗主症起主要作用的药物；“臣”则是协助主药或加强主药功效的药物；“佐”是协助主药治疗兼症和抑制主要毒性、烈性或反佐药物；“使”是引导各种药物直达病变部位或对各药物起调和作用。经过千百年的实践，目前一般都反君、臣、佐、使演绎为主药、辅药、佐药、引药，这是桐君传下来的宝贵遗产。因

---

[1]〔宋〕罗泌：《路史》卷四，文渊阁《四库全书》本。

[2] 徐春甫：《古今医统大全》卷一《历代圣贤名医姓氏》，人民卫生出版社1991年版，第3页。

[3]〔明〕李时珍：《本草纲目》卷一上《序例上》，鸿宝斋书局石印本，浙江图书馆古籍部藏。

[4] 吕昌明：《（续修）严州府志》卷一八《外志一》“万历四十一年”，万历六年增刻本。

为桐君对华夏的医药有突出贡献，后人尊其为“中华医药鼻祖”。

药祖桐君还与中国饮茶文化的起源有关。《桐君录》中记载：“俗中多煮檀叶并大皂李作茶。”据陈珲考证，饮茶文化当创自于中国古越人，她认为“以河姆渡代表的古越地是茶文化的始生物”[1]。但先秦时期的药物著作《神农本草》也载：“神农尝百草，日遇七十二毒，得荼（即茶）而解之。”后世之人大多据此推崇神农为发现和利用茶叶的鼻祖，如陆羽《茶经》中就有“茶之为饮，发乎神农”之说。

为了纪念这位济世拯民的中药鼻祖，后人就把他采药求道的这方土地命名为桐庐，江为桐江，溪为桐溪，岭为桐岭，其栽药洲为桐洲，采药求道山为桐君山，并在桐君山上建祠祭祀。[2]

第三节　吴越争霸中的钱塘江

吴越争霸是春秋战国时期钱塘江地区历史演变的主要线索。春秋战国时期指的是从周平王东迁洛阳（前770）到秦始皇统一六国（前221）期间500余年的历史时期，这一时期生产力水平明显提高，政治体制剧烈变化，思想学说空前繁荣，社会结构深刻变革，可以说是中华文明的奠基时期。在这段时期内，史书上记载的发生在钱塘江流域的历史事件较之前明显增多，最详细的莫过于越国的兴衰。

从文献记载来看，越国的开国始祖是夏代少康中兴时期少康的庶子无余。但其后的一段漫长历史却模糊不清，直到越王允常时，越国的世系才开始清晰起来。越国的霸业是从允常开始的。允常之子勾践，雄才大略，继位后对越国采取了一系列的改革发展举措，经过“十年生聚、十年教训”，终于灭吴雪耻，

[1] 陈珲：《饮茶文化创始于中国古越人》，《民族研究》1992年第2期。

[2] 林正秋：《浙江旅游文化大辞典》，中国旅游出版社2012年版，第85页。

成为春秋五霸之一。此后越国继续霸业，“专制”东方。到了周显王三十六年（前333），以越国被楚国大败为转折点，越国从此一蹶不振，但依然顽强生存着。直到秦王政二十五年（前222）为秦所灭，越国才彻底退出了历史舞台，但吴越文化却依然绵延不绝。

越国的主要城市和所能控制的土地大都是属于钱塘江流域的范围，因此越国和钱塘江的关系无疑是非常密切的。古越国人民的生产生活、城市发展、兵戈战事乃至诗词歌赋都与流域内的地理水文息息相关。

一、春秋战国时期钱塘江流域的地理形势

在冷兵器时代，地理环境的优劣对历史的演进特别是政权的变迁起着决定性作用。在春秋战国时期，一个国家是否控制了足够多的险关要隘能决定这个国家的存亡，如晋国拥有虎牢、崤、函谷等重要关口得以长期称霸并扼制秦国。齐国“其形势要害不如晋，幅员广远不如吴楚，徒以东至海饶鱼盐之利；西至河，凭襟带之固；南至穆陵有大岘之险；北至无棣收广莫之地”[1]，并任用管仲，成为强国。相比之下，许多中原小国因无山川之险和鱼盐之利，则只能是被大国宰割的命。这一时期钱塘江流域的两个主要国家是吴国和越国，两国在这段相当长的历史时期内发生了一系列争夺土地的行为。春秋时期最大的特征之一就是混乱，而这种混乱带来的结果便是各国疆域的不断变化。[2]因此两国的对峙在疆域上的表现是一个动态的此消彼长态势，期间人为的促进社会发展的活动也对地理形势造成了一定的影响。

（一）钱塘江北岸的地理形势

吴国疆域的开拓和国力的强盛基础是在第一任吴王（先前称侯）寿梦在位的时候（前585—前561）奠定的。吴王寿梦即位之前，吴国是作为楚国的附属国出现在史籍中的，《左传》里有“叛楚”的字样。其疆域经过先前历任吴侯的经营开拓，大概是北邻郯国（今山东临沂市、临沭县、郯城县一带）一线；

[1]〔清〕顾栋高：《春秋大事表》卷二之四，中华书局1993年版。
[2] 姚小明：《顾栋高对春秋地理的认识》，《边疆经济与文化》2014年第7期。

西邻钟吾国（今江苏宿迁市、新沂市一带）、徐国（今洪泽湖西北岸、江苏泗洪县东南的半城镇一带）、钟离国（今安徽凤阳县、蚌埠市一带，今凤阳县有钟离故城遗址），州来（今安徽凤台、寿县一带），淮南群舒之地相邻；向南在黄山、天目山、太湖一线与越国相邻。[1]寿梦即位后，吴国在晋国的帮助下开始摆脱小国地位，作为一支独立的政治力量而上了历史舞台，并走上了扩张的道路。史载吴国“七年春，吴伐郯，郯成”。“吴子寿梦说之，乃通吴于晋……教吴乘车，教之战陈，教之叛楚……吴始伐楚，伐巢，伐徐……吴入州来……蛮夷属于楚者，吴尽取之，是以始大，通吴于上国。”[2]郯国就是现在的山东南部靠海地区，北面即是鲁国。疆域包括在沂河东岸从李庄到归昌杨集，东面包括临沭曹庄大兴，以及赣榆部分、东海大部分、新浦部分地区。郯国被吴国征服而臣属于吴震惊了中原政权，大呼“中国不振，蛮夷入侵”。另外，吴国在得到晋国的支援后开始攻打楚、巢、徐、州来等国家，沿淮河西进，尽取原先从属于楚国的“蛮夷之地”，势力范围已经抵达楚国周边，成为一方列强。

寿梦其后的诸樊、余祭、余昧、僚四位君主在位期间，都在不同程度上开拓了吴国的国土，并且对江南地区和淮河流域的土地进行了很好的经营。吴王僚时期“吴人踵楚，而边人不备，遂灭巢及钟离而还”[3]，巢国是现在的巢湖流域和周边地区，钟离国是现在的安徽凤阳一带。到了阖闾时期（前514—前496），吴国已经成长为纵横江淮地区的强国。阖闾三年，吴国以徐国和钟吾国放出吴国二公子出逃楚国为由派出孙武、伍子胥出兵伐之，“吴子怒，冬，十二月，吴子执钟吴子，遂伐徐，防山以水之，己卯，灭徐”[4]。灭钟吾之后，以其故地设司吾县；灭徐后，大概也以其故地设徐县。灭钟吾和徐两国不仅开拓了吴国西部在淮北的疆域，更重要的是为以后吴国在淮北西向、北向开拓扫除了障碍。[5]其后的吴楚战争，伍子胥破楚郢都，楚国已经无力同吴国对抗了，淮河流域的小国不是被吴国吞并就是臣服于吴国，南部的领土也拓展到了太湖南岸。

---

[1] 张志鹏:《吴越史新探》，河南大学博士学位论文，2012年。

[2]《春秋左传》卷九《成公七年》，明万历四十四年闵齐伋刻本。

[3]《春秋左传》卷一四《昭公二十四年》。

[4]《春秋左传》卷一四《昭公三十年》。

[5] 张志鹏:《吴越史新探》，河南大学博士学位论文，2012年。

吴国的疆域和国力在夫差在位时期（前495—前473）达到了顶峰。前494年，“吴王夫差败越于夫椒，报槜李也，遂入越”[1]。吴国势力侵入钱塘江以南地区的宁绍平原。削弱越国后夫差又北上灭陈国，侵蚀宋、鲁两国领土，欲与齐、晋争霸。前482年黄池之会是吴国疆域面积的顶点，此时北邻齐鲁，西邻楚国，南到钱塘江，东面大海，面积仅次于晋、楚两国。但也就是在黄池会盟期间，越王勾践伐吴，吴国在短短九年时间走向了灭亡，土地被越、楚、鲁、宋等国瓜分。

吴国领域内的重要城池、交通要道、生产基地、水域情况，由《越绝书》卷二的记载整理，大致有如下几处较为重要：[2]

吴大城：周长四十七里一百一十步二尺，外城墙周长六十八里六十步，有两座城楼、八城门八水门，是吴王阖闾所造，据考是现在的苏州灵岩山附近。[3]

吴小城：周长十二里，三座城门都建有城楼，其中有两座城楼修有水门，一座水门有城楼，一座水门路旁装着木栅。

伍子胥城：周长九里二百七十步。

武城：娄门北面，离吴县三十里，是阖闾时修建的，用来防止海外越人入侵。

宿甲：离吴县一百里，吴国的军营，用来防止海外越人入侵。

故陆道：是吴国通往西边的陆上通道，经过胥门、土山、灌邑、高景山、犹山，沿着太湖边随着北固山一路向西过阳下溪、历山南面，通向安湖。

故水道：是吴都古代的水道路线，从平门出，注入郭池，入运河，出巢湖，北上历地，汇入阳湖，从渔浦汇入长江，流向扬州。

通越路线：由拳关塞向南，翻过会稽山，走向山阴县。“拳关”是吴国驻守边境侦察敌情的要塞。

百尺渎：通向长江，吴国用这条河来运输粮食。

十里坑：在娄门东面，距离吴县十里，是海路入吴通道。

千里庐虚：吴王阖闾时期的兵器生产基地，距离吴县（吴国都姑苏，秦统一后置吴县）两里，向南可通长江。

---

[1]《春秋左传》卷一六《哀公元年》。

[2]〔汉〕袁康、吴平辑录：《越绝书》卷二《外传记吴地传》，第9—16页。

[3] 卢雪梅、钱公麟：《春秋时代吴大城位置再考》，《东南文化》2006年第5期。

鸡陂墟：位于娄门外，吴国的鸡畜养殖基地，离吴县二十里。

胥栎大疁：在吴县北边，距离吴县八十里，是吴国的粮食种植基地。

鹿陂：在吴县西边二十里，是吴国的粮食种植基地。

麋湖城：离吴县五十里，吴王阖闾养殖麋鹿的地方。

欐溪城：阖闾在位时修建的造船厂。

摇城：吴国王子的封地，离吴县五十里，土地肥沃，是重要的产粮地区。

太湖：总面积三万六千顷，离吴县五十里。

无锡湖：总面积一万五千顷，离吴县五十里。

耆湖：总面积六万五千顷，离吴县一百二十里。

还有尸湖、小湖、乘湖、犹湖、语昭湖、作湖、昆湖等小湖泊。

此外，吴地在春申君时期还修建了许多新工事，已属于战国末期，此处不予一一列出。

（二）钱塘江南岸的地理形势

越国的疆域变迁留下来的记录较少，国土面积在允常时期（前538年—前497年）就已具有相当的规模。在允常之前，根据土墩墓（吴国墓葬）和石室土墩墓（越国墓葬）的分布和年代判断，[1]越族人应该是散居在太湖地区和钱塘江两岸的，其后应该是迫于吴人的到来而稍往南迁。允常时，北面吴国正是阖闾在位，两国应在太湖南部对峙，“与吴王阖庐战而相怨伐”[2]。面对强大对手，允常的开拓工作只好指向南边蛮夷地区。《史记正义》引《舆地志》云：“周敬王时，有越侯夫谭，子曰允常，拓土始大，称王。”又有记载说：“越之兴霸自元常矣。”[3]总之，在勾践继位以前，浙江全境基本上都是越国的疆域。[4]

勾践时期（前496—前464），越国的疆域变化很剧烈。在被夫差打败后越国疆域的北部被大量吞并，勾践回国后夫差仅仅封了他百里之地：“勾践之地，南至于句无，北至于御儿，东至于鄞，西至于姑蔑，广运百里。”[5]句

[1] 陈元甫：《土墩墓与吴越文化》，《东南文化》1992年第6期。

[2]〔汉〕司马迁：《史记》卷四一《越王勾践世家》，第5册，第39页。

[3]〔汉〕赵晔：《吴越春秋》卷六《越王无余外传》，第86页。

[4] 张志鹏：《吴越史新探》，河南大学博士学位论文，2012年。

[5]《国语》卷二〇《越语上》，上海书店出版社1987年版，第230页。

无在今天的诸暨，御儿是桐乡，鄞是宁波，姑蔑是衢州。《吴越春秋》说：“东至炭滨，西止周宗，南造于山，北薄于海。”[1]这里的北部边疆应该指的是杭州湾而不是桐乡，根据文种送别勾践止于钱塘江判断，北部边界应该不到桐乡，《史记·货殖列传》里也说“浙江以南则越”。后来勾践伪装出色，麻痹吴王，吴王又先后给他加封了许多土地，使越国“东至于勾甬，西至于檇李，南至于姑末，北至于平原，纵横八百余里”[2]。勾甬指勾章和甬江，在今宁波市一带；平原是今浙江海盐县；檇李是嘉兴西南；姑末应该就是姑蔑一片，即今衢州。[3]经过了加封后的越国面积已很接近原来的“兴国千里”了。勾践在前 473 年灭吴后，吞并了吴国绝大部分土地，为了在新的国土上站稳脚跟，出于缓解吞吴后与邻国之间矛盾的需要，将此前吴国吞并的部分土地归还给了鲁国、宋国和楚国。此时的越国“横行于江淮东，诸侯毕贺，号称霸王”[4]。勾践死前对其太子说：“跨江涉淮，从晋齐之地。”疆域大致包括了今天的江浙两省和安徽部分地区。

战国以降，勾践为了更好地逐鹿中原，将首都迁至琅琊。勾践和其后几位越王与齐国之间展开了持久的冲突，先后对莒、齐、滕、郯、鄫等国发动攻击，并灭掉了滕、郯、鄫三国，疆域达到鼎盛。但后来对齐战争不利，楚国又不断侵蚀江淮流域，终于在前 333 年越王无强被杀后走向衰落。疆域逐渐缩退回钱塘江流域，直到被秦所灭。

越国域内的重要城池、交通要道、生产基地由《越绝书》卷八中的资料整理，大致有如下几处较为重要：[5]

勾践小城：即山阴城，周长二里二百二十三步，有四座陆门，一座水门。

勾践大城：大城周长二十里七十二步，北边没城墙表示对吴不设防。

山阴大城：范蠡主持修建，又叫蠡城，有三个陆门三个水门。

安城：伐吴前的军械藏所。

固陵：范蠡屯兵的地方，有大型战船停泊。

---

[1]〔汉〕赵晔：《吴越春秋》卷八《勾践归国外传》，第 106 页。

[2]〔汉〕赵晔：《吴越春秋》卷八《勾践归国外传》，第 110 页。

[3] 管敏义：《越国疆域考》，《古籍整理研究学刊》2001 年第 1 期。

[4]〔汉〕司马迁：《史记》卷四一《越王勾践世家》，第 1746 页。

[5]〔汉〕袁康、吴平辑录：《越绝书》卷八《外传记地传》，第 58—63 页。

山阴故陆道、故水道：从山阴城东城外郭出发，沿着直渎直达阳春亭。水道也是从东城外郭出发，经过郡河直达阳春亭。阳春亭离山阴县城有五十里。

麻林山：越国的弓箭生产基地，距离山阴城十二里。

葛山：距离山阴城七里，是生产葛布的地方。

姑中山、六山：越国生产铜器和马鞭的地方，分别离山阴城二十五里和三十五公里。

富中大塘：越国的粮食出产基地，离山阴城二十里。

鸡山和豕山：越国的鸡畜和养猪基地，分别离山阴城五十里和六十三里。

木客山：距离山阴城十五里，是越国的木材基地。

官渎：越国官方工匠住所，离山阴城十四里。

舟室：越国战船生产地，离山阴城五十里。

射浦：勾践练兵场所，离山阴城五里。

石塘：防止敌人兵船靠近的工事，长三百五十三步，离山阴城四十里。

防坞：越国用来扼守吴军的军事要地，离山阴城四十里。

朱余：越国食盐生产基地，离山阴城三十五里。

吴塘：江防要地，东西千步，是命令降吴修的。

春秋时期钱塘江地区的地理形势，大体上就是这样一个此消彼长的演变过程。鉴于当时的生产力水平，人类只能小范围地认识和利用自然，也很难留存下完整可靠的地理信息。钱塘江流域的吴越争霸，大剧就是在这样一个初步开发利用域内地理条件的背景下，缓缓拉开了序幕。

二、吴越争霸中的钱塘江

（一）军港固陵城

现在的白马湖在春秋战国之交的时候还是汪洋一片，波浪滔天，是钱塘江南岸一个天然大海湾。越王城山北麓有一个大山坞，十分隐蔽，这里没有海啸和风暴，潮水到此变暗潮。在春秋后期，吴越两国战争频繁，据史料记载，自周景王元年（前554）吴王余祭对越国用兵开始，到周元王三年（前473）勾践灭吴的短短71年里，钱塘江地区发生的较大的水上军事活动就有11次之多，在这样的历史背景下，越国加紧了对军港的建设，这里也发展成为当时中国较大的军港，名叫“固陵”。

周景王元年，吴国水师顺太湖至浙江的自然水道入侵越国，越国水师不敌，被吴国俘去大量人口。周敬王十年（前510），吴国水师破檇李（今嘉兴市南），越军又败。两次失败迫使越王允常警惕起来，除继续加强水军建设外，也开始进行有效的防御和进攻，于周敬王十四年（前506）开始在浙江口之南岸兴筑水军基地。据《越绝书》卷八记载：“浙江南路西城者，范蠡屯兵城也，其陵固可守，故谓之固陵，所以然者，以其大船军所置也。”西城即固陵，后改西陵、西兴，即今天钱塘江南岸的西兴镇，也有一说认为其在今天萧山区的越王城。[1]但无论哪种看法都承认固陵城是在今天的钱塘江南岸一带。

春秋时，固陵紧靠浙江南岸，背依萧山诸山，有自然内河水道通会稽，与钱塘的吴山、凤凰山隔江相对。进攻则可出钱塘港入太湖水系与吴军作战，退则可凭借浙江天堑进行防守，守住会稽大门，保存水军实力。军港刚建成不久，越王允常即出师伐吴。周敬王二十四年（前496），允常子勾践起兵拒吴。周敬王二十六年（前494），勾践再次出兵拒吴，他率水军三万人，战船数百艘，浩浩荡荡地驶出固陵港，自钱塘江入苕溪迎战吴军，可惜大败于夫椒。周敬王三十六年（前484），吴攻齐，越军调固陵港水军北上助吴。周敬王三十八年（前482），越兴兵伐吴，固陵港集结了水手2000余人、水师官兵47000余人、战舰百余艘，兵分两路，包围了吴国都城苏州。而后十年之间又三次伐吴，在前473年灭吴。以上先后8次大的水军活动均是由固陵港出发的。伐吴的水军由固陵港出发后往往会兵分两路，一路过钱塘沿古苕溪水分赴嘉兴、太湖；一路则出浙江航海北上。灭吴后，勾

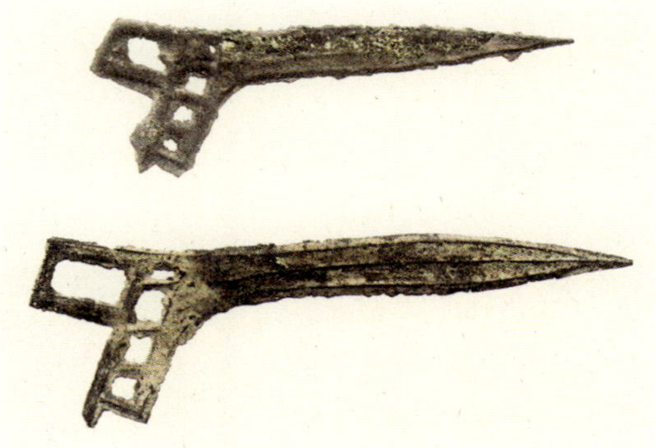

萧山出土的越国戈币，见证“勾践与吴战于浙江之上”

[1] 林东华：《越国固陵城考》，《东南文化》1986年第2期。

践北上移都琅琊(今山东胶南),命八千军士率三万越民,乘戈船(水军大船)三百艘及木筏等过东海到达琅琊。这是中国历史上最大的一次海上移民,也是一次最壮观的航海史事。固陵港所屯楼船的数量之多,为先秦时的任何港口所不及,它的水域不仅是今日白马湖一带,还包括湘湖,所以晚清著名学者王国维在《浙江考》中说:“固陵即湖陵。”“湖陵”为湖中的山陵也。

固陵城的作用也并没有随着吴越争霸战争的结束而消失,前473年越灭吴后,勾践率军北上攻齐,占领了今山东省大部分地区。据《越绝书》卷八记载:当年光从固陵港出海的大海船及木筏等共三百余艘,死士八千人,越民三万人。秦始皇于前210年南巡会稽,率大队人马两次横渡钱塘江,都经过固陵港,并利用港内水师的大楼船接送人马渡江。方士徐福第二次出海,为秦始皇求长生不老仙药的起航埠,为今钱塘江南岸的长河街道包家湾。当时他征来童男童女各三千人,水手、百工(指会各种手艺的工匠)等万余人,集中在固陵港出海。到了三国两晋和隋唐时期,固陵港还保持着很大规模。以后,各个历史时期的航海活动都是在固陵港置船出兵。一直到了明代郑和下西洋时,固陵港已淤塞,由钱塘渔浦经固陵城北出海。这时的固陵港已变为内湖——白马湖,存在时间长达1800多年的固陵军港从此退出历史舞台,成为一处历史遗迹。以水上军事活动为目的而建的固陵港,在春秋末期迅速发展,其建港之早,规模之大,在中国古代海港史上占有重要地位。由于固陵港的出现,钱塘江两岸的军事港渡逐渐增多。北岸出现了柳浦港(今杭州凤凰山麓)、定山浦港(今杭州狮子山麓),南岸出现了渔浦港(今浦阳江、钱塘江交汇口)。这些港口是以军事活动为中心的,港渡自身出于自然利用和人工建筑的演变之间。[1]这些古老渡口的出现与杭州城市的兴起和发展有很大关系,隋时在柳浦筑城,为杭州城市的形成奠定了基础。[2]

(二)山阴故水道:我国最早的人工运河之一

《越绝书》卷八《外传记地传》集中记述了越国的山川地理、政治、宗教活动、生产基地、水利工程、交通航运等情况。其中又主要有以下几个部分:第

[1] 吴振华:《杭州古港史》,人民交通出版社1989年版,第30—31页。

[2] 杨钧:《钱塘古渡》,《杭州师范学院学报》1983年第1期。

一部分为勾践大小城以及城内的主要活动场所；第二部分为城外的主要名人城池；第三部分为庙宇及冢墓；第四部分为军事屯兵基地；第五部分为生产基地；第六部分为交通要道的记述。第六部分里面就记载了山阴故水道："山阴古故陆道，出东郭，随直渎阳春亭；山阴故水道，出东郭，从郡阳春亭。去县五十里。"[1]从记载的名称上有"古""故"的字眼来看，其建成年代应早于越王勾践十年生聚、十年教训（前493—前473）的时期，为我国最早的人工运河之一。

关于山阴故水道的区域位置，"出东郭，从郡阳春亭"已说明地理位置在绍兴城以东，东西向，而在山会平原上，由于地形大势南高北低，天然河道均由南流向北，偌大的一条东西向河道，只能是人工开挖的运河；"东郭""阳春亭"均在今萧绍运河该段的近处。因此，山阴故水道应是西起绍兴城东郭门，东至今绍兴市上虞区东关街道炼塘村，全长约20.7公里（以当时里计，约为50里，与《越绝书》记载相近）。最早开挖故水道的目的应该并非仅为了航运，还有阻挡潮水和发展塘南部农业生产的目的。因为处在海潮直接侵袭的沼泽之地，只有建塘才能改变其自然生态环境，御咸蓄淡，确保灌溉。在开挖河道时，用挖出来的泥土在紧邻的两岸筑起陆道，形成一河一路的格局。随着环境的改善，生产区域不断往北延伸，这使得水道和陆道的交通运输功能更加突出，逐渐成为越国东部的交通要道。

故水道和故陆道横亘平原以东，如东部南北向的河道全部堵塞，在汛期，仅靠东西端河道泄洪入海，恐难以接纳承受，将造成洪涝灾害。反之，如在故路道上留有北向河流的缺口，而无涵、闸、堰调控设施，每受潮汐及夏秋干旱影响，将无法正常蓄淡及航运。以此而论，以及在河姆渡文化遗址和春秋战国之后在越地发现的较高水平的木构件结构制作水平和木桩打入基地加固的技术，可以推定在建故水道和故陆道时，沿河岸必定会有诸多的木制为主的涵洞、闸桥、堰一类的设施，木石兼用，大小不一，用以挡潮、排洪、蓄水调节及航运。

因此，根据各类研究可以推测山阴故水道早于勾践时便已经建成，勾践时又进一步修缮整治，为越国强盛和发展提供了基础保障。山阴故水道东起练塘，

[1]〔汉〕袁康、吴平辑录：《越绝书》卷八《外传记地传》，第63页。

西到山阴城东东郭门，经山阴城南缘河道以西沿今柯岩、湖塘一带至西小江再至固陵，贯通了山会平原东西地区，并与东西两小江相通，过钱塘江连接吴国，过曹娥江到句章至姚江连接海上。此外，又和宁绍平原南北向渚河流相连，通过古陆道上的涵闸设施，调节南北水位并阻隔潮汐，可谓越国之主要交通命脉，其作用和地位十分重要。[1]

故水道沟通了纵横交错的越国水上交通网络。《越绝书》卷八中记载的山阴故水道位置，是从山阴城城东东郭门的位置至今上虞炼塘村，如此，这一带南北向的水道通过故水道的涵闸设施得以沟通，然山阴故水道连通的主要河道并非仅在平原东部，还有山阴城内河道、若耶溪河道、山会平原西部河道以及山阴故水道过曹娥江再东到句章港的航道。

故水道有效地给越地人民生产生活提供了淡水资源。由于海侵结束后至越王勾践时东部地区海岸线上尚未建成海塘，一日两度的潮汐侵袭平原，使内河仍然长期咸潮成咸水，淡水资源短缺，越地人民生产和生活受到严重影响。故水道和故陆道的建设阻隔了潮水侵入，在其以南形成内河。其内各南北向河流可通过故水道相贯通和蓄水，尤其是其中的各河湖之水因此渐成为淡水，使生活在宁绍平原上的越族有较充足的淡水资源可供生活和生产，改变了“越之水浊重而洎”的状况，此为越族人民海侵后改造自然环境最重要的举措。

故水道还连通了各生产、军事基地。东部地区被连通的生产生活基地，根据东汉袁康撰的《越绝书》等书记载，主要有以下一些：

锡山：“锡山在县东五十里。《旧经》云：越王采锡于此。”注曰：“旧传山出铅银，或坯凿取之，忽山啸，摧压数十丈。今迹存焉。其后里人无敢采者。此山去宝山不远，意宝山之名或取此。”[2]“勾践时采锡山为炭。”[3]由此可见，锡山既是越国的采锡基地，又是伐术烧炭之地。据“银山在县东五十里”之记载，锡山应在银山的近处，在今上虞市长山乡。

铜姑渎：“姑中山者，越铜官之山也，越人谓之铜姑渎。长二百五十步，

---

[1] 邱志荣、陈鹏儿：《浙东运河史》上卷，中国文史出版2014年版，第3—4页。

[2] ［宋］施宿等：《嘉泰会稽志》卷九《山·府域》，《宋元方志丛刊》本，中华书局1990年版，第6860—6861页。

[3] ［汉］袁康、吴平辑录：《越绝书》卷八《外传记地传》，第62页。

去县二十五里。”[1]“若耶之溪，涸而出铜。”[2]据此，这一产铜基地应在若耶溪的上游，今柯桥区平水镇的平水铜矿处。

赤堇山：“赤堇之山，破而出锡。”[3]“赤堇山在县东三十里。《旧经》云：欧冶子为越王铸剑之所。……《吴越春秋》：薛烛曰：赤堇之山，已合无云。《文选》：张景阳《七命》云：耶溪之铤，赤山之精。赤山即此，一名铸浦山。”[4]采锡基地赤堇山的地理位置应在若耶溪东，大约位于今绍兴的上灶村。

六山者，勾践铸铜。铸铜不烁，埋之东坂。其上马棰，勾践遣使者取于南社，徙种六山，饰治为马棰，献之吴。去县三十五里。[5]

“练塘者，勾践时采锡山为炭，称炭聚载，从炭渎至练塘，各因事名之。去县五十里。”[6]

官渎：《越绝书》卷八《外传记地传》载：“官渎者，勾践工官也，去县十四里。”[7]

葛山：“葛山者，勾践罢吴，种葛，使越女织治葛布，献于吴王夫差，去县七里。”[8]是越国种葛织布之所，位于今越城区的若耶溪下游。

麻林山，《越绝书》云：一名多山。勾践伐吴，种麻以为弓弦。使齐人守之，越谓齐人曰多故，曰麻林多山，以山下田封功臣。[9]

豕山，越绝云鸡山豕山，勾践以蓄鸡豕，将伐吴，以食战士也。在民山西，湞江以东，属越。疑豕山在诸暨界。《太平御览》有鸡豕山。[10]

犬山：“犬山者，勾践罢吴。畜犬猎南山白鹿，欲得献吴，神不可得，故

[1]〔汉〕袁康、吴平辑录:《越绝书》卷八《外传记地传》，第61页。
[2]〔汉〕袁康、吴平辑录:《越绝书》卷一一《外传记宝剑》，第79页。
[3]〔汉〕袁康、吴平辑录:《越绝书》卷一一《外传记宝剑》，第79页。
[4]〔宋〕施宿等:《嘉泰会稽志》卷九《山·会稽县》,《宋元方志丛刊》本，第7册，第6861页。
[5]〔汉〕袁康、吴平辑录:《越绝书》卷八《外传记地传》，第62—63页。
[6]〔汉〕袁康、吴平辑录:《越绝书》卷八《外传记地传》，第62页。
[7]〔汉〕袁康、吴平辑录:《越绝书》卷八《外传记地传》，第62页。
[8]〔汉〕袁康、吴平辑录:《越绝书》卷八《外传记地传》，第61页。
[9]〔宋〕施宿等:《嘉泰会稽志》卷一八《拾遗》,《宋元方志丛刊》本,第7册,第7049页。
[10]〔宋〕施宿等:《嘉泰会稽志》卷一八《拾遗》,《宋元方志丛刊》本,第7册,第7049页。

曰犬山。其高为犬亭，去县二十五里。”[1]为越国的畜牧之地，犬山今称吼山，在今越城区皋埠街道境内。

鸡山：“鸡山、豕山者，勾践以畜鸡豕，将伐吴，以食士也。鸡山在锡山南，去县五十里。豕山在民山西，去县六十三里。洹江以来属越，疑豕山在余暨界中。”[2]是越国的又一个蓄养基地，位于今上虞区长山、长塘、樟塘三乡交界处。

南池：据《嘉泰会稽志》所载：“南池在县东南二十六里会稽山，池有上下二所。《旧经》云：范蠡养鱼于此。又云：勾践栖会稽，谓范蠡曰：孤在高山上，不享鱼肉之味久矣。蠡曰：臣闻水居不乏干熇之物，陆居不绝深涧之宝。会稽山有鱼池。于是修之三年，致鱼三万。今上破塘村乃上池。”[3]南池亦称“牧鱼池”或“目鱼池”。

坡塘：“坡塘”因范蠡当年养鱼得名。《吴越春秋》曰：“越王既栖会稽。范蠡等曰：‘臣窃见会稽之山有鱼池，上下二处；水中有三江四渎之流，九溪六谷之广。上池宜于君王，下池宜于民。臣畜鱼三年，其利可以致千万，越国当富盈。’”[4]

朱馀：《越绝书》卷八《外传记地传》：“朱馀者，越盐官也。越人谓盐曰馀，去县三十五里。”据考在距今绍兴城北的朱储村，既是盐业基地，又是故水道通向沿海的主要河道。

乐野：“乐野者，越之弋猎处，大乐，故谓乐野。其山上石室，勾践所休谋也。去县七里。”[5]乐野与石室应在同一处。

越王峥：为越王勾践屯兵之处。万历《绍兴府志》：“在府城西南九十里，越王勾践于此栖兵。又名栖山。”[6]“越王山一名越王峥，又名栖山。上有走马岗，伏兵路，洗马池，支更楼故址。”

还有木客大冢、固陵、杭坞、石塘、吴塘等地。

---

[1]〔汉〕袁康、吴平辑录:《越绝书》卷八《外传记地传》，第61页。

[2]〔汉〕袁康、吴平辑录:《越绝书》卷八《外传记地传》，第61页。

[3]〔宋〕施宿等:《嘉泰会稽志》卷一〇《水·山阴县》，《宋元方志丛刊》本，第7册，第6900页。

[4]〔宋〕李昉等:《太平御览》卷九三五《鳞介部七·鱼上》，中华书局1960年版，第页。

[5]〔汉〕袁康、吴平辑录:《越绝书》卷八《外传记地传》，第59页。

[6]〔清〕雍正《浙江通志》卷一五《山川·绍兴府》，文渊阁《四库全书》本。

木客大冢：勾践之父允常墓

故水道的修建对越国参与的战事也有帮助。前663年前后，越国和当时的中原霸主齐国爆发了齐越之战，《管子·轻重甲》记载，齐桓公二十三年（前663）前后，齐、越两国曾经发生过一次海战。“齐桓公曰：‘天下之国，莫强于越。今寡人欲北举事孤竹、离枝，恐越人之至。为此有道乎？’管子对曰：‘君请遏源流，大夫立沼池，令以矩游为乐，则越人安敢至。’桓公曰：‘行事奈何？’管子对曰：‘请以令隐三川，立员都，立大舟之都。大舟之都有深渊，垒十仞，令曰：能游者赐千金。’未能用金千，齐民之游水，不避吴越。桓公终北举事于孤竹、离枝。越人果至，隐曲菑以水齐。管子有扶身之士五万人以待，战于曲菑，大败越人。”此次水战，齐出兵五万，可以肯定越的兵船也不少。齐当时为中原大国，越国敢于主动偷袭并且是从海上绕开吴国等去作战，也可证明越军水战之超常能力和当时航道畅达。当时的越国已不可谓不具有实力。前496年，吴、越两国爆发了槜李之战，其时越王允常去世，勾践继位. 吴王阖闾企图乘越国新政权未稳之时一举消灭越国，双方在槜李大战。此战吴王阖闾被飞箭射中，饮恨身亡。伍子胥率兵退出战场，深感对不起吴王阖闾，便披头散发，号哭累年。后夫差即位，“吴王夫差兴师伐越，兵败槜李”，此战时“大风狂发，日夜不止。车败马失，骑士堕死。大船陵居，小船没水”。水上之战规模颇大，空前激烈。夫椒之战在前494年，其时勾践胜吴不久，闻夫差欲报仇雪耻，练兵备虞紧密，于是勾践在条件未成熟、敌我双方力量估计不足时，企图先发制人，率兵攻吴，双方战于“五湖”，结果反被夫差战败于夫椒，仅以余兵五千人保栖于会稽。据今人魏嵩山、王文楚考证，勾践这次伐吴途经路线当由百尺渎北上至今崇德县，然后循今江南运河入于松江、太湖。[1]还有前482年的姑苏之战，勾践乘夫差争盟黄池，国内兵力空虚之际，“乃发习流二千人，俊士四万，君子六千，诸御六千”，分兵三路进攻吴国。其中东路军由勾践亲自率领，“溯江以袭吴，入其郛，焚其姑苏，徙其大舟”而归；南路军由大夫畴无余、讴阳率领，袭击吴国国都姑苏；另由范蠡、舌庸率军阻截吴王夫差援兵。虽然当时邗沟、荷水已凿，但越国要暗中绕过吴国直入淮河，海道仍是必经之路，史称“沿海溯淮以绝吴路”。据载勾践伐吴雪耻，出师之日，越国父老以美酒为勾践饯行，越王投酒于越都城河中，以示与将士随流共饮，一往无前，后人遂称此河为“投醪河”“箪醪河”或“劳师泽”。此战越国取得了决定性的胜利，夫差自尽。吴越水战充分反映了越国水上战斗力之强盛和航运之发达，其中源源不断的兵员和物资正是通过故水道经过钱塘江到达水上战场的。[2]

（三）越国富中大塘、吴塘等水利工程

春秋战国时期，浙江地区的杭嘉湖平原、宁绍平原、温黄平原等已基本形成，但仍然海潮直薄，平原上的湖沼比现在多，属于湖沼平原。钱塘江、灵江、瓯江等河流短促，直接汇入东海，海潮往往会沿这些河流上溯至平原，与河水相顶托，在平原地区形成湖泊与沼泽。一旦山洪暴发或大潮上溯，平原湖泊漫溢，成为一片汪洋泽国。因此，当时生活于平原地区的越人是在与水害的斗争中转水害为水利，胼

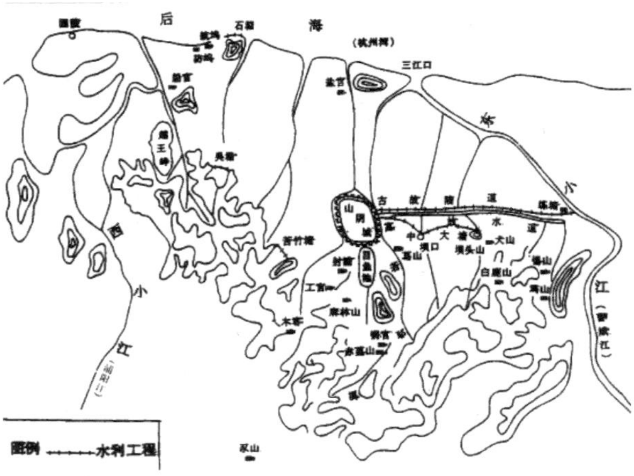

春秋时期山会平原水利图

[1] 参见魏嵩山、王文楚：《江南运河的形成及其演变过程》，载《中华文史论丛》1979年第2辑，上海古籍出版社1979年版，第308页。
[2] 邱志荣、陈鹏儿：《浙东运河史》上卷，第114页。

手胝足而发展壮大的。另一方面，农业已逐渐成为经济中的主导产业，而水利是农业的命脉。特别是浙江沿海平原地区主要的农作物是水稻，对水的需求量很大，因此，水利治理工程的状况，不但是当时农业生产发展水平的反映，同时也是国家盛衰的重要标志。越国想要在春秋之世称霸诸侯，统治者必须要意识到重大的水利工程是国家的经济后盾。据《越绝书》记载，越国的水利工程主要在钱塘江以南的山会平原和钱塘江以北的杭嘉湖平原，山区盆地也有一些水利工程，但疏于记载。越国的主要水利工程有：位于山会平原的吴塘、苦竹塘、富中大塘、练塘、石塘、山阴古水道和勾践小城、山阴大城等，位于杭嘉湖平原太湖之滨的蠡塘等。这些水利设施，按工程类型可分为堤塘、河沟和防洪城墙三大类，按地域类型又可分为山麓水利工程、平原水利工程和沿海水利工程三大部分，形成了与“山—原—海”台阶式地形相适应的春秋时期浙北平原水利体系。这些水利工程建筑的主要时间是周敬王二十七年（前493）至周元王三年（前473）。平原水利工程的代表，是富中大塘和练塘；山麓水利工程的代表，是吴塘、苦竹塘、秦望塘、塘城塘。

我国是世界上有史记载最早沿海筑塘的国家。[1]钱塘江两岸先民的修塘活动虽不能确认是否是修筑海塘的工程，但也是我国历史最悠久的修塘活动之一。

1.富中大塘

富中大塘是越国著名的水利工程，也是越国平原水利工程的代表。《越绝书》卷八《外传记地传》有云：“富中大塘者，勾践治以为义田，为肥饶，谓之富中。”可见该塘是勾践时期的产物，并且在生产上发挥了积极作用。晋人左思《文选·吴都赋》曾赞云：“富中之甿，货殖之选。”那么，这个富中大塘在哪里呢？《越绝书·外传记地传》载：“富中塘……去县二十里二十三步。”宋施宿《嘉泰会稽志》引《十道志》所记：“勾践以田肥美，故富中都。”[2]《旧经》云在“富中里”[3]。据上述文献分析，当时的越国都城就在今日的绍兴市区，那么，富中大塘肯定距越都不远。“塘”即指筑土遏水的人工建筑，而“塘”字之前冠以“大”字，足见其治水工程之巨、垦田规模之大。如此看来，以“富

[1] 张文彩：《中国海塘工程简史》，科学出版社1990年版，第3页。

[2]〔宋〕施宿等：《嘉泰会稽志》卷一〇《堤塘》，《宋元方志丛刊》，第7册，第6897页。

[3]〔宋〕施宿等：《嘉泰会稽志》卷一八《拾遗》，《宋元方志丛刊》，第7册，第7053页。

中大塘”之名推测，则显非鉴湖一带莫属。[1]

经考古发掘和专家考证，其遗址也确实与推测相符合。据考，富中大塘位于山会平原（钱塘江南岸绍兴北部地区）东部，大致位置西起今绍兴城外若耶溪东岸至东湖绕门山偏南，到东湖坝口，再东偏北到富盛江西侧的坝头山止，长约10公里，介于若耶溪和富盛江之间，除去山丘面积，塘内应有六万亩宽广肥沃的农田。大致范围为今平水镇、绍兴城、樊江村之间的富盛、上蒋、樊江、东湖、禹陵平原一带。此为山麓冲积扇向沼泽平原的过渡延伸地带。地势自南向北逐渐降低，稍低于南部山麓地区，又略高于北部平原。富中大塘是越国在绍兴城以东也是当时山会平原最大的一块以粮食生产为主要目的的生产、生活综合基地。[2]其初步形成时间推测应该同故水道一样要早于勾践之时，古人很重视水利设施的作用，《管子·八观》曾辩证地阐明了设城与农业间的关系，指出：“夫国城大而田野浅狭者，其藏不足以供其费”；又“地之守在城，城之守在兵，兵之守在人，人之守在粟。故地不辟，则城不固”。范蠡的老师计然也曾说过：“或水或塘，因熟积储，以备四方。”勾践充分意识到这一点，在他执政时期对富中大塘进行了进一步整治，并且确定为越国的综合生产基地。大塘在故水道之南侧，两者堤线基本平行，故水道对富中大塘的形成和保护起到了至关重要的作用。

富中大塘之中及周边主要有三条山溪来水：西为若耶溪，因若耶溪到河口集雨面积为130余万平方公里，富中大塘之内无法调蓄若耶溪汛期洪水，因此富中大塘摈若耶溪于塘外，使若耶溪洪水不再危害这一地区；中为攒宫溪，集雨面积至河口为30余万平方公里；东为富盛溪，集雨面积到河口为10万平方公里。此两江可年产径流约3000万立方米。攒官溪、富盛溪之水直接纳入富中大塘内，淡水资源可谓充足。平时富中大塘塘坝在与故水道和若耶溪相隔处因有闸堰存在，主要起到的是蓄水作用，塘内水位略高于故水道水位。每至汛期洪水来临，塘内水位较大幅度抬高，开启沿塘闸门，进行行洪排涝，使塘内不被淹没。

故水道、故陆道的存在使北部咸潮不再侵入富中大塘内，塘内蓄起了丰富

[1] 林东华：《越国富中大塘和吴塘小考》，《浙江学刊》1988年第6期。

[2] 邱志荣、陈鹏儿：《浙东运河史》，上卷，第106页。

的淡水资源，山阴故水道成为富中大塘的灌溉运河。至夏秋季节干旱，塘内水位低于故水道和若耶溪水位，水资源短缺，开启闸门便可直接引入淡水到塘内，供生产生活之用。[1]

由于故水道和故陆道在大塘北缘，为塘内生产生活提供了非常便捷的交通条件，既有水道也有陆道，可谓当时越国的经济枢纽。富中大塘作为越国重要的粮食生产基地，在越国的振兴过程中有着举足轻重的地位，与越国其他的经济基地，如畜牧基地鸡山、豕山和犬山，水产基地目鱼池，冶金基地姑中山、练塘、锡山和六山，造船基地船宫，木材基地木客山，纺织基地麻林山和葛山，食盐基地朱余等，共同构成了越国的社会经济基础，为越国灭吴和称霸中原奠定了物质基础。[2]以至于《文选注》引用时在《越绝书》前冠名"富中"，称作《富中越绝书》，富中大塘的地位由此可见一斑。[3]秦统一后富中大塘依然发挥着它的作用，直到东汉永和年间马臻修筑鉴湖，在古陆道的位置上筑成从山阴城五云门到曹娥江畔的鉴湖东湖堤，富中地区遂纳入其拦蓄范围，成为鉴湖的一部分，富中大塘也随之湮废。

2.练塘

练塘，《越绝书》有云："练塘者，勾践时采锡山为炭，称炭聚载，从炭渎至练塘，各因事名之。去县五十里。"[4]练塘也是一处湖沼平原上的堤塘，上虞区东关街道原有自然村名为炼塘（现为联星村），其方位、里程与文献记载吻合。

3.吴塘

越国的中心聚落在春秋时期开始从山区走向平原，但这个过程并不是直接完成的，而是以山麓冲积扇作为第一跳板。

稽北丘陵与沼泽平原交接的冲积扇地带，具有比丘陵山地水土资源更加丰富，比沼泽平原地势较高、海潮直薄机遇少等有利条件，因而山麓冲积扇就成为越人开展定居农业的理想地带，进而成为开发沼泽平原地区的"跳板"和"前

---

[1] 邱志荣、陈鹏儿：《浙东运河史》，上卷，第107—108页。
[2] 徐建春：《浙江通史·先秦卷》，第157页。
[3] 邱志荣、陈鹏儿：《浙东运河史》，上卷，第108页。
[4] 〔汉〕袁康、吴平辑录：《越绝书》卷八《外传记地传》，第62页。

沿阵地”。

春秋时期，越族人民为了拦蓄山水，抗拒咸潮，保护山麓冲积扇的土地，解决农业灌溉和人畜饮水问题，首先在聚落附近的山麓地带修建了不少堤塘工程。这类水利工程，见于《越绝书》的就有吴塘和苦竹塘，未予记载的尚有今绍兴鉴湖镇秦望塘和富盛镇塘城塘等。绍兴的专家经实地考察后认为，现存秦望古塘和塘城古塘，与吴塘同处山麓冲积扇地带，且分布在越人的聚落附近，故推断与吴塘大致同期修筑。

关于吴塘，《越绝书》卷八《越绝外传记地传》记载：“勾践已灭吴，使吴人筑吴塘，东西千步，名辟首，后因以为名，曰塘。”吴塘的作用是蓄淡抗咸，开发山麓冲积扇的土地。从文献记载与实际考察可得出吴塘今日所在地的结论。

首先，从文献记载考察。我们可根据《越绝书》卷八《越绝外传记地传》所记载的各条目地理位置的排列规律进行分析，“地传”记载了越国的山川形势、城池道路、水利工程、陵墓宫殿和工场矿山等内容。按记载顺序和方位排列，主要可分4个部分。第四部分10条，记载了城西北方向的海防、盐场、过江航道及石塘、吴塘等。吴塘的记载在第四部分，因此塘的方位处于城西北方向是不无根据的。乾隆《绍兴府志·古迹志》在转引《越绝书》“吴塘”条前，指明“吴塘，在城西三十五里”，与上述分析相一致。

其次，专家于实地考察时，在今绍兴城西北方向18公里的湖塘乡古城村发现了残存古塘。古城村一带是越国的重要活动区域之一。《嘉泰会稽志》卷一载：“越王城，旧经云在县西南四十七里。旧经：越王墓在古城村。今城虽不可考，然地名犹曰古城也。”嘉庆《山阴县志》卷三作了补充：“古城岭，在山阴县西五十里，越王允常筑城处。”现已查实，古城岭处在村西南6公里。古城塘紧贴古城村南端，位于稽北丘陵古城溪下游的山麓冲积扇地带。古塘的上游三面环山，集雨面积10.25平方公里，下游为广阔的冲积平原，系当时蓄淡御潮的理想坝址。塘全长650米，东接来年山，西连马车坞山。塘东侧有一自然山岙，岙底高程（黄海高程，下同）17.2米，是一个溢洪道的合理位置。该塘土质均匀、密实，层次分明。塘基土层为海涂粉砂土；塘基以上至层高8米部分为褐黄色粉泥田土，与塘两侧田土类别相同；顶层（8—13.3米）常薄之地的基础上，利用人力先挖取附近田土，继而挑运附近山泥而筑成。该塘的东

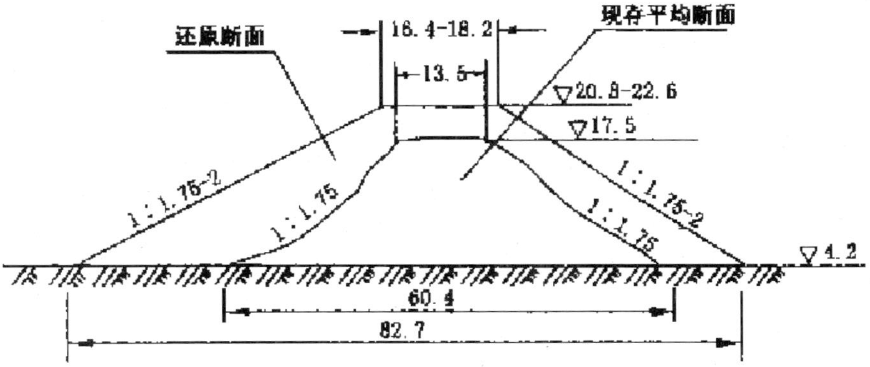

吴塘横断面

西走向及长度，所处的山麓地带位置以及离城的距离和方位，均与《越绝书》和其他方志记载的吴塘相符。塘的结构与规模又与当时的生产力和特殊的筑塘劳力（吴国战俘）相适应。1987 年，有人曾在该塘西侧剖面上采集到多块陶器碎片，经绍兴市文物管理处鉴定，为西周—春秋时期的印纹陶器。据此，可初步判定古城塘为春秋时期的建筑物。[1]

吴塘在技术上达到了当时的领先水平。如图所示，吴塘现存坝体梯形断面的实测数据为：坡顶均宽 13.5 米，与地面平均高差 13.3 米，坝底均宽 60.4 米，平均坡度 1∶1.75，坝底遗址宽度 82.7 米。现根据坝底遗址宽度和溢洪道岙底工程，采用 1∶1.75—2.0 边坡推算，原吴塘坝顶宽应为 16.4—18.2 米，坝高 16.6—18.4 米，坝顶宽与高相等。这样的断面尺寸与《考工记·匠人》记载的堤坝横断面设计相一致。《考工记·匠人》载："凡为防，广与崇方。其捆叁分去一，大防外䊨。"意思是修建堤防，堤顶宽与堤高相等，两边坡度总合为"叁分去一"，每边边坡各为 1∶1.5，较高的堤防，边坡还要加缓。《考工记》是一部记载春秋战国时期水利理论和工程技术的权威文献，其成书年代一般认为是在春秋战国时期。如果认为《考工记》总结了春秋时期堤防修筑的技术理论，继而对战国系统修筑堤防发挥了指导作用的话，那么，《考工记》成书当在春秋、战国之交。这样，筑于同期的吴塘，堤坝断面的技术数据基本符合《考工记》的理论计算，说明历来被认为晚于中原开发的我国南方钱塘江流域的水利工程

[1] 陈鹏儿等：《春秋绍兴水利初探》，《鉴湖与绍兴水利》，中国书店 1991 年版，第 113 页。

技术，实已达到了与当时中原地区同等的先进水平。[1]

4.苦竹塘

至于苦竹塘，《越绝书》卷八《外传记地传》也有记载："苦竹城者，勾践伐吴还，封范蠡子也。其僻居，径六十步。因为民治田，塘长千五百三十三步。其冢名土山，范蠡苦勤功笃，故封其子于是，去县十八里。"这座长1500余步的苦竹塘，据专家实地考察，应在绍兴兰亭镇古筑村。古筑在汉代又称苦竹。古筑村有上、中、下3个自然村，在中古筑村的东端，至今仍可见一段黄土挑堆而成的东南—西北走向的残土埂，可能是残塘或残城墙遗迹。

（四）越国的江防要地：石塘、防坞和杭坞

沿海水利工程的代表是石塘，同时也是越国的江防要地。春秋时期，钱塘江走南大门，经杭坞山下入海。其岸线沿杭坞山，缘沼泽平原，经三江口向东南伸展。钱塘江涌潮早在6000年前已经形成，排山倒海的涌潮对两岸有着巨大的影响。

为了保证越国国土的安全，越国就在这一地带修建防洪水利工程。《越绝书》卷八《越绝外传记地传》记载有石塘："石塘者，越所害军船也，塘广六十五步，长三百五十三步，去县四十里。"文中记有塘的宽度和长度，这在《越绝书》中属于孤典罕例，弥足珍贵。列于石塘后面的还有"防坞者，越所以遏吴军也，去县四十里"和"杭坞者，勾践杭也，二百石长，员卒七士人，度之会夷，去县四十里"的记载。其中，杭坞位于航坞山麓。

航坞山亦名龛山、杭坞山、王步山、吹楼山，位于今萧山坎山镇、衙前镇和瓜沥镇境域，海拔299米。春秋时期，航坞山与以北的赭山相对形成钱塘江海门，史称"南大门""鳖子门"。吴越争霸，此为两国兵家必争之地。"杭"与"航"字义相通，为水边码头渡口；"坞"是水边营造航船和泊船之地。杭坞既是越围造船基地、通航渡口，也是水军战略要地。《旧经》云："勾践之航也。"[2]分布于当时航坞山山麓的大小海湾之间。

石塘与杭坞、防坞载于《越绝书》"记地传"的第四部分，均处于山阴县的

[1] 徐建春：《浙江通史·先秦卷》，第155页。
[2]〔清〕雍正《浙江通志》卷一五《山川·绍兴府》，文渊阁《四库全书》本。

西北方向，且离城距离相同，可以确定石塘位置在杭坞山附近，很可能是当时的一段后海海塘。[1]在此地筑塘除了抵挡汹涌的钱塘江涌潮以外，另一个重要原因是为了抵御吴国水军的进攻。“石塘者，越所害军船也。”害，伤害，可以引申为击溃。全句意思指石塘是越国水军防卫与击溃吴国水军、军船的地方。石塘附近一带海面曾是吴、越水军的战场。由此推断，石塘极可能是越国的水军基地和战船码头。修筑一条如此规模的石塘作为沿海水军基地的避风塘和码头，是完全合乎当时的战备需要的。至于塘的类型，如同练塘的含义一样，依其名称可推断，石塘系一条石筑的海塘。[2]

在这里有必要提一下学界的反对声音。关于石塘、练塘等是否为越国时期先民修筑的海塘，有学者持否定态度。他们认为所谓“石塘”者，很可能是一个长方形的水塘，古代称水池圆者为“池”，方者为“塘”。如以周代一步合周尺八尺，周尺一尺合 0.23 米来计算，这是一个宽约 119.6 米、长约 649.52 米的水塘；其之所以称为“石塘”，可能是因为该水塘有天然或人为之石岸。同时，从原文的上下文来对照，可以肯定“越所害军船也”一句显然是说明此石塘之用途的，此句文意虽颇难理解（也许原文有脱讹），但此“石塘”与“军船”有关，却是毋庸置疑的。因此，不论此石塘之用途是用于停泊、操练或隐蔽越方之军船，或用于防范、阻碍或攻击敌方之军船，都不是为挡潮防冲之目的而建筑的海堤，这也是显而易见的。另外，他们也认为“石塘”距海边可能还有一段距离，并不修筑于海岸边，不像是海塘。推论由于吴越两国的造船事业和水上航运都非常发达，军事上又特别重视水军，因此，必然要建造相当数量和规模的造船工场、码头以及其他与水运或水战有关的设施，这些设施必然是很靠近江河湖海的，在这些设施（如上面提到的“石塘”“杭坞”等）附近修筑小规模的护岸或堤防，也是有可能的。不能称作是严格意义上的海塘。[3]

总结该时期流域内的水利工程，其作用和特色是比较清楚的。其兴建时代之早，建设规模之巨，技术水平之高和工程效益之大，可以毫不逊色于同时期黄河流域的水利工程。这一时期的水利开发，促进了钱塘江下游流域地区农业

[1] 陈桥驿：《古代鉴湖兴废与山会平原农田水利》，《地理学报》1962 年第 3 期。

[2] 徐建春：《浙江通史·先秦卷》，第 158—159 页。

[3] 查一民：《钱塘江海塘的始建问题》，《河海大学学报》1986 年第 3 期。

环境条件的改善，促进了农业生产的迅速发展。勾践以前，沼泽平原尚未获得大规模的开发。在宁绍平原，于越居民只能在南部山区及山麓地域“随陵陆而耕种”，农业产量低下，粮食匮乏，老百姓“愚疾而垢”。到勾践时代，随着一系列水利工程的相继建成，部分消除了咸潮和山洪的威胁，沼泽平原得以逐渐开发，也因此得到了自然丰厚的回报。由于这一时期水利工程的修建，从而使得农业的重心逐步从山麓丘陵及其山麓丘陵与平原的交错地带转移到平原地带，水稻生产在种植业中的地位有所提高。当时的水利工程也具有浓厚的军事色彩：富中农业区的开辟，是为了建立军粮基地；修筑练塘，也是出于在海潮直薄的沼泽地区，保护冶金基地的需要；从山阴城东郭至曹娥江边的东西向水道整治，不但是为了沟通这一地域的山下湖泊与南北向自然河流的联系，而且也是为了沟通冶金原料产地、冶金基地、军粮基地和都城的交通运输。越地先人的水利工程也具有较高的科学系统性和高技术含量。三种类型的系统工程恰好符合越地的地理水文气候和生产运输的各种要求，其技术含量也要远高于同时代中华文明的其他地区。这对于区区 30 万人口的越国来说是一个很了不起的成就。[1]

（五）越国水师

越人尚武，以勇悍好斗著称于世。《越绝书·越绝外传记地传》曰：“锐兵任死，越之常性也。”这种好勇轻死的民族特性至汉代犹存，《汉书·地理志下》载：“吴、粤（越）之君皆好勇，故其民至今好用剑，轻死易发。”而习于水、便于舟，则是越国人民的生活习性。这种习性体现在军队建设上，便是重视水师的建设，即“善于用舟”。

越国的军队原来编制简单，兵种单一，不能适应该地区战争中地形多水道的需要。勾践任用范蠡改革军制，分门别类建设不同兵种。《史记·越王勾践世家》记载，前482年第一次伐吴时，越国出动的兵力有“习流二千人，教士四万人，君子六千人，诸御千人”，这里的“习流”指的就是越国水军，“教士”指的是陆军，“君子”指的是禁卫军，“诸御”指的是后勤部队，可见当时军种门类的齐全。与其他诸侯国注重战车“乘”的数量不同，越国似乎更注重自身水师的

[1] 冯利华：《钱塘江流域水利开发史研究》，中国社会科学出版社 2009 年版，第 75 页。

发展，这与钱塘江流域水网密布不无关系，同时也因为对手吴国水师的强大。[1]

越国的水军也叫舟师，规模颇为可观，从绍兴里木栅出土的用于船体转角处的铜构件就可看出越国造船技术的高超。据《越绝书·外传记地传》载：“勾践伐吴，霸关东，从琅琊起观台。台周七里，以望东海。死士八千人，戈船三百艘。”这里说的“戈船”，应为战船。由此可见，勾践在琅琊的水军至少有战士“八千人”、战船“三百艘”。这在当时是一支庞大的舰队。《越绝书·外传记地传》又载：“徙琅琊，使楼船卒二千八百人，伐松柏以为桴。”“种山者，勾践所葬大夫种也。楼船卒二千人，钧足羡，葬之三蓬下。”

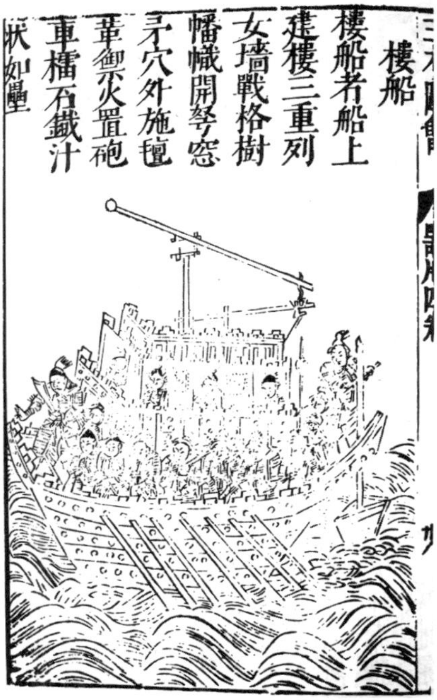

明《三才图会》中的楼船

楼船是一种大船，如《史记》卷三〇《平准书第八》载：“治楼船，高十余丈，旗帜加其上，甚壮。”船上配备的船卒也比较多，所以葬大夫种时一次就动用楼船卒 2000 人，木客山伐松柏一次就动用 2800 人。可见，越国水军总数当在万人以上。此外，越国还有专用于运输的“乘舟”。据《左传》昭公二十四年记载：“楚子为舟师以略吴疆。……越大夫胥犴劳王于豫章之汭，越公子仓归（馈）王乘舟。”又据《竹书纪年》记载，魏襄王七年四月“越王使公师隅来献乘舟，始罔及舟三百”。这里说的“乘舟”应为用于运输的船只。另有学者考证，越国水军战船有大翼、中翼、小翼等类型，大翼一艘广一丈六尺、长十二丈，中翼一艘广一丈三尺五寸、长九丈六尺，小翼一艘广一丈二尺、长五丈六尺。每艘战船上都配有相应的军士和武器，如大翼一艘就配有 91 人，他们或摇船，或掌舵，或操长钩、长斧、弓弩。[2]此外，还有令船，相当于传令之骑兵。

---

［1］ 徐兴：《试论越国的军事制度》，《军事历史研究》2011 年第 1 期。

［2］ 蒙文通：《越史丛考·吴、越之舟师与水战》，人民出版社 1983 年版，第 108—112 页。

除了规模大外，相应的军事设施也比较齐全。为了建设水军，越国设有专门建造战船的地方，《越绝书》卷八记载："舟室者，勾践船宫也，去县五十里。"还设有军港和训练营地，越国在后海（今杭州湾）沿岸建造了石塘、防坞、杭坞、固陵等军事工程，这些配套设施多设在今天钱塘江南岸萧山区境内，前文已有述及。越地还有非常丰富的森林资源，而造船最主要的资源便是木材，《吴越春秋》卷五记载："越王乃使木工千余人入山伐木。"这些因素都使得越国水军得以强大，越灭吴后，两国造船技术进一步融合，船型跟着同化。[1]

越国在几次大规模的战役中都动用了水军。《国语·吴语》记载，当夫差北上中原，赴黄池会盟时，"越王勾践乃命范蠡、舌庸，率师沿海溯淮以绝吴路。败王子友于姑熊夷。越王勾践乃率中军溯江以袭吴，入其郛，焚其姑苏，徒其大舟"。此次越军偷袭，分两路北上，范蠡、舌庸"沿海溯淮"以绝吴路，勾践"溯江"以袭吴，走的都是水路，对水军的倚重可以想见。又《国语·吴语》对笠泽之战记载云："于是吴王起师，军于江北，越王军于江南。越王乃中分其师以为左右军，以其私卒君子六千人为中军。明日将舟战于江，及昏，乃令左军衔枚溯江五里以须，亦令右军衔枚逾江五里以须。吴师闻之，大骇，曰：'越人分为二师，将以夹攻我师。'乃不待旦，亦中分其师，将以御越。越王乃令其中军衔枚潜涉，不鼓不噪以袭攻之，吴师大北。越之左军、右军乃遂涉而从之，又大败之于没，又郊败之，三战三北，乃至于吴。"这场生死决战，也是通过"舟战于江"进行的。可见，水军在越国占有重要的地位。又《墨子·鲁问》说："昔者，楚人与越人舟战于江。楚人顺流西进，迎流而退。见利而进，见不利则退速。"越人利用这种优势，在水上屡败楚军。"舟战"是地道的水军交战。越楚两国因处江河上下游之别，所以其水军攻守利害形势也不同。从这些记载中我们不难看出，越国水师在对外作战时候的作用之大。[2]

三、春秋战国时期钱塘江流域的社会发展

同继承了华夏文明，经过长期社会经济发展，以雄厚国力称霸中原的齐、晋、

---

[1] 吴振华：《杭州古港史》，第25—26页。

[2] 孟文镛：《越国的军事制度》，《绍兴文理学院学报》1996年第4期。

楚等国相比，属于古代“百越”的于越族建立的越国是以小国身份出现在史籍上的。能在短时间内成就霸业，进入强国舞台，重要的原因之一就是越国有坚强的社会经济作为后盾。越人进一步发展了自 7000 年前河姆渡文化以来的稻作文明，并使农林牧副渔得到全面发展。他们还发展了手工业，其中最为闻名的手工业制品便是越剑和原始青瓷。同时，他们又改造自然环境，在山麓冲积扇、湖沼平原、沿海地区修建“富中大塘”之类的水利工程，使受潮汐侵蚀的沿海平原转变为安宁、富庶、美丽的土地。因此，先秦时期钱塘江流域的经济活动较之前已有了长足的发展。根据古籍记载和出土文物，我们可以尝试复原其社会生活。

（一）土地垦殖

从文献记载来看，于越从先君无余（相传是在夏代的少康中兴时期）到前 6 世纪以前，曾经长期在会稽山地、诸暨盆地、金衢盆地等山地丘陵盆地生活，过的是一种狩猎业和迁徙农业并重的经济活动。这就是《吴越春秋》卷六记载的“人民山居……乃复随陵陆而耕种，或逐禽鹿而给食”。此时的农业是刀耕火种的迁徙农业，不会有大规模的土地垦殖活动。到了商周时期，因文献资料的缺失，当时的农业垦殖的具体情况我们几乎一无所知。不过《周礼·夏官·职方氏》中记载了越地的主要作物：“东南曰扬州……其谷宜稻。”可见，越地早期居民的主要粮食作物应该是水稻，并且当时越地的土地和作物相对于中原地区而言算是丰腴的。钱塘江流域内的稻作文明，在春秋战国时期获得巨大的发展。越国的称霸，与中原诸国互相争雄，不仅说明越国具有很强的军事实力，而且也标志着该地区的生产力已达到了相当高的水平，土地的开垦面积也逐渐扩大，已经奠定了传统农业的基础。

传统农业与原始农业的区别有两点：其一是在农艺上与原始农业粗放的风格相对应的精耕细作的特点，生产工具上有很大的进步；其二是在经济上由原始农业辅助的性质上升为传统农业主导产业的地位，表现为生产规模的扩大。越地农业方式的转变和土地生产的扩大，从出土的农耕工具中也可以看出。钱塘江流域内的农业生产工具主要是青铜器，有铜犁、铜铧、铜铲、铜镰、铜耨、镈刀、铜镈、铜锸、铜锄、铜镢等。战国时候，出现了铁制农具。此外，还有木器、石器等。以上各种农业生产工具的出土，说明了越国的农业生产，从破土翻耕，中耕除草直至谷物收割已较普遍使用了金属工具。这有利于田间操作上精耕细作，反映了农业生产水平的提高。其次，是农业成为社会主要生产行业。据《越绝书》中的记载，越国当时的主要农作物种类有：稻粟（稻米）、粢（小米）、黍、赤豆、小麦、大豆、穬、果等。[1]古越国不像中原地区以种植粟、麦、黍、稷为主，水稻种植在这里更加盛行。《越绝书》中记载有很多专门的水稻种植基地和水稻交易往来，如“富中大塘”“富阳里”“摇城”“请籴于吴”等，这些都反映出越国垦荒面积的扩大和传统农业生产方式的形成。

范蠡像

不只是农业方面发展迅速，越国的渔业也是比较发达的一门产业，实现了从自然捕鱼到人工养殖的重大飞跃。勾践与吴作战失败后被困的地方就有养鱼业，“因以下为目鱼池，其利不租”[2]。范蠡也注意到了渔业对于农业的补充，“南池在县东二十六里会稽山……范蠡养鱼于此……三年致鱼三万”[3]。范蠡还根据自己的养鱼经验著有《养鱼经》，《齐民要术》卷六《养鱼第六十一》里面有辑存“陶朱公养鱼法”：

陶朱公养鱼经云：威王聘朱公问之曰：“闻公在湖为渔父，在齐为鸱夷子皮，在西戎为赤精子，在越为范蠡，有之乎？”曰：“有之。”曰：“公任足千万，家累亿金，何术乎？”朱公曰：“夫治生之法有五：水畜第一。水畜所谓鱼池也，以六亩地为池，池中有九洲，求怀子鲤鱼长三尺者二十头，牡鲤鱼长三尺者四头，以二月上庚日内池中，令水无声，鱼必生。至四月内一神守，六月内二神守，八月内三神守。神守者，鳖也。所以内鳖者，鱼满三百六十，则蛟龙为之长，而将鱼飞去。内鳖，

[1]〔汉〕袁康、吴平辑录：《越绝书》卷四《计倪内经》，第33页。
[2]〔汉〕袁康、吴平辑录：《越绝书》卷八《外传记地传》，第61页。
[3]〔宋〕施宿等：《嘉泰会稽志》卷一〇《水·山阴县》，《宋元方志丛刊》本，第7册，第6900页。

则鱼不复去。在池中周绕九洲无穷，自谓江湖也。至来年二月，得鲤鱼长一尺者一万五千枚，三尺者四万五千枚，二尺者万枚，枚直五十得钱一百二十五万。至明年，得长一尺者十万枚，长二尺者五万枚，长三尺者五万枚，长四尺者四万枚。留长二尺者二千枚作种，所余皆得钱五百一十五万钱。候至明年，不可胜计也。”王乃于后苑治地，一年得钱三十余万。池中九洲八谷，谷上立水二尺，又谷中立水六尺，所以养鲤者，鲤不相食，又易长也。

（二）经济发展

越王勾践剑局部

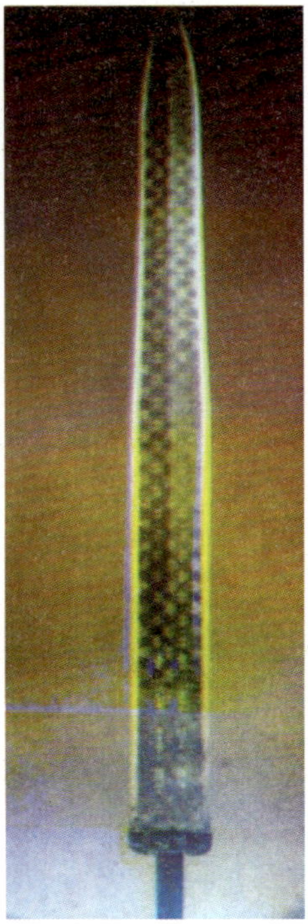

湖北江陵望山一号楚墓出土的越王勾践剑

经济的发展离不开技术的革新，越国手工业的发展也不容忽视。《越绝书》中记载的越国手工业者工作场所有：姑中山，掌握铜制品的铸造；舟室，掌握造船业；官渎，掌握木材和陶瓷的生产；朱余，掌握卤盐；等等。越国境内有丰富的铜矿和锡矿，越地青铜遗址的发现和青铜文物的出土案例不胜枚举，越国的青铜冶铸技术在当时处于一流水平，铸剑术更是蜚声中外，其令人称奇的地方主要有五处：合金中的铜锡比例精准恰当、复合金属的创新工艺、熔模铸造方法的巧妙准确、磨制工艺的精密细致、抗氧化生锈技术的独特工艺。“越王勾践剑”“越王者旨於睗剑”的制作工艺就是一种很好的证明，两把剑涉及复合浇铸技巧，剑的各个部分都有着不同的合金比例，可以说是越地青铜工艺的巅峰之作。

在春秋末期，于越民族比较早地掌握了冶铁技术，这与青铜锻造技术的高超不无关系，同时也和越地蕴藏着丰富的优质铁矿石资源分不开。干将、莫邪铸剑的传说在这一地区广泛流传，青铜制作的兵器，即戈、矛、剑、铍等，甲于天下。对此，文献中颇多赞辞。如《周礼·考工记》云：“吴粤（越）之剑，迁乎其地弗能为良……”《庄子·刻意》云：“夫吴越之剑者……宝之至也。”《战国策·赵策》云：“夫吴干之剑，肉试则断牛马，金试则截

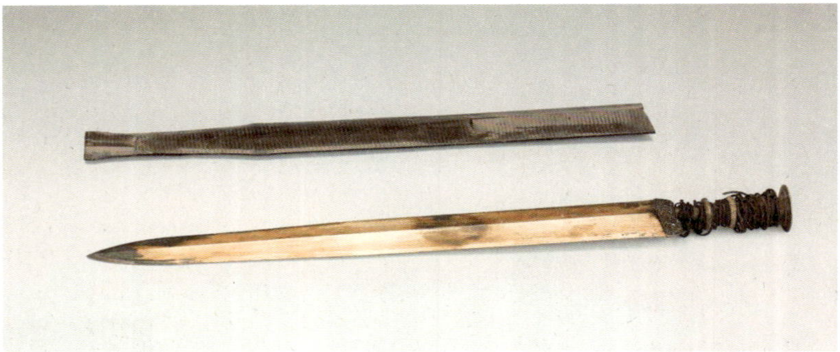

战国越王者旨於睗剑

盘匜……”出土的越国兵器，可证上列记载都不为过誉。越王勾践剑，1965 年出土于湖北江陵县，经科学检测，证实它是一柄复合剑。所谓复合剑，即剑脊和剑刃铜锡配比不同的剑。先铸剑脊，其含锡量不足 20%，坚韧强固；加铸剑刃，其含锡量接近 30%，刚硬锋利。两面都有菱形暗色花纹，是经过硫化处理的。其铭文为“越王鸠浅自乍用剑”。

浙江出土的商代原始瓷罐

吴越地区不仅率先发明了冶铁术，还发明了渗碳炼钢的技术，这种技术的掌握对越国军事实力的提升有很大的帮助，也对我国冶金技术的发展和流传产生了较大的影响。

越国的纺织业也有相当水平的发展，主要是葛麻纺织和丝织两类，数量也很可观，《吴越春秋》中记载越王派大夫文种一次性就给吴国送去了十万葛布。[1]出土的越王剑上的丝织品细腻平滑，也说明了当时丝织工艺有一定的发展。

除了冶金技术和纺织技术的发展，越国的陶瓷烧制技术、上漆技术、造船

[1]〔汉〕赵晔：《吴越春秋》卷八《勾践归国外传第八》，第 110 页。

战国原始瓷温酒器（浙江省博物馆藏）

战国蟠纹青铜鼎（浙江省博物馆藏）

浙江绍兴出土的春秋时期蟠纹青铜提梁盉（浙江省博物馆藏）

浙江绍兴出土的春秋时期凤鸟纹青铜插座（浙江省博物馆藏）

浙江绍兴出土的春秋时期甗盉（浙江省博物馆藏）

浙江绍兴出土的春秋时期玉耳金钿（浙江省博物馆藏）

战国时期原始瓷插座（浙江省博物馆藏）

战国时期原始瓷豆（浙江省博物馆藏）

战国原始瓷带流罐（浙江省博物馆藏）

业、制盐业、酿酒业、蚕桑业、葛麻业、畜牧业等也都有了长足的进步。

经济的发展还表现在商业的进步上。当时城市和聚落的兴起、水陆交通要道的开拓、农业手工业的繁荣发展促进了贸易的日益繁荣，金属货币开始流通，商人阶级逐渐壮大。计然就曾经和越王探讨过商业可以带来的好处："断长续短，一岁再倍，其次一倍，其次而反……人主所求，其价十倍，其所择者，则无价矣。夫人主利源流，非必身为之也。视民所不足，及其有馀，为之命以利之，而来诸侯。"[1]可见当时越国对于商业发展，是持一种"而来诸侯"的鼓励支持态度。越人还积极开拓市场，为了促使商业发展，范蠡还希望能使越国产生"关市不乏"的现象。另外，史籍中有多处记载了越国通过政府途径和他国进行官方贸易的事件，当时越国的贸易物品，主要有楠木、梓木、生姜、木犀、金、锡、铅矿石、丹砂、犀牛角、玳瑁、珠玑、兽角、皮革等。[2]

春秋战国时期各个诸侯国都有了金属货币流通的情况，布币流通于周晋、刀币流通于齐燕、圜钱流通于秦魏、蚁鼻钱流通于楚国。越国也有金属货币流通，"越王大说，许诺，送子贡金百镒，剑一，良矛二"[3]。范蠡经商时"日致千金"。从这些记载中可以判断，越国当时已经流通了金属货币。考古发掘也可证实，在江苏南部和浙江地区不断有出土青铜块，这些青铜块从几克到几百克不等，可能是作为一种货币的形态而流通的。20世纪八九十年代，在绍兴城区出土了一大批青铜戈，普遍认为这是越国铸造的青铜货币，名曰"戈币"。总之，通过文献和考古资料的揭示，越国不仅有货币存在，而且有多种形态。实物货币有布帛、珠玉等，蛤壳和蚶壳也很可能曾为越国的实物货币。青铜块和小金饼、小金片是越国的金属称量货币。[4]

（三）人口状况

我国是一个统一的多民族国家，除了个别边疆地区外人种情况较为单一。几千年前的钱塘江流域，乃至整个长江以南地区的人种构成比现在要复杂，并

---

[1]〔汉〕袁康、吴平辑录：《越绝书》卷四《计倪内经》，第30—31页。
[2]〔汉〕司马迁：《史记》卷一二九《货殖列传》，第10册，第3253—3254页。
[3]〔汉〕司马迁：《史记》卷六七《仲尼弟子列传》，第10册，第2199页。
[4] 陈浩：《越国货币形态的考察》，《南方文物》1992年第3期。

不像现在基本是以典型蒙古利亚人种为主。根据对华南地区石器时代考古遗址的发掘研究，我国南方的早、晚、新石器时代居民有更明显的接近东南亚人种的性质，并有同赤道人种相类似的性状。[1]即使是在今天，南方汉族和北方汉族在外貌体型与骨骼上也存在着一些不同点。

春秋时期，钱塘江流域的居民以越族为主。越族的来源众说纷纭，很难说其与钱塘江流域内的新时期文化有连贯性。目前学者对河姆渡文化、崧泽文化、良渚文化的先民做过体质人类学的分析，上山文化、跨湖桥文化的人群尚无研究成果，故不能判断其与后来创造越文化的人群有无直接联系。[2]而根据《吴越春秋》《越绝书》《史记》的记载，越国的统治者是夏人的后代无余，这种身份认同伴随着整个越国的历史。但是越地的语言风俗和文化艺术都与中原地区差别较大，因此可以推测春秋时期越国居民是南下的华夏人与当地人融合而成的。

1.越国人口

春秋越国盛酒器提梁卣

人口是衡量一国国力的重要指标，人口的数量与经济的强弱互相促进，成正相关关系，春秋战国时，各诸侯国无一不想增加本国人口。勾践在回国后推行了一系列人口措施，“十年生聚”为越国奠定了反攻吴国的人力资源基础。勾践增殖人口政策的内容主要分为引进人口、与民休养生息和奖励生育三个部分。[3]《国语·越语》中有提到“四方之士来者，必庙礼之”。《越绝书》地传记载了勾践为了伐吴，还招募齐人（大概擅长种麻）来从事生产：“勾践欲伐吴，种麻以为弓弦，使齐人守之。”《国语》中还提到了勾践轻徭薄赋、与民休息、

[1] 韩康信、潘其风:《古代中国人种成分研究》,《考古学报》1984年第2期。

[2] 叶岗、陈民镇:《越文化中心地的民族变迁与人口发展（下）》,《绍兴文理学院学报》2015年第3期。

[3] 李志庭:《春秋战国时期越王勾践的人口思想和人口政策》,《杭州大学学报（哲学社会科学版）》1997年第3期。

爱民如子的政策："当室者死，三年释其政；支子死，三月释其政。必哭泣葬埋之如其子。令孤子、寡妇、疾疹、贫病者，纳宦其子。"[1]另外，还制订了鼓励生育的人口政策："令壮者无取老妇，令老者无取壮妻。女子十七不嫁，其父母有罪；丈夫二十不娶,其父母有罪。将免者以告,公令医守之。生丈夫，二壶酒，一犬；生女子，二壶酒，一豚；生三人，公与之母；生二人，公与之饩。"[2]经过了这一系列措施，越国的人口数有了很大的提高，为越国的经济发展和军事反攻打下了基础。

当时钱塘江流域内的具体人口数并没有直接的记载，但是有较多关于兵士数目的记载，可以估算人口。勾践第二次伐吴的时候"乃发习流二千人，教士四万人，君子六千人，诸御千人"，[3]总共 5 万人。春秋战国之交的这场战争，越国应该是出动了所有军队中的绝大部分人。"今夫差衣水犀甲者十有三万人。"[4]表明了同时期的吴国有军士 13 万人以上。若按两丁抽一来估计，则当时越国的青壮年男子已达 10 万人之多，相应加上等量的青壮年妇女，则总数就达 20 万，另外还应按比例加上各占四分之一的不成丁幼年和老年，则当时越国的人口，总数约为 30 万人之多。[5]用同样的模式估算，吴国的人口大约在 70 万左右。也就是说春秋战国之交吴越两国总人口在百万以上，这与墨子所言类似："南则荆、吴之王……土地之博，至有数千里也。人徒之众，至有数百万人。"[6]这里的吴，应该指的就是勾践灭吴后的越。墨子是春秋战国之交的人，故此当时吴越两地总人口在百万以上应该是比较可信的。

2.阶层分化

社会阶层的产生是文明发展的成果之一，在过去的各个历史时代，我们几乎到处都可以看到社会完全分化为各个不同的等级，看到社会地位分成的多种

[1]《国语》卷二〇《越语上》吴韦昭注，第 231 页。
[2]《国语》卷二〇《越语上》吴韦昭注，第 230—231 页。
[3]〔汉〕司马迁:《史记》卷四一《越王勾践世家》，第 5 册，第 1744—1745 页。
[4]〔汉〕赵晔:《吴越春秋》卷一〇《勾践伐吴外传》，第 134 页。
[5] 陈桥驿:《古代于越研究》,《民族研究》1982 年第 1 期。
[6]〔清〕孙诒让:《墨子闲诂》卷五《非攻中》,《诸子集成》本，第 84 页。

多样的层次。[1]周公制定《周礼》的作用之一就是对不同阶层间的秩序进行规范，僭越礼制会被看成是大逆不道的行为。春秋战国时期虽然“礼崩乐坏”，但是这种森严的等级制度依然存在并且影响到其后的几千年。这个时期各个诸侯国内的社会分层情况大同小异，钱塘江流域内的吴国和越国也不例外。统治集团是最高的阶层，他们是越国的贵族国王和官吏占主体；中层人民是人口中的绝大部分，主要参加生产活动并享有一定的权利；底层的奴隶则毫无人身自由可言。此外，同其他早期文明一样，还有少量巫觋负责迷信活动。

绍兴 M306 出土鸠杖

越国自无余到无强共 48 位国君，春秋战国时期有 19 位。国君是国家事实上的最高统治者，有权支配各种资源、任免官吏、统治军队、制定大政方针，依照宗法制的嫡长子继承制世袭君位，也有旁系血亲继承的情况。王室成员也可依据分封制成为域内某地的统治者。官吏主要设有相国、大夫、将军等职，开始出现了“文武分治”的现象。相国是百官之长，由卿大夫世袭。大夫的职责类似于现在的部长，专掌一面国家事务。此外，还有“铜官”“工官”“盐官”等官员，说明越国已经在专业化生产方面设立了专门的官吏，以便管理。[2]

社会的中层主要由国人、自耕农、新兴地主构成。“国人”区别于“野人”，在古代特指居住于城邑中的人。农民住在田野小邑，称为野人；工商业者住在大邑，称为国人。国人包括从事士农工商各类阶层的人，士起到了核心作用。“野人”可以理解为居住在城邑外的自耕农，随着土地私有制的出现和生产力的发展，封建的人身依附关系也产生了。自耕农可以自由支配自己的土地，缴纳赋役后土地所得就是自己的，这一阶层是越国小农经济社会的基础。地主阶层的

[1] 马克思·恩格斯:《共产党宣言》，中央编译出版社 2005 年版，第 26 页。
[2] 参见徐建春:《浙江通史·先秦卷》，第 221—230 页。

产生途径有三：军功地主、事功地主、庶民地主。军士在外征战有特殊军功的人，治理国家有政治才能的人，政府都会按功大小分封相当的土地，可以世袭财产，从而成为地主。庶民也有通过勤劳致富或经商买卖而获得大片土地成为地主的，这种类型的地主在战国后期一跃居上。[1]

底层的奴隶主要通过战争手段获得，春秋战国时期有很多官私奴婢的记载，吴国战败后其国民就被越国派去替越国干活，“使吴人筑吴塘”[2]，奴隶的人身权利是得不到政府保障的，与主人有很严重的人身依附关系。除了战争，罪犯、买卖、贡奉和奴隶的再生产也是获得奴隶的途径。

（四）城镇发展

随着生产力的发展，社会分工开始出现，人类居住地也由单个聚落逐步发展成为城镇。古代城镇往往四周筑起高墙以防备外来侵略，地处交通要地，是具有防守性质的军事要堡。除了军事上的需求，城镇也是一片固定区域内的行政、工商业、宗教学术中心，聚集了社会上绝大多数资源，对于一种文明的保存具有相当高的价值。如我国的殷墟遗址、巴基斯坦的摩亨佐达罗遗址、希腊的米诺斯王宫遗址、意大利的庞贝古城等，都保存了大量古代文明的珍贵信息，对于后人认识当时人们的生产生活有很大帮助。同样，钱塘江流域的先民们创造了灿烂的古文明，他们从新石器时期开始就留下了很多关于聚落和城镇的遗迹或记载。通过考古发掘和传世文献的互证，我们得以还原这一地区的城镇发展过程，也得以窥见这一地区人类文明的演进过程。

1.聚落的发展

一般而言，聚落往往是产生在地势平坦，光照充足，水源充足，灾害较少的地方，然后一步步发展成为村镇。但是宁绍地区的聚落发展走的可能是另外一条道路：山地聚落→山麓冲积扇聚落→湖沼平原上的孤丘聚落→沿海聚落→平原聚落。[3]春秋时期，卷转虫海侵并没有停止，今天的钱塘江南岸在那时还是一片水泽，越地的先民在绍兴南部的山区里首先形成了原始聚落。《吴越春

[1] 孟文镛：《越国史稿》，中国社会科学出版社2010年版，第568页。

[2] 〔汉〕袁康、吴平辑录：《越绝书》卷八《外传记地传》，第63页。

[3] 徐建春：《浙江聚落的起源、发展与遗存》，《浙江社会科学》2001年第1期。

秋》里记载的“随陵陆而耕种，或逐禽鹿而给食”就是一种例证。当时的越王无余旧都嶕岘在“山南”，勾践迁都前的国都埤中在“诸暨北界”，《国语·越语》中在提到越国边界时有“姑蔑”“句无”等词，说明越族在浙江西南的山区以及山间盆地里都建有不同规模的聚落。后来随着卷转虫海侵的结束，越人逐渐向北往平原冲积带迁移，勾践时期迁都山会平原的行动更是加速了越人聚落在平原地区的出现和发展。

2.建筑技术的提高

在从聚落走向城镇的过程中，建筑技术的升级突破是前提。宁绍平原的建筑工艺在这一时期进步很大，特别是在战国时代冶铁技术普及以后。其具体的工艺过程限于资料无法复原，但是我们可以通过对建筑成品的总结来看其工艺发展水平，孟文镛在《越国史稿》中将越国的建筑成果分为三种：房屋建筑、城墙建筑和陵墓建筑。[1]

干栏式建筑无疑是越人建筑文化的一大特色，这种建筑在现今西南百越后裔少数民族居住地依然可见。这种建筑的出现至迟不晚于7000年前的河姆渡文化，除了河姆渡遗址外，浙江其他地区也发现了干栏式建筑。它的形制是架竹木为屋，分上、下两层，上层居人，下层养畜、堆放杂物。其特点是：严格遵守东南朝向；底部悬空；正脊两头翘起，并长于屋檐；屋顶的结构作两面坡式。[2]干栏式建筑的特点是湿度低、通风、光照好，适宜于山间密林的环境。春秋时期，越国的民间建筑形式一般认为仍是以干栏式木构建筑为主，这已经得到大量的史料以及遗迹的证实。但不能认为其建筑水平没有提高，这一时期具有独特形态的官方建筑也已经大量出现。[3]

1982年在绍兴的坡塘狮子山曾发掘出一座战国初期的墓葬，属于古代越国的墓葬。墓中出土了一件土铜质房屋模型（伎乐铜屋，现收藏于浙江省博物馆），这件模型应该是按照当时实物形状而制作的，能比较准确地反映当时某种建筑物的样式和构造。铜屋尺寸不大，通高17厘米，面宽13厘米，进深11.5厘米，但是制作却十分精美：铜屋平面作长方形，三开间，进深三间；正

---

[1] 孟文镛：《越国史稿》，第433页。

[2] 徐建春：《浙江通史·先秦卷》，第239—242页。

[3] 钟越宝：《越国建筑新探》，《东方博物》2004年第3期。

面敞开，无墙无门，仅立圆形明柱两根；左右两面的壁布满整齐的透空方格；背面是墙，中有小窗；屋顶、后墙及四阶均饰勾连回纹；屋顶为四角攒尖，满饰华美的镶嵌花纹；屋顶正中立有一八角形柱，长 7 厘米，饰 S 形勾连云纹，柱顶塑一大尾鸠；室内跽坐六人，作表演状。[1]这座铜屋的作用应该是官方祭祀场所，理由有五：其一，屋顶的八角柱上有一尾鸠，而尾鸠又是越人的图腾崇拜对象。其二，屋内有一组虔诚歌乐的伎俑，推断为正在举行庄严活动。其三，屋的纹饰精美绝伦，一般人家不需要在外饰上下这么大功夫。其四，该屋结构开敞，通风良好，无墙和门，应该是公共场合。其五，古人事死如生，该墓主人身份相当于卿大夫级别，陪葬品中放置官方建筑模型也就理所当然了。[2]可见在这个时期越人的建筑物已经有了鲜明的越文化特色，也表现出越人建筑工艺的细腻和精湛。除此之外，还有记载越王的宫室规模“周六百二十步，柱长三丈五尺三寸，溜高丈六尺，宫有百户，高丈二尺五寸”[3]。当时越国已经有能力建造能够住得下百户人家的多层宫殿建筑了。还有很多称为“台”“丘”的建筑，都是属于官方的大型建筑。

越国伎乐铜房屋模（浙江省博物馆藏）

越国都城的建设充分利用了水的环境。首先是选址，勾践听从范蠡的建议将都城从会稽山区迁到了今天绍兴城的位置，在那时还是沼泽地沿岸。新都交通便利，西有浦阳江，东有曹娥江，地势略高于旁边的平原，进可攻退可守。其次，在城墙的修建上充分利用了水的条件，利用了风则江和平水江

[1] 引自浙江省博物馆馆藏介绍。

[2] 牟永抗：《绍兴 306 号越墓刍议》，《文物》1984 年第 1 期。

[3] 〔汉〕袁康、吴平辑录：《越绝书》卷八《外传记地传》，第 58 页。

的天然江道作为大城的护城河，还沿江空出来一片地作为滞洪区，这样即增强了城池的防御能力，也避免了大量人力物力的浪费。再次，大城“缺西北角”也是对自然环境的一次利用，西北角当时是一片沼泽水网密布，旁边还有几座山可以藏兵，是一处自然屏障。可见越国的建筑工匠对驾驭所处地理环境的能力之高。

春秋时期越地的墓葬多是土墩墓，不挖墓坑，直到春秋战国之交才出现了新的墓葬方式。印山大墓的墓主人是勾践的父亲越王允常，是越国墓葬技术的代表。印山大墓是一座有长墓道的甲字形竖穴岩坑木室墓，由隍壕、封土、墓坑、墓道、墓室等部分组成，其中墓坑、墓道都是凿岩而成。[1]印山大墓规模宏大，在防止地下水和雨水的渗透侵蚀和木结构的腐烂等方面手段都十分出色，大墓的建筑工艺水准十分高超。

3.国都的营建

国都是一国的政治、经济和文化中心，国都的规模往往能反映一个国家的国力强弱，它的兴建也往往是集中了当时国内最为卓越的工匠和技术。越国国都从最开始的“都秦余望山南”到千余年后的勾践小城，规模不断扩大，人口不断扩充，表明了越国城镇发展水平的不断提高。

越国的第一代君主无余是夏王少康的庶子，史书记载说：“无余初封大越，都秦余望山南。”[2]“又有秦望山，在州城正南……山南有嶕岘，岘里有大城，越王无余之旧都也。”[3]这里的无余所立之都应该指的是在会稽山里某一处山间盆地。秦望山是因秦始皇登高远眺而得名的，“秦始皇登之，以望南海”，在今天诸暨市枫桥镇乐山村。正如前文所述，越地聚落的形成最先是在会稽山里，这里的“无余旧都”应该指的就是其中某一处较大的山地聚落，无余居住在内。无余时期生产力低下，封建国家的政治体制还处于雏形，统治阶级与被统治阶级之间的差别不明显，“无余质朴，不设宫室之饰，从民所居”。所以这一时期的“越都”仅是越国国君所居住的地方，并没有成规模的宫殿、城墙等城市建筑。

---

[1]　浙江省文物考古研究所：《浙江绍兴印山大墓发掘简报》，《文物》1999年第11期。

[2]　〔汉〕袁康、吴平辑录：《越绝书》卷八《外传记地传》，第57页。

[3]　〔北魏〕郦道元原著、陈桥驿点校：《水经注》卷四〇《浙江水》，第753页。

春秋后期，越王允常在位时聚落已经有了很大的发展，走向了山麓冲积扇聚落阶段，国家机构开始完善，阶级等级分化明显，有必要建立一个能保护资源、发展经济的都城。《吴越春秋》说允常建都会稽山北面“越王都埤中，在诸暨北界”。埤中城的具体位置，孟文镛在《越国史稿》里认为是今天诸暨东北阮市至店口一带，还有人把范围精确到阮市到柁山坞一带。[1]理由主要有四：其一，地形和地貌的吻合。阮市到店口一带是环状冲积小平原，水网密布，“埤中”二字之义是低洼潮湿的意思，而且这里有座“天子山”，应该是与都址相关。其二，方位上的一致。这一带确是位于“诸暨北界”，南朝刘宋时的《会稽记》记载：“诸暨东北一百七里有古越城，越之中叶，在此为都，离宫别馆，遗基尚在。”这一带也确实离诸暨约一百七里。其三，考古资料的佐证。在阮市和柁山坞之间离地面0.6—0.8米的土层中有大量印纹陶器。越族先民多住木构建干栏式房屋内，家里盛粮、盛食、打水的器物，均是竹、绳编织的筐子，筐里抹上一层泥，用于防虫或储存，竹木腐烂或烧制后就形成了印纹。这个地区发现大量这种陶器也是该地区曾生活着大量越人的证据。其四，该地到允常墓印山大墓距离不到15公里，这个距离是比较短的，古时君王陵墓又多在都城周围。所以该地为“埤中”故址问题不大。从800多年后的记载“离宫别馆，遗基尚在”可看出当时的都城建筑是具有一定规模的，应该会有大量石质建筑物如城墙、宫殿的存在。[2]

勾践继位后，为了更好地发展越国的实力，他将都城再次北迁到一个叫“平阳”的地方。有人认为《越绝书》卷八中记载的“会稽山上城者，勾践与吴战，大败，栖其中”。“会稽山上城”就是会稽山的平阳。”[3]迁都平阳以后，越国的政治经济中心北移到了山麓冲积扇地带，这里西边是秦望山，东边是化山，背山面水，易守难攻，可能勾践在战败后就退守到这里，并将这里作为了临时的国都。平阳为都的时间不超过五年，战败之际国家满目疮痍不可能大兴土木。到了前490年勾践回国，终于将国都迁至平原，开始了越国的改革。

[1] 劳伯敏：《句无、埤中和“勾践之航”》，《东南文化》1987年第1期。

[2] 孟文镛：《越国史稿》，第197—200页。

[3] 方杰：《越国文化》，上海社会科学出版社1998年版，第150—151页。

勾践小城和山阴大城是越国新的国都。新都的建设并不是一蹴而就的，而是分作两步进行，勾践小城推测就是迁都前的一个跳板。都城的建设可能是由范蠡主持的，“今大王欲国树都，并敌国之境，不处平易之都，据四达之地，将焉立霸王之业”[1]。小城规模很小，《吴越春秋》有记载“周千一百二十一步”，估算1.5公里。小城的位置据考就在今天绍兴越城区府山公园东南麓，在这一地区曾经出土过很多春秋战国时期的印纹陶，而且小城一直被沿用未曾废弃，这种情况非常难得。[2]小城的形制并不是想象中的一个矩形，而是利用了府山形成一个“一圆三方”的形状。小城有四个城门一个水门，根据万历年间《绍兴府志》所附的《旧子城图》，内有东—西、南—北走向的两条主干道，另外还建有“周六百二十步”的越王宫台。这座城规模很小，应该不是应用于工商业和国人居住，作为军事目的或修建大城人员临时居住地的可能性比较大。

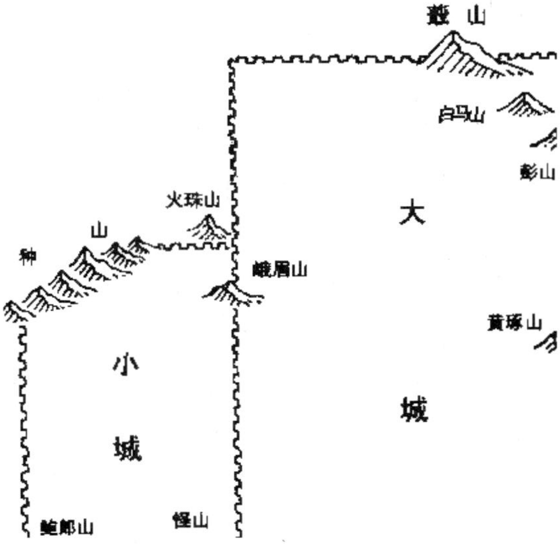

山阴大城小城示意图

山阴大城因为是范蠡主持修建的所以又叫“蠡城”，它的规模比勾践小城大十倍，《越绝书》中说“大城周二十七里七十二步”，约为8.2公里。大城城址并不像小城那样一直沿用，而是在隋代和元代有过较大变动，据考证应该在现今的府山东边，环城东路西边，蕺山公园南边，环城南路北边所围成的一块区域。[3]大城有三个陆门三个水门，北面不筑城墙以表示对吴国的不设防。不同于小城的作用，大城应该是用来供国人居住和从事工商业的场所。

---

[1]〔汉〕赵晔:《吴越春秋》卷八《勾践归国外传》，第107页。

[2] 孟文镛:《越国史稿》，第438—440页。

[3] 孟文镛:《越国史稿》，第440—444页。

大小城的地理位置选择体现了范蠡“平易之都，四达之地”的构思。山会平原的走势南高北低，南部的会稽山是越国的后方基地，北部是钱塘江天堑，沿岸坐落着固陵、杭坞、防坞、石塘等军事防御工事，东有曹娥江，西有浦阳江，都城依靠府山、蕺山，距离富中大塘等生产基地距离很近。以这样的交通枢纽位置和军事上可攻可守的地方作为都城所在地是十分明智可取的。勾践在这座城里卧薪尝胆，十年生聚，十年教训，与身边的股肱之臣共谋灭吴大业。

四、春秋战国时期钱塘江流域的文化

越国人民创造了自己十分独特的文化艺术，种稻养鱼、织麻织丝、构筑干栏、制作舟楫，以及铸造兵器、农器和烧造原始青瓷是其长技，也流传下了许多脍炙人口的故事传说。

（一）语言文学

越人的语言并不是古代汉语，而是特有的越语，中原地区的人称之为“鸟语”，这大概是其语音难懂，声音尖锐的缘故吧。古文献中也保留了一些越人语言方面的记录，如《越人歌》《维甲令》等。越人的书体被称为“鸟书”，鸟书又称鸟篆、鸟虫书，在古越国青铜器上有很多记录，著名的越王勾践剑上面就有鸟书铭文“钺王鸠浅，自乍用鐱”。

越国文学最早是以歌谣的形式流传的，越人结合自己的生产生活情景，创作了大量诗歌和民歌，如《弹歌》《越王夫人歌》《采葛妇歌》《军士离别歌》《木客吟》等篇目。越地的艺术形式也是多种多样的，在出土的玉器、木器、青铜器上发现了很多精美的龙、鸟、人以及神兽的雕刻纹饰，反映了越人物质生活满足后开始追求美的享受。越国的歌舞艺术更是自成一体，歌舞脱胎于巫术仪式，早在河姆渡文化遗址中就有骨质乐器出土，勾践更是以自己民族的歌舞为荣而拒孔子的“雅琴”，诗歌的大量创作也可以看成是越地劳动人民能歌善舞的表现。越地出土的乐器有錞于、句鑃、丁宁、铙、铎、钟、磬、镈、笙、琴、

[1] 陈桥驿：《历史时期绍兴城市的形成和发展》，《吴越文化论丛》，中华书局1999年版，第354—356页。

鼓、悬铃、三足缶等，其音乐发达程度可见一斑。可惜大多数作品都因为年代久远和越人的离散而难以复原。

越地的诗词歌舞固然是一种文化形式，传说轶事亦作为另一种文化基因流传于后来的人群中，文种送别勾践、子胥奔吴渡江、庄子叹服海潮等故事被钱塘江两岸的居民世代传颂着，与劳动人民一起共同对钱塘江的形象刻画作出了贡献。

1.越国文种固陵送别勾践“祝词”

文种，也作文仲，春秋后期楚国郢都（今湖北江陵附近）人，是越国著名的政治家和谋略家。早年仕于楚国，后会同范蠡弃楚奔越，得到了勾践重用。他对名臣范蠡有知遇之恩，在勾践危难之际成功说服与吴王议和。勾践在吴国的时候文种主持国政，“内修封疆之役，外修耕战之备”，使得“荒无遗土，百姓亲附”[1]。重新统一民心、提振士气、发展经济，缓解了国内矛盾，为越国的反击奠定了物质基础。他和范蠡一内一外，为勾践成就霸业立下了汗马功劳，范蠡就曾对勾践说“四封之内，百姓之事，蠡不如种也。四封之外，敌国之制，立断之事，种亦不如蠡也”[2]。可惜最后不听范蠡“兔死狗烹”的劝告，因为功高震主，引起勾践的猜忌，于前472年被赐死。

文种和吴王谈成的和平条件虽然是城下之盟，但是却阻止了越国的灭亡。勾践在夫椒之战中败给了吴王夫差后被困于会稽，“越王乃以余兵五千人保栖于会稽。吴王追而围之”[3]。文种就在这时受勾践之命前往吴国议和，他膝行顿首地乞求夫差退兵，给出越王答应称臣、妻子服侍吴王的条件。吴王听取伍子胥的建议，不同意罢战兵勾践绝望之下试图和吴国背水一战，“欲杀妻子，燔宝器，触战以死”。文种制止了这种不理智的举动，发挥自己的谋略，想出了一个使吴王接受和议的办法。他利用吴国太宰伯嚭贪财好色和吴王无长远眼光的缺点，再次出使吴国，用美女宝器贿赂伯嚭，嚭受，向吴王引见文种。文种见吴王后膝行顿首，曰：“愿大王赦勾践之罪，尽入其宝器。不幸不赦，勾践将尽杀其妻子，燔其宝器，悉五千人触战必有当也。”嚭因说吴王曰：“越以

[1]〔汉〕赵晔：《吴越春秋》卷七《勾践入臣外传》，第93页。

[2]《国语》卷二一《越语下》，第234页。

[3]〔汉〕司马迁：《史记》卷四一《越王勾践世家》，第5册，第1740页。

服为臣，若将赦之，此国之利也。”[1]吴王意识到勾践是还有一股反抗之力的，再加上伯嚭的劝说，就答应了议和条件罢兵归吴。尽管伍子胥一再反对，但是吴王并没有理会。

越王勾践五年（前 492）五月的某一天，钱塘江南岸的固陵城见证了越王勾践从一个平平之君转变为一位杰出的君王。勾践将从这里启程前往吴国作为奴仆侍奉吴王。越国的文武百官走出固陵城，一路送别他们的国君直到钱塘江畔，“临水祖道，军阵固陵”。“祖道”是先秦时期为出行者举行祭祀“道神”以求一路平安的仪式，先民们对大自然怀着敬畏之情，认为世间万物都由神支配，“道神”即是主宰人们出行道路平安的神。祖道的大致程序是：先进行軷祭，通过祭道神以求得道神保佑旅途平安；后饮饯，主要是饯送行人，表达送行者的不舍、并对出行者给予安慰，亦即表达别情。[2]群臣在江岸为勾践举行了祖道仪式，文种主持了这场仪式并且宣读了祝词：

皇天祐助，前沉后扬。
祸为德根，忧为福堂。
威人者灭，服从者昌。
王虽牵致，其后无殃。
君臣生离，感动上皇。
众夫哀悲，莫不感伤。
臣请荐脯，行酒二觞。

勾践听后仰天叹息，举杯垂涕，默无所言。文种举起酒杯，上前又祝：

大王德寿，无疆无极。
乾坤受灵，神祇辅翼。
我王厚之，祉祐在侧。
德销百殃，利受其福。
去彼吴庭，来归越国。
觞酒既升，请称万岁。[3]

[1] 〔汉〕司马迁：《史记》卷四一《越王勾践世家》，第 5 册，第 1744—1745 页。
[2] 刘怀荣、孔哲：《先秦祖道仪式与〈诗经〉别情诗考论》，《清华大学学报（哲学社会科学版）》2013 年第 5 期。
[3] 〔汉〕赵晔：《吴越春秋》卷七《勾践入臣外传》，第 89 页。

众人听后无不感伤，勾践也为自己的境遇感到忧心忡忡，他反思自己为什么会走到这一步,并试图求答案于群臣“吾不知其咎,愿二三子论其意”。扶同、若成、文种、范蠡、计倪都谈了失败的原因并劝越王不要太过悲观。勾践又要群臣明确了各自的分工，“寡人将去入吴，以国累诸侯大夫，愿各自述，吾将属焉”。群臣推举文种总揽国政，表示会各司其职，齐心协力把越国治理强大。勾践交待完毕后和范蠡转身进入江边的船里，出发去吴，终不反顾，江上“群臣垂泣，莫不咸哀”。

在今天萧山的湘湖风景区，有一座面山背水的六角石亭，亭内树立了一块石碑，石碑正面刻有“临水祖道”四个红色大字，背面则刻有越国大夫文种在祖道仪式上所宣读的“祝词”，在石亭前后柱上有两副楹联描述那悲戚的历史场景。当地有关机构为丰富湘湖的旅游资源而依据这个故事，在当年勾践入吴为质前在江边举行“临水祖道”仪式的地点修建了一座“祖道亭”。祖道亭是湘湖的一处人文历史景观，它把人们的思绪带回到了 2500 年前勾践“赌命行奇计，椎心别故人”的场景之中。

2.伍子胥的故事传说

伍子胥，名员，字子胥，春秋时楚国人，生于前 559 年，前 484 年在任吴国大夫时被吴王夫差赐死，一生经历堪称传奇。像伍子胥这样在史书上所占笔墨之多在春秋大夫中是很少见的，《史记》为其单独立传，《左传》《国语》《吴越春秋》《越绝书》等史书上都有较大篇幅介绍他的生平。有关他的传说、地名、民间故事更是不胜枚举，在历代的小说、戏剧里他也都是常客。可以说伍子胥本人在历史上是否真正有过那些跌宕的经历已经不重要了，他在文学艺术上的价值则显得更加有血有肉，栩栩如生。在钱塘江流域就流传着关于他的几条传说，其中最有名的是子胥投吴渡江的故事和死后化作潮神的故事。

伍子胥像

（1）子胥投吴渡江的故事。据《史记》中记载，伍子胥的父亲伍奢因为给楚平王进忠言，平王听信奸臣费无忌言，反而将其囚禁，费无忌又建议除掉伍奢两个儿子伍尚和伍员，认为“皆贤，不诛且为楚忧”，于是想诱擒两人，假称两个儿子的到来能挽救其父性命。伍尚为人仁义忠厚，明知是死还果断赴约。伍员为人刚戾，他说：“我知往终不能全父命。然恨父召我以求生而不往，后不能雪耻，终为天下笑耳。”[1]拒听平王召，并且开始了逃亡生涯。

伍子胥在过昭关后需要渡江，“伍胥遂与胜独身步走，几不得脱。追者在后。至江，江上有一渔父乘船，知伍胥之急，乃渡伍胥。伍胥既渡，解其剑曰：‘此剑直百金’以与父。父曰：‘楚国之法，得伍胥者赐粟五万石，爵执珪，岂徒百金剑邪！’不受”。[2]《史记》中的这段记载是比较写实的，伍子胥急于渡江以摆脱追兵的围捕，得到了江上渔父的帮助。渔父或许知道伍子胥身系特殊使命，推辞百金不受。伍子胥安全渡江入吴，出将入相后还对这位渔父念念不忘，“员至吴，为相，求丈人不能得，每食辄祭之，曰：‘名可得闻而不可得见，其唯江上丈人乎？’”[3]而东汉年间的《越绝书》《吴越春秋》中的记载，可能融合了当时的一些民间传说：“与胜行去，追者在后，几不得脱。至江，江中有渔父乘船从下方溯水而上。子胥呼之，谓曰：‘渔父渡我！’如是者再。渔父欲渡之，适会旁有人窥之，因而歌曰：‘日月昭昭乎侵已驰，与子期乎芦之漪。’子胥即止芦之漪。渔父又歌曰：‘日已夕兮，予心忧悲；月已驰兮，何不渡为？事寝急兮，当奈何？’子胥入船。渔父知其意也，乃渡之千浔之津。子胥既渡，渔父乃视之有其饥色。乃谓曰：‘子俟我此树下，为子取饷。’渔父去后，子胥疑之，乃潜身于深苇之中。有顷，父来，持麦饭、鲍鱼羹、盎浆，求之树下，不见，因歌而呼之，曰：‘芦中人，芦中人，岂非穷士乎？’如是至再，子胥乃出芦中而应。渔父曰：‘吾见子有饥色，为子取饷，子何嫌哉？’子胥曰：‘性命属天，今属丈人，岂敢有嫌哉？’二人饮食毕，欲去，胥乃解百金之剑以与渔者：‘此吾前君之剑，中有七星，价直百金，以此相答。’渔父曰：‘吾闻楚之法令：得伍胥者，赐粟五万石，爵执圭，岂图取百金之剑乎？’遂辞不受。

[1]〔汉〕司马迁：《史记》卷六六《伍子胥列传》，第7册，第2172页。
[2]〔汉〕司马迁：《史记》卷六六《伍子胥列传》，第7册，第2173页。
[3]〔西晋〕皇甫谧：《江上丈人》，《高士传》，上海古籍出版社2014年版。

谓子胥曰：‘子急去勿留，且为楚所得？’子胥曰：‘请丈人姓字。’渔父曰：‘今日凶凶，两贼相逢，吾所谓渡楚贼也。两贼相得，得形于默，何用姓字为？子为芦中人，吾为渔丈人，富贵莫相忘也。’子胥曰：‘诺。’既去，诫渔父曰：‘掩子之盎浆，无令其露。’渔父诺。子胥行数步，顾视渔者已覆船自沉于江水之中矣。”[1]《越绝书》中关于子胥渡江的记载与《吴越春秋》里的基本一致，故事的末尾处“明无泄也”，则说明了渔父自沉江水的原因是为了让伍子胥不用担心自己会泄露他的行踪。《吴越春秋》和《越绝书》里的“子胥渡江”的故事增加了“渔父歌”“子胥用餐”和“渔父投江”的内容，这里明显是用了文学手法对这段历史进行了润色，也证明了伍子胥的故事早在汉代开始就被当成了文学创作的素材。

在今天的新安江和富春江交界地带，有很多与这个传说相关的地名：“子胥村”相传是子胥渡江后住过的地方；“歌舞岭”是伍子胥逃脱楚兵追杀后在这里开心地高歌起舞；“胥口”是那条江水汇入富春江的河流交叉口。此外，这一带还有胥源、胥岭、胥岭洞等与伍子胥有关的遗迹。南宋绍兴年间，胥村的百姓还修建了伍子胥别庙，庙内有报春花一株，相传为伍子胥手植，今尚有别庙残迹遗痕。现在还有以这个故事作为主题的景点“子胥野渡”，在七里泷北岸，胥溪汇入处。现渡口石壁上摩刻有“子胥渡”三个大字，渡口原有子胥亭、子胥庙，后因富春江大坝的建设没于水中。现已重建子胥亭，在其中立有一石碑，正面刻有“胥江野渡”四字。[2]可见伍子胥的传说已经深深融入当地的民间文化中，得到了当地人的广泛认同。

那么伍子胥渡江是否确实发生在今天的富春江沿岸呢？据史料推断，这一说法恐怕难以站得住脚。在渡江以前伍子胥先是逃出了昭关：“到昭关，昭关欲执之。伍胥遂与胜独身步走，几不得脱。追者在后。至江，江上有一渔父乘船，知伍胥之急，乃渡伍胥。”[3]可见当时是前方无路，后有追兵的紧急情况，也就是说伍子胥所渡之江应该在距离昭关不远处的地方。昭关，位于今安徽省

[1]〔汉〕赵晔：《吴越春秋》卷三《王僚使公子光传》，第15—16页。

[2] 陈彬彬：《新安江—富春江风景名胜历史变迁研究》，浙江农林大学硕士学位论文，2012年。

[3]〔汉〕司马迁：《史记》卷六六《伍子胥列传》，第7册，第2173页。

含山镇境内，与富春江的直线距离有 250 公里之遥。伍子胥在渡江后并不是一帆风顺，史籍中有“疾于中道，乞食溧阳”[1]的记载，可见溧阳是其逃亡所经的地方。溧阳在现在的太湖西岸，与当时的吴国国都姑苏城隔湖相望。也就是说伍子胥的逃亡路线基本上是从昭关、溧阳、姑苏一线下来的，这一路地势平坦，开发较早。伍子胥并不太可能往南进入重峦叠嶂的浙西地区，并经过越国再渡过钱塘江到达吴国。传说的发生地点从吴地迁移到越地，对此合理的解释是越地的文化层累和吴越文化的交相融会导致了伍子胥传说融入越文化当中。[2]

吴越两国国土接壤、交通互通、语言相似、民俗略同。如《吕氏春秋》卷二三《知化》曰：“吴之与越也，接土邻境，壤交道属，习俗同，言语通，我得其地能处之，得其民能使之，越于我亦然。”《吴越春秋》卷五《夫差内传》也记载越国大夫文种的话，说：“吴与越同音共律，上合星宿，下共一理。”在习俗上也具有共同的文化特征。《越绝书》卷七《越绝外传记范伯》：“吴越二邦，同气共俗。”但两国都要面对西边强大的楚国。对中原政权而言，两国都是蛮夷。这些特征的存在使得统一后的两地人民能比较快速地整合彼此文化，经济的发展协作也趋于一体化。经过这样漫长的时间推移，两地间的差别也逐渐消除，民间文化趋于一致，以致后来产生了“江浙不分家”的说法。伍子胥的传说在钱塘江流域广为传播也就不足为奇了。

伍子胥与渔父的故事并没有在其渡江后结束。《吴越春秋》和《越绝书》中都记载了“渔父之子退吴兵”的故事：“遂引军击郑，郑定公前杀太子建而困迫子胥。自此，郑定公大惧，乃令国中曰：‘有能还吴军者，吾与分国而治。’渔者之子应募曰：‘臣能还之。不用尺兵斗粮，得一桡而行歌道中，即还矣。’公乃与渔者之子桡。子胥军将至，当道扣桡而歌曰：‘芦中人。’如是再。子胥闻之，愕然大惊，曰：‘何等谓与语，公为何谁矣？’曰：‘渔父者子。吾国君惧怖，令于国：有能还吴军者，与之分国而治。臣念前人与君相逢于途，今从君乞郑之国。’子胥叹曰：‘悲哉！吾蒙子前人之恩，自致于此。上天苍苍，岂敢忘也？’于是乃释郑国，还军守楚，求昭王所在日急。”[3]子胥早年曾受困于郑

[1]〔汉〕赵晔：《吴越春秋》卷三《王僚使公子光传》，第 17 页。
[2] 吴恩培：《吴越文化融汇的古代例证》，《苏州市职业大学学报》2005 年第 2 期。
[3]〔汉〕赵晔：《吴越春秋》卷四《阖闾内传》，第 42—43 页。

君，伐楚后顺便伐郑以报私仇，郑君急求退兵之策。渔父的儿子倚仗其父有恩于伍子胥而成功使其退兵。类似的事在《越绝书》上的记载有所不同，变成了是楚王急求退兵之策，“吴使子胥救蔡，诛强楚，笞平王墓，久而不去，意欲报楚。楚乃购之千金，众人莫能止之，有野人谓子胥曰：‘止！吾是于斧掩壶浆之子，发箪饭于船中者。’子胥乃知是渔者也，引兵而还”。[1]这反映出伍子胥“有仇必报、有恩必答”的行为作风。这两段史料所记述的“渔父之子退吴兵”的事情，理应是东汉时期留传于民间的故事记录。

（2）子胥死后化作潮神的故事。“潮神”又称“胥神”，相传是伍子胥被抛尸钱塘江而变的。[2]子胥累谏吴王，但吴王夫差听信伯嚭的谗言，不再听信伍子胥的建议，还怀疑他私通齐国，并赐宝剑给伍子胥令其自尽。伍子胥临终时，在愤恨之余，向其子留下遗言：“悬吾首于南门，以观越兵来；以鲦鱼皮裹吾尸，投于江中，吾当朝暮乘潮，以观吴之败。”[3]夫差听说后非常生气，“乃取子胥尸盛以鸱夷革，浮之江中”[4]。相传伍子胥因不满吴王对自己的不信任和迫害，死后化作“潮神”，肆虐于钱塘江两岸地区，以宣泄其怨愤。伍子胥的尸体漂浮在江中不沉，似有无数怨恨无处诉说，“随流扬波，依潮来往，荡激崩岸”[5]。“自是自海门山，潮头汹高数百尺，越钱塘渔浦，方渐低小。朝暮再来，其声震怒，雷奔电走百余里，时有见子胥乘素车白马在潮头之中，因立庙以嗣焉。……俗云：与钱搪潮水相应焉。”从文献记载来看，这种传说其实在战国时期可能就已经出现，如《战国策》中乐毅报燕王书中提到：“昔者伍子胥说听乎阖闾，故吴王远迹至于郢；夫差弗是也，赐之鸱夷而浮之江。故吴王夫差不悟先论之可以立功，故沉子胥而不悔。子胥不早见主之不同量，故入江而

---

［1］〔汉〕袁康、吴平辑录：《越绝书》卷六《越绝外传纪策考》，第43—44页。

［2］《左传·哀公十一年》。南宋施谔《淳祐临安志》卷一〇“浙江”条目下说：“吴王赐伍子胥死，乃取其尸，盛以鸱夷之革，浮于江中，子胥因随流扬波，依潮来往，荡激崩岸，势不可御。于是仲秋既望，杭人以旗鼓迓之，弄潮之戏盖始于此。”（《宋元方志丛刊》，第4册，中华书局1990年版，第3315页）。意思是说，杭州钱塘江口的祭祀潮神暨“弄潮”始于春秋时代。

［3］〔宋〕李昉：《太平广记》卷二九一，第6册，中华书局1961年版，第2315页。

［4］《史记》卷六六《伍子胥列传》记载很详细：“乃自到死。吴王闻之大怒，乃取子胥尸盛以鸱夷革，浮之江中。吴人怜之，为立祠于江上，因命曰胥山。”

［5］〔汉〕赵晔：《吴越春秋》卷五《夫差内传》，第66页。

不改。”所谓“(子胥)入江而不改”,《史记·乐毅传》为“入江而不化”,对此《史记索隐》解释为:“言子胥怨恨,故虽投江而神不化,犹为波涛之臣也。”虽然司马贞是唐朝人,但其说当不误。可以认为,战国时伍子胥死而不亡已是普遍认识,而与江潮相关,当也是顺理成章之事。正因为如此,钱塘江边的居民为其修祠,尊伍子胥为潮神,加以供奉祭祀。“吴人怜之,为立祠于江上,因命曰胥山。”[1]今天嘉兴境内就有一小山丘,名曰“胥山”,相传曾有伍子胥的墓和祠。在这里需要说明的是,伍子胥被抛尸地点按照常理推断应该位于姑苏城外(今苏州)和太湖间的某条河,夫差没有必要运几百里路把尸体投进钱塘江,太湖边的地名也支持这一说法:“宋范成人《吴郡志》卷十五曰:‘胥山在太湖之口。吴王杀子胥于江,吴人立祠江上,因名胥山。’又云:‘胥口在木渎西十里,出太湖之口也,有胥山。’《梅李志》更一步确证:‘夫差杀子胥以鸱夷浮之江中,即此地(太湖),西为胥山,伍员庙在焉。’”[2]抛尸钱塘江的说法产生原因,也是吴越文化融合的结果。

当然,伍子胥化身“潮神”这一现象并非在他死后马上就有的,而是民间一步步加工的结果。在被抛尸四百余年后,《越绝书》上出现了神话他的文字:“(吴)王使人捐于大江口。勇士执之,乃有遗响,发愤驰腾,气若奔马;威凌万物,归神大海。仿佛之间,音兆常在。后世称述,盖子胥水仙也。”[3]而在《吴越春秋》中,则又有两处更加清楚地提到了这种信仰。《吴越春秋》卷五《夫差内传》云:伍子胥死后,“因随流扬波,依潮来往,荡激崩岸”。《吴越春秋》卷一〇《勾践伐吴外传》则说,文种死后,“葬一年,伍子胥从海上穿山胁而持种去,与之俱浮于海。故前潮水潘候者,伍子胥也;后重水者,大夫种也”。都强调了伍子胥死后为神,并且与“潮”相关。同时代的王充在《论衡》里也有提到“潮神信仰”:“吴王夫差杀伍子胥,煮之于镬,乃以鸱夷橐投之于江。子胥恚恨,驱水为涛,以溺杀人。今时会稽、丹徒大江,钱唐浙江,皆立子胥之庙。盖欲慰其恨心,止其猛涛也。夫言吴王杀子胥,投

[1]〔汉〕司马迁:《史记》卷六六《伍子胥列传》,第7册,第2180页。
[2] 刘传武、何剑叶:《潮神考论》,《东南文化》1996年第4期。
[3]〔汉〕袁康、吴平辑录:《越绝书》卷一四《越绝德序外传记》,第102页。

之于江，实也；言其恨恚驱水为涛者，虚也。”[1]可见，东汉时期的吴越人民已经把伍子胥的冤死当成是江潮起源的原因了。今人刘传武等认为这是“第一次把伍子胥上升到‘神’的位置，实为潮神之滥觞”[2]。在随后的时间里，这个故事进一步发酵和发展，出现了很多把伍子胥和钱江潮联系起来的记载。如唐代白居易就留有“涛声夜入伍员庙，柳色春藏苏小家”的诗句。到了宋代终于完成了伍子胥作为钱塘江潮神的传说，表现在出现了“胥涛”“伍胥潮”等名词，与“钱塘潮”同意。“潮神”形象的构建不仅体现了吴越文化的融合，也表现出伍子胥在老百姓心目中凶猛刚毅的形象。[3]

需要说明的是，在越人眼中，潮神除伍子胥外，还有越国大臣文种。原来伍子胥向吴王夫差的谏阻在后来应验了，越王勾践完成了十年生聚、十年教训的复仇大计，仰赖范蠡、文种的力量，达到了灭吴复国的目的。范蠡及时引退，文种热衷爵禄，他不了解“狡兔死，走狗烹”的道理，一代功臣难逃被谗惨死，尸首也被抛入钱塘江。翌年的八月十八日，海潮呜咽，骇浪澎湃，一时倾山倒海。越王震恐，也只好效法吴君，旨封文种为潮神，与伍子胥共享血食。从此，常有人窥见子胥当前，文种随后，掀波作浪，无有宁日。[4]

3.庄子折服于浙江潮

庄子姓庄，名周，战国时期宋国人（前369年—前275或286年），是战国中期著名的思想家，继老子之后最重要的道家学派代表人。认为“道”是万物的本源，主张摈弃“人为”的拘束，顺从“天道”与天地相通，自由纯粹地翱翔于世。留有名篇《逍遥游》《齐物论》等，收入《庄子》（又名《南华真经》）一书，对后世的思想学说有很深的影响。

庄子像

[1]〔汉〕王充：《论衡》卷四《书虚篇》，上海人民出版社1974年版，第58页。

[2] 刘传武、何剑叶：《潮神考论》，《东南文化》1996年第4期。

[3] 刘传武、何剑叶：《潮神考论》，《东南文化》1996年第4期；李金操、王元林：《由恶变善：潮神伍子胥信仰变迁新探》，《安徽史学》2017年第1期。

[4] 小石：《盛衰历尽浙江潮》，《时与潮副刊》1948年第10卷第4期。

有学者说庄子曾到过钱塘江，在看到了钱塘潮后发出“浙江之水，涛山滚屋，雷击霆碎，有吞天沃日之势”的感叹，这也是历史上关于钱江潮的首次记述。庄子在其书中确实有提到过钱塘江“任公子得若鱼，离而腊之，自制河以东，苍梧以北，莫不厌若鱼者”[1]。这里的“制河”就是“浙河”，也就是钱塘江。应该说这里并没有表达庄子对于钱塘潮的折服，“制河以东”只是被用来描述所得之鱼的尺寸之大。但是并不能排除其他资料上有过庄子叹潮的记载，清朝就有学者说：“庄子所谓浙河之水有吞天沃日之势。”[2]再加上庄子也曾游历列国，在著作中也有大量关于海、河的记载，在这点上推断，庄子当时亲历钱塘潮也是有可能的。

（二）风俗习惯

1.衣着

越人的服饰打扮比较有特色，中原各国无不以一种奇怪的眼光看待，“身体发肤受之父母”的观念使他们很不习惯越地的“断发文身”习俗。根据先秦典籍，越人确实是有这种习俗：“越王勾践剪发文身，以治其国，其国治。”[3]“越人断发文身，无所用之。”[4]“被发文身，错臂左衽，瓯越之民也。”[5]

实际上，除了断发文身，越人还有凿齿、黑齿、徒跣等习俗。《管子·小匡篇》载春秋时齐桓公云：“南至吴、越、巴，牂牁、瓞、不庾雕题、黑齿。荆蛮之国，莫违寡人之命。”

北方气候较南方要干冷，而钱塘江流域则是一个潮湿闷热的环境，越人断发、徒跣的习惯很可能是为了适应气候、方便生产生活而产生的。而文身则可能是因为走向文明社会较晚，古代自然崇拜、图腾崇拜的一种残留形式。越人是有断发文身的风俗习惯，但是并不能就此认为越人没有自己的服饰文化。恰恰相反，根据考古发掘和文献记载，越人的衣物和饰品是比较丰富多彩的，勾

[1]《庄子集释·外物篇》，《诸子集成》本，第399页。

[2]〔清〕吴任臣：《山海经广注》卷一三，乾隆五十一年金阊书业堂藏本。

[3]《墨子间诂》卷一二《公孟》，《诸子集成》本，第274页。

[4]《庄子集释·逍遥游》，《诸子集成》本，第17页。

[5]《战国策》卷一九《赵策·二》，上海古籍出版社1998年版，第657页。

践本人就有“冬披毛裘，夏披絺绤”[1]的记载。不过丝绸的稀缺性可能使其在当时并没有普及，越国老百姓更多的穿的是葛布，《越绝书》中有记载：“种葛，使越女织治葛布，献于吴王夫差。”可见越地有种葛的情况。另据研究，自商周至秦汉时，越族的纺织技术水平已有很大的提高，当时的纺织品种类已达10余种，计有棉布、丝绸、绢、罗、縠、葛、絺、纱、广幅布、束子布、络布等，印染工艺也有明显进步。[2]

2.饮食

“饭稻羹鱼”是越地人民最为常见的饮食习惯。《史记·货殖列传》载“楚越之地，地广人稀，饭稻羹鱼，或火耕而水耨”。春秋战国时期的越国人主食是稻米，“越王粟稔，拣择精粟而蒸，还于吴”[3]，这里的粟应当指的是稻，越国当时还了“万石”给吴国，说明越国稻作技术的发达。另外，越地河流密布，东临大海，渔业资源一定也很丰富，越国还首次出现了渔业养殖的产业，这说明了鱼也占了越人饮食结构中的很大比重。《越绝书》中还记载了“鸡山”“豕山”“犬山”等地名，是养殖相应家禽家畜的地方。瓜果蔬菜也是越族先民食物的一大构成部分，其品种据考古资料和文献记载，有竹笋、葫芦、毛桃、酸枣、菱角、芋艿、甜瓜、蚕豆、花生、芝麻等。先秦典籍中还出现了好几处关于酒的记载，这也表明了当时人们已经开始饮酒，也从侧面反映了粮食产量的充裕。

3.图腾崇拜

越人的图腾崇拜是多种多样的，从文献和考古资料来看，主要有鸟、蛇两种图腾。

鸟图腾是越人最早，也是最为重要的图腾，其历史可以推溯到新石器时期。余姚河姆渡遗址中鸟形雕塑、图案的多次出现，说明早在7000年前吴越先民就已经崇拜鸟了。此后，在良渚文化等遗址中也出土过很像是立于屋顶柱形物上端的鸟形图案，这可能也是图腾崇拜的标志。到春秋战国时期，从越人的经济生产到上层建筑的各个领域中，都浸透着“鸟”的观念。浙江绍兴306号墓铜屋模型屋顶上塑的鸟，以及众多的“鸟田”传说和越王“鸟喙”、越人“鸟

[1]〔汉〕袁康、吴平辑录：《越绝书》卷一二《越绝内经九术》，第84页。

[2] 徐建春：《浙江通史·先秦卷》，第234页。

[3]〔汉〕赵晔：《吴越春秋》卷九《勾践阴谋外传》，第125页。

语”“鸟书”等等都证明了这一点。

4.宗教信仰

越人宗教迷信的色彩极为浓厚。《淮南子》载:“荆人鬼,越人禨。”颜师古注曰:“禨,鬼俗也,从鬼几声。”《史记·封禅书》载越人风俗说:“越人俗信鬼,而其祠皆见鬼。”广置宗庙和盛行占卜,“多淫祀,好卜筮”,是越族宗教迷信的具体反映。

5.音乐歌舞

20世纪80年代发掘的浙江绍兴市306号墓是战国早期墓,所出的铜器有17件可以视为已知越国礼器的代表。其中,一件铜屋模型不仅造型有想落天外之妙,而且极富特殊的生活情调和神秘气息。全器通高17厘米。屋内有6个人像,一律跽坐,分为前后两排。前排左起第一人是起指挥作用的鼓手,侧坐,前有悬鼓,右手执槌,左手前伸。此人臀后股沟明显,无疑是裸体的。前排左起第二、三人朝前正坐,胸有乳突,也是裸体的,束发于顶,双手交置于腹下,作歌唱状。后排左起第一人吹笙,第二、三人鼓琴,琴张四弦。鼓、琴、笙应是小乐队所用的乐器组合,与楚人小乐队组合为鼓、瑟、笙相似,未见有钟、磬、句鑃之类,显然不是宫廷大乐队。乐师四男,歌师二女,裸其身而庄重虔敬地奏乐作歌,无疑是为了娱神。至于八角柱,论者多以为乃图腾柱。

伎乐铜屋中的伎人

(三)越人外迁

在人类的历史长河里,文明得以传播很重要的一点是靠人口迁徙。一种文明出于各种原因需要向原来并不属于自己的土地上迁徙。这种需要可以是商业上的需要,如腓尼基人向地中海和北非沿岸的商业殖民,建立了著名的迦太基古国。可以是土地紧张而引起的生存上的需要，如古希腊的母邦派生出子邦。可以是军事上的征服以求自身生存空间的需要，如被称为“上帝之鞭”的匈奴人在中欧站稳脚跟。可以是出于对海外较低文明的资源掠夺的需要，如发现新大陆后西欧列强向美洲的人口迁移。各种迁徙的起因和过程可能是饱含痛苦的，但是客观而言，其造成的影响是有利于人类发展的。历史上的民族迁移打破了原本闭塞的民族格局，加速了民族间的融合，促进了文化和经济上的交流，并且推动了各自文明的发展。

战国铜斧上的羽人竞舟（选自董贻安主编《宁波文物集粹》）

我国历史上的民族迁徙大体上可以分成四个阶段：第一阶段是华夏族形成后到秦汉的建立时期中原华夏族的向外迁徙扩散；第二阶段是魏晋南北朝时期北方少数民族和汉人的融合时期；第三阶段是唐末到元代多民族国家形成时期；第四阶段是明清时期。[1]本节所论的越人外迁属于第一时期。越人的迁徙流散其实是无法确切还原其过程和年代的，严格说来，其时间跨度要比这里的第一阶段还要大，从史前时期到汉代乃至三国时期。因此这里的论述会超出先秦时期的限定框架，而到西汉武帝平越乱为止。

据历史地理学家陈桥驿的研究，于越族的迁徙和扩散始于史前时期，自然环境的改变则是迁徙的主要原因。[2]古越人为了谋求自己的生存空间不断与海洋、与河流抗争和妥协。在这个过程中，有部分越人从沿海迁徙到内陆，这些应该即是《越绝书》中提到的“内越”，也有部分往海外迁徙的应当就是《越绝书》中所提到的“外越”，外越中甚至有迁到琉球、日本和中南半岛的。[3]这种人口迁移虽然规模不是很大且少见于记载，但其确是一直伴随着于越部族的形成、发展和壮大的，时间跨度不可谓不长，对先秦时期华南地区文明的发展产

[1]　张玉林：《论历史上民族迁徙主要原因及历史作用》，《贵州民族研究》2009年第4期。

[2]　陈桥驿：《越族的发展与流散》，《东南文化》1989年第6期。

[3]　蒙文通：《越史丛考·外越与澎湖、台湾》，人民出版社1983年版，第102—108页。

生了一定的影响。

春秋末期开始，越国霸权逐渐旁落。“越王夫谭子允常，允常子勾践，大霸称王，徙琅琊，都也。勾践子与夷，时霸；与夷子子翁，时霸；子翁子不扬，时霸；不扬子无强，时霸；伐楚，威王灭无强。无强子之侯，窃自立为君长。之侯子尊，时君长。尊子亲失众，楚伐之，走南山。”[1]可见勾践建立的霸权在其死后勉强维持了四代直到无强伐楚失败而告终，其后君主不称王而称“君长”。伴随着越国霸权的陨落，以无强伐楚反被楚威王所杀为起点，越国人掀开了历史上越人外迁的序幕。

越国史专家孟文镛依据史料上的记载，将战国以后越族成规模的流散分为三波：战国时期越国霸权丢失后越族领地遭到西边楚国不断蚕食后越族的外散；秦始皇统一中国后对原越地居民的稀释；西汉汉武帝平定诸越。[2]

无强在位时，兴师动众，欲北伐齐国以“与中国争强”。齐王派人游说无强不要攻打齐国，要争强应该先进图楚国。“于是越遂释齐而伐楚。楚威王兴兵而伐之，大败越，杀王无强，尽取故吴地至浙江，北破齐于徐州。而越以此散，诸族子争立，或为王，或为君，滨于江南海上，服朝于楚。”[3]可见前333年的这次战争失利是越国走向衰亡的重要一环，其霸主地位丢失，国土被大面积吞并，国内政局动荡，分崩离析，勾践开创的霸业维系了百余年后终于结束。这场战争后，“而越以此散”，“滨于江南海上，朝服于楚”，越人开始由东南沿海向南部迁移，流散到浙闽沿海，也有可能远到澎湖、台湾，并且与当地人逐渐融合。故地剩余的越人有的臣服于楚国，有的继续做艰难的抵抗。楚国也没有停止对越国的打压：“且王前尝用召滑於越，而内行章义之难，越国乱，故楚南塞厉门而郡江东。计王之功所以能如此者，越国乱而楚治也。”[4]楚怀王曾派召滑去越国怂恿一个叫章义的人引起越国内乱，楚国乘机吞并越国江东之地。无强被杀后，越国的第三代君长名曰亲，他在位时越国又遭到西边楚国的进攻。“尊子亲，失众，楚伐之。走南山。”[5]可见君长亲是一位得不到民众支持的国

[1]〔汉〕袁康、吴平辑录：《越绝书》卷八《越绝外传记地传》，第58页。
[2] 孟文镛：《越国史稿》，第312—316页。
[3]〔汉〕司马迁：《史记》卷四一《越王勾践世家第十一》，第5册，第1751页。
[4]〔汉〕司马迁：《史记》卷七一《樗里子甘茂列传》，第9册，第2979页。
[5]〔汉〕袁康、吴平辑录：《越绝书》卷八《越绝外传记地传》，第58页。

君，“南山”应该是古越国南部的山区，也就是今天福建北部、浙江南部的地区。君长亲就在其君位不保之际率领部分越人迁徙到了浙闽交界处，“闽越王无诸及越王海王摇者，其先皆越王勾践之后也，姓驺氏。秦已并天下，皆废为君长，以其地为闽中郡”。[1]可见在被中原诸侯势力击溃后越人有部分选择流徙到闽越一带试图继续延续自己的政权，直到秦始皇完成统一后除王置郡为止。

近海航行在当时也已经出现。吴国大夫徐承“帅舟师将自海入齐，齐人败之，吴师乃还”[2]。越王勾践袭吴，命范蠡等“帅师沿海溯淮以绝吴路”[3]。范蠡在灭吴之后，“装其轻宝珠玉，自与其私徒属乘舟浮海以行，终不反”[4]。

（四）钱塘江流域越文化对楚文化等的影响

越、楚两国境土相接，玉帛相通，因此在文化上很早就开始了交流。虽然越、楚两支区域文化从它们各自的文化渊源、内涵、风格及水平和影响来看，存在着较大的差异，但由于交流密切，故此在文化上相互影响较深。

1.楚文化对越文化的影响

从楚文化对越文化的影响来看，我们可以看到这两种文化之间的相互侵染和融合。越国长期生活于比较闭塞的环境中，因此在开放中只好借重外来先进文化的熏陶，积极引进人才，如担任越国执政大夫的范蠡和文种，都是楚人。他们的到来，不仅对越国的政治、经济和文化产生了极其深刻的影响，也为越国在中原称霸打下了坚实的基础。在越国的文化中，有许多方面与范蠡、文种两人的建树密不可分。如今日绍兴城市的建筑结局就起源于楚人范蠡所建“山阴大城”，清代屈大均在《广东新语》一书中就明确认为“越宫室始于楚庭”。在民俗方面，越国也同样受到楚文化的侵染。以葬俗为例，春秋早期的越国流行土墩墓和石室墓，但至春秋晚期以后，这种传统的葬俗已濒于绝迹，取代它的是受楚俗或中原文化影响的竖穴土坑墓。在战国早期和中期的越墓所出文物中，都打上了楚文化的烙印。绍兴市出土的属于战国时期绍兴坡圹乡狮子山

---

[1]〔汉〕司马迁：《史记》卷一一四《东越列传》，第9册，第2979页。
[2] 杨伯峻编著：《春秋左传注》哀公十年，中华书局1981年版，第1656页。
[3]《国语》卷一九《吴语》，第227页。
[4]〔汉〕司马迁：《史记》卷四一《越王勾践世家》，第5册，第1752页。

306号墓，里面就曾出土楚式的汤鼎、圜底鼎和鐎盉等明器。至于这一时期越国墓葬中椁周填白膏泥、青膏泥，则无疑是效仿楚国的习俗。

2.越文化对楚文化的影响

就越文化对楚文化的影响来说，越国的青铜冶铸、陶瓷制造、建筑及音乐歌舞等均对楚国产生过较大的影响。

以青铜冶铸为例，《越绝书》卷一一《越绝外传记宝剑》载："楚王召风胡子而问之曰：'寡人闻吴有干将、越有欧冶子……因吴王请此二人作铁剑，可乎？'风胡子曰：'善。'于是乃令风胡子之吴，见欧冶子、干将，使人作铁剑。欧冶子、干将凿茨山，泄其溪，取铁英作为铁剑三枚，一曰龙渊，二曰泰阿，三曰工布。"在越、吴两国的帮助下，楚国的青铜冶铸业在战国时出现了突飞猛进的发展，终于赶上或超过了吴、越两国的水平。考古发掘资料也证实了这一点。从楚地出土的大量铜剑来看，当时楚国的铜剑铸造完全仿照吴、越双箍剑和空首剑的作法。于此，我们可以窥见越、楚文化相互交融之一斑。

战国时期原始瓷鼎（浙江省博物馆藏）

此外，在建筑方面，越国的干栏式建筑对楚国文化也产生了一定的影响。如楚国"层台累榭"中的"累榭"，就或多或少受到越人干栏式建筑的启示。

在陶瓷制造上，使人感到惊讶的事实则是战国时期越式鼎对楚式罐形铜鼎和陶鼎的形态演变产生了极大的影响。据学者统计，在江陵雨台山558号楚墓中出土铜鼎18件，内有8件纯系越式风格（扁高足外撇），所占比例44.4%。如果按时代计，则战国中期出5件，所占比例33.3%；晚年3件，占100%。这种鼎在湘、鄂、赣诸省以及湘、桂交界地带的战国墓中屡有出土。由此可以推知，战国中晚期的中小型楚墓中，扁高足外撇的附耳罐形铜鼎已成为楚式鼎的一个主要支系。[1]贺刚在《论越文化的特质及其与楚文化的相互浸染和融

[1] 方杰：《越国文化》，第344页。

合》一文中认为："越式鼎与楚式鼎在器物形态上的相互借鉴与吸收，当然只是楚越文化相互浸染与融合的一个侧面和一个缩影，但在这个侧面和缩影的背后所衬托出来的时代背景却表明：楚月文明在文化上的传承和展拓，并不因为军事的占领而导致民族文化的全部的更替。所谓文化的更替，实际上包涵了本民族文化的继承发展和对于外族文化的吸取，扬弃等多方面的内容。正因为如此，这就使我们不能不对越文化的强大生命力以及他与楚文化的关系等问题作出新的估价，也不能不使我们对过去的传统观点作深刻的反思。"[1]

同样，越国的音乐歌舞也对楚文化产生过一定的影响。《说苑·善说》载："鄂君子晰之泛舟于新波之中，乘青翰之舟……越人拥楫而歌，歌辞曰：'滥兮抃草滥予，昌恷泽予，昌州州，𩜱州焉秦胥胥，缦予乎昭澶秦逾，渗惿随河湖。'鄂君子晰曰：'吾不知越歌，子试为我楚说之。'于是乃召越译，乃楚说之曰：'今夕何夕兮，搴中洲流；今日何日兮，得与王子同舟，蒙羞被好兮，不訾诟耻，心几顽而不绝兮，得知王子。山有木兮木有枝，心悦君兮君不知！'于是鄂君子晰乃？修袂行而拥之，举绣被而覆之。"从这则文献记载中我们可以看出，越族民歌在当时颇受楚国人士的喜爱。

在文学上，张正明认为《楚辞》中的《九歌》是屈原在越人之地仿越人之歌而作的。而刘玉堂更是认为《离骚》也与越歌，至少是与越人有着某种瓜葛。[2]

在绘画艺术上，楚国更是受到越文化的濡染。刘玉堂认为，在湖北随州曾侯乙墓墓主内棺上，彩绘的头生双角、肩长羽翼、手持双戈、身着甲胄、面目狰狞的神像，便是楚化的越神羽人。同样，曾侯乙墓棺画中出现的五首龙蛇图像和 1973 年湖南长沙城东子弹库战国楚墓中出土的一幅龙凤为主题的升天导引帛画，均包孕着浓厚的越文化色彩。

在雕刻方面，楚文化对越文化的吸收也不无反映。如楚墓中流行的虎头状镇墓兽，其颈部往往绘有龙纹，这种装饰艺术的出现，很可能就是越俗在楚国木雕艺术中的渗透。而彩绘龙座凤架鼓的出现，更表明楚人对越族民族风情的

[1] 彭适凡：《百越民族研究》，江西教育出版社 1990 年版，第 214 页。
[2] 张正明：《屈原赋的民族学考察》，《民族研究》1986 年第 2 期。

珍视。[1]

总之，越文化对楚文化的影响是极其深远和广泛的。杨权喜在《楚越关系初析》一文中认为："楚和越有着许多共同的文化因素，在楚的统治中心——江汉地区，就能找到许多具有'越文化特征'的遗物或遗迹。例如，新石器时代有段石斧，拔牙人骨，商周时期的'越式鼎'（条形长足的宽底鼎）、靴形铜斧、铜钺、印纹硬陶，秦汉以后的铜鼓、悬棺葬和战国时期的木构建筑、悬底棺、阁楼式棺椁结构（这些都近似于栏式建筑）以及器物中盛行的龙纹、'S'形纹、回纹等等，实物资料非常丰富。即使在楚都附近，在楚国最强盛时期，都可以找到'越文化'遗物，例如楚都纪南城东北郊的九店、雨台山战国楚墓内，就曾多次发现'越式铜鼎'或'越式陶鼎'；在楚都纪南城内，也曾出土战国时期的印纹硬陶器。"[2]

（五）钱塘江流域越文化与中原文化的交流

说起越与中原华夏文化的关系，人们就会情不自禁地想起《史记》卷四一《越王勾践世家第十一》所载的"越王勾践，其先禹之苗裔，而夏后帝少康之庶子也。封于会稽，以奉守禹之祀。文身断发，披草莱而邑焉"及《史记》卷二《夏本纪第二》所说的"十年，帝禹东巡狩，至于会稽而崩"的记载。虽然历代史学家对"越为禹后"和禹葬绍兴会稽两说看法不一，但有一点是可以肯定的，这就是越与夏的关系起源早、关系广。

据文献记载，早在商代初年，居住在东南沿海的于越，就已经和中原地区的华夏族进行了频繁的政治、经济和文化交流，两者的关系较为密切。《逸周书·王会解》载，商朝初年，伊尹受汤命下令给活动于中原地区的少数民族各以其土特产来朝贡时说："臣请正东符娄、仇州、伊虑、沤深、九夷、十蛮、越沤，剪发文身。请令以鱼皮之鞞，鲒鲣之酱，鲛盾，利剑为献。"这里所提到的"沤（瓯）深""越沤（瓯）"，指的便是活动于钱塘江流域一带以于越为代表的越人，基本上为越国的范围。至西周初年，越与中原王朝的关系更

［1］ 刘玉堂：《试论楚文化对越文化的吸收》，载彭适凡主编：《百越民族研究》，第281—293页。

［2］ 中国百越民族史研究会编：《百越史研究》，贵州人民出版社1987年版，第117页。

为密切了，如《竹书纪年》卷下载："周成王二十四年（前1001）于越来宾。"当然，两国之间也发生过战争，例如在周穆王时（前947—前928），"大起九师，东至于九江，架鼋鼍以为梁，遂伐越，至于纡"[1]。无疑，周王朝通过这些军事行动，也将其他先进的文化输送到了相对落后的越国。

到了春秋战国时期，随着越国的强盛，勾践最后一次把都城从大越迁到琅琊（今山东琅琊），"横行于江淮东"，并"兴师北伐齐，西伐楚，与中国争强"[2]，与中原华夏族的文化联系更为密切了。其时，越国使用华夏文字，并以华夏语为官方语言。越国的一些风俗习俗也受到中原华夏文化的影响。从地下文物来看，越王室的者汈编钟就反映了深刻的华夏文化。因此，有学者认为："至少从春秋后期起，越族已开始与华夏族融合。"[3]

当然，越国对中原华夏文化也产生过一定的影响。如《竹书纪年》卷下载：周赧王时，"越王使公师隅来献舟三百、箭五百万，及犀角象齿"。这表明，中原王朝在造船业方面吸收了越国的经验。

越国灭亡以后，其地文化仍对中原华夏文化产生过深远的影响，如吴越人创制的方舟、戈船、楼船在秦汉两朝颇为盛行。越人纺织而成的葛布也扬名中原，为中原统治者所欣赏。《后汉书》卷一一一《陆续传》载：会稽（治今浙江绍兴）吴人陆闳，在东汉建武年中任尚书令。其人"美姿貌，喜着越布单衣。光武见而好之，自是常敕会稽郡献越布"。越歌在秦汉时也已传人三秦地区。《汉书》卷九八《元后传》载：汉成都侯王商"穿长安城，引内沣水注第中大陂以行船，立羽盖，张周帷，辑濯越歌"。唐代颜师古注曰："濯辑与楫同，与棹同，皆所以行船也。令执揖棹人为越歌也。楫谓棹之短者也。今吴越之人呼为桡，音饶。越歌，为越之歌。"

（六）钱塘江流域越文化对日本文化的影响

越文化对日本的影响，是近年来中日学者颇为重视的一个课题。在过去，

[1]〔梁〕沈约注：《竹书纪年》卷下，明嘉靖四明范氏天一阁刊本，浙江图书馆藏。

[2]〔汉〕司马迁：《史记》卷四一《越王勾践世家第十一》，第5册，第1746、1748页。

[3] 李学勤：《东周与秦代文明》（增订本），文物出版社1991年版；杨宽：《战国史》，上海人民出版社1955年版，第267页。

学术界普遍认为中日文化交流始于公元前二三世纪，也就是说始于中国的秦汉时期、日本新石器时代绳纹文化晚期。其主要论据是《汉书·地理志》有“乐浪海中有倭人，分百余国，以岁时来献”的文字记载，以及中国的水稻种植、丝麻纺织、金属铸造等先进技术传入日本和大陆移民的成批到达日本列岛。这些材料多年来一直被学术界所反复引用，成为中日文化交流2000年历史的主要依据。

然而，随着大量考古资料的发掘以及研究的深入，越来越多的国内外学者对此提出了疑问，认为中日文化交流的历史远远不止2000年，当可以推溯到前5000年，即有7000年的文化交流史。1983年9月5日，安志敏在日本京都第三十一届国际亚洲、北非人文科学会议讨论会上作了《关于河姆渡文化》的报告，指出：“以河姆渡及其后续者为代表的长江下游的新石器文化的若干因素，也可能影响到史前日本。如绳纹时代的玉玦、漆器以及稻作的萌芽，弥生时代及其以后的干栏式建筑，都可从长江下游找到渊源关系。”[1]此外，中国学者王仲殊、李学勤、陈桥驿、严文明、徐桐生、孟宪仁以及日本的日下恒夫、鸟越宪三郎等，分别从考古学、历史学、民族学、人类学、人种学、民俗学、语言学、历史地理学、宗教学、伦理学、文学艺术等学科着手，对中日的史前文化交流作了比较深入的研究和探讨，引起了学术界的注目和重视。

从考古学、历史文献学、民族学等方面的研究资料来看，越文化对日本文化的影响比较广泛。

1.稻作农耕

日本新石器时代的绳纹文化有无农耕，是学术界长期争议的一个问题，其观点主要有绳纹前期农耕论、绳纹中期农耕论、绳纹晚期农耕论和照叶林文化论等，众说纷纭，莫衷一是。最近，日本考古界在北九州的许多绳纹文化晚期遗址发现有人工培育的水稻和成套的中国系统的磨制石斧，特别是1978年在福冈县板付发现了距今2400年至2500年绳纹文化晚期的水田遗址。在这个遗址中，发现有调节稻田水量的堰水栅、水沟、田间小道、稻田等，以及印在陶

---

[1] 安志敏：《长江下游史前文化对海外的影响》，《考古》1984年第5期。

片上的稻壳压痕和100多粒炭化的稻米。通过对这些遗址沉积物的孢粉学研究，日本大多数学者都认为日本的稻作农耕开始于绳纹文化晚期。

但据日本农学家的研究，日本原先并没有野生稻。那么，这些野生稻是从什么地区传过去的呢？对此，几乎所有的日本学者都认为，日本的稻作农耕是从中国传播过去的。

日本稻作农耕源于越族地区的看法，近年来不仅为大多数中国学者所接受，而且也被许多日本学者的研究所证实。如日本东京大学的赤泽建在《日本的水稻栽培》一文中认为："一般认为，（日本）水稻栽培之始首先是受大陆影响的刺激。关于从哪里和通过哪条路线水稻栽培得以传播，则在日本史前史的研究中争论激烈。不过，根据最近的研究，已得出结论认为，最有可能的路线是从中国南方的长江下游地区，经过朝鲜南部，直至九州北部，或者是从长江下游地区直接到达九州北部。"[1]日本学者佐佐木高明说："这些居住于沿海附近、使用舟根、进行鱼捞、并且有几何印纹陶文化的水田稻作民们，对于横渡东海的栽培型稻作的传播，在很大程度上一定扮演过重要的角色。"[2]一些日本学者还从育种学、航海学的角度，证明了"稻谷是在公元前1000年，从浙江省南部，越过东海直接传到日本九州西北的"[3]。还有一些日本学者根据稻谷酶谱的变异范围和"地理渐变"的特征，对亚洲不同地区的766个水稻品种进行了酯酶同功酶的酶谱分析，认为日本的水稻品种很可能是由中国的长江口传至日本的。[4]这些学者的论断与中国学者的研究成果可谓异曲同工。以上研究结论足以证明，日本的稻作文化是从越族地区传入的。

水稻自绳纹文化晚期从中国渡海传到日本九州，"史前的九州人便自然从迁徙渔猎生活转向饭稻羹鱼，并逐渐向本州推进。稻作传遍日本各地以后，由于其海产资源的丰富，日本的'饭稻羹鱼'较之中国东南沿海更为典型。它

---

[1]［日］赤泽建：《日本的水稻栽培》，《农业考古》1985年第2期。

[2]［日］佐佐木高明：《日本稻作的形成》，尹绍亭译，《农业考古》1989年第2期。

[3] 张建世编译：《日本学者对绳纹时代从中国传去农作物的追溯》，《农业考古》1985年第2期。

[4]［日］林键一：《利用酯酶同功酶电泳分析研究作物品种的遗传变异及其地理分布》，《国外农业科技资料》1975年第2期。

对日本人口的增殖，日本文化的孕育、发展及其深远的影响，怎么估计也不为过分”[1]。

除水稻外，日本经济作物的栽培也受到越族地区的影响。据日本学者研究，日本绳纹文化前期开始栽培的葫芦、绿豆、构树、芋头、菱角等植物，也是从中国长江下游渡过东海传到日本九州西北的。[2]

此外，日本弥生时代石制和木制农具的品种、使用方法等，也都可以从长江下游的遗物中找到其渊源。像安装本柄的石斧、石锛和收割用的半月形石镰都比较接近。特别是江南地区新石器文化中出现的以耜、镰为代表的木制农具，同样在日本弥生文化遗址中有大量的发现。另据日本学者的研究，日本古代九州等地盛行的踏耕技术亦系由越族地区传入的。由此可见，越族地区和日本古代的相作农耕有着十分密切的联系。

2.养蚕纺织

关于养蚕的起源，过去一直认为是在黄河流域。1967 年，日本学者吉武成美通过用同功酶对多种家蚕品种的血液酯酶、皮肤脂酶和血液磷酸酶进行测定，提出养蚕起源于中国黄河流域，最初是一化性种，然后向江南等地及世界各地传播，并形成二化性种和多化性种。[3]这种以一地为中心、四面传播扩散的养蚕起源理论，一时被国内外学者纷纷引用。

但考古资料表明，越地是世界上最早养蚕缝丝的发源地。1973 年，考古工作者在浙江余姚河姆渡遗址中发现了大量用于纺织的打纬骨机刀、骨梭、梭形器、木制纹纱棒、打纬刀、经轴（残片）和陶制纺轮等纺织工具。而且在一件骨匕上还阴刻有编织纹，特别是在两件盅形象牙雕刻器外壁上刻有编织纹和蚕纹图像，它表明早在 7000 多年前的新石器时代晚期，越地已经开始饲养家蚕了。原始纺织技术中可能已包括丝织技术，这是纺织技术发展史上的重大突破。此外，在浙江吴兴钱山漾等新石器时代遗址中，还出现了绸片、丝线、丝带、麻布片等物。尤其是钱山漾出土的绸片，经科学鉴定，是茧丝

---

[1] 游修龄：《百越农业对后世农业的影响》，《浙江学刊》1990 年第 6 期。

[2] [日]田中耕司：《稻作技术之类型及其分布》，渡部忠世主编：《亚洲稻作史》卷一，小学馆 1987 年版。

[3]《日本蚕丝学杂志》1967 年第 2 期。

捻合的长丝做经纬、交织而成的平纹织物，表面细致、光洁，丝缕平整，为我国至今出土最早的丝织品。这说明，越地“新石器时代的纺织品，无论在种类或技术方面，都远超黄河流域”。到春秋战国时期，吴越地区成为中国纺织业的中心之一，主要以生产麻纺织品为主。现有的资料表明，当时已能生产丝、帛、罗、纱等。

吴越民族的养蚕纺织技艺，对日本产生了深远的影响。大约在前 3 世纪，随着越族大规模的流散和外迁，先进的养蚕、织绸和缝制吴服的技术也传到了日本。如日本弥生前期的蚕丝纤维断面属于华中系的蚕品种，弥生中期后半才出现华中系与乐浪系的混合品种。[1]到西汉哀帝年间，吴越地区著名的“越罗”织造技术和罗织物也传到了日本。[2]

3.建筑

越文化对日本的建筑有着深远的影响，它主要体现在高地性聚落、环滦聚落、干栏式建筑等方面。

（1）高地性聚落。在日本列岛，特别是日本西部，有许多高地性聚落，总数在 500 个以上，其年代大约在 1—3 世纪之间。这些弥生文化时期的高地性聚落遗址，其特征有：第一，从平地上可以清楚地看到；第二，在山顶、山腰有池塘供饮水用；第三，用烟火联系周围的聚落，所以遗址的间隔一般不超过 5 公里；第四，没有用石的城墙，有土的城墙或沟作为防御。以前，日本学者往往认为日本的高地性聚落遗址和朝鲜半岛的类似遗迹有着密切的联系。但遗憾的是，朝鲜这种高地性聚落遗址发现较少，很难说明两者之间有多大的联系。1990 年 8 月，日本同文社大学文学部教授森浩一通过对浙江萧山越国固陵城遗址的考察，得出了“越地方的山城影响了日本弥生文化（特别高地性聚落）”的结论[3]。

（2）干栏式建筑。越人原始的干栏式建筑形制在日本也有发现。如日本传讚岐国发现的铜铎和奈良佐味田宝塚古坟出土铜镜上所表现的都是底架桩

---

[1] [日]布目顺郎:《絹の道——长江下流域ルートを探事》,《弥生の使者徐福》第 106—108 页，1989 年。

[2] 蒋猷龙:《世界蚕丝业科学技术大事记》,《丝绸史研究资料》1983 年第 6 期。

[3] [日]森浩一:《关于日本弥生文化的山城与越文化的关系》,《浙江学刊》1990 年第 6 期。

柱和长脊短檐式屋顶的干栏式建筑。此外，在奈良唐古遗址出土的弥生脚片所刻划的干栏式建筑图像也与铜铎基本相似。根据以上资料，安志敏推断出日本“至少从弥生文化以来，已经出现了长脊短檐的干栏式建筑，古坟时代的埴轮家也还保留了同样的形制，因而表现了与长江流域的密切联系。不过汉代干栏式建筑的陶屋已不见长脊短檐式的屋顶，那么日本所接受的影响显然是在汉代以前”[1]。

4.金属冶炼

日本在前1世纪至1世纪进入青铜器时代，并生产铜剑、铜矛和铜铎等青铜器。到2世纪又进入铁器时代，开始使用铁制农具和铁制武器。关于日本金属冶炼的起源，中外史学界一致认为都是从中国传过去的。那么，日本的青铜冶炼到底是从中国的哪个地区传过去的呢？我们认为，日本的金属冶炼与越文化有着非常密切的关系。如前所述，春秋战国时期，吴越的金属制造工艺得到了飞速的发展，甚至“超过了周王室器物的水平”。其中剑、戈、刀等青铜武器的制造技术，更是居各国之首，名扬四海。越国的青铜文化对日本产生了相当大的影响。如日本弥生前期出土的东周式铜剑和奈良县东大寺山古坟出土的“中平”（184—189年）铭文的铁大刀，便可能是通过海路的输入品。[2]值得注意的是，越族擅长铸造青铜兵器的传统，也在日本得到了发扬光大。如1984年夏天，仅在日本岛根县簸川郡斐川町荒神谷的两个埋祭坑中就发现了埋在一起的358柄铜剑和16件铜矛，成为轰动日本学术界的大发现。[3]这表明当时的日本也是擅长铸造兵器的。另据罗香林研究，日本出土的铜铎可能受到越文化的影响。铜铎为越国固有的文化，在中国，除吴越古地以外，别处鲜有铜铎出土。但在异国他乡的日本却出土了不少铜铎，如日本畿内、北陆、山阴、山阳、四国以及九州的一小部分，都有铜铎出土，数量达100枚左右。据原田淑人教授研究，日本“铜铎之形，与中国之钟相类，但似未见钟而想象仿造者。用途不似乐器，或视作宝品，均不能定。还有一层，朝鲜迄今尚未出土，而日本乃

[1] 安志敏：《江南文化与古代的日本》，《考古》1990年第4期。
[2] 王仲殊：《古代的日中关系——从志贺岛的金印到高松塚的海兽葡萄镜》，《考古》1989年第5期。
[3] [日]松本清张编：《古代出雲王权は存在したガ》，山阴中央新闻社1984年版。

有百枚之多，则或是日本古代之器。今安艺国铜铎与铜剑同出，则铜铎与铜剑必存一共同之时代”。日本出土铜铎形制正与吴越铜铎相似，其与钢剑相伴出土，亦与越族之同时盛用铜剑者相合。因此，有些学者认为，日本铜铎或者传自吴越民族，或者日本民族根本上有一部分与吴越民族同一源流，亦说不定[1]。

5.陶器制作

日本史前时代的陶器制作曾受到越文化的影响，其中以鬲形陶器和印纹陶最为突出。越人是中国最早烧制釉陶的，余姚河姆渡遗址考古发现表明，早在7000年前，越族的先民就已经开始烧制陶器。到商朝时，在浙江出现了结构完整、装烧量大、窑温较高的烧制印纹硬陶的龙窑。春秋时期，越地的印纹硬陶“已达到全盛阶段”，还出现了原始瓷器。战国时期，这里的制陶业更是趋于发达，仅浙江绍兴的富盛和萧山的进化两地就发现了我国早期的窑址20多座，有的窑址还呈长条形斜坡状，说明这些窑场具有水平较高的专业作坊的性质。吴越的陶器以几何印纹陶和原始青瓷为特征，器类主要有鼎、甗、釜、罐、碗、杯、壶、尊、觚、豆、觯、鬲、盉等。其中鬲形陶器有很大一部分具有鲜明的江南地方特色，多具凸出的圆肩，以素面为主，也出现个别几何印纹。[2]

战国时期原始瓷罐（浙江省博物馆藏）

战国时期原始瓷提梁盉（浙江省博物馆藏）

［1］罗香林：《古代越族考》，《江苏研究》（吴越文化专号）1937年6月3卷5—6合期。
［2］绍兴市文管会：《浙江绍兴富盛战国窑址》，《考古》1979年第3期；《三十年来浙江文物考古工作》，见《文物考古工作三十年》，文物出版社1979年版。

从日本青森县今津出土的鬲形陶器来看，器形与越地出土的昂形陶器相似，纹饰也与太湖地区西周晚期至春秋前期的一些器物相似。这说明，日本青森县今津出土的鬲形陶器是模仿越地的陶器而制作的，至少表明两者之间有着比较密切的文化联系。此外，日本长崎福江市发现的印纹陶罐，无论是器形还是纹饰都带有显明的吴越文化特色，它不同于绳纹文化时期的陶器，表明其祖型无疑来自中国大陆。

6.语言

据夏恒翔、孟宪仁等研究，越语与日本语言有着非常密切的关系，如《淮南子·原道训》："于越生葛絺。"《广韵》："葛，古达切，絺，丑饥切。"古音葛、絺二字读 gatsi，与日语カジ（梶、楮）音义均接近。《越绝书》卷三云："越人谓船为须虑。"西村真次《文化移动论》："出云的中海，有所谓梭利科船。"梭利科音近须虑。《越绝书》卷八："越人谓盐曰余。"《广韵》："余，视遮切。"音近日语シオ（盐）。《吴越春秋》徐氏注："姑中山者，越铜官之山也，越人谓铜姑渎。"铜姑渎即指铜灶、铜矿、冶铜炉，而古日语称灶为クト，音义与姑渎一致[1]。此外，据陈桥驿研究，日语读音中的许多词汇都是越音，如"日语音读数字：一、二、三、四、五等等，这个'二'，音读作'ni'，现在主要流行于宁绍地区"[2]。这种语言的一致性，表明日本与越文化有着一定的血缘关系，它是越文化影响日本的活化石。

7.风俗

从民俗学资料来看，越族的许多风俗习惯在日本也可以找到痕迹。

首先，就丧葬习俗来说，日本弥生时代开始出现的坟丘墓与吴越地区的土墩墓非常相似。从日本吉野ケ里遗址发现的弥生文化墓葬来看，坟丘的形制比较特殊，先在周围挖成断续的环沟，再把底部挖成浅钵状，然后用土逐层堆成略近龟甲形的坟丘。坟丘墓的南面的数层台阶，然后是长 27 米、宽 4 米的参道，由此向南延伸并转折向西，通过外壕的"陆桥"。台阶的顶端有两处火烧的痕迹，直径达一米多，当属祭祀的遗迹。这与流行于吴越地区的土墩墓，无论是性质

[1] 详见夏恒翔、孟宪仁：《从语言化石看吴越人东渡日本》，《辽宁大学学报（哲学社会科学版）》1987 年第 4 期。

[2] 陈桥驿：《吴越文化与中日两国的史前交流》，《浙江学刊》1990 年第 4 期。

还是形制都趋于一致，现列表比较如下：

种类类别	坟丘墓	土墩墓
营适造法	土岗	透择地势较高的岗地
规模	长 39 米，宽 26 米，高 2.5 米	一般底径 15—30 米，高 3—5 米
外观形制	呈龟甲型，一丘多葬	呈馒头形，一墩多墓
随葬品	铜剑、玻璃管饰	青铜礼器、兵器、陶器、玉石器等
墓主成份	王族成员	奴隶主贵族阶层

从历史及传播情况看，坟丘墓受土墩墓的影响应该说是没有疑问的。

其次，越族带有原始尚武精神性质的文身习俗，在古代的日本也颇为盛行。《南洋见闻录》载：“文身涅齿（黑齿）由来久矣，文身之俗，存在于缅甸、日本、安南、暹罗之人。”明治初年，日本曾特制法律条例加以禁止，由此可见风气之盛。

越人好剑而敢死，自杀也往往用剑自刎而死。槜李之战，勾践为了达到以乱吴师之目的，使数十人在吴兵阵前集体用剑自刎，场面之壮烈，令敌军为之心惊，阵脚大乱，以致溃败。后来，随着越人东渡日本，自然也将这种自刎方式传到日本。日本武士爱用刀剖腹自杀，就像越人好用剑自刎，两者颇有相似之处。

8.宗教

越族的宗教信仰与日本颇多类似之处：一是宗教观念强烈；二是宗教意识重复。从文献学和民俗学的资料来看，日本民族的宗教信仰风尚是受到越族遗风的影响。根据《出土风云记》的记载，日本古代的出云国（即今之岛根县）曾建有 380 多个神社，但出云国中的少数乡，如古志乡，曾是越人的居住区。因此肯定有许多是越族宗教的设施。越人酋长和巫师少彦名，迄今还为日本许多神社所供奉。此外，日本学者乌越宪三郎在中国云南的考察中，发现了日本神社鸟居（山门牌坊）、劝进绳等最原始的原型物。[1]云南的“西瓯（越）”来源于钱塘江流域，与越族共祖，由此可以“说明日本神道社的根子在中国吴越和东夷故里”。

[1]［日］乌越宪三郎：《日本人的起源之谜》，《历史读本》1983 年第 9 期。

9.图腾崇拜

越人对“鸟”的爱好与崇拜，在日本也得到了充分的反映，日本神话中以鸟为始祖的记载不仅十分明确，而且非常详细。日本鸟图腾崇拜的实物也有较多出土。以“飞鸟”命名的神社、山川地名在日本非常普遍。飞鸟神社遍布全国，香火极盛；鸟之峰、鸟居峰、飞鸟山、飞鸟峰、飞鸟神峰等山川地名也屡见不鲜。由此可见日本人对鸟的崇尚尊敬程度。另据学者研究，日本古代的贺茂氏就是信奉鸟图腾的异族，来像于中国藏族，为吴越人的后裔。[1]

10.地名

从古地名的角度来看，越文化对日本也有明显的影响关系。据陈桥驿研究，在日本有许许多多大大小小的含有“越”字的地名，数量有一千以上，特别是在沿海的古国名中的“越前”“越中”“越后”，“都是古代越族到达这个地区的标志，也就是吴越文化的标志”[2]。越族先民漂洋过海到达日本，在那里定居生息，不仅把越文化传到了异地他乡，而且也在地名上留下了他们怀念故地的痕迹。

当然，越文化对日本的影响并非一朝一夕所致，而是一种历史现象。越地江河湖泊密布，东临大海，越族先民长年累月在水中捕捞鱼类与水产，善游泳，熟谙水性；为了到达远距离的水域，越族先民早在7000年前的河姆渡时期就制造了独木舟,此后造船技术一直居全国之领先地位。丰富的水上（海上）航行经验和先进的船只，为越族先民的海外开发提供了先决条件。大约在夏商以前（即新石器晚期），越族的一些先民可能因受卷转虫海侵的影响，在夏季，乘着独木舟或木筏，顺着盛行的南风，漂往琉球和日本。大约到了战国时期，楚威王灭越，越族又有了一次大规模的海上迁移，他们中有一部分到达了日本，带去了先进的越文化，与当地文化相融合，成为日本民族文化的有机组成部分，对日本古代文化和社会的发展作出了不可磨灭的贡献。

（七）越文化对南洋的影响

越国文化对南洋文化（或者说东南亚文化）也产生了极其深远的影响。学者

[1] 详见夏恒翔、孟宪仁:《从语言化石看吴越人东渡日本》,《辽宁大学学报（哲学社会科学版）》1987年第4期。

[2] 陈桥驿:《吴越文化与中日两国的史前交流》,《浙江学刊》1990年第4期。

徐松石在《南洋民族的鸟田血统》一文中指出:“我们有许多理由可以断定今日南洋棕色民族的祖先,最主要的部分,发源于中国的东南沿海地带。这地带自渤海湾,经山东、江苏、浙江、福建,而至广东省境。此类移民,自中国移入南洋,乃自中国的先秦降至东汉时代。他们在中国东南沿海最初的部族名称乃鸟田人、鸟田人在中国的历史,可以清清楚楚推溯到夏朝大禹王的时期,距今已经有四千余年了。换一句话说,今日马来人、印度尼西人和菲律宾人,均有四千余年可稽的民族历史,他们的渊源可谓相当绵远。”[1]此外,林惠祥《马来人与中国东南方人同源说》、凌纯声《南洋土著与中国古代百越民族》等文也持相同观点。

从考古学、民族学、历史文献学的资料来看,中国东南古越族与东南亚民族的密切关系主要体现在以下几个方面:一是越族及其先民所创的有段石锛和印纹陶在东南亚地区多有发现。“由这些特殊器物的发现,可以论证百越民族的一支,携带有段石锛和印纹陶的制造技术,南下到东南亚,成为现代东南亚民族之一来源。”二是从体质、语言及断发文身、凿齿、干栏式建筑、食人与猎头、崖葬、洪水传说等民族学调查资料来看,也可证明越族与东南亚民族密切的血缘关系和文化联系[2]。三从《越绝书·越绝外传记地传》的记载“是时(秦代),徙大越民置余杭、伊攻、口故障。因徙天下有罪滴吏民,置海南故大越外,以备东海外越,及更名大越曰山阴”,以及其他文献记载来看,在越国灭亡前后,生活于中国东南沿海的越人曾多次南迁,其中有很大一部分迁移到东南亚地区,成为当地民族来源之一。狄逊在《人类种族史》一书中指出:“我想马来人的发生是由于华南和华中海岸的阿尔卑型人种和原住的阿尔卑人种以及加斯比型人种混合的结果,因为他们的文化是海洋式的。他们早能造船和航海。当汉族发展到了东部沿海和这种非汉族的人民接触时,便由他们学得了造船和航海的技术。汉族南进时将这种马来族一部分吸收,一部分赶走,于是这种惯于航海的马来人便时时航行到东方或南方的海外寻找新住地。他们后来定居在菲律宾西海岸,棉兰佬的三板牙半岛、苏禄列岛、婆罗洲海岸、苏门答腊的东海岸,最后到了西海岸而成为门南加堡马来人。”“约在公元前五百年,有一支住在中国

[1] 见魏桥主编:《国际百越文化研究》,中国社会科学出版社1994年版,第452页。另徐氏尚著有《东南亚民族的中国血缘》一书对此有详细的阐述。

[2] 以上参见陈国强、蒋炳钊等:《百越民族史》,第337—345页。

南方海岸的正马来人，原是勇敢的航海民族，因受了汉族南迁的影响，使向海外寻觅新住所，定住在菲律宾婆罗洲苏门答腊，在第十二世纪时更进入马来半岛，并移住于其它各岛的海岸。但是在印度尼西亚地方，正马来人还不过是表面一层，大多数的人民是属于古阿尔卑型的。”[1]他在这里所说的华南华中海岸，即指今日江浙闽粤四省地区。

在越国文化对东南亚文化的影响中，尤以越南最为深远，影响也最大。越南历史学家陶维英在他所著的《越南古代史》一书中指出：“江南地区的某一地点，有一支以捕鱼和越海为业的越族人，南下到越南，成为后来的雒越。”[2]雒越即今日越南人之祖先。

（八）越文化与南亚文化的交流

越文化与南亚的文化交流体现在玻璃器上。先秦的玻璃都是原始玻璃，或称琉璃。湖南出土有许多号为“蜻蜓眼”的玻璃珠，从战国早期到战国晚期的都有，可能有少量是春秋晚期的。“蜻蜓眼”这种纹饰无疑源于西方，经由南亚传到楚国。有的“蜻蜓眼”玻璃珠，经过化验，证实其原料为钠钙玻璃，无疑是南亚传来的。当时南亚与东亚的联系通道，是从印度东北部经缅甸北部，越过横断山脉，穿过云贵高原，到洞庭平原和江汉平原，再到中国东南沿海的吴越地区。这是最早的一条丝绸之路，或可称之为“南方丝绸之路”。它的开通时间不晚于前4世纪后期，也可能早在前6世纪后期[3]。先秦时期中国自己制造的玻璃都是铅钡玻璃，还没有钠钙玻璃。河南固始县句吴夫人墓是前6世纪末的，所出的“蜻蜓眼”玻璃珠就有用钠钙玻璃做的。湖北江陵县望山1号墓所出的越王勾践剑，剑格嵌有淡蓝色钠钙玻璃两块，

杭州半山越国遗址出土的战国时期水晶杯

[1] DIXON.R.B.–THERACIALHISTORYOFMAN.1923。
[2] [越]陶维英：《越南古代史》上册，商务印书馆1976年版，第134页。
[3] 张正明：《料器与先秦的楚滇关系和中印交通》，《江汉论坛》1988年第12期。

制作年代约在前6世纪至前5世纪之际。今天看来，这些玻璃也许并不珍贵，然而它们是中国境内仅有的先秦中外文化交流的物证。

（九）越文化对大洋洲和美洲的影响

关于越文化或者说中国东南古民族对大洋洲、美洲文化影响的问题，海内外学者发表了一系列颇有影响的学者专著，如房仲甫《殷人航彼美洲再探》（《世界历史》1983年第3期）、石钟健《古代中国船只到达美洲的文物证据——与石锚和有段石锛》（《思想战线》1983年第1期）、《论悬棺葬的起源和越人的海外迁徙》（《贵州社会科学》1983年第1期）、张小华《中国与大洋洲、美洲古代交往的探讨》（《中央民族学院学报》1984年第1期）、沈根荣《古代中国越人到过美洲吗？——与石钟键同志商榷》（《思想战线》1983年第6期）、徐松石《南洋民族的鸟田血统》、杨江《马来—玻里尼西亚与中国南方文化传统的关系》、凌纯声《中国边疆民族与环太平洋文化》（台北联经出版事业公司1979年版）、澳大利亚学者贝尔伍德博士《人类征服太平洋——东南亚、大洋洲史前史》（新西兰奥克兰1978年版）等。

美国学者杨江在《马来—玻里尼西亚与中中国南方文化传统的关系》一文中认为：“大量的语言、习俗、物质文化方面的考证可以得出这样一个结论，即：越国人的后代与马来—玻里尼亚文化有悠久的联系。”“早在6000年前，马来—玻里尼亚人的祖先开始从中国的福建省出发进行了长途的迁移运动。他们向南行进穿越菲律宾和印度尼西亚。尔后分两个方向迁移。一路向西，到达马达加斯加；另一路向东，到达夏威夷和伊斯特岛。东徙的年代表如下：距今6000年前，到达中国东南部及台湾；距今5500年，到达婆罗洲、帝汶岛；距今4500年，到达印尼所罗门群岛新几内亚；距今4000年，到达西密克罗尼亚群岛；距今3500年，到达斐济；距今3000年，到达萨摩亚群岛；距今1700年，到达马贵斯群岛；距今1600年，到达伊斯特岛；距今1400年，到达夏成夷；距今1100年，到达新西兰。对于这次横贯太平洋的大迁移，已经有了许多翔实的史料记录。人们在语言学方面比较过该地区各地语言、语调的差异与变化；在建筑风格上比较过其中的进化与演变；同时对人种的遗传特性、杜团组织的特点、宗教的相似性及文化习俗的其他诸方面都有过考察和研究。所以，现在人们已经能够较好地理解该地区中诸种文化的联系。”[1]

越文化与美洲文化也有着十分悠久的文化联系。石兴邦在《关于中国新石器时代文化体系问题》一文中认为：“多种物证表明，距今6000年夷人和越人就已同美洲和大洋洲有了接触。距今6000年前后属于夷人和越人分布范围内的我国黄淮下游、东部沿海、渤海清周围以及东南沿海的青莲岗文化系统，与北美洲文化体系基本一致。”[2]石钟健在《古代中国船只到达美洲的文物证据——石锚和有段石锛》一文中也指出：“古代古越人生活在江海之间的陆地上，同时拥有‘东绝大海’的广阔海域。由于所处地理环境特殊，因此造成了他们陆海兼处的生活特点，正如越王勾践说过的一句话，越人‘水行而山处’。正因为他们拥有非凡的航海经验，所以早在几千年前，已经驰骋于波涛汹涌的近海以及远洋之中。更因为在原始宗教和传统信念——‘朝东方去’思想支配之下，特别由于来自中原王朝的政治上和军事上的压力，迫使他们离开大陆，渡过太平洋，来到南北美洲。他们到达新大陆的时期，当在新石器时代的晚期。古代越人精于造船，擅长航海，长期从事海上生活，根据这种生活特点，说他们在古代较早时期，已经渡过太平洋，到达南北美洲，理由不能说是不充分的”。“越人到达美洲的时期，当在公元之前的一二千年之间。她们到达南、北美洲的确切时期，比公元五世纪西域五僧之东渡‘扶桑’(458年)，要早一千余年；比十五世纪哥伦布的‘发现新大陆’(1492年)，要早二千余年”。“古代越人到达南、北美洲，在古代世界史上是一件极其重要的大事，其重要意义有四：第一，最早打开了亚、美两大洲间北路和中路的海上交通。第二，由于受到亚洲较先进的文化的影响，美洲的原始文化有了进一步的发展。第三，证实了后此西域五僧的东渡‘扶桑’，正是沿着太平洋北岸老路前往的。第四，把发现新大陆的时期，提早了二千余年”[3]。

越人到达美洲的证据有以下几点：一是在北美加利福尼亚“浅海”中发

[1] 魏桥主编：《国际百越文化研究》，第549页。

[2] 见《南京博物院集刊》1980年第2期。

[3] 石钟健：《古代中国船只到达美洲的文物证据——石锚和有段石锛》，《思想战线》1983年第1期。

现了30块古代东方石锚。美国加利福尼亚大学考古研究所所长威廉·克卢洛教授认为："这些大概是许多世纪以前来访问南加利福尼亚海岸的一条或许多条中国人或日本人的船留下的锚。""其样式是五百年至一千年前的东西。"[1]而石钟健认为：北美"浅海"石锚和我国古代船锚同属于石锚一系，两者间有着极为密切的关系，它说明"浅海"石锚原是从中国东南沿海随船而去的。[2]二是美洲大陆发现的有段石锛和中国大陆东南区发现的同类器形极其相似。林惠祥认为："有段石锛是出自亚洲大陆，然后传到菲律宾和玻利尼西亚。""甚至在南美洲厄瓜多尔也有。"而"有段石锛应当是古代百越族的文化物质，也便是发生在中国东南区的"[3]。三是花生。花生的原产地一般都认为是中美洲，但在中国浙江吴兴钱山漾遗址却发现了花生实物，国内外有许多学者将此当作中国古代越人与美洲交往的物证。如张小华在《中国与大洋洲、美洲古代交往的探讨》一文中认为："通过对花生一系列最新研究，不难发现，花生既不是后代窜入，又无起源于中国的考证，且还有考古学界一致公认的可靠的C14测定年代，那么花生理所当然应为中国与南美玻利维亚4000年前就存在交往的有力证据。"四是在南美玻利维亚拉巴斯郊区距今3600年前的古帝国首都蒂瓦纳库古城中发现有石雕中国人头像。值得注意的是，在古越人的老家，浙江余姚河姆渡文化遗址第二层，年代为距今4000年以上，我们也发现了人头塑像。其特征与南美古城的头像基本一致。两地人头刻像的发现，时间上也基本吻合，这为古越人与南美玻利维亚人的交往找到了直接证据[4]。五是在大洋洲新西兰和中南美洲都发现有雕刻精美的玉器及爱玉的风尚，尤其是新西兰的玉器与中国玉器相同到几乎无法分辨的地步。这不由得不使人想起良渚文化时期盛行的爱玉、崇玉风尚。六是中

[1] 转引自林岩《美洲海底发现中国古代"石锚"》，见中国历史博物馆编：《历史与文物资料》(6)，1980年第7期，第27页。

[2] 石钟健：《古代中国船只到达美洲的文物证据——石锚和有段石锛》，《思想战线》1983年第1期。

[3] 以上参见林惠祥：《中国东南区新石器文化特征之一：有段石锛》，《考古学报》1958年第3期。

[4] 转引自林岩：《美洲海底发现中国古代"石锚"》，见中国历史博物馆编《历史与文物资料》(6)，1980年第7期，第27页。

国东南越人与美洲、大洋洲均有与太阳有关的相似的传说、祭祀太阳的遗物或古迹：张小华认为“这些可能正是当年迎着朝阳前进的中国东南古民族遗留下来的痕迹”[1]。

[1] 王洪勋:《三千年古城——蒂瓦纳库遗址一瞥》，见《光明日报》1983年3月2日，该文附有照片；浙江省文物管理委员会、浙江省博物馆:《河姆渡遗址第一期发掘报告》，《考古学报》1978年第1期。

第四章 秦至六朝时期的钱塘江

陈志坚 徐吉军

第一节　秦代的钱塘江

一、钱塘江流域秦县的设置

(一)秦代钱塘江流域的设县情况

《史记·秦始皇本纪》记载：秦王政二十五年(前222)，秦国派大将王翦平定了江南，“降越君，置会稽郡”[1]，无余建立的越国正式灭亡。然后在这一区域设置了新的郡：会稽郡。钱塘江流域的大部分县都在会稽郡，少量县属于故鄣郡。

秦县的具体情况没有文献记载。《汉书·地理志》所记载的汉县，大多来自秦县。[2]如后晓荣《秦代政区地理》[3]就认为，很多县通常认为是西汉时设县，今考证表明，其设县可以追溯到秦代，甚至战国。虽然从整体上可以说差不多，但具体到某个县，还需要进行一番考证。

马非百的《秦集史》中，考订秦代会稽郡下属26县：吴、娄、阳羡、丹徒、曲阿、钱唐、余杭、由拳、海盐、乌程、山阴、诸暨、鄮、鄞、太末、乌伤、句章、余姚、上虞、江乘、秣陵、丹阳、歙、黟、溧阳、暨。[4]其中，属于钱塘江流域的县有：钱唐、余杭、海盐、山阴、诸暨、上虞、太末、乌伤、歙、

[1]〔汉〕司马迁:《史记》卷六《秦始皇本纪》:“二十五年，大兴兵……王翦遂定荆江南地，降越君，置会稽郡。”

[2]《汉书·地理志》所载郡县为成帝元延绥和年间的汉代政区。见周振鹤:《西汉政区地理·引论》，人民出版社1987年版。

[3] 后晓荣:《秦代政区地理》第七章《淮汉诸郡置县·会稽郡》，社会科学文献出版社2009年版，第413—421页。

[4] 马非百:《秦集史·郡县志下》，中华书局1982年版，第624—628页。

黟等。

1.钱唐

秦王政二十五年置会稽郡，设立钱唐县，史称县治设在“灵隐山下”，即西湖边，杭州从此开始了作为城市的历史。《史记·秦始皇本纪》中讲到秦始皇南巡路线时，明确提到了钱唐：“三十七年，至钱塘，临浙江。”《史记》卷七《项羽本纪第七》“秦始皇帝游会稽，渡浙江”《索隐》注：“韦昭云：‘浙江在今钱塘。’浙音‘折狱’之‘折’。晋灼音逝，非也。盖其流曲折，庄子所谓‘淛河’，即其水也。淛、折声相近也。”《越绝书》提到秦始皇南巡路线时，在回程中提到了钱唐：“已去，奏诸暨、钱塘，因奏吴。”为钱塘江出山口之北岸。

另据民国时期学者考证，早在秦代以前，钱塘江就有海塘设置。秦始皇设置钱塘县，就是因其地有钱水并有塘，故以此名，“惟事非官办，故官史无记载”[1]。

2.余杭

《越绝书》中多次提到余杭，可以证明秦时已有秦县。如《越绝书·吴地传》：“乌程、余杭、黝、歙、无湖、石城县以南，皆故大越徙民也。秦始皇帝刻石徙之。”另外，其他多种文献也都提到秦始皇南巡时路过余杭。如《水经·渐江水注》：“浙江又东，径余杭故县南，新县北。秦始皇南游会稽，途出是地，因立为县。”又如《吴兴记》：“秦始皇三十七年，将上会稽，途出此地，因立为县。舍舟航于此，仍以为名。”秦余杭县故址在今杭州市余杭区仓前镇，为钱塘江出海口之北岸。

3.海盐

秦封泥有“海盐口口”，可能是海盐丞印。《水经·沔水注》：“谷水又东径盐官县故城南……东出五十里有武原乡，故越地也，秦于其地置海盐县。”《元和郡县志》卷二五：“海盐县……本秦县，汉因之。”谭其骧《海盐县的建置沿革、县治迁移和辖境变迁》中指出：秦海盐县县治在今上海市宝山区张堰镇南。为钱塘江杭州湾的北岸。[2]

---

[1] 〔民国〕浙江省通志馆编：《重修浙江通志稿》第96册《水利略》。

[2] 谭其骧：《长水集续编》，第278页。

4.山阴

《水经·浙江水注》:“县即大越之国，秦改为山阴县。”《元和郡县志》卷二七:“山阴县，秦旧县也，隋改为会稽。”《太平寰宇记》卷九六:“山阴县，本秦旧县，置在会稽山北，龟山西。”秦山阴县故址即今浙江省绍兴市，为钱塘江杭州湾的南岸。

5.诸暨

《元和郡县志》卷二六:“诸暨县，秦旧县也。界内有暨浦诸山，因以为名。”《读史方舆纪要》卷九二:“(诸暨县)府南百二十里。西南至金华府义乌县百二十里，西至金华府浦江县百里，西北至杭州府富阳县百十里。本越王允常所都。秦置诸暨县，属会稽郡。汉以后因之。”《清一统志》卷二九四:“故城今绍兴府诸暨县治。”秦诸暨县故址在今浙江省诸暨市，为钱塘江支流浦阳江流域。

6.上虞

《水经·浙江水注》引《太康记》云:“舜避丹朱于此，故名。亦云:禹与诸侯会事矣，因相虞东，故曰上虞。”《读史方舆纪要》卷九二:“上虞县，秦置县，亦因舜后所封而名，属会稽郡，汉以后因之。”其故址即今浙江省绍兴市上虞区，为钱塘江支流曹娥江流域。

7.乌伤

《水经·浙江水注》引《异苑》云:“东阳颜乌以淳孝著闻，后有群乌助衔土块为坟，乌口皆伤，一境以为颜乌至孝，故致慈乌，欲令孝声远闻，故名其县曰乌伤矣。”秦乌伤县故址即今浙江省义乌市，为钱塘江上游金华江流域。

8.太末

《水经·浙江水注》:“(縠水)源西出太末县，县是越之西鄙，姑蔑之地也。秦以为县。”《东观汉记》:“秦时改太末。”《太平寰宇记》卷九七:“龙游县……秦汉太末县地。”秦太末县故址在今浙江省衢州市东，为钱塘江上游衢江流域。

9.黟县

《太平寰宇记》卷一〇四:“黟县，本秦旧县，置在黟州，因名之。”《读史方舆纪要》:“黟县，秦县，属鄣郡，以黟山而名。黟，本作黝，读伊。”《水经·浙江注》:“浙江又北历黔山，县居山之阳，故县氏之。”黟县故址在今安徽省黟县东北，为钱塘江上游新安江流域。

10.歙县

《元和郡县志》卷二九:“歙县，本秦旧县，县南有歙浦，因以为名。”《太平寰宇记》卷九五:“寿昌县，秦歙县地，汉为富春之境。”秦歙县故址即今安徽省歙县，为钱塘江上游新安江流域。

从秦县的设置分布图来看，整个钱塘江流域的重要区域都已经设县。北源新安江流域，有黟县、歙县；南源的衢江，有太末县；富春江一段，则有余杭县（富春县地尚属于余杭县境）；钱塘江口开始，有钱唐县；杭州湾北岸有海盐县，杭州湾南岸有山阴县。重要的支流也有不少已设县，如金华江流域，有乌伤县；浦阳江流域，有诸暨县；曹娥江流域，有上虞县。

秦朝的设县，应该说是对战国时代以前钱塘江流域社会经济发展的一个总结。说明这些设县的地区，之前已有了较多的发展，足以立县。同时，反过来也可以说明，春秋战国以来，钱塘江流域经过了越、吴、楚的长期发展，其开发程度已经较深，开发面积已经较广。

（二）秦代是否有浙江县?

后晓荣对马非百提出了批评，认为马氏“利用文献晚至明末《读史方舆纪要》《清一统志》等，这些文献有关秦置县记载多有不确，故其所考结果也多

浙江都水铜印

有商榷之地”[1]。而他考证认为秦会稽郡置县者有：吴、乌程、海盐、丹徒、浙江、延陵、秣陵、余杭、由拳、山阴、诸暨、乌伤、太末、句章、余姚、上虞、江乘、丹阳、钱塘、富春、娄县、阳羡、曲阿、黟、歙、鄞。共26县。其中钱塘江流域的县有：海盐、浙江、余杭、山阴、诸暨、乌伤、太末、上虞、钱塘、富春、黟、歙等。

与马非百考证的秦县相比，后晓荣的版本多了浙江、富春等县。但是，这个结论比较可疑。这里只讨论浙江县，富春县见本章第二节。

后晓荣考证秦时可能在会稽郡下有一个浙江县，这是一个全新的提法。他依据的金石材料是一枚“浙江都水”官印。在这个基础上，他又分析了文献材料中的“浙江”一词，认为很多场合中，浙江不是一个大地区名，而是一个小地区名。既然是“浙江”是一个小地区名，那就可以容易推断为存在“浙江”这样一个县级政区。先看第一个金石证据“浙江都水”的官印。这个材料引自罗福颐主编的《秦汉南北朝官印征存》[2]一书中编号为48的古印，归入第二卷《汉初期官印》之《田字格印》。根据其释文可知，此印现藏于上海博物馆。该印的时间，被定在了汉初。这大概是因为印的形式为“田字格”，是秦和汉初印的特色之一。至于该印的性质，此书的释文提到：

> 《说文》：江水东至会稽阴为浙江。又《汉书·百官公卿表》：水衡都尉属官有都水长丞，主爵中尉属官亦有都水。

这里，作者显然是认为：浙江还是为水名，指钱塘江。而这个都水，可能是中央属官，或为水衡都尉下属，或为主爵中尉下属。浙江既是水名，由中央派设一个对口的管理机构，这很合理。既是管理水事务的机构，以水命名，确实很合理。

后晓荣则认为，汉代的地方属官中，也有“都水”名称的机构。《汉书·百官公卿表》即有地方都水的官名，不仅仅只有中央有都水官名的。因此，这个“浙江”，当是地名，是行政区划名。

从以上推断来看，浙江可以是水名，也可以是地名，不妨存此二说，以待考证。

---

[1] 后晓荣：《秦代政区地理》，第121页。

[2] 罗福颐：《秦汉南北朝官印征存》，文物出版社1987年版，编号48。

另外，文献方面的证据，后晓荣也列举了三条：

一是《史记·越王勾践世家》中“（楚）杀王无强，尽取吴故地至浙江”。这条资料时代似乎过早。如果说战国中期就有了“浙江”这么一个小地区名，未见其他证据。而且从文意上理解，取地直到钱塘江而止，意思很顺畅很合理。强解为一个小地名，反而不易理解。

二是《史记·秦始皇本纪》中“过丹阳，至钱塘（唐），临浙江”。他认为：“‘浙江’与‘钱塘’‘丹阳’相并列，钱塘、丹阳都是地名，为会稽郡置县，这里所说的‘浙江’也应当是与之并列的县名。”但他没有注意到后面一句“水波恶”，明显是指浙江水波汹涌的意思。同样，这里将浙江理解为水名，是很合理的，理解为一个小地名就非常勉强，也不可取。

三是《史记·高祖功臣侯者年表》中“陈婴属汉，定豫章、浙江”。关于这里的“浙江”，王国维在《浙江考》中有过分析：

> 又《高祖功臣侯表》“堂邑侯陈婴”下云“定豫章、浙江，都浙”（《汉书·侯表》作“都渐”）。“费侯陈贺”下云“定会稽、浙江、湖阳”（汉表作“湖陵”）。盖汉之定江南也，陈婴之兵自豫章至浙江之上游，定太末、黟歙诸县；陈贺之兵自会稽（时会稽郡治吴），至浙江之下游，定钱唐、余暨、山阴诸县。陈婴所都之地，《史记》作“折”，《汉书》作“渐”，盖即《汉·志》《说文》《水经》所谓蛮夷中地，非以水名地。即以地名水，尤“浙”“渐”为一之明证矣。[1]

这里，两处“浙江”是与豫章、会稽等大地区名相并列的概念，正如王国维的解释，分别为“浙江之上游”和“浙江之下游”。所以将其理解为一个区域概念，即浙江流域，似乎更为合适。

分析以上的证据，金石证据可以两解，而文献证据基本都不能很好支持后晓荣的论点。因此，浙江设县之说当存疑，不可取。后晓荣的《秦代政区地理》在使用了很多新收集和新发现的金石史料，用他自己的话，是“地下文献”。这对于资料奇缺的秦代历史研究，是很可取的好方法。不过，在使用这些新材料的过程中，有可能是为了充分挖掘这些材料价值的追求，所以在考证的过程中，该书都倾向于对这些新材料做正面的考证，也就是说，他基本上将每个新

[1] 王国维：《观堂集林》卷一二《史林四》，第2册，中华书局1959年版，第556—558页。

出现的“地名”，都倾向于认为是一个新的政区名，新的郡、县。所以，有时候在考证时，就未免会有穿凿附会之感。

根据以上的文献分析，对后晓荣提出的秦朝已存在“浙江”县提出了质疑。除了文献之外，我们还可以通过地理分析的角度来解释。

秦朝时设置郡县，基本原则当是以人口分布的密度来布局的，所谓“县，大率方百里，其民稠则减，稀则旷”[1]。也就是说，人口密集之处，则县分布较多；相反，则分布较少。我们根据《中国历史地图集》可以很直观地看到会稽郡属县的空间布局。可以发现，其分布密度差不多类似今天的地区级市的密度分布。而在钱塘江以北区域内，分布的密度已经相对比较高（比钱塘江以南要高一些），如果加上富春县，则这一小块地区内集中了三个县，密度已经远超其他地区了[2]。

如果秦朝设浙江县，则浙江县必然就在钱塘江边，甚至就在钱唐县附近。那钱塘江附近的秦县密度，几乎可以等同于今天的县级分布密度了。以常理推测，这不可能，也没有必要。也就是说，就秦朝情况看，所谓的“浙江县”并没有存在的区域空间。结合文献分析，我们应该可以断定，秦朝并无浙江县。

二、秦始皇南巡与钱塘江

（一）秦始皇南巡的目的

秦始皇像

秦始皇灭六国，统一全国后，新生政权进行了大刀阔斧的改革，以稳固其统治地位。秦王嬴政在这一方面下了大功夫，废除分封制，设郡县制，推行书同文，车同轨，统一了度量衡。北击匈奴，修筑万里长城，南征百越，修筑灵渠，沟通了南方各大水系，将中国推向真正的

[1]〔汉〕班固：《汉书》一九上《百官公卿表》序，第3册，第742页。
[2] 汉代设置了富春县，当与流域分布有关。自富春县（今富阳区）往钱塘江上游，都沿钱塘江。如果属于余杭县管辖，并不方便。因为余杭县治所在乃是东苕溪流域。与富春县属于两个流域。分开管理，显然更加合适。

大一统时代。但此时中央政权对各地的控制并不是很牢固，各地反秦势力依然存在，尤其是秦在故楚暨东南地区的残暴统治，使当地人们普遍产生了一股反秦暴政、眷恋故国的心理，“楚虽三户，亡秦必楚也”[1]。六国贵族如楚国大将项燕的后代项梁等反秦之士，纷纷汇集吴中。秦始皇东巡会稽之时，围观者当中就有不少反秦之士。湖州乌程县（今湖州）东北十六里有一处古地名称作“掩浦”，一名“项浦”，据晋顾长生《三吴土地记》云：“昔项羽观秦皇舆御，曰：‘可取而代之也。’项梁闻而掩其口，即此处，因名之。”[2]这些反秦之士隐匿民间，暗中为起兵反秦作准备，“每吴中有大徭役及丧，项梁常为主办，阴以兵法部勒宾客及子弟，以是知其能”[3]。后项梁、项羽反秦旗帜一举，果然有江东八千弟子纷起响应。

越地民族成分单一，生活习惯和文化艺术与中原迥异，勾践和先前越国的霸权是越人心目中共同的历史记忆。秦统一前的诸侯都认为越地不是中原文化所能驯服的。“中国之主皆知无益于己也，曰：‘非吾所得制也。’”[4]秦始皇很清楚当时东南地区的政治形势，“秦始皇帝常曰：‘东南有天子气。’于是因东游以厌之”。[5]

杭州西湖秦始皇缆船石

秦始皇对于东南地区的稳定与否深感忧虑，于是颁行了一系列政策以防范越地居民形成有威胁的力量。秦始皇三十七年东游到会稽，“乃更名大越曰山阴”[6]。大越城在

[1]〔汉〕司马迁：《史记》卷七《项羽本纪》，第1册，第300页。

[2]〔宋〕乐史撰，王文楚等点校：《太平寰宇记》卷九四《湖州乌程县》引，中华书局2007年版，第1885—1886页。

[3]〔汉〕司马迁：《史记》卷七《项羽本纪第七》，第1册，第296页。

[4]〔战国〕韩非子著，〔清〕王先慎集解：《韩非子集解·孤愤第十一》，《诸子集成》本，第57页。

[5]〔汉〕司马迁：《史记》卷八《高祖本纪第八》，第2册，第348页。

[6]〔汉〕袁康、吴平辑录：《越绝书》卷八《外传记地传第十》，第65页。

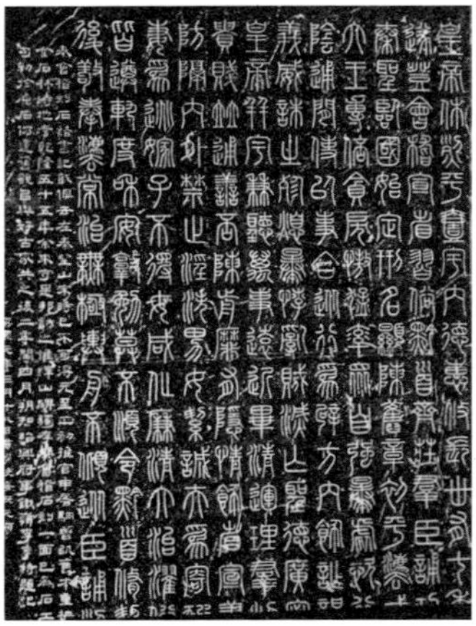

会稽刻石（选自浙江省文物局编《意匠生辉：浙江历史遗产的文化品读》）

前面已经反复提到过，是古越国曾经的政治经济文化中心，是越人心目中的“图腾之城”。秦始皇将“大越”的名称去掉，试图渐渐抹去越人心目中对其先祖的记忆。此外，还采取稀释越人民族成分的手段来削弱其力量。“乌程、余杭、黝（黟）、歙、无湖、石城县以南，皆故大越徙民也。秦始皇帝刻石徙之。”[1]“徙大越民置余杭、伊攻、故鄣。因徙天下有罪谪吏民，置海南故大越处，以备东海外越。”[2]秦始皇将越人迁出故地，浙江的吴兴、余杭，安徽的黟县、歙县、芜湖、贵池都是大越的移民区。秦始皇把诏令刻在石碑上命令他们搬家。此外，还将各地的囚徒汇集到越国故地和东南沿海，防止海外的“外越”与越国遗民联系，共同图谋反抗中央政权。另外，秦始皇在会稽“立石刻颂秦德”，还对越地的习俗进行了规范：

> 遂登会稽，宣省习俗，黔首斋庄。群臣诵功，本原事迹，追首高明。秦圣临国，始定刑名，显陈旧章。初平法式，审别职任，以立恒常。六王专倍，贪戾慠猛，率众自强。暴虐恣行，（正义：寒彭反。）负力而骄，数动甲兵。阴通间使，以事合从，行为辟方。内饰诈谋，外来侵边，遂起祸殃。义威诛之，殄熄暴悖，乱贼灭亡。圣德广密，六合之中，被泽无疆。皇帝并宇，兼听万事，远近毕清。运理群物，考验事实，各载其名。贵贱并通，善否陈前，靡有隐情。饰省宣义，有子而嫁，倍死不贞。防隔内外，禁止淫泆，男女絜诚。夫为寄豭，杀之无罪，男秉义程。妻为逃嫁，子不得母，咸化廉清。大治濯俗，天下承风，蒙被休经。皆遵度轨，和安敦勉，莫不顺令。黔首修絜，人乐同则，嘉保太平。后敬奉法，常治无极，舆舟不倾。从臣诵烈，请刻此石，光垂休铭。[3]

用中原的伦理道德来规范越地的“淫风”，使之认同中央。总之，通过这

[1]〔汉〕袁康、吴平辑录：《越绝书》卷二《记吴地传》，第14页。

[2]〔汉〕袁康、吴平辑录：《越绝书》卷八《外传记地传》，第65页。

[3]〔汉〕司马迁：《史记》卷六《秦始皇本纪》，第1册，第260—263页。

些手段和政策，秦政权控制了越地的军事和政治，越地原来的文化逐渐被中原文化所同化，出现了“百越之君俛首系颈，委命下吏”[1]的情形。

秦二世继位以后，仿效秦始皇巡行天下。《史记》载：

> 二世与赵高谋曰：“朕年少，初即位，黔首未集附。先帝巡行郡县，以示强，威服海内。今晏然不巡行，即见弱，毋以臣畜天下。”春，二世东行郡县，李斯从。到碣石，并海，南至会稽，而尽刻始皇所立刻石，磅着大臣从者名，以章先帝成功盛德焉……遂至辽东而还。[2]

（二）秦始皇的南巡路线

秦始皇在统治末期，曾经南巡过钱塘江流域的会稽。我们仔细分析一下秦始皇的南巡路线，大概可以看出当时这一带的主要交通路线情况。

首先，我们有理由相信，秦始皇所经的路线，是当时最重要的道路，虽然不一定是史书上所说的那种非常夸张的驰道。而在这条路线上，我们可以发现，在这次南巡的路线上，“钱唐”已经成了一个重要的必经之点。

秦始皇的南巡路线，在《史记》中有记载：

> 三十七年（秦始皇三十七年，前210）十月癸丑，始皇出游。左丞相斯从，右丞相去疾守。少子胡亥爱慕请从，上许之。十一月，行之云梦，望祀虞舜于九疑山。浮江下，观籍柯，渡海渚。过丹阳，至钱唐。临浙江，水波恶，乃西百二十里从狭中渡。上会稽，祭大禹，望于南海，而立石刻颂秦德。……还过吴，从江乘渡。并海上，北至琅邪。[3]

《越绝书》中记载：

> 秦始皇帝以其三十七年，东游之会稽。道渡牛渚，奏东安（今富春）、丹阳、溧阳、鄣故、余杭轲亭南。东奏槿头，道度诸暨、大越。以正月甲戌到大越，留舍都亭。……已去，奏诸暨、钱塘，因奏吴。上姑苏台，则治射防於宅亭、贾亭北。年至灵，不射，去，奏曲阿、句容，渡牛渚，西至咸阳，崩。[4]

---

[1]〔汉〕司马迁：《史记》卷六《秦始皇本纪》，第1册，第260—263页。
[2]〔汉〕司马迁：《史记》卷六《秦始皇本纪》，第1册，第325页。
[3]〔汉〕司马迁：《史记》卷六《秦始皇本纪》，第1册，第260—263页。
[4]〔汉〕袁康、吴平辑录：《越绝书》卷八《越绝外传记地传》，第64—65页。

《史记》过于简略，《越绝书》疑有错简。综合两书记载，秦始皇东巡会稽，其路线为：自云梦望祀虞舜以后，浮江（长江）而下，至牛渚（今安徽当涂牛渚山），循胥溪河，东经溧阳（今江苏高淳东固城），傍太湖西岸南下，经故鄣（今浙江湖州），又经余杭（今杭州余杭区余杭镇）、钱唐（今浙江杭州）、轲亭（今地未详，当即钱唐某地）、东安（今浙江富阳），渡钱塘江，又经槿头（今地未详，约当今萧山径游），经诸暨（今浙江诸暨），转北至大越（山阴，今浙江绍兴）。回程路线则自山阴，南经诸暨，折北经钱唐、吴县（今江苏苏州）、曲阿（今江苏丹阳）、句容（今江苏句容）、江乘（今句容北长江南岸），然后傍海北上琅邪（今山东胶东西南）。[1]

不过，籍柯、海渚（牛渚）、丹阳、故鄣等非钱塘江流域地名暂不加讨论。东安一地，因为多以为在钱塘江之富春，故特加辨析。

1.东安

仅见于《越绝书》。《越绝书》在"奏东安"后有"东安，今富春"，这应是一个注解。而且这个注解应该不是《越绝书》的原文，而是《越绝书》成书后，在流传过程中，后人所加的注解。但是，这个注解肯定有误。注解者显然是将"东安"理解为了孙吴黄武五年（226）在今富春江一带流域设的东安郡，故文曰"东安，今富春"。

这个"东安"肯定不是孙吴之东安郡（富春），首先是时间不对，其次是地理位置不对。秦始皇的东巡路线从西到东，肯定要先经过丹阳、溧阳、故鄣、余杭等地，才能到富春。此处"东安"在"丹阳"等地之前，因此肯定不可能是富春。按《越绝书》的记载顺序，"东安"的位置，当在牛渚和丹阳之间，则此"东安"当也在长江沿岸之某地，当与钱塘江无关，更不可能是富春。

2.余杭

仅见于《越绝书》卷八《越绝外传记地传》。不过文献中提到秦始皇经过余杭的有不少。如《史记》提到秦始皇过钱塘江，乃是"从狭中渡"，在这句之后，《史记集解》引徐广曰："盖在余杭也。"又引顾夷曰："余杭者，秦始皇

[1] 童隆福主编：《浙江航运史（古近代部分）》，人民交通出版社1993年版，第24页。李志庭《浙江地区开发史探源》一书中，曾主要根据《越绝书·越地传》的史料，对这路线做过一个简要分析，并补充了可能经过的地点，如乌程等，可资参考。

至会稽经此，立为县。”

《水经注》中，也提到了秦始皇经过余杭，《水经注》卷四〇《渐江水注》中提到：

> 浙江又东径余杭，故县南，新县北。秦始皇南游会稽，途出是地。因立为县。王莽之进睦也。汉末陈浑移筑南城，县后溪南大塘。即浑立以防水也。

这里，《水经注》提到的经过余杭县，流经“故县南、新县北”的是浙江，即钱塘江。可是这条流经余杭的河流，现在十分清楚，就是《水经注》上文曾提到的“余杭大溪”，而绝对不会是浙江（钱塘江）。可见，《水经注》确实张冠李戴了。

但是，《水经注》的这个错误并不足以否定秦始皇曾经经过余杭县。从前面的所叙述的路线来看，从今安吉前往杭州会途经余杭，是十分合理的。另外，所谓的“秦始皇南游会稽，途出是地，因立为县”是一个流传已久的历史记忆。《咸淳临安志》中所记载的山川古迹等，屡次提及与秦始皇有关的故事传说，余杭县出现的频率明显超过其他的县，也超过钱唐县、富阳县。这应该也是秦始皇曾经过余杭之地的一个佐证。

3.轲亭

仅见于《越绝书》，未见于其他文献。这个地名，也透露了一些信息。（1）从地名前后所处顺序来看，这个地名可能就在余杭和杭州之间，或者可能就是杭州的一个小地名。当在钱塘江北岸。（2）从“亭”的称呼看，这个轲亭，有可能就是当时要道上的一个重要节点——“亭”。亭，是秦汉时的基层地方机构，同时还具有交通功能，类似于后世之驿传。所以，亭的设置，可以清楚标识出交通路线。实际上，从秦始皇的一些举措中，我们可以发现从钱唐开始往西，存在着一条重要的交通路线。在《越绝书》中，有两处提到秦始皇曾经将钱塘江以南的越人，大量迁徙到钱塘江以北区域。[1]《越绝书·吴地传》：

> 乌程、余杭、黝、歙、无湖、石城县以南，皆故大越徙民也。秦始

[1]《越绝书》卷八《越绝外传记地传第十》载：秦始皇曾“徙天下有罪适吏民，置海南故大越处，以备东海外越”。第65页。

皇帝刻石徙之。[1]

《越绝书·外传记地传》：

徙大越民置余杭、伊攻、故鄣。[2]

可以看到，移民的地点和南巡路线的地点，有很大一部分是重合的。这说明，秦始皇的移民，是沿路线来安置的。从交通的角度来看，这些移民的迁移，又可以更好地开发道路沿线区域，保证道路的畅通。从这个举措中，我们似乎可以看到，秦始皇的一路南巡，其实也正是在考察地方状况，在思考如何更好地安排资源和配置人口。辛德勇的《秦始皇三十六郡新考》在论述故鄣郡时，就认为秦始皇开鄣郡，关键就是为了控制这条从钱塘江通往长江的通道。

4.槿头

仅见于《越绝书》，这个地名也未见于其他文献，属于孤证。阙维民曾经提出了一个假设：这个“槿头”必为钱唐县境内的地名。因为从《越绝书》记载的秦始皇南巡路线来看，从余杭至槿头，再折西百二十里渡江经诸暨赴会稽，中间并没有出现钱唐县，但是钱唐县是必经之地。所以，这里的槿头应是钱唐的一个小地名。并进一步推测，“槿头”当为杭州宝石山。[3]据《咸淳临安志》卷三〇《山川九》“秦王缆船石”：

在钱塘门外。相传秦始皇东游望海，舟于此。陆羽《武林山记》云：自钱塘门至秦皇缆船石，俗呼西石头。北关僧思净刻大石佛于此。旧传西湖本通海，东至沙河塘，向南一岸，皆大江也。故始皇缆舟于此。

这里《咸淳临安志》引的是陆羽《武林山记》，则此故事出现肯定是早于唐代的。秦王缆船石，也就是后来的大石佛，位置在今杭州宝石山东部的西湖边上。从今天的地理条件看，是与水道不相通的。但在秦代则有可能通江。阙维民从缆船石出发，进一步探讨了当时在钱唐县的水路的可能情况——其路线，从西湖东北方进入，然后沿西湖北、西、南，在从东南水道，接通钱塘江。[4]虽然这个结论是推测性的，但这个路线却存在一定的合理性。

---

[1]〔汉〕袁康、吴平辑录：《越绝书》卷二《越绝书外传记吴地传》，第 14 页。

[2]〔汉〕袁康、吴平辑录：《越绝书》卷八《越绝外传记地传第十》，第 65 页。

[3] 阙维民：《杭州城池暨西湖历史图说》，浙江人民出版社 2000 年版。

[4] 阙维民：《论运河杭州段的水道变迁》，《中国历史地理论丛》1990 年第 1 期。

5.钱唐

见于《史记》。在《越绝书》所列的去程地点中，没有提到钱唐，仅在回程中提到了。但毫无疑问，去程也肯定是经过了钱唐的。

值得探讨的一个问题是：秦朝时的钱唐是不是一个过钱塘江的渡口？有不少学者认为，既然当时秦始皇无法在钱唐渡江，那就说明当时钱塘江潮过大，钱唐并不是一个合适的钱塘江渡口。这一看法值得商榷。

钱唐显然已经是一个重要的钱塘江渡口。秦始皇改从钱塘江上游渡江，显然是第二选择。原因是因为海潮，但海潮毕竟还是有时间性的，可能刚好秦始皇到江边时，潮水特别大，所以不宜渡江。反过来可以说明，在潮水不是特别大的情况下，钱唐本来就应该是可以渡江的。因此，在一般情况下，钱唐可以渡江；而潮水特别大的情况下，则经上游某地如“狭中”渡江。

另外，秦始皇回程途中，也是经过钱塘江的，似乎并没有再去“狭中”渡江，也可作为钱唐已经是渡口的一个间接证据。

6.浙江狭中

在当时，钱塘江是横亘在南北两岸人民间的一道自然障界，南北交通唯有听“潮”由命，即使挟一统中国之威前往会稽以压“天子气”的秦始皇，面对气势磅礴的钱塘江怒潮也不得不因其“水波恶，乃西百二十里从狭中渡”。这“狭中”应该是指钱塘江口往上溯的某个渡口。那么，这个渡口在何处呢？按《史记》的记载，很清楚，是在钱唐往西一百二十里之处，故后来一般都认为当在富阳。如宋代陈鹄《耆旧述闻》说狭中即富阳，胡三省注《资治通鉴》说狭中在富阳、分水间。还有如《读史方舆纪要》卷九〇“富春江”条下说：

> 王氏云：县西南旧有狭中渡。《史记》：秦始皇临浙江，水波恶，乃西百二十里，从中渡。水波恶处，今由钱塘渡西陵是也。狭中渡则在富阳分水之间。

这些推测都是以《史记》所记载的“西百二十里”推出来的。其起点则当是钱塘渡西陵这个位置，即约今复兴大桥东边的浙江第一码头，沿江上溯120里，必在富阳境内。

又如《咸淳临安志》卷二一“富阳县”下“秦望桥”条后：

> 秦望桥，在县治西北隅，《地理志》云秦始皇尝升此桥，故以名。

这种“秦望桥”等地名，即是后人根据秦始皇于富阳渡江而附会所得。

王先谦《汉书补注》中则认为具体地点在窄溪。则又当是由“狭中”附会而来。后来阮元的《浙江图考》也做过如此推论：“今富阳区西，江水最狭处曰窄溪，其古狭中乎？”但是，这个说法似乎也不可靠。因为窄溪所指的并不是钱塘江，而是一条流入钱塘江的支流，称为窄溪。因为这条溪流本身比较窄，故而得名。如《景定严州续志》卷七“水”：

浙江自县而东，至钱塘，凡六合。县境诸溪入于江者有五：……窄溪，隶水滨乡，与新城港口相对。

由于缺乏确切资料，秦始皇具体在哪个地方渡江，目前似乎尚无法坐实。

7.会稽

会稽是秦始皇这次南巡的主要目的地。秦始皇到会稽的目的，首先是为了祭祀大禹。其次，是为了弹压南方越人。如秦始皇在会稽山有立刻石之举，改名“大越”为“山阴”，并迁徙此地的越人到钱塘江以北地区，同时再将北方的“有罪適吏民”迁到此处。凡此种种，都是政治弹压手段。

有趣的是，秦始皇后来成为山阴县人民祭祀信仰的对象。裴松之注《三国志》卷一三引《朗家传》曰：“会稽旧祀秦始皇，要木为像，与夏禹同庙。朗到官，以为无德之君，不应见祀，于是除之。”又，南朝时的《会稽记》也说：“始皇崩，邑人刻木为像祀之，配食夏禹。后汉太守王朗弃其像江中，像乃溯流而上。人以为异，复立庙。”可知，秦始皇的祭祀由来已久，直到东汉末年，王朗为会稽太守时一度废除。但不久，山阴百姓又恢复祭祀。说明秦始皇从秦汉直到六朝，一直是山阴人的崇奉对象。

8.鄮县

秦始皇到了会稽，即山阴之后，有没有继续向东走呢？孙吴的陆云在《答车茂安书》中明确提到，秦始皇到了会稽后，又曾“身在鄮县三十余日”。如果此事属实，那么秦始皇可能是沿着当时的水道继续往东走的。

秦始皇到鄮县，有没有必要？实际上，秦朝时，宁绍平原的东部地区（今宁波地区），秦县分布密度特别大。在这一带并不是太大的空间内，计有“上虞、余姚、句章、鄞县”等四个县，远超一般地区。秦始皇到这里进行视察，并非没有可能。

另外，秦朝时在浙东一带颇多驻军，严防东海外越。秦始皇曾“徙天下有罪谪吏民，置海南故大越处，以备东海外越”。东海外越，仅见于《越绝书》记载。根据《越绝书》中出现的零星资料，东海外越可能分布在今舟山群岛，春秋战国时期与越国关系密切。《越绝书》卷八载：“无余初封大越，都秦余望南，千有余岁而至勾践。勾践徙治山北，引属东海，内、外越别封削焉。”

从民间传说来看，在秦句章县、鄞县境内，颇多与秦始皇有关的传说和遗迹。元《延祐四明志》卷一载有秦始皇曾到慈溪大蓬山，“欲自此入蓬莱”的记载。明嘉靖《定海县志·遗事》载：“秦始皇东行郡县，登稽山，刻石记功。既已，徐市上书言海中有三神山，于是遣徐市发童男女数千人，入海求仙，而象之西山名小蓬莱者，市遂居焉。始皇闻之，可至鄞三十日，发舟之悬海夷直二训而返。”清雍正《浙江通志》载：慈溪县“大蓬山，《延祐四明志》：在县东北三十里。又名达蓬山。上有岩，高四五丈。岩上有三佛迹。秦始皇东游，欲自此入蓬莱，故名”。[1]据《鄞县志》载，直到民国二十二年（1933），鄞县乡间还有秦始皇庙2处（不包括分祀），如三成乡（今属鄞州区横街镇）下窑坑有秦始皇庙，属下兆坑忱姓、东岗头戴姓、板仓张姓；红岭村亦有秦始皇庙，为其分祀；竹丝缆有统国庙，清初建，分祀秦始皇，农历正月演戏敬神。[2]虽然史料时间很迟，也多属民间文化演绎，但未必不可能是早期记忆的一种曲折反映。

三、秦始皇治通陵道

（一）通陵道的打通

秦始皇南巡路线的回程，是先从会稽到钱唐，然后选择了东北方向的路线，经过吴、句容、江乘等地往北。从钱唐开始的这条东北通道，战国时代当已存在，但可能是断断续续的，并不贯通。但秦朝为了加强对吴、越地区的统一和

[1] 清雍正《浙江通志》卷一三《山川五·宁波府（鄞县附郭）》，中华书局2001年版，第2册，第515—516页。

[2] 王志邦：《浙江通史·秦汉六朝卷》，浙江人民出版社2005年版，第19—21页。

经营，秦始皇在太湖流域自然河道和春秋战国以来所开运河的基础上，全线打通了一条从钱唐到吴的水道——就是《越绝书》提到的所谓“通陵道”（一般认为称“陵水道”）。[1]这条水道被认为是奠定了后来大运河“江南运河南段”的基础，[2]正如魏嵩山、王文楚两位所说：“秦始皇实为江南运河的创始人。”[3]

《越绝书·吴地传》载：

> 秦始皇造道陵南，可通陵道，到由拳塞，同起马塘，湛以为陂，治陵水道到钱唐越地，通浙江。秦始皇发会稽適戍卒，治通陵高以南陵道，县相属。[4]

因为这段文字中有“治陵水道到钱唐越地”句子，因此一直以来，多将秦始皇所造的这条道，称为“陵水道”。魏嵩山、王文楚解释说：“古时陵、陆通用，陵道即陆道，于低洼地区开河起土筑成的陆道。陵水道是水陆并行的道路。”这一解释比较合理，所以一直被引用。《越绝书》本书就存在这种“陵”“陆”混用例证，如《[越]地传》：

> 郭周十里百一十步，墙高丈二尺。陵门四，皆有屋。水门二。
>
> 勾践小城，山阴城也。周二里二百二十三步，陆门四，水门一。

这里，“陵门”与“水门”相对而言，故可知必是“陆门”之误。“陆”字繁体“陸”与“陵”相近，容易以字形误。这样的话，所谓的“陵水道”，可能是“陆水道”，是指这条路线，除了水道，还同时伴有陆道，属于水陆并行的一条通途大道。

另外，“陵道”这个词，在《越绝书》中也常见，因此不大可能都是“陆道”的误写。如《吴地传》：

> 毋陵道，阳朔三年太守周君造陵道。
>
> 无锡西龙尾陵道者，春申君初封吴所造也。属于无锡县。以奏吴北野胥主暚。

---

[1] 王充《论衡》卷四《书虚篇》称这条运河为“通陵江”。

[2] 参见魏嵩山、王文楚：《江南运河的形成及其演变过程》，载《中华文史论丛》1979年第2辑，上海古籍出版社1979年版，第308页。

[3] 魏嵩山：《杭州城市的兴起及其城区的发展》，载《历史地理》创刊号，上海人民出版社1981年版。

[4]〔汉〕袁康、吴平辑录：《越绝书》卷二《越绝外传记吴地传第三》，第18页。

这两条“陵道”，一是战国时期所修，一是西汉所修。故可知，在战国秦汉时期，“陵道”固是一常见名词。而且尤其有趣的是，《越绝书》所见的三处“陵道”，都是用动词“造”字（秦始皇这条，还有“治”字）。这或许可以说明这些“陵道”都是人工开造的。

陵道显然是一种道路，那么，这是一种什么道路呢？

首先，我们来看看《越绝书》中提到的好几处“陆道”。据《[越]地传》《吴地传》：

山阴古故陆道，出东郭，随直渎阳春亭。

山阴故水道，出东郭，从郡阳春亭。去县五十里。

邑中径从阊门到娄门，九里七十二步，陆道广二十三步，平门到蛇门，十里七十五步，陆道广三十三步。水道广二十八步。

这几处陆道，都是和水道一起被记载的。说明这“陆道”就是指陆地上的道路，而且，很明显，这些陆道和水道总是并行的。这可以给人一点提示，当时在吴越之地，到处是沼泽之地，所以在修道路的时候，总是水道和陆道并行的。前面魏嵩山、王文楚已经提出了这样的理解：“于低洼地区开河起土筑成的陆道。陵水道是水陆并行的道路。”当然，所谓的陵水道，也可以省称为“陵道”，故“陵道”就是水陆并行的道路。

还可以再引后代在吴地修路的例子，来说明沼泽之地修路常见的情形。沈括《梦溪笔谈》卷一三载：

苏州至昆山县凡六十里，皆浅水，无陆途，民颇病涉。久欲为长堤，但苏州皆泽国，无处求土。嘉祐中，人有献计，就水中以蘧刍藳为墙，栽两行，相去三尺。去墙六丈又为一墙，亦如此。漉水中淤泥实蘧蒢中，候干，则以水车畎去两墙之间旧水。墙间六丈皆土，留其半以为堤脚，掘其半为渠，取土以为堤，每三四里则为一桥，以通南北之水。不日堤成，至今为利。

这个方法，虽然说的是建“陆途”。但是所建的两墙之间，六丈宽的实际上就成了“渠”。所以，在修筑陆道的时候，自然也就形成了水道。这种方法，大概是沼泽之地（沈括所谓的“浅水”）修筑道路的不二法门。这种方法，也许就是当年秦始皇修路时所用的方法。

如前所述，现在学界大多认可秦始皇所修之路称“陵水道”，但“陵”就是“陆”，那么，“陵水道”也就是“陆水道”，而“陆水道”指的是乃是道路水陆并行的特点，回到原文：“治陵水道到钱唐”的意思是说：修了一条水陆兼有的道路，直到钱唐。所以，“陆水道”就不应该是该道路的名称。

仔细揣摩《越绝书》的记载，我们提出一个假设：秦始皇所修的这条水陆并行的道路，名称可能是叫“通陵道”。前引《越绝书·吴地传》这段话比较难读，不易断句，可能有缺漏字。不过其中出现了“通陵”“通陵道”这样的词汇。其实，在整个《越绝书》中，“通陵”这样的词汇并不少见。如《越绝书·吴地传》提到有“通陵乡”，也许与“通陵道”有关：

放山者，在荏碓山南。以取长之荏碓山下，故有乡名荏邑。吴王恶其名，内郭中，名通陵乡。

值得注意的有两点：一是“通陵乡”这个名称，应该是吴国时就有，而很可能一直用到了汉代。那么，秦始皇时也当存在这个地名。二是这个通陵乡是在“郭中”，也就是在吴国城内。秦始皇要开通一条水道，要从钱唐到吴，其端点必然要入吴县城之内。从地点来说，也能符合。我们似乎可以推测：通陵道就是因为从通陵乡开始，故名通陵道。

又，《越绝书》中还提到一条道路：

“通江南陵”，摇越所凿，以伐上舍君。去县五十里。

所谓的“通江南陵”应该是指一条道路。又说“摇越所凿”，那就应该是一条运河水道，而不会是“陵”（陆）。所以，这里很可能有一个“道”字。本来全称应该是“通江南陵道”。这条“通江南陵道”会不会是秦始皇的“通陵道”的雏形呢？很值得怀疑。

就算两者没有关系，那么“通陵道”也有可能是一种省称，其全名有可能是“通 ×× 陵道”，比如“通钱唐陵道”，简称“通陵道”。

另外一种可能的解释是和“陵”做地名有关。在吴地，名称中有“陵”的地名很常见，即以《越绝书》中所见，就有“毗陵”“延陵”“秣陵”，位置稍远的但也是在吴越之地的，还有“广陵”“固陵”等。“陵”字当有特定含义，但是不是就是汉语山陵之意，或者是越语特有的称呼？殊难判定。但根据这一思路，那么“通陵道”也可以理解为是“通 × 陵道”，比如“通固陵道”。

还有一说，是陈桥驿在《〈论衡〉与吴越史地》中提出来的，他认为秦始皇所修的这条通道就是《论衡》中王充提到的“吴通陵江”。[1]也可备一说。

如此，以上诸说，或者因“通陵乡”而名“通陵道”，或者是“通钱唐陵道”或“通固陵道”之类的省称，又或者是“通陵江”等，最后都可以与“通陵”两字联系起来。那么，秦始皇所修的这条重要水道，其名称或者就是“通陵道”吧！

（二）通陵道所涉的地名

通陵道所涉地名，自南而北为：浙江即钱塘江，秦时在钱唐县境内自东向西流经南大亹入海，西与灵隐山下今西湖相通。《越绝书》卷八《越绝外传记地传第十》所载秦始皇“取钱唐浙江‘岑石’”作会稽刻石，未详是否为清理浙江航道之举措。钱唐，秦县，治今杭州灵隐山下，县境濒临钱塘江。

由钱唐县向南越过钱塘江为“越地”，亦即越民族聚居的地域。由钱唐县而北，为马塘，为由拳。马塘故址在今嘉兴市马王塘；由拳，本长水县，故址在今嘉兴。晋干宝《搜神记》云：

> 秦始皇东巡，望气者云：五百年后江东有天子气。始皇至，令囚徒十万人，掘污其地，表以恶名，故曰由拳县。[2]

由嘉兴、江苏苏州北上，为今江苏丹阳，唐代李吉甫《元和郡县图志》卷二五“润州丹阳县”条云：

> 丹阳县，本旧云阳县地。秦时，望气者云有王气，故凿之败其势，截其直道，使之阿曲，故曰曲阿（县）。[3]

继续北上，为今江苏镇江，《吴录·地理》云：

> 朱方，后名谷阳。秦望气者云：其地有天子气。始皇使赭衣徒三千人，凿长坑，败其势，改云丹徒。[4]

---

[1] 载于《浙江学刊》1986年第1、2合期。又见陈桥驿：《吴越文化论丛》，中华书局1999年版，第137—147页。

[2]〔南朝宋〕范晔：《后汉书》志二二《郡国四·扬州·吴郡由拳县》注引晋干宝《搜神记》，中华书局1965年版，第3490页。

[3]〔宋〕乐史著，王文楚等点校：《太平寰宇记》卷八九《江南东道一·润州·丹徒县》，第1758页。

[4]〔宋〕乐史著，王文楚等点校：《太平寰宇记》卷八九《江南东道一·润州》，第1758页。

再往北为江苏镇江西北京口，南朝宋刘桢《京口记》云：

龙目湖，秦王东游观地势云：此有天子气。使赭衣徒凿湖中长冈使断，因改名丹徒，今水北注江也。[1]

其湖疑在今猪婆滩处，正当江南运河所经之地，显然凿岗又与开运河有关。至于京口，清人高龙光已清楚地指出“京口有渠，肇自始皇”[2]。

上引所谓“天子气”“王气”云云，实际上是秦朝统治者对东南地区政治形势的评估。“遏水为堰”“掘污其地”“截其直道”“凿长岗”等，也就是一项又一项的运河开凿工程。动辄“发会稽适戍卒”“令囚徒十万”“使赭衣徒三千”，可见工程之艰巨。

秦始皇以他的雄才大略，通过一系列工程，终于在江南地区暨太湖平原造就了一条南北贯通钱塘江、吴淞江、长江，连接钱塘江畔钱唐县（今浙江杭州）、由拳（今浙江嘉兴）、吴县（今江苏苏州）、丹徒（今江苏镇江）京口至句容（今江苏句容）等城市、纵贯太湖平原东部地区的运河航线。同时还开发利用太湖平原西部地区的苕溪和钱塘江及其支流浦阳江等自然河道，构建了以江南运河为主航线的吴越地区水上交通网络。

（三）“通陵江”沿岸的设施

“通陵江”沿岸的设施有柳浦、灵隐浦、宝石山麓、御息湖等码头、塘堰、辟塞、渡口等。

柳浦倚凤凰山毗邻的将台山，原名秦望山。《太平寰宇记》云：“始皇东游登此山欲渡会稽，故名。”[3]则山麓的柳浦或在秦时已为一渡口。

灵隐浦，在西湖西侧，“亦云灵隐步头”[4]。很可能是古越语地名。从地名的古老程度观察，也可能是秦始皇“陵水道”在钱塘的码头。

宝石山麓，即今杭州西湖北侧宝石山麓，大约为当年秦始皇所开“通陵江”的码头之一。宝石山上的大佛头，相传为秦始皇东巡时之缆船石。宋代僧人思

[1]〔宋〕李昉等：《太平御览》卷六六《地部三一·湖》引，中华书局1960年版，第314页。

[2]〔清〕乾隆《镇江府志》卷二《漕渠》，乾隆十五年增刻本。

[3]〔宋〕乐史著，王文楚等点校：《太平寰宇记》卷九三《江南东道五》，第2007页。

[4]〔宋〕潜说友：《咸淳临安志》卷三六《山川十五·洲浦》引顾夷吾《山川记》，载《宋元方志丛刊》，第4册，第3684页。

净将大石凿为大佛，故有“大佛头”之名。虽不见于正史记载，却代代相传。《淳祐临安志》卷九《山川·诸石》云：

秦皇缆船石：在钱塘门外，昔秦始皇东游泛海，舣舟于此。陆羽《武林山记》云：“自钱塘门至秦皇缆船石，俗呼西石头。……旧传西湖本通海，东至沙河塘，向南一岸皆大江也。故始皇缆舟于此。”

西湖在东汉以前一直与海（钱塘江）相通。按当时地理形势，秦始皇循运河而来，泊舟宝石山下，亦在情理之中。

御息湖，原在杭州东北，宋潜说友《咸淳临安志》引《祥符志》云：“故老相传秦始皇东游，暂憩于此，因名。”[1]按此，御息湖不但是“通陵江”的水源之一，同时在湖岸也设有码头。

杭州以北，也有马塘、由拳塞等见诸记载。

马塘，又作马塘堰。宋《新定九域志》卷五“秀州”条云：“马塘堰，《图经》云：‘秦始皇三十七年东游至此，遏水为堰。既立，斩白马祭之，因名。’”可见马塘为江南运河上最早的制水建筑。

“由拳”，本秦县名，之所以称塞，即《越绝书》卷二《越绝外传记吴地传》所说“辟塞”。

四、秦始皇在钱塘江流域的移民活动

《越绝书》中有两处提到秦始皇曾将钱塘江以南的越人大量迁徙到钱塘江以北区域。这是越地移民的主要史料。

《越绝书·吴地传》：

乌程、余杭、黝、歙、无湖、石城县以南，皆故大越徙民也。秦始皇帝刻石徙之。

《越绝书·[越]地传》：

（秦始皇）三十七年东游会稽。……是时徙大越民置余杭、伊攻、故鄣。因徙天下有罪谪吏民，置海南故大越处，以备东海外越。乃更名大越曰

[1]〔宋〕潜说友：《咸淳临安志》卷三四《山川十三》，载《宋元方志丛刊》，第4册，第3667页。

山阴。[1]

对于这两段文字的解释，陈桥驿在《古代于越研究》一文中最早提出了这次移民乃是使得秦末的越地“换了人间”的说法：

> 秦统一中国以后，对东南地区的部族采用了同化和强迫迁移的政策，他们一方面把浙东的于越居民迁移到今浙西和皖南的乌程、余杭、黟、歙、无湖、石城一带；另一方面又把“天下有罪谪吏民”迁到浙东各地，这样就促进了于越居民与其它各族居民的杂处，于越居民从此就从他们原来的聚居中心逐渐分散。[2]

王志邦在《浙江通史·秦汉六朝卷》第一章中专节阐述了秦始皇对越地移民，进一步发挥了这一观点，认为这次移民改变了越地的民族结构：

> 秦始皇此次将大越民北迁和当年“徙天下豪富于咸阳十二万户”不一样，他是把大越民迁到故吴地西部，今浙江西北和安徽东南丘陵山区，其中主要集中在太湖西南缘——苕溪流域和新安江流域。大越被迁往的这些地方，今大多可考。乌城，县治在今湖州市区；余杭，县治在今杭州市余杭区西南余杭镇；黝、歙、无湖，在皖南；石城，在今安徽当涂东北；於潜在今临安市区。这些地方大抵皆为故吴地，原本是越人聚居地，但到楚威王败越至秦一统，基本上已“换了人间”。……秦始皇将越人迁出大越的同时，又“徙天下有罪适吏民，置海南故大越处，以备东海外越”。这些被强制迁到大越的人当然是华夏人，而不是越人。这是中原人民首次大规模地徙居越地，从秦始皇“以备东海外越”的动机来看，这些华夏人当安置在山阴县以东地区，主要分布在上虞—余姚—句章—鄮—鄞一线。……秦始皇的这一移民措施致使越国故地中心区的居民成分发生根本性的变化，上述山阴、上虞、余姚、句章、鄮、鄞等6个县成为钱塘江以南地区最早“换了人间”的区域。[3]

也有学者对此表示反对，认为并不是“换了人间”的性质，“可以说，这基本上只是从今浙江境内一点（越国故都所在）到今浙江境内一块（浙西北）

[1]〔汉〕袁康、吴平辑录：《越绝书》卷八《越绝外传记地传第十》，第65页。

[2] 陈桥驿：《古代于越研究》，《民族研究》1982年第1期。

[3] 王志邦：《浙江通史·秦汉六朝卷》，第16—17页。

的一次域内扩散型移民”[1]。

以上论点都是从民族史的角度、从地方史的角度来看问题。其实，还可以从秦始皇的战略布局、从中央的角度来观照这一移民问题。

首先，这次移民显然是秦始皇有意识的行为，并不是心血来潮的一次偶然行动。

其次，他这次越地移民的目的可能是多方面的，其中之一，就是为了更好地控制会稽一地。其手段之一就是尽量减少原越地的越人色彩。移民自然是最重要的手段，除了移民这一直接手段外，将“大越”改名为“山阴”，恐怕也是重要的一着。

第三，移民既然是最关键的一着，肯定是雷厉风行的。虽然我们现在无法明确此次移民的规模，但从秦始皇的目的和历来的手段来看，可以相信，他应该是将钱塘江以南的越人都往北迁移了。这种“虚其地”的政策，正与后来汉武帝将东越等地人迁往内地的政策是一致的。从这一思路出发，我们应该认为这一次越人移民的规模肯定是相当大的，起码主要聚居点的越人应该都迁往钱塘江以北了。

最后，秦始皇的移民政策与会稽郡的特殊地理位置有关。此时的会稽郡依然带有边郡性质，会稽郡之外有“外越”。这里的外越，主要是当时海岛上散布的越人。另外，还应该包括东越、闽越。按《史记·东越列传》的记载：“闽越王无诸及越东海王摇者，其先皆越王勾践之后也，姓驺氏。秦已并天下，皆废为君长，以其地为闽中郡。”可见闽越等地与大越的越人本就是“一家”。这些“外越”与“大越”之越人，可能还存在着相当密切的联系。就南方的闽越等地来说，虽然已经被征服，并建立了“闽中郡”。但闽越等地的越人没有经历过武力征服，也没有被强制移民。可以说，这些越人依然居于旧地，他们之间的往来，可以通过近海的航路进行联系沟通，应该是相当便捷的。

因此，如何隔断这个交流，对越人实际更好的控制，应该是秦始皇这次移民的首要目的。前引《越绝书》中就提到，秦始皇“徙天下有罪谪吏民”，放在“故大越处”，目的就是“以备东海外越”。这里的“东海外越”，如上所述，当是包括闽越、东越等地的越人，还有散布于海岛的越人。秦始皇此举，将来

[1] 潘承玉：《秦末浙地“换了人间”说献疑》，《浙江社会科学》2009年第3期。

自“内地”的华夏人充实于原“大越”之地，即钱塘江以南地区，正是为了切实隔断越人之间还存在的联系。

总之，这个越地移民，也可以反映出秦始皇对会稽郡的基本政策，那就是“以吴制越”。所以，秦始皇的移民政策和执行，对钱塘江两岸的居民、地域文化等都带来了巨大而深刻的影响。

第二节　汉代的钱塘江

一、汉代钱塘江流域的政区变化与社会治理

（一）西汉钱塘江流域的政区及社会管理

西汉政权建立之初，刘邦用张良之计，许“从陈以东傅海与齐王（韩）信”。五年春正月，下令曰：“齐王信习楚风俗，更立为楚王，王淮北，都下邳。”[1]次年春，“会诸侯于陈，废楚王信，囚之，分其地为二国。……立刘贾为荆王，王淮东五十二城；高祖弟交为楚王，王淮西三十六城……”[2]又据《汉书》卷一下《高帝纪》载，是年“春正月丙午，韩王信等奏请以故东阳郡、鄣郡、吴郡五十三县立刘贾为荆王……”文颖曰：“东阳，今下邳也。鄣郡，今丹阳也。吴郡，本会稽也。”由此可知，会稽郡在汉高帝五年至六年春正月，为楚王韩信的封地，六年春正月以后，成为荆王刘贾的封地。及高帝十一年“秋，淮南王英布反，东并荆地，劫其国民，西渡淮，击楚，高帝自将往诛之。刘仲子沛侯濞年二十，有气力，以骑将从，布军蕲西，会甄，布走。荆王刘贾为布所杀，无后。上患吴、会稽轻悍，无壮王以填之，诸子少，乃立濞于沛为吴王，王三

[1]〔汉〕班固：《汉书》卷一下《高帝纪第一下》，第1册，第61页。
[2]〔汉〕司马迁：《史记》卷五一《荆燕世家》，第6册，第1994页。

郡五十三城”[1]。至此，会稽郡成为吴王刘濞的势力范围。

然则，到汉景帝三年正月，吴王濞发难，七国之乱起。六月，叛乱平，吴国除。随后，“徙汝南王非王吴故地，为江都王”[2]。自此之后，会稽郡一直为汉中央政府的直辖统治区。其时，会稽郡的疆域，据《汉书》载：“会稽东接于海，南近诸越，北枕大江。”[3]《嘉泰会稽志》卷一《历代属州》解释：“其地南足俞南越，西限浙江东北至海而止，提封数千里。”疆域包括今天江苏省的淮南部分、浙江省的绝大部分和福建省全境。[4]无怪乎有学者说“就地域的广大而言，竟为汉末百三郡之冠”[5]。而钱塘江流域则是其核心区域。该郡的人口数，据《汉书·地理志》记载，西汉末元始二年为“户二十二万三千三十八，口百三万三千六百四”。其民俗的总体特征为“轻悍”好斗，致使“自汉初定以来七十二年，吴越人相攻击者不可胜数”[6]。

较之中原，西汉前期江南地区的社会经济还相当落后。司马迁描述说：“楚越之地，地广人希，饭稻羹鱼，或火耕而水耨，果隋蠃蛤，不待贾而足，地执饶食，无饥馑之患，以故呰窳偷生，无积聚而多贫。是故江、淮以南，无冻饿之人……”[7]可见，这里的自然条件还是非常优越的。丰盛的自然资源，给江南人民的生活提供了良好的保证，使这一地区的人民很少发生饥荒，且往往有剩余的粮食，这种情况无疑具备接纳移民的条件。[8]到汉武帝元狩年间（前122—前117），武帝为了开拓闽越，便向处在闽越前沿的会稽迁徙了大量的人口。其时，钱唐县并为会稽郡西部都尉治，成为会稽郡的军事要地。《汉书·武帝纪》记载：“（元狩）四年冬，有司言关东贫民徙陇西、北地、西河、上郡、会稽凡七十二万五千口，县官衣食振业。”元鼎六年（前111），东越王余善举

［1］〔汉〕司马迁：《史记》卷一〇六《吴王濞列传》，第9册，第2821页。

［2］〔汉〕司马迁：《史记》卷一〇六《吴王濞列传》，第9册，第2836页。

［3］〔汉〕班固：《汉书》卷六四上《严助传》，第9册，第2792页。

［4］以上参见李邦儒：《“武帝时徙民会稽辨正”质疑——与葛剑雄同志商榷》，《郑州大学学报（哲学社会科学版）》1998年第31卷第5期。

［5］葛剑雄：《西汉人口地理》，人民出版社1986年版，第40页。

［6］〔汉〕班固：《汉书》卷六四上《严助传》，第9册，第2792页。

［7］〔汉〕司马迁：《史记》卷一二九《货殖列传》，卷10册，第3270页。

［8］葛剑雄：《西汉人口地理》，第40页。

兵反汉，汉武帝令朱买臣为会稽郡守，遣其至郡“治楼船，备粮食、水战具，须诏书到，军与俱进”。[1]其后几路进军，终于统一了东越。钱唐人辕终古以楼船军卒从征，因斩东越徇北将军，被封为语儿侯（一作御儿侯），成为汉武帝统一东越之战中为数不多的封侯者之一。随着社会经济的逐渐发展，又进而成为粮食百货的集散地，并最终由县级城市升格为郡治之所在。

（二）东汉顺帝时吴、会分治

东汉时出现了“吴、会分治”，即原会稽郡以钱塘江为界，北部析置出吴郡，太守治在吴县，而南部依然称会稽郡，太守治在山阴县。

《后汉书·顺帝纪》载，永建四年，“分会稽置吴郡”。而《会稽典录》记载：“朱育曰：永建四年，刘府君上书，浙江之北以为吴，会稽还治山阴。”这里的刘府君，当是指会稽太守。又《水经注》提到了倡议者为阳羡周嘉：“永建中，阳羡周嘉上书，以县远赴会稽至难，求得分置。遂以浙江西为吴，以东为会稽。”而李吉甫《元和郡县图志》说得更加具体：“阳羡令周喜上书，以吴、越二国，周旋一万一千里，以浙江山川险绝，求得分置。遂分浙江以西为吴郡，东为会稽郡。”还提到了另外一个倡议者为山阴令殷重。

综合以上资料，我们可以知道这一吴、会分治的过程如下：顺帝永建四年，阳羡令周嘉、山阴令殷重，以县远赴会稽至难，求得分置。会稽郡刘府君采纳了他们的建议，并上书朝廷，求分为二郡。遂在这一年，以钱塘江以西为吴郡，钱塘江以东为会稽郡。自此之后，吴、会再没有合并。

吴、会分治的原因之一，自然首先是因为会稽郡境过大，特别是钱塘江以南地区，还要跨越钱塘江，来往更是不便。政令不便传达，赋税等也不便转输。

不过这个情况的背后，则是钱塘江以南地区经济的长足发展。在汉代的长期稳定发展中，钱塘江以南地区经济、人口得到了长足的增长，以至于管理的难度增加。实际上，历史上行政区划进行新的划分设置，几乎都是经济发展的结果。

在这里，我们还需要注意一点，那就是两汉时期，郡太守的职责权力很大，几乎就是一方诸侯。虽然从汉武帝开始，地方设置了刺史，用来监察太守。但太守的权威，特别是在地方的权威，却有增无减。相对而言，县一级的权威就

---

[1]〔汉〕班固：《汉书》卷六四上《朱买臣传》，第9册，第2792页。

要弱很多。也就是说，县令往往在行政事务上要随时听命于太守的指挥。因此郡治所在县和属县之间的往来交通方便就显得十分重要了。这大概是吴、会之所以分治的一个官制方面的重要原因。

还有一点值得注意，吴、会分治，表面上是析置出吴郡，但实质上讲，则是析置出一个新的会稽郡。因为原会稽郡治所在吴县,政治中心自然也在吴县;而吴、会分治之后，钱塘江以南的政治中心，就在山阴县了。所以，实质上是钱塘江以南出现了一个新的地区中心。这点不可不察。吴、会分治，相当于中央给了钱塘江以南地区一个政治支持。毫无疑问，这一设置，将会大大促进钱塘江以南地区的整体发展。

吴、会两郡以钱塘江为界，隐然有当年吴越争霸的意思。而苏州和绍兴依然还是两郡治所所在，也就是说，这两个地区中心的地位一直没有动摇。相应地也就出现了“吴会”一词，人们常用“吴会”一词来指称太湖流域直到宁绍平原这一区域，也就是太湖流域和钱塘江流域。

总之，吴、会分治之后，钱塘江流域一分为三，分属三郡：吴郡、丹阳郡、会稽郡。其中丹阳郡依然是歙县、黟县，属于新安江流域；吴郡是四个县，即钱唐、余杭、海盐、富春，是钱塘江的主干道部分；钱塘江流域的最大部分还是在会稽郡，辖山阴、上虞、余暨、剡县、诸暨、乌伤、太末等县，包括兰江、衢江、金华江、浦阳江、曹娥江流域等。

（三）钱唐县与西部都尉区

吴、会分治后，钱塘江主干道一块仍然属于吴郡管辖，在地形上，形成了以钱塘江主干道为基础的一个长条形区域。如果从整个地图上看，很明显可以看到，吴郡可以分为两大区块：一是以吴郡为中心的太湖流域区域；一是以钱塘江为核心的西部区域。吴郡西部区域，在自然地理角度看，是有着钱塘江作为交通，方便上下，有其自然形势之便；从行政地理角度看，是有着一个吴郡西部都尉的半行政区的存在。

汉代的郡太守以下有“部都尉”一职，部都尉本是军事性质的，但逐渐也获得了一定的行政职能，故部都尉区是一种准行政区。两汉及孙吴的钱唐县，一直是部都尉的治所所在，称西部都尉。分治之前，是会稽郡西部都尉，分治后，则是吴郡的西部都尉。一定意义上，以钱唐县为治所的西部都尉区，可以说是“杭州”的滥觞。

西汉的西部都尉区划，大致范围如何呢？全祖望的《鲒埼亭集外编》卷四九《杂著》有一段分析：

> 若汉初会稽之属，原只二十四县。太守治吴，其亲辖者为曲阿、毗陵、阳羡、无锡、丹徒。西部都尉治钱唐，其分辖者，当为：娄、海盐、乌程、由拳、余杭、富春、乌伤、太末（乌伤、太末在东，然由富春而上，则在部内）。

其辖区相当之广，计有九县之多，而太守亲辖的属县仅有六县。如《后汉书·任延传》记载，任延在做会稽都尉时，曾拜见太末的龙丘苌。可见太末为会稽郡西部都尉的辖县。

值得注意的是，全祖望还对太末后作注云：“乌伤、太末在东，然由富春而上，则在部内。”所谓的“乌伤、太末在东”，是指乌伤（在今金华地区）、太末（在今衢州地区）两县地理位置在钱塘江以东（以南），何以会纳入西部都尉辖区内呢？全祖望认为，这主要是因为道路方便。当时往南走的通道，很可能存在一条重要通路，从钱唐县沿着钱塘江往上溯，到富春县之后，过江，就到乌伤县，再往南就到了太末县。这说明当时的交通便利性，从钱唐到乌伤，经由钱塘江、金华江的水路，相对于从萧山、诸暨下来的陆路，要更加便捷之故。

那么，东汉时期，治所在钱唐的西部都尉还存在否？因为据《后汉书·光武帝纪》：东汉初，曾“并省四百余县”；又《续汉书·郡国志》中，“吴郡”下并无钱唐县的记载。所以一直以来，钱唐县被认为在东汉初曾被废置，到后期才得以恢复。李晓杰的《东汉政区地理》对此提出质疑。陈志坚在《杭州初史论稿》中也力证钱唐县一直没有被废。《后汉书·彭修传》中就曾提到一个明帝时的西部都尉宰晁，可为一旁证。

吴、会分治之后，钱唐县的都尉也一直存在。如汉末时，先后有许贡、朱治、程普等人曾任职吴郡西部都尉。孙吴时期，吴郡西部都尉继续存在，如顾承、谢承、蒋钦等人曾任其职。

（四）两汉时增设的县

进入西汉，钱塘江流域设县在秦的基础上有所增加，但速度并不太快，计有富春、余暨、剡等县。富春县在钱塘江主干道边，余暨县虽然也在钱塘江边，但更应视为在浦阳江流域，剡县则在曹娥江上游。可见，三个流域都有较快的发展，而且与原来发达核心区距离很近。

东汉时期，钱塘江流域没有增加县。但并不能说明这一地区人口、经济没有得到发展，而是与东汉并省郡县、减少官吏的政策有关。

1.富春县

学界一般都认为，钱塘江上的富春县是从西汉开始增设的。但是后晓荣的《秦代政区地理》中却认为："秦或设富春县，其故址在今浙江省富阳市。"他的证据其实比较单薄，是根据西安文物保护考古院所藏之战国楚系青铜器"富春大夫"甑上有"富春大夫"铭文。他认为楚国的县出现确实很早，且长官多称"大夫"。故"富春大夫"可能就是富春县在楚国曾经设立的证据，进一步，秦朝沿袭楚国的政治布局，也当设有富春县，是后来富春县之源头。

从一个出土情况不清楚的楚国"富春大夫"甑，就推出秦曾设富春县，恐怕推理过于大胆。楚国是否有设置过"富春县"，这本身就是一个颇可存疑的问题。况且，就算楚国已经有了富春县的设置，不等于秦朝就设有富春县。

《汉书·地理志》中是有富春县的。但有学者认为秦朝没有富春县。如谭其骧认为，秦朝是没有富春县的，他的大作《杭州都市发展之经过》一文中认为："汉分余杭南境立富春县"[1]。在他主编的《中国历史地图集》中，秦朝会稽郡的属县中，也不见富春县。马非百的《秦集史》中，会稽郡属县中也不见富春县。

汉分余杭离富春一事，并没有见于史料记载，当是考证推理得出的结论。因为《史记》中记载秦始皇上会稽时渡江，是"乃西百二十里，从狭中渡"。裴骃集解引"徐广曰：'盖在余杭也。'"又引"顾夷曰：'余杭者，秦始皇至会稽经此，立为县。'"另外，《水经注·浙江水》提到："浙江又东径余杭故县南，新县北。秦始皇南游会稽，途出是地，因立为县。"这种说法是主流观点，即秦始皇渡钱塘江的时候，立余杭为县。至于那种因秦始皇渡江之"航"，而为"余杭"得名之由来的说法，自然不可靠。

地名来源中，很多人都提到是因为秦始皇在此渡江。但是以今天的余杭之地，并不临钱塘江。所以这个渡江之地，应该是在富春县境内。所以，刘昭在

[1] 谭其骧：《杭州都市发展之经过》，《东南日报·云涛专刊》1948年11月30日。

《续汉书·郡国志》的余杭条注中提出了质疑："始皇所过乃在钱唐、富春，岂近余杭之界乎？"这两个记载其实是有明显矛盾的，如果以"汉分余杭南境立富春县"来解释，就很顺畅了。当时记载秦始皇在余杭渡江，是正确的。西汉时，余杭南部被分割出，为富春县，则秦始皇渡江之地又属于富春境内，也是正确的。

据此，我们认为秦朝并无富春县，而是西汉新设的富春县，有可能是从余杭县南部分割出来的。

2.余暨

余暨县，即后来的萧山。《汉书·地理志》会稽郡下有"余暨县"，则西汉设县当无可疑。目前尚没有足够资料考订具体设县的时间。

有人根据《汉书·地理志》提到：应劭曰："吴王阖闾弟夫概之所邑。"遂以为余暨设县时间非常早，于是定为秦县。不过《汉书·地理志》同样有颜师古的注解说"应说非也"否定了此说。其实，就算春秋时代有封邑，与郡县制下的县级政权，也是两回事，不能等同视之。另外，《太平寰宇记》引用了《汉书》应劭注云："汉分诸暨、山阴地为下诸暨，后易名余暨。"[1]明确指出是汉代开始设县。

另外，《太平寰宇记》应劭注明确指出，余暨的地域乃是从诸暨和山阴两县分割而成。根据谭其骧的观点，余暨的分县所自来源如此，那么可以说明余暨县开发的人口，乃是从诸暨、山阴两个县发展过来的。

据所引应劭注还可知，最初的县名为"下诸暨"。大概表明了余暨和诸暨都在浦阳江流域的上下游关系。这在一定程度上可视为诸暨对余暨县的开发有着更重要的意义（相对于山阴县而言）。从浦阳江流域而言，诸暨在上游，余暨在下游，从上游往下游发展，正符合一般农业发展的规律。

3.剡县

剡县，即后来的嵊县。《汉书·地理志》会稽郡下有"剡县"，则也当在西汉时设县。

《元和郡县图志》记载："剡县，汉旧县，故城在今县理西南一十二里，吴贺齐为令，移理今所。"而《太平寰宇记》引孔晔《记》云："县本在江东，贺齐

[1]〔宋〕乐史著，王文楚等点校：《太平寰宇记》卷九六《江南东道八·越州》，第1936页。

为剡令，移于今所。”[1]两者记载稍有差别，旧县县址所在，一认为在县西南，一认为在江东。因为新县址在剡溪之西，故旧县当在江东为宜。

剡县成立的发展动力，当来自宁绍平原，是顺着曹娥江从下游向上游发展的结果。这种发展方向，与余暨县的情况是相反的。这很大程度上是由于宁绍平原自春秋时代就开始发展，发展水平高，人口密集，所以出现自下而上的发展现象。同时也说明，宁绍平原一带的辐射力度很强，是两汉时期钱塘江流域中经济水平最高的一个区域。

二、汉代钱塘江流域的水利和水利工程

（一）杭州西湖的形成

随着海平面进一步回落和时间的推移，钱塘江潮挟带的泥沙在古西湖海湾外大量堆积淤高，逐渐形成了“河口沙坎”，此后日积月累，沙洲不断向东、南、北三个方向扩展，终于把吴山和宝石山两个岬角的沙洲连在一起，形成了一片冲积平原，把海湾和钱塘江分隔开来，原来的海湾变成了一个真正的潟湖，西湖由此而生。这个形成期，大概在西汉时期。

潟湖，按《现代汉语词典》的解释，就是指“浅水海湾因湾口被淤积的泥沙封闭形成的湖，也指珊瑚环礁所围成的水域。有的高潮时可与海相通”。民国八年（1919）夏，竺可桢《杭州西湖生成的原因》一文率先提出“西湖是一个礁湖（即潟湖）”的主张：“假使我们能追想钱塘江初成时候情形，一切冲积土尚未沉下来时，现在杭州所在地方还是一片汪洋，西湖也不过是钱塘江口左近的一个小小湾儿。后来钱塘江沉淀慢慢地把湾口塞住，变成一个礁湖。”“现在西湖情形照上面看来，是由于钱塘江带下泥土污积，塞住原有的湾口而成。”[2]民国十三年，章鸿钊在《杭州西湖成因一解》一文中也主张潟湖说，不过他提

---

[1]〔唐〕李吉甫：《元和郡县国志》卷二六《江南道二·越州（会稽都督府）》，中华书局1983年版，第620页；〔宋〕乐史著，王文楚等点校：《太平寰宇记》卷九六《江南东道八·越州》，第1932页。

[2] 竺可桢：《杭州西湖生成的原因》，《科学》1921年第6卷第4期。

出来的西湖成因与竺氏有所不同。他认为，西湖的成因应该是由于钱塘江潮水冲击而导致“江岸之变迁而造成”的：“西湖之所以成，固必以潮流之所向，与水准对江岸之变迁，二者为之基。钱塘潮之汹涌澎湃，固风闻于世矣。其来也，则自东而西，海滨泥沙随之而上。西湖三面环山惟东乃平坦，沙随潮涨，西遇溪谷东下之水，不断复进，遂淤积成长堤，而西湖之形势成矣。然若水准无变迁，则水力时时得突破之，西湖之命运，亦未能长保也。据湖上所见之事实推测之，知水势近复大退，而西湖之位置乃愈固。故西湖之成因，似不得仅以钱塘江淤泥之沉淀释之。其始也，则以潮力之所向，而积成湖堤；其继也，又以水准之变迁而维持湖命。二者乃今日所以有西湖之重要条件也。”[1]

近代著名史地学者、浙江大学史地研究所所长张其昀在著《西湖风景史》中认为：“西湖三面环山，本一海湾，因钱塘江所挟下之泥土，壅蔽湾口，乃成湖泊。惟古时湖与江水相通，汉时虽已有明圣湖之名，然其时必随潮出没，潮上而湖没，潮下而湖见，殆犹在若有若无之间耳。”[2]

（二）华信筑海塘和钱唐县东移

华信海塘是有史料记载的杭州第一条海塘，其重要意义不言而喻。华信筑海塘一事，记载在刘宋元嘉年间（424—453）的钱唐县令刘道真所著的《钱唐记》中：

> 昔一境逼近江流，县在灵隐山下，至今基址犹在。郡议曹华信乃立唐以防海水，募有能致土石者，即与钱。及成，县境蒙利，乃迁此地，因是为钱唐县。

北魏郦道元《水经注》也载：

> 防海大塘在县东一里许。郡议曹华信家议立此塘，以防海水。始开募有能致一斛土者，即与钱一千。旬月之间，来者云集。塘未成而不复取，于是载土石者皆弃而去，塘以之成，故改名钱塘焉。[3]

这个故事用来解释“钱唐”得名，自然是不可信的。因为“钱唐”这个名

［1］章鸿钊：《杭州西湖成因一解》，《科学》1924年第9卷第6期。
［2］张其昀：《西湖风景史》，《东方杂志》1929年26卷第10期。
［3］〔北魏〕郦道元原著，陈桥驿点校：《水经注》卷四〇《渐江水》，第751页。

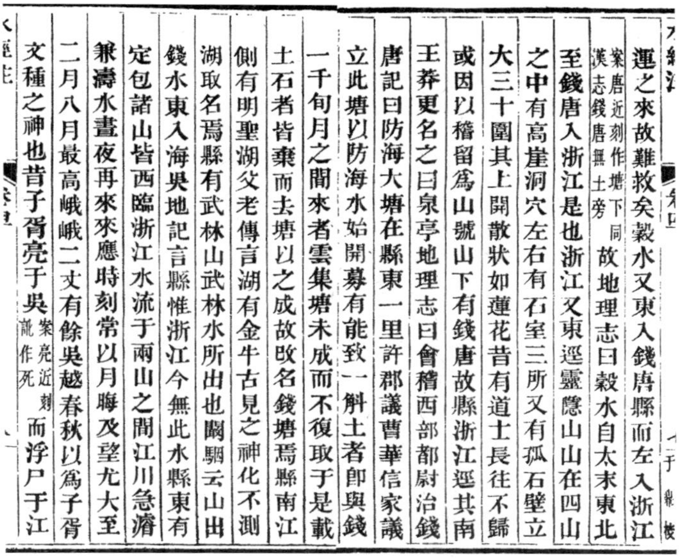
運之來故難救矣穀水又東入錢唐縣而左入浙江
案唐近刻作塘下同漢志錢唐無土旁故地理志曰穀水自太末東北
至錢唐入浙江是也浙江又東逕靈隱山山在四山
之中有高崖洞穴左右有石室三所又有孤石壁立
大三十圍其上開散狀如蓮花昔有道士長往不歸
或因以稽留爲山號山下有錢唐故縣浙江逕其南
王莽更名之曰泉亭地理志曰會稽西部都尉治錢
唐記曰防海大塘在縣東一里許郡議曹華信家議
立此塘以防海水始開募有能致一斛土者卽與錢
一千旬月之閒來者雲集塘未成而不復取于是載
土石者皆棄而去塘以之成故改名錢塘焉縣南江
側有明聖湖父老傳言湖有金牛古見之神化不測
湖取名焉縣有武林山武林水所出也闞駰云山出
錢水東入海吳地記言縣惟浙江今無此水縣東有
定包諸山皆西臨浙江水流于兩山之閒江川急濬
兼濤水晝夜再來來應時刻常以月晦及望尤大至
二月八月最高峨峨二丈有餘吳越春秋以爲子胥
文種之神也昔子胥亮于吳案亮近刻訛作死而浮尸于江

《水经注》引《钱唐记》所记华信筑塘之事

字早就出现在《史记》《汉书》中，比故事产生的时代要早多了。“钱唐”到底是什么确切含义呢？虽然说法很多，现在恐怕无法确定了。但毫无疑问，不会是因为华信筑海塘而改的。华信筑海塘这个故事，讲到用钱招募、骗人运土，有些离奇，也恐怕不可信。但华信此人应该是真实存在的，而他筑海塘一事，显然也应该是事实。

首先，判断修海塘的时间。《太平御览》卷八三六提到：“王莽时县名泉亭，于是改为钱塘。”虽然这一说法肯定是错误的。但能反映出立海塘一事，当为王莽之后的事情，所以，将时间定在东汉，当是较为可信的。

其次，海塘的地理位置在何处？“防海大塘”和钱唐县县址的相对位置是很明确的：海塘在县东一里。

清代陈文述在《西泠怀古集》中认为：华信海塘在云居山麓至钱塘门。近人虞家钧也采信这一说法。其实这个观点是认为：海塘等于是西湖的堤坝，海塘的功能是将湖、海相隔。结果是使得西湖从此成形，并开始逐渐成为淡水湖。这个观点的错误是显而易见的，因为，防海大塘若就是在西湖东岸，那么海塘以西一里的“钱唐县”岂非在西湖里面？实际上，西湖成陆时间应该早得多。

目前较主流的观点认为，华信海塘应该在今杭州市区位置。或认为海塘应该在中河一线[1]，或认为在中山路一线[2]。两者相差不远。这个推断，先是推断钱塘县的县址所在，然后再往东一里即可。那么，东汉时期的钱唐县址在何处呢？学界一般认为，东汉时钱唐县址当在宝石山东麓，西湖东北方位。则钱唐县和防海大塘的空间关系基本是清楚、可靠的。

《太平寰宇记》中的刘道真《钱唐记》云："昔一境逼近江流，县在灵山下，至今基址犹在。郡议曹华信乃立塘，以防海水，募有能致土石者，即与钱。及成，县境蒙利，乃迁此地，因为是钱塘县。"[3]《元和郡县志》的引文也提到了"及塘成，县境蒙利，乃迁理此地"[4]。看来《钱唐记》的记载是先筑海塘，再迁县治，有明显的先后关系。

那么，为什么华信要筑海塘？《世说新语》卷三《雅量六》篇"褚公于章安令"条下刘义庆注所引《钱唐县记》云：

县近海，为潮漂没。县诸豪姓，敛钱雇人，辇土为塘，因以为名也。

这段引文说得很清楚："县近海，为潮漂没。"所以需要修防海大塘。既然说"为潮漂没"，肯定是指有价值的东西，如人口和财产，甚至是土地被海水淹没而盐碱化等。

《世说新语》注引文云"县诸豪姓，敛钱雇人，辇土为塘"。可能是更接近事实的记载，即修海塘一事是多家土豪共同发起的。当然，华信此人，一方面他是"郡议曹"，另一方面"华信家富"，华信成为兴修海塘的发起人和带头人，是很自然的事情。

这些地方豪强，花费大量人力物力建海塘，防止海潮深入，当是为了保护自己的利益。可以设想，经过较长时间的发展，在西湖东北地区，即宝石山东麓一带，应该出现了不少经过开垦的土地。这些土地的开发者，应当就是本地豪强地主，也只有这些有力者，才有可能去开发这些荒地沙田。而不时奔涌的钱江潮经常会"漂没"财产，更重要的是，海潮经过的土地，长久性地给土地

[1] 魏嵩山：《杭州城市的兴起及其城区的发展》，载《历史地理》创刊号，上海人民出版社 1981 年版；王士伦：《三徙治所，始建州城——隋代杭州的建置及城垣范围》，载《杭州历史丛编·隋唐名郡杭州》，浙江人民出版社 1997 年版。

[2] 参见李志庭：《浙江地区开发探源》，江西教育出版社 1997 年版，第 75—76 页。

[3] 〔宋〕乐史著，王文楚等点校：《太平寰宇记》卷九三《江南东道五·杭州》，第 1864 页。

[4] 〔唐〕李吉甫：《元和郡县志》卷二五《江南道一·钱塘县》，第 603 页。

带来损害，甚至盐碱化。为了更好地保护这些已经开发的土地，还有居住人口，豪强们必然要开始修筑海塘。

根据各种史料记载，可以设想华信修海塘这一过程：首先是宝石山东麓一带因为沙涨成陆，逐渐得到了开发，甚至颇有人烟；然后，为了保护土地和财产，东汉时期，钱唐本地的土豪们集聚力量，共同筑起了第一条防海大堤；由于防海大堤带来保护，经济和人口的进一步繁荣，最后导致了钱唐县县治迁到了宝石山东麓一带。

之所以沙涨成陆，首先是钱塘江泥沙沉积的结果，可以说是自然变化的结果。但是，这一自然变化又是受到人类的活动的极大影响的。如华信所筑海塘，是在沙涨的基础上造就，但是海塘筑就之后，又会极大地促进沙涨的发展，两者是互相促进的过程。

可以想见，华信筑海塘之后，这样的过程会不断重复，结果就使得沙涨陆地不断出现，逐渐往东扩展。这一扩展过程，实际上就是杭州市区不断发展的过程。从这一角度来说，华信筑海塘可以称得上是杭州发展史上最具关键性的第一步。

华信其人在其他文献中没有详细记载，我们今日只能从流传下来有限的文字中，得知他是东汉时人，生卒年不详，曾任东汉时会稽郡（治今浙江绍兴）议曹。议曹为汉时郡守所辟属吏的称号，是协助太守工作的官吏。在当时，钱唐县已经是万户以上的大县，经济比较发达，在国内占有一定的地位。但县境南边濒临钱塘江，县内人民的生活和生产常常受到这汹涌澎湃的钱塘江潮水的侵害。为了根治这一灾害，保护百姓的安宁和现有的生产生活资料，保护西湖，抵御潮水冲击，以会稽郡议曹华信为首的有识之士，向县中一批有钱的大户募集筑堤用的资金[1]，用钱招募百姓运送土石到“在县东一里许”的江边，即西湖与江海之间筑起一道捍海塘。因官府开始招募民工时，允诺凡是送土“一斛”到指定江边的，即给钱一千，因此百姓们在得到消息后，纷纷肩挑车推，蜂拥运载土石到钱塘江边。于是在短短的几个月时间之内，便用大量土石筑成了一条捍海塘。工程完成后，钱唐县的百姓从此安居乐业，经济和文化快速发展起来，人口也愈来愈多。于是，根据形势发展的需要，原在“灵隐山下”的钱唐

[1] 而南宋葛澧《钱塘赋》却云“钱唐置号以华信出私钱而筑塘”，姑存一说。

县治也搬迁到平原地区来了。

华信筑塘成功，对于今后杭州城市和西湖的发展，影响十分深远，意义也非常重大。他在杭州的城市发展史上，率先开创了治理钱塘江和西湖的先河，贡献卓越。自从他筑塘后，西湖才最终与钱塘江分开，随着泥沙日益涨远，今杭州市区的陆地也愈来愈大。从而为杭州城市的发展奠定了坚实基础，堪称钱塘江和西湖治理的“第一功臣”！正是由于他做了一件有利于人民的善事，因而当时钱唐百姓曾在钱塘江边立碑以纪念他。

（三）马臻创立镜湖

今天的绍兴地区，在西汉时还是泽国。东汉永和五年（140），会稽太守马臻以会稽郡城（今绍兴）为中心，围筑堤塘，蓄水溉田，形成镜湖[1]。这是汉代长江三角洲地区最著名的大型水利灌溉工程之一。

马臻，生卒年不详，字叔荐，茂陵（今陕西兴平）人。在其担任会稽郡太守时，马臻经过详细勘察，亲自主持，把之前各朝代修筑的湖堤连成一体，与南端的山脉围成了一个大湖，就是镜湖。镜湖以会稽郡城为中心，东至曹娥江，西抵钱清西小江，水域范围面积约为1200平方公里。镜湖建成后，凭借湖、田、海相互间的高差，使其间九千顷土地获得丰沛水源而得到了有效的灌溉和垦殖，山会平原逐步从“天然泽国”改变为“鱼米之乡”。

萧绍平原（萧山、绍兴两县的平原部分）位于杭州湾南岸，南北狭长，东西宽展，曹娥江环绕东缘，西小江流贯西北，南依绵亘的会稽丘陵，北临东海。历史上，受海侵和海退影响，东汉以前的萧绍平原布满了大大小小的湖泊。在这些湖泊的南端，是高耸的会稽山脉，山峰间的几十条溪流自南向北注入湖群。而在湖群的北端是一片宽广的平原，再往北便是杭州湾即大海了。这样，便形成了“山脉—湖群—平原—大海”的台阶式地形。

萧绍平原这里特殊的地理和水系分布，带来了两个问题：一是钱塘江的潮汐；一是山洪。首先，春秋以来直至南宋前期，钱塘江出南大门，未有大变化，江道紧逼山会平原北缘。这样，钱塘江潮水可以远远上溯曹娥、浦阳两江，其影响程度远较今日为大。而曹娥、浦阳两江又将这种影响转嫁于它的支流即镜

[1] 宋代因为避宋太祖祖父讳，改镜湖为鉴湖。本章所述时间在宋以前，故依然以镜湖为称。

湖水系诸河，这样就大大增加了古代镜湖地区内涝积水的程度。其次，虽然从越国开始就修筑了不少堤塘之类的水利工程，但这些堤塘工程分布比较零散，蓄水量有限，所以，山洪暴发之时，往往造成湖堤决溢，致使其北端的农田深受其害。另一方面，当久旱不雨之时，由于湖泊水量有限，不能满足农田用水的需要。镜湖的修筑，正是针对性地解决了这些问题。

最早记载镜湖的史料是距镜湖创立300年后的南北朝刘宋时期孔灵符的《会稽记》:“汉顺帝永和五年(140)，会稽太守马臻创立镜湖，在会稽、山阴两县界，筑塘蓄水高(田)丈余，田又高海丈余。若水少，则泄湖灌田；如水多,则开湖泄田中水入海。所以无凶年。堤塘周回五百一十里,溉田九千余顷。”[1]北魏郦道元《水经注》载:“浙江又东北得长湖口，湖广五里，东西百三十里，沿湖开水门六十九所，下溉田万顷，北泻长江。”“又于湖中筑塘，直指南山。”可知，镜湖的面积十分惊人，《会稽记》说周围510里，《水经注》则提到“广五里，东西百三十里”，则周长也约270里，两者稍有差异，但相差不远，应是比较可靠的。其蓄水能力肯定是十分惊人的。这是钱塘江水系最早的大型蓄水灌溉工程。诚如宋人王十朋所言:“越之有鉴湖，如人之有肠胃。”“会稽、山阴无水旱之患。自汉以来更六朝、东西晋、隋、唐、五代钱氏，千有余年，民受其利。”[2]

镜湖南靠会稽山脉，其北是山会平原，再北则面对杭州湾。镜湖的修筑巧妙地利用了这山—原—海高程上的变化，依山筑塘成湖，积蓄会稽山脉诸溪之水，顺着自然地势启放湖水灌田。

镜湖的巨大功效，在六朝时期已经十分明显。《宋书》曾描述说:“会土带海傍湖，良畴亦数十万顷，膏腴上地，亩值一金，鄠、杜之间，不能比也。”[3]很显然，绍兴地区的经济繁盛，大大得益于镜湖。[4]

---

[1]《会稽记》原书久已失传，此转引自〔宋〕李昉等:《太平御览》卷九六《山阴县》，见刘纬毅《汉唐方志辑佚》，北京图书馆出版社1997年版，第186页。

[2]〔宋〕王十朋:《鉴湖说》(上篇)，转引乾隆《绍兴府志》卷一四《水利志·山阴》，第15页。

[3]〔南朝梁〕沈约:《宋书》卷五四《沈昙庆传》，中华书局1974年版，第五册，第1540页。

[4] 镜湖的水利功能和历史意义，可以参考陈桥驿:《古代鉴湖兴废与山会平原农田水利》，《地理学报》1962年第3期。

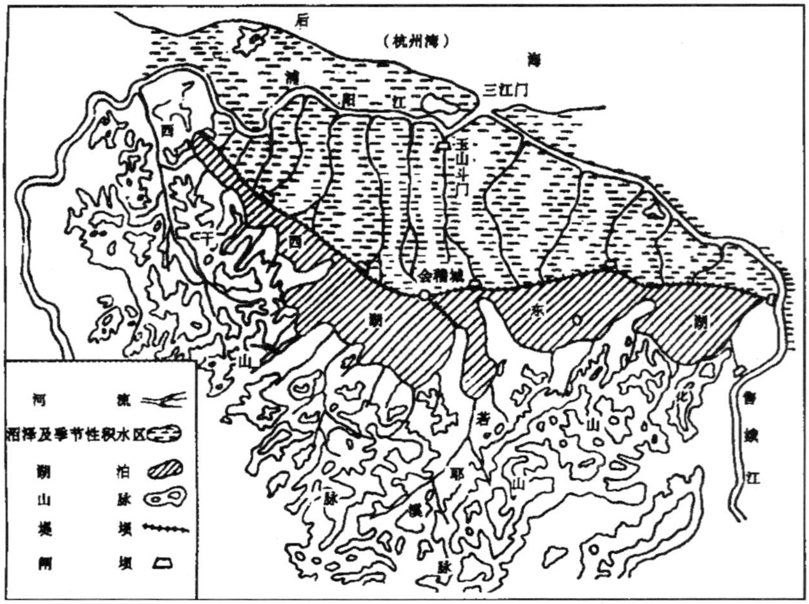

镜湖水系图

马臻虽然立下了千古功业，自己却遭到了极不公平的待遇。据孔灵符《会稽记》载：“创湖之始，多淹冢宅，有千余人怨诉于台，臻遂被刑于市。及台中遣使按鞫，总不见人。验籍，皆是先死亡人之名。”所谓上诉到御史台的千余人都是“先死亡人之名”，似乎与之前“多淹冢宅”有关，事涉诡异。然而，此事背后当与湖、田之争是有密切关系的。

早在越国时期，在开发山会平原过程中，就“山—原—海”台阶式地形，兴修了一大批水利工程，如富中大塘、练塘等。这一带开发得很早，也相当成熟。到了东汉后期，这一带依然还是农业发达地区。毫无疑问，当年马臻在修筑镜湖之前，他面临的其实是一个两难选择，如果要修湖，那么被湖水淹没的大面积土地中，必定存在着大量经过多年开垦的土地。而这些田地的所有者，大多应该是当地豪绅。所谓“冢宅”的千余人，似乎可以理解为正是那些土地利益受到了损害的地方豪绅。东汉后期，正是地方豪强地主勃兴的时代，在这种背景之下，地方豪绅的反弹能量可以想见是非常巨大的。所以，马臻不能不为此付出生命的代价。马臻之死，不能说完全是被诬陷，但确实是利益纷争的一个牺牲者。有意思的是，马臻虽死，但镜湖却一直被存续下来，这也说明，镜湖的修筑是符合大多数人利益的。

《嘉泰会稽志》卷一三所引熊克的《镜湖》，对此早就提出了解释：“马臻之始为湖也，会稽民数千人诣阙讼之，臻得罪死。及按见讼者，皆已死。说者以为鬼，予独曰不然。臻之为湖，不利于豪右，故相与讼之而假死者以为名。”熊克将神秘化的事件做了理性化、历史化的解释：“臻之为湖不利于豪右，故相与讼之。”由于这一推测比较合理，故后人多采纳之。

马臻死后，绍兴人民为感念其功德，在山阴建庙立像，每年春秋祭祀。绍兴最早修建马臻庙的人，据韦瓘《修汉太守马君庙记》载，是唐开元中越州刺史张楚“深念功本，爰立祠宇”，唐宪宗元和十年（815）浙东观察使孟简扩建[1]。宋仁宗嘉祐四年（1059）马臻被赐封为“利济王”。据宋《嘉泰会稽志》卷六山阴县“祠庙”载，宋代时绍兴有两处马太守庙——山阴、会稽两县各一“马太守庙在县西六十四里（事具会稽）。”

马臻在任会稽郡太守时，除了主持创建镜湖外，还在会稽县东四里筑回涌湖。《南史·谢灵运传》：“会稽东郭有回踵湖，灵运求决以为田……此湖去郭近，水物所出，百姓惜之。”《嘉泰会稽志》卷一〇提到：“回涌湖在县东四里，一作回踵。《旧经》云，汉马臻所筑，以防若耶溪溪水暴至，以塘弯回，故曰回涌。”可知回涌湖是为了滞纳洪水，以防若耶溪水暴涨危害农田。[2]当是镜湖的一个配套工程。

从地理方位来看，回涌湖在会稽城左近，当在镜湖的大范围之内。但从《谢灵运传》看，其似乎又是单独存在的。如何理解这个矛盾？我们认为，当时镜湖的实际存在形态，有可能是多个湖各自存在，而不是一个烟波浩渺的整体性湖面。当然，各湖之间又是相通的，故既可以有小湖之名，也可以有大湖之通名。

回涌湖的这种状况，可能和下文的南湖、大湖的状态是类似的，可以互相参照。

---

[1]〔清〕董浩等编：《全唐文》卷六九五，中华书局1983年版，第7141页。

[2] 有学者认为，回涌湖的开创者不是马臻，而是比马臻早35年的会稽太守马稜。其理由是，从回涌湖的功能看，时间应该早于镜湖。参见盛鸿郎《回涌湖新考》（《鉴湖与绍兴水利》，中国书店1991年版），其说能自圆其说，但从文献角度看，并不支持此说。姑存其说。

（四）上虞白马湖、上妃湖和余杭南湖

宁绍平原是我国著名的水网平原之一，历史上这里湖泊星罗棋布。据史籍记载，平均每20平方公里就有一个较大的湖泊。除了绍兴的鉴湖外，必然还存在着其他众多水利设施，只是由于资料不足，只能钩稽出少数几个。

白马湖、上妃湖。明万历《上虞县志》载："白马湖……创自东汉，周四十五里八步，三面皆壁立大山，三十六涧水悉会于湖。……旁有沟闸，溉永丰之田四十余顷。"为上虞最早开发利用的湖泊之一。郦道元《水经注》卷四〇提到："白马潭，潭之深无底。传云创湖之始，边塘屡崩，百姓以白马祭之，因以名水。"白马潭当即白马湖。从"创湖"云云可知，该湖是经过人工改造修创而成的。白马湖三面环山，36涧之水悉汇于湖的这种情况，与镜湖的修建思路是相似的。据《上虞县五乡水利本末》载，东汉时有白马湖、上妃湖："白马湖在夏盖湖之南，周围四十五里八步；上妃湖在夏盖湖之南，白马之西，周围三十五里。"又，王凤生《浙西水利备考》载：东汉熹平年间（172—177），"余杭县令陈浑在城南辟上下两湖，以拦蓄苕溪洪水。上南湖周三十二里，下南湖周三十里"。

三、汉代钱塘江流域社会经济的发展

（一）汉代钱塘江流域地区的人口

在古代社会中，衡量一个地区的经济社会发展水平，人口无疑是一个关键指标。钱塘江流域本身并不是完整的一个行政区划，所以其人口数据，只能通过该流域各县的人口数据汇总来得出。

两汉时的人口数量，只有郡一级的数据，而缺乏各县的数据，因此无法精确计算。我们只能根据《汉书·地理志》《续汉书·郡国志》记载的西汉和东汉的户口数做平均数字的估算。

《汉书·地理志》在会稽郡条下记载："户二十二万三千三十八，口百三万二千六百四。县二十六。"平均下来，每个县是8578户、39715口。而这26个县中，属于钱塘江流域的有10个县，那就是85783户、397155口。

当然，还要加上丹阳郡的歙县、黟县 2 个县。《汉书·地理志》在丹扬郡条下记载："户十万七千五百四十一，口四十万五千一百七十一。县十七。"平均每县是 6325 户、23855 口。2 个县的合计人口就是 12651 户、47667 口。

两者相加，则西汉后期钱塘江流域的人口估计数：98434 户、444822 口。将近 10 万户、45 万人。这个数字当然不准确，[1]但从数量级的角度看，应该大致还是可以认可的。若以一个郡的规模相比拟的话，这样的规模，算是西汉后期中等郡的水平。

同样的方法，可以用来估算东汉的钱塘江流域人口数量。《续汉书·郡国志》里面的数据，吴郡是"十三城（县），户十六万四千一百六十四，口七十万七百八十二"。平均每县是 12663 户、53606 口。计入钱唐、海盐、富春、余杭 4 个县，则有 50652 户、214424 口。

会稽郡是"十四城（县），户十二万三千九十，口四十八万一千一百九十六"。平均每县是 8792 户、34371 口。计入山阴、余暨、诸暨、乌伤、太末、上虞、剡县等 7 县，则有 61544 户、240597 口。

丹阳郡是"十六城，户十三万六千五百一十八，口六十三万五百四十五"。平均每县是 8532 户、39409 口。计入歙县、黟县 2 县，则有 17065 户、78818 口。

钱塘江流域的东汉时 13 县人口数量合计则有 129261 户、533839 口。数量级上，户数依然是 10 万左右，人口数达到了 50 万。

钱塘江流域在东汉的户口数据相比于西汉的 98434 户、444822 口，基于相同的县数和范围，明显出现了人口上升的趋势。

人口的上升，除了自然增长之外，也有移民的因素。汉代的钱塘江流域地区属于移民进入区。移民又有不同性质，一种是官方有计划的移民，一种民间的自发移民。

前者如汉武帝时有一次大规模移民活动，据《汉书·武帝纪》载："（元狩）四年冬，有司言关东贫民徙陇西、北地、西河、上郡、会稽，凡七十二万五千

---

[1] 平均数的最大问题在于，各县之间存在差异，钱塘江南北岸发展水平不同，北岸发展水平较高。可以参考《续汉书·郡国志》里东汉的数据，吴郡平均每县 12663 户、53606 口。而会稽郡平均每县 8792 户、口 34371 多。吴郡与会稽郡的每县平均比，户数比是 1.4 : 1，口数比是 1.5 : 1。但是，一方面，钱塘江流域也有若干县在北岸；另一方面，南岸的绍兴平原一带人口比重很高。所以，为了估算方便，就不再细算各县不平衡这一问题。

口，县官衣食振业，用度不足，请收银锡造白金及皮币以足用。”这次移民的迁入地点，除了西北四郡，独有会稽一郡位于东南。会稽当时地广人稀，经济、文化发展水平大大落后于中原地区，大批迁入的中原移民，对这里的社会发展会产生重要影响。辛德勇有《汉武帝徙民会稽史事证释》一文，认为徙民会稽事确实可信。从地理条件方面讲，会稽具备了接纳受灾移民的条件；从目的来看，除徙民实边，以抵御越人侵袭的因素外，更有通过移民会稽来巩固东南边防的战略意图。

至于迁入会稽郡的人数，王鸣盛在《十七史商榷》卷九中有“徙民会稽”条，评论说：“会稽生齿之繁，当始于此。约增十四万五千口也。”王鸣盛是用“七十二万五千口”这一总数，除以陇西等五郡郡数，而得出的每郡平均迁入移民数量。所以得出的这个数字是不可靠的。但正如辛德勇所指出的：尽管具体数字无法确定，但是在这“七十二万五千口”总人数中，哪怕只有十分之一、二十分之一，甚至三十分之一迁入会稽，对当地的社会发展也会产生很重要的作用。[1]可以想见，这批数量相当大的移民，有很大部分会迁入到钱塘江流域中。

另外则是更多的民间自发移民情况，特别是两汉之际与东汉末年的两次中原大动乱之中，中原移民进入南方的颇多。如《后汉书·循吏列传》就说：东汉初，“避乱江南者皆未还中土，会稽颇称多士”。这里说的虽然只是士人，但民间普通民众作为流民进入钱塘江流域的肯定不在少数。

另一方面，钱塘江流域在东汉时的人口数据，相比西汉，户数比为1.3∶1，口数比为1.2∶1，增长的幅度似乎并不算太大。这在一定程度上与户口统计的水平有关。东汉相比西汉而言，地方豪强势力壮大已成为显著的社会现象，其荫庇人口的数量肯定会比西汉时更加严重，因此中央统计的户口数增加幅度不大。

东汉与西汉的人口状况相比较，除了数量比较之外，其实还可以比较一下知名人物。西汉时期，出生于钱塘江流域而入仕中央，甚至留名于正史的人物，寥寥无几，大概只能算山阴的郑吉三兄弟了。

但是东汉时期，人数明显有所上升，见于《后汉书》的即有：东汉早期如

---

[1] 辛德勇：《秦汉政区边界地理研究》，中华书局2009年版。

山阴钟离意、郑弘、谢夷吾、赵晔等11人，上虞王充，句章梁宏、董黯，鄮黄公，不确定县者吴君高等；东汉中期有山阴贺纯、冯敷、上虞曹娥父女等5人，乌伤杨扶；东汉晚期有山阴阚泽、韩说、盛宪等9人，上虞戴就、孟尝、朱儁、魏朗等7人，富春孙坚、孙策等6人，乌伤杨乔、杨琁、骆俊父子等4人，钱唐全柔等4人，余杭凌统父子、张俨，太末徐陵。还有一些无法确定者未包括在内。

毫无疑问，东汉时期，人物在数量上大量增加，在质量上也有提高，人物的影响力增强，且可明显看出出现了一些在文化上颇有积累的世家大族。一个地区人才的培养，文化的提高是个不断积累的过程，更是需要一个坚实经济基础做支撑。方北辰在《吴姓门阀士族集团形成试探》一文中考察了南方著姓的发展经历，指出会稽郡的贺、虞则是东汉中叶、东汉末移居江东的。上虞魏氏虽无确切记载，但到东汉末已出现了如“八俊”之一的魏朗这样的著名人物。这些家族到东汉末，在南方生根发展的时间多在百年以上，已积聚有相当的地方势力基础。[1]

若再就人物的籍贯考察其在钱塘江流域的空间地理分布，由多到少依次为山阴、上虞、富春、乌伤、钱唐、余杭、太末。可看出大姓所在的山阴、上虞是人才比较集中的地区。这与我们估计的钱塘江流域南岸的宁绍平原一带的发展水平较高也是相吻合的。

（二）两汉时期钱塘江流域的农业发展

《史记·货殖列传》中在比较全国的经济区时，将江南地区描绘为：“江南卑湿，丈夫早夭。”“楚越之地，地广人稀，饭稻羹鱼，或火耕而水耨，果隋蠃蛤，不待贾而足，地势饶食，无饥馑之患。以故呰窳偷生，无积而多贫。是故江淮以南，无冻饿之人，亦无千金之家。”司马迁曾亲身到过钱塘江流域，他对钱塘江流域的经济发展水平的描述当也是符合实际的。

“火耕水耨”不仅仅是一种耕作方式，而且是南方地区独特的生产风俗。按照应劭解释，火耕水耨的具体方法是初春时放火烧掉杂草，然后放水，通过漫撒的方式播种水稻，待稻苗长到七八寸时，割掉水中杂草，再放水灌

[1] 方北辰：《吴姓门阀士族集团形成试探》，《中国史研究动态》1985年第2期。

余杭出土汉代铁凿

汉代牛耕的情景

田，留在土中的草根因水的浸泡而坏死，稻苗遂免遭杂草侵害而生长旺盛。[1]这个生产习俗的形成和长期延续与南方地区温暖潮湿、植被繁茂的自然环境和地广人稀的人文环境有着极为密切的关系。故此，火耕水耨区稻田产量不高，仅能维持生活，即司马迁所谓的既无冻饿之人，也无千金之家。从这一点来看，其与当时北方的耕作技术显然存在较大差距。

不过这种认识有一定的片面性，带有中央或北方的傲慢态度。比如到了东汉初年的班固，他在《汉书·地理志》的描述依然是："江南地广，或火耕水耨。民食鱼稻，以渔猎山伐为业，果蓏蠃蛤，食物常足。故呰窳偷生，而亡积聚，饮食还给，不忧冻饿，亦亡千金之家。信巫鬼，重淫祀。"不能说班固的描述完全不对，但与《史记》比照来看，其沿袭性是很极为明显的。换句话说，班固完全无视了从西汉中期以来到东汉初年的南方社会发展变化。能反映出作为中央视角的偏见或傲慢是十分明显的。这样的概况表述，到底在多大意义上反映了南方的真实状况，是需要认真剖析的，不能一概信从。

事实上，两汉时期南方以水稻种植为中心的农业也在不断发展之中，南方的经济发展不会一直保持在落后的面貌中，相反是在不断发展之中。

[1]〔汉〕班固：《汉书》卷六《武帝纪第六》，第1册，第182—183页。唐人张守节《史记正义》、清人沈钦韩《汉书疏证·火耕水耨》对此有不同解释，现代研究者对三家的理解又各不相同。笔者拙见，以应劭的解释最贴近历史事实。

首先，南方粮食产量有显著提高。据推测，西汉江南地区水稻亩产量可高达四石左右，而东汉三国时期则提升到约六石。但一般情况下，东汉江南地区水稻每亩产量在二三斛（石）之间。

东汉时江南粮食不但能自给，而且出现了南粮北调的现象。据《后汉书》卷五《安帝纪》记载，安帝永初元年（107），“调扬州五郡租米，赡给东郡、济阴、陈留、梁国、下邳、山阳”。据唐李贤注云：“五郡谓九江、丹阳、庐江、吴郡、豫章也。扬州领六郡，会稽最远，盖不调也。”钱唐县时属吴郡。该书同卷又记载：永初元年，“调扬州五郡租米，赡给东郡、济阴、陈留、梁国、下邳、山阳”。永初七年（113），“九月，调零陵、桂阳、丹阳、豫章、会稽租米，赈给南阳、广陵、下邳、彭城、山阳、庐江、九江饥民；又调滨水县谷输敖仓”。永初元年和永初七年两次调粮，都包括了钱塘江流域地区。这是中国历史上最早的南粮北调记录。标志粮食积累与财富的陶仓，东汉时也普遍出现在南方。

其次，江南农业生产技术不断提高。会稽以“农桑为业”[1]，王充在《论衡》中较早地提出了“桑有蝎”是“灾变之情”的观点，并记述了家乡蚕吐丝、结茧、化蛾的形态转变。[2]陈文华认为：“（江南）汉代水稻栽培从整地、播种、灌溉、施肥、中耕到收获、留种，都有明确要求，已初步形成了一个技术体系，至迟在东汉时期，长江流域的水稻种植已摆脱了‘火耕水耨’的落后状态，开始走上了精耕细作的道路。”[3]

根据考古材料，铁锸、铁锄、铁犁铧、铁镰等铁制农具大量出土，说明东汉时江南地区铁制农具已得到普遍使用。秦和汉初，江南局部地区已始有牛耕，直到东汉时，江南牛耕得以推广。

第三，整个汉代，特别是东汉，循吏政治形成一种政治文化，积极促进了南方等地的经济文化发展。如不少循吏在南方地区大力推广牛耕、铁制农具，兴修水利，发展农业生产，如《后汉书·第五伦列传》记载：第五伦任会稽太守，“会稽俗多淫祀，好卜筮。民常以牛祭神，百姓财产以之困乏。……伦

---

[1]〔汉〕王充：《论衡》卷三〇《自纪》，上海人民出版社1974年版，第447页。

[2]〔汉〕王充：《论衡》卷一六《商虫篇》，第252页。

[3] 陈文华：《中国汉代长江流域的水稻栽培和有关农具的成就》，《农业考古》1987年第1期。

到官，移书属县，晓告百姓。其巫祝有依鬼神诈怖愚民，皆案论之。有妄屠牛者，吏辄行罚。民初颇恐惧，或祝诅妄言，伦案之愈急，后遂断绝，百姓以安”。对南方农业发展的促进则是显而易见的。

秦和汉初，南方地广人稀，往往是罪犯的流放地、贬官的目的地等，司马迁眼中的南方依然是一个经济落后地区，时人往往视江南为畏途。但到了东汉末年，南方却被人描述为“沃野万里，士民殷富，若据而有之，此帝王之资也”[1]。虽有所夸张，但与司马迁笔下的南方已经宛如换了世界。由此，东汉末年的董卓之乱，中原地区就有很多北方士族和百姓举族迁往南方，这次人口南迁的规模远比两汉之交的南迁规模要大，被称为中国历史上第一次人口大迁徙。其中有很多迁往会稽，致使“会稽颇称多士”[2]。

（三）两汉时期钱塘江流域的手工业发展

1.铜器铁器

吴、会稽、丹阳等郡交界地带，正是钱塘江流域的山脉分布地带，在汉代是当时南方主要的铜、铁产区。直到东汉末年至三国吴嘉禾初年，生活在这里的山越，“山出铜铁，自铸甲兵”[3]。

西汉时，铜币铸造规模较大，吴王刘濞“采铜山以为钱”。1992年4月，在萧山闻堰定山村压湖山的半山腰发现一只装有“大泉五十”叠铸铜母范、“大泉五十”铜钱、金属锤子的陶器。[4]王莽时曾派人在郡国铸钱，而会稽郡的铸钱处当即在此附近。

从出土的汉朝铜器看，如钱唐、乌伤、太末等县都出土有不少铜制品，品种丰富。但随着铁制品和瓷器的发展，铜制品逐渐稀少，唯有铜镜得到很大发展，甚至会稽郡的铜镜成为全国铸造铜镜的中心。绍兴市境域出土的数百面汉朝铜镜，纹饰丰富优美，流行四灵、禽兽、神话传说、历史人物等画像镜。工

[1]〔晋〕陈寿：《三国志》卷五四《吴书九·鲁肃传》，中华书局1959年版，第5册，第1269页。
[2]〔南朝宋〕范晔：《后汉书》卷七六《循吏列传·任延》，第9册，第2460—2461页。
[3]〔晋〕陈寿：《三国志》卷六四《吴书十九·诸葛恪》，第5册，第1431页。
[4] 施加农：《萧山出土“大泉五十”叠铸铜母范考》，《浙江考古学会学术论文集》，西泠印社出版社2002年版。

浙江省博物馆藏西汉大乐富贵蟠螭纹镜

浙江省博物馆藏东汉规矩铜镜

日本出土的东汉画文带神兽铜镜

日本出土的东汉方格规矩铜镜

浙江省博物馆藏东汉四灵铜镜

浙江省博物馆藏汉代连弧纹铜镜

浙江省博物馆藏神人车马画像铜镜

浙江省博物馆藏东汉画文带神兽铜镜

匠以山阴鲍氏、唐氏等最为著名。在今湖北省鄂城发掘出来的大量铜镜制品中，有些铜镜铭文有“会稽山阴鲍唐”“扬州会稽山阴师鲍唐”“吴师”等，可见绍兴铸造的铜镜远销各地。有的制镜工匠还东渡日本传艺。其精湛的技术、浓郁的地方特色，在中国冶金工业史上占据了重要的一页。

汉朝，铁器制造业获得很大的发展，铁制生产工具和兵器逐步普及，并代替了青铜制品。钱塘江流域地区，包括今杭州、余杭、萧山、绍兴、嵊州、上虞、诸暨、永康、武义、龙游、衢江、常山等地都有出土汉朝铁器。绍兴、上虞等地出土也较多。如绍兴漓渚镇发现有汉朝冶铁遗址，漓渚汉墓中出土铁器有 26 件。衢江流域，则以龙游县出土较多，其中，以剑最为常见。

2.制瓷业

越国故地，早在商周时期，已开始生产原始瓷。春秋战国时，原始瓷进入鼎盛时期。秦汉时代，原始瓷窑址分布从钱塘江北岸转移到了南岸，在今上虞、绍兴、诸暨、慈溪、鄞州等地都有广泛分布。

东汉早、中期，钱塘江流域制瓷业逐步发展为以烧原始青瓷为主。到东汉中、晚期，终于烧制出具有胎质细腻、火候较高、施釉晶莹、吸水性低等特点的成熟瓷器，釉色呈青绿或青褐色，故被称为青瓷。可以说，钱塘江流域是青瓷的发源地，也是中国瓷器的发源地。考古工作者在上虞地区调查了许多古窑址，已经发现东汉窑址 37 处，它们分布在大顶尖山、龙松岭、凤山、太湖岙和四峰山等地，形成 5 个大的窑址群。窑的结构和形制属于所谓的“龙窑”，是利用山坡的斜面筑成，窑室较狭、较低，但却很长，这样的结构利于

浙江出土的东汉青釉瓷罐

浙江省博物馆藏东汉原始瓷灶

东汉越窑堆塑人物飞鸟五联罐（选自董贻安主编《宁波文物集粹》）

东汉越窑黑釉堆塑人物龙虎长颈瓶（选自董贻安主编《宁波文物集粹》）

东汉熹平四年越窑网络纹罐（选自董贻安主编《宁波文物集粹》）

通风，提高窑温。经中国科学院上海硅酸盐研究所对浙江上虞区小仙坛东汉晚期窑址的瓷片标本和窑址附近的瓷土矿中瓷石样品的鉴定，认为：小仙坛窑址中的瓷片和该窑址附近瓷土矿的化学成分十分接近，表明这个窑场就是采用附近的瓷石作为制瓷原料的。该窑场的瓷品，其烧成温度已达1300℃左右，瓷胎已烧结不吸水，它的显气孔率和吸水率分别为0.62%和0.28%，具有瓷质光泽，透光性较好，胎釉的结合紧密牢固。釉料中含氧化钙15%以上，并在还原气氛中烧成，釉层透明而有光泽。釉面色泽纯正，淡雅清澈，犹如一池清水。这表明，这一时期的瓷器制品已完全“符合近代瓷的标准”[1]，这应是真正的瓷器。

钱塘江上游的衢江、金华江流域，陶瓷业同样发展迅速。乌伤、太末县在西汉时已经开始烧制原始瓷。今义乌、东阳、武义、金华、龙游、兰溪等地都发现了东汉以后窑址。

除了青瓷，钱塘江流域的上虞、宁波等地也是中国最早生产黑瓷的区域。黑瓷由酱褐色原始瓷发展而来。今上虞区龙松林、乌贼山等地东汉窑址中出土的原始瓷，施酱色釉，表面光泽。上虞区帐子山1976年发现了既烧青瓷

［1］李家治：《我国瓷器出现时期的研究》，《硅酸盐学报》1978年第3期。

东汉原始青瓷菱格纹双系罐

东汉原始青瓷水波纹大盘

又烧黑瓷的东汉窑址。别具一格的黑釉瓷器，与青釉瓷器一样成为当时瓷业的重要成就。

瓷器的出现，在中国陶瓷发展史上具有划时代的意义，它是钱塘江流域劳动人民对中国及世界文明的又一重大贡献。由于瓷器具有制作方便、成本低廉、坚固耐用、美观清洁等特点，因此一经出现便迅速获得了人们的喜爱，成为中国人十分普遍的必不可少的日常生活用具，促进了钱塘江流域社会经济的发展。东汉以后，瓷器成为钱塘江流域输出的大宗商品之一，并远销海外，推动了世界文明的进步和发展。

3.制盐业

钱塘江流域的制盐业历史悠久，早在春秋战国时，越国就已设官负责煮海水为盐。《越绝书》卷八记载："朱余者，越盐官也。越人谓盐曰余，去县三十五里。"杭州湾北岸濒海地区，盛产海盐，故秦置县时专门以海盐名县。

秦汉时期，盐与铁关系国计民生，是最重要的两个手工业部门。海盐县为全国重要的海盐产地。刘濞被封为吴王后，在此煮海水为盐，使吴国拥有"海盐之饶"。吴王刘濞凭借铸钱煮盐，"以故无赋，国用富饶"[1]，可知其地制盐业的发达程度。

汉武帝在元狩四年（前119）实行盐铁专卖，即将盐纳入国家垄断性经营。海盐县置司盐校尉，利用海涂作盐场。司盐校尉设在马嗥城（今海盐县城东南）。《汉书·地理志》在35个郡县下注出"有盐官"，海盐县为其中之一，可见当时海盐是主要产盐区。东汉建武元年（25），废除专卖，改为征税制，听民煮盐，征税后自由贩运。

［1］〔汉〕司马迁：《史记》卷一〇六《吴王濞列传》，第9册，第2822页。

4.造船业

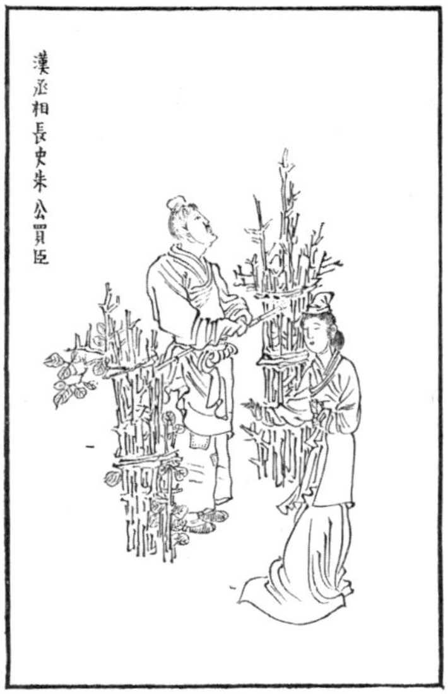

朱买臣像

船只是钱塘江流域的主要交通工具，故钱塘江流域造船历史悠久。

西汉时，钱塘江流域是全国重要的船舶制造中心之一，特别是当时最重要的海船制作中心。汉武帝时期，为平定闽越、东越，会稽郡成为建造楼船的主要地区之一。汉武帝任命朱买臣为会稽太守，“诏买臣到郡，治楼船，备粮食、水战具，须诏书到，军与俱进”[1]。马端临《文献通考》卷一五八也记武帝时“江淮青齐皆有楼船军。击南粤，救东瓯，则用江、淮、会稽楼船”。船舶制造规模宏大、技术先进。以受会稽造船技术影响的番禺为例，1974 年考古工作者曾在广州发现秦汉时期造船工场遗址。经探测和试掘，发现该造船工场有 3 个平行排列的造船台，长度各在 86 米以上，埋藏在距地面 5 米深的地下。每个船台都有 2 条滑道，滑道由许多长条厚木板组成，长 70 厘米，厚 15 厘米，1 号船台的 2 条滑道的中心距是 1.8 米，2 号船台是 2.8 米。滑道底下垫有枕木，滑道面上有规则地排列着一组组可以拆卸的木墩，墩高 1 米左右。据有关学者专家判断，利用这样规模的船道和滑道，可以成批制造宽 6—8 米、长 30 米、载重量 50—60 吨的木船。船是搁在木墩上建造的，造成后在滑道上横向铺设许多圆木，撤去木墩后，使船下降搁在圆木上滚动下水。这种成熟的船台和下水滑道，表明当时的造船工艺已经相当先进。[2]

楼船是钱塘江流域最有名的战船，早在春秋战国时期吴、越两国战争中便较常见。西汉时为水军的主要装备，时有楼船将军、楼船士。汉武帝征闽越、东越，都以楼船为主要战船。《史记》说：“治楼船高十余丈，旗帜加其上，甚

[1]〔汉〕班固：《汉书》卷六四上《朱买臣传》，第 9 册，第 2792 页。
[2] 广州市文物管理处：《广州秦汉造船工场遗址试掘》《秦汉时期的船舶》，《文物》1977 年第 4 期。

壮。”[1]东汉刘熙《释名·释船》曰：“其（指楼船）上层曰庐，象舍也；其上重室曰飞庐，在上故曰飞也；又在其上曰爵（通“雀”）室，于中候望，若鸟爵之警视也。”[2]由此可知，楼船是汉代大型船舶的代表，极其雄壮，其结构一般分为3层，有的达10余层，高10余丈。另外，蒙冲、斗舰、走舸，都是东汉末年这一地区的战船。

钱塘江流域的船只名闻汉朝廷，汉朝皇家贵族的水嬉之船中有一种船就叫做越女舟。主要用于载人的小船，《淮南子·俶真训》称之为“越舲”，云：“越舲蜀艇，不能无水而浮。”

除以上所述外，会稽郡也是汉代的漆器产地，如乐浪郡西汉彩箧冢的彩箧人物故事画，其中有商山四皓之一的大里黄公，据陈直研究，“此盖会稽人传说，与北方传说不同，彩箧画工，亦可能为会稽一带人士”[3]。此外，会稽的酿酒业继续有了发展。《周礼》贾疏引马融注云：“今之宜城、会稽稻米清。”

（四）两汉时期钱塘江流域的商业发展

秦汉一统，促进了越国故地商业的发展。于是，会稽的竹箭等输入中原，会稽的铜镜销往长江中游地区。

秦汉会稽郡的商业活动，文献有零星记载。《列仙传》云蓟子训卖药于会稽市。山阴都亭桥有大市，人们于此为市，相传即蓟子训卖药处。东汉永建四年（129），吴、会分治，山阴成为会稽郡治，境内商贸活动益见繁盛。上虞朱儁母亲尝以贩缯为业，“抱布贸丝”遍及城乡。除会稽郡城外，钱唐县在当时钱塘江两岸诸县中，由于处在交通要道上，商贸往来较之他县更频繁。最早记载钱唐县商业贸易的是东汉王充的《论衡》：“祖父泛举家担载，就安会

上虞出土东汉黑釉熊形灯

[1]〔汉〕司马迁：《史记》卷三〇《平准书第八》，第4册，第1436页。
[2]〔清〕王先谦：《〈释名〉疏证补》卷七《释船》，商务印书馆1937年版，第380页。
[3] 陈直：《西汉经济史论丛》，陕西人民出版社1980年版，第105页。

稽，留钱唐县，以贾贩为事，生子二人，长曰蒙，少曰涌。涌即充父……蒙、涌在钱唐，勇势凌人，末复与豪家丁伯结怨，举家徙处上虞。”[1]据此可知，王充祖父王汎为避祸，举家迁居钱唐，从事商贩，父王涌因与钱唐豪家丁伯等结仇，而迁上虞。东汉末年，吴郡富春人孙坚与父亲共载船至钱唐，遇“海贼胡玉等从匏里上掠取贾人财物，方于岸上分之，行旅皆住，船不敢进”[2]。由此可见，当时的钱唐已是商贸繁荣之地。

秦汉时，货币在各县流通。以王莽所铸钱为例，虽然王莽篡汉建立的新朝不到15年即告灭亡，但王莽所铸钱同样流通很广，展现出国家的统一和货币的划一。北方人士可以避王莽之乱南下，而货币则是使用王莽所铸钱。今浙江境域出土王莽时期货币不少，特别是在萧山闻堰定山村压湖山发现的“大泉五十”叠铸铜母范、“大泉五十”铜钱，说明王莽确实派人到会稽郡铸钱，而且可能就在这附近。

同时，土地私有观念深入人心，时人即使在安葬死者时，也不忘附上一份买地券明器，以保障死者在阴间继续占有土地。而这类买地券实际上就是现实中买地券的反映。今绍兴富盛镇跳山建初元年（76）买地石刻是浙江省现存最早的摩崖石刻，也是中国仅存的一块汉朝摩崖石刻。“昆弟六人，共买山地，建初元年，此家地，直三万钱”[3]，即买此地作为宗族墓地。这块地券和作为明器埋入墓中的买地券不同，它刻在石上，起着土地界标的作用。它还记载了土地的价格，是一件反映汉朝土地买卖的实物标本。

四、汉代的钱塘江文化

（一）中国历史上著名的咏潮赋《七发》

钱塘潮是钱塘江的一大自然奇观，每当潮盛之时，汹涌澎湃，气吞山河，历来就被人们所瞩目。早在西汉时期，已有人“相约观潮”，并为之记，认为

[1]〔汉〕王充《论衡》卷三《自纪篇》，第60页。

[2]〔晋〕陈寿：《三国志》卷四六《吴书一·孙坚传》，第5册，第1093页。

[3]〔清〕陆增祥：《八琼室金石补正》卷三，文物出版社1985年版。

汉代釉陶冥氏（浙江省博物馆藏）

是人生最大乐事之一。汉武帝时，大辞赋家枚乘撰了一篇《七发》，为中国历史上著名的咏潮赋。

《七发》全篇大意说是楚太子有病，吴客往问，一连说了七件最美、最乐、最奇、最妙的事，第六件就是“天下怪异诡观”的曲江观潮。吴客劝楚太子“将以八月之望，与诸侯远方交游兄弟，并往观涛乎广陵之曲江”。那么，曲江在什么地方呢？据古地理书说，曲江就是如今的钱塘江。再《七发》本文叙述潮势的时候，谁是“弭节伍子之山，通厉胥母之场，凌赤岸，檐扶桑，横奔似雷行”，更是一个最好的证据。潮水有什么好看呢？《七发》里面描写得很详细，自然也逃不掉一般辞赋家都有的夸张毛病：

其始起也，洪淋淋焉，若白鹭之下翔。其少进也，浩浩溰溰，如素车白马帷盖之张。其波涌而云乱，扰扰焉如三军之腾装。其旁作而奔起也，飘飘焉如轻车之勒兵。六驾蛟龙，附从太白。纯驰浩蜺，前后络绎。颙颙卬卬，椐椐彊彊，莘莘将将。壁垒重坚，沓杂似军行。訇隐匈磕，轧盘涌裔，原不可当！观其两旁，则滂渤怫郁，闇漠感突，上击下律。有似勇壮之卒，突怒而无畏。蹈壁冲津，穷曲随隈，逾岸出追。遇者死，当者坏！初发乎或围之津涯，荄轸谷分。回翔青篾，衔枚檀桓。弭节伍子之山，通厉胥母之场。凌赤岸，篲扶桑，横奔似雷行。诚奋厥武，如振如怒。沌沌浑浑，状如奔马。混混沌沌，声如雷鼓。发怒庢沓，清升逾跇，侯波奋振，合战于藉藉之口。鸟不及飞，鱼不及回，兽不及走。纷纷翼翼，波涌云乱。荡取南山，背击北岸。覆亏丘陵，平夷西畔。险险戏戏，崩坏陂池，决胜乃罢。瀄汩潺湲，披扬流洒。横暴之极，鱼鳖失势，颠倒偃侧，沋沋湲湲，蒲伏连延。神物怪疑，不可胜言。直使人踣焉，洄闇凄怆焉。此天下怪异诡观也！太子能强起观之乎？[1]

枚乘对于潮水堆砌了许多形容词，用了许多譬喻，他还说：“虽有心略辞给，

[1]〔梁〕萧统编：《文选》卷三四，上海古籍出版社 1998 年版，第 1571—1573 页。

固未能缕形其所由然。”强调观潮对于身心皆有裨益，如枚乘《七发》所记：“于是澡溉胸中，洒练五藏，澹澉手足，颓濯发齿，揄弃恬怠，输写淟浊，分决狐疑，发皇耳目。当是之时，虽有淹病滞疾，犹将伸伛而起躄，发瞽披聋而观望之也，况直眇小烦懑，酲醲病酒之徒哉！”这种描写，在古文学里算是上上之作，是一篇天地奇文，可以说是描写浙江大潮的空前绝后的一篇文章。

（二）潮神伍子胥的是非

会稽郡濒临大海，浙江（即钱塘江）、山阴江、上虞江的潮汐，直接影响着这里人们的繁衍生息、土地垦殖。因此，潮汐现象也就成为人们关注的一个问题。当时，这里流行的说法是伍子胥冤魂“驱水为涛”。

潮神伍子胥像

早在西汉时，比司马迁更早的枚乘所写的《七发》已经将伍子胥与潮水联系起来了，在枚乘汹涌澎湃的大潮描写中，提到“弭节伍子之山，通厉骨母之场”之语（“骨”为“胥”字之误）。这里的“伍子”肯定是指伍子胥其人。虽然没有伍子为潮神之语，但伍子胥为潮神之说源起必定早已有之。

到了东汉初，王充在《论衡》中十分明确地提到伍子胥为潮神：“《传书》言：吴王夫差杀伍子胥，煮之于镬，乃以鸱夷橐投之于江。子胥恚恨，驱水为涛，以溺杀人。今时会稽丹徒大江，钱唐浙江，皆立子胥之庙。盖欲慰其恨心，止其猛涛也。”[1]值得注意的是，明确提到了在钱塘江边已经立有伍子胥的庙。当在东汉初成书、会稽（今浙江绍兴）人袁康、吴平辑录的《越绝书》中更是详细记载其时的观潮与祭神风俗：“胥死之后，吴王闻，以为妖言，甚咎子胥。王使人捐于大江口。勇士执之，乃有遗响，发愤驰腾，气若奔马。威凌万物，归神大海。仿佛之间，音兆常在。后世称述，盖子胥水仙也。”[2]这里所指的伍子胥与水仙的关系，当即指钱塘江。又载其“依潮来往，荡激崩岸”；“驱水

[1]〔汉〕王充：《论衡》卷四《书虚篇》，第58—60页。

[2]〔汉〕袁康、吴平辑录：《越绝书》卷一四《越绝德序外传记》，第102页。

为涛，以溺杀人”。从这一记载中我们可以看到，吴越民众观念中的潮神伍子胥，完全没有同情之心、不顾百姓死活，可以说一个凶神。不仅如此，他还携文种一同为患，“伍子胥从海上穿山胁而持种去”，子胥主前潮水，文种主后潮水，二人一起惩罚越人。

潮神伍子胥对吴越居民的压迫也引起了反抗。据谢承《后汉书》载，吴郡王闳渡钱塘江遭风，“船欲覆，闳拔剑斫水，骂伍子胥，风息得济”[1]。

王充《论衡》、谢承《后汉书》和袁康、吴平《越绝书》等书中关于伍子胥怒启波涛的记载和曹娥、王闳等人的事迹，反映了两汉及两汉以前吴越居民对潮神伍子胥的恐惧和抵触。他们祭祀潮神的目的是“慰其恨心”，并非出于感恩。总之，因涌潮规模的扩大和吴越巫祝的引导，伍子胥在潮神化的过程中，逐渐失去了其原有的忠正形象，而易怒、性情刚烈等性格缺点被不断放大。[2]

（三）东汉王充论钱江潮

王充（27—约97），字仲任，会稽上虞（今属浙江）人。东汉唯物主义哲学家。祖籍魏郡元城，祖上从军立功，受封会稽阳亭。后失去爵位和封地，因家于此，以农桑为业。世祖王勇意气用事，跟别人合不来。灾荒年头，横道伤杀过人，怨仇众多。祖父王汎遇世扰乱，恐被怨仇所擒，举家挑着家当，想迁往会稽郡城安家，途经钱唐县时留了下来，以商贩为业，有王蒙、王诵两子。[3]王蒙、王诵勇势凌人，与豪家丁伯等结怨，不得不离开钱唐，举家迁往上虞章镇。王诵即王充父。如此家世，故王充自称出身“细族孤门”。

王充喜欢博览群书，读书勤奋，因此学习成绩优异。乡学既成，王充因成绩优异被保送到京都洛阳的太学深造。太学是当时全国的最高学府，而且典籍丰富，名流会集，也是全国最权威的学术活动中心。王充在此访名儒，拜著名学者班彪为师，阅百家，观大礼，大开了眼界，大增了学问，初步形成了他博大求实的学术风格。《后汉书》载王充在洛阳时，因家里穷，没有书，经常去

[1]〔清〕翟均廉：《海塘录》卷二六《杂志》，郑翰献主编：《钱塘江文献集成》，杭州出版社2014年版，第2册第407页。

[2] 李金操、王元林：《由恶变善：潮神伍子胥信仰变迁新探》，《安徽史学》2017年第1期。

[3]〔汉〕王充：《论衡》卷三《自纪篇》，第60页。

逛集市上的书店，阅读那里所卖的书，看一遍就能够背诵，于是精通了百家之言。王充学成之后，也曾抱着致君尧舜的梦想，走“学而优则仕”的路子。可是,王充在官场的境遇并不好：在县里，他官至掾功曹，主管一县的人事和考功；在郡里，他曾先后在军事长官都尉府作过掾功曹，在行政长官太守府代理五官曹和功曹；在州里，他亦被州刺史征辟为从事属官。生平就没逃脱过为人下僚的命运，可以说是生不逢时，所遇非人。于是，他回到乡里，在当地教书为业。生平著述有《讥俗》《政务》《养性》《论衡》等。其中,《讥俗》《政务》《养性》现已失传了。

古版画中的王充像

王充的《论衡》一书，直接批判正统儒学的著作，其“天道无为”的论点不仅否定了儒家的“天命”观，也透露出道家无为的信息。书中警句名言振聋发聩，其思想学术价值已有多种著作论述过，长期以来被誉为“战斗的唯物主义思想家”[1]。特别是王充《论衡》一书中的《论死》《死伪》《订鬼》《薄葬》等篇，充满着“无鬼论——薄葬论”思想。他认为，社会上盛行的“畏死不惧义，重死不顾生，竭财以事神，空家以送终”的厚葬恶习，来源于“墨家之议右鬼，以为人死辄为神鬼而有知，能形而害人”的明鬼论；儒家好礼，提倡“赙祭备物”以敬祖，“示不负死以观生也”，也“开不孝之源”，为厚葬风气的盛行提供了理论依据。这是因为墨家的有鬼论使人们“以为死人有知,与生人无以异”，于是那些“轻愚信祸福”的人便“作偶人以待尸柩，多藏食物以歆精魂。积浸流至，或破家尽业，以充死棺，杀人以殉葬，以快生意”。而儒家的“丧祭礼废，则臣子思泊(薄)”的主张，更使那些要做“孝子”的人，在丧葬上“从其

[1] 对王充冠以“唯物主义思想家”之称尚有待于商榷,但从此也可看出其在思想史上的地位。

海宁长安东汉画像石墓出土彩绘抚琴陶俑

浙江海宁长安镇汉代画像石拓片（选自浙江省文物局编《意匠生辉：浙江历史遗产的文化品读》）

重者”“自竭以厚葬亲”，造成“财尽民贫，国空兵弱”的严重现象。于是，他明确指出，要从根本上铲除厚葬恶习，必须让人们明白“死人无知，厚葬无益”的道理，坚持无神化，“辩士文人有效验，若墨家之以杜伯为据，则死无知之实可明，薄葬省财之教可立也”。

为了矫正社会上的厚葬恶习，“使俗薄丧葬也”，王充在《论衡》一书中对历史上的鬼神论进行了抨击，定其真伪、轻重，抨其虚妄，为实行薄葬、反对厚葬提供了理论依据。在《论死篇》到《薄葬篇》，王充集中论述了“人死不为鬼”的无神论思想。在《论死篇》中，王充尖锐而有力地批驳了人死灵魂不灭的谬论，针锋相对地提出了“死人不为鬼，无知，不能害人”的无神论主张，并详细加以阐述。他指出：“人死血脉竭，竭而精气灭，灭而形体朽，朽而成灰土，何用为鬼？”“人之死，犹火之灭也。火灭而耀不照，人死而知不惠。”“夫死，骨朽筋力绝，手足不举……何以能害人也？”他认为，人是由无知的气构成的，“气凝为人”，“死还为气”，并进一步对形神关系作了朴素唯物主义的解释，明确指出：“天下无独燃之火，世间安得有无体独知之精。”精神必须依靠形体才能产生，世间根本没有什么死人的灵魂存在，这就从一定的理论高度批判了灵魂不灭的谬论。这些通俗易懂、生动有力的论说，闪烁着唯物主义的思想光辉。

接着在《死伪篇》中，王充又着重对史书上记载的和社会上流传的一些所谓人死后变为鬼、有知、能害人的典型迷信传说，运用了大量事实进行类比推论，而且还用生理常识加以论证，逐一批驳，揭露了这些迷信传说的虚伪性。在《纪妖篇》《订鬼篇》中，王充又对这些迷信传说进行了详细的分析考订，进一步系统地阐述了他的“死人不为鬼，无知，不能害人”的无神论思想。他还指出，墨家的有鬼论和他们的薄葬主张自相矛盾，“自违其术”：“如有知而薄葬之，是怒死人也。人情欲厚而恶薄，以薄受死者之责，虽右鬼，其何益哉？如以鬼非死人，则其信杜伯非也；如以鬼是死人，则其薄葬非也。术用乖错，首尾相违，故以为非。非与是不明，皆不可行。”他认为，墨家有鬼论的错误认识来源于“传闻见于外，不诠订于内”，即相信耳目得到的表面现象，而没有通过头脑进行分析，去伪存真，从而才出现这种错误认识。儒家虽然“以为死人无知，不能为鬼”，但“不明死人无知之义”，并且还主张如生“赙祭备物”，以敬祖尽礼，这纯粹是一条使“国破城亡，主出民散”的奸计：“论死不悉则奢礼不绝，不绝则丧物索用。用索物丧，民贫耗之至，危言之道也。”王充认为，儒家的这些厚葬主张，将会使国家走上危亡的道路。在中国历史上，王充是第一个明确提出丧葬之厚薄关系到国家安危的人。

最后，王充旗帜鲜明地提出了“圣贤之业，皆以薄葬省用为务”的薄葬观，希望“世俗之人”“详览如斯，可一薄葬矣”。

综上所述，可见王充的薄葬思想从理论上来说，比西汉时的杨王孙、刘向等人的观点大大前进了一步。在鬼神迷信泛滥成灾、厚葬恶习盛行于世的东汉时代，王充能够坚持无神论，坚决反对厚葬，这种精神十分可贵。他的薄葬思想不仅在后世（特别是魏晋南北朝时期）产生了积极的影响，而且对我们今天宣传薄葬、反对厚葬也有一定的现实意义。

王充在《论衡》中还对当时会稽郡乃至全国的自然知识传播、科技水平状况进行了广泛的记载，他在天文学、地理学、气象学、物理学、医学和生物学等领域都提出了自己的见解。这一切奠定了《论衡》一书在中国知识传播史、科技史上的地位。从中可以看到当时会稽人所关注的一些突出问题。

此外，生长于上虞的王充通过长期观察发现，潮汐现象实际上是与月亮的圆缺以及河口地形浅狭有关，伍子胥冤魂“驱水为涛”的说法是虚妄的。他在《论衡》卷四《书虚篇》中说：

> 传书言：吴王夫差杀伍子胥，煮之于镬，乃以鸱夷橐投之于江。子胥恚恨，驱水为涛，以溺杀人。今时会稽、丹徒大江、钱唐浙江，皆立

子胥之庙。盖欲慰其恨心，止其猛涛也。夫言吴王杀子胥投之于江，实也；言其恨恚驱水为涛者，虚也。屈原怀恨，自投湘江，湘江不为涛；申徒狄蹈河而死，河水不为涛。世人必曰屈原、申徒狄不能勇猛，力怒不如子胥。夫卫菹、子路而汉烹彭越，子胥勇猛不过子路、彭越。然二士不能发怒于鼎镬之中，以烹汤菹汁渖漎旁人。子胥亦自先入镬，后乃入江；在镬中之时，其神安居？岂怯于镬汤，勇于江水哉！何其怒气前后不相副也？且投于江中，何江也？有丹徒大江，有钱唐浙江，有吴通陵江。或言投于丹徒大江，无涛，欲言投于钱唐浙江。浙江、山阴江、上虞江皆有涛，三江有涛，岂分橐中之体，散置三江中乎？人若恨恚也，仇雠未死，子孙遗在，可也。今吴国已灭，夫差无类，吴为会稽，立置太守，子胥之神，复何怨苦，为涛不止，欲何求索？吴、越在时，分会稽郡，越治山阴，吴都今吴，馀暨以南属越，钱唐以北属吴。钱唐之江，两国界也。山阴、上虞在越界中，子胥入吴之江，为涛当自上吴界中，何为入越之地？怨恚吴王，发怒越江，违失道理，无神之验也。且夫水难驱而人易从也。生任筋力，死用精魂。子胥之生，不能从生人营卫其身，自令身死，筋力消绝，精魂飞散，安能为涛？使子胥之类数百千人，乘船渡江，不能越水。一子胥之身，煮汤镬之中，骨肉糜烂，成为羹菹，何能为害也？周宣王杀其臣杜伯，（赵简子）燕简公杀其臣庄子义。其后杜伯射宣王，庄子义害简（子）公，事理似然，犹为虚言。今子胥不能完体，为杜伯、子义之事以报吴王，而驱水往来，岂报仇之义、有知之验哉！俗语不实，成为丹青；丹青之文，贤圣惑焉。夫地之有百川也，犹人之有血脉也。血脉流行，泛扬动静，自有节度。百川亦然，其朝夕往来，犹人之呼吸气出入也。天地之性，上古有之。《经》曰："江、汉朝宗于海。"唐、虞之前也，其发海中之时，漾驰而已；入三江之中，殆小浅狭，水激沸起，故腾为涛。广陵曲江有涛，文人赋之。大江浩洋，曲江有涛，竟以隘狭也。吴杀其身，为涛广陵，子胥之神，竟无知也。溪谷之深，流者安洋，浅多沙石，激扬为濑。夫涛濑，一也。谓子胥为涛，谁居溪谷为濑者乎？案涛入三江，岸沸踊，中央无声。必以子胥为涛，子胥之身聚岸漼也。涛之起也，随月盛衰，大小满损不齐同。如子胥为涛，子胥之怒，以月为节也？三江时风，扬疾之波亦溺杀人，子胥之神，复为风也？秦始皇渡湘水，遭风，问湘山何祠？左右对曰："尧之女，舜之妻也。”始皇大怒，使刑徒三千人斩湘山之树而履之。夫谓子胥之神为涛，犹谓二女之精为风也。[1]

由此可见，王充是中国历史上破除迷信神话传说、以科学态度阐释钱江潮成因的第一人。他理性地分析观察，得出了较为科学的解释，第一次提出了潮汐的涨落“随月盛衰”的科学见解。这是中国历史上最早从天文、地理两个方面对涌潮现象作出的科学解释。他认为“言其（伍子胥）恨恚驱水为涛者，虚也”。此外，王充还认为，钱塘潮还与河道浅狭、风的影响等有关。他在《书虚篇》中提出钱江潮“发海中之时，漾驰而已；入三江之中，殆小浅狭，水激沸起，故腾为涛”；“涛之起也，随月盛衰，大小满损不齐同”等说，即钱塘江潮是天体引力、江口盛行风向、喇叭形河口、河流径流量季节分布不均、河口沙坎堆积等一系列因素共同作用的结果。这反映了古人对涌潮现象的认识在不断提高，是世界上关于涌潮成因的最早科学解释。另从他的描述中，我们也可得知，早在东汉时，吴山上就已经建立了伍子胥之庙，潮神信仰已开始为政府所提倡。

（四）严光与严子陵钓台

严光，本姓庄，后人避东汉明帝刘庄讳，遂改其姓，一名遵，字子陵，前 37 年出生在会稽郡余姚县（今属浙江）陶婆岭西的严公山。少时就聪明好学，十多岁时，就精通《诗》《书》，在家乡一带颇有些名气。他与别人论辩时，逻辑缜密而奇诡多怪，不同凡响。乡里的老百姓都以为他将来一定会出将入相，给家乡带来无限的荣耀，因而都对他另眼相看。待严光年龄稍微大一点之后，他希望自己能成为一个学富五车的饱学之士，于是他决定来到当时文化教育发达、人才荟萃的全国最高学府——京师长安的太学学习。京师太学的太学生来自全国各地，可以说聚集了全国的学术精英。当时在严光的

《无双谱》严子陵

[1]〔汉〕王充：《论衡》卷四《书虚篇》，第 58—60 页。

清任伯年《子陵钓隐图》

同学中，有一个叫刘秀的人，来自南阳，出身于汉室宗亲，但家族已没落。刘秀见严光才思敏捷，谈吐不凡，遂有意结交，由于他们两人志趣相投，故很快便成为一对挚友。严光经常与刘秀等人在一起海阔天空地谈论诗书，谈论人生和社会，并畅谈各自的远大理想。但此时，汉王朝外戚王莽取代汉建立了所谓的“新”政权已近 10 年。正在刘秀等人游学太学时，绿林、赤眉军大起义爆发了，其中有些人便带着难以明说的动机加入了反对王莽的武装斗争，成为起义军中的关键人物。而严光静观这纷纭复杂的世界，觉得自己是生不逢时，壮志难酬，京都长安已不是久留之地，只得怀着难以名状的心情，揖别长安，踏上了东归的漫漫之路。一路上，他游学各地，周游名山秀水，拜师法门学道，广交文人豪杰。他攻习医学，并博览群书，从而精通岐黄，医术精湛，并通晓天文地理。

东汉建武元年（25），刘秀即位称帝后，严光乃隐名换姓，避居他乡。《后汉书·严光传》载其“披羊裘，钓齐泽中”。刘秀十分怀念严光，命将严光绘像于海内各处张贴，寻找严光的下落。建武五年，齐地有人报称有一男子披着羊裘在湖泽中垂钓，光武帝怀疑这位垂钓人可能是严光，于是连忙派使者带着丰厚的礼品和装饰华丽的豪华坐车，去请严光到京城洛阳来。但严光颇不情愿，经过刘秀三次盛情邀请，他才随使者到京都洛阳。当时严光的老朋友侯霸在朝廷中担任司徒，位居显要，听说严光也来到了京城洛阳，也派人奉书问候。但严光一点也不领情，他认为侯霸在王莽初任过淮平大尹，现在又在汉朝任职，因此有点看不起他，让使者给侯霸送了一个口信，说："君房（侯霸的字）足下，位至鼎足，甚喜。怀仁辅义天下悦，阿谀顺旨要领绝。"意思是说臣子辅助君主以仁义治国家，则天下悦服；如果只知道阿谀奉承，对君主的错误也一味曲从，就难免会受到腰斩颈断的极刑。刘秀亲自去看望老同学严光，但严光装作不见，高睡不起。刘秀虽贵为天下独尊的皇帝，却一点也不生气，他走到床前坐下，摸着严光的肚子问道："子陵，你何故不肯相助我呀？"严光听后并不急着回答，过了很长一段时间后才张开眼睛熟视刘秀，慢吞吞地回答说：从前唐尧是有道明君，想请巢父帮助他治理国家，巢父听说要他做官，认为耳朵都被弄脏了，连忙用水清洗自己的耳朵。人各有志，你何必苦苦强逼我做官呢？刘秀听后，只好无奈地上车叹息而去。后来，光武帝再次邀请他入宫，请教治国安民之策，希望与他一起临朝执政。两人谈到深夜，就同睡在光武帝的龙床上，相传严光睡时不改过去的"狂奴故态"，竟把脚搁在光武帝的肚子上而眠。第二天有管天象的史官来奏告说：昨夜观天象，发现"客星犯帝座甚急"。光武帝笑着说：这是昨天晚上我与老同学子陵同榻共卧的缘故。这当然是后人杜撰出来的一个笑谈，但通过这个故事也可看出光武帝对严光的"恩宠"，待之如兄弟，这样的事例在中国封建社会漫长的历史中，可以说是凤毛麟角。光武帝提出要任命严光为谏议大夫，严光坚辞不受。以后光武帝又几次征召严光入朝，他都避而不去。不久，严光来到富春山（今浙江桐庐县境内）的江边，见山下有一河流，水流清澈，两岸岭峦对峙，树木葱郁，人迹稀少，天朗气清，河东岸有一石洞面南向阳，正可容身，于是就在这里隐居了下来，耕读垂钓，自食自力。后人将严光在富春江垂钓处称为严陵濑，或称子陵滩、严子濑等。建武十七年（42），刘秀又召他进京，不至，后还祖籍余姚终老，享年 80 岁。严光死后，皇帝诏令当地郡县赐钱百万、谷千斛，加以厚葬。严光墓在离城不远的陈山（后改为客星山）。[1]

严光成了后来隐士的一个典范人物，其精神不断被后世文人赞颂，在中国传统中形成了一道独特的风景。而钱塘江上的严子陵钓台，也成为一处久负盛名的文化名胜。由东晋入南朝宋的谢灵运，在五言排律《七里濑》中，已有"目睹

[1] 以上参见东汉《东观汉记·严光传》、西晋皇甫谧《高士传·严光传》、范晔《后汉书·严光传》。

严子濑，想属任公钓”的诗句；由南朝宋、齐入梁的任昉，又有五言古体诗《严陵濑诗》的标题。而唐宋以来赞颂严光、歌咏严子陵钓台的诗词文赋等，可以说是连篇累牍、层出不穷，可以说，严光和钓台成了古代文学常见的意象之一。典型的如李白的诗，他在《古风五十九首》的第十二首写道：“松柏本孤直，难为桃李颜。昭昭严子陵，垂钓沧波间。身将客星隐，心与浮云闲。长揖万乘君，还归富春山。清风洒六合，邈然不可攀。使我长叹息，冥栖岩石间。”所有这些作品，除了抒写山水风光，也经常议论严光的精神风貌。大都赞扬了严光秉性孤直、不慕荣利、藐视帝王大臣、深恶京洛风尘等清标亮节。可以说，钱塘江边的严子陵钓台，早已不仅仅是一处名人名胜，而更成了中国文人的一种精神象征和寄托。

但不可讳言，人们对严光也存在一些非议。有的对隐居富春山的说法提出了异议，如明代郎瑛：

> 予读汉《严光传》曰：“披羊裘，钓齐泽中。后不屈，归耕富春山。”今以钓台在富春，恐非也。故尝考其事起于梁顾野王《舆地志》曰：“桐庐县南有严子陵钓鱼处，石平，可坐十人，名为钓坛。”成于唐，梁肃钓台碑曰：“过富春，访先生遗迹，则钓台在焉。”宋范仲淹立祠祀之，后人遂名。今阅其地，两石对峙，自水至石数十丈高也，野王所志不言两台对峙而曰“石平，可坐十人”，是止一处耳，则左右之石将孰是耶？梁、范二公又因野王之志而为碑、为祠（矣），殊不知此野王不深思考索，急欲崇尚高节，遂以其地似台之石而志焉，故宋程准有诗云：“高台岂是钓鱼处，要与人间学避名。”正此意也。又尝考宋之辅广云：“孙公守是邦，首疑范文正既为先生立祠而碑刻不著，搜访久之，乃得唐兴元中户部郎崔儒所为纪于颓垣间，果言有田可力耕，而田且不存，命吏登山巅求之，深谷谺然，开为平畴，有泉注之，大旱不枯，袤二百亩，史所谓耕于富春山者即此也，诘其主名，则为势家所有，公欲捐公帑以归田，卒不从，作诗伤之，名曰浩叹。”元黄缙有记云：“是时齐为郡而非国，遗迹漫不可考。”据是二说，则台处诚耕之地，钓处不可考矣，又岂非一明证也欤？[1]

甚至有人对严光的道德和人品提出了疑问和非议，如明代张燧认为皇帝多次邀请他当官，他都不去就职，是故意摆架子：

[1]〔明〕郎瑛：《七修类稿》卷二二《辩证类·钓齐泽耕富春讹》，上海书店出版社2009年版，第228页。

> 光武中兴，令主也；而废郭后及太子强，颇为后世口实。国朝方正学《题严陵图》有云：“糟糠之妻尚如此，贫贱之交可知矣。羊裘老子蚤见几，故向桐江钓烟水。”宛转二十八字，可谓千古之隐矣。[1]

但毛泽东认为，严光不仕光武，是可以理解的。因为严光并非一味自命清高而置天下大事于不顾的人，他在给侯霸的书信中，已经提出以“怀仁辅义天下悦”为基调的治安之策，光武帝只要参照办理就行了。严光的作用，就是专心传教于后世，正风俗于当时。这一作用，远非办事的帝王将相所能比拟。后人非议严光的举动，是因为自己不懂得圣贤作为帝王之师，帝王之功也是圣贤之功的道理。

（五）东汉孝女曹娥的故事

所谓弄潮，即戏弄浪潮，即“舟人渔子溯涛触浪，谓之弄潮”[2]。大约最早兴起于曹娥江口，以东汉曹盱、曹娥父女在曹娥江迎候潮神为滥觞，实乃现今体育竞技项目冲浪运动之起始。[3]

《无双谱》曹娥像（清康熙年间山阴金古良绘）

按《后汉书·孝女曹娥传》《会稽典录》等记载，曹娥的父亲曹盱，为会稽上虞人，能“抚节按歌，婆娑乐神，汉安二年（143）五月，迎伍君逆涛而上，为水所淹，不得其尸”[4]。

当时的曹娥年十四，听闻后乃“循江号哭，昼夜不绝声”。她“号慕思盱，哀吟泽畔，旬有七日，遂投江而死”。潮神伍子胥吞噬主持

[1]〔明〕张燧：《千百年眼》卷六《子陵不仕有深意》，河北人民出版社1987年版，第94页。
[2]〔唐〕李吉甫：《元和郡县图志》卷二五“杭州钱塘县浙江”条，第603页。
[3] 李志庭：《中国古代钱塘江口的“弄潮”》，《浙江学刊》2002年第1期。
[4] 按〔南朝梁〕宗懔《荆楚岁时记》载：“邯郸淳《曹娥碑》云：‘五月五日，时迎伍君逆涛而上，为水所淹。’斯又东吴之俗，事在子胥，不关屈平也。《越地传》云起于越王勾践，不可详矣。”据此可知，五月五日竞渡，当时钱塘江流域的弄潮祭潮之俗，是祭伍子胥，而不是屈原。（《汉魏六朝笔记大观》，上海古籍出版社1999年版，第1057页）

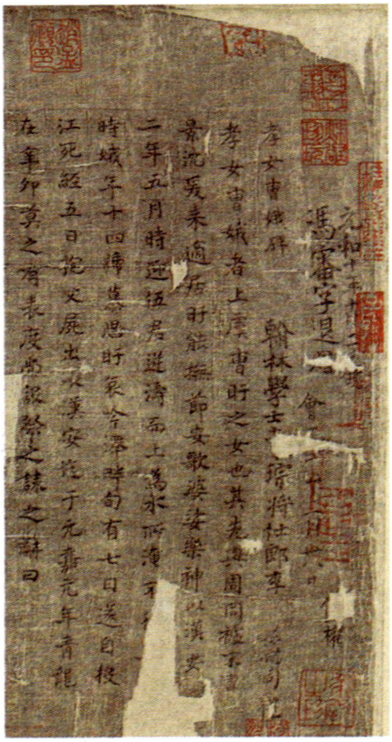

东晋王羲之小楷《孝女曹娥碑》墨迹局部

祭祀仪式的巫祝，曹娥哀慈父死于非命，怨恨潮神伍子胥残暴，遂投江而死，颇有生不能报父仇、死当为鬼以报之的气节。史载：曹娥投江而死三天以后，与父尸俱出。至元嘉元年，后汉上虞县令度尚（字持中）悲怜其义，改葬孝女曹娥于江南道旁，命其弟子邯郸子礼为之作碑。陈留蔡邕字伯喈，避难过吴，读《曹娥碑》文，以为诗人之作，无诡妄也，遂在石碑阴题刻“黄绢幼妇，外孙齑臼”八字。魏武尝过曹娥碑下，见碑背上题作“黄绢幼妇，外孙齑臼”八字而不能懂得其中的意思，遂问群僚，莫有解者。有妇人浣于江渚，曰：“第四车解。”既而，祢正平也。衡即以离合义解之。或谓此妇人即娥灵也。[1]而南朝宋刘义庆的《世说新语》的记载有异：

魏武尝过曹娥碑下，杨修随从。魏武见碑背上题作“黄绢幼妇，外孙齑臼”八字而不能其意，遂问修曰：“解不？”答曰：“解。”魏武曰：“卿未可言，待我思之。”行三十里，魏武乃曰：“吾已得。”令修别记所知。修曰：“黄绢，色丝也，于字为‘绝’。幼妇，少女也，于字为‘妙’。外孙，女子也，于字为‘好’。齑臼，受辛也，于字为‘辞’：所谓‘绝妙好辞’也。”魏武亦记之，与修同，乃叹曰：“我才不及卿，乃觉三十里。”[2]由是忌修，斩之。

度尚立的《曹娥碑》，时间一长，便消失不存了。宋元祐八年正月，左朝

[1]〔南朝宋〕刘敬叔：《异苑》卷一〇《曹娥碑》，《汉魏六朝笔记大观》，上海古籍出版社 1999 年版，第 684 页。

[2]〔南朝宋〕刘义庆：《世说新语校笺·杨修释曹娥碑》，中华书局 1984 年版，第 318 页。并按：“曹娥碑在会稽中，而魏武、杨修未尝过江也。”明陆容《菽园杂记》卷一〇《曹娥碑》认为：“或谓操未尝至越，安得此事。窃意操所谓读，非必庙中之碑，殆拓本流传它处者耳。其言修以是被斩则非也。盖修素与曹植相善，植尝乘车行驰道中，开司马门出，魏武甚怒之。既虑终始之变，以修素有才策，而又袁氏之甥也，于是以罪诛之。注谓以交构赐死是也。语在《陈思王传》。观此，则修之死非为读碑明矣。”

请郎充龙图阁待制、知越州军州事蔡汴重书。碑在现在的曹娥庙中，又有后人临蔡邕八字，其石方三尺许。

（六）巫风盛行

汉代钱塘江流域盛行巫术信仰。“越人俗鬼”[1]“荆人鬼，越人禨”[2]，是当时人的共识。甚至在都城长安也有来自钱塘江流域的越巫。[3]如会稽地区（今浙江绍兴）百姓为祭祀神灵，耗费了大量的钱财，时人描述道：

> 会稽俗多淫祀，好卜筮，民一以牛祭，巫祝赋敛受谢，民畏其口，惧被祟，不敢拒逆；是以财尽于鬼神，产匮于祭祀。或贫家不能以时祀，至竟言不敢食牛肉，或发病且死，先为牛鸣，其畏惧如此。[4]

当时巫师行巫时边歌边唱，翩翩起舞，迎神劾鬼。如上述会稽上虞人曹盱“能弦歌，为巫祝”，在当地江水上“婆娑迎神”。[5]

（七）海上丝绸之路的东方航路

汉代海上丝绸之路的主要起始点是会稽，目的地是日本。据传说，早在秦朝初年，江浙一带的吴地就有兄弟两人东渡至日本，向日本人民传授养蚕、织绸和缝制吴服的方法。《后汉书·东夷传·倭》还提到：“会稽海外有东鳀人……时至会稽市。”中外学者大都认为东鳀人就是来自日本的商人，可见当时会稽已与日本有了比较密切的贸易往来。

另从朝鲜和清镇等地出土的大量汉代巴蜀漆器和会稽漆器来看[6]，钱塘江流域出产的精美漆器等也随着海上丝绸之路东方航线输入到朝鲜。这是秦汉时期钱塘江文化向外辐射力增强的反映。

---

[1]〔汉〕司马迁：《史记》卷二八《封禅书》，第4册，第1399页。

[2]〔汉〕刘安著，高诱注：《淮南子注》卷一八《人间训》，第7册，中华书局2006年版，第306页。

[3] 越巫见司马迁《史记·封禅书》、张衡《西京赋》。

[4]〔汉〕应劭：《风俗通义》第九卷《怪神》，上海古籍出版社1990年版，第63页。

[5]〔南朝宋〕范晔：《后汉书》卷八四《列女传·孝女曹娥》，第10册，第2794页。

[6] 据乐浪汉墓刊行会1974年出版的《乐浪汉墓》第1册所载，平壤和清镇出土西汉广汉郡工官所造的漆器4件、蜀郡西工所造的漆器10件，另有一些来自会稽等地。

第三节　六朝时期的钱塘江

一、六朝时期钱塘江流域行政区划的发展

六朝时期，是钱塘江流域行政区划变动最剧烈的一个历史时期，从侧面反映了这一时期钱塘江流域的政治动荡较多，当然，更能反映出人口与经济发展的速度很快。

先看州级行政区划的设置。在南朝，出现了东扬州的设置，这是第二次以钱塘江为界划分的一级区划，也为后来唐代的浙东、浙西分界开了先声。

郡级行政区划，孙吴时期新设置两个郡：新安江流域出现了新都郡（后来改名新安郡），金华江流域出现了东阳郡，此后都长期保持稳定。在富春江流域地区，还短暂设置过东安郡，这与征伐山越有关。

县级行政区划变动数量很大，此处无法一一列举，从时间上看，则集中在孙吴、梁陈两个时期，刚好是一头一尾。

孙吴时大量设县，首先是建立政权的需求，征服山越，控制人口，整合基层社会等等，都需要强化县级政权。其次，也是东汉以来人口增加、经济发展的必然结果。东汉一朝，钱塘江流域长期稳定，社会发展到了一个新的水平，但东汉朝廷在政治上没有重视南方，在政区建设上也一直未能及时跟上，故到了孙吴建立本地政权时，县级政权的设置有了井喷现象。不过孙吴所建的郡县，后来大致都比较稳定，一直延续了近300年没有太大变动。

到了南朝梁、陈时，也颇多设置新的州郡县，但大多是因人设官，而不是经济社会发展的需求。所以很多郡县设置都不稳定，后来大多被废。

关于钱塘江流域行政区划的发展，以下按照钱塘江流域的三大分区予以叙述。第一区是从建德开始以下的钱塘江干流部分，一直属于吴郡西部所在，可以称为吴郡西部区；第二区是新安江流域区；第三区是兰江、衢江、金华江流

域区，也即金衢盆地区。

另外，整个绍兴平原一带，除了曹娥江流域增加了一个始宁县之外，就没有再增加县了。不过，这并不能说明绍兴平原一带发展滞后，恰恰相反，这一带是六朝时期最繁荣的区域，人口密集，经济发达。始宁县在入隋之后被废，也并没有再重设。一定程度上说明，这一区域的县级分布已经相对饱和。

（一）吴郡西部区

吴郡西部区即从建德三江汇流开始，直到杭州湾。地理形势上又可以分为两块：一是以钱唐县为中心的钱塘江干流区；二是富阳（富春）县为中心的富春江流域区。前者出现过三次设郡，后者只有一次，不过时间最早。

1.东安郡

以富春江的富春县为中心，孙吴政权早期设过东安郡，其目的主要为了招抚山越。

《三国志·孙权传》：

>（黄武）五年秋七月……分三郡恶地十县，置东安郡（《吴录》曰：郡治富春也），以全琮为太守，平讨山越。……
>
>（黄武）七年春三月……罢东安郡。

《三国志·全琮传》：

>七年权到皖，使琮与辅国将军陆逊击曹休，破之于石亭。是时，丹杨、吴、会山民复为寇贼，攻没属县。权分三郡险地为东安郡，琮领太守。（《吴录》曰：琮时治富春）至明赏罚，招诱降附，数年中，得万余人。权召琮还牛渚，罢东安郡。

东安郡前后存在时间，从黄武五年到黄武七年，仅有三年。全琮作为太守，“数年中，得万余人”。

东安郡存在时间很短，不过东安郡下属的10个县，却并没有昙花一现。这10个县大多是新设的，而且多被保留了下来。除了富春县之外，清代学者钱大昕考证了两个：建德、桐庐。[1]洪颐煊再多考证了三个县：寿昌、临武、

[1]〔清〕钱大昕《廿二史考异》之《三国志卷》：“郡治富春县，其九县无考。《太平寰宇记》：建德、桐庐二县，黄武四年分富春置，当是东安属县也。”

新城。[1]这六个县，其实都来自吴郡。剩余四县可以依据的线索大概有二：一是处于三郡接境之地，特别是与富春县比较相近；二是属于“恶地”，即山区，其实正是山越聚居之地。则据此推断，原属丹阳郡的可能有二县——於潜、临水（后来改名临安），这二县属苕溪流域。而原属会稽郡的，可能也有二县——太末、丰安（后改名浦江），这两县属于兰衢金流域。

东安郡十县可能为：富春、建德、桐庐、寿昌、临武、新城、於潜、临水、太末、丰安。[2]其中，建德、桐庐、寿昌、临武、新城等五个县都从富春县析出，而且除了临武县，其他五县都长期稳定下来了。

2.临江郡、富春郡

临江郡、富春郡，都是在侯景之乱中所设。临江郡以钱唐县为治所，钱唐县不仅设了临江郡，还是东南道大行台的驻地所在，显示出钱唐军事交通地理位置的重要性。

《梁书·侯景传》：

> （太清三年）十一月，宋子仙攻钱塘，戴僧易降[3]。景以钱塘为临江郡，富阳为富春郡。
>
> （大宝元年）四月，景以元思虔为东道行台，镇钱塘。

随着侯景的败亡，两郡自然也就随之废除了。其存在时间仅数年，而且还是战乱之中设置的，更有临时性色彩。而且郡下是否设县，有哪几个县，也都史不可考。

3.海宁郡

《陈书·高祖本纪》：

> （永定二年）十二月壬申，割吴郡盐官、海盐、前京三县，置海宁郡，

---

[1]〔清〕洪颐煊：《诸史考异》卷一《三国志》“东安郡十县”条。

[2] 陈健梅《孙吴政区地理研究》（岳麓书社2008年版）第一章第十八节《扬州废郡考》之三《废东安郡考》中，也有相应考证。其中十县考证为：吴郡的钱唐、富春、桐庐、新城、新昌、建德、临水，丹阳郡的於潜和会稽郡的新安、太末。可以参考。其中钱唐县一条似乎不太合理，钱唐县虽与富春接近，但不能算恶地，也没有山越活动的记录，似可排除。

[3]《资治通鉴》作“戴僧逷”。当以“戴僧逷”为是。

属扬州。[1]

海宁郡的治所当是在盐官。所以，到了元代时，盐官县升为州时，改名为“海宁州”，当是因此之故。

海宁郡的存在时间大概很短。唐陆广微的《吴地记》曾记载说：“海盐县……陈贞明（当是“祯明”）元年割属盐官。”可能南朝陈祯明元年的时候，海宁郡已经省废，所以才会将海盐县并入盐官县。从永定二年（558）立，到祯明元年（587）废，则海宁郡存在时间最久为29年，当然有可能更短。

从海宁郡的属县来看，加上治所所在县，也不过只有三县，而且前京县还是从海盐县中析出的。属县既少，地盘也相当之小。不过陈朝设置郡县，渐趋泛滥。这种情况也不算罕见。

4.钱唐郡

陈朝祯明二年（588），设置了钱唐郡。当时陈后主为了安置投奔而来的西梁萧瓛和萧岩，于是改吴郡为吴州，升钱唐县为钱唐郡，作为吴州的属郡。然后将萧瓛任命为吴州刺史，下辖吴郡和钱唐郡。这也是临时性的措施，因人而设。

钱唐郡下辖属县，除了钱唐县外，应该尚有富阳、新城、桐庐、盐官等县。

（二）新安江流域

孙吴初期，新安郡流域出现了一个新的郡——新都郡，四个新的县——始新、新定、黎阳、休阳县。这些新的郡县设立都直接与孙吴时贺齐讨伐山越相关。

《三国志》记载：“（建安）十三年，迁威武中郎将，讨丹阳黟、歙。时武强、叶乡、东阳、丰浦四乡先降，齐表言以叶乡为始新县。”[2]在贺齐获得初步胜利后，进一步西进就遇到了强敌。“而歙贼帅金奇万户屯安勤山，毛甘万户屯乌聊山，黟帅陈仆、祖山等二万户屯林历山。”[3]最后经过苦战，贺齐获得大胜，基本上平定了这一带。于是“（贺）齐复表分歙县为新定、黎阳、休阳，并黟、歙，

---

[1]〔清〕钱大昕《廿二史考异》陈书卷对这条记载做了考证：“按：《隋志》失载此事。前京县，不见于宋、齐《志》。大约梁所置也。《隋志》于常熟县下云：‘梁置信义郡。平陈废，并所领海阳、前京、信义、海虞、兴国、南沙入焉。’似梁时前京属信义郡。与此《纪》异。”此条考证，主要是考证前京县的问题。前京县是析海盐县西北地区所置。

[2]〔晋〕陈寿：《三国志》卷六〇《贺齐传》，第1378页。

[3]〔晋〕陈寿：《三国志》卷六〇《贺齐传》，第1378页。

凡六县。权遂割为新都郡，齐为太守，立府于始新"[1]。

据《太平寰宇记》卷九五"遂安县"条下记载："汉建安十三年分歙县南乡安定里为新定。"[2]其实，这新设立的始新、新定、黎阳、休阳四个县，都是从原来的歙、黟二县分析出来的。实际上是两个县变成了六个县。

在这六个县的基础上，孙权就新设立了一个郡——新都郡，以贺齐为太守，治所并没有放在旧的歙县、黟县，而是放在了新设的始新县。可能是因为始新县距孙吴的统治中心更近，在交通上也比歙县更为便捷。

新都郡也是新安江流域最早设立的郡一级政区，这是一个里程碑式的事件。

新安江流域行政区划第二次较大的变动，是寿昌县从吴郡划归新安郡。据《淳熙严州图经》卷一《历代沿革》所载："梁武帝割吴郡之寿昌来属。"[3]据《大明清类天文分野之书》卷四"寿昌县"条："梁普通二年（521），改属新安郡。"[4]可知，寿昌县于梁武帝普通二年割属新安郡。

寿昌县最早设县，当在孙吴初年设东安郡时。寿昌县在建德之西南的寿昌溪流域，故从地理角度来说，正属于新安江流域之内，这一割属，使得新安郡范围与新安江流域基本吻合了。

不过，同样在萧梁时，新安江流域的行政区划出现了第二次里程碑式的变化：新宁郡出现了，这一变化将新安江流域一分为二。

据《弘治徽州府志》卷一《建置沿革》所载："承圣中（552—555），复置黎阳县，并分海宁、黟、歙三县，共四县，置新宁郡，与新安并正属扬州。陈省新宁郡及黎阳县。"[5]其地域为黎阳等四县，都是原来属于新安郡的。可以说新宁郡是从新安郡分割出去的。又据《陈书》所载：天嘉三年（562），以会稽、东阳、临海、永嘉、新安、新宁、晋安、建安等八郡置东扬州。[6]可知，新宁郡至少延续到陈朝天嘉三年。

---

[1]〔晋〕陈寿：《三国志》卷六〇《贺齐传》，第1378页。

[2]〔宋〕乐史著，王文楚等点校：《太平寰宇记》卷九五《睦州》，第1912页。

[3]〔宋〕陈公亮修，刘文富纂：《淳熙严州图经》，《宋元方志丛刊》本，第5册，第4285页。

[4]〔明〕刘基：《大明清类天文分野之书》卷三《寿昌县》，明刻本。

[5]〔明〕《弘治徽州府志》卷一《建置沿革》，《天一阁藏明代方志选刊（21）》，上海古籍出版社1981年版。

[6]〔唐〕姚思廉：《陈书》卷三《世祖纪》，中华书局1972年版，第55页。

而原来的新安郡依然存在，地域范围包括原来的东部三县：雉山、遂安、寿。新宁郡的分立，虽然时间并不算太长，但新宁郡和新安郡并存时，两者的分界，正是后来徽州和睦州的分界。可以说，新宁郡基本为徽州府的前身，而新安郡区域则可视为是睦州的前身。此后，新安江流域不仅归属两个郡，而且逐渐分属两道乃至两个省级政区。其源头就在此时。

（三）金衢盆地区

金衢盆地自成一个地理单元，在孙吴时期最大的变化就是出现了东阳郡，这是该地区开天辟地的大事。

历史上，金衢盆地这个区域，早期基本上大部是姑蔑国之地。随着越国强大，当归属越国，故《国语·越语》称：越国之地，“西至于姑蔑”。秦汉时，该地区有乌伤、太末两县。

东汉吴、会分治后，会稽西部都尉是否存在？

《太平寰宇记》引用南朝宋郑缉之《东阳记》云：“此境为会稽西部，尝置都尉理于此。吴宝鼎元年（266）始分会稽置东阳郡。”属扬州。[1]《宋书·郡国志》也载：“东阳太守，本会稽西部都尉。”可知该区域是先置西部都尉，后设东阳郡。王志邦认为，这个会稽郡西部都尉应该就是在新安县所置的新安都尉。[2]都尉的设置，客观上往往是为设正式行政区——郡作准备，如太平二年（257），以会稽东部都尉为临海郡；永安三年（260），以会稽南部都尉为建安郡。东阳郡的设置与临海郡、建安郡设置时间不远，当是对地域过于广大的会稽郡进行分割的一个既定规划。

金衢盆地自成一个地理单元，是钱塘江流域的上流区域，有兰江、衢江、金华江等流域。孙吴朝廷以水流之便分置东阳郡，也是一贯的政策，如吴兴郡就完全与苕溪流域相吻合。

---

[1]〔宋〕乐史著，王文楚等点校：《太平寰宇记》卷九七《江南东道九·婺州》，第1948页。

[2] 王志邦：《浙江通史·秦汉六朝卷》，第199—200页。据《三国志》卷五五记载：吴嘉禾三年（234），诸葛恪领丹杨太守，讨平山越，有复人200家在新安县的陈表为“新安都尉，与恪参势”。赤乌年间（238—250），陈表率男女数万口迁至毗陵屯田。裴松之注《三国志》卷五二引《吴书》：“赤乌中，诸郡出部伍，新都都尉陈表、吴郡都尉顾承，各率所领人会佃毗陵，男女各数万口。”

当然，东阳郡属县八，并未完全与流域吻合，如遂昌县有部分属瓯江流域，但是从太末县分出的；又如丰安县大部属浦阳江流域（其中一部分当也从太末分出[1]），其划归东阳郡，可能是出于战略上的考虑。丰安县地处吴、会稽、东阳诸郡交接处，到东阳郡治近而到会稽郡治远，越太阳岭即可抵达东阳郡治长山县，起着拱卫东阳郡作用，故以其重镇形势而归入东阳郡。

东阳郡下属的 9 个县：长山、吴宁、乌伤、永康、太末、新安、定阳、丰安、遂昌。除了乌伤、太末二县外，都是在东汉末和孙吴前期新设置的。到东阳郡新设时，已经发展了很长时间，可以说其经济人口的持续发展也为立郡奠定了基础。据《宋书·郡国志》的记载，按时间排列如下：

长山令，汉献帝初平二年（191），分乌伤立。

信安令，汉献帝初平三年（192），分太末立曰新安。晋武帝太康元年更名。

吴宁令，汉献帝兴平二年（195），孙氏分诸暨立。

丰安令，汉献帝兴平二年（195），孙氏分诸暨立。

定阳令，汉献帝建安二十三年（217），孙氏分信安立。

遂昌令，孙权赤乌二年（239），分太末立曰平昌。晋武帝太康元年更名。

永康令，赤乌八年（245），分乌伤上浦立。

其中，从太末分出的县有信安、定洋、遂昌；从乌伤分出的有长山、永康；从诸暨分出的有吴宁、丰安。这些县都相当稳定。

梁陈时东阳郡上出现过所谓的缙州，其存续时间大致在梁末陈初，《陈书·留异传》："绍泰二年（556），以应接之功，除持节、通直散骑常侍、信武将军、缙州刺史，领东阳太守。"所以留异因功受封赏，在梁绍泰二年已经设置了缙州。《陈书·世祖纪》永定三年（559）八月癸巳："以平北将军、南徐州刺史留异为安南将军、缙州刺史。"陈朝初年，留异仍旧占据一方，此时缙州仍存。陈天嘉二年（561）侯安都率兵讨伐留异，天嘉三年三月，东阳郡平，六月设立东扬州，而东阳郡属之，这说明此时缙州已经撤销。缙州的设立以永康县为附郭县，并且领东阳郡，似乎没有更多的属郡、属县。显然也是梁陈时代因人而设的一个例子。

---

[1] 据《续汉书》刘昭注："建安四年，孙氏分太末立。"当是后来又从太末割属了部分划给丰安。

《太平寰宇记》“婺州”条载：“郑缉之《东阳记》云：陈永定三年于此置缙州。寻又改信安县为信安郡。”[1]又《陈书·周文育传》：“出为使持节、都督会稽东阳临海永嘉新安新宁信安晋安建安九郡诸军事、镇东将军、会稽太守。”可知，陈朝设立过信安郡，信安县当为属县之一，也是为安抚周文育而临时设置的。

二、六朝时期钱塘江流域的水利开发

（一）贺循开凿西陵运河

浙东运河跨越宁绍平原，沟通了钱塘江、曹娥江、余姚江等河流。陈桥驿认为：浙东运河是“钱塘江和姚江这两条潮汐河流之间的几段内河的总称。它北起钱塘江南岸，经西兴镇到萧山县城，东南到钱清镇。……再东南经过绍兴县城东折而到达曹娥镇……曹娥江以东，它起自梁湖镇，东经上虞旧县城而到达通明坝。……浙东运河应该是从钱塘江南岸到通明这一段的称谓”。[2]

这几段运河又是在不同的历史时段内逐段修建而成的，田余庆在《东晋门阀政治》中有过简要精炼的叙述：“《越绝书》：‘山阴故水道，出东郭，从郡阳春亭，去县五十里。’这说的是山阴至上虞的运河，大概是浙东运河最古老的一段。这段水道在东汉永和五年（140）马臻开镜湖后入于镜湖之中，船只在湖内行驶。又，《嘉泰会稽志》卷一〇引《越州图经》，谓西晋之末贺循建议修山阴运河，大概是指山阴向西通至钱塘一段，此段是改修疏浚还是首凿，尚难确定。”这段话，提到了浙东运河修建的三个阶段：越国山阴故水道，东汉马臻的镜湖，西晋贺循的山阴运河。

《越绝书》中所说的“山阴故水道”，当即浙东运河的最早一段，当无可疑。不过，《越绝书》原文之前尚有一段：“山阴古故陆道，出东郭，随直渎阳春亭。”这个“山阴故陆道”，显然是和“山阴故水道”并列而行的，都是“出东郭”，且都到“阳春亭”。而不过陆道是“随直渎”，显然意指陆道与直渎并行。所以，很可能“直渎”就是山阴故水道之真名。或许我们可以将浙东运河的最

[1]〔宋〕乐史著，王文楚等点校：《太平寰宇记》卷九七《江南东道九·婺州》，第1948页。
[2] 陈桥驿：《浙东运河的变迁》，见《运河访古》，上海人民出版社1984年版，第33页。

初雏形称之为“直渎”。浙东运河的第一阶段可称为“直渎”阶段。

而第二个阶段则可称为“镜湖阶段”。东汉马臻开了镜湖，而镜湖沟通了东至曹娥江、西至钱清江之间的航道。显然，这个航道应该是在镜湖之中的。原来的直渎，或已纳入到了镜湖之中。

不过需要指出的是，马臻开镜湖的主要目的是农业灌溉，而运输航运的功能当是次要的。而且从航运的范围来看，“镜湖阶段”的运河与前期类似，主要还是“内部”运输，而非对外。可以称之为“内向型运河”。之所以称其为“内向型运河”，是基于这样的事实，即“镜湖阶段”的运河，西边没有连通到钱塘江，东边没有连通到姚江。因此，早期的浙东运河还是一个局部的、地方性的运河，没有能跟更广大范围的世界连接起来。

早期浙东运河的这种属性，是因为内在的需求大，而外向的动力不足。而外向动力不足在很大程度上是因为国家对浙东地区的财政需求不大。在汉代，浙东地区的赋税收入，能对国家财政有多大贡献，是可疑的。葛剑雄主编的《中国人口史》第一卷有《西汉元始二年各郡国人口密度》，为了计算比较合理，作者特地将会稽郡分为南北两部分。推算结果是会稽郡南部是10799户、50000口，密度则是0.32人/平方公里。从这个数据来看，对汉代中央而言此一区域的赋税收入恐怕确实无足轻重。

浙东运河从“内向型”向“外向型”运河的转变，有赖于运河往西延伸，与钱塘江相通，并越过钱塘江可以和钱唐县的运河相连接，再往北可连通更广阔的外部区域。不过，从钱清镇到钱塘江的这段运河，一直到西晋时才出现。宋代《嘉泰会稽志》记载：

> 运河，在府西一里，属山阴县，自会稽东来，经县界五十余里入萧山县。《旧经》云：晋司徒贺循临郡，凿此以溉田。[1]

因为这段运河属于山阴县，故有人称为“山阴运河”。不过山阴只是其中的一段，似也可以端点西陵来称之为西陵运河。西陵是运河和钱塘江的沟通处，故称西陵运河更能显示该运河的重要意义。

开凿西陵运河的贺循（260—319），字彦先，会稽山阴（今浙江绍兴）人。贺循先祖姓庆，因避汉安帝讳改姓贺。贺循少蒙家难，流放临海。晋灭吴后方

---

[1]〔宋〕施宿：《嘉泰会稽志》卷一〇《水·运河》，《宋元方志丛刊》，第7册，第6879页。

还本郡。他学博闻，尤善三“礼”。举秀才，初为阳羡令、武康令，皆有政绩。由陆机推荐，召为太子舍人。转任侍御史，因病去职。《晋书·贺循传》载：“及(陈)敏破，征东将军周馥上(贺)循领会稽相。寻除吴国内史，公车征贤良，皆不就。”陈敏败亡在永嘉元年(308)，则贺循任职会稽当也在此时，而开凿西陵运河也当在永嘉元年。虽然他担任会稽相的时间很短，但是贺循此时已是本地士族领袖，故其倡导的水利事业完全能够得到充分的支持。

值得注意的是，贺循开凿西陵运河的目的仍在于“溉田”。既然贺循的目的在于水利灌溉，那他未必会在意是否要接通钱塘江。但是，就在接下来的东晋南朝时代，会稽地区在建康朝廷眼里，意义已经完全不一样了。晋元帝为出任会稽太守的诸葛恢置酒饯行时说：“今之会稽，昔之关中，足食足兵，在于良守。”[1]毫无疑问，在财政方面，钱塘江以北的建康朝廷，需要会稽地区的财赋源源不断的供给。在这种形势下，我们将永嘉元年视为西陵运河接通钱塘江的时间，虽不中亦不远矣。

《宋书》卷九一《郭原平传》提到的一则故事，说的很可能就是西陵运河。郭原平为会稽永兴(今萧山)人，以种瓜为业。刘宋的大明七年(463)大旱，瓜渎不复通船。县官刘僧秀愍其穷老，下渎水与之。郭原平却说：“普天大旱，百姓俱困，岂可减溉田之水，以通运瓜之船。”于是就走路从其他道路去钱唐卖瓜。可知当时从种瓜之地有船可以通往钱塘江。当然，这条“渎”水既可溉田，也可通船，又可通往钱塘江，故所谓的“瓜渎”不是西陵运河，就是西陵运河支流。

钱塘江及至晋朝，由于“浅多沙石，激扬为濑”[2]，不便航运。经过贺循开凿西陵运河段，连通了钱塘江，浙东运河正式接通外部世界，真正纳入更大的运河体系中。对于浙东运河而言，这是个里程碑式的事件。

(二)钱唐柳浦

六朝时，钱塘江下游南北两岸的航运还非常困难，如《南齐书》卷四〇《萧子良传》载：“浙江风猛，公私畏渡，脱舫在前，驱令俱发。”又，《梁书》卷

[1]〔唐〕房玄龄：《晋书》卷七七《诸葛恢传》，第7册，中华书局1974年版，第2042页。
[2]〔汉〕王充：《论衡》卷四《书虚篇》，第60页。

四七《孝行·庾沙弥传》载:“庾沙弥,颍阴人也。……高祖召见嘉之,以补歙令。还除轻车邵陵王参军事,随府会稽,复丁所生母忧。丧还都,济浙江,中流遇风,舫将覆没,沙弥抱柩号哭,俄而风静,盖孝感所致。”

在这一时期,随着西陵运河与钱塘江的相通,钱塘江北岸也相应地出现了渡口与运河口,这就是柳浦渡和柳浦。“柳浦渡—西陵渡”成为渡过钱塘江最重要的一条航线。而柳浦,则是连通钱塘江的江南运河南口。

这样,西陵运河—钱塘江航线—柳浦,就构成了一个新的运河体系,呈南北走向,与钱塘江江道共同构成了一个十字交叉的交通运输框架。所以,对于整个钱塘江流域而言,这同样是一个里程碑式的事件。

我们先来看这条“柳浦—西陵”航线。六朝时,钱塘江北岸的渡口称“柳浦渡”,南岸的称“西陵渡”。西陵渡是西陵运河与钱塘江相通之处(在今杭州市滨江区西兴镇)。柳浦则在钱塘江北岸,宋末元初人胡三省注《资治通鉴》云:“柳浦埭则今杭州江干浙江亭北跨浦桥埭是也。”[1]即钱塘江北岸今杭州南星桥三廊庙一带,时为钱唐境内河道(秦始皇所开“通陵江”其时是否延伸至此未详。但既然有堰埭之设,自当有河道存在,并可交通“通陵江”)与钱塘江之沟通处,因两者水位不同,故设是埭,并为渡口、码头。从更大的空间尺度来看,这条航线正好处于钱塘江的“出山口”,过了这个口,以下的钱塘江河道越来越宽,更不适宜渡江。因此,这条“柳浦—西陵”航线是天然的最佳选择。

这里还有“樟林桁”,为目前所知杭州最早的人工港埠设施。南朝宋刘敬叔《异苑》载有樟竹桁大船:“晋时,钱塘浙江有樟竹桁大船。每有乘者,辄漂荡摇扬而不可禁。常鸣鼓钱塘江头,凌浪如故。惟船吏章粤能相制伏。及粤死,遂废去。”[2]浙江渡建于东晋太宁二年(324),位于钱塘江西岸凤凰山麓与馒头山之间,是杭州钱塘江上最古老的渡口。樟林桁是木结构浮桥式码头,即以木头为桩,挑出江中,上铺木板的木结构码头。“码头同时设船吏主持。另外滨江一带曾建有钱唐仓、柳津渡和柳浦埭,成为浙江南北客旅往来和货物转换的主要津埠。为了配合港口服务,还增添了一些设施,像亭驿、牛埭、船闸、

[1]〔宋〕司马光:《资治通鉴》卷一三六《齐纪二》,第9册,中华书局1956年版,第4281页。
[2]〔南朝宋〕刘敬叔:《异苑》卷二,《汉魏六朝笔记大观》,第603页。

铁幢等。”[1]樟林桁大航即浙江渡口渡船，六朝时文人墨客，如梁朝任昉《济浙江》、刘孝绰《还渡浙江》等，都是描述浙江渡的诗作。

六朝时代，钱塘江成为兵家的必争之地，这条渡江航线不断出现在战争记载中。南朝宋大明八年（464），孔觊据有会稽，遣孔璪、王昙生屯兵吴兴（今湖州）南亭，为吴喜军所败，孔璪、王昙生东奔钱唐。吴喜追“至钱唐，钱唐令顾昱及孔璪、王昙生等奔江东，喜仍进军柳浦”，于是吴喜“自柳浦渡，趣西陵”，而遣别军任农支等“乘风举帆，直趣定山”，又“自定山进向渔浦”，会攻会稽。[2]南朝宋泰始二年（466），宋将吴喜曾率众渡江追击叛军，“自柳浦渡，趋西陵”，正是利用了这条航线。再深入一点分析这次战役，可以知道，当时吴喜军其实是分三路过江的，其中东路是“刘亮由盐官海渡，直指同浦”，西路是“寿寂之济自渔浦，邪趣永兴”，这是在今义桥镇一带，而吴喜自居中路，从柳浦—西陵渡江。南朝齐永明三年（485）唐寓之起义，自富阳县顺钱塘江东下进军钱唐，“钱唐令刘彪、戍主聂僧贵遣队主张玗于小山拒之，力不敌，战败。寓之进柳浦登岸，焚郭邑，彪弃县走”等，无不在于争夺钱唐县。[3]由此可见，柳浦—西陵一线已经是当时跨越钱塘江的最重要线路，东路、西路都只能居于侧翼地位。

柳浦重要性的第二点体现，是此地从南朝宋文帝时候，就有驻军——新城戍。所谓“戍”，是南北朝时军事据点的一种，规模不大。新城戍的具体地点现在尚未能确指，不过当在柳浦附近。南朝齐时，钱塘江上游富阳人唐寓之起兵，顺江而下准备攻占钱唐县，在柳浦登陆时，当时戍军和钱唐县军队一起进行抵抗。这说明新城戍确实离柳浦不远。而设置新城戍的重要目的之一，就是要保护柳浦。实际上，新城戍的驻军在南朝梁时期多达五千人，这是一支规模相当大的驻军了。它从一个侧面反映了柳浦这个渡口当时在军事上的重要性。而且，柳浦对面的西陵也有一个军事据点——西陵戍，与新城戍遥遥相对。

---

[1] 陈述主编：《杭州运河桥船码头》，杭州出版社2006年版，第185页。

[2] 〔南朝梁〕沈约：《宋书》卷八四《孔觊传》，第7册，中华书局1974年版，第2161页。

[3] 〔南朝梁〕萧子显：《南齐书》卷四四《沈文季传》，第2册，中华书局1972年版，第777页。

柳浦—西陵一线是交通要道，自然更是商贸要津。《南齐书》卷四六《顾宪之传》记载，南齐武帝永明六年（488），西陵戍主杜元懿提出建议：

> 吴兴元秋，会稽丰登，商旅往来，倍多常岁。西陵牛埭税，官格日三千五百。元懿如即所见，日可一倍，盈缩相兼，略计年长百万。浦阳南、北津及柳浦四埭，乞为官领摄一年，格外长四百许万。西陵戍前检税，无妨戍事。余三埭自举腹心。

“牛埭税”，其实就是一种商品的过税。由于钱塘县境内河道与钱塘江，以及浙东运河与钱塘江水位不同，过往船舶转换航道必须过埭，小者尚可牵挽而过，大者则须盘驳。所以，埭之所在都饲有役牛，以供牵挽、盘驳役使，政府收取一定数额的佣金，称为“牛埭税”。尽管杜元懿的这个建议最终因会稽行事顾宪之等人的竭力反对而没有被采纳，但从中可以看出西陵、柳浦等埭“戍前检税”早已经存在，而且一直在执行。钱塘江及浙东、浙西运河上商旅往返的繁忙景象，及其粮食货物的集散也显而易见。对此，顾祖禹在《读史方舆纪要》卷九二中有一个精彩论断：“盖西陵在平时为行旅辏集之地，有事则为战争之冲，故是时戍主与税官并设也。”顾祖禹的这个“平时为行旅辏集之地，有事则为战争之冲”的说法，完全可以同样用来评价柳浦价值，既有军事性，也有商业性。

如同西陵埭之后，有一个西陵运河一样，柳浦埭的后面，当也有一条运河，当即“柳浦”。浦的含义也有多种，按《说文》：“濒也。”也就是水滨的意思。《诗经·大雅》有“率彼淮浦”。又《玉篇》：“水源枝注江海边曰浦。”这个定义就比较清楚了，那就是指在一条支流流入江海的水口附近称为“浦”。徐坚《初学记》载：“大水有小口别通曰浦。”[1]这个解释，我们认为能准确解释“柳浦”的定义。首先，这是一条水道的入江口；其次，这条水道比较小；第三，这个口子是小水道通往大河流的口子。

江南地区河道纵横，浦也是最为常见的一种水道的称呼。北宋郏亶《水利书》曾经描述过在9世纪的太湖流域的广阔原野之上，散布着纵横交错的渠道，

[1]〔唐〕徐坚：《初学记》卷六《地部中》，文渊阁《四库全书》本。

就有所谓“五(或七)里一纵浦，七(或十)里一横塘”[1]。可知，后来那些纵向(应该是指垂直流入大河道)的小水道，称之为“纵浦”，而相应的，横向的(应该指平行于大河道)的小水道，则称为“横塘”。总之，浦的特点就是流入大河的那些小水道。

正因为浦有这个特点，所以，“浦”往往成为重要的水路，而“浦口”也往往成为重要的渡口。以钱塘江为例,就存在着数量众多的“浦”,除了柳浦之外，远的有“乍浦”“澉浦”等，近的有“渔浦”“查浦”等。我们就举一个例子，足以说明当时在钱塘江两岸浦的分布很多。《宋书·孔觊传》在讲到将军吴喜率军渡钱塘江追击的时候，说：“其月十九日，吴喜使刘亮由盐官海渡，直指同浦；寿寂之济自渔浦，邪趣永兴；喜自柳浦渡，趣西陵。”六个地名中，有三个是“浦”。实际上,还有很多“浦”消失在历史长河中了。正因为浦往往是小水道，历史变迁中，这些小地名也就往往会随着水道的改易消失而废弃。柳浦也是其中的一例。

柳浦的开辟在何时，恐怕已不可考。最早出现在前述吴喜渡江战役中，时间在刘宋年间。实际上，有可能出现的更早。据《世说新语》之《任诞第二十三》载：

> 苏峻乱，诸庾逃散。庾冰时为吴郡，单身奔亡。民吏皆去，唯郡卒独以小船载冰出钱塘口，蘧篨覆之。时峻赏募觅冰，属所在搜检甚急。卒舍船市渚，因饮酒醉，还，舞棹向船曰：“何处觅庾吴郡，此中便是！”冰大惶怖,然不敢动。监司见船小装狭,谓卒狂醉,都不复疑。自送过浙江，寄山阴魏家，得免。后事平，冰欲报卒，适其所愿。卒曰：“出自厮下，不愿名器。少苦执鞭，恒患不得快饮酒；使其酒足，余年毕矣，无所复须。”冰为起大舍,市奴婢,使门内有百斛酒,终其身。时谓此卒非唯有智，且亦达生。[2]

记载中提到“郡卒独以小船载冰出钱塘口”。这个所谓的“钱塘口”，应该就是一条支流通往钱塘江的入水口，而且过了这个水口后，正是前往山阴县。所以

[1]〔明〕徐光启《农政全书》卷一六《水利·浙江水利(附修筑海塘、滇南水利)》说法略异：“江南之法：十里一纵浦,五里一横塘,纵横脉散。勤勤疏浚,无地无水。此井田之遗意。”见徐光启著，石声汉校注：《农政全书校注》，上海古籍出版社 1979 年版，第 401—402 页。
[2]〔南朝宋〕刘义庆：《世说新语校笺》下册，第 400 页。

这个“钱塘口”，很大可能就是南朝常见的柳浦渡口。虞冰一路坐船，从吴郡到山阴，可见江南运河这条水路是很通畅的，是当时的主要通道。总之，柳浦应当就是这条水道最南端的一段。上述郭原平也是从萧山一路乘舟来到钱唐卖瓜的，也是这条水道通畅的一个例证。

（三）诸多水利设施的兴修

1.钱塘江南岸的海塘

马臻主持镜湖围堤时，对沿海的堤塘涵闸想必也作过一番整修工作。《南齐书·王敬则传》称：“会土边带湖海，民丁无士庶，皆保塘役。臣昔忝会稽，粗闲物俗，塘丁所上，本不入官。良由陂湖宜壅，桥路须通，均夫订直，民自为用。若甲分毁坏，则年一修改；若乙限坚完，则终岁无役。今郡通课此直，悉以还台，租赋之外，更生一调。致今塘路崩芜，湖源泄散，害民损政，实此为剧。”据此推测，东晋南朝时，北部海塘工程也作了进一步修整，并建立了相应的养护管理制度。否则，只有河网的疏凿，无系统的海塘挡潮拒咸，平原的边缘带湖海地域，是难以成为“亩值一金”的膏腴之地的。

其中比较可靠的平原北部的涵闸设置，是位于今绍兴城正北30里斗门镇的玉山斗门。由此入海的主要河流直落江，即是稽北丘陵诸河干流若耶溪的下流，而且地形上东西有金鸡山和玉山两大孤丘。这种两山挟持一水奔流的形势，是建立枢纽工程的理想地址，所谓“水多则闭湖泄田中水入海”。这项工程在历史上曾起过不小的作用。不过在永和年间，作为镜湖枢纽工程的玉山斗门，作用还不十分显著。因为当时海塘和江塘尚未修筑完整，从镜湖流出的各河，大部分注入曹娥、浦阳二江下游，并不注入直落江。因此，玉山斗门所能控制的范围不大，其调节作用自然也就不能和后来相比。东晋时滨海地带海塘的修整，如东江塘、安塘等，为唐宋时期海塘体系的形成打下了一定的基础。

2.义堰

东阳洲义堰又名洲姜堰、金塘堰，是属于东阳江流域的一个水利工程。清《康熙东阳县志》“名胜下·水门村”条云：“去旧城址一二百步，临溪有石岸，是其遗迹……今八都洲义堰从石岸绝流入堰。计当时蓄泄之方，必有门闸以司启闭。故云水门，其村因以此名。”又《民国东阳县志》载：“洲义堰由九都石坛天溪引流，灌八都溪北一带田三万顷，分派子堰一十六处，定规界轮番值理，三国时已有此堰，蔡卢卢氏藏有赤乌诏谕及历代告示。”所谓的赤乌诏谕，未知其详。但是六朝时期，已有这一水利工程，当是可信的。从其灌溉范围来看，分派十六处，溉田三万顷，确实对东阳江地区的农田水利起到了关键作用。

南朝梁时，刘峻《东阳金华山栖志》称此处“漕渎通引，交渠绮错”“山泉膏液，郁润肥腴，郑白决漳，莫之能拟”。也说明在金华江流域一带，水利设施已经十分普及了。

钱塘江的上游新安江流域，自秦汉以来就一直有设县，发展较早。六朝时期，水利也有相当发展。

3.吕堨

梁大通元年（527），原新安内史吕文达同妻兄率民在新安江支流练江的支流丰乐河上倡建堰坝，引水灌田3万余亩，后人称为“吕堨”，这是全水系见诸文字记载最早的大型堰坝。《歙县金石志》卷二《梁吕堨记》记载了吕堨修建的经过：“新安为郡，山多田少。惟湖田一坂，首尾约十里，左右半之。中有湖，名吕，莫知何人所浚。潴水以浇湖下之田。天监初，湖倏堙塞。余因忆往年侍先将军救寿阳时，与州刺史垣崇祖堰肥水以灌魏师，可为法则。于是同妻兄孟公相地高下，率民疏凿，筑而捍之，约高五丈有奇，横阔二十余丈，引水入渠，灌田一万余亩。经始于大通元年八月，城于十一月。……今堨亦以吕名。”为我们留下了一份特别可贵的六朝时期兴修水利的记载。

4.长林堰

吴郡桐庐县有长林堰，据《大清一统志》卷二三四“长林堰”：“在分水县西，梁天监初年，吴郡太守任昉镇本郡时，令筑坝堰以蓄水。”在今桐庐县分水镇的天英村。

此外，南朝陈天嘉三年（562）三月二十一日，侯安都筑堰壅水破留异在东阳郡桃枝岭岩谷间筑的营寨，这是全水系用水攻的最早事例。[1]

虽然以上的水利兴修资料较为零星，但从整个南方地区的状况看，各地都兴起了不少水利工程的修建，只不过由于资料留存的问题，使得反映出的面貌

［1］钱塘江志编纂委员会:《钱塘江志·大事记》，方志出版社1998年版，第13页。

并不全面，只能是一种以管窥豹的观察。但即便如此，也可以看到六朝时期兴修水利的活动已经远比前代为多。钱塘江流域地区的蓄水工程，较多的是丘陵山地堰坝修筑，规模很小，受益地区分散。这种小规模的水利工程成本低、收效快，很利于丘陵山地的开垦。另一方面，从现有资料来看，在南朝梁时，钱塘江流域地区普遍出现较多的水利设施，这在一定程度上反映了南朝后期的土地开发和水利建设都进入了较快发展的阶段。

三、六朝时期钱塘江流域社会经济的发展

（一）北方人口的南迁

六朝是一个人口大迁徙的时代。北人先后两次南下，一次是在东汉末年至三国吴，一次是在西晋永嘉之乱后。特别是第二次史称“永嘉南渡”的大量北方人口南迁，对南方的人口和经济都带来了重大的影响。当时长江以南广泛流传着各种谚语，如“永嘉世，九州空，余吴土，盛且丰”“永嘉中，天下灾；但江南，尚康乐”等[1]。这些谚语反映了当时人们对江南的向往。

钱塘江流域也是这些移民的迁入地之一。不过，相对于北人南下首当其冲的今宁镇地区乃至太湖流域地区相比，钱塘江流域没有出现大规模的移民潮现象，北人的迁入是渐进式的。据谭其骧统计，当时南渡人口共约 90 万之众，约占北方人口八分之一强。南渡人口以侨居今江苏者为多，约 26 万左右。侨民聚集之地，长江以南以今之江宁、镇江、武进为最多；长江以北以今之江都、淮阴诸县为最众。[2]

东汉末年，由于北方战争不断，北方人口开始大量流入江南，其中一部分辗转流落到钱塘江流域地区。如“中州士人避乱而南”“依吴郡钱唐县全琮居者以百数”[3]；北海营陵人是仪初依刘繇避乱江东，后徙居会稽；临淮淮阴人

---

[1] 广西梧州市博物馆:《梧州市晋墓、南朝墓发掘简报》，载《文物资料丛刊》第 8 辑，1985 年；麦英豪等:《广州西郊晋墓清理报导》，《文物参考资料》1955 年第 3 期。

[2] 谭其骧:《晋永嘉丧乱后之民族迁徙》，《燕京学报》1934 年第 15 期。

[3] 〔晋〕陈寿:《三国志》卷六〇《吴书·全琮传》，第 1381 页。

步骘与广陵人卫班避难江东，求食于会稽，以种瓜自给；河内郭文在洛阳沦陷后，“步担入吴兴余杭大辟山中”，靠“区种菽麦，采竹叶木实，贸盐以自供”[1]。一部分进入会稽郡乌伤县境。

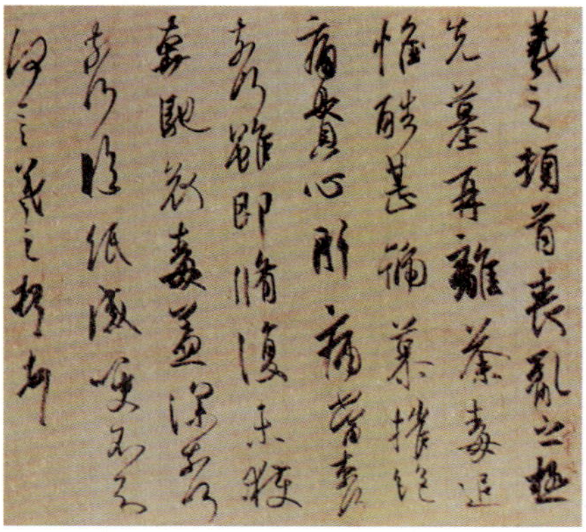

王羲之书法《丧乱帖》

西晋永嘉之乱后，黄河流域再次陷入大混乱中，而江东则是较为安静之处，北方部分世族和民众再次纷纷渡江南下，时“中州士女避乱江左者十六七”[2]。出现了第一次大规模民间自发的北人南迁大浪潮。据谭其骧考证，人口数量当在90万左右，其中钱塘江流域当占据了其中一部分。

其中流寓江东的北方难民，多聚居于都城建康以东（今江苏南京）至晋陵（今江苏常州）一带。为安置北方难民，东晋朝廷开始置侨州、郡、县。钱塘江流域地区并没有置侨州、郡、县，但以不同的方式吸纳大量的北方移民。陆续迁入钱塘江流域地区的会稽、余杭、钱唐、海盐、由拳等地。

以会稽郡为例，东晋侨姓四大家族王、谢、庾、桓，除桓氏外，均有族人到过会稽，或暂时寓居，或定居于此。流寓会稽郡的北方士人，自西晋末年至东晋初期，有北地泥阳傅氏、颍川鄢陵庾氏、高阳许氏、陈郡阳夏谢氏和袁氏等。

东晋中期，从东晋成帝至康帝时期（326—344），因为苏峻之乱，一批北方士人自都城建康一带东下迁到会稽，著名的有陈留阮氏、太原晋阳王氏、陈郡阳夏袁氏、乐安高氏，以及出身琅邪王氏的高僧竺潜等。他们为求得安定和平的环境，远离多事的政治中心。后期是穆帝时期（345—361），主要有太原中都孙氏、江夏李氏、琅邪王氏、谯国戴氏、高平金乡郗氏，以及高僧支遁、帛僧光等。到了南朝，北方人士或居或游会稽者也一直延续不断。整体上看，北方士人向会稽的迁移，并非是会稽有佳山水的诱惑，实则为避乱、保命、保家。在整个流迁过程中，没有形成以某一地域世族为首迁移的现象。他们在会

[1]〔唐〕房玄龄:《晋书》卷九四《隐逸·郭文传》，第2440页。
[2]〔唐〕房玄龄:《晋书》卷六五《王导传》，第1746页。

稽的地域分布，大多集中在剡溪—上虞江流域。随着时间的推移，新地域观念的加深，如谢玄的孙子谢灵运，则公然标榜自己是会稽人士了，他在《道路忆山中》一诗中写下的“楚人心昔绝，越客肠今断”，就以越人自居了。

钱唐一带也有北方人迁入。如《三国志》卷六〇《吴书·全琮传》载，钱唐人全琮，好仗义济贫，“是时中州士大夫避乱而南，依琮者以百数”。又，《晋书》卷九一《范平传》云：“范平，字子安，吴郡钱塘人也。其先铚侯馥，避王莽之乱，适吴，因家焉。”《晋书》卷九四《郭文传》云：河内轵（今河南济源南）人郭文，东晋初年“步担入吴兴余杭大涤山中……而居焉”。《宋书》卷六六《王敬弘传》记载：“琅邪临沂人王敬弘，晋时居余杭，其子王恢之、王瓒之、王升之等，亦居余杭。”以上仅举见于正史记载的数例，未见于文字记载的必不在少数。

需要注意的是，这些北方人士的迁入，往往还同时带来大量的部曲、佃客，所以，人口数量当不在少数。

（二）本土人口的整合

三国时期，孙氏父子在这块神奇的土地上崛起。孙权的父亲孙坚，富阳王洲人，据说是“孙武之后”，其实本“孤微发迹”[1]，家族地位并不高[2]。传说他当年离家作郡吏时，同乡人在沙洲上为他饯行。一位父老说，这沙地狭而长，你定能做长沙太守。后来这句话果然应验了。这块沙地后被称为孙洲，又名王洲。东汉末年，孙坚在军阀混战中依附袁术，利用镇压黄巾起义的机会组建武装力量，其最初的部众是追随他的“乡里少年”及召募来的“淮、泗精兵”[3]。孙坚智勇双

《无双谱》中的孙策像

[1]〔晋〕陈寿：《三国志》卷四六《吴书·孙坚传》，第1112页。

[2]〔南朝梁〕沈约：《宋书》卷二七《符瑞志上》云：“孙坚之祖名钟，家在吴郡富春，独与母居……遭岁荒，以种瓜为业。”《太平御览》卷五五九引《幽明录》亦有类似记载。

[3]〔晋〕陈寿：《三国志》卷四六《吴书·孙坚传》，第1094页。

全，后当了长沙太守，被封为乌程侯。后来在攻打襄阳时被刘表部将黄祖部下射死，始终无固定地盘。

唐阎立本《历代帝王图卷》中的孙权像

孙坚有4个儿子，数孙策和孙权最能干，继承和发展了他未竟的事业。

孙策继承父业，向袁术求得孙坚旧部余兵，渡江作战，攻取江东会稽、丹阳、豫章、庐陵、吴郡、庐江六郡，才与袁术决裂，奠定了孙吴在江南立国的基础。司马光《资治通鉴》详细记载了孙策的军事才能，现摘录其在钱塘江的发家史：

> 孙策将取会稽，吴人严白虎等众各万馀人，处处屯聚，诸将欲先击白虎等。策曰："白虎等群盗，非有大志，此成禽耳。"遂引兵渡浙江。会稽功曹虞翻说太守王朗曰："策善用兵，不如避之。"朗不从。发兵拒策于固陵。策数渡水战，不能克。策叔父静说策曰："朗负阻城守，难可卒拔。查渎南去此数十里，宜从彼据其内，所谓攻其无备，出其不意者也。"策从之，夜，多然火为疑兵，分军投查渎道，袭高迁屯。朗大惊，遣故丹杨太守周昕等帅兵逆战，策破昕等，斩之。朗遁去，虞翻追随营护朗，浮海至东冶，策追击，大破之，朗乃诣策降。策自领会稽太守，复命虞翻为功曹，待以交友之礼。[1]

孙权，字仲谋，"畴咨俊茂，好谋善断"，"故豪彦寻声而响臻，志士晞光而景骛，异人辐辏，猛士如林"。[2]他在兄长孙策被原吴郡太守许贡的家客刺杀后，继兄统领江东。他奉行"举贤任能，各尽其心，以保江东"[3]的方针，以吴地为中心，依靠周瑜、程普、吕蒙、鲁肃等吴地人士的支持[4]，内平山越，西灭黄祖，逐步扩大了势力范围。经过赤壁之战与彝陵之战的胜利，又将统治区域扩大到荆、扬、交、广四州。建安十六年（211）孙权由京口（今江苏镇

[1]〔宋〕司马光：《资治通鉴·汉纪五十四》"孝献皇帝丁建安元年（丙子，196年）"。

[2]〔唐〕房玄龄：《晋书》卷五四《陆机传》，第1467—1469页。

[3]〔晋〕陈寿：《三国志》卷四六《吴书·孙策传》，第1109页。

[4] 张承宗：《吴地人士与东吴兴亡》，《苏州大学学报》1991年第4期。

江）“徙治秣陵。明年，城石头，改秣陵为建业”[1]。吴黄武元年（222），孙权在武昌（今湖北鄂州）称吴王。到吴黄龙元年（229），他以建业（今江苏南京）为都城，正式称帝，终成霸业。孙权还派人开辟海上航线，北上辽东，出使南海，开拓台湾，曾于黄龙二年（230）派将军卫温、诸葛直率领“甲士万人浮海求夷洲及亶洲”[2]。孙吴政权的建立，加快了江南的开发，使长江中下游以南的广大东南地区逐步发展成为经济文化的发达地区，推动了我国古代经济文化重心的南移。

在这一时期，除了外来人口迁入，六朝时期钱塘江地区人口最显著的特点是内部人口整合活动，特别是孙吴一朝的“征山越”活动，具有十分突出的时代特征。孙吴时期，将大量的山区人口进行整合，进行国家编户。这些山区人口，当时被称为“山越”，分布在江东六郡，其中主要分布在东三郡，即吴、会稽、丹阳三郡，尤以丹阳与吴、会稽交界地带分布最密集。而山越的分布区中，钱塘江流域是重点地区。

“山越”中不排除有部分是越族后裔，但主要还是汉人，只是他们生活在“山谷万重”的山区中，更重要的是，他们往往以宗族方式聚居，“未尝入城邑，对长吏，皆仗兵野逸，白首于林莽。逋亡宿恶，咸共逃窜。山出铜铁，自铸甲兵。俗好武习战，高尚气力，其升山赴险，抵突丛棘，若鱼之走渊，猨狖之腾木也。时观间隙，出为寇盗，每致兵征伐，寻其窟藏。其战则蠭至，败则鸟窜。自前世以来，不能羁也，皆以为难”[3]。他们不向政府服役纳租，在国家编户之外，遂以“山越”称之。

孙吴立国江东，人口资源是最急需的，大批山越都是潜在的兵源和财源，于是成为孙吴一朝持续不断要征服的对象。

建安十三年（208），贺齐平定歙、黟两县山越，从丹阳郡分出设置新都郡。黄武五年（226），丹杨、吴、会稽郡交界地区山民复为“寇贼”，攻没属县。孙权于是分三郡恶地十县置东安郡，郡治富春县，以钱唐人全琮为太守，数年中，得万余人。朱治晚年还“自表屯故鄣，镇抚山越”一年多。建安十六年

[1]〔晋〕陈寿：《三国志》卷四七《吴书·吴主传》，第 1118 页。
[2]〔晋〕陈寿：《三国志》卷四七《吴书·吴主传》，第 1136 页。
[3]〔晋〕陈寿：《三国志》卷六四《吴书·诸葛恪传》，第 1431 页。

（211），余杭民郎稚合宗起事，有众数千人。贺齐率兵平定后表言析余杭为临水县。会稽郡山越分布很广，其中主要分布在会稽南部、西部山区。这里自建安年间贺齐平定建安（今属福建）等地山越大帅割据势力后，还曾多次发生山越起兵。如会稽“山贼”大帅潘临，旧为所在“毒害”，历年不擒。建安年间，陆逊以手下招兵，讨治深险，予以平定。吴嘉禾三年（234），诸葛恪领丹杨太守，讨平山越。以丹杨为主线，会稽西部、吴郡西部为两翼，目标是将丹杨、吴、会稽、新都四郡交界地区的山越迁至平地。结果大获成功，孙吴时的薛综将嘉禾年间平定山越的诸葛恪与汉朝卫青、霍去病相比，称其“功轶古人，勋超前世”[1]。

孙吴政权在对山越进行武力征服的同时，将其转化为军队和生产者——强者为兵，羸者补户。将山越百姓中强壮者编入军队中，而稍弱者划归郡县为编户，向国家缴纳赋税。如建安十八年（213），贺齐讨平豫章东部民彭材、李玉、王海等，拣其精健为兵，次为县户。建安二十二年（217），陆逊向孙权建议：“方今英雄棋跱，豺狼窥望。克敌宁乱，非众不济。而山寇旧恶，依阻深地。夫腹心未平，难以图远。可大部伍，取其精锐。”孙权纳其策以为帐下。诸葛恪所得山越，除自领万人外，其余分给诸将。据《三国志·吴书》各传中所载，诸将征讨山越所得士兵人数统计，不下十二三万。吴国士兵差不多一半是山越人，特别是江东籍将领所统之兵主要来源于山越。赤壁之战时，黄盖与曹操书言：“用江东六郡山越之人，以当中国百万之众。”[2]

由于实行羸者补户，大大增加了生产人口。如孙吴曾置毗陵典农校尉，命诸郡出部伍在此集中屯垦。赤乌年间，“诸郡出部伍，新都都尉陈表、吴郡都尉顾承各率所领人会佃毗陵，男女各数万口”[3]。此陈表、顾承率领数万人，前述嘉禾年间顾承、陈表所得山越人口无疑是主力军。

镇抚山越与析置郡县常同步进行。这里郡县数的增加，主要是山越居住区政区地理的开辟。如前所述，新设郡县几乎都在山越分布区。以郡而言，如新都郡，是贺齐镇压黟、歙山越时增置；东安郡设置，与全琮镇压丹杨、吴郡、

[1]〔晋〕陈寿：《三国志》卷六四《吴志·诸葛恪传》，第1432页。
[2]〔晋〕陈寿：《三国志》卷五四裴松之注引《江表传》，第1263页。
[3]〔宋〕罗愿：《新安志》卷九《叙牧守》，《宋元方志丛刊》本，第8册，第7734页。

会稽三郡交界处山越同步；建安郡，是镇压会稽南部山越起事后建立；吴兴郡、东阳郡，也是为镇山越而设置。

（三）六朝时代钱塘江流域的户口数量

孙吴时期，据《晋书》卷一四记载：赤乌五年（242）时，有户52.3万，男女口240万。据《三国志》卷四八裴松之注引《晋阳秋》可知，天纪四年（280年）孙皓降晋时，王浚收其图籍：领州14，郡43，县3130，户52.3万，吏3.2万，兵23万，男女口230万。按此，吴亡时以郡县平均数计，郡均户口163、男女口53488；县均户1671、男女口7348。按上述郡县平均数，钱塘江流域地区的户口数远比东汉时的户口数少很多。这样的人口锐减，显然与实际情况不相符合。一个重要因素是被征为兵，或充作屯田生产者，或被赐给功臣为部曲、佃客，这部分人口没有被统计在内。

西晋太康元年（280），晋灭吴，据《晋书》卷四十载：全国总人口“大凡户二百四十五万九千八百四十，口一千六百一十六万三千八百六十三”，平均每户6.57人。又《三国志》卷二二裴松之注引《晋太康三年地记》可知：晋户口有377万，户数比太康元年增加53.26%。这当是国家进行户口整理之后的有效结果。这在一定程度上反映了之前隐瞒的人口数量是相当巨大的。又，西晋太康初年，全国每县平均户数2038户，扬州每县平均户数1794户。总体上要低于全国平均水平。钱塘江流域的诸郡：吴、吴兴、会稽、东阳、新安等郡户数，县均户数超过平均数的，按由多到少排列，依次是会稽、吴兴、吴；不到平均数的为东阳、新安。可知，钱塘江下游地区的人口，还是要比上游新开发地区要更加密集。这也是合乎发展顺序的。

东晋南朝时期，首先就是受到永嘉南渡的巨大影响，据《通典·食货典》、《晋书》卷二六估算，当时南迁至长江流域的总人数超过70万人，其中必然有一部分迁移到钱塘江流域，数量不容易统计。到南朝宋大明八年（464），南朝宋统治区域内有906870户、4685501人，每户平均5.17人。除了新安郡之外，其余的吴、吴兴、会稽、东阳等郡户均人口数都高于平均水平。其中东阳郡、新安郡的地域范围可以说全都是钱塘江流域地区内的，东阳郡的民户，刘宋大明八年（464）时为16022户，比西晋太康元年（280）增加了4022户，增长了33.52%；新安郡的民户，南朝宋大明八年时为12058户，比西晋太康元年

(280)增加了7058户，增长了141.16%。虽然，东阳郡、新安郡的总人口数量还不是很大，但本身的增长速度还是十分快的。

到了隋朝，据《隋书·地理志》的人口统计，虽然离平陈已有一段时间，但人口估计差别不大。东阳郡人户为19805户，增长并不多；而新安郡为6164户，比起刘宋时的人户，反而大量减少了。这与这两郡的水利设施大量发展的事实，似乎呈现出矛盾的现象。恐怕与战争及户口隐瞒有一定关系，需要进一步探讨。

至于钱塘江下游地区，以会稽郡的曹娥江以西地区山阴等县，经东晋一代的开发,其人口密集程度,达到了惊人的地步,到刘宋时已是“民户三万”的“海内剧邑”[1]，人口居全国之首，实为当时的经济中心区。

(四)六朝时期钱塘江流域的经济发展

东晋南朝时期，钱塘江流域就流域经济发展的全貌而言，不仅远远超过了秦汉时期，而且与同时期的十六国北朝相比，也已经赶上甚至超过。造成这一切的主要原因在于北方战乱使大量人口南迁，给南方带来了大量的劳动力和先进的技术,促进钱塘江流域的开发。另外,社会的安定也促进了人口的自然增长。昔日火耕水耨的农业区，转变为沈约在《宋书》卷“史臣曰”中所述情况：“江南之为国盛矣……自晋氏迁流，迄于太元之世，百许年中，无风尘之警；区域之内,晏如也……地广野丰,民勤本业,一岁或稔,则数郡忘饥。会土带海傍湖,良畴亦数十万顷，膏腴上地，亩直一金，鄠、杜之间，不能比也。”[2]左思《吴都赋》云：“其四野，则畛畷无数，膏腴兼倍……煮海为盐，采山铸钱，国税再熟之稻,乡贡八蚕之绵。”[3]江南地区的面貌为之一变,尤其是会稽山阴一带,已经成为经济中心。这与当时人口分布的状况也是比较吻合的。

1.六朝时期钱塘江流域农业的发展

当时的山阴一带，主要是通过构建河湖网，将山阴平原的沼泽洼地开垦为水田。东晋时，山阴人孔愉任会稽内史，“修复故堰，溉田二百余顷，皆成

[1]〔南朝梁〕沈约:《宋书》卷八一《顾觊之传顾琛传》，第2079页。
[2]〔南朝梁〕沈约:《宋书》卷五四《孔季恭传附孔灵符传》，第1540页。
[3]〔晋〕左思:《吴都赋》,《文选》卷五，第215页。

《无双谱》晋太傅谢安像

良业”[1]。余姚人虞潭为吴国内史，“修沪渎垒，以防海沙，百姓赖之”[2]。由于“会稽有佳山水，名士多居之”，王羲之与谢安就曾一起“东游山海，并行田视地利”[3]。世家大族“燺山封水，保为家利”[4]，他们组织大批劳动力，营建田庄山墅，“田连岗而盈畴，岭枕水而通阡，阡陌纵横，塍埒交经”[5]，使钱塘江的山山水水得到充分利用。当时这一地区的水稻田产量相当高，当地的粮食生产已具有举足轻重的地位。山阴人钟离牧在永兴（今浙江萧山）垦荒的事情，就是很好的案例。《三国志·钟离牧传》记载：钟离牧是会稽山阴人，年轻时曾在永兴（今萧山）亲自垦田，种了二十多亩的水稻。等到快成熟的时候，本地县民来认领这块土地。钟离牧就把成熟的稻都给了这位冒领的县民。后来县民惭惧，率领家人将所得的水稻脱粒，获得稻米有六十斛，送还钟离牧。从这一事件中可以看到，一是永兴一带的开垦者来自山阴，还有一些荒地；二是当时水稻的产量已经十分可观。20 多亩地，最后可得稻米 60 斛，1 斛即 1 石，也就是 1 亩可以收获 3 石的稻米。这个产量可能有些畸高，几乎比宋代的水稻田产量还要高。但也反映了该地水稻田产量确实相当可观。刘宋元嘉年间，刘濬上书言事，谈到吴兴经济情况，说：“彼邦奥区，地沃民阜，一岁称稔，则穰被京城，时或水潦，则数郡为灾。”[6]

---

[1]〔唐〕房玄龄：《晋书》卷七八《孔愉传》，第 2053 页。

[2]〔唐〕房玄龄：《晋书》卷七六《虞潭传》，第 2014 页。

[3]〔唐〕房玄龄：《晋书》卷八〇《王羲之传》，第 2102 页。

[4]〔南朝梁〕沈约：《宋书》卷五四《羊玄保传附羊希传》，第 1536 页。

[5]〔南朝梁〕沈约：《宋书》卷六七《谢灵运传》，第 1760 页。

[6]〔南朝梁〕沈约：《宋书》卷九九《二凶传》，第 2435 页。

与此同时，由于北方人口流入，土著和侨人得以彼此交换农作物的品种和交流生产技术，加之侨人生活习俗上的一些差异，为这里农业生产的发展提供了新鲜血液。这一时期，粮食作物品种的多样化，及其带来的由原来的水稻区开始向稻麦区的逐渐过渡，是六朝时期钱塘江流域农业发展的一个突出特点。水田种稻，旱地种麦、粟、菽等杂粮。稻、麦、粟、菽等作物生长期不一，自种植到收割都互相交错；加之“诸山陵近邑、高危倾坂及丘城上，皆可互为区田”[1]，区田法的传入和推广，对于丘陵山地的垦殖，对于粮食生产的增长具有重要意义。对于多丘陵山地的钱塘江流域而言，这种耕种方式的推广，是更有意义的。

会稽郡由西而东逐步得到了开发。如刘宋时，孔灵符曾搞过开垦湖田的活动，“山阴县土境褊袄，民多田少，灵符表徙无赀之家于余姚、鄞、鄮三县界，垦起湖田……并成良业”[2]。

整个六朝时期，会稽郡一直都十分受到瞩目，是经济、人口一直领先的地区。这与当地大力发展农田水利是分不开的。

钱塘江上游地区，主要是东阳郡、新安郡。南朝梁时，金华山下，清渎通引，水田农业明显发展。长山留氏的留异曾调大批粮食支援陈文帝。《隋书·地理志》说金华郡和会稽、吴郡一样，都是“川泽沃衍，有海陆之饶，珍异所聚，故商贾并凑”。

新安郡的发展也是伴随着水利设施建设的。如东晋咸和年间（326—334），祖籍青州的鲍弘占籍郡城西门，在郡西 15 里处建别墅，修水利。至其四世孙鲍安国时兄弟 10 人、300 余口共炊合住；梁天监末年，新安太守胡明星定居后，开辟郡郭外的荒田，开凿水渠，溉田千余顷；张率一次就从新安郡运走米“三千石，还吴宅”[3]；程灵洗“性好播植，躬勤耕稼，至于水陆所宜，刈获早晚，虽老农不能及也。伎妾无游手，并督之纺绩”[4]。这些都反映出当地水利的兴修和农业的开垦蒸蒸日上。

---

[1]〔后魏〕贾思勰：《齐民要术》卷一《种谷第三》，文渊阁《四库全书》本。

[2]〔南朝梁〕沈约：《宋书》卷五四《孔季恭传附孔灵符传》，第 1533 页。

[3]〔唐〕姚思廉：《梁书》卷三三《张率传》，第 2 册，中华书局 1973 年版，第 479 页。

[4]〔唐〕姚思廉：《陈书》卷一〇《程灵洗传》，第 1 册，第 173 页。

2.六朝时期钱塘江流域工商业的发展

浙江绍兴出土的西晋越窑青瓷谷仓罐

浙江省博物馆藏晋代越窑青瓷堆塑罐

如前所述，钱塘江流域的制瓷业在东汉就已经成熟了。到了六朝时代，更是迅猛发展，越窑青瓷成为这里出产的大宗物品。瓷窑主要分布在会稽郡、东阳郡等地，会稽郡的瓷窑称为越窑，东阳郡的瓷窑称为婺州窑。会稽郡的上虞、始宁、山阴等县是烧制青瓷的中心地区。西晋灭吴后，青瓷生产并没有衰落。杭州金门槛西晋墓，墓砖上有隶书“太安”二字，为晋惠帝时期的墓葬，其中出土的瓷器有罐、洗、盘、碗等物，以罐为最多。罐的形制有三种：一种是弇口双耳罐，肩的上下饰弦纹，弦纹间夹以波浪纹或直线划纹，釉色有黄绿和米黄色两种；一种是直口鼓腹双耳罐，肩部饰有对称的竖、横耳各两个，并饰有弦纹数道，皆施黄绿色釉；另一种形制较特殊，肩上穿有对称的小孔四个，釉深绿色，只施于上部，有釉泪，下半部五釉露胎。此外，黄绿色釉瓷洗的器腹、器口饰有波浪纹、斜方格纹。同时出土的还有陶器，能复原的有洗、灶、俎、碗等。洗是灰胎黑衣，上附铺首，下部有矮圈足。灶形似船，有二灶口。俎形似几，两端按腿，腿末端收成锥状。碗为泥质红陶，陶土经淘洗，脂质细润，

绍兴黄瓜山出土南朝狮形烛台

其形似钵[1]。东晋南朝是青瓷大发展时期，会稽、东阳等地都出现了新的青瓷产地。瓷器造型趋向简朴、实用。

始宁县和上虞县是青瓷生产的中心。仅今上虞区境域内迄今就已发现六朝窑址170多处。曹娥江穿越始宁、上虞县，其沿岸帐子山、鞍山、小仙坛、龙池庙等地，窑址密布，是当时烧造青瓷器的重要场地。其地生产的专供随葬用的明器，如谷仓罐等行销各地，成为名牌产品。如绍兴出土的有“永安三年（260）时”碑记的通体青釉谷仓，高47厘米，器身上贴有人物、飞鸟、楼阁等塑造品，仓屋门口及瓶口有犬守卫，还有刻画的鱼龙，器肩部的人像各执不同的乐器，栩栩如生[2]；江苏南京市光华门外赵士岗出土的有“赤乌十四年（251）会稽上虞师袁宜作”铭文的青瓷虎子，通体淡青色釉，器物椭圆形，两端略平，腰部微敛，提梁是立体虎形，腹部有四足[3]；上虞吴墓出土有青瓷鸟形杯、青瓷蛙形水注等；江苏吴县狮子山发掘的西晋傅氏家族三座大墓，出土青瓷谷仓、扁壶、簋、熏炉、槅、水盂、洗、唾壶、虎子等器计46件，其中有两件谷仓，在龟碑上分别刻有“元康二年润（闰）月十九日超（造）会稽”“元康出始宁，用此靈，宜子孙，作吏高，其乐无极”等字样[4]，可见它们的产地在今浙江绍兴与上虞。

东阳郡的青瓷业在这一时期也有很大的发展，主要产品是盘口壶、罐、盆、碗、瓶等日用器皿，多数制作较为粗糙。

三国孙吴境内铜镜与铜器的制造中心，一个是江夏郡的武昌（今湖北鄂州），一个是会稽郡的山阴（今浙江绍兴）。所铸的铜镜既有东汉以来传统的方格规矩镜、夔龙镜、盘龙镜，也有吴地最流行的神兽镜、画像镜[5]。会稽郡的铜镜铸造，在孙吴时达到极盛期。这里铸造的各种神兽镜和画像镜，数量之多，远非其他地区所能相比，在中国工艺发展史上有极其重要的地位。当时铸造的铜镜往往铸有铸造时间、地点和工匠姓名等铭文。如在湖北鄂城发现的神兽镜，半数以上有纪年铭，年号除“建安”外，还有孙吴的“黄武”“黄龙”“嘉禾”和

[1] 浙江省文物管理委员会：《杭州金门槛西晋墓》，《考古》1961年第4期。
[2] 陈万里：《中国青瓷史略》，上海人民出版社1957年版，第4页。
[3]《南京附近六朝墓葬出土文物》，载《文物参考资料》1955年第8期。
[4] 张志新：《江苏吴县狮子山西晋墓清理简报》，《文物资料丛刊》第3辑，1980年。
[5] 徐苹芳：《三国两晋南北朝的铜镜》，载《考古》1984年第6期。

“赤乌”等，其中有相当一部分是会稽的工匠制作的。画像镜的出土地点有杭州、南京、扬州、长沙等地，亦都在吴国的境内。画像镜缺乏纪年铭，但从图纹中有吴王和伍子胥的历史故事也可看出其地方特色。会稽工匠不仅在国内鄂城等地铸镜，而且到了日本，对日本铸镜业发展作出重要贡献。[1]

六朝时，杭州湾北岸的海盐、钱唐、盐官等县均产海盐，其中海盐县仍是重要的盐业生产基地。东晋，海盐县海滨广斥，盐田相望，是重要的盐产地，今海盐县城西南35里的鲍郎市，东晋有移民迁徙至此凿浦煮盐并聚居，形成村市。苏峻之乱平定后，王允之为建武将军、钱唐令，领司盐都尉，司盐都尉是管理食盐生产和销售的官员。说明钱唐县也是重要的海盐产地。

丝织业已见诸于史书记载，南朝齐的钱唐县令孙谦有恩于民，离任时，当地百姓追送了大批土产的“缣帛”。[2]

造纸技术得到普遍推广，并有所发展。剡溪（今浙江嵊州）与余杭的由拳村，是当时藤纸的主要产地。王羲之为会稽令，谢安向他要纸，他“检校库中，有九万笺纸”[3]，都给了谢安。

六朝时期，日常生活用品和随葬明器构成了人们消费的两大方面。日常消费品包括食品和日常生活用品。食品中，除粮食、盐外，主要有水果、水产品、酒以及禽畜肉、蔬菜等。生活用品中，有绫、绢、布等纺织品，有帽、帻、履、屐等穿戴用品，有席、帐、枕等床上用品，有纸、墨、笔、砚等文化用品，有碗、盘、罐等日常生活器具，还有燃料柴薪、药材等，范围非常之广。各类商品中，产于丘陵山地的竹木制品、陶瓷器等，尤其是青瓷器最具特色。当然，还有生产资料，如南朝宋时，山阴市上有纺织品原料之——葛的买卖。会稽郡主要商品有粮食、丝绸、布、青瓷、竹木制品、海产品等。

---

[1] 王仲殊：《关于日本三角缘神兽镜的问题》，《考古》1981年第4期。

[2]〔唐〕李延寿：《南史》卷七〇《循吏传》，中华书局1975年版，第1715—1717页。

[3]〔唐〕欧阳询等：《艺文类聚》卷五八《杂文部四·纸》引《语林》，上海古籍出版社1965年版，第1053页。

四、六朝时期钱塘江流域的农民起义

（一）富阳孙氏事件

南朝刘宋少帝景平年间，富阳孙氏发动了一次规模较大的叛乱事件。缪钺《南朝农民起义的地区问题》[1]一文对这个事件做过简略但精要的论述。

关于富阳孙氏事件，记载最为详细的是《宋书·褚叔度附褚淡之传》：

> 景平二年，富阳县孙氏聚合门宗，谋为逆乱，其支党在永兴县，潜相影响。永兴令羊恂觉其奸谋，以告淡之；淡之不信，乃以诬人之罪，收县职局。于是孙法亮号冠军大将军，与孙道庆等攻没县邑，即用富阳令顾粲为令，加辅国将军。遣伪建威将军孙道仲、孙公喜、法杀攻永兴。永兴民灟恭期初与贼同，后反善就羊恂，率吏民拒战，力少退败。贼用县人许祖为令，恂逃伏江唐山中，寻复为贼所得，使还行县事。贼遂盘据，更相树立，遥以鄮令司马文寅为征西大将军，孙道仲为征西长史，孙道覆为左司马，与公喜、法杀等建旗鸣鼓，直攻山阴。

从“孙氏聚合门宗，谋为逆乱”来看，这是一次长期预谋，且合族参与的事件，确实不是一个偶然事件。有趣的是，孙氏宗族在富阳，却在永兴县有支党“潜相影响”。永兴县即后来的萧山，在钱塘江南，这说明当时孙氏的活动力已经超出了富阳，在永兴县已经是一股潜在的地下力量。

缪钺论文中曾经根据孙氏家族中人名字中多带有“道”字，推测他们当为“五斗米道徒”。那么，结合以上的这些现象，我们似乎可以明白，当时孙氏正是通过道教来发展自己的信众的。这些潜相影响的“支党”应该都是道教徒。

从富阳孙氏的活动方向看，都是指向会稽郡的。一开始他们发展信徒，就多在永兴县等地，后来公开叛乱时，军事行动也是直指会稽郡，先是富阳县，接着就是永兴县，然后是山阴县。这大概能反映出，当时富阳与钱塘江南岸地区的联系相对很密切。

另一个战场，则发生在钱唐，据《褚淡之传》的记载：

---

［1］缪钺：《南朝农民起义的地区问题》，《历史教学》1963年第5期。

遣伪宁朔将军孙伦领五百人攻钱唐，与县戍军建武将军战于琦，伦败走还富阳。伦因反善，杀法步[1]帅等十余人，送首京都。

这里的县戍军，当是钱唐县的新城戍。在一定程度也反映了当时钱唐县在钱塘江流域的“龙头”地位，这支戍军对钱塘江流域颇有压阵之功。

最后，对这次孙氏宗门叛乱的处理方式，也是很值得注意的。据《褚淡之传》记载：

吴郡太守江夷轻行之职，停吴一宿，进至富阳，分别善恶，执送愿徙贼余党数百家于彭城、寿阳、青州诸处。

当时就将参与叛乱的数百家分别迁往彭城、寿阳、青州，这些地方都在长江以北，实际上正是南朝与北朝的交界地带，显然是带有流放性质的。这里面，富阳孙氏恐怕是主要的成员。

（二）孙恩农民起义与钱塘江

东晋时期，民间的道教活动在钱塘江地区非常活跃。如道士许迈“初采药于桐庐县之桓山”，又曾在余杭县悬霤山立精舍，“往来茅岭之洞室，放绝世务，以寻仙馆”。永和二年（346），“移入临安西山，登岩茹芝，眇尔自得，有终焉之志”[2]。他与东晋帝室关系也很密切，在江南地区很有影响，许迈“与王羲之父子为世外之交。羲之亦移荣养生，每造远，弥日忘归，诗书往复，多论服饵”[3]。

孙恩家族也是如此，世奉五斗米道，史载：

孙恩，字灵秀，琅邪人，孙秀之族也。世奉五斗米道。恩叔父泰，字敬远，师事钱唐杜子恭。而子恭有秘术，尝就人借瓜刀，其主求之，子恭曰：“当即相还耳。”既而刀主行至嘉兴，有鱼跃入船中，破鱼得瓜刀。其为神效往往如此。子恭死，泰传其术。然浮狡有小才，诳诱百姓，愚者敬之如神，皆竭财产，进子女，以祈福庆。王珣言于会稽王道子，流之于广州。广州刺史王怀之以泰行郁林太守，南越亦归之。太子少傅王雅先与泰善，言于孝武帝，以泰知养性之方，因召还。道子以为徐州主簿，

[1] 疑“步”字为“先”字之误，此处“法步”当是指“孙法先”。

[2]〔唐〕房玄龄：《晋书》卷八〇《王羲之传附许迈传》，第2107页。

[3]〔宋〕李昉：《太平御览》卷六六九《道部一一·服饵上》引《道学传》，第2986页。

犹以道术眩惑士庶。稍迁辅国将军、新安太守。王恭之役，泰私合义兵，得数千人，为国讨恭。黄门郎孔道、鄱阳太守桓放之、骠骑咨议周勰等皆敬事之，会稽世子元显亦数诣泰求其秘术。泰见天下兵起，以为晋祚将终，乃扇动百姓，私集徒众，三吴士庶多从之。于时朝士皆惧泰为乱，以其与元显交厚，咸莫敢言。[1]

由此可知，其叔父孙泰，曾“师事钱塘杜子恭，而子恭有秘术……子恭死，泰传其术”。《南史·沈约传》亦载：杜子恭“通灵有道术，东土豪家及都下贵望并事之为弟子，执在三之敬。（沈）警累世事道，亦敬事子恭。子恭死，门徒孙泰，泰弟子恩传其书，警复事之”。吴兴沈氏是江南豪强，史称“江东之豪，莫强周、沈”[2]。沈警是沈约的高祖，“家世富殖，财产累千金”[3]。南朝宋、齐间，由儒入道的道教思想家、吴郡盐官（今浙江海宁）人顾欢，在剡县天台山开馆聚徒讲道，受业者常近百人。由此可见，道教在东南滨海地区，早已影响渗透到社会上层。[4]根据陈寅恪考证，东晋时代的许多高门士族，如琅邪王氏、高平郗氏、吴郡杜氏、会稽孔氏、义兴周氏、陈郡殷氏、丹阳葛氏及东海鲍氏、丹阳许氏、丹阳陶氏、吴兴沈氏，都是信奉天师道的世家。皇帝中的简文帝司马昱、孝武帝司马曜，以及会稽王司马道子及世子司马元显等“东晋当日皇室之中心人物皆为天师道浸淫传染”[5]。

在这一时期，利用道教发动起义规模最大的是孙恩、卢循起义。据《晋书·孙恩传》记载：

会稽内史谢輶发其谋，道子诛之。恩逃于海。众闻泰死，惑之，皆谓蝉蜕登仙，故就海中资给。恩聚合亡命得百馀人，志欲复仇。

及元显纵暴吴会，百姓不安，恩因其骚动，自海攻上虞，杀县令，因袭会稽，害内史王凝之，有众数万。于是会稽谢鍼、吴郡陆瓌、吴兴丘尪、义兴许允之、临海周胄、永嘉张永及东阳、新安等凡八郡，一时

[1]〔唐〕房玄龄：《晋书》卷一〇〇《孙恩传》，第2632页。

[2]〔唐〕房玄龄：《晋书》卷五八《周处传附玘弟札传》，第1575页。

[3]〔南朝梁〕沈约：《宋书》卷一〇〇《自序》，第2445页。

[4] 参见李学勤、徐吉军主编：《长江文化史》，第455—456页。

[5] 陈寅恪：《天师道与滨海地域之关系》，《金明馆丛稿初编》，上海古籍出版社1980年版，第10页。

俱起，杀长史以应之，旬日之中，众数十万。于是吴兴太守谢邈，永嘉太守谢逸，嘉兴公顾胤，南康公谢明慧，黄门郎谢冲、张琨，中书郎孔道，太子洗马孔福，乌程令夏侯愔等皆遇害。吴国内史桓谦，义兴太守魏傿，临海太守、新蔡王崇等并出奔。于是恩据会稽，自号征东将军，号其党曰“长生人”，宣语令诛杀异己，有不同者戮及婴孩，由是死者十七八。畿内诸县处处蜂起，朝廷震惧，内外戒严。遣卫将军谢琰、镇北将军刘牢之讨之，并转斗而前。吴会承平日久，人不习战，又无器械，故所在多被破亡。诸贼皆烧仓廪，焚邑屋，刊木堙井，虏掠财货，相率聚于会稽。其妇女有婴累不能去者，囊簏盛婴儿投于水，而告之曰：“贺汝先登仙堂，我寻后就汝。”

初，恩闻八郡响应，告其属曰：“天下无复事矣，当与诸君朝服而至建康。”既闻牢之临江，复曰：“我割浙江，不失作勾践也。”寻知牢之已济江，乃曰：“孤不羞走矣。”乃虏男女二十馀万口，一时逃入海。惧官军之蹑，乃缘道多弃宝物子女。时东土殷实，莫不粲丽盈目，牢之等遽于收敛，故恩复得逃海。朝廷以谢琰为会稽，率徐州文武戍海浦。

隆安四年，恩复入余姚，破上虞，进至刑浦。琰遣参军刘宣之距破之，恩退缩。少日，复寇刑浦，害谢琰。朝廷大震，遣冠军将军桓不才、辅国将军孙无终、宁朔将军高雅之击之，恩复还于海。于是复遣牢之东屯会稽，吴国内史袁山松筑扈渎垒，缘海备恩。

明年，恩复入浃口，雅之败绩。牢之进击，恩复还于海。转寇扈渎，害袁山松，仍浮海向京口。牢之率众西击，未达，而恩已至，刘裕乃总兵缘海距之。及战，恩众大败，狼狈赴船。寻又集众，欲向京都，朝廷骇惧，陈兵以待之。恩至新州，不敢进而退，北寇广陵，陷之，乃浮海而北。刘裕与刘敬宣并军蹑之于郁洲，累战，恩复大败，由是渐衰弱，复沿海还南。裕亦寻海要截，复大破恩于扈渎，恩遂远迸海中。

及桓玄用事，恩复寇临海，临海太守辛景讨破之。恩穷蹙，乃赴海自沈，妖党及妓妾谓之水仙，投水从死者百数。馀众复推恩妹夫卢循为主。

自恩初入海，所虏男女之口，其后战死及自溺并流离被传卖者，至恩死时裁数千人存，而恩攻没谢琰、袁山松，陷广陵，前后数十战，亦杀百姓数万人。[1]

东晋末年孙恩、卢循领导的农民起义，是东晋南朝时期规模最大、历时最长的一次农民起义。这场起义，从隆安三年（399）爆发，到义熙七年（411）失败，前后达十二年之久。起义军的基本成员，无疑是会稽三吴地区的贫苦农民和奴客。他们转战在长江中下游以南和珠江、湘江、赣江流域的广大地区，而钱塘江流域的会稽地区是起义的中心。起义虽然失败了，却对东晋门阀士族造成了沉重的打击。但毫无疑义，战争也给钱塘江下游地区的经济和文化造成了严重的打击。此后，南朝统治者采取了一些减轻人民负担和抑制豪强大族的措施，从而为刘宋初期江南经济的繁荣创造了有利条件。

五、六朝时期钱塘江流域城市的兴起

六朝时商业的发展，使传统的市场制度发生了变化，而交通的畅达和网络联系的萌芽，促使许多商业性市镇自然形成。自然条件最优越的钱塘江流域下游形成了以绍兴为中心的城镇体系；同时，中游丘陵盆地地区的金衢城镇体系也紧跟着发展，其体系发展程度仅次于绍兴城镇体系；杭州城镇体系开始萌芽。

郡城是一郡的商业都会，县城是一县的商业都会，不少郡城、县城郡设有商品交换的场所——市。钱塘江流域最主要的商业都会，一是会稽郡城，二是钱唐郡城。

（一）闻名东南的商贸都会山阴城

六朝时期，会稽在钱塘江流域的城市中首屈一指。

晋元帝为出任会稽太守的诸葛恢置酒饯行时说：“今之会稽，昔之关中，足食足兵，在于良守。”[2]关中之重要性，不言而喻，而会稽郡的重要性，也可见一斑。足食足兵的典故，来自《论语·颜渊》：子贡问政。子曰：“足食，

[1] 又参见〔北齐〕魏收：《魏书》卷九六《司马叡传》，第6册，中华书局1974年版，第2106—2108页。

[2] 〔唐〕房玄龄：《晋书》卷七七《诸葛恢传》，第2042页。

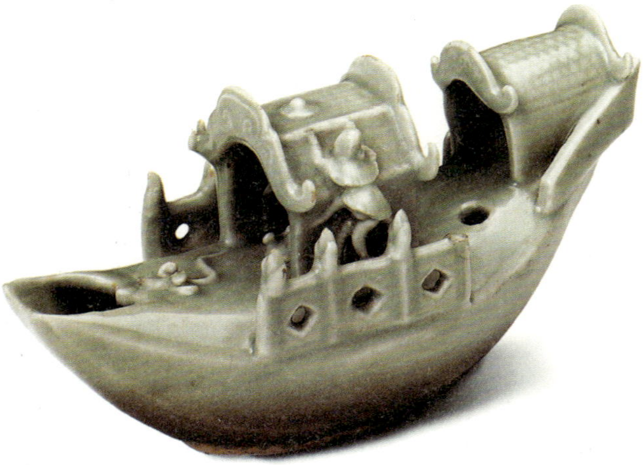
六朝瓷船模型

足兵，民信之矣。”显然，在晋元帝看来，会稽郡的重要性已经上升到了与国家的生死存亡攸关的程度。这样一个状态，到南朝时，依然存在。如永明二年，竟陵王会稽太守萧子良说：“三吴内地，国之关辅，百度所资。”又曰：“会土边带湖海，民丁无士庶皆保塘役。”[1]

《宋书》卷五四《孔季恭等传论》中记载了一段沈约的议论，也是常被引用：

> 江南之为国盛矣！……自晋氏迁流，迄于太元之世，百许年中，无风尘之警，区域之内晏如也。及孙恩寇乱，歼亡事极。自此以至大明之季，年余六纪，民户繁育，将曩时一矣。地广野丰，民勤本业，一岁或稔，则数郡亡饥。会土带海旁湖，良畴亦数十万顷，膏腴上地，亩直一金，鄠杜之间不能比也。荆城跨南楚之富，扬部有全吴之沃。鱼盐杞梓之利，充仞八方。丝绵布帛之饶，覆衣天下。

值得注意的一点是，“会土”是特别提出来讲的，并且和“荆城”“扬部”分开讲。而且从论述上看，会稽显然被认为是当时经济最为繁荣的一块区域。

《宋书·五行志三》记载：

> 晋海西太和中，郗愔为会稽。六月大旱，灾火烧数千家，延及山阴仓米数百万斛，炎烟蔽天，不可扑灭。

山阴仓米能达到数百万斛，可见其经济实力非同小可。

后来，从会稽郡分割出来东扬州，这也说明，会稽郡代表的浙东地区，一定程度上可以与扬州北部地区（扬州在浙江以北区域）相抗衡。

我们再看会稽郡的山阴县，在南朝时屡屡被提及，总是说山阴县有“三万

[1]〔南朝梁〕萧子显：《南齐书》卷二六《王敬则传》，第482页。

户”，是“剧邑”。实际上，如果我们搜索一下史籍中所见的“山阴令”，就可以发现，山阴令地位几乎可以和建康令相当，特别崇重。这无疑也反映出会稽郡地位的重要。

在整个六朝时期，会稽郡城是与都城建康东西相对的商业都会，街市繁荣，商旅荟萃。仓谷储备动辄数百万斛。除都城外，这里是购买力最强的区域。皇族宗室和豪门世族纷纷在此经营邸舍。如南朝宋泰始年间（465—471），“会土全实，民物殷阜；王公妃主，邸舍相望”，蔡兴宗为镇东将军、会稽太守，见其“挠乱所在，大为民患，子息滋长，督责无穷”，于是“悉启罢省”。[1]这些邸舍，不少用作囤积物资和从事商业、高利贷活动。山阴市里有不少坐贾贸易者，他们开设店铺，出卖商品。东晋初，王彪之曾写过一篇《整市教》，其中说：“近检校山阴市多不如法，或店肆错乱，或商估没漏。”又说，一些商人“假冒豪强之名，拥护贸易之利，凌贱贫弱之人，专固要害之处”。[2]这里所说“店肆错乱，商估没漏”，指的是市内店肆不按类别设立，以致偷漏应交的市租。不仅如此，一些商人还交结豪强，把持要害，垄断商利，欺诈百姓。南朝有关山阴市的记载，也屡见于史籍。市场上有卖扇的老姥，也有卖针的老姥，还有卖糖的老姥。南朝齐时，曾有卖针、卖糖的老姥争团丝引起纠纷，闹到县令那里，最后由县令裁决了事。

（二）钱唐城的发展：从山中小县城到江干大郡

至迟在东晋咸和三年（328），钱唐县治所在的行政中心聚落，已经落址在柳浦之西凤凰山麓一带的浙江江干，依山面江，沿钱塘江北岸发展，从此襟带江湖，繁衍生息。此处位于运河水道与浙江水道交汇的交通要津，又有满足当时人口规模的柴薪和山泉，以及可供耕作的较平坦冲积坡地，尽管地域狭长，但与当时的社会经济发展水平相适应，极宜一个县城规模的城市聚落[3]。而它对外交通的主要出口，就是“钱塘口”，由于历史地理的演变，

[1]〔南朝梁〕沈约：《宋书》卷五七《蔡廓（子兴宗）传》，第5册，第1583页。
[2]〔清〕张英等：《御定渊鉴类函》卷三五七《产业部三·市一》，文渊阁《四库全书》本。
[3]阙维民：《杭州城池暨西湖历史图说》，浙江人民出版社2000年版，第10页。

即为历史时期的浙江闸、南星桥码头、今天的钱江四桥南堍[1]。南北朝时建置为临江郡，后改为钱唐郡，隶吴州，郡治钱唐县（郡辖钱唐、高阳、新城、於潜四县）。

到了六朝后期的陈朝（557—589），即陈后主祯明元年（587），钱唐县终于建置为钱唐郡，并成了郡治之所在，钱唐县第一次从一个县的地位上升到一个郡的地位。但当时的钱唐县治，也就是钱唐郡治的具体地理位置，仍然没有明确的记载。其时，这里的文化已经开始复兴，特别是佛教的传入，对杭州城市的发展产生了极其深远的影响。

钱唐县已经有了“城市”、巷、里等建置。如《梁书》卷五一《范元琰传》云：钱唐人范元琰“居常不出城市，独坐如对严宾。见这者莫不改容正色”。范元琰还在居地搭架过木桥，因其“以园蔬为业……有涉沟盗其笋者，元琰因伐木为桥以渡之，自是盗者大惭，一乡无复草窃”。又如《宋书》卷二八《符瑞志》载：“东晋咸和九年四月甲寅，甘露降吴国钱塘县右乡康巷之柳树。”《陈书》卷二六《徐孝克传》记载：东海郯（今山东郯城北）人徐孝克“东游，居于钱唐之佳义里，与诸僧讨论释典，遂通《三论》，每日二时讲，旦讲佛经，晚讲《礼》《传》，道俗受业者数百人”。

其时的钱唐，是六朝浙江东五郡34个县以及吴郡的建德、桐庐、富阳、新城、寿昌5县物资输往吴、吴兴乃至都城的中转地。会稽的物资经钱塘江抵柳浦，再经内河运往各地。因此，钱唐成了钱塘江两岸的商贸中心。

钱唐在经济上的重要地位，其实首先是因为钱唐是财赋税收从浙东地区运往首都建康的一个必经之路，处于一个物流的枢纽地位。换句话说，钱唐就是因为其地理位置、特别是交通线路上的要害地位，才是影响其经济地位的关键因素。《隋书》卷二四《食货志》提到江左（南朝）的粮仓分布情况时说：

> 其仓，京都有龙首仓，即石头津仓也，台城内仓，南塘仓，常平仓，东、西太仓，东宫仓，所贮总不过五十余万。在外有豫章仓、钓矶仓、钱塘仓，并是大贮备之处。自余诸州郡台传，亦各有仓。[2]

---

[1] 阙维民：《六朝钱塘县治治地考》，载包伟民选编：《浙江大学中国古代史论文集：史学文存》，上海古籍出版社2001年版，第575—591页。

[2]〔唐〕魏徵等：《隋书》卷二四《食货志》，中华书局1973年版，第3册，第675页。

钱唐仓是当时的一个国家级仓库所在。钱唐仓的“腹地”，就是整个浙东地区。刘宋时，朝廷就在钱唐县附近设立了“新城戍”，在此后屡次战争中都有表现。以侯景之乱为例，可知当时新城戍驻军有“精兵五千”，甚至远比吴郡的军力还要多。新城戍的驻军，显然是有重要的责任，其中最重要的无疑应该是钱唐仓的安全。

与此同时，虽然没有直接证据，但从钱唐县令的升迁或者任职者来看，钱唐县早就已经是一个大县了。如钱唐令与尚书郎互相迁转，并不是偶然现象，而是较为普遍的情况，足见钱唐令的地位非普通之县可比。

六、六朝时期钱塘江流域的文化

（一）葛洪对钱塘江的深度观察

至三国两晋时，扬泉、葛洪等人又进一步继承和发扬了王充的潮汐“随月盛衰”的理论。扬泉指出：“月，水之精。潮有大小，月有盈亏。”[1]这一见解更加明确和强调了潮汐的大小与月亮的满缺之间所存在的直接对应关系，应该说是对王充论述的一个发展。

东晋时著名科学家葛洪则第一次明确指出了一月之内有两次大潮和两次小潮（即潮汐半月不等现象）。他在《抱朴子》中提出：“见潮来去，或有早晚。辄言有参差，非也。水从天边来，一月之中，天再东再西，故潮再大再小也。夏至天高，故夏潮大也；冬时天卑，故潮水小也。”[2]他还曾进一步考虑太阳和潮汐的关系，并试图把一年中太阳和月亮在天空中运行的位置同潮汐的季节变化联系起来，尽管由于这一问题本身的复杂性，使得他对其间的真实原因还未弄清楚，结果也很不成功，但从现有资料看，他是我国历史上第一个注意到太阳对潮汐作用的人，也与现代科学认识相合，因为根据近代以来的自然科学理论，太阳与月亮都是引起潮汐的因素，只不过月亮的影响更大一些，所以这

[1]〔宋〕潘自牧：《记纂渊海》卷八《地理部·潮》：“子月之精生水。是以月盛则潮涛大。”文渊阁《四库全书》本。

[2] 原文已经佚。引自〔宋〕李昉：《太平御览》卷二三《时序部八·夏至》，第111页。

一探索应看作是潮汐理论研究中的一种进步。

对于钱塘江潮的暴涨现象，葛洪继续批判“涛是伍子胥所作”的错误旧说，认为伍子胥死是晚近的事情，而钱塘江大潮是“天地开辟”时就已有了。对于钱塘潮何以如此巨大？葛洪认为：“今浙水从东，地道广远，乍入狭处，陵山触岸，从直赴曲，其势不泄，故隆崇涌起而为涛。”进一步提出了潮汐的“力”与“势”的理论，认为潮汐起自遥远的大洋，故力盛势大，进入海口狭窄水域后，其力不衰，其势不减；而且江岸曲曲折折，又使得直冲的潮水更能激起，于是海水高高涌起，以至于形成怒潮。这些见解的提出，说明葛洪对钱塘江的地形地势有充分的了解，对钱塘潮的形成是有深度观察和了解的，所以他提出的解释，不仅较王充的论述有了很大进步，甚至也基本符合现代科学的解释。这是个了不起的科学成就。

（二）六朝时描写钱塘潮的诗赋

六朝时，除了葛洪等对钱塘潮的理性认知和探究之外，还有更多的文人也将钱塘潮写入诗赋之中，对这一著名的景观进行了多方的描写。

历代文人观潮的诗文蔚为壮观，较早的可以追溯到晋代。搜寻《先秦汉魏晋南北朝诗》，可以发现有晋苏彦《于西陵观涛》诗：

顾恺之《洛神赋图》中的双体画舫

洪涛奔逸势，骇浪驾丘山。
訇隐振宇宙，崩溷津云连。[1]

此诗诗题表明，苏彦是在西陵（即西兴镇，今属杭州市滨江区），即钱塘江南岸观潮的。

南朝萧梁任昉的《赋得观涛满》：

云容杂浪起，楚水漫吴流。
渐朝看遥树没，稍见碧远天浮。
渔人迷旧浦，海鸟乌失前洲。
不测沧溟旷，轻鲜鳞幸自游。[2]

任昉是梁代的著名文人，他很可能是在渡钱塘江的过程中，曾经看到雄伟壮观的浙江潮，并与朋友们一起赋诗，可惜只留下了任昉的作品。

除了诗，还有六朝依然十分流行的赋体作品，如东晋顾恺之《观涛赋》：

临浙江之北眷，壮沧海之宏流。水无涯而合岸，山孤映而若浮。既藏珍而纳景，且激波而扬涛。其中则有珊瑚明月，石帆瑶瑛，雕鳞采介，特种奇名。崩峦填壑，倾堆渐隅。岑有积螺，岭有悬鱼。漠兹涛之为体，亦崇广而宏浚。形无常而参神，斯必来以知信。势刚凌以周威，质柔弱以协顺。[3]

晋曹毗《观涛赋》：

伊山水之辽迥，何秋月之凄清，瞻沧津之腾起，观云涛之来征，尔其势也，发源溟池，回冲天井，洒拂仓汉，遥栎星景，伍子结誓于阴府，洪湍应期而来骋，汩如八风俱臻，隗若昆仑抗岭。[4]

晋伏滔《望涛赋》：

若夫金祇理辔，素月告望，宏涛于是郁起，重流于是电骧。起沙渟而迅迈，触横门而克壮，灌江津而砰礚，鼓赤岸而激扬，郁律烟腾，隗兀连罡，重叠巘而天竦，洄湍澼而起涨。[5]

---

[1] 逯钦立辑校：《先秦汉魏晋南北朝诗》卷一四《晋诗》，中华书局1983年版，第924页。
[2] 〔宋〕李昉等编：《文苑英华》卷一六二，中华书局1966年版，第775页。
[3] 〔清〕严可均辑：《全上古三代秦汉三国六朝文》，第3册，中华书局1958年，第2236页。
[4] 〔清〕严可均辑：《全上古三代秦汉三国六朝文》，第3册，第2075页。
[5] 〔清〕严可均辑：《全上古三代秦汉三国六朝文》，第3册，第2226页。

（三）六朝时的钱塘江诗歌

1.谢灵运笔下的钱江山水

南朝时，钱塘江山水间有南朝宋诗人谢灵运的身影出没。谢灵运，被称为谢康乐。他曾自称“越客”，出身于东晋南朝最著名的陈郡谢氏家族。史载：“灵运父祖并葬始宁县，并有故宅及墅，遂移籍会稽，修营别业，傍山带江，尽幽居之美。”[1]幼时曾被寄养于钱塘杜家，西湖是他的故园与旧游地，相传西灵隐山上曾有一座梦谢亭，就是为纪念他这个“客儿”而建。谢灵运也是个虔诚的佛教徒、佛学家，在西湖边翻译了许多佛教典籍，下天竺莲花峰一带有“翻经台”遗址。谢家在会稽郡下的始宁县有故宅及别墅，谢灵运曾为始宁墅写下名篇《山居赋》，文字极为优美，如：“其居也，左湖右江，往渚还汀。面山背阜，东阻西倾。抱含吸吐，款跨纡萦。绵联邪亘，侧直齐平。近东则上田、下湖，西溪、南谷，石埭、石滂，闵硎、黄竹。决飞泉于百仞，森高薄于千麓。写长源于远江，派深毖于近渎。近南则会以双流，萦以三洲。表里回游，离合山川。崿崩飞于东峭，盘傍薄于西阡。拂青林而激波，挥白沙而生涟。近西则杨、宾接峰，唐皇连纵。室、壁带溪，曾、孤临江。竹缘浦以被绿，石照涧而映红。月隐山而成阴，木鸣柯以起风。近北则二巫结湖，两智通沼，横、石判尽，休、周分表。引修堤之逶迤，吐泉流之浩漾。山矶下而回泽，濑石上而开道。远东则天台、桐柏，方石、太平，二韭、四明，五奥、三菁。表神异于纬牒，验感应于庆灵。凌石桥之莓苔，

谢灵运

[1]〔南朝梁〕沈约：《宋书》卷六七《谢灵运传》，第1754页。

越楢溪之纡萦。远南则松箴、栖鸡，唐嵫、漫石。崪、嵊对岭，䧢、孟分隔。入极浦而邅回，迷不知其所适。上嵚崎而蒙笼，下深沈而浇激。……远北则长江永归，巨海延纳。昆涨缅旷，岛屿绸沓。山纵横以布护，水回沉而萦浥。信荒极之绵眇，究风波之睽合"[1]。始宁墅即在曹娥江上游剡溪边。

谢灵运才华横溢，工诗善文，同时又个性狂傲。谢灵运一生爱好山水之游，因此写下大量山水诗作，被公认是中国山水诗的鼻祖。这其中就有很多篇什是描写钱塘江流域山水的。

谢灵运在永初二年（421）外放永嘉太守，他先回了趟始宁老家，后沿浦阳江而下，渡渔浦，再溯钱塘江、富春江西上，经富春渚、七里濑，至东阳郡，舍舟陆行，经松阳县境内（今丽水），再顺瓯江东下，八月（或九月）十二日到达永嘉。可以说，这个路线的大部分都是钱塘江流域地区，谢灵运用他十分擅长的山水诗功夫，为钱塘江风光留下了多篇名作，使山水增光。

《过始宁墅》写了这次归家省视时，尽情游赏的情形：

> 束发怀耿介，逐物遂推迁。违志似如昨，二纪及兹年。缁磷谢清旷，疲荥惭贞坚。拙疾相倚薄，还得静者便。剖竹守沧海，枉帆过旧山。山行穷登顿，水涉尽洄沿。岩峭岭稠叠，洲萦渚连绵。白云抱幽石，绿筱媚清涟。葺宇临回江，筑观基曾巅。挥手告乡曲，三载期旋归。且为树枌槚，无令孤愿言。

《富春渚》诗云：

> 宵济渔浦潭，旦及富春郭。定山缅云雾，赤亭无淹薄。溯流触惊急，临圻阻参错。亮乏伯昏分，险过吕梁壑。洊至宜便习，兼山贵止托。平生协幽期，沦踬困微弱。久露干禄请，始果远游诺。宿心渐申写，万事俱零落。怀抱既昭旷，外物徒龙蠖。[2]

这诗中写到的地点，都是在钱唐县到富阳县之间的钱塘江河流：渔浦，在富春（今富阳区）东 30 里；定山在钱唐西南 50 里；定山东 10 余里，有赤亭。当时谢灵运从始宁墅，去永嘉赴任，先乘船经西陵运河到钱塘江，然后溯流而上，经过渔浦、赤亭、定山、富阳。

[1]〔南朝梁〕沈约：《宋书》卷六七《谢灵运传》，第 1757—1759 页；〔明〕王志庆编：《古俪府》卷一一《居处部》，文渊阁《四库全书》本。

[2] 逯钦立辑校：《先秦汉魏晋南北朝诗》卷二《宋诗》，第 1160 页。

又有《七里濑》诗：

羁心积秋晨，晨积展游眺。孤客伤逝湍，徒旅苦奔峭。石浅水潺湲，日落山照曜。荒林纷沃若，哀禽相叫啸。遭物悼迁斥，存期得要妙。既秉上皇心，岂屑末代诮。目睹严子濑，想属任公钓。谁谓古今殊，异代可同调。[1]

记叙的则是经过富春江桐庐段时所见所感，所经的七里濑是一段滩多湍急的河流，同时还有严子陵钓台。

还有两首《东阳溪中赠答》，当是到了金华江流域一带所写的诗：

可怜谁家妇，缘流洗素足。
明月在云间，迢迢不可得。

可怜谁家郎，缘流乘素舸。
但问情若为，月就云中堕。

两首诗互为呼应，词语浅近，很像南朝乐府。当是谢灵运学习而得。虽然不是他擅长的山水诗，却也留下了别样风情的生活面貌场景。

谢灵运描写钱塘江的诗歌，对后代影响很大。如诗人丘迟诗，其《旦发渔浦潭》诗从内容到形式都受谢灵运《富春渚》的影响：

渔潭雾未开，赤亭风已飏。
棹歌发中流，鸣鞞响沓障。
村童忽相聚，野老时一望。
诡怪石异象，嶄绝峰殊状。
森森荒树齐，析析寒沙涨。
藤垂岛易陟，崖倾屿难傍。
信是永幽栖，岂徒暂清旷。
坐啸昔有委，卧治今可尚。[2]

这首诗从旦发渔浦潭落笔，依次写出江行景色，不仅有自然风光，也有乡村趣事，然后即景抒怀，情景交融，如在眼前。是描写富春江的名篇之一。

沈约的诗讲究对仗与音律的和谐，他在出守东阳之时，创作了不少写景诗，

[1] 逯钦立辑校：《先秦汉魏晋南北朝诗》卷二《宋诗》，第1160页。
[2] 逯钦立辑校：《先秦汉魏晋南北朝诗》卷五《梁诗》，第1602—1603页。

其路线甚至风格也都模仿谢灵运，可视为是系列仿作。如《早发定山》诗：

夙龄爱远壑，晚莅见奇山。
标峰彩虹外，置岭白云间。
倾壁忽斜竖，绝顶复孤圆。
归海流漫漫，出浦水溅溅。
野棠开未落，山樱发欲然。
忘归属兰杜，怀禄寄芳荃。
眷言采三秀，徘徊望九仙。[1]

《新安江至清浅深见底贻京邑游好》：

眷言访舟客，兹川信可珍。
洞澈随清浅，皎镜无冬春。
千仞写乔树，万丈见游鳞。
沧浪有时浊，清济涸无津。
岂若乘斯去，俯映石磷磷。
纷吾隔嚣滓，宁假濯衣巾。[2]
愿以潺湲水，霑君缨上尘。

写新安江洁净的美丽风光，劝告友人不要恋于尘嚣。艺术性与思想性浑然一体。

又《泛永康江》：

长枝萌紫叶，清源泛绿苔。
山光浮水至，春色犯寒来。
临睨信永矣，望美暧悠哉。
寄言幽闺妾，罗袖勿空裁。[3]

此外，谢灵运的族弟、南朝宋谢惠连也善作诗，其《西陵遇风献康乐》诗是一首长篇古诗，情景交融，也十分著名。

我行指孟春，春仲尚未发。趣途远有期，念离情无歇。成装候良辰，漾舟陶嘉月。瞻涂意少悰，还顾情多阙。

哲兄感仳别，相送越坰林。饮饯野亭馆，分袂澄湖阴。凄凄留子言，

[1] 逯钦立辑校：《先秦汉魏晋南北朝诗》卷六《梁诗》，第1636页。
[2] 逯钦立辑校：《先秦汉魏晋南北朝诗》卷六《梁诗》，第1635页。
[3] 逯钦立辑校：《先秦汉魏晋南北朝诗》卷六《梁诗》，第1648页。

卷眷浮客心。回塘隐舻栧，远望绝形音。

靡靡即长路，戚戚抱遥悲。悲遥但自弭，路长当语谁。行行道转远，去去情弥迟。昨发浦阳汭，今宿浙江湄。

屯云蔽曾岭，惊风涌飞流。零雨润坟泽，落雪洒林丘。浮氛晦崖巘，积素惑原畴。曲汜薄停旅，通川绝行舟。

临津不得济，伫楫阻风波。萧条洲渚际，气色少谐和。西瞻兴游叹，东睇起凄歌。积愤成疢痗，无萱将如何！[1]

2.其他有关钱塘江的文学作品

富阳至桐庐一带称富春江，风景秀逸，历代为人所称。尤以南朝齐梁吴均《与朱元思书》描绘最为出色，是历代称赏的山水珍品：

风烟俱净，天山共色。从流漂荡，任意东西。自富阳至桐庐，一百许里，奇山异水，天下独绝。水皆缥碧，千丈见底，游鱼细石，直视无碍。急瑞甚箭，猛浪若奔。夹峰高山，皆生寒树，负势竞上，互相轩邈；争高直指，千百成峰。泉水激石，泠泠作响；好鸟相鸣，嘤嘤成韵。蝉则千啭不穷，猿则百叫无绝。鸢飞戾天者，望峰息心；经纶世务者，窥谷忘返。横柯上蔽，在昼犹昏；疏条交映，有时见日。[2]

吴融的《富春》二首，也生动地描述了富春江之美。可以说，杭州钱塘江之美集阳刚与柔美于一体，与越州会稽山水相比毫不逊色。

前面曾提过，六朝时代柳浦—西陵之间的渡江航线是最重要的渡口。当时文人多有描述，如南朝梁诗人任昉有《济浙江》诗：

昧旦乘轻风，江湖忽来往。
或与归波送，乍逐翻流上。
近岸无暇目，远峰更兴想。
绿树悬宿根，丹崖颓久壤。[3]

刘孝绰有《还渡浙江》诗：

季秋弦望后，轻寒朝夕殊。
商人泣纨扇，客子梦罗襦。

---

[1] 逯钦立辑校：《先秦汉魏晋南北朝诗》卷四《宋诗》，第 1193 页。
[2]〔清〕严可均辑：《全上古三代秦汉三国六朝文》，第 4 册，第 3305—3306 页。
[3] 逯钦立辑校：《先秦汉魏晋南北朝诗》卷五《梁诗》，第 1597 页。

忧来自难遣，况复阻川隅。
日暮愁阴合，绕树噪寒乌。
濛漠江烟上，苍茫沙屿芜。
解缆辞东越，接轴骛西徂。
悬帆似驰骥，飞棹若惊凫。
言归游侠窟，方从冠盖衢。[1]

（四）王羲之等兰亭聚会

王羲之（303—361），字逸少，东晋琅玡（今山东临沂）人。出身于高门士族琅邪王氏，是司徒王导的从子。祖正，尚书郎。父旷，官至淮南太守。元帝过江，旷首创其议。叔父王廙，被唐人张彦远《历代名画记》卷五评论为："工书画，过江后为晋代书画第一。"[2]王羲之官至右军将军，故又称王右军。从东晋时代书法作为士人的重要修养开始风行以后，王羲之就作为书法艺术的理想代表而受到人们的极度推崇。《晋书》卷八〇《王羲之传》载其"尤善隶书，为古今之冠，论者称其笔势，以为飘若浮云，矫若惊龙。深为从伯敦、导所器重。……羲之雅好服食养性，不乐在京师，初渡浙江，便有终焉之志。会稽有佳山水，名士多居之，谢安未仕时亦居焉。孙绰、李充、许询、支遁等皆以文义冠世，并筑室东土，与羲之同好"。王羲之寓居会稽山阴（今浙江绍兴），"尽山水之游""颐养闲暇"[3]，衣食之余，优游无

浙江嵊州王右军祠中的王羲之塑像

[1] 逯钦立辑校：《先秦汉魏晋南北朝诗》卷一六《梁诗》，第1832页。
[2]〔南朝梁〕顾恺之等撰，孟兆臣校释：《画品》，北方文艺出版社2000年版，第156页。
[3]〔唐〕房玄龄：《晋书》卷八〇《王羲之传》，第2102页。

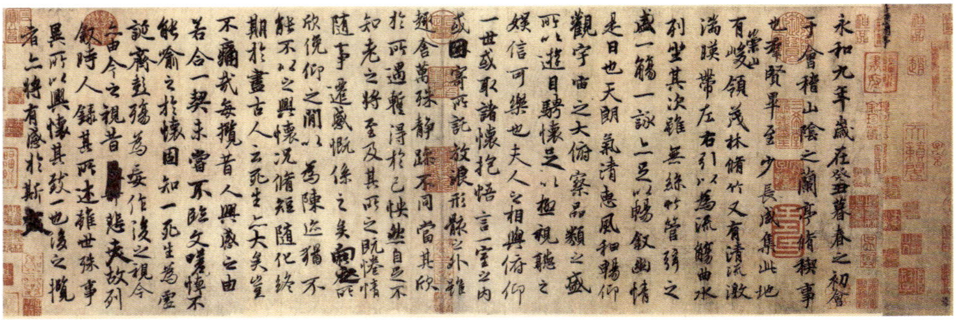

王羲之《兰亭集序》

明仇英绘《兰亭修禊图》（局部）

事，便潜心钻研书法。相传王羲之曾为山阴道士写《道德经》《黄庭经》以换取白鹅。南朝宋的羊欣在《采古来能书人名》中称王羲之“博精群法，古今莫二”。梁武帝萧衍评王书“如龙跃天门，虎卧凤阙，故历代宝之，永以为训”。唐太宗李世民盛赞王书“详察古今，研精篆隶，尽善尽美，其唯王逸少乎！心慕手追，此人而已”。后人尊王羲之为“书圣”，历代无数书家受其影响，至今不衰。

王羲之传世诸帖中，最著名者是《兰亭序》，是为王羲之、谢安等42人于会稽山阴之兰亭雅集赋诗，王羲之为诗集作序，即《兰亭序》草稿，这件作品后人称为“天下第一行书”。原迹已失传，现存只有唐代名家摹本，其中冯承素摹本被公认为神品。《兰亭序》在内容上，文笔优美，辞令娴雅；在书法上，寓骨力于资媚之中，笔势遒力劲健，体态圆融冲和，潇洒出尘，是王羲之新书体的代表作。《兰亭序》的艺术价值，不仅体现在精妙的笔墨技巧上，还体现在与作者融为一体的文化与情感表达的深刻性上。王羲之自为之序，以申其志，曰：

永和九年，岁在癸丑，暮春之初，会于会稽山阴之兰亭，修禊事也。群贤毕至，少长咸集。此地有崇山峻岭，茂林修竹，又有清流激湍，映带左右，引以为流觞曲水，列坐其次。虽无丝竹管弦之盛，一觞一咏，亦足以畅叙幽情。

是日也，天朗气清，惠风和畅，仰观宇宙之大，俯察品类之盛，所以游目骋怀，足以极视听之娱，信可乐也。

夫人之相与，俯仰一世，或取诸怀抱，悟言一室之内，或因寄所托，放浪形骸之外。虽趣舍万殊，静躁不同，当其欣于所遇，暂得于己，快然自足，不知老之将至。

及其所之既倦，情随事迁，感慨系之矣。向之所欣，俯仰之间，已为陈迹，犹不能不以之兴怀。况修短随化，终期于尽。古人云，死生亦大矣，岂不痛哉！

绍兴兰亭鹅池

每览昔人兴感之由，若合一契，未尝不临文嗟悼，不能喻之于怀。固知一死生为虚诞，齐彭殇为妄作，后之视今，亦犹今之视昔，悲夫！故列叙时人，录其所述，虽世殊事异，所以兴怀，其致一也。后之览者，亦将有感于斯文。[1]

（五）北魏郦道元《水经注》中的钱塘江

郦道元（约470—527），字善长，范阳涿县（今河北涿州市）人。北魏大臣、著名地理学家。约北魏孝明帝正光三年（522）撰成《水经注》一书。[2]其记载钱塘江流域的，集中在《水经注》卷四〇《渐江注》中。

浙江（钱塘江）最大支流兰江，《水经注》称之为谷水，在太末县（今龙游）境内，“东径独松故冢下，冢为水毁，其砖文：筮言吉，龟言凶，百年坠水中。今则同龟繇矣”。

榖水所经之长山县（今金华）：“或谓之长仙县也，言赤松采药此山，因而居之，故以为名。后传呼乖谬，字亦因改。”

榖水支流永康溪，“刘敬叔《异苑》曰：孙权时，永康县有人入山，遇一大龟，即束之以归。龟便言曰：游不量时，为君所得。担者怪之，载出，欲上吴王。夜宿越里，缆船于大桑树。宵中，树忽呼龟曰：元绪，奚事尔也？龟曰：行不择日，今方见煮，虽尽南山之樵，不能溃我。树曰：诸葛元逊识性渊长，必致相困。……既至建业，（孙）权将煮之，烧柴万车，龟犹如故。诸葛恪曰：燃以老桑乃熟。献人仍说龟言，权使伐桑，取煮之即烂，故野人呼龟曰元绪。”

谷水所经信安县（今衢州），有“苏姥布……水悬百余丈，濑势飞注，状如瀑布。濑边有石如床，床上有石牒，长三尺许，有似杂采帖也。《东阳记》云：信安县有悬室阪。晋中朝时，有民王质，伐木至石室中，见童子四人，弹琴而歌。质因留，倚柯听之。童子以一物如枣核与质，质含之，便不复饥。俄顷，童子曰其归。承声而去，斧柯漼然烂尽。既归，质去家已数十年，

[1]〔清〕严可均辑：《全上古三代秦汉三国六朝文》，第1609页。

[2] 详见《魏书》卷八九和《北史》卷二七《郦道元传》。其生卒年，文献记载有不同之处，即446或472—527年。

亲情凋落，无复向时比矣”。穀水西源即今马金溪常山江一带（原定阳县境内），“夹岸缘溪，悉生支竹及芳枳木连，杂以霜菊金橙。白沙细石，状如凝雪。石溜湍波，浮响无辍。山水之趣，尤深人情”。大抵保持着原始风貌，而且还蒙着种种神秘色彩。

浙江（钱塘江）河口段所经钱唐县（今杭州），“（灵隐）山在四山之中，有高崖洞穴，左右有石室三所，又有孤石壁立，大三十围，其上开散，状似莲花。昔有道士，长往不归，或因以稽留为山号。……县南江侧有明圣湖。父老传言，湖有金牛，古见之，神化不测，湖取名焉”。

曹娥江潮的气势，在郦道元的笔下仍可见到：“江滨有马目山，洪涛一上，波隐是山，势沦嵊亭，间历数县，行者难之。”[1]清末民初熊会贞注疏云：“马目山当在今上虞县西北，曹娥江口滨海处。洪涛届时汹涌，荡荡怀山，故隐而不见。嵊山下有亭……此谓潮流由江逆上，自上虞过始宁直达嵊县之嵊亭也。”[2]但综观《水经·浙江水注》对于曹娥江全线的景观描述，给人的印象却是自然环境的风光不再。嵊山山麓的嵊亭，虽然“带山临江，松岭森蔚，沙渚平静”。然而由嵊亭而东北的嶀山成功峤（今上虞区西南），却是“峤壁立临江，欹路峻狭，不得并行，行者牵木稍进，不敢俯视。峤西有山，孤峰特上，飞禽罕至”。虽然峤北嶀山与嵊山一带“其间倾涧怀烟，泉溪引雾，吹畦风馨，触岫延赏”，始宁县地面（嵊州北部、上虞南部）一带“芦人渔子，泛滥满焉”，峣浦一带，“江广百丈，狭处二百步，高山带江，重荫被水，江阅渔商，川交樵隐，故桂棹阑枻，望景争途”。但虞宾（曹娥江自始宁进入上虞地面的第一个地名为虞宾，“本司盐都尉治也”，原为盐场）的晒盐已成历史，兰风山（今上虞西北）也是“山少木多石，驿路带山傍江，路边皆作栏干。山有三岭，枕带长江，岧茖孤危，望之欲倾。缘山之路，下临大川，皆作飞阁栏干，乘之而渡，谓此三岭为三石头”[3]。由此可见，曹娥江流域经过春秋战国以来长期的开发，尤其是陶瓷业、造纸业的发展，原本优美的自然环境已经逐

[1]〔北魏〕郦道元原著，陈桥驿点校：《水经注》卷四〇《渐江水》，第760页。

[2]〔北魏〕郦道元：《水经注》卷四〇《渐江水》，《水经注疏》本，江苏古籍出版社1989年版，下册，第3336页。

[3]〔北魏〕郦道元：《水经注》卷四〇《渐江水》，《水经注疏》本，下册，第3328—3333页。

渐遭到了破坏。

（六）六朝时期的民间传说

晋干宝《搜神记》载有“梦死”的故事：会稽谢奉与永嘉太守郭伯猷是好朋友。有一天，谢奉忽然梦见郭伯猷与人在钱塘江上争樗蒲钱，因为水神所责，堕水而死，托梦让自己营理郭伯猷的凶事。等到他梦醒，即往郭家，一起下棋。过了很长时间，谢奉对郭伯猷说：“卿知吾来意否？”因说所梦。郭闻之怅然，云：“吾昨夜亦梦与人争钱，如卿所梦，何期太的的也！”随即他上厕所，突然倒地气绝。谢奉为其营办丧事，一如其梦。[1]

同书又载有吴富阳县董昭之乘船过钱塘江的故事：吴富阳县有董昭之，曾乘船过钱塘江，江中央见有一蚁，着一短芦，走一头回，复向一头，甚惶遽。昭之见后，笑着说：“此畏死也。”想把蚂蚁带上船。船中人见其状骂道：“此是毒螫物，不可长。我当踏杀之！”但董昭之非常可怜这只蚂蚁，因以绳系芦上船。船至岸，蚂蚁得出。这一天夜晚，董昭梦一人乌衣，从百许人来谢云：“仆是蚁中之王也，不慎堕江，感君见济之恩。君后有急难，当相告语。”过了十多年，时所在劫盗，董昭之被横录为劫主，系狱余姚。昭之忽思蚁王之梦，缓急当告，“今何处告之？”结念之际，同被禁者问之，昭之具以实告。其人曰：“但取两三蚁着掌中，语之。”昭之根据其言做了一遍。夜上，他果然梦见乌衣人云：“可急投余杭山中。天下既乱，赦令不久也。”于是便觉。蚁啮械已尽，因得出狱。过江，投余杭山。旋遇赦，得免。[2]

晋干宝《搜神记》又载富阳人王氏于穷渎中作蟹断的故事：宋元嘉初，富阳人姓王，于穷渎中作蟹断。这一天天亮后，他前往河里观察，看见蟹断里有一物，长二尺许，但蟹断已经裂开，蟹都逃光了。于是他整修蟹断，把材搬到岸上。第二天天亮后，他再去看蟹断，这一物仍在蟹断中，蟹断破败如上一次。王氏只好再次整治蟹断，并把这一物品搬到岸上。第三天早晨他去看，情况仍然像第一次这样。王氏怀疑这一物有点妖异，乃把其放到蟹笼里，准备束头担

[1]〔晋〕干宝：《搜神记》卷一〇，中州古籍出版社2010年版，第184页。

[2]〔晋〕干宝：《搜神记》卷二〇，第353页；〔宋〕李昉：《太平广记》卷四七三《乌衣人》第3894页。

归家中，说："至家，当斧斫然之。"至离家还有三里路的时候，听到笼中窣窣响动。转头一看，只见这材头变成一物，人面猴身，一手一足，对王氏说："我性嗜蟹，比日实入水，破君蟹断，入断食蟹，相负已尔，望君见恕，开笼出我。我是山神，当相佑助，并令断大得蟹。"王曰："汝犯暴人，前后非一，罪自应死。"此物苦苦恳告，请王氏放了他，但王氏一直回顾不应。物曰："君何名？我欲知之。"一直问个不停，王氏也不回答。看到快到王家了，物曰："既不放我，又不告我何姓名，当复何计，但应就死耳。"王氏到家后，用炽火焚物，后来蟹断再也没有出现异情。其实，此物土俗称为山（犬字旁加澡的右半边），说其能够知人姓名，则能中伤人。所以他一直不停地问王氏姓名，想害人自免。[1]从这一故事中，我们还可得知，蟹已经成为当地人的美食；蟹断是当地人捕蟹的主要工具。

前秦王嘉《拾遗记》载有"富春渔人"的故事：孙和非常喜欢邓夫人，经常把她放在膝上，和于月下，舞水精如意。有一天，误伤了夫人的脸颊，以致血流污裤，娇姹弥苦。孙和自舐夫人疮，命太医医治。太医曰："得白獭髓，杂玉与琥珀屑，当灭此痕。"孙和即悬赏百金，能得白獭髓者，给予厚赏。当时有一富春渔人说："此物知人欲取，则逃入石穴。伺其祭鱼之时，獭有斗死者，穴中应有枯骨，虽无髓，其骨可合玉舂为粉，喷于疮上，其痕则灭。"孙和乃命合此膏，因琥珀太多，及差而有赤点如朱，便仔细观察，夫人伤愈后比过去更加美丽。从此以后，诸嬖人欲要宠，皆以丹脂点颊而后进幸。妖惑相动，遂成淫俗。[2]

《祥瑞记》载有富春孙钟的故事：孙钟住在富春，幼年失父，事母至孝。遭到岁荒，以种瓜为生。有一天，忽然有三位少年向孙钟讨瓜吃，孙钟厚待他们。食后，这三位少年对孙钟说："此山下善，可葬之，当出天子。君下山百许步，顾见我去，即可葬处也。"孙钟走了三四十步，便反顾，见三人成白鹤飞去。于是，孙钟牢记此地，后死葬其地。地在县城东，冢上常有光怪。云五色，气上属天。及孙坚母亲孕坚，梦肠出，绕吴阊门，以告邻母，曰："安

[1]〔宋〕李昉：《太平广记》卷三六〇，第8册，第2855页。

[2]〔前秦〕王嘉：《拾遗记》卷八，《汉魏六朝笔记大观》，上海古籍出版社1999年版，第547页。

知非吉祥！”[1]

（七）六朝时期的潮神信仰

六朝时期，伍子胥的凶神形象有所改变，正逐渐向具备先贤品质的潮神伍子胥转变。三国东吴孙綝曾“烧大桥头伍子胥庙”，为史家非议，史书评论“綝意弥溢，侮慢民神”[2]。至迟到西晋时，在会稽民众观念中，潮神伍子胥的形象已是正面形象。西晋太尉贾充曾问会稽人夏统，会稽有何“土地乡曲”。夏统答曰：“伍子胥谏吴王，言不纳用，见戮投海，国人痛其忠烈，为作《小海唱》。”并为贾充等王公贵族演唱，众人听后，有“子胥、屈平立吾左右”之感[3]。证明在西晋时，会稽民众已将伍子胥与屈原并称，他们祭祀潮神伍子胥的原因，不再是“慰其愤心”，而是“痛其忠烈”[4]。西晋永嘉年间（307—313），中原动荡，京城倾覆，吴郡（治今苏州）人叔父欲归乡，“当济江南，风不得进，即投奏，即日得渡”[5]。吴越民众通过投奏，得蒙伍子胥阴佑安然渡江。到南朝时，伍子胥的形象已为国家所认可。[6]梁元帝萧绎曾做《祀伍相庙诗》，对伍子胥持肯定态度，同样体现了统治者对潮神信仰的支持。梁简文帝萧纲有《祠伍员庙诗》：

去国资孝本，循忠全令名。
舟里多奇计，芦中复吐诚。
偃月交吴舰，鱼丽入楚营。
光功摧妙算，载籍有余声。
洪涛犹鼓怒，灵庙尚凄清。
行潦承椒奠，按歌杂凤笙。
无劳晋后璧，讵用楚臣缨。
密树临寒水，疏扉望远城。
窗寮野雾入，衣帐积苔生。

---

[1]〔宋〕李昉：《太平广记》卷三八九，第8册，第3103页。
[2]〔晋〕陈寿：《三国志》卷六四《吴书一九·孙綝传》，第5册，第1449页。
[3][4]〔唐〕房玄龄：《晋书》卷九四《夏统传》，第8册，第2429—2430页。
[5]〔唐〕欧阳询：《艺文类聚》卷七九，第1349页。
[6] 李金操、王元林：《由恶变善：潮神伍子胥信仰变迁新探》，《安徽史学》2017年第1期。

惟有三青鸟，敛翅时逢迎。[1]

（八）六朝时期的学术和艺术

1.经学的玄化与儒学的重建

魏晋时期，经学衰微，玄学兴起。玄学家们以老庄之说释经，祖尚玄虚，别树义理，开始对汉儒的经训进行玄学的改造。“竹林七贤”之一嵇康祖籍会稽（今浙江绍兴），其先因避怨迁至上虞，后又迁至谯国铚县（今安徽宿县西南）。他公然“非汤武而薄周孔”[2]，其人格与思想，对后人的影响很大。[3]到南朝时期，是经学玄化与儒学重建的关键时期。刘宋永初三年（422），刘裕下诏兴学。元嘉十五年（438），宋文帝刘义隆征雷次宗至京师，开馆于鸡笼山。会稽人朱膺之与颍川人庾蔚之“并以儒学监总诸生”，又使何尚之立玄学、何承天立史学、谢元立文学，“凡四学并建”[4]，并不独尊儒学。

古版画中的虞翻像

会稽余姚人虞翻（164—233），字仲翔，曾入仕于东吴，任富春县长。精通《易经》，所著有《易注》，开以玄释经之风，是江东易学的代表人物，也是江东士族中最有成就、最有影响的经师。他认为：“经之大者，莫过于《易》。自汉初以来，海内英才，其读《易》者，解之率少……若乃北海郑玄，南阳宋忠，虽各立注，忠小差玄而皆未得其门，难以示世。”孔融读了他的《易注》，曾写信称赞他：“闻延陵之理乐，睹吾子之治《易》，乃知东南之美者，非徒会稽之竹箭也。又观象云物，察应寒温，原其祸福，与神合契，可谓探赜穷通者也。”晚年，虞翻因得罪孙权，流放于

[6]　逯钦立辑校：《先秦汉魏晋南北朝诗·梁诗》卷二一，第1943—1944页。
[2]〔三国〕嵇康：《与山巨源绝交书》，《文选》卷四三，第1927页。
[3]　参见李学勤、徐吉军主编：《长江文化史》，上册，第389页。
[4]〔南朝梁〕沈约：《宋书》卷九三《隐逸·雷次宗传》，第2293页。

交州，对当地文化的发展有一定影响。史载其在当地“讲学不倦，门徒常数百人。又为《老子》《论语》《国语》训注，皆传于世”[1]。

会稽上虞人吴范（？—226），字文则。他擅长术数，以推算天象节气和观察气候闻名于郡中，担任过孙吴的太史令。史载其“治历数，知风气”[2]，与刘惇、赵达、严武、曹不兴、皇象、宋寿和郑妪合称“吴中八绝”。孙权为将军时，他曾说江南有王气。及孙权立为吴王，论功行封，欲以为都亭侯，但因不愿将其术要诀告知孙权，为权所怨恨，被除名。黄武中，病死。

会稽山阴（今浙江省绍兴市）人谢承，字伟平，为三国时期著名史学家。吴大帝孙权夫人谢夫人之弟。博学洽闻，尝所知见，终身不忘，尤熟悉东汉史事及本郡掌故。孙权时，曾任武陵太守。著《后汉书》143卷，记事偏重于南方，有地方特色。又撰有《会稽先贤传》七卷，侯康《补三国艺文志》中评价道：“《御览》屡引之。所记诸人事，多史传之佚文。严遵二条，足补《后汉书》本传之阙。陈业二条，足以证《吴志》《虞翻传》注。吉光片羽，皆可宝也。”是书亡佚较早，后世诸书征引、节录内容数则。鲁迅据诸书征引内容辑录《会稽先贤传》一卷，含八人事迹，所辑内容相对较多，然并不完善。在此基础上，广据诸书征引、辑录之内容，重新进行辑补，所得十三则内容，并对文字内容进行勘正辨析。

2.地理方志与人物传记

东晋南朝时期，钱塘江流域的地理方志与人物传记有很大的发展。著名的地记，据鲁迅早期辑录的古代逸书集《会稽郡故书杂集》[3]，主要有：谢承《会稽先贤传》、虞预《会稽典录》、钟离岫《会稽后贤传记》、贺氏《会稽先贤象赞》、朱育《会稽土地记》、贺循《会稽记》、孔灵符《会稽记》和夏侯曾先《会稽地志》八种。前四种记载古代会稽的人物事迹，后四种记载古代会稽的山川地理、名胜传说。此外，还有南朝刘宋刘道真《钱唐记》，南朝梁吴均《吴郡钱塘先贤传》。上述著作大多散佚，然所存的吉光片羽，皆可称宝，其所蕴含的史料、文化、文学价值皆不容小觑。

---

［1］〔晋〕陈寿：《三国志》卷五七《吴书·虞翻传》及注引《翻别传》，第1320—1322页。
［2］〔晋〕陈寿：《三国志》卷六三《吴书·吴范传》，第1421页。
［3］《会稽郡故书杂集》，借署周作人名，1915年2月绍兴木刻刊行。

虞预，字叔宁，余姚人。本名茂，犯明帝穆皇后讳，改。初为县功曹，见斥。会稽太守庾琛（庾亮之父）命为主簿。纪瞻代琛，复为主簿，转功曹史。察孝廉，不行。安东从事中郎诸葛恢、参军庾亮等荐预，召为丞相行参军兼记室。丁母忧，服阕三年，服竟，除佐著作郎。大兴中，转琅玡国常侍，迁秘书丞，著作郎。咸和中，从平王含，赐爵西乡侯。假归，太守王舒请为咨议参军。苏峻平，进封平康县侯。迁散骑侍郎，著作如故。除散骑常侍，仍领著作。以年老归，卒于家。撰《晋书》四十余卷，《会稽典录》二十四卷。见《晋书》本传。《会稽典录》是一部关于江左士族历史渊源、士人逸事的掌故合集，并在日后被《裴注三国志》、《太平御览》、《晋书》（房玄龄版）及一些地方志引注，其文史价值不言而喻。但此书在《宋史·艺文志》中已经不载，而宋人撰述时见称引，如《太平御览》引有《会稽典录》七十余则，《事类赋》注、《嘉泰会稽志》、《宝庆四明志》等亦有征引，又非出于转录。疑民间尚有其书，后遂湮昧。鲁迅在1916年根据《太平御览》《嘉泰会稽志》《宝庆四明志》等诸多古籍疏注搜辑逸文，并加以整理出来。鲁迅辑本分上、下二卷，收录记载范蠡、严光、谢承、朱育等七十二人的事迹和会稽地理的佚文共计一百十二则，并附录存疑一篇（盖不能确定是否为虞预所撰）。[1]

钟离岫未详其人。章宗源《〈隋志〉史部考证》据《通志》《氏族略》以为楚人。案《元和姓纂》云：“汉有钟离昧，楚人。钟离岫撰《会稽后贤传》。”但此考证疑为错误，因为汉代以来，钟离便成为会稽望族，出现了众多的名人，疑钟离岫亦是郡人，故为邦贤作传。所撰《会稽后贤传记》原为二卷，今鲁迅辑本一卷，收录记载孔愉、孔群、孔坦等五人事迹的佚文五则。

东晋贺循，字彦先，山阴（今浙江绍兴）人。举秀才，初为阳羡武康令。陆机上疏，荐“循可尚书郎”“久之，召补太子舍人”。元帝为晋王，以为中书令，不受。卒赠司空。[2]贺循《会稽记》一卷，原本久佚，今存千余字为鲁迅等人于《太平御览》《舆地纪胜》诸书中辑出。凡佚文四则，载少康封子号“越”、会稽山禹穴、石篑及始宁置县时间，间附逸闻掌故。今有王谟辑《汉唐地理书

[1] 指附于鲁迅辑本之后的《〈会稽典录〉存疑》，内收记载陈嚣、沈丰、贺钝、沈震事迹的佚文四则，鲁迅疑非出于《会稽典录》，故不列为正文。

[2] 〔唐〕房玄龄：《晋书》卷六八《贺循传》，第1824—1830页。

钞》本及鲁迅《会稽郡故书杂集》本。

孔灵符（？—465），山阴（今绍兴）人。会稽内史孔季恭子。南朝宋文帝元嘉（424—453）末年为南谯王刘义宣司空长史、南郡太守，尚书吏部郎。宋孝武帝大明（457—464）初年，由侍中为辅国将军、郢州刺史，入为丹阳尹，又出为会稽太守，后又加豫章王刘子尚抚军长吏。灵符以山阴县人多田少，曾向朝廷建议，将贫民迁徙至余姚、鄞、鄮三县，垦种湖田。公卿讨论，多以为不便，孝武独从其议，于是贫民有地可耕，荒地成了良田。孔家本广有田产，后又在永兴（今萧山）建立田庄，周围33里，占有水陆土地265顷，果园9处，被有司举发。灵符不据实答对，因此被免官。后又起用为寻阳王刘子房右军长史。宋前废帝景和元年（465），因得罪宠幸近臣，被鞭杀，二子同时赐死。宋明帝即位，追赠金紫光禄大夫。孔灵符著有《会稽记》[1]。鲁迅辑录佚文，包括不题撰人及存疑者，共56则，合一编，收入《会稽郡故书杂集》，为记载古代绍兴地理传说的重要资料。如《会稽记》记“轶云蔽日”：“四明山，高峰轶云，连岫蔽日。”“秦望”：“会稽秦望山，为众峰之杰，陟境便见。《史记》云：秦始皇登之，以望南海。自平地以取山顶七里，县嶝孤危，峭路险绝。记云：扳萝扪葛，然后能升山。上无高木，当由地迥多风所致。山南有礁岘，岘里有大城，越王无馀之旧都也。”“映发”：“会稽境特多名山水，峰崿隆峻，吐纳云雾，松栝枫柏，擢干竦条。澄壑镜彻，清流写注。”“白楼”：“江夏太守宋辅，於重山南白楼亭立学教授。沛国桓俨避地至会稽，闻陈业贤而往候之。不见，临去入交州，留书系白楼亭柱而别。孙兴公、许玄度共在白楼亭，共商略先往，名达林公，既非所关，听讫，云二贤故自有才情。亭在山阴，临流映壑也。”

虞愿（426—479），字士恭，会稽余姚（今属浙江）人。为南朝宋孝武帝时期著名良吏。宋文帝元嘉末为国子生，再迁湘东王国常侍，转浔阳王府墨曹参军。明帝立，以愿儒吏学涉，兼藩国旧恩，甚受信任与重用。出为晋平太守，在郡立学堂教授，不营财利。除太常丞，尚书祠部郎，通直散骑侍郎，领五郡中正，祠部郎如故。后迁中书郎，领东观祭酒。兄季为上虞令，卒，愿从省步还家，

[1] 诸书引《会稽记》，或云孔灵符，或云孔晔，晔当是灵符之名。如射的谚一条，《太平御览》引作灵符，《太平寰宇记》引作晔，而文辞无甚异，知为一人。《艺文类聚》引或作孔皋，应为暈字传写之误。今亦不复分别。

不待诏便归东。除骁骑将军，迁廷尉，祭酒如故。愿尝事宋明帝，齐初宋神主迁汝阴庙，愿拜辞流涕。建元元年卒，年五十四。著《五经论问》《会稽记》及文翰数十篇流传于世。[1]

朱育，字嗣卿，山阴人。吴东观令。遥拜清河太守，加位侍中，见《会稽典录》。撰《会稽土地记》一卷，所言皆涉地理。其书，《世说新语》注引《土地志》二条，不题撰人，据鲁迅考证即为朱育所写，并称“其为会稽地记最古之书”。唐宋以来，《会稽土地记》绝不见他书征引，知阙失已久。所存逸文，亦寥落不复成篇。鲁迅《会稽郡故书杂集》辑录一卷，内容记载山阴、长山的佚文两则。

夏侯曾先，事迹无可考。唐时撰述已引其书，而语涉南朝梁武帝萧衍（464—549）之事，当是陈隋间人。所著《会稽地志》，《隋书经籍志》及新旧《唐志》皆不载。但唐代徐坚等所撰《初学记》，引见有其书的“石帆”“欧冶子”二条。《嘉泰会稽志》卷六引《会稽地志》“乌带山”条有“梁武帝遣乌笪采石英于此山而卒”等语。鲁迅辑本夏侯曾先《会稽地志》为一卷，收录记载会稽山川、地理、人物传说的佚文三十三则。

刘道真《钱唐记》，是杭州最早的地方志书。它作于刘道真担任钱唐县令之时，因此成书时间约在南朝宋元嘉十三年（436）。其史料价值极高，最早引用此书内容的古籍是北魏学者郦道元的《水经注》。该书卷四〇《渐江注》引《钱唐记》有两段话：一是前述的郡议曹华信筑防海大塘的故事；二是“诏息湖：浙江北合诏息湖，湖本名阼湖，因秦始皇帝巡狩所憩，故有诏息之名也”。这是中国古代文献中最早引录《钱唐记》的两段文字，也是该书撰写完成约100年左右、从南方传入北方地区、在当时广泛流传的证明。此后，唐宋以来的古籍在记述杭州古史时，常引用其记录。刘道真，一作刘真道，彭城（今江苏徐州）人，为南朝宋大臣刘怀肃的侄子。南朝宋元嘉十三年（436）时任钱唐县令。据《南史·沈演之传》载，刘道真“宰邑敷政，必以简惠成能；莅职阐治，务以利民著绩”，颇受县民好评。当时东南地区及钱唐县发生水灾，粮价涌涨，每升高达三百文，民不聊生。宋文帝派遣扬州治中从事沈演之等巡行东南地区，开展救灾措施。沈演之经过调查，深感灾情严重，与钱唐县令刘道真、余杭县令刘道锡等商议开仓救济，受到百姓的好评。沈演之上奏朝廷称赞说“钱唐县

[1]〔南朝梁〕萧子显：《南齐书》卷五三《良政传》，第2册，第915—917页。

令刘道真与余杭县令刘道锡为二邦之首最，治民之良宰”。宋文帝下令赐谷千斛。因治钱唐有政绩，刘道真后官升梁州、南秦州刺史。元嘉十九年（442），他与龙骧将军裴方明攻破仇池国后，与裴方明一起贪图财宝而获罪。宋文帝下令入狱，死在狱中。[1]

上述著作的涌现，是钱塘江流域经济、文化发展的结果。这些著作，对于了解钱塘江流域各地地理沿革、山川景色、人物盛衰、水利交通、物产风俗等有一定的史料价值。

3.虞喜的天文学成就

东晋时期，天文学上最突出成就是岁差的发现。晋成帝时，天文学家虞喜将自己周密观测得来的星辰的出没位置，与古代同一时节的观测记录位置作了比较，发现有所不同。他发现太阳从第一年冬至运行到第二年冬至，并没有回到原来的位置上。这种冬至点缓慢西移，“每岁渐差”的天文现象，被虞喜称之为“岁差”。虞喜云：“尧时，冬至日短星昴；今二千七百余年，乃东壁中，则知每岁渐差之所至。”认为“通而计之，未盈百载，所差二度”，并由此得出了“五十年退一度”的结论，使我国历法得以较早地区分恒星年与太阳年。“岁差”一词由此而来。虞喜测得的数据是冬至日所在每50年退一度，现代实测数据是约71年8个月后移一度，即每年大约后移50.2秒。虞喜所测得的数值，比起当时西方沿用公元前125年依巴谷测得的数值，每百年差一度，更为精确。岁差的发现对以后的天文学颇有影响，为历法制定提供了更科学的根据。132年后，即南朝宋大明六年（462），杰出学者祖冲之参考虞喜的岁差值，制订出举世闻名的《大明历》，从而开创了中国天文学史新纪元。

4.绘画与雕塑

六朝时期，钱塘江流域崛起了一批画家和雕塑家。这一时期，人物画、山水画、花鸟画及绘画理论的发展，标志着我国绘画艺术的日趋成熟。与此同时，雕塑艺术也取得了一定成就。

---

[1] 详见《南史》卷一七《沈演之传》；《宋书》卷四七《刘真道传》；《咸淳临安志》卷五一《秩官》。

东晋时，戴逵（字安道，326—396）既善绘画，又善雕塑。他本是谯郡铚（今安徽宿县西南）人，后徙居会稽剡县，遂为剡县人。早年师从名儒范宣，博学多才，善于鼓琴，工于绘画人物和山水。戴逵的山水画极妙，真实反映了当地的秀美山水。其人物画有《阿谷处女图》《孙绰高士图》《胡人献兽图》等，山水画有《吴中溪山邑居图》《南都赋图》。相传范宣原不重画，“以为无用”，看了《南都赋图》，咨嗟不已，“甚以为有益，始重画”[1]。戴逵又擅长雕塑佛像，所刻佛像形神兼备。晋孝武帝中叶，他曾为会稽山阴灵宝寺作一尊一丈六尺高的木雕无量寿佛，于技艺精益求精，常潜坐帷中，密听众论褒贬，辄加详研，花了三年时间，终于刻制成一尊符合佛经教义、体现民族风格、深受观众赞叹的臻美佛像。唐道宣在《法苑珠林》里情不自禁地赞叹道：“自泥洹以来，久逾千祀，西方像制，流式中夏。虽依经溶铸，各务仿佛；名士奇匠，竞心展力，而精分密数，未有殊绝。晋世有谯国戴逵，字安道者……机思通赡，巧凝造化，乃所以影响法相，咫尺应身，乃作无量寿挟持菩萨……准度于毫芒，审光色于浓淡，其和墨、点采、刻形、镂法，虽周人尽策之微，宋人象楮之妙，不能逾也。”戴逵此像一出，观者无不称妙，争相仿效，并把外来佛像的形体修改定格为宽额、浓眉、长眼、垂耳、笑脸、大肚的公认形象，这可以说是戴逵对佛教在中国传播所作的一大贡献。所著有《戴逵集》9卷，今已散佚。

古版画中的戴逵像

明周文靖《雪夜访戴图》

[1] 徐震堮：《世说新语校笺·巧艺第二十一》，第386页。

戴逵的儿子戴颙（377—441），字仲若。他继承父业，善于弹琴写字，擅长绘画雕塑，且很有创建，是南朝时著名雕塑家。戴颙对造像艺术很有研究，在雕塑上卓有成就。有一次都城建康瓦棺寺铸了丈六铜像，“既成，面恨瘦，工人不能治，乃迎颙看之。颙曰：‘非面瘦，乃臂胛肥耳。既错减臂胛，瘦患即除，无不叹服”[1]。

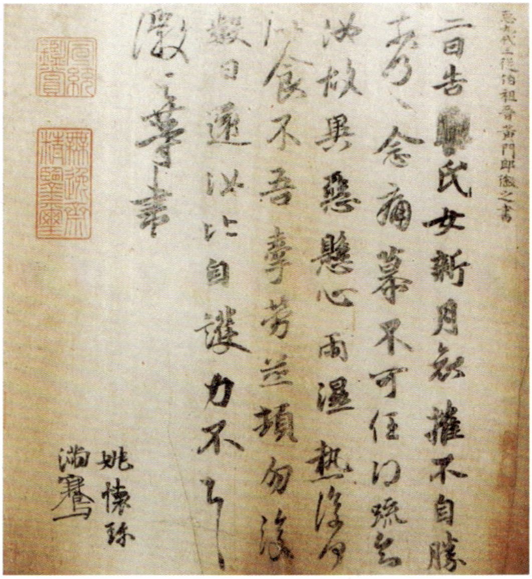

东晋王徽之《新月帖》

[1]〔南朝梁〕沈约：《宋书》卷九三《隐逸·戴颙传》，第 2277 页。

第五章

隋唐时期的钱塘江

李志庭　张　勤

第一节　隋代的钱塘江

一、钱塘江边杭州和越州州城等的兴建

（一）隋代钱塘江流域的行政建置

隋文帝开皇九年（589），讨平陈朝之后，将“废郡置州”的地方行政制度推行至故陈境内改原州郡县三级改区制度为州县两级制。大业三年又改州为郡，将地方州县两级政区制度改为郡县两级制。浙江省境内的越州（平陈初，置吴州，大业初改曰越州）改曰会稽郡，杭州改曰余杭郡，婺州改曰东阳郡，括州（平陈初，置处州，开皇十二年改曰括州）改曰永嘉郡，睦州改曰遂安郡。以郡领县，并废除了两个总管府。钱塘江流域主要设置有越州、杭州等。据《隋书》卷三一《地理下》载：“会稽郡……平陈，改曰吴州，置总管府。大业初府废，置越州。”统会稽（平陈，郡废，及废山阴、永兴、上虞、始宁四县入，大业初置郡）、句章（平陈，并余姚、鄞、鄮三县入）、剡、诸暨四县，有户二万二百七十一。杭州于南朝陈朝为钱唐郡治所。但隋文帝开皇九年（589），废钱唐郡置杭州，仁寿中置总管府，大业初废总管府。统钱唐、富阳、余杭、於潜、盐官（今海宁）、武康六县，有户一万五千三百八十。州治在余杭县（今杭州余杭区西余杭镇），乃至“杭州”的“州”名亦因“余杭”而名。到了第二年，州治才从余杭县迁至钱唐县。又一年，在钱唐县境柳浦建杭州州城，而州名仍维持“杭州“不变。此外，还有婺州（东阳郡，领县四）、睦州（遂安郡，领县三）[1]。

[1] 仁寿三年（602），“割杭州桐庐，并复立遂安县，仍改新安为雉山，以三县置睦州，取俗阜人和，内外辑睦为义”。〔宋〕乐史著，王文楚等点校：《太平寰宇记》卷九五《江南东道七·睦州》，第1909页。

隋文帝为安抚江南百姓，诏令江表“给复十年，自余诸州并免当年租赋”[1]，以缓和这里的百姓和隋王朝的矛盾。开皇十年（590），亦即江南豪强反隋战争爆发的同年，迁州治至钱唐县，州名不变。开皇十一年（591），杨素亲自指挥平叛。据《隋书》卷四八《杨素传》载：“杨素字处道，弘农华阴人也。……俄而江南人李稜等聚众为乱，大者数万，小者数千，共相影响，杀害长吏。以素为行军总管，帅众讨之。……浙江贼帅高智慧自号东扬州刺史，船舰千艘，屯据要害，兵甚劲。素击之，自旦至申，苦战而破。智慧逃入海，素蹑之，从余姚泛海趣永嘉。智慧来拒战，素击走之，擒获数千人。贼帅汪文进自称天子，据东阳，署其徒蔡道人为司空，守乐安。进讨，悉平之。”又，《隋书》卷六四《来护儿传》载：“来护儿，字崇善，江都人也。从杨素击高智慧于浙江，而贼据岸为营，周亘百馀里，船舰被江，鼓噪而进。素令护儿率数百轻艓径登江岸，直掩其营，破之。时贼前与素战不胜，归无所据，因而溃散。”《资治通鉴》的记载更为翔实：“高智慧据浙江东岸为营，周亘百馀里，船舰被江；素击之。子总管南阳来护儿言于素曰：‘吴人轻锐，利在舟楫，必死之贼，难与争锋，公宜严陈以待之，勿与接刃。请假奇兵数千潜渡江，掩破其壁。使退无所归，进不得战，此韩信破赵之策也。’素从之。护儿以轻舸数百直登江岸，袭破其营，因纵火，烟焰张天。贼顾火而惧，素因纵兵奋击，大破之，贼遂溃。”[2]

（二）隋代钱塘江流域的城市建设

“城”在古代是国家和地区的统治中心，也是国家和地区的政治、经济、文化中心，直接关系到政权的巩固与否。所以历代统治阶级都非常重视“城”的修建，所谓“哲夫成城”[3]，所谓“乂安而掌固……所以保障斯民”[4]。

隋唐时期不仅是钱塘江沿岸低地开发的关键时期，也是钱塘江流域州（郡）城、县城建筑的发展时期，普遍修建了州（郡）城和县城。

[1]〔唐〕杜佑：《通典》卷五《食货》，中华书局1988年版，第97页。

[2]〔宋〕司马光：《资治通鉴·隋纪一》，高祖文皇帝上之上开皇十年（庚戌，590年）。

[3]《诗经·大雅·瞻》，《十三经注疏》，上册，中华书局1980年版，第577页。

[4]〔清〕李卫等：雍正《浙江通志》卷二三《城池上》，第3册，中华书局2001年版，第746页。

1.隋朝创建杭州城

自东汉华信“防海大塘”修建以后，杭州地区的进一步成陆和凤凰山下柳浦的成陆，为隋朝杭州州城的创建提供了地理基础。隋大业五年(609)，杭州(包括属县)人口有15380户。这一时期，浙江境内州(郡)城的修建，首推杨素创建杭州州城。据《太平寰宇记》卷九三《江南东道五·杭州》云：

> 隋平陈，废(钱塘)郡，改为钱塘县，又省陈留为绥安县，割吴郡之盐官、吴兴之余杭，合四县置杭州，在余杭县，盖因其县以立名。十年，移州居钱塘县。十一年，复移州于柳浦西，依山筑城，即今郡是也。[1]

由此可知，杭州州城始建于隋朝开皇十一年(591)。“柳浦”在今杭州城南钱塘江右岸江干南星桥一带，“山”指江干以西凤凰山，地处钱塘江入海口，南、东两面为钱塘江所绕，自钱塘江向南，可以扼守福建、江西和安徽三省，越钱塘江向东，可以控制宁绍平原及浙东出海口岸。西面有西湖群山与天目山相连，构成天然的西部屏障。北面居高临下，可以控制太湖流域。地理形势非常重要，汉朝会稽郡西部都尉即设于此。杭州州城的创建，又进一步促进了杭州陆地的向东伸展。

杨素所创杭州州城范围，《乾道临安志》卷二《城社》引《九域志》云：“隋杨素创州城，周回三十六里九十步。”[2]大致南起凤凰山，北抵今体育场路，东临东河，西濒西湖。例如今东河、中河之间的新华路南口一带原有褚家堂，即唐褚遂良故居，当时正处城市中心。又如宋杨至质记虎林山谓：“尝访之耆旧，知钱氏有国时，此山敻在郭外，丛落蒙密，异虎出焉，故得名虎林。”[3]虎林山在今体育场路西首以及昌化路一带，吴越国初年杭州城垣承隋唐之旧，可见隋代城垣必不越此而北。[4]明郎瑛《七修类稿》对此更有非常详细的考证：

---

[1] “省陈留为绥安县”，即省陈留郡，改所属石封县为绥安县，广德、故鄣、安吉、原乡四县也并入绥安县，县治今安徽广德。绥安县部分辖地在今浙江省境内。

[2] 未详此《九域志》为何书，今所见《元丰九域志》不载杨素创州城事，《新定九域志》未载里数。

[3] [宋]潜说友：《咸淳临安志》卷二二《山川》，《宋元方志丛刊》，第4册，第3578页。

[4] 参见魏嵩山：《杭州城市的兴起及其城区的发展》，载《历史地理》创刊号，上海人民出版社1981年版。王士伦：《三徙治所，始建州城——隋代杭州的建置及城垣范围》，《杭州历史丛编·隋唐名郡杭州(修订版)》，浙江人民出版社1997年版。

三代时杭为吴越荆蛮之地，东南沿海，陆少而水多也，故大佛之头为秦皇东游缆舟之石，官巷口乃官涧口，羊坝头乃洋坝头也。至汉，封吴王濞于此，史称煮海富国，其人轻悍，则知非今之都会而纯良之民矣。隋方筑城，胥山即吴山犹在城外，西北凿石为栈道，东南江海、陆地一衣带耳，故曰立子胥庙于江上，《图经》又云江塘去县南五里，计县彼时在钱塘门，正此数耳，李绅西陵诗曰"犹瞻伍相胥山庙"，又曰"伍相庙前多白浪"是也。[1]

隋代杨素所创杭州州城，实为当时我国东南地区最大的城市之一。我国东南地区大城市，在隋以前当以南京、扬州、苏州、越州为最著。南京，据《景定建康志》卷二〇《古城郭》引《宫苑记》记载："吴大帝所筑周回二十里一十九步。"东晋、南朝的建康，基本上沿袭东吴原有的基础。梁武帝萧衍时东西南北各达40里，但此说系包括四郊在其中。[2]开皇九年（589）隋灭陈，隋文帝下令平毁建康城垣、宫室作农田，三百年古城，一朝而沦为李白《登金陵凤凰台》所描绘的"吴宫花草埋幽径，晋代衣冠成古丘"，仅在石头城置蒋州。扬州，西汉吴王刘濞作国都广陵城，《后汉书·郡国志》注云"城周十四里半"。隋炀帝在此建江都行都，所用仍然是西汉吴国都城的故址。苏州，春秋时期为吴国国都，《越绝书》卷二《越绝外传记吴地传》记载"吴大城周四十七里二百一十步三尺"，"吴郭周六十八里六十步"，"吴小城周十二里"。同书记载吴大城南面10里42步5尺，西面7里112步3尺，北面8里226步3尺，东面11里79步1尺，四面城垣相加为37里159步12尺。又据民国《吴县志·城池》记载，唐末乾符二年（875）苏州刺史张搏重筑罗城，南北长12里，东西9里，四面合计约42里。浙东的越州虽然建城颇早，但有隋一代，却远不及杭州规模。可见，杨素所创杭州州城，既是隋朝东南重镇，也堪称东南一大都市。

杨素建城20年以后的大业六年（610），隋炀帝利用旧有运河和自然河道，开凿了自镇江京口至杭州的江南运河。隋炀帝所以选择杭州作为江南运河南端点，杭州作为隋朝统治东南的重镇是一个重要原因。而江南运河以杭州为南端点，又铸就了杭州在交通上集大运河南端起讫点，大运河与钱塘江交接点和浙

[1]〔明〕郎瑛：《七修类稿》卷三《天地类·杭地考》，第34页。
[2] 蒋赞初：《南京史话》，江苏人民出版社1980年版，第56页。

东、浙西跨越（钱塘江）点等三种区位于一体的重要位置，把杭州推到了全国性交通主干线和地区性交通主干线（钱塘江、浙东运河）的重要位置，从而为杭州城市自身的发展及其在东南地区的作用奠定了坚实的基础，其州郡治城的地位得以在今后不变。

2.隋朝越州州城及各地县城建筑

越州到隋朝时，杨素在原城址的基础上扩展，筑罗城和子城，罗城城周四十五里，子城十里，已经达到当时大城市的规模。自此以后，越州城市的规模不断扩展。[1]

盐官县城，《咸淳临安志》卷一八记载为隋大业十三年（617）筑，周 600 步，高 8 尺。唐永徽六年（655）又筑，周 460 步，高 2 丈，濠阔 5 丈，深 4 尺。直到唐末，“海水在县南七里”[2]。

於潜县城，《咸淳临安志》卷一八引《祥符志》云：“古城在县北二百四十步，耆老相传隋开皇十三年越国公杨素筑。今城周四百五十二步，高一丈五尺，厚五尺，基厚一丈八尺，濠阔一丈八尺，深四尺。”“县东七里九十步有古城，传云武德中置潜州所城，高一丈五尺，厚九尺，基厚一丈八尺，今地名城岭。”从南宋时的“今城周四百五十二步”推测，古城规模不致太大。

二、隋代大运河的开通与钱塘江的关系

秦汉以降，经过长期的开发，江南地区尤其是三吴地区社会经济有了很大发展。“丹阳旧京所在，人物本盛，小人率多商贩，君子资于官禄，市廛列肆，埒于二京……京口东通吴、会，南接江、湖，西连都邑，亦一都会也。……宣城、毗陵、吴郡、会稽、余杭、东阳……数郡川泽沃衍，有海陆之饶，珍异所聚，故商贾并凑。”[3]而隋都西处长安，隋炀帝为了有效加强对江南地区的控制，密切京畿与江南财赋地区的联系，遂有开凿江南运河之举。

---

[1]〔宋〕施宿：《嘉泰会稽志》卷一《城郭·子城》《宝庆会稽续志》卷一《城郭》，《宋元方志丛刊》，第 7 册，第 6724、7093 页。

[2]〔唐〕李吉甫：《元和郡县图志》卷二五，第 604 页。

[3]〔唐〕魏徵：《隋书》卷三一《地理志》，第 887 页。

隋炀帝像（选自阎立本《历代帝王图》）

大业六年（610），隋炀帝在秦始皇以来所形成的运河和自然河道的基础上，重新规划、重新设计，开凿了由京口（今江苏镇江）通往余杭（今浙江杭州）的江南运河。《资治通鉴》称其为“江南河”：

> 敕穿江南河，自京口至余杭，八百余里，广十余丈，使可通龙舟，并置驿宫、草顿，欲东巡会稽。[1]

隋炀帝所开“江南河”其经由路线，北起今江苏镇江京口，向东南经丹阳、常州、无锡、苏州、平望、浙江嘉兴，然后折向西南，经石门、崇福、长安、临平，再循上塘河到达杭州。

上塘河位于今杭州东北，自施家桥运河口而东北，经半山、星桥、临平，在双林施家堰进入海宁境，直至盐官镇止，全长4.8公里（一说自德胜坝起）。上塘河流域地势较高，尤其半山、皋亭山南麓，因岩基距地表较浅而难以深挖，故须筑坝衔接，又须筑塘堤以护河水。故上塘河上多坝，船只须翻坝才能通行。由此可见，江南运河的开凿亦相当艰难。

江南运河到达杭州以后，又在城东、城南开河（即今杭州中河、龙山河），经柳浦而至白塔岭附近，由今白塔与六和塔之间沟通钱塘江。

隋炀帝要求“江南河”“广十余丈”。如果以北周大尺（合今29.6厘米）计，十丈相当于今29.6米，以隋小尺（合今24.6厘米）计，也有24.6米，估计河

传唐代阎立本《萧翼赚兰亭图》

[1]〔宋〕司马光：《资治通鉴》卷一八〇《隋纪四》，第12册，第5621页。

身之宽大约在 30 米左右。对于运河深度的要求是“使可通龙舟”。隋炀帝曾数度下扬州，据记载，隋炀帝所乘坐的龙舟，上下“四重，高四十五尺，长二百尺。上重有正殿，内殿，东、西朝堂，中二重有百二十房，皆饰以金玉，下重内侍处之”[1]。如此龙舟，吃水必然不浅，江南运河既然要求能够通行如此规制的“龙舟”，其深度必然相当可观。

隋炀帝还要求开凿运河的同时“并置驿宫、草顿”。杭州钱塘江北岸白塔岭下进龙浦，由于江南运河的开通，成为运河的渡口码头。南星桥三廊庙一带的柳浦则为至关重要的渡口、码头。

随着江南运河的开通，杭州作为运河的南端、运河与钱塘江的接合部，经济迅速发展起来，成为“川泽沃衍，有海陆之饶，珍异所聚，故商贾并凑”[2]的城市，政治地位得到了巩固和提升，并且在后世地方行政制度变革中一再升迁，乃至成为一朝京都。

第二节　唐代的钱塘江

一、唐代钱塘江流域的行政建置

唐朝地方行政制度沿袭隋文帝制度，改郡为州，以州领县。唐玄宗天宝元年（742）改州为郡，至唐肃宗乾元元年（758）又改郡为州，郡县制实施时间仅占唐朝 290 年历史中的 17 年。唐时浙江境内的州（郡）在隋时 5 州（郡）的基础上进行了析置。武德四年（621）析吴郡置湖州（天宝元年至乾元元年为吴兴郡）；武德四年析括州置海州，次年改海州为台州（临海郡）；武德四年析婺

[1]〔宋〕司马光:《资治通鉴》卷一八〇《隋纪四》，第 12 册，第 5621 页。有的版本作“长二百丈”，误。

[2]〔唐〕魏徵:《隋书》卷三一《地理志》，第 887 页。

州置衢州（信安郡。八年废，垂拱二年复置）；上元二年（675）析括州置温州（永嘉郡）；开元二十六年（738）析越州置明州（余姚郡），浙江境内共有10个州（郡）。乾元元年（758），唐肃宗于江南东道以浙江（钱塘江）为界，分置浙江西道节度使和浙江东道节度使，分而治之。以越语地名“浙江（钱塘江）”冠名地方行政区域，以此为始。

据《新唐书·方镇表》载：乾元元年“置浙江西道节度兼江宁军使，领昇、润、宣、歙、饶、江、苏、常、杭、湖十州，治昇州，寻徙治苏州，未几，罢领宣、歙、饶三州，副使兼余杭军使，治杭州”。以昇州刺史黄裳为苏州刺史、浙江西道节度使，为第一任节度使兼江宁军使为。同年，“置浙江东道节度使，领越、睦、衢、婺、台、明、处、温八州，治越州”。以礼部侍郎李希言第一任节度使。由于当时军事纷争主要在北方，所以浙江西道节度使在设置的第二年即乾元二年，就改置为观察处置都团练守捉及本道营田使，浙江东道节度使也在大历五年（770）改置为都团练守捉及观察处置等使。浙江东道还在大历十四年、建中二年（781）两次被废，并入浙江西道。第一次被废并以后的第二年（建中元年）即被恢复。第二次废并以后则到贞元三年（787）才得以恢复。从此浙江东、西分道而治遂成定局。

从唐代的行政建置来看，位于钱塘江下游两岸的杭州、越州两地长期分属不同的行政区域，互不统属。唐代以钱塘江为限，设浙江西道、浙江东道，杭州、越州各归其属，在行政建置上仍处于割裂的状态。不过，这一政治隔绝状态在中唐时期一度得到了改善。[1]大历十四年（779），唐廷废浙江东道，以其所辖七州属浙江西道，并改称为浙江东西道都团练观察使。虽然此建置仅维持了一年时间，在建中元年（780）即被废止，但这是自秦设置会稽郡以来，杭、越两地又一次统于同一高层政区之下。建中二年（781），唐朝中央政府为了集中力量、经营后方的政治目的，又将浙江西道、浙江东道合而为一，并升浙江东西道都团练观察使为镇海军节度使，以韩滉主政其地。这一行政建置持续了七年，至贞元三年（787）方止。由于当时唐朝廷受到淮西李希烈等藩镇的严重威胁，镇海军节度使韩滉“闭关梁、禁马牛出境，筑石头城，穿井近百所，缮馆第数

[1]　宋可达：《五代以降钱塘江两岸的地域耦合——以杭、绍为中心》，《云南大学学报（社会科学版）》2018年第1期。

十，修坞壁，起建业，抵京岘，楼堞相属，以备车驾渡江，且申儆自守也”[1]。

二、唐代钱塘江的灾害及水利建设

（一）唐代钱塘江灾害

唐代在中国气候史上是一个雨水偏多的温暖湿润期，百余年间的水旱灾害以水灾为多，旱灾次之。在全国这个大的气候环境下，钱塘江流域地区所发生的水旱灾害尤其是水灾，基本上也是全国普遍情况的反映。

据文献记载的不完全统计，唐代钱塘江两岸均有潮患，流域发生的特大水灾潮患在数十次以上，其中仅杭州就在10次以上。

咸亨四年（673）七月，婺州大雨，山水暴涨，溺死5000余人。

天宝十四载（755），杭州城所在的钱塘县一带潮患一直十分严重。据《宋高僧传》卷一四《唐会稽开元寺昙一传》载，是年，“浙河潮水南激钱塘，大云伽蓝当兹湍三点水十旱”。据《武林梵志》卷四载：“大云寺，在奉口，唐贞观间建。”而奉口，据《咸淳临安志》卷二〇《疆域五·乡里》载，是钱塘县孝女南乡所管四里之一，这次海潮退后，史载曾“涨沙五十里”。[2]

乾元元年（758）十月，“浙江水旱重困，民多疫死”。[3]

大历八年（773）秋七月，杭州因“大风”引起“海溢”，“漂溺无算”[4]。

大历十年（775）七月己未（二十八日）夜，杭州再次发生海溢事件，当时杭州大风，严重危害杭州百姓生命的安全：“海水翻潮，飘荡州郭五千余家，船千余只，全家陷溺者百余户，死者四百余人。”苏、湖、越等州亦遭灾。[5]

贞元八年（792），“浙西州县大水，坏庐舍，漂杀人”[6]。也因奚陟奉命“劳

[1]《钦定续通志》卷二三一《列传·唐三十一·韩滉》，文渊阁《四库全书》本。

[2]〔宋〕赞宁：《宋高僧传》卷一四《唐会稽开元寺昙一传》，中华书局1987年版。

[3]〔宋〕欧阳修、宋祁：《新唐书》卷六《代宗纪》，第1册，中华书局1975年版，第168页。

[4]〔清〕顾祖禹：《读史方舆纪要》卷九〇《浙江二》“钱塘江”条，上海书店出版社1998年版。

[5]〔后晋〕刘昫：《旧唐书》卷三七《五行志》，第4册，中华书局1975年版，第1361—1362页。

[6]〔宋〕欧阳修、宋祁：《新唐书》卷一六五《权德舆传》，第16册，第5076页。

问巡慰”，而使得“所在人安悦之”[1]。

长庆四年(824)，杭州又出现“潮涛失常，奔激西北”，“侵淫郊鄽，坏败庐舍，人坠垫溺”。当时的杭州刺史白居易是以醴币羊豕沉奠于江，躬自虔祷于江神，希望能够使“水反归壑，谷迁为陵，土不骞崩，人无荡析”[2]。

大和二年(828)，山阴、会稽海溢决堤。

大和五年(831)六月辛卯，苏、杭、湖三州发生水灾，作物受损。[3]

会昌五至六年(845—846)，李播为杭州刺史时，“涛坏人居”[4]。

咸通元年(860)，潮水冲激钱塘县南5里江岸，奔涌入城，奔逸势莫能御。[5]

景福二年(893)七月，浙江水溢，坏民居。[6]

光化二年(899)七月，浙江溢。[7]九月，浙江溢，坏民居甚众。[8]

由此可见，唐代前期关于钱塘江潮灾的记载还寥寥无几，而到了唐代中后期，相关记录明显增加。在这一时期，海潮已不单是“以溺杀人”的个体性危害，更表现为“荡州郭”“坏人居”式的群体性灾难，其对钱塘江下游两岸居民造成了严重的危害与威胁。

在高潮位、大潮汛的年代，海潮甚至会将整个杭州平原地区(杭州的城区在宋代以前，山麓、平原各占一半)淹没[9]。史载其时的杭州，“钱塘江边土恶，不能堤”[10]。20世纪40年代清泰门外杭州自来水厂建设施工时，曾于地下发现“塘木”一列，当时西湖博物馆的考古专家认为属唐朝遗物。此亦可为杭城东部乃至捍海石塘以东江边，存在大片沙地之佐证[11]。设以隋朝东垣及钱镠捍

[1] 〔后晋〕刘昫:《旧唐书》卷一四九《奚陟传》，第12册，第4022页。

[2] 〔唐〕白居易:《白居易全集》卷四〇《祭浙江文》,上海古籍出版社1999年版,第611页。

[3] 〔后晋〕刘昫:《旧唐书》卷一七下《文宗纪》，第2册，第542页。

[4] 〔唐〕杜牧:《杭州新造南亭子记》,《全唐文》卷七五三，第7810页。

[5] 钱塘江志编纂委员会:《钱塘江志·大事记》，第15页。

[6] 民国《杭州府志》卷八二，民国十一年铅印本。

[7] 〔宋〕欧阳修、宋祁:《新唐书》卷一〇《昭宗纪》，第1册，第297页。

[8] 〔宋〕欧阳修、宋祁:《新唐书》卷三六《五行志》，第3册，第935页。

[9] 阙维民:《杭州城池暨西湖历史图说》，第3—4页。

[10] 〔宋〕陈师道:《后山丛谈》卷四，中华书局2007年版，第58页。

[11] 唐朝遗物现尚有几枝保存在浙江省博物馆。吴维棠:《杭州的几个地理变迁问题》，载《历史地理》第5辑，上海人民出版社1987年版。

海石塘为坐标，则300多年间，杭州南星桥一带大约向东淤涨了半里[1]，平均每年淤涨0.78米；艮山门一带大约向东淤涨1.5里，平均每年淤涨2.5米。正如《咸淳临安志》卷三一《捍海塘》一节所言："凡今之平陆，皆昔时之江也。"然而这块新城陆的土地地势很低。据新编《杭州市志》卷二《文物篇·考古发掘》记载：

> 今南星桥、凤山道口江城立交桥吴越钱氏捍海塘遗址，深在地表以下约3米处；江城中学西围城外，中山南路25号至31号地段的中河东侧南宋临安城城墙基础遗址，距地表深2—2.4米；凤山路、万松岭路口南宋大型房屋的东侧廊檐及部分砖铺散水暗沟遗址，距地表深3米多；望仙桥至新宫桥间中河东侧南宋德寿宫砖砌道路遗址，距地表深2.8米；云居山麓南宋船坞码头遗址，居地表深5米[2]；杭州都锦生丝织厂内唐和五代居住遗址，距地表深2米多。[3]

按照上述遗址推测，考虑到历史时期积压、沉降等因素，隋唐时期杭州地势大约要比现在低2—3米左右。目前杭州市区地面高程（黄海标高，下同）约8米。其中上城区高于8米，最高处在羊坝头、茅廊巷菜场、浙二医院等地附近，局部大于9米；下城区一般低于8米；西湖四周7.5米左右，西湖东北角高程最低，如昭庆寺及其附近约6米；昭庆寺愈往东北和北方，高程逐渐低于5米、4米，乃至3米，如卖鱼桥以西、三墩、古荡一带，都在3米以下[4]。按照上述，则隋唐时期杭州地区高程约5—6米左右，最高地区高于6—7米，最低地区低至0—1米。而距今2000多年至1000多年前浙江海面大约高出目前海面1—2米[5]。

除水灾外，钱塘江流域还时常发生局部性旱灾。现将历史文献中所见比较

---

[1] 唐朝诗人李建勋诗有罗刹石"半里大江中"句（《淳祐临安志》卷八引）。罗刹石于后梁开平年间为泥沙淤没。参见李志庭：《"罗刹石"考》，《浙江学刊》1995年第1期。

[2] 朱渝光：《云居山麓发现南宋船坞码头遗址》，《杭州考古》1997年第12期，原载《杭州日报》1997年6月7日下午版。

[3] 汪济英：《杭州考古漫谈》，《杭州考古》1996年第12期。

[4] 王家涛、顾嗣亮、吴静波：《西湖的成因、发育及年龄》，《杭州历史丛编·南北朝前古杭州》，浙江人民出版社1997年版。

[5] 冯怀珍、王家涛：《全新世浙江的海岸变迁与海面变化》，《杭州大学学报（自然科学版）》1986年第1期。

严重的水旱灾害，择要列举如下：

唐德宗贞元六年（790）夏，“（浙东西）井泉多涸，人渴乏，疫死者众”[1]。

永贞元年（805），湖、杭、睦等七州旱。[2]

长庆三年（823），浙江东西道发生大面积旱灾。[3]

长庆四年（824）七月己酉，睦州清溪等六县大雨，山谷发洪水泛溢，漂城郭庐舍。[4]

（二）钱塘江下游杭州湾海岸线的变迁

杭州湾及其以北以沙质海岸为主，杭州湾以南则以岩质海岸为主。

1.杭州湾北岸海岸线

今海宁黄湾山东晋时尚与其东北的王盘山相连，同为海岸屏障。其后黄湾山东北的海岸线内缩，王盘山遂沦为海岛。宋常棠《澉水志》卷上云：“秦王石桥柱在秦驻山背，旧传沿海有三十六条沙岸，九涂十八滩，至黄盘山上岸，去绍兴三十六里，风清月白，叫卖声相闻。始皇欲作桥渡海，后海变，洗荡沙岸，仅存其一。黄盘山邈在海中。”同书又云：“茶磨山在黄巢弄侧，周回山下有港，港外周回有城堑，旧传唐末伏兵处。”“王家坑在长墙山下石帆村，古田坑也。今田废为海，尚存数家生聚于潮花鼓舞间。”“穿山洞在长墙山外，下临大海，石岩如洞。”茶磨山在澉浦以西6里乡境，东南即南北湖。南北湖为潟湖，其时尚与海连，宋代始筑为湖。长墙山亦作长山，今处澉浦东南海滨，石帆古村在其西南。秦驻山又称秦望山、秦径山，俗称秦山，位于澉浦东北，临杭州湾。秦山以北古马嗥城，故址在今海盐城东南隅，唐开元中（713—741）于其西北筑城，即今武原镇。唐时武原镇东有望海镇，宋《武原志》记载：“父老相传，去县十五里有望海镇，岁久沦于海。”又东北有宁海镇，《至元嘉禾志》考证为唐天宝十载（751）太守赵居贞置。又东北为乍浦镇，唐贞元五年（789）设乍浦下场榷盐官，会昌四年（844）置乍浦镇遏使，五代仍之。乍浦东北的金

[1]〔后晋〕刘昫：《旧唐书》卷一三《德宗纪下》，第2册，第369页。

[2]〔后晋〕刘昫：《旧唐书》卷一四《宪宗纪上》，第2册，第413页。

[3]〔宋〕欧阳修、宋祁：《新唐书》卷八《穆宗纪》，第1册，第226页。

[4]〔后晋〕刘昫：《旧唐书》卷一七上《敬宗纪》，第2册，第510页。

山卫，据正德《金山卫志》记载，五代时金山建城，又城东5公里当潮处设周公墩，北宋时尚有闽船泛海来此贸易。由上述可知，隋唐五代时期，茶磨山东南已逐渐淤为陆地，南北湖由海湾而成为内湖，长墙山已傍海边，王盘山则远离大陆，澉浦、乍浦也距海不远。其时海岸线大致在今海盐黄湾山，海宁长墙山、望海镇、宁海镇及上海金山卫以东5公里一线，又东北与长江口南岸新涨岸线相接。

杭州的海岸线也多有变化，对此，明代郎瑛《七修类稿》曰：

> 隋方筑城，胥山即吴山犹在城外，西北凿石为栈道，东南江海、陆地一衣带耳，故曰立子胥庙于江上，《图经》又云江塘去县南五里，计县彼时在钱塘门，正此数耳，李绅西陵诗曰“犹瞻伍相胥山庙”，又曰“伍相庙前多白浪”是也。至唐中宗景龙四年，沙方渐涨，地方平坦，而州之司马始开沙河，宋潘洞《浙江论》。考其时，乃宋璟也。至五代钱氏随沙移岸，渐至铁幢，遂为通衢，去胥山已三里矣。亦《图经》言。及绍兴间，沙又涨远，遂如今日云。[1]

又曰：

> 杭城创于隋之杨素，周止三十六里，斯时盖吴山东南皆江，而西北尚是石之栈道。见后《杭地考》。至五代钱镠则又新筑罗城于外，自秦望山在上闸口有门曰龙山，东亘于江干，其门曰保德，旋至湖市夹城巷口，故至今犹名。其门曰北关，西泊于钱塘湖，即西湖。直至于雷峰塔前，其门曰涵水，循城慈云岭直上而南，周七十余里。[2]

2.杭州湾南岸海岸线

杭州湾南岸海岸线，在4世纪时，大致当今西兴、龛山、孙端、临山、浒山一线。这一段平常所说的海岸线，实际上是钱塘江河口段南岸。钱塘江河口自春秋战国以来一个很长的历史时期里，一直由南大亹（今萧山区赭山南、龛山北）入海。北魏郦道元《水经·渐江水注》仍云“浙江又经固陵城北”，同书《沔水注》又云“江水又东径赭山南”[3]。固陵即今杭州滨江区西兴，赭山即今

[1]〔明〕郎瑛：《七修类稿》卷三《天地类·杭地考》，第34页。

[2]〔明〕郎瑛：《七修类稿》卷四《天地类·杭城来历》，第38页。

[3]〔北魏〕郦道元：《水经注》卷四〇《渐江水注》，第752页；卷二九《沔水注》，第567页。

杭州萧山区赭山，原在钱塘江北岸，其后江道变迁而隔在江南。隋唐五代时期，钱塘江仍由南大亹入海。

萧（山）绍（兴）地区“海塘”的修建，大约春秋战国时代已经开始局部建塘。明确的海塘记载首见于《新唐书》卷四一《地理志》，其越州会稽郡会稽县下记载云：“东北四十里有防海塘，自上虞江抵山阴百余里，以蓄水溉田，开元十年令李俊之增修。”宋《嘉泰会稽志》卷一〇《堤塘》会稽县下作“称浦塘”，说在“县东四十里”，并引《新唐书·地理志》之说，又引李益谦《记》云：“府城北水行四十里有塘曰防海……莫原所始。”是书于萧山县下又称“捍海塘”，说“在县东四十里，长五百余丈，阔九尺”[1]。明万历《萧山县志》所录万历间浙江巡抚温纯《重筑西兴塘碑记》还说：“萧山县西十里许为西兴镇，镇被钱塘江，江被海，而起镇以达郡者，运河也。故钱武肃王镠建塘其镇。”可见直到唐末五代，杭州湾南岸海岸线基本沿袭未变。由于屡遭潮灾，因而唐朝后期及五代屡屡增修。又因为实际上杭州湾南岸已趋伸展之势，所以海塘能够修建成功并被保全，只要增修即可。设想如果海岸呈内塌趋势，以当时的海塘修建技术水平，怎能逆转？上述防海塘、称浦塘、捍海塘，均为各地段的异名，实即一塘，亦即后世所统称的“北海塘”。北海塘西起今杭州滨江西兴，东经萧山长山、航坞山、党山、益农闸，至绍兴童家塔，全长 44.44 公里。[2]

绍兴以东上虞境内，历史上筑有百沥海塘、后海塘。百沥海塘南起百官龙山头，向北至姚江乡中利村，转向西北至三联乡吕家埠，又转向北至沥海镇后倪村，转东至夏盖山西麓。百沥海塘筑于宋代，隋唐五代的海岸线大约在此线以北。[3]后海塘在夏盖山以东并向东延至余姚境内。夏盖山南有夏盖湖，湖创于唐长庆间（821—824），北枕大海，海岸有夏盖山，湖亘山南。清人连仲愚《上虞塘工纪略·后海塘》云：“上虞负海为邑，西北维夏盖山危峰似壁，屹峙沙滨，山之北古称海门，波涛汹涌，潮患频仍。……山之南方数十里，一片汪洋，因山得名，谓之夏盖湖，为潮汐往来之所，至今近塘地方尚有大漾荡，皆海潮之

[1]〔宋〕施宿：《嘉泰会稽志》，《宋元方志丛刊》，第 7 册，第 6897、6998 页。
[2] 新编《萧山围垦志》，上海人民出版社 1999 年版，第 62 页，第 44、45 页图。
[3] 新编《绍兴市志》卷八《水利》，浙江人民出版社 1996 年版，第 1 册，第 580 页。

啮也。”[1]可见夏盖山实即唐时海岸线所在。

3.隋唐五代时期钱塘江下游河道的变化

隋唐五代时期，钱塘江下游河道已发生了较大的变化。定山、包山间河床淤塞现象日益严重，定山、包山以下河道逐步向东开拓，杭州城东涨沙逐渐加剧，由此而使河道弯曲度增加。

钱塘江支流，左侧主要有横江、练江、富强溪、分水江、渌诸江；右侧主要有寿昌溪、兰江、壶源江、浦阳江、曹娥江。就隋唐五代时期而言，大致仍沿旧观，少有变化。其中分水江（又名桐庐江、桐溪、横港、学溪）上游的紫溪（天目溪流经临安县紫水与桐庐县分水江的河段），《水经·渐江水注》描述其于“白石山之阴，山甚峻极，北临紫溪。又东南，连山夹水，两峰交峙，反项对石，往往相捍，十余里中，积石磊砢，相挟而上，涧下白沙细石，状若霜雪，水木相映，泉石争辉，名曰楼林”，河道非常险峻。唐贞元十八年（802），县令杜泳“开渠三十余里，深五尺，阔二丈，始通舟楫”[2]，河道状况有所改善。《水经·渐江水注》又云：紫溪“径桐庐县东为桐溪……自县至於潜，凡十有六滩”。《淳熙严州图经》卷二“七里滩”下引谚云：“有风七里，无风七十里。”[3]《读史方舆纪要》卷九〇桐庐县“七里滩”条引旧志说这一带有一十九滩[4]。说明隋唐五代时期河道仍在恶化。

浦阳江下游河道各历史时期变迁比较复杂，但是自汉以降，直到唐朝末年，浦阳江下游自临浦、渔浦注入钱塘江的形势不变。谢灵运《富春渚》诗云：“宵济鱼浦潭，旦及富春郭。定山缅云雾，赤亭无淹落。”唐人孟浩然《早发渔浦潭》诗云：“卧闻渔浦口，桡声暗相拨。日出气象分，始知江路阔。”均由渔浦渡江至富春。诗中“赤亭”即富阳鹳山严子陵钓台。唐末中和二年（882），浙东观察使刘汉宏之变，兵自诸暨、会稽、萧山等地由渔浦渡江而至富春。次年，钱镠攻击刘汉宏，兵自新沙渡渔浦，并会浦阳镇将蒋环南攻婺州，说明浦阳江在

---

[1]〔清〕连仲愚：《上虞塘工纪略·后海塘》卷一，光绪戊寅八月敬睦藏版，第 1 页。

[2]〔宋〕潜说友：《咸淳临安志》卷三六，《宋元方志丛刊》，第 4 册，第 3679 页。

[3]〔宋〕陈公亮修，刘文富纂：《淳熙严州图经》卷二，《宋元方志丛刊》，第 5 册，第 4329 页。

[4]〔清〕顾祖禹：《读史方舆纪要》卷九〇，第 596 页。

当时仍是沟通钱塘江的交通要道。[1]

（三）唐代钱塘江的水利建设

1.唐代钱塘江的海塘建设工程

唐代时，人们为阻挡或削弱海水对境内土地的进一步破坏，阻遏海潮袭击城市和两岸居民的生命财产，危害运河，开始实施大规模的钱塘江海塘建设工程，取得了非凡的成绩，被称为我国海塘修筑史的第一次飞跃。其中规模较大的堤防工程，就有以下数次：

贞观四年（630），“置盐官捍海塘”[2]。清高宗在其所撰写的《阅海塘记》中称：“海之有塘坝，李唐以前不可考，可考者盖自太宗贞观年间始。”[3]

万岁登封元年（696），富阳县令李浚为防范富春江水患，组织力量又在县南沿富春江修筑了东自海（约今富春江、钱塘江汇合处），经富阳城南，西至于苋浦（富阳城西一里）的富春堤，以捍水患。[4]其规模也颇为可观。

景龙四年（710），杭州沙岸北涨，地渐平坦，杭州司马李珣始开沙河，水陆成路，事见杭州龙兴寺图经。潘洞《浙江论》记载云：“沙岸北涨，地渐平坦，桑麻植焉。州司马李珣开沙河，水陆成路。”[5]按潘洞文字理解，其功效主要在于排除咸卤，治理、改善新淤积的沙地，以利桑麻。亦即在城东新长沙地上

[1] 陈桥驿：《论历史时期浦阳江下游的河道变迁》，《历史地理》创刊号，上海人民出版社1981年版，第68—69页。

[2]《敕修两浙海塘通志》卷二，第415页。关于海塘修筑的起源，该志“列代修筑”部分开篇即有一段考证性文字：“盐官堤海之役，始见于唐。盐官旧志称：唐筑塘，起盐官，抵吴淞江，袤百五十里，名捍海塘……云其修筑之始，宁、盐二邑旧志俱起开元元年。《唐书·地理志》则云：贞观四年，复置盐官捍海塘。言‘复置’，知并不始于贞观时也，而其先无可考矣。”（《敕修两浙海塘通志》卷二，《续修四库全书》本，第851册，第415页）此外，开元元年盐官筑塘一事，《新唐书·地理志》记为“开元元年”，〔清〕乾隆《海宁州志》引用时作“开元九年”。

[3]〔清〕翟均廉：《海塘录》卷首二，文渊阁《四库全书》本。

[4]〔宋〕欧阳修、宋祁：《新唐书》卷四一《地理志》，第1061页。

[5]〔宋〕程大昌：《演繁露续集》卷四“沙河塘”引。〔明〕郎瑛：《七修类稿》卷三《天地类·杭地考》所载文字略异：“潘洞《浙江论》云：‘唐中宗景龙四年，沙方见长，地方平坦，而州之司马始开沙河。’”（第34页）

开河，将潮水泄入钱塘江下游，以使再来的潮水不致漫入运河及州城。不过此沙河的地理位置不得其详。

开元元年（713），《新唐书》载杭州盐官（今海宁市）重筑捍海塘堤，“长百二十四里”[1]，这是正史所载钱塘江北岸最早的海塘修筑。南宋《咸淳临安志》附《盐官县境图》（同治六年补刊）绘其位置在赭山（今钱塘江南岸萧山境）与黄湾（今钱塘江北岸海宁境）之间，南起盘山西北，向北经岩门山、蜀山以西，盐官城南，又东，至于袁花场以西。[2]既然是重筑，则盐官县境内的这段捍海塘在唐开元元年（713）以前就曾经修筑过，只是由于文献的失载而使修筑时间无考罢了。但是，不管盐官县原有海塘是筑于唐以前还是唐以后，都只是一时一地的局部行为，其效益也相对有限，以致在文献中都没有记及这次筑塘之事。而开元元年的这次重筑则完全不同于以往，从相关文献的记载来看，它并不是孤立地进行的，而是有着缜密规划的整个系统工程中的一个组成部分。明正德《松江府志》载：“唐开元元年筑捍海塘，起杭州盐官，抵吴淞江，长一百五十里。”[3]清雍正《江南通志》虽然记其长度为“一百三十里”，但同样也说“起杭州盐官，抵吴淞江”。[4]而《三吴水考》在述及唐开元元年所筑捍海塘时，又说：“西南起杭州盐官，东北抵松江老鹳嘴，长四百余里，高一丈七尺，面阔二丈，址倍之。”[5]显然，《三吴水考》所述捍海塘之长度实乃盐官至吴淞江之间（包括盐官县境内重筑的一段）捍海塘之总长度。但是，实际上，如果我们将盐官县境内重筑的捍海塘，与正德《松江府志》或雍正《江南通志》“松江府”条下所载“起杭州盐官，抵吴淞江（或称松江）”的开元元年所筑捍海塘的长度作一相加，则会发现其与《三吴水考》所载总长度之间仍存在着颇大的差距。因此，很可能正德《松

---

[1]〔宋〕欧阳修、宋祁：《新唐书》卷四一《地理志》，第4册，第1061页。旧捍海塘堤何时修筑未详。宋代水利家郏侨引《新唐书·地理志》作“二百十四里”。郏侨书见明人归有光所录《三吴水利录》卷二《郏侨书一篇》。或许是后人传抄讹误所致亦不可知。

[2]〔宋〕潜说友：《咸淳临安志》，《宋元方志丛刊》，第4册，第3517页。

[3]〔明〕正德《松江府志》卷三《水下》，《天一阁藏明代方志选刊续编》本。

[4]〔清〕雍正《江南通志》卷六四《水利治绩二》“松江府”条。

[5]〔明〕张内蕴、周大韶：《三吴水考》卷二《水利大纲》“捍海塘”条，文渊阁《四库全书》本。

江府志》与雍正《江南通志》所载捍海塘长度仅为松江府境内的长度，而不是起点与终点间的距离，其中并未包括盐官县境内的一段，志书中之所以附载捍海塘的起点与终点是为了说明松江府捍海塘系唐开元元年所筑捍海塘的一部分。可见，开元元年这次大规模的海塘修筑活动，在南起钱塘江口盐官、北至吴淞江老鹳嘴之间的长江三角洲濒海地带，构筑起了一道绵延四百余里，用以抵御海潮侵袭的屏障。当时修建的海塘高一丈七尺、面阔二丈，而塘基更是加倍，坚固程度自非昔时可比。至此，杭嘉湖平原所在的长江三角洲地区，其沿海地带的海塘系统已经基本形成。这既为大历年间（766—779）杭嘉湖平原上的大规模垦殖提供了可能，同时也使该地区在垦殖之后的农业生产有了切实的保障。[1]

开元十年（722），越州会稽县令李俊之增修境内防海塘。《新唐书·地理志》越州会稽郡会稽县下记载云："东北四十里有防海塘，自上虞江抵山阴百余里，以蓄水溉田，开元十年令李俊之增修，大历十年观察使皇甫温、大和六年令李左次又增修之。"这是正史所载钱塘江南岸最早的海塘修筑。

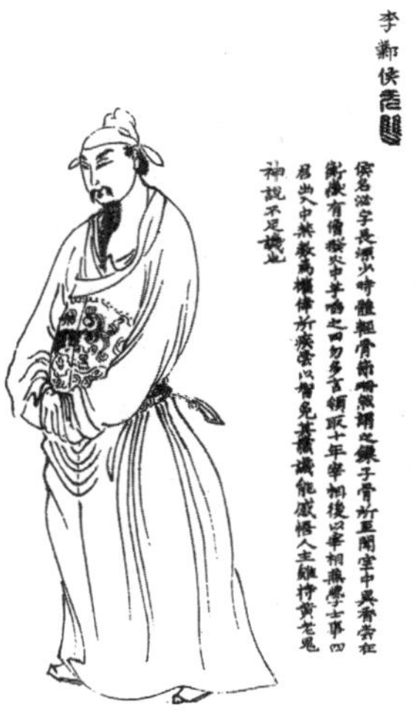

李泌像

李泌开六井惠泽百姓

[1] 参见李伯重:《唐代江南农业的发展》，农业出版社 1990 年版，第 75 页，并注；周祝伟:《唐五代时期杭嘉湖地区旱涝灾荒及其治理》，项义华主编:《浙江历代灾荒治理与社会经济》，浙江人民出版社 2014 年版，第 5—6 页。

此处言“增修”，说明此前已筑有防海工程。大历十年（775），观察使皇甫温再次增修。

贞元元年（785），浙东观察使皇甫政为摈除海潮而增修堰闸以散泄水势，期免于潦，于山阴县（今绍兴西部）北20里的金鸡、玉蚣两峰之间建立斗门，史称“玉山斗门”，即后来的朱储斗门，泄水入江。玉山斗门“因二山之间，得地南北二十步，两端稍陷则凿而通之，植木为柱，衡木为闸，分为八间。其中石阜隆然，则存而不凿……植牌则水，时启闭焉。然后两邑之田，远近高下，泄之无不及之渊，蓄之无不沃之地”[1]。岩石陡绝，水势夺门而出，从此山阴、会稽、萧山三县之水可以出三江以入于海了。

贞元七年（791），富阳县令郑早对于富春江堤的维护极为重视，组织力量对富春堤进行了增修，自海至于笕浦堤。[2]

元和十年（815），浙东观察使孟简筑山阴运道塘。

长庆四年（824），杭州刺史白居易修筑钱塘湖堤（即西湖湖堤）以“钟泄其水，溉田千顷”，又“复浚李泌六井，民赖其汲”[3]。此时西湖从自然的潟湖逐步变成人工湖，第一次将西湖作为一个水库来使用，解决了居民的生活用水、农田灌溉和运河给水。

白居易

大和六年（832），会稽县令李左次再次增修境内防海塘。次年，浙东观察使陆亘始置新径斗门于山阴县西北46里。另据史载，海盐县“西北六十里有汉塘”，也是在这一年建筑。

会昌六年（846），杭州刺史李播三次上书宰相，说：“涛坏人居，不一焊锢，败侵不休。”为此，朝廷拨款二千万，李播“筑长堤，以为数十年计”。这次所筑的数十里长堤（即海塘），使杭州“人益安善”[4]。由于杭州当时所辖的濒海县有钱塘、

[1]〔宋〕邵权：《越州重修山阴县朱储斗门记》，《绍兴县志资料》第1辑第3册。

[2]〔宋〕欧阳修、宋祁：《新唐书》卷四一《地理志》，第4册，第1059页。

[3]〔宋〕欧阳修、宋祁：《新唐书》卷一一九《白居易传》，第14册，第4303页。

[4]〔唐〕杜牧：《杭州新造南亭子记》，《全唐文》卷七五三，第7810页。

盐官二县，而杜牧又没有具体地指出李播担任杭州刺史时所筑长堤的位置，因此这段长堤既可能在钱塘县也可能在盐官县，而且也有可能是两县兼而有之。不过，据学者考证，这段长堤建在杭州城所在的钱塘县境内，可能性要相对大一些。[1]

咸通二年（861），杭州刺史崔彦曾考虑到钱塘江潮水从东南向西北冲涌，且依杭州东部海滩不断向东扩展，潮水也不断向东退去的因素，在钱塘县以南五里开沙河塘，泻导潮水。南宋王象之《舆地纪胜》卷二《杭州·景物下》记其事云："潮水冲击入城，奔逸势莫能御，故开沙河以御之。河有三，曰外沙、中河、里沙。"亦即在新淤涨的沙地上开河以泻江潮，防止钱塘江潮水冲击杭州城市。并据此可知，沙河塘由三部分组成：外沙、里沙和中沙。《新唐书》卷四一《地理志》杭州钱塘县条云："钱塘南五里有沙河塘，咸通二年刺史崔彦曾开。"[2]南宋《咸淳临安志》卷三八云："沙河塘……在钱塘县旧治之南五里。潮水冲击钱塘江岸，奔逸入城，势莫能御。咸通二年，刺史崔彦曾开三沙河以决之。曰外沙、里沙、中沙。"明成化《杭州府志》载外沙河南自永昌门绕城东北，过永昌坝、螺蛳桥，东至蔡湖桥，西连庆春门，沿城转西至会昌坝，下艮山河，入泛洋湖，转北至得胜坝，东与上塘河相合。根据后人考证，外沙河南自吴山脚下望仙桥，东北循今江城路、大学路、光芒路至艮山达于运河；里沙河在今建国路以东，即今菜市桥河；中沙河今已无考，疑当介于外沙河与里沙河之间，相当于今庆春门出赭山之前的沙河，而现在的羊坝头可能就是崔彦曾所筑隔截海潮倒灌入城之坝[3]。三沙河的开凿既保障了杭州城市的安全，也保障了杭州运河和钱塘江的安全。

在上述记载的这些水利工程，特别是杭州湾两岸所修的捍海堤中，既有筑钱塘江江堤以防御钱江潮水的，也有钱塘江潮的分流疏通工程，且规模不乏百里以上者。虽以土塘为主，但是长达150余公里，实属非凡，对于保障人民生命财产的安全、农业生产的发展和运河的通航无疑具有重要意义。但由于唐代

---

[1] 参见周祝伟：《唐五代时期杭嘉湖地区旱涝灾荒及其治理》，项义华主编：《浙江历代灾荒治理与社会救济》，第6页。

[2] 〔宋〕欧阳修、宋祁：《新唐书》卷四一《地理志》，第1059页。

[3] 魏嵩山：《太湖流域开发探源》第十章《杭州城市的兴起及其城区的演变》，江西教育出版社1993年版。

海塘筑堤技术水平不高，往往沿海岸起筑土塘，薪、土、石相杂，极不牢固，抵御咸潮的能力非常有限，处于屡修屡毁的循环之中。特别是杭州本由海潮涨成平陆，因此唐代杭州城经常遭到潮水的冲击，江潮屡迫城垣。杭州附近的沙地，涨坍无常。为了防止潮水淹没杭城及运河，及时渲泄潮水，唐代地方官员屡次在杭州城东开挖沙河，其中见于记载的主要有唐代中期李珦开沙河和唐代后期崔彦曾开沙河。此外，杭州许多方志都提到了唐代钱塘人石瑰曾竭家财带领百姓筑堤的故事，说他生于唐长庆三年，曾于咸通年间前带领民众筑堤捍海潮，“奋力筑堤以捍水涌，祁寒剧暑不辍，功未就，竟死于潮”，功未就，死于海。咸通中，官为立庙，封潮王，其庙即称潮王庙，又名石姥祠。[1]至今杭州市区还有潮王路、潮王桥、潮王庙等遗迹可寻。

2.唐代钱塘江流域湖泊的治理

唐朝在钱塘江流域进行的大规模湖泊治理工程，仅溉田千顷以上的就有杭州西湖、余杭南北湖、绍兴鉴湖等。

杭州钱塘湖（今西湖）自东汉与海相隔成为内湖以后，经过一个时期的淡化，人们就创建了湖堤，用以蓄水灌溉。正如明人田汝成《西湖游览志》所说：“六朝已前，史籍莫考……逮于中唐，而经理渐著。”唐大历年间（766—779）的杭州刺史李泌，大约是迄今见诸记载“经理”西湖的第一人。“李泌刺史杭州，悯市民苦江水之卤恶也，开六井，凿阴窦，引湖水以灌之，民赖其利。”同时又在钱塘门外建石函桥，置水闸，“泄湖水以入下湖。沿东西马塍、羊角埂，至归锦桥，凡四派”，以利灌溉。长庆二年（822）白居易出任杭州刺史，时值杭州大旱成灾，而钱塘湖已经严重淤浅，出现葑田“约数十顷”，蓄水量大为萎缩。白居易决定治理钱塘湖。但当地官吏和地主豪强为了私利，竟提出所谓六条理由反对动工。白居易据理一一予以驳斥，毫不犹豫地发民挖去葑田，并将旧有湖堤（钱塘门外自东向西与白堤东端相接，相当于今湖畔居至宝石山麓）“高加数尺”，以增加钱塘湖的库容量。又在湖北、湖南修建了函、笕，以便排泄洪水，保障湖堤的安全。同时还疏浚了李泌所开六井。整个工程完成以后，

[1]〔清〕雍正《浙江通志》卷二一七《祠祀一》“潮王庙”条，第11册，第6150—6151页。另，石瑰筑堤时间不详，但从其生于唐长庆三年而咸通中官为之立庙看，疑即在咸通二年前后。钟毓龙所著《说杭州》将石瑰生年错作筑堤时间，误。

既为江南运河扩充了水源，也保障了运河两岸农田灌溉，还解除了杭城居民生活用水之忧，可谓一举而三得。白居易自己评价其工程云："凡放水溉田，每减一寸，可溉五十余顷，每一复时，可溉五十余顷。大抵此州春多雨，夏秋多旱，若堤防如法，蓄泄及时，即濒湖千余顷田，无凶年矣。"[1]这就是白居易在《别州民》诗中所说的"唯留一湖水，与汝救凶年"。在治理西湖的工程完工以后，白居易还特地以刺史的身份撰写了《钱唐湖石记》，刻石湖畔，详细阐述了修筑湖堤的作用，使用和管理的方法，并谆谆告诫后人应该注意的事项。这可以说是保护西湖的第一部地方性法规。

余杭县南五里有上湖，西二里有下湖，原为东汉灵帝熹平二年（173）县令陈浑所创，岁久塘圮。唐宝历年间（825—827），县令归珧因汉令陈浑故迹重开。归珧还开凿了北湖，灌溉田地千余顷。珧又筑甬道，通西北大路，高广径直百余里，行旅无山水之患。余杭上湖、下湖经归珧重开以后，代有浚治，经久不废，直到现今仍在发挥它的作用。

鉴湖在隋唐时期依然是山（阴）会（稽）平原的骨干水利工程。唐高宗时长史杨德裔在山阴修建的陂塘，贞元元年（785）观察使皇甫政修建的越王山堰、朱储斗门，大和七年（833）观察使陆亘修建的新泾斗门等，进一步完善了古老的鉴湖工程。元和十年（815）观察使孟简重修了从越州州城至萧山的新河、运道塘，在保障农田水利的同时，还改善了鉴湖水系浙东运河的航运条件。

3.唐代钱塘江流域堤堰的建筑

贞观十二年（638），富阳县令郝砆在县北14里开阳陂湖蓄水，同时建造水闸，溉田万顷，惠利在民。

贞观年间（627—649），容州刺史厉文才在今东阳南江上创建社陂，灌田百余顷。因开元中升容州为都督府，后人又称社陂为都督堰。

贞元十八年（802），於潜（今临安西部）令杜泳开县南30里紫溪（即今分水江支流天目溪）水灌田，又凿渠30里以通舟楫。

乾符至文德年间（874—888），歙州刺史吕季重以俸募工疏凿练江车轮湾

[1]〔唐〕白居易：《白居易全集》卷六八，上海古籍出版社1999年版，第941页。

滩礁。这是迄今所知钱塘江水系上疏凿航道的最早史实。后人称该河段为“吕公滩”。

景福二年（893），睦州寿昌县令戴钧“开西湖蓄新亭坂之余水，东开暗沟五百余丈，引湖水从东门出，溉东郭之田，复作桥于湖上以便行者，至今赖之”[1]。

光化元年（898），武成（今武义）县民任留在今武义江支流熟溪创筑长安堰。堰在县西二里湖山潭，下分山堰、中堰和曹堰，灌田万余亩。

龙纪至天复年间（889—903），致仕兵部侍郎徐镃在今武义江支流清溪上筑堰，并用地下涵瀛集水。这是迄今所知全水系最早的地下水库。后人因徐镃曾任仓部侍郎，称“仓部堰”。

处州丽水西南碧湖平原上的重要水利工程通济堰，为梁朝天监四年（505）创建。当时，大坝系用条木构筑，直到南宋开禧元年（1205）“为图久远，不费修筑”才改为石坝。改坝之前，每逢冬春之际都要对大坝进行维修，隋唐时期当然也不例外。除了治理通济堰，唐宣宗（847—859）时期，刺史段成式还治理了恶溪，并在丽水东北恶溪之上建堰，以灌溉万余亩农田，从此民间称恶溪为好溪，其堰亦名之为好溪堰。

此外，婺州武义的长安堰、衢州西安的神塘等，都创建于唐朝，并为地区的重要水利工程。

三、唐代钱塘江的交通设施

（一）唐代钱塘江的水上交通

钱塘江中、上游多浅滩，江水曲折而环绕，不便船只航行。权德舆《新安江路》称之为“深滩属浅滩，万转出新安。人远禽鱼静，山深古木寒”。尤以七里濑、子陵滩为著，《元和郡县图志》均为之专列条目。因为水浅滩多，所以行船颇难。权德舆另有一首《自桐庐如兰溪有寄》诗云：“东南江路旧知名，惆怅春深又独行。新妇山头云半敛，女儿滩上月初明。风前荡飏双飞蝶，

[1]〔明〕万历《严州府志》卷一〇《治行志》，日本藏中国罕见地方志丛刊本。

花里间关百啭莺。满目归心何处说，欹眠搔首不胜情。”也流露出一种无可奈何的心境。金华地区也是如此，史载：“唐东阳郡，滨于浙江，有山周数百里，江水曲而环焉。迁滞舟楫，人颇病之。常侍敬昕，大和中出守。其山一夕云物曛晦，暴风雷电，动荡室庐，江水腾溢，莫不惶惑。迨晓方霁，人往视之，已劈而中分，相远数百步，引江流直而贯焉。其环曲处，悉填以石，遂无萦绕之患。”[1]

而钱塘江下游由于江面辽阔，加上潮涌等因素，也是交通极其不便。宋代李昉《太平广记》就对唐代钱塘江下游的航运有所述及：“叶法善，字道元，本出南阳叶邑，今居处州松阳县。四代修道，皆以阴功密行及劾召之术救物济人。……钱塘江常有巨蜃，时为人害，沦溺舟楫，行旅苦之。投符江中，使神人斩之。除害殄凶，玄功遐被，各具本传。于四海六合，名山洞天，咸所周历。出《集异记》及《仙传拾遗》。”[2]巨蜃为中国神话传说的一种海怪，形似大牡蛎（一说是水龙），恐怕是鲨鱼、鲸鱼等的大型鱼类。

（二）码头和渡口

唐代，杭州钱塘江上的码头、渡口等设施得到了进一步完善。杭州城南钱塘江北岸的龙山、柳浦，以及隔江相望的定山、渔浦、西陵，以至杭州东北的临平等地，都已经成为重要的渡口和码头。

1.浙江渡

浙江渡在候潮门外浙江亭江岸，与对岸西兴渡遥遥相峙，是杭州最古老的渡口。至唐代，这里更加兴盛了。孟浩然《渡浙江问舟中人》诗云：“潮落江平未有风，轻舟共济与君同。时时引领望天末，何处青山是越中？”[3]是时，这里建有樟亭，即后来所称的浙江亭。这是一个非常重要的驿亭，为南北往来要津，是远客乡愁之地，人们往往到此送客上船或登樟亭观看江潮。白居易《樟亭驿见杨旧》诗云：“往恨今愁应不殊，题诗梁下又踟蹰。羡君独梦见兄弟，我到天明睡亦无。”又《宿樟亭驿》诗：“夜半樟亭驿,愁人起望乡。月明何所见,

---

[1]〔宋〕李昉:《太平广记》卷三九四《东阳郡山》，第8册，第3152页。

[2]〔宋〕李昉:《太平广记》卷二六《叶法善》，第1册，第170页。

[3]〔清〕彭定求等:《全唐诗》卷一六〇，中华书局1960年版，第1671页。

潮水白茫茫。”[1]据《唐六典》记载，开元至天宝年间（713—756），浙江渡有渡船3艘。这是钱塘江上渡口渡船数的最早记载。

登樟亭可观钱塘潮，月夜下，潮白亭空，滔滔江水、满耳潮声唤起了诗人思乡之情。盛唐著名山水诗人孟浩然《与杭州薛司户登樟亭楼作》诗云：“水楼一登眺，半出青林高。帟幕英僚敞，芳筵下客叨。山藏伯禹穴，城压伍胥涛。今日观溟涨，垂纶欲钓鳌。”[2]又，孟浩然《与颜钱塘登樟楼望潮作》：“百里闻雷震，鸣弦暂辍弹。府中连骑出，江上待潮观。照日秋云迥，浮天渤澥宽。惊涛来似雪，一坐凛生寒。”[3]诗中写出杭州城中官员是骑着马前来观潮，看到了惊天动地的大浪。姚合在凤凰山麓的官署中也写了《杭州观潮》诗：“楼有樟亭号，涛来自古今。势连沧海阔，色比白云深。怒雪驱寒气，狂雷散大音。浪高风更起，波急石难沉。鸟惧多遥过，龙惊不敢吟。坳如开玉穴，危似走琼岑。但褫千人魄，那知伍相心。岸摧连古道，洲涨踣丛林。跳沫山皆湿，当江日半阴。天然与禹凿，此理遣谁寻。”[4]郑谷《题杭州樟亭》云：“故国江天外，登临返照间。潮来无别浦，木落见他山。沙鸟晴飞远，渔人夜唱闲。岁穷归未得，心逐片帆还。”[5]驿馆的建筑非常讲究，这从白居易《樟亭双樱树》一诗中可以看出：

南馆西轩两树樱，春条长足夏阴成。
素华朱实今虽尽，碧叶风来别有情。[6]

2.渔浦、西陵渡

渔浦与西陵皆位于钱塘江入海处，是古时钱塘江最重要的两大渡头。陶翰《乘潮至渔浦作》记自己泛舟钱塘，在渔浦停靠：“舣棹乘早潮，潮来如风雨。樟台忽已隐，界峰莫及睹。崩腾心为失，浩荡目无主……云景共澄霁，江山相吞吐。伟哉造化工，此事从终古。流沫诚足诫，商歌调易苦。颇因忠信全，客

[1] 谢思炜:《白居易诗集校注》卷一三，中华书局2006年版，第1060页。
[2] ［清］彭定求等:《全唐诗》卷一六〇，第1648页。
[3] ［清］彭定求等:《全唐诗》卷一六〇，第1645页。
[4] ［清］彭定求等:《全唐诗》卷四九九，第5677页。
[5] ［宋］计敏夫:《唐诗纪事》卷七〇《郑谷》，文渊阁《四库全书》本。
[6] 谢思炜:《白居易诗集校注》卷二〇，第1627页。

心犹栩栩。”[1]历史上渔浦也常常成为兵家必争之地，如唐末钱镠与浙东观察使刘汉宏进行战争，刘汉宏即派军队“营于西陵，将图浙西。既烧渔浦，劫富春”，[2]进而威胁杭州。

西陵建有西陵馆。唐制驿馆由驾部员外郎职掌。陆驿置马，水驿置船。规定各水驿“量事闲要以置船。事繁者每驿四只，闲者三只，更闲者二只。……船一给丁三人”。凡驿皆由政府“给钱以资之，什物并皆为市”，各向市肆采购。又规定：“凡乘驿者，在京于门下（省）给券，在外于留守及诸军州给券。若乘驿经留守及五军都督府过者，长官押署。若不应给者，随即停之。”[3]

虽然，唐代钱塘江两岸建有多个渡口，但在当时文人心中也不乏抱怨之音，例如周匡物《应举题钱塘公馆》诗云：“万里茫茫天堑遥，秦皇底事不安桥？钱塘江口无钱过，又阻西陵两信潮。”此乃贫穷士子面对钱塘天堑的悲苦言语。周匡物，字几本，漳州龙溪县人。唐元和十一年王播榜下进士及第，时以歌诗著名，仕至高州刺史。少时家贫力学，徒步赴长安应举，途经钱塘江，因乏渡船费，久滞无法乘坐渡船，遂于公馆题诗一首。刺史看到这首诗后，处罚了主管津渡的官吏。从此以后，舟子不敢收取科举人士的渡船钱。[4]卢纶《渡浙江》则讲述渡江之难：“飞沙卷地日色昏，一半征帆浪花湿。”[5]

（三）与钱塘江平行的浙东运河

唐朝中期以后，随着宁绍平原地区社会经济的发展，浙东运河的作用日显重要，对它的治理也日益加强。据《新唐书·地理志》记载，唐元和十年（815）浙东观察使孟简开凿了“新河”，修建了“运道塘”；大和七年（833）浙东观察使陆亘又修建了新泾斗门。“新河”大约是对浙东运河绍兴以西一段的疏浚。“运道塘”在今绍兴与萧山间运河沿岸，其时尚为土塘，至明弘治（1488—1505）

[1]〔清〕彭定求等：《全唐诗》卷一四六，第 1476 页。

[2]〔宋〕钱俨：《吴越备史》卷一，傅璇琮、徐海荣、徐吉军主编：《五代史书汇编》，杭州出版社 2004 年版，第 6173 页。

[3]〔唐〕李林甫：《唐六典》卷五《驾部郎中员外郎》。又，《大唐六典》但言“驿”而不言“馆”，或驿馆互可通称之故。

[4] 以上参见〔宋〕李昉：《太平广记》卷一九九《周匡物》，第 4 册，第 1494 页。

[5]〔清〕彭定求等：《全唐诗》卷二七九，第 3178 页。

初年山阴知县“甃以石”，逐渐形成一条由一系列小桥组合而成的既是堤岸也是塘路，同时又不影响运河泄洪以及与运河沿途江河湖塘交通的“纤道”。新泾斗门在山阴（今绍兴）西北23公里，是一种蓄水、排洪的大型水闸。此外，为了保障运河的安全和维持运河通航必要的水位，作为浙东运河主要水源之一的镜湖，这一时期也多次进行了治理。钱塘江边的西兴堰，萧山以东的凤堰、太末堰，绍兴城东的都泗堰，曹娥江边的曹娥堰等，或于唐前，或于唐朝也相继建成，这在很大程度上提高了浙东运河的航运能力。

（四）各州（郡）间的交通里程

经过隋唐时期修桥铺路、开凿运河等不懈努力，钱塘江流域诸州的交通有很大改观，各州（郡）之间已均有道路可通。兹录《元和郡县图志》“八到”记载的浙江境内各州（郡）间交通里程如下：

杭州　西北至上都（长安）3400里；
　　　西北至东都（洛阳）2540里；
　　　西南至睦州315里；
　　　东南取浙江至越州130里（同书越州“八到”作140里）；
　　　西至歙州470里；
　　　西北至宣州496里；
　　　东北至浙江入海处约100里；
　　　北至苏州370里。
睦州　西北至上都3715里；
　　　西北至东都2855里；
　　　西北至衢州281里（“西北”至衢州当作“西南”至衢州）；
　　　西北至歙州370里；
　　　东南至婺州160里。
　　　越州西北至上都3530里；
　　　西北至东都2670里；
　　　东至明州275里；
　　　东南至台州475里；
　　　西南至婺州390里；

西北至杭州 140 里（同书杭州“八到”作 130 里）。
婺州　西北至上都 3995 里（它本 3995 里作 3895 里）；
西北至东都 3035 里；
正北微西至睦州 160 里，水路 180 里；
正北微东至越州 390 里；
西至衢州 190 里；
东南至处州 260 里。
衢州　西北至上都 4095 里（他本 4 作 3）；
西北至东都 3135 里（他本作 2130 里）；
南至建州 700 里（官本“南”作“东南”，当为“西南”之误）；
西至信州 250 里；
东至婺州 190 里；
东南至处州 450 里。
处州　西北至上都 4155 里（殿本 4155 里作 4255 里）；
西北至东都 3295 里；
西北至婺州 260 里；
西北至衢州 450 里；
东北至台州 490 里；
西北至建州水路 900 里（“西北”当作“西南”），陆路 490 里；

（四）馆驿

馆为设于驿道接待公私客旅的馆舍，驿为传递公文的邮驿。古代早已有之。隋唐时期，馆、驿开始合而为一，到唐玄宗开元以后，“馆驿”常常连称，或称“馆”而盖驿，或称“驿”而盖馆，互为通称。

隋文帝精简机构，裁并郡县，馆驿也随之减少。唐承隋制，而随着历史的发展，馆、驿渐至遍布全国。据《唐六典》卷五记载：“驾部郎中员外郎，掌邦国之舆辇车乘，及天下之传驿，厩牧官私马牛杂畜之簿籍，辨其出入阑逸之政令，司其名数。凡三十里一驿……若地势险阻及须依水草，不必三十里。每驿皆置驿长一人。量驿之闲要，以定其马数。都亭七十五匹，诸道之第一等减都亭之十五，第二、第三皆以十五为差，第四减十二，第五减六，第六减四。其马官给。有山阪险峻之处及江南岭南暑湿不宜大马处，兼置蜀马。凡水驿亦量事闲要以置船。事繁者每驿四只，闲者三只，更闲者二只，凡马名（“名”当作“各”）给丁一人，船一给丁三人。凡驿皆给钱以资之，什物并皆为市。凡乘驿者，在京于门下给券，在外于留守及诸军州给券。若乘驿经留守及五军都督府过者，长官押署，若不应给者，随即停之。”《唐六典》言“驿”而不言“馆”，大概就是“驿”“馆”互可通称的缘故。

钱塘江流域内海盐的秦驻馆、杭州的樟亭驿、萧山的西陵馆、剡县的剡溪馆等，都是著名的馆驿。此外，杭州至苏州间有海宁赋亭驿、桑亭驿（义亭驿、长安驿），海盐海盐馆、秦驻馆，嘉兴石门驿；杭州至青溪（今淳安）间有富阳高风驿（古驿），桐庐桐庐馆，青溪青溪驿（新安驿、锦溪馆）；杭州至越州、明州、台州间有杭州樟亭驿、钱塘馆，萧山庄亭驿（西兴驿）、西陵馆，山阴西亭驿（蓬莱驿）、苦竹驿，余姚使华驿，慈溪皃矶驿；越州至台州、温州间有嵊县剡溪馆；越州至婺州间有诸暨诸暨驿（待宾馆），义乌绣川驿（双柏驿）、待贤驿，金华婺州水馆、金华驿。由此也可以看出唐朝时钱塘江流域馆驿的设置还是比较普遍的，这对交通自然提供了许多方便。[1]

四、唐代钱塘江流域诸州的人口与城市的发展

（一）唐代钱塘江流域诸州的人口

唐代开元、天宝时期（713—756）是浙江人口大踏步增长的时期，已经成为人口较为稠密的地区。兹据《旧唐书·地理志》《新唐书·地理志》《元和郡县图志》记载，唐贞观十三年，越州人口有25890户、124010口；杭州人口有30571户、153720口；婺州人口有37891户、228990口；睦州人口有12064户、59068口；处州人口有12899户、101606口。到开元二十八年（740），越州人口多达107645户、631456口；杭州人口达86255户、585963口；婺州人口达99409户、487879口；睦州人口达55516户、386424口；衢州人口达62288户、400630口；处州人口多达33278户、200157口。而元和年间（806—

[1] 参见徐望法主编：《浙江古代道路交通史》，浙江古籍出版社1992年版，第83—86页。

820），这些地区的户口又大幅下降：越州人口为20685户、121340口；杭州人口51276户、348323口；婺州人口48036户、235751口；睦州人口9054户、63021口；衢州人口17426户、112082口；处州人口19726户、118646口。据上述数据来看，杭、越两州天宝户数均达9万上下，比贞观中净增2—3倍。婺州在隋朝为东阳郡，有户19805，贞观中有户37891，垂拱二年（686）因户口增加而复置衢州，天宝年间婺州户至144086，衢州有户68472，合计212558户，较隋代同一地域的户数增加近10倍，比贞观中净增近5倍。由此可见，在唐朝一个相当长的时间里，钱塘江流域诸州的人口数量在全国总人口中所占的比重一直上升较快。只是安史之乱以后有大幅度的下降，但同时在全国总人口的比重反而上升。

需要说明的是，唐代钱塘江流域人口急增的原因，很大因素与中原人口南迁有关。特别是唐代“安史之乱”中，北方人口再次大量南迁江浙地区。如唐肃宗上元二年（761）安禄山兵入洛阳时，梁肃一家即“旅于吴越”[1]。柳宗元的父亲在安史之乱开始时，曾隐居王屋山，企图避祸，但这时中原遍地烽烟，王屋山也非净土，于是又举族逃亡，来到吴越地区[2]。独孤及在天宝末年，曾任华阴县尉，到任未久，即因“中原兵乱，避地于越”[3]。除上述外，其他士人也纷纷投奔越地以求生存，正如唐人苏颋所说的那样“是时中原多故，贤士大夫以三江五湖为家，登会稽者，如鳞介之集渊薮”[4]。这些不同时期从北方南迁的士庶百姓，对于促进当地的经济与文化的发展到了重要的推动作用。

（二）唐代钱塘江流域的城市建设

1.越州

唐代的越州，是江南的经济和文化重地。[5]在手工业方面，丝织业名扬四海，仅贡品就有耀光绫、白编绫、交棱绫、轻调绫、宝花罗、花纹罗、十样绫、

[1]〔唐〕梁肃：《过旧园赋》，《文苑英华》卷一三〇，文渊阁《四库全书》本。

[2]〔唐〕柳宗元：《柳宗元集》卷一二《先侍御史府君神道表》，中华书局1973年版，第294页。

[3]〔唐〕崔祐甫：《常州刺史独孤及碑》，《文苑英华》卷九二四，文渊阁《四库全书》本。

[4]〔唐〕苏颋：《工部尚书鲍防碑》，《文苑英华》卷八九六，文渊阁《四库全书》本。

[5]〔宋〕施宿：《嘉泰会稽志》卷一《城郭·子城》、〔宋〕张淏：《宝庆会稽续志》卷一《城郭》，《宋元方志丛刊》，第7册，第6724、7093页。

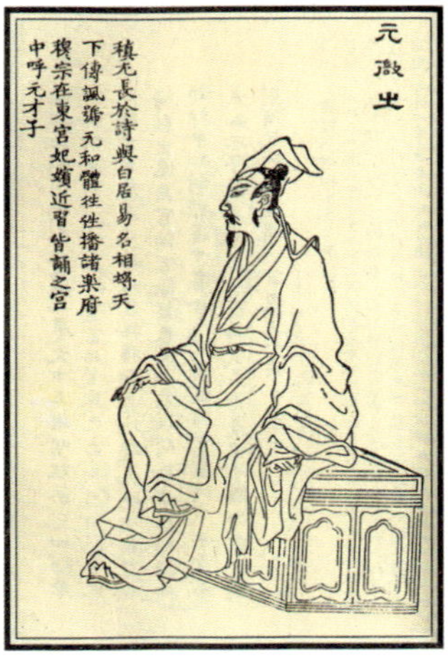

《晚笑堂画传》中的元稹像

花纹绫、轻容纱、生縠纱、花纱等[1]。丝织品产量也极具规模。唐朝末年，仅浙东观察使每旬所发“越绫万五千匹，他物称是”[2]。瓷器业居全国之首，号称极盛。唐代诗人陆龟蒙《咏越窑青瓷》曰：“九秋风露越窑开，夺得千峰翠色来。”[3]而时人陆羽更在《茶经》中评道：“碗，越州上，鼎州次，婺州次，岳州次，寿州、洪州次。或以邢州处越州上，殊为不然。若邢瓷类银，则越瓷类玉。邢不如越，一也。若邢瓷类雪，则越瓷类冰。邢不如越，二也……”其他如商业、交通运输业等也极其繁荣。长庆年间（821—824），任浙东观察使、越州刺史的元稹，曾用多首诗歌赞美这个城市的美好风光及繁荣景象，如：

以州宅夸于乐天

州城迥绕拂云堆，镜水稽山满眼来。
四面常时对屏障，一家终日在楼台。
星河似向檐前落，鼓角惊从地底回。
我是玉皇香案吏，谪居犹得住蓬莱。

重夸州宅旦暮景色兼酬前篇末句

仙都难画亦难书，暂合登临不合居。
绕郭烟岚新雨后，满山楼阁上灯初。
人声晓动千门辟，湖色宵涵万象虚。
为问西州罗刹岸，涛头冲突近何如？[4]

---

[1]〔唐〕冯贽：《南都烟花记》，载《唐人说荟》第13册。
[2]〔宋〕司马光：《资治通鉴》卷二五九，唐昭宗乾宁元年（894），第8460页。
[3]〔清〕彭定求等：《全唐诗》卷六二九，第7216页。
[4]〔唐〕元稹：《元稹集》卷二二，上册，中华书局1982年版，第244—245页。

送王协律游杭越十韵

去去莫悽悽，余杭接会稽。松门天竺寺，花洞若耶溪。
浣渚逢新艳，兰亭识旧题。山径秦帝望，垒辨越王栖。
江树春常早，城楼月易低。镜呈湖面出，云叠海潮齐。
章甫官人戴，莼丝姹女提。长干迎客闹，小市隔烟迷。
纸乱红蓝压，瓯疑碧玉泥。荆南无抵物，来日为侬携。[1]

在元稹笔下，越州俨然如一个商业城市，吆喝起越州的章甫（帽子）、莼、丝、青瓷等商品及越州的市场来了。这也正是城市经济职能发展的反映。

同时，越州的精神文化也是相得益彰。据统计，唐代越州有进士 20 人左右。其中《旧唐书》《新唐书》列传的人物有贺朝、万齐融、康子元、贺德仁、虞世南、贺知章、许伯会、徐浩、罗让、秦系、王叔文、孔述睿、孔敏行、吴融等。由于人才辈出，这里的文学、艺术等均称誉于世。诗有贺知章，书法有虞世南、徐浩，画有陈闳、孙位等。

2.杭州

唐代的杭州，地位较此前更显重要。因处江、运交会，成为南北商业中心，号为东南名郡，极具盛名。李华《杭州刺史厅壁记》说：

杭州，东南名郡，后汉分会稽为吴郡，钱塘属。隋平陈置此州，咽喉吴越，势雄江海。国家阜成兆人，户口日益。增领九县，所临莅者，多当时名公。……况郊海门，池浙江，三山动摇于掌端，灵涛喷激于城下，水牵卉服，陆控山夷，骈墙二十里，开肆三万室。[2]

杭州是当时重要的对外贸易港口，“东眄巨浸，辏闽粤之舟橹，北倚郭邑，通商旅之宝货”[3]，海外如日本、朝鲜、大食、波斯等国商人，往来不绝，杜甫有诗：“商胡离别下扬州，忆上西陵故驿楼。”[4]如此杭州呈现出“灯火家家市，笙歌处处楼”的繁荣景象。唐代诗人杜荀鹤《送友游吴越》诗描述道：“去越从吴过，吴疆与越连。有园多种橘，无水不生莲。夜市桥边火，春风寺外

---

[1]〔唐〕元稹：《元稹集》卷二二，上册，第 131 页。
[2]〔唐〕李华：《杭州刺史厅壁记》，见《全唐文》卷三一六，第 3206 页。
[3]〔五代〕罗隐：《杭州罗城记》，见《全唐文》卷八九五，第 9346—9347 页。
[4]〔清〕彭定求等：《全唐诗》卷二三〇，第 2517—2518 页。

船……”[1]到唐代后期，杭州商品贸易的发展也让政府获得了一笔可观的商税收入。沈亚之《杭州场壁记》说：

> 国家始以输边储塞，不足于用，遂以盐铁榷估为助。使吏曹计其入。于郡县近利之地，得为院盐场之署，以差高下之等。顾杭州虽一场耳，然时南派巨流，走闽禺瓯越之宝货，而盐鱼大贾所来交会，每岁官入三十六万千计。[2]

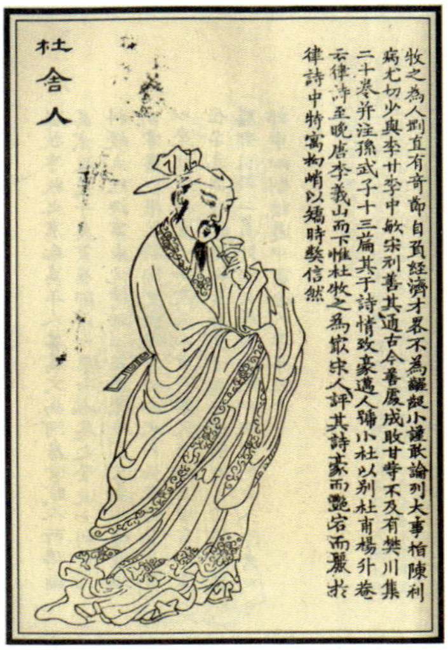

杜牧像（《晚笑堂画传》）

杜牧《上宰相求杭州启》则说元和年间（806—820年）“杭州户十万，税钱五十万”，即每年税钱可达50万缗。[3]其时全国一年商税为1200万缗，而一个杭州竟占了全国当时商税的二十四分之一。

杭州的城市地位发生了根本性的变化。在中唐以后，杭州遂以“东南名郡”见称于世。德宗时，白居易《卢元辅杭州刺史制》说：“江南列郡，余杭为大。”[4]又在诗中说：“霅川（湖州）殊冷僻，茂苑（苏州）大繁雄，惟有钱塘郡，闲忙正适中。”而唐诗人杜牧《杭州新造南亭记》则认为：“钱塘于东南繁大，雅亚吴郡。”[5]

随着杭州经济的繁荣，精神文化也出现了勃兴。如在《旧唐书》《新唐书》列传所载的人物就有褚亮、褚遂良、褚璆、褚无量、许敬宗、许远、王伾、董昌等杭州人物中，有许多是隋唐时期显赫一时的政治风云人物。此外，如褚遂良、孙过庭之书法，澄观、良价之佛法，等等，也都深得后人的推崇。

其时杭州的州治，在城内的凤凰山。唐长庆中，刺史白居易《余杭形胜》诗云：“余杭形胜四方无，州傍青山县枕湖。绕郭荷花三十里，拂城松树一千

---

[1]〔清〕彭定求等：《全唐诗》卷六九一，第7926页。
[2]〔清〕董诰等：《全唐文》卷七三六，第7604页。
[3]〔清〕董诰等：《全唐文》卷七五三，第7806页。
[4]〔唐〕白居易：《白居易集》卷五五，中华书局1979年版，第1163—1164页。
[5]〔唐〕杜牧：《杭州新造南亭子记》，《全唐文》卷七五三，第7810页。

株。”又，《夜归》诗云：“半醉闲行湖岸东，马鞭敲镫辔珑璁。万株松树青山上，十里沙堤明月中。楼角渐移当路影，潮头欲过满江风。归时未放笙歌散，画戟门开蜡烛红。”[1]州治建筑则有虚白堂、因岩亭、忘筌亭、高斋、东楼、清晖楼等建筑[2]。

虚白堂当是杭州刺史厅正厅。白居易有《虚白堂》诗刻石堂上，诗云：

平旦起视事，亭午卧掩关。除亲簿领外，多在琴书前。
况有虚白亭，坐见海门山。潮来一凭槛，宾至一开筵。
终朝对云水，有时听管弦。持此聊过日，非忙亦非闲。
山林太寂寞，朝阙空喧烦。惟兹郡阁内，嚣静得中间。

又“虚白堂前衙退后，更无一事到中心。移床就日檐间卧，卧咏闲诗侧枕琴。”《花楼望雪》诗云：“偷将虚白堂前鹤，失却樟亭驿后梅。”又《留题郡斋》：“吟山歌水嘲风月，便是三年任满时。春为醉眠多闭阁，秋因晴望暂褰帷。更无一事移风俗，惟化州民解咏诗。”又《郡中即事》：“漫漫潮初平，熙熙春日至。空阔远江山，晴明好天气。外有适意物，中无系心事。数篇对竹吟，一杯望云醉。行携杖扶力，卧读书取睡。久养病形骸，深谙闲气味。遥思九城陌，扰扰趋名利。今朝是只日，朝谒多轩骑。宠者防悔尤，权者怀忧畏。为报高车盖，恐非真富贵。”又诗：“三年为刺史，无政在人口。唯向郡城中，题诗十余首。惭非甘棠咏，岂有思人否。三年为刺史，饮水复食蘗。唯向天竺山，所得两片石。此抵直千金，无乃伤清白。”[3]

东楼又称郡楼、江楼、望海楼，在旧治中和堂之北。《太平寰宇记》：“名望潮楼，在钱塘县南一十三里。楼高一十丈。唐武德七年置。”白居易在郡时，诗兴多于此楼兴发，如《重题别东楼》诗：“东楼胜事我偏知，气象多随昏旦移。湖卷衣裳白重叠，山张屏障绿参差。海仙楼塔晴方出，江女笙箫夜始吹。春雨星攒寻蟹火，秋风霞飐弄涛旗。宴宜云髻新梳后，曲爱霓裳未拍时。太守经年嘲不尽，郡斋空作百篇诗。”[4]《初领郡政衙退登东楼作》诗：“鳏惸心所念，简牍手自操。何言符竹贵，未免州县劳。赖是余杭郡，台榭绕官曹。凌晨亲政事，

[1]〔唐〕白居易：《白居易集》卷二〇，第436页。
[2]〔明〕田汝成：《西湖游览志》卷七《南山胜迹》，上海古籍出版社1958年版，第78页。
[3] 谢思炜：《白居易诗集校注》卷八，第681—682、685页。
[4]〔唐〕白居易：《白居易集》卷二三，第514页。

向晚恣遊遨。山冷微有雪，波平未生涛。水心如镜面，十里无纤毫。直下江最阔，近东楼更高。烦襟与滞念，一望皆遁逃。”《杭州春望》诗：“望海楼明照晓霞，护江堤白踏晴沙。涛声夜入伍员庙，柳色春藏苏小家。红袖织绫夸柿蒂，青旗沽酒趁梨花。谁开湖寺西南路，草绿裙腰一道斜。孤山寺路在湖洲中，草绿时望如裙带。”[1]又《寄题余杭郡楼》诗：“官历二十考，宦游二十秋。江山与风月，最忆是杭州。北郭沙堤尾，西湖石岸头。绿觞春送客，红烛夜回舟。不敢言遗爱，空知念旧游。凭君吟此句，题向望涛楼。”《东楼南望八韵》：“不厌东南望，江楼对海门。风涛生有信，天水合无痕。鹢带云帆动，鸥和雪浪翻。鱼盐聚为市，烟火起成村。日脚金波碎，峰头钿点繁。送秋千里雁，报暝一声猿。已豁烦襟闷，仍开病眼昏。郡中登眺处，无胜此东轩。”《江楼夕望招客》诗：“海天东望夕茫茫，山势川形阔复长。灯火万家城四畔，星河一道水中央。风吹古木晴天雨，月照平沙夏夜霜。能就江楼销暑否，比君茅舍校清凉。”[2]此外，还有《东楼》《东楼晚眺寄张水部》等诗，此不一一赘述。

清辉楼，唐严郎中所建，见白居易严十八郎中在郡日改制东南楼因名清辉未立标榜、征归郎署、予既到郡性爱楼居晏游其间颇有幽致，聊成十韵兼戏寄严”诗云：“严郎置兹楼，立名曰清辉。未及题署花榜，遽征还粉闱。去来三四年，尘土登者稀。今春新太守，洒扫施帘帏。院柳烟婀娜，檐花雪霏微。看山倚前户，待月阐东扉。碧窗戛瑶瑟，朱栏飘舞衣。烧香卷幕坐，风燕双双飞。君作不得住，我来幸因依。始知天地间，灵境有所归。”[3]

高斋，有唐代严维《九日登高》诗：“诗家九日怜芳菊，迟客高斋瞰浙江。渔浦浪花摇素壁，西陵树色入秋窗。木奴向熟悬金实，桑落新开泻玉缸。四子醉时争讲德，笑论黄霸屈为邦。”[4]叶梦得《避暑录话》卷上云：“钱塘州宅之东，清暑堂之后，旧据城闉，横为屋五间，下瞰虚白堂，不甚高大，而最超出州宅及园圃之中，故为州者多居之，谓之高斋。”

固岩亭，始建于唐代。白居易《固岩亭》诗：“箕颍人穷独，蓬壶路阻难。

---

[1]〔唐〕白居易：《白居易集》卷二〇，第443页。

[2] 谢思炜：《白居易诗集校注》卷二〇，第1625—1626、1630页。

[3]〔清〕彭定求等：《全唐诗》卷四三一，第4761—4762页。

[4]〔清〕彭定求等：《全唐诗》卷二六三，第2916页。

何如兼吏隐，复得事跻攀。岩树罗阶下，江云贮栋间。似移天目石，疑入武丘山。清景徒堪赏，皇恩肯放闲？遥知兴未足，即被诏征还。”[1]

忘筌亭，始建于唐代。有白居易《忘筌亭》诗：“翠巘公门对，朱轩野径连。只开新户牖，不改旧风烟。空室闲生白，高情淡入玄。酒容同坐劝，诗借属城传。自笑沧江畔，遥思绛帐前。庭台随处有，争敢比忘筌。”

3.婺州

婺州为江南新兴的经济、文化重地。其地的丝织业、陶瓷业比较发达。据李吉甫《元和郡县图志》，以及《新唐书》等文献记载，唐代婺州曾贡绵。唐代婺窑除烧制青瓷、褐瓷和花瓷外，还创烧成功乳浊釉瓷，在中国陶瓷史上别具一格。

各种人才也不时涌现，唐代科举进士人数与杭、越等州不相上下，在10人左右。《旧唐书》《新唐书》列传所载的婺州人物有张志和、骆宾王、冯宿、冯定、冯审、舒元舆等。骆宾王为“初唐四杰”之一，张志和、舒元舆是负有盛名的诗人。

4.其他州县城

唐代睦州等地的经济和文化也开始兴起，并产生了一定的影响。在这一时期，一些城市也进行了兴筑。如睦州（新定郡）“本遂安郡，治雉山。武德七年曰东睦州，八年复旧名。万岁通天二年徙治建德。天宝元年更郡名”。中和四年（884），陈晟筑州城罗城，“周回十九里，高二十五尺，阔二丈五尺”。[2]

富阳县城，《咸淳临安志》说“旧传”唐咸通十年（869）县令赵讷修筑，周600步，高1丈，濠阔1丈5尺。

嘉兴县城，清雍正《浙江通志》卷二三记载：“《嘉兴府志》云不知所自始，《嘉禾志》谓唐乾宁中守臣曹信筑。《吴越备史》谓唐僖宗文德元年吴越武肃王命制置阮结筑。”乾宁、文德时嘉兴尚无置州，所城当即县城。

桐庐县城，清雍正《浙江通志》卷二四引《严陵志》云：“古城在县西北十五里。唐贞观二十年废，改筑于桐庐乡。开元二十六年，以邑有洪水之患，复移，

[1]〔唐〕白居易：《白居易集》卷二〇，第448页。

[2]〔宋〕《淳熙严州图经》卷一《城社》引刁衎大《厅记》，《宋元方志丛刊》，第5册，第4287页。

城于桐江口，即今县治是也。”

遂安县城，清雍正《浙江通志》卷二四引《严陵志》云：“县城在木连村溪北。唐武德四年徙于五狮山之南，是为今治。周二里二步，而溪北之城遂废。”

五、唐代钱塘江流域经济的发展

唐代，钱塘江流域的经济有了较大的发展。唐宪宗（806—820）时宰相李吉甫撰《元和国计簿》，明确指出：“每岁赋入倚办，止于浙江东西、宣歙、淮南、江西、鄂岳、福建、湖南等八道，合四十九州，一百四十四万户。”[1]据文献记载，唐宣宗（847—859）时期，浙东“机杼耕稼，提封七州，其间茧税鱼盐，衣食半天下”[2]。

（一）农业

唐代，钱塘江下游北岸的嘉兴等地兴起了大规模的屯田工程，工程由大理评事朱自勉领导，时人李翰《苏州嘉兴屯田纪绩颂》一文详述了嘉兴地区屯田活动的重要意义：“浙西有三屯，嘉禾为之大。乃以大理评事朱自勉主之。且扬州在九州之地最广，全吴在扬州之域最大，嘉禾在全吴之壤最腴，故嘉禾一穰，江淮为之康；嘉禾一歉，江淮为之俭。”此次工程规模极大：“嘉禾大田二十七屯，广轮曲折，千有余里。公画为封疆属于海，浚其畎浍达于川。”[3]可见屯田涉及地区覆盖嘉兴全境，而首要任务便在于疏通河道，保证积水不滞，泄水不阻，进而化沼泽为良田。通过朱自勉农田整治工作，嘉兴地区的农田景观得到了根本性的改变：

> ……嘉禾之田，际海茫茫，取彼榛荒，画为封疆。朱公莅之，展器授方。田事既饬，黎人则康，我屯之稼，如云漠漠，夫伍棋布，沟封绮错……畎距于沟，沟达于川，故道既湮，变沟为田，朱公浚之，执用以先。浩浩其流，乃与湖连。上则有涂，中亦有船。旱则溉之，水则泄焉，曰

[1]〔后晋〕刘昫：《旧唐书》卷一四《宪宗纪上》，第424页。

[2]〔唐〕杜牧：《李讷除浙东观察使兼御史大夫制》，《全唐文》卷七四八，第7753页。

[3]〔宋〕姚铉：《唐文粹》卷二一，文渊阁《四库全书》本。

雨曰霁，以沟为天，俾我公私，永无饥年……[1]

细读此篇序文，可知李翰对当时农田整治效果的描述实多出于亲身观察与思考，史料价值颇高。“嘉禾之田，际海茫茫”，则知当时捍海塘的建筑尚在起步阶段。嘉兴地区的农田耕地毗邻钱塘江出海处，且受海潮影响十分严重。朱自勉倡导的农田整治工作集中于疏浚沟渫：“畎距于沟，沟达于川，故道既湮，变沟为田。朱公浚之，执用以先。浩浩其流，乃与湖连。”畎、沟之本意均为田间水道，改造沮洳斥卤之地的前提就是排干积水，利用畎沟与太湖水系相连，构造稳定的河道及排泄系统。因此，“以沟为天”一语十分精辟地道出了当时整治工作以疏泄为主的时代特点。[2]

由于政府的重视、农田水利的兴办、农耕机具的改进、农业生产技术的提高，以及自然条件的优越，农业生产有了很大的发展。到了唐朝后期，两浙尤其是杭嘉湖平原和宁绍平原，已经成了全国重要农业区和粮食生产基地。权德舆《论江淮水灾上疏》中即说“江东诸州，业在田亩，每一岁善熟，则旁资数道”[3]，而“江东诸州”，实际上指的主要也就是这一地区。

在这一时期，钱塘江流域和浙江其他地区一样都是水稻主要产地，白居易《和微之春日投简阳明洞天五十韵》诗，其中有“越国强仍大，稽城高且孤……绿科秧早稻，紫笋折新芦”等句，就是钱塘江以南的宁绍平原种植早晚稻的写照。由于水利建设的发展、农具的改进、肥料的增加和耕作技术的提高，以及稻麦复种、水稻复种的推广，农业收成较以前有了提高。有学者估计，唐代的产量为亩三石。[4]农业生产的发展和单位面积产量的提高，使得两浙尤其是包括杭嘉湖地区在内的太湖平原，其粮食生产在国内的地位日益重要。特别是安史之乱以后，北方经济遭到严重破坏，政府对于有些地方已经失去控制，所以江南租谷对唐朝尤显重要。唐玄宗避乱成都时，第五琦就指出：“赋之所出，

[1]〔清〕董诰等:《全唐文》卷四三〇，第4375—4376页。

[2] 安介生:《历史时期江南地区水域景观体系的构成与变迁——基于嘉兴地区史志资料的探讨》,《中国历史地理论丛》第21卷第4辑，2006年10月。

[3]〔清〕董诰等:《全唐文》卷四八六，第4962页。

[4] 李伯重:《唐代江南农业的发展》，第141—149页。

江淮居多。”[1]与第五琦同时的萧颖士也说：“今兵食所资在东南。”[2]后来韩愈在《送陆歙州诗序》中也说：“赋出天下而江南居十九。”贞元八年（792），权德舆在《论江淮水灾上疏》中说：淮南、浙西、徐、蔡、襄、鄂等道“业在田亩，每一岁善熟，则旁资数道”。又说：“然赋取所资，漕挽所出，军国大计，仰于江淮。”[3]唐德宗（780—805）初，浙江东、西道每岁入运米75万石。贞元（785—805）时又以岁饥，更令两税折纳米100万石，并委两浙节度使韩滉运送100万石至长安东渭桥。而淮南节度使杜亚运淮南濠、寿旨米和江南洪、潭屯米至东渭桥者仅20万石。[4]可见，安史之乱以后所运江淮诸州之米，主要是两浙之米。李翰《苏州嘉兴屯田纪绩颂并序》云：“浙西有三屯，嘉禾为之大。”“嘉禾大田二十七屯，广轮曲折，千有余里。”又云：“扬州在九州之地最广，全吴在扬州之域最大，嘉禾在全吴之壤最腴，故嘉禾一穰，江淮为之康；嘉禾一歉，江淮为之俭。”[5]所说虽然为嘉禾屯田，实际上也反映了其时两浙粮食生产在全国的重要地位，以及它对唐朝政府的重要作用。中国历史上持续了十几个世纪的南粮北运，就是在这个时期，从这个地区开始的。

钱塘江流域为茶的重要产地，茶叶在各地普遍种植。据唐代李肇《唐国史补》所载：“剑南有蒙顶石花，或小方，或散牙，号为第一。湖州有顾渚之紫笋，东川有神泉、小团、昌明、兽目；峡州有碧涧、明月、芳芷、茱萸簝；福州有方山之露牙，夔州有香山，江陵有南木，湖南有衡山，岳州有邕湖之含膏，常州有义兴之紫笋，婺州有东白，睦州有鸠坑，洪州有西山之白露，寿州有霍山之黄牙，蕲州有蕲门团黄，而浮梁之商货不在焉。”[6]由此可知，婺州东白茶、睦州鸠坑茶已经成为声名显赫的茶叶品牌。此外，杭州临安、於潜、钱塘，睦州桐庐，越州余姚等地也都是知名的茶叶产地。茶区已经基本形成，而且如孟郊《越中山水》诗中所说：“举俗媚葱蒨，连冬撷芳柔。菱湖有余翠，茗圃无荒畴。”已经不再是先前那样零星种植了。名茶的品种也在

[1]〔宋〕司马光：《资治通鉴》卷二一八《唐纪三十四》，第15册，第6992页。
[2]〔宋〕欧阳修、宋祁：《新唐书》卷二〇二《萧颖士传》，第5769页。
[3]〔清〕董诰等：《全唐文》卷四八六，第4962页。
[4]〔后晋〕刘昫：《旧唐书》卷一三〇《崔造传》，第3626页。
[5]〔宋〕姚铉：《唐文粹》卷二一，文渊阁《四库全书》本。
[6]〔唐〕李肇：《唐国史补》卷下，上海古典文学出版社1957年版，第60页。

全国占有不小的比重。据李肇《唐国史补》记载，当时全国共有贡茶 14 个品目，其中属于钱塘江流域的有婺州东白茶、睦州鸠坑茶 2 个品目。《新唐书·地理志》列入“土贡”的为睦州细茶。此外，余姚的仙茗茶、嵊县的剡溪茶亦为名品。陆羽不仅在这里撰成《茶经》，而且在评价唐代茶叶品质时指出：“浙西，以湖州上，常州次，宣州、杭州、睦州、歙州下，润州、苏州又下。”这里的茶税所出，在全国占有重要地位。宋人潜说友《咸淳临安志》卷八《榷货务都茶场》说：“茶税起于唐，利日益滋，法日益详，县官因以佐大农、宽舆赋，遂为经常之制。”

蔬菜瓜果的种植颇为发达，不但蔬菜瓜果种类繁多，还培育出一些名品，并被列入贡品。据《新唐书·地理志》记载，杭州的木瓜、橘、蜜姜、干姜、芑，越州的橘等，都是贡品。《元和郡县图志》还说杭州富阳县王洲之橘“为江东之最”。

渔业同样是钱塘江流域居民的传统，鱼类的捕捞、加工、养殖都很发达。《隋书·地理志》云：“江南之俗，火耕水耨，食鱼与稻，以渔猎为业。”《唐会要》曰：“江南水乡，采捕为业，鱼鳖之利，黎元所资。”“江南诸州，乃以鱼为命。河西诸国，以肉为斋。”[1]薛据《登秦望山》诗云：“溪壑争喷薄，江湖递交通。而多渔商客，不悟岁月穷。”[2]站在杭州秦望山（今杭州城南将台山）上，就可以看到杭州湾上的渔船成年累月地忙碌不已。晚唐诗人方干晚年隐居越州镜湖，其隐居时诗作，也多次提及“渔”事。如《鉴湖西岛言事》：“岁计有时添橡实，生涯一半在渔舟。”[3]《越中言事》：“百里湖波轻撼月，五更军角慢吹霜。沙边贾客喧鱼市，岛上潜夫醉笋庄。”[4]又如《出山寄苏从事》：“隔岸鸡鸣春耨去，邻家犬吠夜渔归。”[5]可见，钱塘江流域的渔业生产的商业化倾向已经十分明显。

猪、羊、鸡、鸭、鹅等的饲养更为普遍。义乌骆宾王《咏鹅》诗：“鹅鹅鹅，

[1]〔宋〕王溥：《唐会要》卷四一《断屠钓》，中册，中华书局 1955 年版，第 731 页。
[2]〔清〕彭定求等：《全唐诗》卷二五三，第 2852 页。
[3]〔清〕彭定求等：《全唐诗》卷六五〇，第 7470 页。
[4]〔清〕彭定求等：《全唐诗》卷六五一，第 7475 页。
[5]〔清〕彭定求等：《全唐诗》卷六五一，第 7476 页。

曲项向天歌。白毛浮绿水，红掌拨清波。”[1]据说咏于七岁童年，如果不是寻常惯见，一个儿童是不可能有如此神笔的。白居易《和微之春日投简阳明洞天五十韵》所说“产业论蚕蚁，孳生计鸭雏”[2]，丘为《泛若耶溪》所说“短褐衣妻儿，余粮及鸡犬。日暮乌雀稀，稚子呼牛归”[3]等等，应该是钱塘江流域一般农家日常饲养家禽的写照。

（二）手工业

唐代钱塘江流域陶瓷、造纸、印刷、盐、茶、酒、矿冶等部门的手工业生产较为发达，在全国占有比较重要的地位。这从《新唐书》卷四一《地理五》所载各地的土贡中可看出：杭州余杭郡土贡：“白编绫、绯绫、藤纸、木瓜、橘、蜜姜、干姜、苣、牛膝。”越州会稽郡土贡：“宝花、花纹等罗，白编、交梭、十样花纹等绫，轻容、生谷、花纱，吴绢，丹沙，石蜜，橘，葛粉，瓷器，纸，笔。”睦州新定郡土贡：“文绫，簟，白石英，银花，细茶。”婺州东阳郡土贡：“绵，葛，纻布，藤纸，漆，赤松涧米，香粳，葛粉，黄连。”衢州信安郡土贡：“绵纸，竹扇。”处州缙云郡土贡：“绵，蜡，黄连。”明州余姚郡土贡：“吴绫、交梭绫、海味、署预、附子。”

1.陶瓷业

唐越窑瓷执壶

唐朝由于较长时间的社会安定，经济繁荣，饮茶之风大盛，加之对外贸易的需要，而政府又屡禁铜器，所以制瓷业迅速发展，名窑如邢窑、鼎窑、岳窑、寿窑、洪窑、蜀窑、霍窑等纷纷崛起，成为陶瓷艺术的巅峰时期。这一时期，是浙江制瓷业的兴盛时期，瓷器烧制技术有了很大进步。钱塘江流域内的越窑、婺窑为一代名窑，它们的生产规模都很大，以越窑青瓷最为著名。

唐代越窑青瓷窑址主要分布在今上虞、余姚、慈溪、

[1]〔清〕彭定求等:《全唐诗》卷七九，第864页。
[2]〔清〕彭定求等:《全唐诗》卷四四九，第5062页。
[3]〔清〕彭定求等:《全唐诗》卷一二九，第1318页。

唐越窑青瓷褐云纹熏炉（唐天复元年水邱氏墓出土）

浙江省博物馆藏唐代越窑唾壶

唐代越窑八棱净水瓶（选自董贻安主编《宁波文物集粹》）

唐代越窑生产的青瓷罐（选自浙江省文物局编《意匠生辉：浙江历史遗产的文化品读》）

唐代越窑生产的青瓷蟠龙罂（选自浙江省文物局编《意匠生辉：浙江历史遗产的文化品读》）

绍兴、萧山、诸暨、鄞州、镇海、奉化等地。越窑青瓷以其明澈如冰，莹润如玉，胎骨坚致轻薄，釉色纯洁温润，因而一时名声鹊起，备受人们喜爱。“茶圣”陆羽《茶经》“茶器”中即对唐代各地的陶瓷制作工艺水平有一段非常精彩的评论：“碗，越州上，鼎州次，婺州次，岳州次，寿州、洪州次。或者以邢州处越州上，殊为不然。若邢瓷类银，越瓷类玉，邢不如越，一也；若邢瓷类雪，则越瓷类冰，邢不如越，二也；邢瓷白而茶色丹，越瓷青而茶色绿，邢不如越，三也。晋杜毓《荈赋》所谓‘器择陶拣，出自东瓯’。瓯，越也。瓯，越州上，口唇不卷，底卷而浅，受半升已下。越州瓷、岳瓷皆青，青则益茶。茶作白红之色。邢州瓷白，茶色红；寿州瓷黄，茶色紫；洪州瓷褐，茶色黑，悉不宜茶。”显然，从饮茶角度来看，陆羽对越瓷是十分看重的。唐人嗜茶，讲究茶具，能够评为茶具之上品，这是一种极高的褒奖。[1]

越窑青瓷不仅为茶具之上品，也是音乐家们调理音律之上品。唐段安节《乐府杂录·方响》中记载，唐武宗时的调音律官郭道源即“善击瓯”，其方法为“以邢瓯越瓯共十二只，旋如减水于其中，以箸击之”。唐懿宗时的调音律官黑嫔亦“善于击瓯”。段安节文中所说的“越瓯”就是越窑青瓷。方干《李户曹小妓天得善击越器以成曲章》诗云：

越器敲来曲调成，腕头匀滑自轻清。
随风摇曳有余韵，测水浅深多泛声。
昼漏丁当相续滴，寒蝉计会一时鸣。
若教进上梨园去，众乐无由更擅名。[2]

越窑青瓷之所以被调音官选为调音器具，乃是因为越窑青瓷质量的优秀，亦即越窑青瓷胎骨坚致轻薄，釉色均匀，扣之能发出稳定而清脆的声音。

为满足皇室贵族、文人士大夫的使用规格与欣赏雅兴，越州所烧青瓷上往往还浅刻各种小花、莲荷、仙山及历史故事画，有的瓷制品还用金彩修饰，口沿用金边包裹。这些绘刻在陶胎上经过烧制光彩夺目的图案，以及各种华贵的金银装饰，不仅提高了瓷器制品的艺术欣赏价值，而且也显示了当时瓷器制作的高超水平。

越窑青瓷除了行销国内以外，还作为对外贸易商品而大量运销海外。在日本的法隆寺、埃及开罗南郊的福斯塔特，以及马来西亚、印度、巴基斯坦、伊朗等地古遗址，都发现过唐代越器的碎片。1973 年在宁波和义路唐代海运码头发掘出了 900 多件待装出海的唐代瓷器（其中有 2 件云鹤纹碗，内底分别印有“大中二年”“乾宁五年六月”字样），其中最多的便是越瓷。可见越瓷在当时亦深得海外各国的喜爱。

到唐朝晚期，越窑还开发生产了一种被称为“秘色瓷”或“秘色越器”的产品。1987 年，陕西省扶风法门寺地宫出土了一批唐懿宗于咸通十四年（873）为迎奉佛指而瘗埋的供养品，其中也有 16 件青瓷，其中青瓷盘釉色“青中泛黄，镶有银口，外壁平脱金银团花”。同时出土的有一份《监送真身使

[1] 王仲荦：《隋唐五代史》上册，上海人民出版社 1988 年版，第 400 页。
[2]〔清〕彭定求等：《全唐诗》卷六五一，第 7481 页。

晚唐水邱氏墓出土的青瓷褐彩云纹盖罂（浙江省文物考古研究所等《晚唐钱宽夫妇墓》）

唐“秘色瓷”净瓶（陕西扶风法门寺地宫出土）

刻“官”款匣钵上林湖后司岙窑址出土

晚唐钱宽墓出土的白瓷瓜棱形腹执壶（浙江省文物考古研究所等《晚唐钱宽夫妇墓》）

晚唐钱宽墓出土的白瓷云龙把杯与杯托（浙江省文物考古研究所等《晚唐钱宽夫妇墓》）

临安钱宽墓出土唐白瓷执壶

晚唐钱宽墓出土的白瓷海棠杯盏（浙江省文物考古研究所等《晚唐钱宽夫妇墓》）

晚唐水邱氏墓出土的青瓷褐彩云纹熏炉（浙江省文物考古研究所等《晚唐钱宽夫妇墓》）

应从重真寺随真身供养道具及恩赐金银器物宝函等并新恩赐到金银宝器衣物账》，上列“瓷秘色碗七口，内二口银棱，瓷秘色盘子、叠子共六枚”等，与出土青瓷完全吻合。所谓“青瓷”，实际是3件通体施青绿色釉，6件通体施青灰色釉，2件青黄色，还有2件釉呈黄色的银棱金银平脱碗。据学者研究认为，此即是文献记载的金银装饰的“秘色瓷”[1]。诸暨五泄也出土过秘色瓷瓶一件，内储舍利子。所有这些秘色越器，都非常精美。晚唐诗人陆龟蒙（？—约881）有《秘色越器》诗：

九秋风露越窑开，夺得千峰翠色来。

好向中宵盛沆瀣，共嵇中散斗遗杯。[2]

此外，李群玉《答友人寄新茗》诗有“满火芳香碾曲尘，吴瓯湘水绿花新”[3]。徐夤《贡余秘色茶盏》诗云：“折翠融青瑞色新，陶成先得贡吾君。巧剜明月染春水，轻旋薄冰盛绿云。古镜破苔当席上，嫩荷涵露别江濆。”[4]顾况作《茶赋》，内有“越泥似玉之瓯”之句。这些都是对越窑秘色瓷生动形象的写真。

“秘色瓷”的产地主要在今慈溪上林湖一带。万历《余姚县志》载：秘色瓷“初出上林湖，唐宋时置官监窑，寻废”。1977年上林湖出土一件罐形墓志，腹部刻有“光启三年岁在丁未二月五日殡于当保贡窑之北山”之句。“贡窑”为烧制贡瓷窑场，实属官窑性质。上林湖施家岙和后施岙的晚唐、五代窑址中，发现了与临安明堂山水邱氏（钱镠之母）墓出土的秘色瓷器相似的碎片；还发现了一些刻有“供”“官样”等字样的瓷片；张家埭窑址发现的一件瓷碗碎片，胎质细腻坚硬，内底刻画牡丹，外壁装饰莲瓣，外底心也刻有“官样”二字。这些发现，说明上林湖一带自唐至五代，始终是秘色瓷产地所在。

所谓“秘色”，宋人周辉《清波杂志》云：“越上秘色器，钱氏有国日供奉之物，不得臣下用，故曰‘秘色’。”[5]实际上唐朝晚期已有秘色瓷，并非始于吴越国。“色”字在唐朝是一个常用字，既用于色别，但多用于种类、类别，如“本色”“杂色”“诸色”“色目”“色类”“色役”等等。《旧唐书》卷九五《让皇帝

[1] 李正中、朱裕平：《中国古瓷汇考》，天津人民出版社1991年版，第14页。

[2]〔清〕彭定求等：《全唐诗》卷六二九，第7216页。

[3]〔清〕彭定求等：《全唐诗》卷五七〇，第6611页。

[4]〔清〕彭定求等：《全唐诗》卷七一〇，第8174页。

[5]〔宋〕周辉：《清波杂志》卷五《定器》，中华书局1994年版，第213页。

（李）宪传》记李宪身死厚葬，“尚食所料水陆等味一千余种，每色瓶盛，安于藏内，皆是非时瓜果及马牛驴犊獐鹿等肉，并诸药酒三十余色”等。文中所说“色”字，即为种类之意。“秘”则有神秘、稀奇、隐秘等含义。法门寺的秘色瓷器显然是作为供养器物，而五代的秘色瓷作为明器的亦颇不少。由此推测，所谓“秘色瓷”大致起初是越地作为祭奠器物进贡的瓷器的一种,所以称作“秘色瓷”。唐人多信奉佛教，祭奠器物当然要选择上等货物，而越瓷显然能够满足统治阶级的这一要求，所以被选作诸色贡品之一。相沿时间一久，使用范围渐广，但“秘色”名称不变。同时也必须指出，作为贡品的器物并不表示寻常百姓不能拥有、不能使用，就像百姓只要有条件同样可以饮紫笋茶、吃淡菜蛤蜊这类贡茶、贡海味一样，百姓也可使用秘色瓷，所以布衣陆龟蒙才能在接触中找到灵感，写出著名的赞美诗《秘色越器》。

秘色越瓷与一般的越窑青瓷相比，一是瓷土加工（粉碎、淘洗、除腐、炼制等）精细，所以制成的瓷胎均匀细密，极少疏松、杂质、气孔；二是通体施釉，釉层均匀，釉面光滑滋润，少有剥釉和开裂；三是烧成温度与还原火焰控制适度，使胎釉中的主要呈色剂氧化铁在还原火焰中能分解还原为氧化亚铁，从而使釉面呈现青绿色主色调；四是运用漆器装饰工艺，在秘色瓷器口、圈足处装饰金银棱和金银扣。

2.丝织业

唐代钱塘江流域的丝织业发展很快，《新唐书·地理志》记载苏、湖、杭、睦、明、处、婺、衢等州都已盛产丝织品，并且用以为贡品，时有“挚越而衣”[1]之说。而且与西北游牧民族换马所需的缣帛，也唯赖淮南、两浙织造。长庆四年（824）二月敬宗即位，三月下诏“赦天下，诸道常贡之外，毋得进奉”。但在七月却下令浙西进贡银盝子妆具20件，时任浙西观察使的李德裕为此上状云：“绫纱等物，犹是本州所出，易于方圆。金银不出当州，皆须外处回市。去二月中奉宣令进盝子，计用银九千四百余两。其时贮备，都无二三百两，乃诸头收市，方获制造上供。昨又奉宣旨，令进妆具二十件，计用银一万三千两，金一百三十两。寻令并合四节进奉金银，造成两具进纳讫。今差人于淮南收买，旋到旋造，

[1]〔唐〕吕温：《故太子少保赠尚书左仆射京兆韦府君神道碑》，《全唐文》卷六三〇，第6357页。

星夜不辍，虽力营求，深忧不迨。”唐敬宗下诏浙西进奉可幅盘绦绫1000匹，浙西观察使李德裕也深为恐惧，不得不上疏要求减免：“又奉诏旨，令织定罗纱袍段及可幅盘绦绫一千匹，伏读诏书，倍增惶灼。……今所织千匹，费用至多。在臣愚诚，亦所未谕。……伏乞陛下，近览太宗、玄宗之容纳，远思汉文、孝元之恭已……酌臣当道物力所宜，更赐节减，则海隅苍生，无不受赐。”[1]这些都从另一个角度证明钱塘江流域是全国重要的丝织业基地。有鉴于此，杜甫《后出塞五首》第四首诗云：“云帆转辽海，粳稻来东吴。越罗与楚练，照耀舆台躯。”[2]

在杭州，民间从事蚕桑丝织者非常普遍。施肩吾《春日钱塘杂兴二首》之一云：“酒姥溪头桑袅袅，钱塘郭外柳毵毵。路逢邻妇遥相问，小小如今学养蚕。”[3]可见种桑养蚕已习以为常。李郢《浙河馆》（一作《暮春山行田家歇马》）云：“雨湿菰蒲斜日明，茅厨煮茧棹车声。”[4]白居易《和微之春日投简阳明洞天五十韵》还说“产业论蚕议”。[5]蚕桑业已是人们日常最为关心的产业。当时杭州的柿蒂绫盛名于时，白居易《余杭形胜》诗中即有“红袖织绫夸柿蒂”之句。杭州丝织业的发展，据说得益于褚载从广陵（今江苏扬州）引进的先进技术。清乾隆六十年（1795）《秩记轩辕庙先蚕殿碑》说：“相传河南褚公裔孙得机杼之巧于广陵，归以教其里人，嗣后杭州所出为天下冠。”《杭州重建观成堂记》说：“昔褚河南之孙名载者，归自广陵，得机杼之巧，而绸业以张。”如果将“嗣后杭州所出为天下冠”及“绸业以张”理解为杭州丝织业因而得以进一步发展，这也应该说是顺理成章的。

越州的丝织业发展也很快，史载：“初，越人不工机杼，薛兼训为江东节制，乃募军中未有室者，厚给货币，密令北地娶织妇以归，岁得数百人。由是越俗大化，竞添花样，绫纱妙称江左矣。”[6]在当时的特殊情况下，江东节制使薛

---

[1]〔宋〕司马光：《资治通鉴》卷二四三《唐纪五十九》，第17册，第7833页；〔后晋〕刘昫：《旧唐书》卷一七四《李德裕传》，第4512—4514页。

[2]〔清〕彭定求等：《全唐诗》卷一八，第186页。

[3]〔清〕彭定求等：《全唐诗》卷四九四，第5602页。

[4]〔清〕彭定求等：《全唐诗》卷五九〇，第6852页。

[5]〔清〕彭定求等：《全唐诗》卷四四九，第5062页。

[6]〔唐〕李肇：《唐国史补》卷下，第65页。

兼训以此形式延引北方的纺织人才，推动南方地区的丝织技术进步，并取得了非常好的成效,实属难能可贵。到了唐后期,其地的丝织业已经非常发达了。《资治通鉴》记载董昌“于常赋之外，加敛数倍，以充贡献及中外馈遗，每旬发一纲，金万两，银五千铤，越绫万五千匹，他物称是，用卒五百人，或遇雨雪风水违程,则皆死(胡注：董昌盖计日限程以至长安,又不许以雨雪风水准折也)，贡奉为天下最，由是朝廷以为忠”[1]。在品种上，越州丝织贡品在大历前后有很大不同，开元(713—741)时仅贡“交梭白绫”一种，而贞元(785—805)以后增加到“异文吴绫及花鼓歇单丝吴绫、吴朱纱等纤丽之物，凡数十品”[2]。

婺州同样如此。武则天光宅元年(684)十月婺州信安县祝伯亮缴纳租布一端，以及唐中宗神龙二年(706)八月婺州兰溪县姚君才缴纳庸调布等资料[3]，即说明其地纳布由来已久。

3.造纸业

唐代钱塘江流域的造纸业发展很快，是国内重要的造纸基地。《唐六典》记载了开元时全国的贡纸：“益州之大小黄白麻纸……杭(今浙江杭州)、婺(今浙江金华)、衢(今浙江衢州)、越(今浙江绍兴)等州之上细黄白状纸，均州(今湖北丹江)之大模纸，宣(今安徽宣州)、衢等州之案纸、次纸，蒲州(今山西永济县西)之百日油细薄白纸。”[4]可以看出，唐初贡纸多来自南方的钱塘江流域，北方除蒲州之外，再也看不到其他地区把纸作为贡品了。

中唐时，钱塘江流域仍是国内重要的造纸基地，技术极高。当时造纸的程序仍有备料、蒸煮、漂洗、捣印、纸浆、捞纸、压榨干燥、加工等道工序，由于工艺水平的提高，已有明确的生纸和熟纸之分。生纸从纸槽捞出，干燥即成。熟纸则还需经过研光、捶浆、涂粉、施胶等加工处理。造纸的原料除麻类、楮皮、桑皮、藤皮、木芙蓉皮等以外，又新开发了竹类、瑞香皮等。所以唐代造纸地域更广，纸的种类更多。李肇记载了当时全国各地出产的名纸，云：“越之剡藤、苔笺，蜀之麻面、屑末、滑石、金花、长麻、鱼子、十色笺，扬之六合笺，韶

---

[1]〔宋〕司马光:《资治通鉴》卷二五九，第18册，第8460页。
[2]〔唐〕李吉甫:《元和郡县图志》卷二六，第618页。
[3] 张泽咸:《唐五代赋役史草》，中华书局1986年版，第15、47页。
[4]〔唐〕李吉甫:《唐六典》卷二〇《太府寺》，三秦出版社1991年版。

之竹笺，蒲之白薄、重抄，临川之滑薄。又宋亳间有织成界道绢素，谓之乌丝栏、朱丝栏，又有茧纸。”[1]

藤纸最为普遍，杭州、婺州、越州均有生产，而以越州藤纸最为著名。因越州藤纸主要出于剡溪，而剡溪又是浙江造纸业的发源地之一，所以又称“剡纸”。顾况《剡纸歌》云：“云门路上山阴雪，中有玉人持玉节。宛委山里禹余粮，石中黄子黄金屑。剡溪剡纸生剡藤，喷水捣后为蕉叶。欲写金人金口经，寄与山阴山里僧。手把山中紫罗笔，思量点画龙蛇出。政是垂头蹋翼时，不免向君求此物。”[2]显然，剡纸是当时人绘画的佳品，各地文人以此为贵，索求不断。由于制作剡纸利润大，社会上求大于供，当地人漫无计划地大量采伐剡藤，以至于生产剡纸必不可少的原料——剡藤越来越稀少，直接影响了剡纸的生产。晚唐婺州东阳（今金华）人舒元舆（？—835）曾作《悲剡溪古藤文》云：“异日过数十百郡，洎东洛西雍，历见言书文者，皆以剡纸相夸。”但因为剡溪“溪中多纸工，刀斧斩伐无时，擘剥皮肌，以给其业”，年积月累，及至晚唐，曹娥江上源剡溪上下延绵四五百里之间虽“多古藤，株枿逼土”，但已经“虽春入土脉，他植发活，独古藤气候不觉，绝尽生意。予以为本乎地者春到必动。此藤亦本于地，方春且有死色”。为此，他不无沉痛地说：“乃悟曩见剡藤之死，职正由此。”“噫，藤虽植物者，温而荣，寒而枯，养而生，残而死，亦将似有命于天地间。今为纸工斩伐，不得发生，是天地气力为人中伤，致一物疾疠之若此。”[3]舒元舆此文至少说明两方面的问题：一是会稽剡藤纸的生产规模确实很大；一是大规模的伐藤造纸已经造成了环境污染和生态的破坏。所以他竭力呼吁人们珍惜纸张，否则“虽举天下为剡溪，犹不足给”，“恐后之日不复有藤生于剡矣”。舒氏此说不愧为远见卓识，可惜没有引起人们的注意。明代黄宗羲在《续悲剡溪古藤文》中说得更为深刻：剡民纸工因为不堪藤纸征赋科敛之不已，“剡之人”不但痛恨造纸，而且“相率而仇于藤，断蔓斫根，聚而烧之，曰：‘藤之子孙蕃，则吾之子孙替也。’”[4]

[1]〔唐〕李肇：《唐国史补》卷下，第60页。

[2]〔清〕彭定求等：《全唐诗》卷二六五，第2950页。

[3]〔清〕董诰等：《全唐文》卷七二七，第7495页。

[4]〔清〕黄宗羲：《黄宗羲全集》，第11册，浙江古籍出版社2005年版，第500—501页。

楮纸出会稽（今绍兴）。韩愈《毛颖传》云："颖与会稽楮先生友善。"《蜀笺谱》记载：楮为楮树，其皮可造好纸，故纸有楮先生之称，主要出自广都（今四川成都双流），计有"山南""假荣""清水""竹丝"四种，都用楮树皮制作，比成都所产的浣花笺更为洁白，凡公私簿书、契券、图籍、文牒，皆取给于此。然而韩愈居然特称毛笔（颖）与会稽楮纸（楮先生）"友善"，足见时人对会稽楮纸的推崇。

竹纸出睦州（今建德）。唐人段公路在《北户录》中提到一种"竹膜纸"，崔龟图注云："睦州出之。"宋初苏易简《文房四谱》卷四《纸谱》也云："今江浙间有以嫩竹为纸。"

4.造船业

唐朝初年即在中央都水监内专设水部郎中，"凡舟楫溉灌之利，咸总而举之"[1]，此时全国大型的造船基地全在南方。贞观十八年（644），唐太宗亲征高丽，诏令将作大监阎立德等赴洪、饶、江三州，造船400艘，以备装运军粮之用。贞观二十一年，太宗诏令宋州刺史王波利等"发江南十二州（即宣、润、常、苏、湖、杭、越、台、婺、括、江、洪）工人造大船数百艘，欲以征高丽"[2]；次年，又"敕越州都督府及婺、洪等州造船及双舫千一百艘"[3]。上述贞观年间三次大规模的造船，都是为从海道进击高丽之缘故，南方诸州担当建造船只之任务，其中属于钱塘江流域的有杭、越、婺诸州。由此可见，钱塘江流域的杭州、越州、婺州都是造船业发达之所。贞元（785—805）初年，韩滉出任浙东观察使，又打造楼船30艘。

"凡东南郡邑，无不通水。故天下货利，舟楫居多。……扬子、钱塘二江者，则乘两潮发棹，舟船之盛，尽于江西，编蒲为帆，大者或数十幅，自白沙溯流而上，常待东北风，谓之潮信。"[4]这些舟船多出自民间，主要有"舴艋""大船""双舫""楼船""海船"等内河船只和近海海船。

[1]〔唐〕李吉甫：《唐六典》卷七《尚书工部》。

[2]〔宋〕司马光：《资治通鉴》卷一九八《唐纪十四》，第13册，第6249页。

[3]〔宋〕司马光：《资治通鉴》卷一九九《唐纪十五》，第13册，第6261页。

[4]〔唐〕李肇：《唐国史补》卷下，第62页。

5.酿酒业

唐代时钱塘江流域的酿酒业也很发达，史载："南人有女数岁，即大酿酒。既漉，候冬陂池水竭时，置酒瓮，密固其上，埋于陂中，至春涨水满，不复发矣。候女将嫁，因决陂水，取供贺客，南人谓之'女酒'。味绝美，居常不可致也。"[1]出自杭州的梨花酒，又称梨花春，也为唐代的名酒。白居易《杭州春望》诗有"红袖织绫夸柿蒂，青旗沽酒趁梨花"句，并自注云：杭州"其俗酿酒，趁梨花时熟，号为梨花春"，既说"其俗"，大约坊酿、家酿都有。还有一种兰陵酒，一般认为出于今山东苍山西南兰陵镇，即隋兰陵县地。[2]但李时珍《本草纲目》卷二五说出自金华："东阳酒即金华酒，古兰陵也。李太白诗所谓'兰陵美酒郁金香'即此。常饮、入药俱良。"李时珍所说"古兰陵也"，意即兰陵酒。又，宋初《太平寰宇记》卷九七述及婺州"土产"时说："酒，出兰溪美。"或可为李氏所说之佐证。汪颖《食物本草》也说："入药用东阳酒最佳，其酒自古擅名。"上引李时珍"东阳酒即金华酒，古兰陵也"云，也包含着注释颖说"东阳酒"的意思。此外，李白漫游甚广，也曾于开元十五年、二十七年至二十八年、天宝六载、至德元载先后四次到过浙江的许多地方，写下了许多反映浙江风土人情的诗作，也写过《见京兆韦参军量移东阳二首》，对东阳也不生疏，其《客中行》"兰陵美酒郁金香，玉碗盛来琥珀光。但使主人能醉客，不知何处是他乡"，显为漫游他乡时作。诗中前一句颇能使人感受到陆羽"越瓷类玉"的神韵，姑且将"兰陵酒"列此。

由于酿酒业发达，因此这里的酒税也极其可观。唐宪宗元和（806—820）时，薛苹任浙西观察使，因置酒榷，"上供之外，颇有余财，军用之间，实为优足"。元和十四年七月三日敕停榷酤，结果每年支用"犹欠十三万贯不足"[3]。穆宗长庆四年（824），浙西观察使李德裕奏称："贞元中，李锜任观察使日，职兼盐铁，百姓除随贯出榷酒钱外，更置官酤，两重纳榷，获利至厚。"由此可见江南浙西地区每年所收酒税之丰，加上浙东，更不待言。文中"百姓除随贯出榷酒钱外"云云，可能是作为两税的附加税。如是则榷酒钱

---

[1]〔宋〕李昉：《太平广记》卷二三三《南方酒》，第1786页。

[2] 王琦：《李太白全集注》，中册，中华书局1997年版，第10103页。

[3]〔后晋〕刘昫：《旧唐书》卷一七四《李德裕传》，第4512页。

成了不论人们是否酿酒或饮酒，一律按照正税比例摊派的附加税。武宗会昌六年（846）九月敕云“扬州等八道州府，置榷曲，并置官店酤酒”，“浙西、浙东、鄂岳三处，置官店酤酒”[1]，浙江的酒税更为加重。

6.印刷业

雕版印刷术亦称整版印刷术，是一项将文字反刻于一整块木板或其他材质的版上，然后在该块整版上加墨印刷的工艺技术。我国的雕版印刷术，或说始于隋朝，或说始于唐朝。主张始于隋朝的主要有明人陆深、胡应麟。陆深《河汾燕闲录》云：“隋文帝开皇十三年十二月八日，敕废像遗经，悉令雕撰，此印书之始。”胡应麟《少室山房笔丛》将“雕撰”改为“雕板”，并说“雕本肇自隋时，行于唐世，扩于五代，精于宋人”。陆、胡二人所说均以隋人费长房《历代三宝记》为依据。而费氏所指系雕像、撰经，并无雕造经版之意。所以近代学者主张始于唐朝的较多，不过始于唐朝何时，看法仍不一致。

浙江的雕版印刷，至迟在唐长庆四年（824）刻印白居易、元稹的诗作时已经开始。白居易于长庆二年至四年（822—824）任杭州刺史；元稹于长庆三年至大和三年（823—829）任浙东观察使、越州刺史。两人在长庆年间分别编有《白氏长庆集》和《元氏长庆集》。元稹长庆四年（824）在浙东观察使任上作《白氏长庆集序》说：“扬、越间多作书模勒乐天及予杂诗，卖于市肆之中也。”[2]正如王国维《两浙古刊本考序》中说：“夫刻石亦可云‘摹勒’，而作书鬻卖，自非雕板不可。则唐之中叶，吾浙已有刊板矣。”[3]由此可见，钱塘江流域也是较早发明并应用雕版印刷术的地区之一，并进入了规模印刷和商业化的阶段，这是古代浙江人民对世界文明的一大贡献。

雕版印刷术的发明，克服了手工抄写费时费工、易出差漏的缺陷，使得书籍的大量出版成为可能，从而促进了科学文化的传播和发展。

7.采矿业

唐代钱塘江流域是全国主要金属矿产采冶地区之一。所采冶的金属矿产有铜、铁及银、锡等。根据《新唐书·地理志》记载，钱塘江流域铜矿产地有杭

[1]〔宋〕王溥：《唐会要》卷八八《榷酒》，下册，第1608页。

[2]〔后晋〕刘昫：《旧唐书》卷一七四《李德裕传》，第4512页。

[3] 谢维扬、房鑫亮主编：《王国维全集》第7卷，浙江教育出版社2009年版，第3页。

州余杭，睦州建德、遂安，处州丽水，婺州金华等处。1970年，淳安县铜山铁矿筹建处的工人在铜峰山（山在今千岛湖镇西南75公里，唐时属睦州遂安县）发现了一处铜矿遗址。遗址分老矿洞、摩崖题刻和矿渣堆积三部分。老矿洞有4处，均在海拔600—700米山腰，距洞口水平深度约70—80米。洞内有当年采矿时的木撑架、木轮以及瓷器碎片等遗物。洞口山崖题记直书“大唐天宝八年开此山取铜，至乾元元年七月。又至大历十年十右二月再采，续至元和四年”等直书4行36字（阴刻楷书）。铜峰山下有一小盆地，溪水自东向西流，有大量矿渣堆积。《新唐书·地理志》云睦州遂安县“有铜”，当即指此。

采冶的铁矿有越州山阴等处，《新唐书·地理志》有记载。此外，采冶的金属矿产还有睦州、越州诸暨和处州松阳、衢州西安的银矿，越州会稽的锡矿等。20世纪末期，松阳县境内海拔600多米的叶明山上已发现了10余处古代银矿遗址。[1]

8.煮盐业

隋唐时期，海水煮盐业又有了进一步的发展。唐宝应年间（762—763），盐铁使刘晏领东南盐事，“随时为令，遣吏晓导，倍于劝农”，十分重视盐业生产，设立了“涟水、湖州、越州、杭州四场，嘉兴、海陵、盐城、新亭、临平、兰亭、永嘉、大昌、侯官、富都十监”[2]。钱塘江流域的产盐地有苏州嘉兴（今嘉兴），杭州盐官（今海宁），越州会稽（今绍兴）、余姚（今余姚）4处，分布于浙北钱塘江杭州湾南北岸。

其时制卤方法，《新唐书·食货志》有“盐生霖潦则卤落，暵旱则土溜坟”之说，亦即《盐法通志》所谓“制卤方法曰刮，曰淋，久旱则潮气下降，土燥而盐不生花；久雨则晒灰沾湿，卤气不足”。可见已经采用了刮泥淋卤的制卤方法。宋初《太平寰宇记》卷一三〇《刺土成盐法》云：“凡取卤煮盐，以雨晴为度。亭地干爽，先用人牛牵挟刺刀取土，经宿，铺草籍地。复牵爬车聚所刺土于草上成溜，大者高二尺，方一丈以上，锹作卤井于溜侧，多以妇人、小丁执芦箕，名之为黄头，舀水灌浇，盖从其轻便。食顷，则卤流入井，取石莲十枚，尝其厚薄。全浮者全收盐，半浮者半收盐，三莲以下浮者，则卤未堪，须卻刺

[1] 黄雅：《松阳发现古代银矿》，《钱江晚报》2000年11月24日。
[2]〔宋〕欧阳修、宋祁：《新唐书》卷五四《食货志四》，第1378页。

开而别聚溜。卤可用者，始贮于卤槽，载入灶屋。”然后装盘起火，煮盐为结晶。以上“刺土成盐法”也是隋唐五代时期所采用的刮泥淋卤制卤方法。

结晶方法仍为煎盐。煎盐工序，按宋代之制推测，煎盐时用卤桶将卤水由竹溜泻入盘（大约浙西盐官、汤村场用铁盘，浙东钱清、石堰等场用竹盘）中，然后起火开煎，并投以皂角或白矾、米粉、麻仁，促进结晶成盐。既已成盐，再用铁锹锹入箩中。

原盐产量，据宋《舆地纪胜》卷四〇引唐《元和郡县图志》记载，号称诸盐监之首的扬州海陵（今江苏泰州）监“岁煮盐六十万石”，而“楚州盐城，浙西嘉兴、临平两监，所出次焉”。《舆地纪胜》卷三九又说：盐城监“每岁煮盐四十五万石”，则嘉兴、临平产量应略低于此。宋《嘉泰会稽志》卷一七云：“唐越州有兰亭监，官场五，曰会稽东场，会稽西场，余姚场，怀远场，地心场，配课四十万六千七十四石一斗。”姑且不计各地盐产在年份上的差异，又将嘉兴、临平两监各按45万石计，永嘉监按20万石计，则浙江境内嘉兴、临平、兰亭、永嘉4监每年盐产为150多万石，差不多占淮浙海盐产量的一半。[1]

需要说明的是，大约唐代开元初年开始征收盐税。而安史之乱以前，有的征收盐税，有的以盐换买轻货，然后分别输送朝廷，即《新唐书·食货志》所载“负海州岁免租为盐二万斛以输司农”。很显然，这里所说的是海盐，“负海州”自应包括浙江的产盐州（郡）在内。唐肃宗乾元元年（758）第五琦初变盐法，开始实行盐榷，“尽榷天下盐，斗加时价百钱而出之，为钱一百一十”[2]。一年盐税收入有40万缗。唐代宗宝应元年（762）六月刘晏整顿盐法，缉查走私盐贩，并兼管不设盐监地区的食盐产销，“商人纳绢以代盐利者，每缗加钱二百，以备将士春服”。由此盐税大增，到大历（766—779）末年已达每年600余万缗之多，“天下之赋，盐利居半，宫闱服御、军饷、百官禄俸皆仰给焉”。到唐德宗建中三年（782），“江淮盐每斗亦增二百，为钱三百一十文，其后复增六十”。顺宗（805）时“江淮盐每斗减钱一百二十，榷二百五十”[3]。唐宪

[1] 参见郭正忠主编：《中国盐业史·古代编》，人民出版社1997年版，第79—236页；新编《浙江省盐业志》，中华书局1996年版，第70、71页。

[2]〔宋〕欧阳修、宋祁：《新唐书》卷五四《食货志》，第1378页。

[3]〔宋〕欧阳修、宋祁：《新唐书》卷五四《食货志》，第1378、1379页。

宗元和三年（808）盐利收入达727万贯。[1]穆宗长庆元年（821），盐铁使王播又奏请“每斗加五十，通旧三百文价”[2]。江淮海盐在唐代盐业生产中始终占有重要地位，由此亦可见浙江特别是钱塘江流域各地盐税在唐代盐税中的重要地位。

8.蔗糖业

蔗糖，顾名思义，是一种以甘蔗为原料煎制而成的糖。江南地区甘蔗的种植及蔗糖的煎制至迟在南朝就已经开始。明李时珍《本草纲目》卷三三《甘蔗·集解》云：“弘景曰：蔗出江东为胜，庐陵有好者，广州一种数年生，皆大如竹，长丈余。取汁为砂糖，甚益人。又有荻蔗，节疏而细，亦可啖也。”“弘景”即南朝齐梁时人陶弘景，曾整理古代《神农本草经》，并增收魏晋间名医所用新药，撰成《本草经集注》，李时珍所引“弘景曰”即此。隋唐时期，江南地区甘蔗的种植和蔗糖的煎制显然比六朝时发达。唐显庆年间（656—661）右监门长史苏恭重加订注的《唐本草》即云：“砂糖，蜀地、西戎、江东并有之。笮甘蔗汁煎成，紫色。”[3]

其时，浙江甘蔗的种植和蔗糖的制作大致以会稽最为发达。武后朝进士、曾经出任过台州司马的药物学家孟诜，就特别称道会稽的乳糖（以砂糖与牛乳合炼而成），其所撰《食疗本草》云：“蔗有赤色者名昆仑蔗，白色者名荻蔗，竹蔗以蜀及岭南者为胜，江东虽有而劣于蜀产。会稽所作乳糖，殆胜于蜀。”[4]另有一种称为“石蜜”的蔗糖制品，[5]还被列为贡品。[6]按此，唐代越州会稽的蔗糖制作技术在全国也是名列前茅的。

（三）海内外贸易

社会经济的发展，促使了海内外贸易的发展。杜荀鹤《送友人游吴越》中

---

［1］张泽咸：《唐五代赋役史草》，第198页。

［2］〔后晋〕刘昫：《旧唐书》卷四八《食货志上》，第2109页。

［3］〔明〕李时珍：《本草纲目》卷三三《砂糖·集解》引，下册，人民卫生出版社1982年版，第1890页。

［4］〔明〕李时珍：《本草纲目》卷三三《甘蔗·集解》引，下册，第1889页。

［5］〔明〕李时珍：《本草纲目》卷三三《石蜜·释名》云：“实乃甘蔗汁煎而曝之，则凝如石而体甚轻，故谓之石蜜。”

［6］《新唐书》卷四《地理志》越州“土贡”有石蜜；《元和郡县图志》卷二六越州“开元贡”有甘蔗、石蜜两种。

唐代蟠龙铜镜

浙江省博物馆藏隋唐瑞兽铭文带镜

浙江省博物馆藏唐宝相花镜

浙江省博物馆藏海兽葡萄铜镜

“夜市桥边火”，既说明钱塘江流域水陆交通的普遍性，也说明唐代后期，由于商业发展而最终突破了自古以来的城市“夜禁”制度，以及城市管理的变革，亦即城市经济职能的产生与发展。“鱼盐聚为市，烟火起成村。”[1]凡日常生活所需的粮食、丝绸、陶瓷、纸张以及鱼、肉、蔬果等都是人们进行交易的商品。这里所产的大米，在唐朝后期的粮食市场上地位愈显重要。德宗兴元元年（784）闰十月诏云：“江淮之间，连岁丰稔，迫于供赋，颇亦伤农。收其有余，济彼不足，宜令度支于淮南、浙江东西道加价和籴三五十万石，差官搬运，于诸处减价出粜，贵从权便，以利于民。”[2]由于农副产品买卖的活跃，还逐渐形成了越州的平水草市，镜湖的鱼市、笋市，杭州的鱼市等草市。杜牧《上李太尉论江贼书》云“江淮草市，尽近水际，富室大户，多居其间”，也是钱塘江流域草市发达的反映。丝织品等在隋唐时期虽然主要被作为“调”物，但也上市买卖，尤其在民间更为普遍。正所谓“山谷贫人，随土交易，布帛既少，食物随时，市盐者或一斤麻，或一两丝，或蜡或漆，或鱼或鸡，琐细丛杂，皆因所便”。[3]茶的贸易得到了空前的发展，据成书于唐宣宗大中十年（856）的杨华《膳夫经手录》记载，其时，歙州、婺州一带生产的婺州茶，制

[1]〔唐〕白居易:《东楼南望八韵》,谢思炜:《白居易诗集校注》卷二〇,第1625—1626页。
[2]〔宋〕王溥:《唐会要》卷九〇《和籴》，下册，第1636、1635页。
[3]〔宋〕王溥:《唐会要》卷五九《度支使》，中册，第1017页。

作精美，主要销售于梁、宋、幽、并诸州，商贾所赍，数千里不绝于道路。《封氏闻见记》说："茶自江淮而来，舟车相继，所在山积。"唐人王敷撰有《茶酒论》一篇，以拟人的笔法描写茶、酒互争高下的状貌，其中有一段茶对酒说："阿你不闻道：浮梁歙州，万国来求。蜀山蒙顶，其（骑）山蓦岭。舒城太胡（湖），买婢买奴。越郡余杭，金帛为囊。素紫天子，人间亦少。商客来求，舡车塞绍。据此踪由，阿谁合小。"[1]生动地反映了茶酒产、运、销的繁荣状况。舒元舆《悲剡溪古藤文》说"异日过数十百郡，洎东洛西雍，历见言书文者，皆以剡纸相夸"，说明剡纸的销售几遍及全国。人们或来自相邻，或由外地通过运河及其他交通道路来到杭州，李华《杭州刺史厅壁记》描写杭州"骈檣二十里，开肆三万室"，虽不免夸张，但作为江南运河的南端，钱塘江入海口及浙东运河起始点，商家之多自可想见。

除了国内各地的商贾之外，还有来自海外的商贾。由陆路而来的西域胡商（也称商胡），也辗转进入钱塘江流域。从杜甫《解闷十二首》诗中"商胡离别下扬州，忆上西陵故驿楼。为问淮南米贵贱，老夫乘兴欲东游"[2]可知，唐代西陵已经有了商胡的踪迹，其目的地当然是杭州。其时，明州、澉浦都是航海贸易港口。明州于开元二十六年（738）析越州而置。海外商贾于明州登岸，可循浙东运河达到杭州。宋人姚宽《西溪丛语》卷上曾说宋以前航海而来的"海商船舶畏避沙潬，不由大江，惟泛余姚小江易舟而浮运河，达于杭越"，即由宁波登岸，走浙东运河进入杭州。澉浦于开元五年（717）置为镇，设镇将。澉浦登岸的海商，可由江南运河进入杭州。明代正德年间曾在泛洋湖（今在杭州武林门北一带）挖出一艘规制甚异的海船，时人认为系唐或唐前来杭的海外商船。

与此同时，钱塘江流域出产的瓷器和丝织品，除了经由广州、泉州、广陵等地转运海外以外，直接由杭州、明州、温州等地出海的也不少。1973 年至 1975 年间，宁波和义路唐代海运码头遗址曾出土了 700 多件唐代瓷器，其中越窑产品最多，长沙窑产品次之。这些瓷器都没有被使用过的痕迹，应是准备外销的商品。1978 年 8 月和 1979 年 4 月，宁波东门口码头遗址又出土了一批

---

[1] 阮浩耕等点校注释：《中国古代茶叶全书》，浙江摄影出版社 1999 年版，第 39 页。

[2]〔清〕彭定求等：《全唐诗》卷二三〇《解闷十二首》，第 2517—2518 页。

精美的晚唐越窑青瓷，这些瓷器同样也是准备外运的商品。越窑青瓷在海外销售地域相当广泛，朝鲜、日本、马来西亚的沙捞越河河口和伊朗的内沙布乐、印度的阿里卡美都、巴基斯坦的班波尔等地都有晚唐的越窑青瓷发现。[1]因为这些越窑青瓷等中国陶瓷器多是通过海路运输的，所以有人将其时中国通往海外各国的海上航路称为“陶瓷之路”。

丝绸外销数量亦不少。从杭州等地输出的丝织品，深受日本等国人民的欢迎。现存日本正仓院的中国古代丝织品中，就有不少唐朝珍品。日本人把往返于中日之间的中国海船和由中国输入的丝织服饰，称为唐船吴服，[2]可见唐代钱塘江流域丝绸外销的影响之大。尤其是唐朝后期，陆上“丝绸之路”由于政治形势的变化而遭到梗阻以后，海上丝绸运输越来越显得重要，有人因此而称中国通往海外各国的道路为“海上丝绸之路”。

六、唐代观潮、弄潮与祭潮

（一）观潮

虽然钱塘江潮不断地威胁着杭州等城市的安全，但钱塘江潮水，作为自然景观，自唐朝以来，已成为天下名胜。李吉甫《元和郡县图志》谓：“浙江在（钱塘）县南一十二里。《庄子》云浙河，即谓浙江，盖取其曲折为名。……江涛每日昼夜再上，常以月十日、二十五日最小，月三日、十八日极大。小则水渐涨不过数尺，大则涛涌至数丈。”[3]杜光庭说：“钱塘江潮头……自是自海门山潮头汹涌高数百尺，越钱唐，过渔浦，方渐低小，朝暮再来。其声震怒，雷奔电激，闻百余里。”[4]当时八月观潮（即观“秋潮”）的风俗非常盛行，故此唐代的《元和郡县图志》释“浙江”时就有萧山在每年八月十八日，“少长男女携酒肴作观

---

[1]　[日]三上次男著，李锡经、高喜美译，蔡伯英校订：《陶瓷之路》，文物出版社1984年版。

[2]　朱新予主编：《浙江丝绸史》，浙江人民出版社1985年版，第28页。

[3]　〔唐〕李吉甫：《元和郡县图志》卷二五《江南道一·杭州钱塘县》，第603页。

[4]　〔唐〕杜光庭：《录异记》卷七《异水》，《唐五代笔记小说大观》，上海古籍出版社2000年版，第1543页。

潮会”的记载。[1]

唐代诗人有很多描写钱塘大潮的诗歌，其中最著名的，如李白的诗句“涛头一线来”“涛白云山来”，写出了潮来时的奇观。唐代诗人白居易常在邻近江滨的官署中观潮，即其所说的“郡亭枕上看潮头”，其《潮》诗曰：“早潮才落晚潮来，一月周流六十回。不独光阴朝复暮，杭州老去被潮催。”[2]即使离开杭州已有多年，退休在洛阳的白居易还在《忆江南》词中吟出了“山寺月中寻桂子，郡亭枕上看潮头”之句。过去在灵隐寺月下赏桂与在刺史衙门虚白亭里观钱塘潮，令白居易心向神往，久久不忘，甚至还产生了“何日更重游”的期望。姚合离杭时的《别杭州》诗也写了江潮。朱庆馀《观涛》诗云：“木落霜飞天地清，空江百里见潮生。鲜机出海鱼龙气，晴雪喷山雷鼓声。”[3]此种观潮的热情，早在唐代孟浩然《与颜钱塘登樟楼望潮作》一诗中已有反映：“百里闻雷震，鸣弦暂辍弹。府中连骑出，江上待潮观。照日秋云迥，浮天渤澥宽。惊涛来似雪，一座凛生寒。”[4]

（二）弄潮

隋代开皇十四年（594），隋文帝下诏在会稽县界近海立东海神庙，“并取近侧巫一人，主知洒扫”，祭祀东海之神，应该是曹盱“婆娑迎神”的延续，也应该是“弄潮”的延续。到了唐代，东海神庙设到了莱州（今山东莱州），[5]越州从此失去了祭祀东海神灵的地位，曹娥江“弄潮”也逐渐消失。但在当时的杭州，已经形成了弄潮的风俗。如唐代卢元辅作于元和十年（815）的《胥山铭序》说伍子胥遭“属镂之赐”“投于水滨”，而“愤悱鼓怒，配涛作神”，掀起钱塘江潮以后，“于是，仲秋朔望，杭人以旗鼓迓之，笳箫和之，百城聚睹”[6]。李吉甫《元和郡县图志》也谓：“每年八月十八日，数百里士女，

[1]〔唐〕李吉甫：《元和郡县图志》卷二五《江南道一·杭州钱塘县》，第 603 页。

[2]〔唐〕白居易：《白居易集》卷二三，第 511 页。

[3]〔清〕彭定求等：《全唐诗》卷五一五，第 5894 页。

[4]〔清〕彭定求等：《全唐诗》卷一六〇，第 1649 页。

[5]〔后晋〕刘昫：《旧唐书》卷二四《礼仪四》，第 3 册，第 910 页。

[6]〔唐〕卢元辅：《胥山铭序》，《全唐文》卷六九五，第 7137 页。

共观舟人渔子溯涛触浪，谓之弄潮。”[1]

每年的农历八月十八日，相传为“潮诞”，当日钱塘潮最为壮观，当地渔民往往借此机会大显身手，在大潮来时泅水弄潮。能掀起数米巨浪的钱塘大潮本身已震撼人心，再加渔民的弄潮活动，使得观潮活动更让人惊心动魄。晚唐陈陶在《钱塘对酒曲》中曾生动地描写了当地的弄潮风俗：“风天雁悲西陵愁，使君红旗弄涛头。东海神鱼骑未得，江天大笑闲悠悠。”[2]由诗中“使君”可知，中晚唐时期，钱塘弄潮活动已有官府介入举办，由此成为钱塘秋季一项盛事。白居易《重题别东楼》诗注中说：“余杭风俗：每寒食雨后夜凉，家家持烛寻蟹，动盈万人。每岁八月，迎涛弄水者，悉举旗帜焉。”[3]

（三）祭潮

隋唐时期，钱塘江流域有祭潮的风俗，祈求潮神庇佑已习以为常。潮神以伍子胥最为著名。

如前所述，杭州吴山上的胥山庙创建于战国时期，奉祭伍子胥。特别是潮神伍子胥正面形象树立后，官府对潮神伍子胥信仰持支持态度。在唐代，江南地区曾三次大规模禁毁淫祠，但均未涉伍子胥祠庙。如唐中宗时（705—710年），狄仁杰奏请拆毁吴楚地区所有滥修的祠庙（亦即“淫祠”），数量多

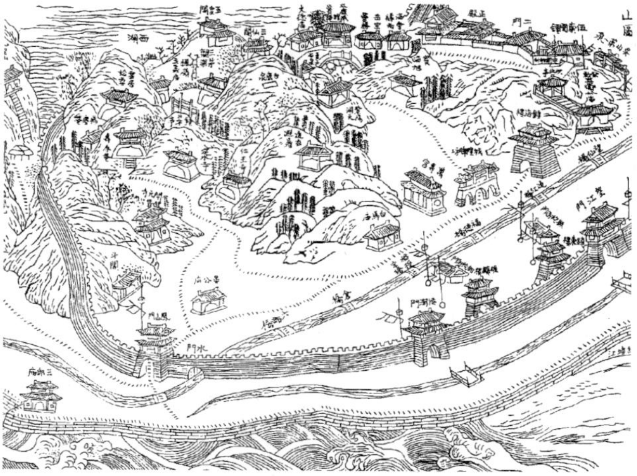

古版画吴山图

[1]〔唐〕李吉甫：《元和郡县图志》卷二五《江南道一·杭州钱塘县》，第603页。
[2]〔清〕彭定求等：《全唐诗》卷七四五，第8561页。
[3]〔唐〕白居易：《白居易集》卷二三，第514页。

达1700百余所，惟夏禹、吴泰伯、季札、伍子胥等四祠在保护之列[1]，足见伍子胥祠的意义非同一般。不过，士人推崇潮神伍子胥是因其具备先贤形象，并非因其司潮之能。景福二年（893），还追封伍子胥为广惠侯。在这一时期，杭州每年都要举行盛大的祭祀活动，迎接潮神伍子胥。唐代许多官员都曾为了潮患或是其他与水相关的灾难而到伍公庙去祭祀过，唐元和年间（806—820）出任杭州刺史的卢元辅作《胥山祠铭（并序）》，对伍子胥大加褒扬：

> 元和十年冬十月，朝散大夫、使持节杭州诸军事、杭州刺史、上柱国卢元辅，视事三岁，尘天子书，上畏群灵，下惭蒸人，乃启忠祠，叙而铭曰："维唐敷视，典于天下，废淫置明，资父事君，罔有不举。寝庙既设，我命厥新，有周行人伍公字子胥，陪吴之职，得死直言，国人求忠者之尸，祷水星之舍，将瞰鸱革，遂临浙江。千五百年，庙貌不改。"汉史迁曰："胥山，今曰青山者。"谬也。吁！善父为《孝记》，曰："父仇不与共戴天。"谏君为忠，经曰："诸侯有诤臣，不失国。"当阨于宋郑，绝楚出疆，在平为未宦臣，在奢为既壮子，坎仗节，乞师于吴，军鼓丁宁，五战至郢，鞭墓走昭，非逆施也。夫差既王，宰嚭受赂，二十年内，越祀又颠，泰伯庙血将干，阖闾剑光先失。公朝焉宴焉，入则谏焉。孰谓矢毒，孰谓刀寒。虽言屡出口，而车甲已困于齐矣，蟹稻已夺于岁矣。属镂之赐，竟及其身，鸱夷盛尸，投于水滨，愤悱鼓怒，配涛作神，迄今一日再至。来也，海鸥群飞，阳侯夹从，声远而近，声近而远，奋于吴，怫于越，夕于楚乃退。于是仲秋阙望，杭人以旗鼓迓之，笳箫和之，百城聚观，大耀威灵，卷沙墨裂地灰，截若岸坼城坑，迎潮氏格之如吕梁丈人，为灵戈威矛，激浪百重，堵塞不先，跳樯揭舷。再饭之间，绝其音声，荡潾千里，洪波砥平，有滑有脂，有盐有腥，遥实乎下庭，山海梯航，鸡林扶桑，交臂于茆阶。金狄在户，雷鼓在堂，魏樽汉豆，六代笙簧，可谓奉天爵之馨香，获神人之盛礼。佐皇震怒，驱叱大邪，万里永清，人观斗气。铭曰："武王钺纣，子胥鞭平。为人为父，十死一生。矫矫伍员，执弓挟矢，仗其宝剑，以谒吴子。稽首楚罪，皆中纣理，蒸报子妻，歼直士。赫赫王闾，实听奇谟，锡之金鼓，以号以诛。黄旗大举，

---

[1]《旧唐书》卷八九《狄仁杰传》云："吴楚之俗多淫祠，仁杰奏毁一千七百所，唯留夏禹、吴太伯、季札、伍员四祠。"

右广皆朱。戳墓非赭，瞻昭乃乌。后王嗣立，执书不泣。颠越言润，宰嚭谗辑。步光欲飞，姑苏待执。吾则切谏，抉眼不入。投于河上，自统波涛。昼夜两至，怀沙类骚。洗涤南北，簸荡东西。蛮夷卉服，罔敢不来。虽非命祀，不让渎济。帝帝王王，代代明明，表我忠哉。”[1]

白居易在杭州担任刺史时，曾祭祀过江神。长庆二年（822）七月十六日，因“去秋愆阳，今夏少雨，实忧灾沴，重困杭人”，而“昨祷伍相神、祈城隍祠”，但“灵虽有应，雨未霑足”，于是日又“以酒乳、香果昭告于皋亭庙神”。[2]次月二日，因久旱而再次“率寮吏，荐香火，拜告于北方黑龙”，冀望“三日之内，一雨滂沱”。[3]长庆三年（823）八月，白居易有《祭龙文》：“昨者历祷四方，寂然无应。今故虔诚洁意，改命于黑龙。龙无水，欲何依？神无灵，将恐歇。泽能救物，我实有望于龙。物不自神，龙岂无求于我？若三日之内，一雨滂沱，是龙之灵，亦人之幸。礼无不报，神其听之，急急如律令。”[4]长庆四年（824）五月四日，白居易又因浙江“潮涛失常，奔激西北……侵淫郊鄽，坏败庐舍，人坠垫溺”，而“谨以清酌少牢之奠，敢昭告于浙江神”，祈求平复潮灾，“备物致诚，躬自虔祷。庶俾水反归壑，谷迁为陵，土不骞崩，人无荡析”。[5]然而潮神“神力未及施也”。

七、唐代钱塘江流域人才和文化的兴起

（一）唐代钱塘江流域人才的崛起

唐代，钱塘江流域的人才开始兴起。

在这一时期，形成了一套较为完备的科举制度，参加科举考试的生源有学校培养的学生和社会上一般的读书人。分为在校学生经学校考试合格的“生徒”，社会上一般读书人经州、县考试合格的“乡贡”和天子自诏的“制举”三

[1]〔清〕董诰等编：《全唐文》卷六九五，第7137—7138页。
[2]〔唐〕白居易：《祝皋亭神文》，《全唐文》卷六八〇，第6956页。
[3]〔唐〕白居易：《祭龙文》，《全唐文》卷六八〇，第6957页。
[4]〔唐〕白居易：《祭龙文》，《全唐文》卷六八〇，第6957页。
[5]〔唐〕白居易：《白居易集》卷四〇《祭浙江文》，第902页。

种。除“制举”为“所以待非常之才”外，“生徒”“乡贡”为常规科举考生。报考办法为每年仲冬，中央和地方官学学生（生徒）通过学校考试，挑选学有所成的学生，报吏部参加省试；社会上一般读书人（乡贡）由本人向本县报名，经县考合格参加本州复核，再报吏部参加省试。凡被推举参加吏部省试的生徒、乡贡，先到尚书省报到，填写本人姓名、三代履历、保结和住所，并经户部审查后，统一将名册送礼部，由吏部（礼部）组织实施考试（开元二十四年前由吏部考功员外郎主考，其后改由礼部组织实施考试）。

唐代的科举制度虽然存在着不合理的地方，在实施过程中也产生过许多流弊。但是科举作为封建国家选择官吏的主要手段，给予了士庶一个公平竞争的机会，所以对社会产生很大的影响，浙江的学子也对此投注了极大的热忱。许多人从小就在父兄、老师的指引下诵读经文和学习诗赋，早早进入了准备阶段。有的人一而再，再而三地参加应试，如顾非熊，“在举场角艺三十年，屈声破人耳”，唐武宗会昌五年（845）应试，还是榜上无名，后因唐武宗的干预，才“追榜放令及第”[1]。又如罗隐本名横，因为貌陋，“凡十上不中第”，遂改名曰隐，不再应试。[2]后来由于要求参加应试科举人数太多，会昌五年对人数加以限制，地方各道分为进士30人、明经50人，进士15人、明经20人，进士10人、明经15人，进士7人，明经10人四等。在限制参加应试科举人数的年代，浙西、浙东属于“所送进士不得过十五人，明经不得过二十人”[3]一类，仍然是应试人数比较多的地区。

据相关统计，唐代时，浙江举进士共92人，占唐朝6427名进士总数[4]的1.4%。虽然人数不算很多，但是地域分布较广，唐朝浙江11州（含苏州）58县当中，10州（含苏州）25县有进士，其中基本上出自钱塘江流域。尤其是婺州东阳县，由于冯氏、舒氏的频频入第，进士人数竟达15人之多，成为唐时浙江进士最多的县。时间分布上，前期少而中、后期多，显示出逐渐发展的趋势。

[1]〔元〕辛文房：《唐才子传》卷七《顾非熊传》，上海古典文学出版社1957年版，第125页。
[2]〔清〕吴任臣：《十国春秋》卷八四《罗隐列传》，中华书局1983年版，第3册，第1217页。
[3]〔元〕马端临：《文献通考》卷二九《选举二》，中华书局1986年版，第276页。
[4] 李铁：《中国文官制度》，中国政法大学出版社1989年版，第120页。

根据《隋唐时期浙籍主要文人表》对《全隋诗》《全唐诗》《全唐诗逸》《全唐诗补编》《唐才子传》等著录，以及《隋书》、两《唐书》的记载所作的统计，隋唐时期浙江籍文人为150人。时代分布上隋和唐初很少，仅只姚察、虞世基、虞茂、虞世南、虞绰、孔德绍、孔绍安等数人，其后逐渐增多。其之所以如此，一方面是因为隋朝历时太短，另一方面是因为唐人对前代文学采取了否定的态度，其本身的发展需要一个扬弃、推陈出新，从而达到新高峰的历史过程。在地域分布上，以越州、湖州地区为最多，各有33人；其次是杭州、睦州和婺州地区，分别为18人、17人和15人；嘉兴地区时属苏州，浙江境内仅嘉兴、海盐2县，也有12人之多。基本上与各地社会经济的发展相一致。[1]

在此背景下，唐代江南地域形成了大大小小的文士群体。其中，属于钱塘江流域的就有贺知章与越州文士群体、睦州籍文士群体等。这些人在当时是有某种名望的专门家，身怀绝技，为人们所崇仰，他们以文会友，以书相知、赋诗酬唱、以酒助兴，造成某种学术、思想潮流，成为全国思潮风尚形成的基础。郑学檬教授仔细探讨当时江南地域不同地域文士活动的异同，将其分为：贺知章与越州文士群体；李嘉佑、刘长卿和江南文士群体；韦应物和江南文士群体；元稹、白居易和江南文士群体；张祜和江南文士群体；杜牧和江南文士群体；睦州籍文士群体；陆龟蒙、“三罗”和江南文士群体；等等[2]。

在政治上，钱塘江流域的人才已经渐露头角。早在唐朝初年，一些南方士大夫辗转北上出仕唐廷，面对关陇集团为主的中央体制，就曾试图通过自身的行动施加影响。如贞观、永徽之际，杭州新城人许敬宗、梓州永泰人李义府即是其中重要人物。李义府从四川初至京城，太宗在上林苑召见，并使其以《咏乌》为题赋诗一首，李义府即赋诗云：“日裏扬朝彩，琴中伴夜啼，上林多许树，不借一枝栖。”太宗笑着说：“朕今以全树借汝。”[3]后来，李义府和许敬宗联合起来，代表朝廷不断壮大的新兴庶族地主利益，极力支持武则天，反对关陇世族集团势力，终于使武则天荣登皇后宝座，掌握政权，对唐初政治格局的改变

---

[1]　参见李志庭：《浙江通史·隋唐五代卷》，浙江人民出版社2005年版，第234—248页。

[2]　郑学檬：《唐代江南文士群体初探（上）》《唐代江南文士群体初探（下）：兼论文士对专制主义中央集权的依附与叛逆》，郑学檬：《点涛斋史论集：以唐五代经济史为中心》，厦门大学出版社2016年版，第343—364页。

[3]〔宋〕王谠著，周勋初校证：《唐语林校证》卷三，中华书局1987年版，第275—276页。

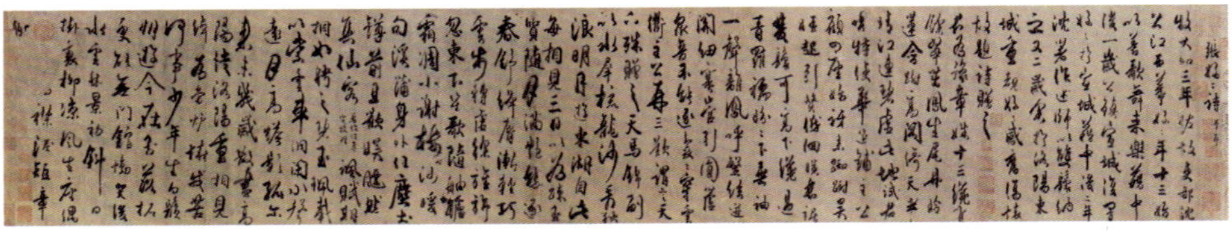

杜牧行草书《张好好诗并序》

起了举足轻重的作用。贞元二十一年（805）正月，德宗去世，太子诵继位，是为顺宗。原东宫属官越州山阴（今浙江绍兴）人王叔文、杭州人王伾，联合当时的知名人士柳宗元、刘禹锡，时人称为“二王刘柳”，发动了旨在夺取宦官把持的权力，减轻南方地区百姓负担的“改革”运动。他们还联合杭州富阳人凌准、吴郡人陆质，以及明经及第、曾任扬州海陵主簿的京兆人程异，博闻强记的市人陈谏[1]、翰林学士韦执谊（京兆长安人），吕温（师事陆质）、韩泰等实施了一系列有利于惩弊救患的改革措施。虽然这种改革因南方文化人与少许北方士人脆弱的联盟破裂，以及赖以支撑整个局势的患病皇帝权力丧失而归于失败[2]，然而，它却充分体现了南方地主阶级企图通过各种渠道步入朝廷重要机关，改革弊政，获得更大权力和利益的进取精神。[3]

同时，南方士大夫极强的商品意识在这次改革过程中也十分明显地表现出来。如王叔文“每言钱谷为国大本，将可以盈缩兵赋，可操柄市士”[4]，掌权之后，任命杜佑为盐铁转运使，他自己为副使，实际掌握财政大权。

（二）唐代钱塘江流域文化的兴起

1.学校的兴办

唐朝立国以后，鉴于隋末教育的衰落而开始大兴教育。唐高祖武德七年（624）即下诏兴学：“方今幽夏即清，干戈渐戢，缙绅之业，此则可兴。宜下四方诸州，有明一经以上未被升擢者，本属举送，具以名闻。有司议等，加阶叙用。其有吏民子弟，识性开敏，志希学艺，亦具名申送入京，量其差品，并

[1]〔唐〕李肇：《唐国史补》卷中，第 42 页。

[2] 赵文润、拜根兴：《唐宪宗》，三秦出版社 1992 年版，第 5 页。

[3] 参见李学勤、徐吉军主编：《长江文化史》，第 566—568 页。

[4]〔后晋〕刘昫：《旧唐书》卷一三五《王叔文传》，第 3734 页。

即配学。明设考课，各使励精，琢玉成器，庶其非远。州县及乡里，并令置学。”[1]之后的唐太宗等数代皇帝，也都将兴学视为经邦治国之本，从而使得封建官学在隋朝的基础上得到了前所未有的发展。

唐时浙江境内州、县学见于后世地方文献记载的尚有18所，兹列表如下：

学校名	简　况	资料来源
杭州州学	在通越门外	《咸淳临安志》卷五五："旧有先圣庙在通越门外。""旧有"当为唐时已有
富阳县学	在县东。唐武德七年建	《咸淳临安志》卷五六
新城县学	在县东三十步。唐长寿中置	《咸淳临安志》卷五六
越州州学	唐时置于城北	雍正《浙江通志》卷二七引《於越新编》
余姚县学	唐时在县西	雍正《浙江通志》卷二七引弘治《绍兴府志》
剡县县学	唐时在县东南一百步	《嘉泰会稽志》卷一
婺州州学	宋以前金华县学附于州学	嘉靖《浙江通志》卷一五
金华县学	宋以前附于州学	嘉靖《浙江通志》卷一五
衢州州学	在州治西，唐时建	嘉靖《浙江通志》卷一五

唐代乡里也设有学校。元稹在《白氏长庆集序》中曾说："予尝于平水市中，见村校诸童，竞习歌咏。召而问之，皆对曰：先生教我乐天、微之诗。"文中所说"村校"即为其例。其他不见记载的乡里学校应该还有。

2.儒学

唐代钱塘江流域的儒学有了一定程度的发展。《旧唐书·儒学传》列传45人，《新唐书·儒学传》列传68人，其中属于钱塘江流域的学者主要有：

褚无良（646—720），字弘度，杭州盐官（今海宁西南）人，自幼刻意"坟典"，[2]尤精《礼》《史记》。擢明经第。景龙（707—710）中任国子博士，迁司业兼修文馆学士。开元（713—741）初为左散骑常侍、侍读，封舒国公。著有《翼

[1]〔宋〕宋敏求：《唐大诏令集》卷一〇五《崇儒·置学官备释奠礼诏》，商务印书馆1959年版，第537页。

[2] 即"三坟五典"。孔安国《尚书序》云："伏羲、神农、黄帝之书谓之三坟，言大道也；少昊、颛顼、高辛、唐、虞之书谓之五典，言常道也。"

善记》《帝王记录》等。

康子元，越州会稽（今绍兴）人。开元（713—741）初，唐玄宗下诏举荐能治《易》《老》《庄》者，康子元得举为侍读，后官秘书少监，兼集贤侍讲学士。卒，赠汴州刺史。

徐岱，字处仁，苏州嘉兴（今嘉兴）人。"家世以农为业。岱好学，六籍诸子，悉所探究，问无不通，难莫能屈。"大历（766—779）中，转运使刘晏表荐之，授校书郎，后为朝廷推援，官至给事中、加兼史馆修撰，并充皇太子及舒王已下侍读，卒赠礼部尚书。

3.史学

隋代，钱塘江流域史家辈出。钱塘人褚遂良曾参与《晋书》的监修；新城人许敬宗，兼修国史，参与撰写《隋书》，监修《晋书》；嘉兴人陆贽编撰有《遣使录》；新城人凌准撰有《汉后春秋》。

许敬宗（592—672），字延族，隋礼部侍郎许善心之子。其先高阳北新城人（今河北高阳）人，后南渡，遂为杭州新登（今浙江富阳新登）人。幼善属文。大业（605—618）中举秀才，授淮阳郡司法书佐，后仕谒者台，奏通事舍人事。大业十四年（618）宇文化及发动江都兵变，缢死炀帝，许善心也被杀，许敬宗遂投李密，为元帅府记室。唐武德初，补为涟州别驾。李世民闻其名，召为秦王府学士。贞观（627—649）中除著作郎，兼修国史。累转中书舍人，复修国史。高宗时为礼部尚书，助立武昭仪为皇后，并与李义府等称长孙无忌、褚遂良、韩瑗等谋不轨，长孙无忌等流死于岭外。显庆元年（656）拜侍中、监修国史。三年进封郡公，代李义府为中书令。尽管许敬宗官运亨通，代为中书令以后，更是"任遇之重，当朝莫比"[1]，但事实上颇遭人非议，所以两《唐书》本传颇多贬伐，《新唐书》更将其列入"奸臣"传之首。

许敬宗作为史学家有其家学渊源。祖父许亨曾撰《齐书》并《志》50卷，不幸散失。后又撰《梁史》，成者58卷，梁太清（547—549）之后所制《文笔》6卷，"未就而殁"。其父许善心"述其父志，修续家书"，终于完成《梁书》70卷。

许敬宗长期担任监修国史，其著作之多可谓洋洋大观。但后人多称其史德

［1］〔后晋〕刘昫：《旧唐书》卷八二《许敬宗传》，第2763页。

卑劣，如《旧唐书·许敬宗传》云："敬宗自掌知国史，记事阿曲。初，虞世基与敬宗父善心同为宇文化及所害，封德彝时为内史舍人，备见其事，因谓人曰：'世基被诛，世南匍匐而请代；善心之死，敬宗舞蹈以求生。'人以为口实，敬宗深衔之，及为德彝立传，盛加其罪恶。敬宗嫁女与左监门大将军钱九陇，本皇家隶人，敬宗贪财与婚，乃为九陇曲叙门阀，妄加功绩，并升与刘文静、长孙顺德同卷。敬宗为子娶尉迟宝琳孙女为妻，多得赂遗，及作宝琳父敬德传，悉为隐诸过咎。太宗作《威凤赋》以扬长孙无忌，敬宗改云赐敬德。白州人庞孝泰，蛮酋凡品，率兵从征高丽，贼知其懦，袭破之。敬宗又纳其宝货，称孝泰频破贼徒，斩获数万，汉将骁健者，唯苏定方与庞孝泰耳，曹继叔、刘伯英皆出其下。虚美隐恶如此。初，高祖、太宗两朝'实录'，其敬播所修者，颇多详直，敬宗又辄以己爱憎曲事删改，论者尤之。"

许敬宗歪曲历史、篡改历史当然殊不足取。但其内容究竟有多少，程度又有多深，现已无法确知。不过许敬宗在史学方面还是有一定贡献的。例如，《晋史》原有 18 家之多，自从许敬宗、房玄龄、褚遂良监修的《晋书》完成以后，刘知几《史通》称赞说："自是言晋史者，皆弃其旧本，竟从新撰者焉。"又如许敬宗参与编撰的《隋书》，清人赵翼《陔馀丛考》也给予很高的评价，说是"《隋书》最为简练。盖当时作史者，皆唐初名臣，且书成进御，故文笔严净如此。"当然，《隋书》的价值不仅在于其文字水平较高，更重要的在于保存了《开皇起居注》《大业起居注》等许多早已散失的珍贵资料。另外，许敬宗所参与修撰的"实录"、国史之类史籍在后来修撰两《唐书》、《资治通鉴》时，也都是重要的参考资料。[1]

4.绘画与书法

绘画和书法是中国美术的重要组成部分。隋唐时期，国家的统一给南北美术家们创造了进一步互相学习和交流的条件，与世界各国的频繁交往又给中国美术提供了借鉴与吸收国外美术的方便，加之其他艺术繁荣的影响以及皇家贵族对于绘画、书法的浓厚兴趣和大力扶持，中国绘画和书法在隋唐时期也进入了繁荣时期。其间，浙江籍画家和书法家也作出了极为重要的贡献。

---

[1] 牛致功:《许敬宗对唐代史学的功过》,《史学月刊》1987 年第 3 期。

〔唐〕孙位《高逸图》局部

唐朝绘画名家辈出，释道鬼神、贵族人物、山水花鸟等都有辉煌的成就。钱塘江流域著名的画家有陈闳、孙位、张志和、程修己等。

陈闳，会稽（今绍兴）人。朱景玄评为“妙品中五人”之首。擅长肖像及人物仕女画。因绘画精绝而被荐入京。曾为永王府长史。开元（713—741）中召为宫廷画家，曾多次为玄宗、肃宗画像，又与吴道子等人合作《金桥图》，其中玄宗形象即为陈闳执笔。“又画明皇射猪、鹿、兔、雁并按舞图等”不少反映帝王游乐生活的作品。陈闳也善画佛道寺观壁画，《唐朝名画录》说其曾在“咸宜观内天尊殿中画上仙，及图当时供养道士、庖丁等真容，皆奇绝”。传为陈闳所作的《八公图》，画北魏南平公长孙嵩、山阳侯奚斤等八人肖像（现仅存其中6人），绢本着色，人物平列，皆为立像，或系自前代画本传摹。陈闳也师法曹霸而擅长画马，笔法细润，曾画过“照夜白”等御马，惜无作品流传。

孙位，自号会稽山人，会稽（今绍兴）人。宋《宣和画谱》说其于光启中画应天寺壁，“画成，矛戟森严，鼓吹戛击，若有声在缥缈间。至于鹰犬驰突，云龙出没，千状万态，势若飞动，非笔精墨妙，情高格逸，其能与于此耶？”有《高逸图》等传世。

张志和（约730—约810），字子同，初名龟龄，婺州金华（今属浙江）人。在吴兴时，颜真卿知其高节，曾以渔歌5首赠之。张志和遂作卷轴，根据诗句赋以人物、舟船、鸟兽、烟波、风月等画，“曲尽其妙”“深得其态”。唐张彦远《历代名画录》以其“非画之本法，故目之为逸品”，但同时也认为“盖前古未之有也”。

此外，还有一位程修己，祖籍冀州（今河北冀县），其祖父于大历间（766—779）任越州（今绍兴）医博士，修己随同寓居越州。其时周昉任越州长史，遂让修己跟自己学画，传授绘画妙诀。宝历间（825—827）擢明经。大和间（827—835）应文宗之命重作晋明帝朝卫协《毛诗图》。又曾在文思殿作竹障屏风，文宗为之作歌云："良工运精思，巧极似有神。临窗时乍睹，繁阴合再明。"在朝学士皆奉诏作诗相和。朱景玄《唐朝名画录》称其"尤精山水、竹石、花鸟、人物、功德、古贤、异兽等，首冠于时，可居妙品也"[1]。

在书法艺术上，唐代书法以无懈可击的法度，把书法艺术推向了一个崭新的高峰，并形成以楷书为主流，草、篆、隶、行争奇斗妍的辉煌图卷。其时，钱塘江流域的书法艺术人才济济，名家辈出。虞世南、褚遂良、徐浩、贺知章、孙过庭等，皆称一代名流，在中国书法艺术发展史上作出了重要的贡献。

虞世南（558—638），字伯施，越州余姚（今属浙江）人。少年时，与兄虞世基受学于吴郡顾野王达十数年，精思不倦，或累旬而盥栉。仕隋，官秘书郎，起居舍人。入唐，拜员外散骑侍郎、弘文馆学士，迁秘书监，封永兴县子，人称虞永兴。性沉静寡欲，笃志勤学。唐太宗称赞其有德行、忠直、博学、文辞、书翰五绝。编有

虞世南像（清刘源绘，朱圭刻，清康熙七年苏州柱笏堂刻本《凌烟阁功臣图》）

虞世南《孔子庙堂碑》（选自陕西省博物馆编《隋唐文化》）

[1]《历代名画录·画录》，转引何志明、潘运告编著：《唐五代画论》，湖南美术出版社1997年版，第92—93页。

《北堂书钞》160卷。《全唐诗》存有其诗1卷32首，除了奉和之作以外，也有情之所至之诗，如《从军行》《拟饮马长城窟》《出塞》等。其书法师从同郡僧人智永和尚（王羲之后裔），上溯王羲之遗风，兼蓄丁道护《启法寺碑》，结果“妙得其体，由是声名籍甚”[1]。据唐人张怀瓘《书断》记载：“唐太宗工隶，师虞世南，常患难于‘戈’法。一日，书‘戬’字乃空其‘戈’，世南取笔填之。（唐太宗）以示魏徵曰：‘朕学世南似尽其法，卿看之。’（魏徵）曰：‘天笔所临，万象不能逃其形，非臣书所可拟。仰观圣作，惟‘戬’字‘戈’法颇逼真。’上深叹公为藻识。”足见虞世南书法之精绝。晚年书名益高，“遂与王羲之相后先，当时与欧阳询皆以书称，议者以谓欧之与虞，智均力敌”[2]。其作品法度严谨，外柔内刚，潇散洒落，与褚遂良、欧阳询、薛稷并称唐初四大家。传世的墨迹有《孔子庙堂碑》《汝南公主墓志》《破邪论序》《千人斋疏》《道场碑》《千文》《心经》等，另有临《黄庭经》《兰亭序》帖。虞世南大楷以《孔子庙堂碑》为最，小楷以《破邪论序》为优。《孔子庙堂碑》立于武德九年（626），虞世南撰并书，碑立以后，车马集碑下，捶拓无虚日。贞观中毁于大火，武后时重刻，后又毁。现存两种重刻本，一在陕西西安碑林，系宋王彦超摹刻；一在山东城武，元人刻。原拓本宋时已不多见，今人唯见清李宗瀚所藏唐拓孤本，后流传至日本，藏三井家。宋人朱长文《续书断》称此碑“气秀色润，意和笔调，然而合含刚特，谨守法度，柔而莫渎，如其为人”。阳刚美与阴柔美结合得恰到好处，故被人称为绝笔。《破邪论序》已脱早年魏晋之风，笔法圆浑寓于方劲，姿媚秀丽，布白上竖行之距疏可跑马，横行之间密不透风，给人以荡胸悦目之感。其书法论著有《书旨述》《观学篇》和《笔髓论》等。《笔髓论》论及字体、执笔法和行、草、真各体笔法，为唐代尚法书风之呐喊。虞世南在《笔髓论》中说：“知书道玄妙，必资神遇，不可以力求也。机巧必须心悟，不可以目取也。”也就是说，求规隆法是与“神遇”“心悟”紧紧相连的。这是对南朝“神采”“形质”书法命题的继承和发展。

褚遂良（596—659），杭州钱塘人。“博涉文史，尤工隶书……太宗尝谓侍中魏征曰：‘虞世南死，无人可以论书。’征曰：‘褚遂良下笔遒劲，甚得王逸少

[1]〔后晋〕刘昫：《旧唐书》卷七二《虞世南传》，第2565页。
[2]〔宋〕佚名：《宣和书谱》，湖南美术出版社2004年版，第163页。

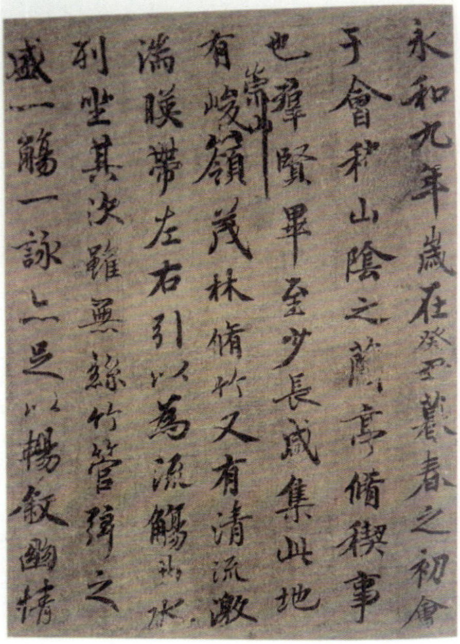

褚遂良《临兰亭序》局部

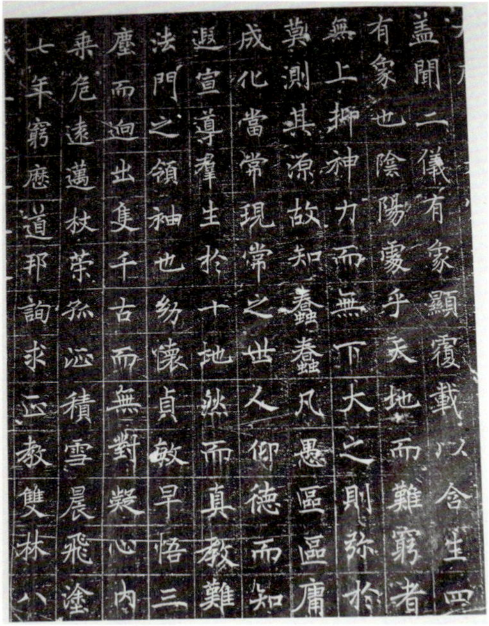

褚遂良书写的《雁塔圣教序》

体。’太宗即日召令侍书。太宗尝出御府金帛购求王羲之书迹，天下争赍古书诣阙以献，当时莫能辨其真伪，遂良备论所出，一无舛误。”[1]他的书法，始于临碑，古文、篆、隶，直到汉、魏两晋碑刻皆临。继而临帖，拜虞世南为师，遂熔碑帖于一炉，汇南北书风为一体，并继欧阳询、虞世南之后，扛起了唐楷尚法之大旗。其生动的点画、灵变的笔形、劲逸的体势，对后代书法具有深刻的影响。褚遂良传世墨迹有《伊阙佛龛碑》《唐京师至德观主孟法师碑》《房玄龄碑》《大唐三藏圣教序》《倪宽赞》《阴符经》《度人经》《西升经》《千字文》《褚遂良摹兰亭序》《文皇哀册》《枯树赋》《黄庭经》等。以《唐京师至德观主孟法师碑》《大唐三藏圣教序》为最著。《唐京师至德观主孟法师碑》岑文本撰文，褚遂良书，贞观十六年（642）刻。字形方整严谨，笔画应规入矩，圆笔多于方笔，行笔间增加了起伏顿挫，具有较强的节奏感和韵律感，特别是有意识地糅进欧体的刚健险劲，虞字的典雅敦厚，钟、王书法的神超意逸，在方圆交体中把握均衡，营造自家风格，堪为精妙。此碑有清人李宗瀚旧藏剪裱唐拓孤

[1]〔后晋〕刘昫：《旧唐书》卷八〇《褚遂良传》，第2729页。

本传世，后流传至日本（国内有影印本）。《大唐三藏圣教序》系唐太宗李世民撰文，褚遂良书，永徽四年（653）十月刻。又有《大唐皇帝述三藏圣教序记》，唐高宗李治撰文，褚遂良书，同年十二月刻。此碑用笔方圆兼备，又有隶法、行书意味参与，运笔流利飞动，犹如佛教徒入空灵无迹之境。结字于紧密中求变化，中宫收紧，四方散开，舒展大方，俯仰有情，笔力千钧；章法疏朗，清俊飘逸，瘦硬通神，望似无法，实则有法，而且法为我用，成为不同于欧法虞法的褚家特色。

徐浩（703—782），字季海，越州（今浙江绍兴）人。出身于名门望族。15岁擢明经。唐肃宗诏令、诰册多出其手。德宗时授彭王傅，封会稽郡公。徐浩其祖师道，其父峤之，均为书家。徐浩书宗二王，尤醉心献之。史载其"尝书四十二幅屏，八体皆备，草隶尤工，世状其法曰'怒猊抉石，渴骥奔泉'云"[1]。其传世墨迹有《朱巨川告身》，隶书碑《嵩阳观纪圣德感应颂》，而以楷书《不空和尚碑》最负盛名。是碑立于建中二年（781），碑文记叙西域僧人不空和尚在唐代三朝荣任国师事迹。《宣和书谱》说其书"锋藏画心，力出字外，得意处往往近似王献之，开元以来，未有比者"。徐浩书论有《论书》《古迹记》传世。

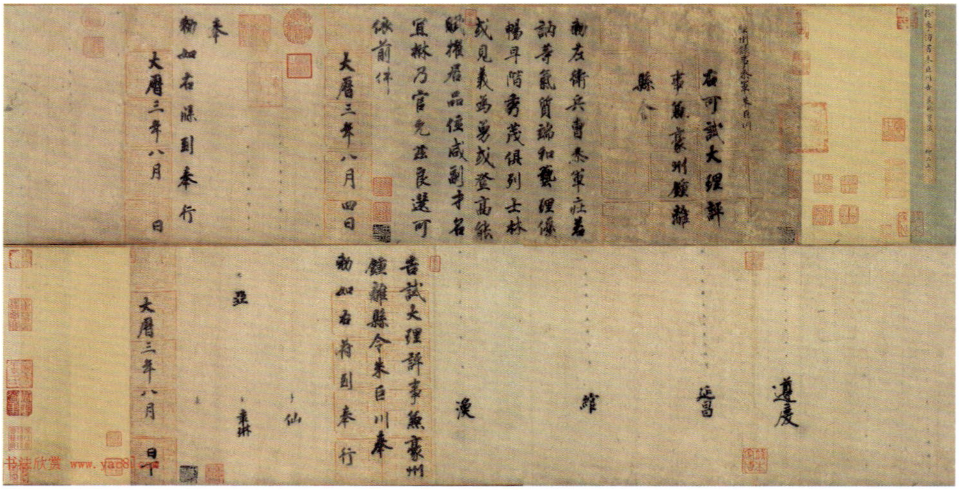

徐浩《睦州录事参军朱巨川告身》

[1]〔宋〕欧阳修、宋祁：《新唐书》卷一六〇《徐浩传》，第4966页。

贺知章（659—744），字季真，自号“四明狂客”，越州永兴（今属萧山）人。性旷放嗜饮，善谈笑，为是时“饮中八仙”之一。官至秘书监。后请为道士还乡里，未几而卒。在盛唐书家中，李邕变右军行帖，独树一旗帜；李太白新鲜秀活；张旭、怀素以癫狂醉态将草书推向热情奔放、狂逸宏博的艺术之境；李隆基追求风骨丰丽……而贺知章追求真率夷旷，“善草隶书，好事者供其笺翰，每纸不过数十字，共传宝之”[1]。李白、刘禹锡赞美其书“笔纵龙虎腾”“笔力遒健，风尚高远”。贺知章墨迹，宋代宣和御府藏有草书 12 件，今大都无以觅睹，仅 1 卷草书《孝经》，现藏日本。

5.陆贽的政治和经济思想

隋唐时期历史久长，社会经济、科学文化发展迅速，各种社会矛盾跌宕起伏，哲学思想亦因此而呈现出一派多姿多彩的局面。禅宗的主观唯心主义宗教哲学思想，柳宗元的唯物主义和无神论思想，刘禹锡的“天人交相胜”（刘禹锡认为天和人即自然界和人类社会各有自己的特殊规律，两者之间有着互相区别又互相联系的关系）说，韩愈的道统学说（儒家圣人传道的道统）和反对佛教的思想等等，都曾经活跃一时。苏州嘉兴（今浙江嘉兴）人陆贽，不仅是唐朝中期卓越的政治家，也是杰出的文学家和思想家。

陆贽（754—805），字敬舆。18 岁登进士第，任华州郑县（今陕西华县）尉。唐德宗即位，召为翰林学士，历官考功郎中、谏议大夫、中书舍人、兵部侍郎、中书侍郎、同中书门下平章事。后因户部侍郎裴延龄谗言中伤，被贬为忠州别驾。顺宗即位，召还陆贽，诏令未至而身先卒。陆贽从政之时，由于藩镇割据，阶级矛盾及统治阶级内部矛盾尖锐而又复杂，政治斗争已发展成为直接的军事对抗。陆贽从维护唐朝中央的封建统治出发，先后论谏数十百篇，阐述了自己一系列政治、经济思想。《新唐书·陆贽传》“赞曰”称赞陆贽的论谏“可为后世法”。明末清初的著名学者王夫子在《读通鉴论》卷二四中认为“唐室为之再安，皆敬舆悟主之功也”。

在政治思想方面，针对唐德宗“国家兴衰，皆由天命”的无可奈何，陆贽提出“天所听视，皆因于人”“天命由人”，断然否定“听天由命”的错误思想。

[1]〔后晋〕刘昫：《旧唐书》卷一九〇《贺知章传》，第 5034 页。

又说“人事理而天命降乱者，未之有也；人事乱而天命降康者，亦未之有也”，亦即治乱由人，不在天命。陆贽劝谏唐德宗说：“今生乱失守之事，则既往不可复追矣，其资理兴邦之业，在陛下克励而谨修之……何忧乎乱人，何畏乎厄运，何患乎天下不宁？……勤励不息，足致升平，岂止荡涤妖氛，旋复宫阙而已！”[1]陆贽这种反天命，重人事的哲学思想，构成了其政治思想的理论基础。在这一基础上，陆贽进一步阐发了“民为邦本，本固邦宁”的传统儒家思想，提出“立国之本，在乎得众”，“理乱之由……未有不兴于得众，殆于失人”[2]。陆贽对于生产力的重要要素之一的劳动者，也给予了很大的关注。陆贽从传统的民本论出发，把人作为立国的根本，与许多人一样，多次谈到“水能载舟，亦能覆舟”之说，并引用《大学》中言，说“有德必有人，有人必有土，有土必有财”[3]，而“财之所生，必因人力”。又说：“以人为本，以财为末，人安则财赡，本固则邦宁。”[4]盖鉴于此，陆贽尤其重视“养人”，即保护劳动力的生存和发展。其在《均节赋税恤百姓第四条》中特别强调：“建官立国，所心以养人也。”在《均节赋税恤百姓第五条》又说：“立国而不先养人，国固不立矣。”陆贽在此将儒家“民为邦本”的古老命题，由浓厚的伦理规范还原为被一定的物质经济条件决定的“人”，主张明君赋人取材而不害百姓所养，“恤人所乏”“敛必以时”，以保护“人力不殚”。将“人”和一定的社会经济生活联系在一起，而并不抽象地谈论“民为邦本”，这是陆贽在新的历史条件下对儒家思想有选择的继承。正因为如此，所以陆贽的思想中多有对劳动人民的同情和对地主阶级残酷剥削的抨击。[5]

针对其时藩镇割据日益严重的趋势，陆贽提出了“居重驭轻”的思想，即加强皇权实力，削弱地方势力。针对唐德宗的用人弊端，陆贽提出了集思广益的思想，“求才贵广，考课贵精”[6]之策，“总天下之智以为聪明，顺天下之心

[1]〔唐〕陆贽：《陆宣公集》卷一二《论述迁幸之由状》，浙江古籍出版社1988年版，第104—105页。

[2]〔唐〕陆贽：《陆宣公集》卷一二《奉天论前所答奏未施行状》，第107—112页。

[3]〔唐〕陆贽：《陆宣公集》卷二一《论裴延龄奸蠹书一首》，第231页。

[4]〔唐〕陆贽：《陆宣公集》卷二二《均节赋税恤百姓第一条》，第244、247页。

[5] 本节参见唐任伍：《唐代经济思想研究》，北京师范大学出版社1996年版，第254页。

[6]〔唐〕陆贽：《陆宣公集》卷一七《请许台省长官举荐属吏状》，第174页。

以施教令”[1]。

陆贽的经济思想主要反映在其《均节赋税恤百姓》等6条奏状之中。通过6条奏状，陆贽对土地问题、财政税制问题、货币问题、对外贸易问题等，提出一系列自己的思想。对于土地问题，陆贽在《均节赋税恤百姓第六条》中一方面指出均田制已经瓦解，土地兼并已到了“富者兼地数万亩，贫者无容足之居”的程度。同时也指出旧制“为日已久，顿欲修整，行之实难”，已经不可能恢复。根据陆贽对京畿地区的调查，发现“每田一亩，官税五升，而私家收租，殆有亩至一石者”，因而贫者愈贫，富者愈富，“穑人安得足食？公廪安得广储？风俗安得不贪？财货安得不壅？”所以陆贽建议“参酌古今之宜，凡所占田，约为条限，裁减租价，务利贫人”，“微损有余，稍优不足，损不失富，优可赈穷”。亦即所谓“安富济贫”。这种思想及由此而产生的方案虽然很不彻底，没有根本触及土地所有权，也不可能解决土地兼并及贫富两极分化的现象。但是实际上比那些侈谈“井田”、王田的土地方案更符合时宜，也比较实际可行。陆贽的减租思想虽然仍受到传统儒家思想的局限，而且在中国封建时期抨击暴敛、要求薄敛轻税的思想家也不乏其人，但是如此深刻抨击重租、要求减租的，实以陆贽为第一人。陆贽要求对地租量“约为条限”，进行限制的思想，也属发前人之未发。

关于国家财政，中唐以前，国家的财政与君主私藏，不管实际执行情况如何，在表面上是分开的，两者的收入来源与管理系统也不相同。前者主要来源于税赋，交左藏库，由太府掌管；后者来源于各地贡献，交大盈内库，由中官管理。安史之乱以后，京师多豪将，求取无节，掌管财政的第五琦遂把充做国家财政的赋税纳入大盈内库，将公赋和私藏合在一起，统一由中官管理，而管理国家财政的官吏既不能查看国家财政收入的多少，也无法计算国家财政费用的盈亏。唐德宗时，杨炎提出公赋独立，并建议将私藏也全部纳入国家财政控制，宫中费用由国家财政拨给。为时不久，朱泚作乱，藩镇贡物于是又解琼林、大盈两库作为皇帝私藏。陆贽从“天子不问有无，诸侯不言大小”的传统儒家义利思想出发，上疏《奉天请罢琼林、大盈二库状》，奏请“散其小储，而成其大储也；损其小宝，而固其大宝也”，即要求罢去天子私藏，将藩镇贡献交国家财政，

[1]〔唐〕陆贽：《陆宣公集》卷一二《奉天论奏当今所切务状》，第107页。

树立国家财政的统一性。

对于财政税制问题，陆贽反对两税法，反对“量出制入”，并且针锋相对地提出“宰制国用，量入为出”[1]的财政税制思想。“地力之生物有大数，人力之成物有大限，取之有度，用之有节，则常足；取之无度，用之无节，则常不足。生物之丰败由天，用物之多少由人。是以圣王立程，量入为出，虽遇灾难，下无困穷。”[2]“量入为出”可以避免由于统治阶级穷奢极欲的开支而无节制地扩大剥削量（即“量出制入”），在一定程度上减轻了农民的负担，这在社会矛盾激化、封建政权摇摇欲坠的唐朝晚期，应该说是明智之策。

关于制订征课的标准，陆贽主张“计丁而税”，认为“财之所生，必用人力，工而能勤则丰富，拙而兼惰则窭空。是以先王之制赋入也，必以丁夫为本，无求于力分之外，无贷于力分之内”。财富既然是人的劳动创造的，赋税理当按人丁征收。而且陆贽认为金玉锦绣珠宝，“藏于襟怀囊箧，物虽贵而人莫能窥”；土地粟米房屋，“积于场圃囷仓，直虽轻而众以为富”；流通资产即“流通蓄息之货，数虽寡而计日收赢”；固定资产即“庐合器用之资，价虽高而终岁无利”。“计资而税”实际上很难做到准确地“计资”，反而容易给拥有货币的商人以隐匿之机，不利于拥有地产的地主阶级，由此还可能造成人们背本趋末，弃农经商，并最终危及封建经济基础的巩固。所谓“由是务轻费而乐转徙者，恒脱于徭税；敦本业而树居产者，每困于征求。此乃诱之为奸，驱之避役，力用不得不弛，风俗不得不讹，闾井不得不残，赋入不得不阙”[3]。应该说“计资而税”反映了商品货币经济的发展以及人身依附关系的削弱，而“计丁而税”则是一种与封建人身依附关系紧密相连的、比较落后的税制。陆贽从儒家传统的“爱民”观出发，片面强调“计丁而税”的优越性和“计资而税”的弊端，却忽视了商品货币关系已有长足发展的重要时代特征。不过陆贽关于流动性、生产性资财与固定性、消费性资财的区分，以及关于流动性、生产性资产能日计赢利，而固定性、消费性资产不能增值的理论，在中国财政思想史上仍属创见。

[1]〔唐〕陆贽：《陆宣公集》卷一八《论宣令除裴延龄度支使状》，第 187 页。
[2]〔唐〕陆贽：《陆宣公集》卷二二《均节赋税恤百姓第二条》，第 252 页。
[3]〔唐〕陆贽：《陆宣公集》卷二二《均节赋税恤百姓第一条》，第 245 页。

同时，陆贽与齐抗、李翱、韩愈、白居易等人一样，也反对货币税，主张恢复征收实物的租庸调制。陆贽认为国家征收赋税，必须“量人之力，任土之宜。非力之所出则不征；非土之所有则不贡”，又说“谷帛者，人之所为也；钱货者，官之所为也。人之所为者，故租税取焉；官之所为者，故赋敛舍焉”，只有征收实物，才“可以勉人功”，“各修家技，皆足供官，无求人假手之劳，无贱鬻贵买之费，无暴征急办之弊，无易常改作之烦。物甚贱而人之所出不加，物甚贵而官之所入不减。是以家给而国足，事均而法行”[1]。如果征收货币税，将赋税折合为现金缴纳，则“所征非所业，所业非所征”，百姓“遂或增价以买其所无，减价卖其所有，一增一减，耗损已多”，无端增加了百姓的负担，所以陆贽主张行实物赋税。由于唐代商品货币关系虽然有所发展，但封建生产关系的内部结构尚未发生基本改变，在当时的封建经济条件下，推行货币赋税，无论是国家或百姓，都确实存在着许多困难。陆贽等人的主张自有其客观依据。事实上，唐朝自元和四年（809）以后，政府即多次下令折纳现物，唐朝完全以货币缴纳的两税法，其推行时间还不到30年。

陆贽关于货币问题仍沿袭“王者制钱”、国家垄断之说，其在《均节赋税恤百姓第二条》中说：“古之圣人，所以取山泽之蕴材，作泉布之宝货，国专其利，而不与人共之。”又说“钱货者，官之所为也”，“钱之多少，在于官之盈缩”，把货币看作封建国家用来进行宏观调控的工具。在同一奏章里，陆势还说：“先王惧物之贵贱失平，而人之交易难准，又立货泉之法，以节轻重之宜，敛散弛张，必由于是。”反映了作者对货币的价值尺度（平贵贱）和流通手段（准交易）这两个基本职能有了认识，而且对货币调节价格的作用也有了认识。尽管这些认识在现在看来肤浅了些，但对1000多年前的思想家来说，实属难能可贵。陆贽根据自己对货币的认识，也提出了对于货币数量的看法：“物贱由乎钱少，少则重，重则加铸而散之使轻。物贵由乎钱多，多则轻，轻则作法而敛之使重。是乃物之贵贱，系于钱之多少。钱之多少，在于官之盈缩。”[2]陆贽此说是对《管子》中货币数量最完整的发展，也是中国封建社会中货币数量说的典型公式。诚然，由于唐代商品经济发展的局限性，陆贽没有能够提出

[1]〔唐〕陆贽：《陆宣公集》卷二二《均节赋税恤百姓第二条》，第249、251页。
[2]〔唐〕陆贽：《陆宣公集》卷二二《均节赋税恤百姓第二条》，第249、251页。

接近于科学的货币起源学说，但是毕竟认识到了货币流通数量变动影响物价变动的事实。而且陆贽关于货币数量“理论”要比被推为货币数量理论鼻祖的法国人博丹的理论足足早了700多年,仅此也足以显示唐代学术思想的发展水平。

对于工商业，唐朝政府如历代政府一样，仍采取抑制政策。但是由于商品经济的发展对抑制工商观念的猛烈冲击，一些有一定政治远见的士大夫，包括一些儒家代表人物也开始正视社会发展的客观实际,抛弃传统的抑商轻商观念，开启了认识商业的学术之风。而一向被视为儒家代表人物的陆贽，一方面固然仍坚持以农为本，但同时也认为国家的任务就是使“商农工贾，各有所专”，使商农工贾“咸安其分”[1]，实际上已把商、工、贾列在与农同等的地位。

唐代政府在经济活动中已引进了“和籴”和“和雇”两种形式。“和籴”又称“和市”，是指除国家法定的强制征课以外，官府与百姓之间按市场价格进行买卖的交易行为。“和雇”是指官府将原先强制性征发劳动力改为由官府出资雇佣劳动力。前者是官府与百姓之间的实物交易关系，后者是官府与百姓之间的劳务关系。这表明商品经济观念已经开始引入官营体制。陆贽基于对“和籴”“和雇”这一适应商品经济发展的经营形式的深刻认识，坚决主张将封建财政所需要的多种物资按照市场价格进行交易（“和籴”），甚至不惜用“加倍之价”收购以刺激生产。[2]还建议以茶税收入作为“和籴”资本，“如时当大稔，事至伤农，则优与价钱，广其籴数；谷若稍贵，籴亦便停。所籴少多，与年上下，准平谷价，恒使得中。每遇灾荒，即以赈给，小歉则随事借贷，大饥则录奏分颁，许从便宜，务使周济，循环敛散，遂以为常”[3]，将“和籴”发展并延伸为历代的常平，作为平抑物价、救济灾荒的手段。陆贽还主张将政府公共工程所需征发的徭役一应改为“和雇”，所谓“交易往来，一依市利，勿令官吏催遣，道路遮邀，但不抑人，自当趋利”[4]。尽管陆贽在主张“和籴”“和雇”的同时，仍然主张“非力之所出则不征，非土之所有则不贡”[5]那种自然

[1]〔唐〕陆贽:《陆宣公集》卷二二《均节赋税恤百姓第六条》，第259、260页。
[2]〔唐〕陆贽:《陆宣公集》卷一八《请减京东水运收脚价于沿边州镇储蓄军粮事宜状》，第191页。
[3]〔唐〕陆贽:《陆宣公集》卷二二《均节赋税恤百姓第五条》，第259页。
[4]〔唐〕陆贽:《陆宣公集》卷二〇《论度支令京兆府折税市草事状》，第218页。
[5]〔唐〕陆贽:《陆宣公集》卷二二《均节赋税恤百姓第二条》，第249页。

经济色彩很浓的“任土之宜”的赋税原则，还没有从思想上充分认识到当时商品货币关系所产生的冲击力，但是在商品货币经济的裹挟之下，陆贽已经自觉不自觉地意识到了商品货币关系在社会经济生活当中的重要地位，所以明确主张建立在价值规律之上的平等互利的“和籴”和“和雇”。

陆贽于对外贸易也表现出了极大的关心。其在《论岭南请于安南置市舶中使状》中明确表示“远国商贩，唯利是求，绥之斯来，扰之则去”，只要政府或地方官吏不是“侵刻过深”，“招坏失所”，那么“交易之徒，素所奔凑”。所以陆贽主张对外来商人采取安抚、怀柔政策，并给予优惠条件，以吸引外商来唐经商贸易。陆贽这一种对外贸易的思想，不仅在当时允称杰出，即或现今，也有一定的借鉴意义。

（三）科学技术

唐代，浙江在数学、天文学、地理学、生物学、物理学、化学、医学等方面也取得了一定的成就，尤其在地理学、生物学、医学等方面成就更为突出。

1.窦叔蒙对潮汐的研究

浙江地处东海之滨，浙江人民在长期的海上劳作、航海实践当中，积累了丰富的关于海洋、潮汐的知识。东汉王充已经在《论衡》中论述了潮汐涨落与月亮盈亏的关系，以及涌潮现象与河床的关系。三国时期的吴国，已有关于潮汐的著作《潮水论》问世（惜已散佚）。隋唐时期，随着天文学和航海业的发展，对潮汐的认识也达到了一个新的水平，并产生了窦叔蒙论述海潮的专门著作《海涛志》。

窦叔蒙，浙东处士，生平不详。其所著《海涛志》（又称《海峤志》）共6卷，成书于大历（766—779）中，是我国现存最早的潮汐专著。窦叔蒙通过长期细心的观察，对潮汐变化与月球运动之间存在的客观规律有了进一步的认识，并在其著作中指出：“月与海相推，海与月相期，苟非其时，不可强而致辞也，时至自来，不可抑而已也。”潮汐相应着月球运动而变化，“轮回辐次，周而复始”。窦叔蒙在《海涛志》中还记述了每日两次潮汐涨落，每月两次大潮出现于朔（初一）、望（十五），每月两次小潮出现于上弦（初七、初八）、下弦（廿二、廿三），以及一年中两个大、小潮期。窦叔蒙还推算出在79379年中共有

56021944 次海涛。按此人们可以计算出潮周期为 12 小时 25 分 12 秒强，其精确程度之高与现在所常用的 12 小时 25 分相差甚微。为了说明潮汐的运动规律，窦叔蒙还创立了图表表示法。在《海涛志·论涛时》当中具体记载了制图方法，图中列有月亮圆缺的情况，并画出相应的潮汐变化，使读者可以从图中一目了然地看出潮汐“循环周始”的变化规律。

窦叔蒙的《海涛志》，反映了 8 世纪中叶浙江学者对于潮汐变化规律与月球的关系已经有了较科学的认识，而且不仅具有定性认识，同时也具有定量认识。

2.唐代钱塘江流域在地理学、生物学等方面的成就

唐代钱塘江流域在地理学方面的杰出人物主要有许敬宗、孙述睿等人。

许敬宗撰有《西域国志》60 卷，此书系据访问西域各国之使者所记辑集而成。《新唐书》卷五八《艺文志二》云：“高宗遣使分往康国、吐火罗，访其风俗特产，画图以闻。诏史官撰次，许敬宗领之，显庆三年上。”

越州山阴（今绍兴）人孔述睿对地理学也有很高造诣。唐德宗时孔述睿为史馆修撰，“述睿重次《地理志》，本末最详”。[1]

生物学方面，新城人（今富阳新登）人许善心尝撰有《方物志》20 卷。[2]

舒元舆对生物学也情有独钟，在其《牡丹赋》《悲剡溪古藤文》《养狸述》中，对牡丹、藤、鼠、狸等都有深入细致的描述。在《悲剡溪古藤文》中，舒元舆对过度伐藤造纸提出了非议，指出：“大抵人间费用，苟得著其理，则不枉之道在，则暴耗之过，莫由横及于物，物之资人亦有其时，时其斩伐不为夭阏？予谓今之错为文者，皆夭阏剡溪藤之流也。藤生有涯，而错为文者无涯，无涯之损物不直于剡藤而已。予所以取剡藤以寄其悲。”反映出作者对生态和环境具有相当深刻的认识。

3.唐代钱塘江流域在医学方面的成就

在医学方面成就最大的当属许敬宗。许敬宗曾参与《新修本草》（又称《唐

[1]〔宋〕欧阳修、宋祁：《新唐书》卷一九六《孔述睿传》，第 5610 页。

[2]〔唐〕魏徵：《隋书》卷三三《经籍二》，第 987 页。许善心，《隋书》卷五八《许善心传》说为“高阳北新城人”。两《唐书》许善心之子许敬宗本传均称“杭州新城人”，《旧唐书》卷八二《许敬宗传》还说“其先自高阳南渡，世仕仁左”，可见高阳只是其郡望，籍贯则在杭州新城。

本草》）编撰。是书肇始于右监门府长史苏恭（原名苏敬）于唐高宗显庆二年（657）上表修订本草。唐高宗随即指派英国公李勣、太尉长孙无忌及许敬宗、孔志约、许孝崇、李淳风等22人与苏恭一起编撰《新修本草》。同时，朝廷又明令征集全国各地所产药物，并绘制实物图谱，以供编书之用。显庆四年《新修本草》完成，颁行全国作为医学用药之准绳。早在隋唐以前，南朝梁陶弘景已编撰有《本草经集注》一书，共收录药物730种。《新修本草》共54卷（其中正经20卷、目录1卷；药图25卷、图经7卷、目录1卷），分为本草、图、图经三部分，共收录药物844种，比《本草经集注》新增114种，考辨和订正载录有误的药物400余种，“羽毛鳞介，无远不臻。根茎花实，有名咸萃。遂乃详探秘要，博综方术。本经虽阙，有验必书。别录虽存，无稽必正。考其同异，择其去取。铅翰昭章，定群言之得失，丹青绮焕，备庶物之形容”[1]。药物的性味、产地、形态、采集时间、制作方法、主治和功效等，均有详细记述，并绘有相当精确的各地动植物标本图样，作为鉴别药物之依据。外来药如安息香、阿魏、龙脑香、胡椒、底野迦（鸦片制品）等也均加收录。同时还吸收了国内外的先进医疗技术，如用白银、银箔、水银制作齿科汞合金填充剂，即是当时国内最先进的医疗技术。《新修本草》集唐以前本草之大成，是我国第一部药典，不但颁行全国作为医学用药之准绳，列为太医署教科书，同时也受到国外的高度重视，其时日本、朝鲜的医药学教育，都以此书为课本。[2]

此外，唐乾宁间（894—898）杭州人陈仕良亦以医术闻名，曾任剑州（今四川剑阁）医学助教、药局奉御，奉诏修撰《圣惠方》，著有《食性本草》10卷。施肩吾亦有《辨疑诀》3卷等医书。[3]

（四）歌舞娱乐

歌舞娱乐活动在钱塘江流域亦极为流行。各地每遇大的节日，则举行“百戏”比赛，热闹非凡。如开元年间，玄宗历次敕赐州县大酺，“嘉兴县以百戏，

[1]〔唐〕孔志约：《本草序》，《全唐文》卷一八六，第1889页。

[2] 白寿彝总主编：《中国通史》第6卷，上海人民出版社1997年版，第2027—2028、2059—2060页。

[3] 朱德明：《浙江医药史》，人民军医出版社1999年版，第120页。

与监司竞胜精技”，结果，监司以惊险绝伦的绳技而获胜[1]。浙东观察使皇甫政曾于宝林寺“大设斋，富商来集”，并“大陈伎乐”“百万之众，鼎沸惊闹”[2]。另一笛子演奏家李谟，“禄山乱，流落江东，越州刺史皇甫政月夜泛舟镜湖，命谟吹笛，谟为之尽妙”[3]。西域的柘枝舞[4]艺人也来到了杭州，张祜《观杭州柘枝》诗生动地描绘了作者在杭州所看到的柘枝舞表演：

舞停歌罢鼓连催，软骨仙蛾暂起来。
红罨画衫缠腕出，碧排方胯背腰来。
旁收拍拍金铃摆，却踏声声锦袎摧。
看著遍头香袖褶，粉屏香帕又重隈。[5]

八、唐诗与钱塘江

唐诗是中国古代诗歌的一个高峰，然而在钱塘江流域并不兴盛。明代著名学者胡应麟在《诗薮》外编卷三《唐上》中说：“唐诗人千数，而吾越不能百人。初唐虞永兴（世南）、骆临海（宾王），中唐钱起、秦系、严维、顾况，晚唐孟郊、项斯、罗隐、李频辈，今俱有集行世。一时巨擘，概得十二三，似不在他方下。”

（一）唐诗中的钱塘江

在这一时期，语及杭州乃至吴越，常会提到钱塘秋潮。在相当部分文人墨客的心目中，雄浑壮阔的钱塘潮水大概已成为杭州的天然名片。因此，若唐人作品地涉杭州，则往往言及钱江涌潮。

“初唐四杰”之一的骆宾王（638—？），婺州义乌（今属浙江）人。7岁时所作《咏鹅》诗“鹅鹅鹅，曲项向天歌。白毛浮绿水，红掌拨清波”，名振诗坛，至今犹为少儿所喜爱。他擅长五言诗，有文集10卷，其中《帝京篇》《于易水送人》两诗最为著名。其中后者云：“此地别燕丹，壮士发冲冠。昔时人已没，

[1]〔宋〕李昉：《太平广记》卷一九三《嘉兴绳技》，第1449页。
[2]〔宋〕李昉：《太平广记》卷四一《黑叟》，第259页。
[3]《乐府杂录·笛》，《丛书集成初编》本。
[4] 柘枝舞源出怛罗斯（即今哈萨克斯坦境内江布尔），后随丝绸之路进入中原。
[5]〔清〕彭定求等：《全唐诗》卷五一一，第5827页。

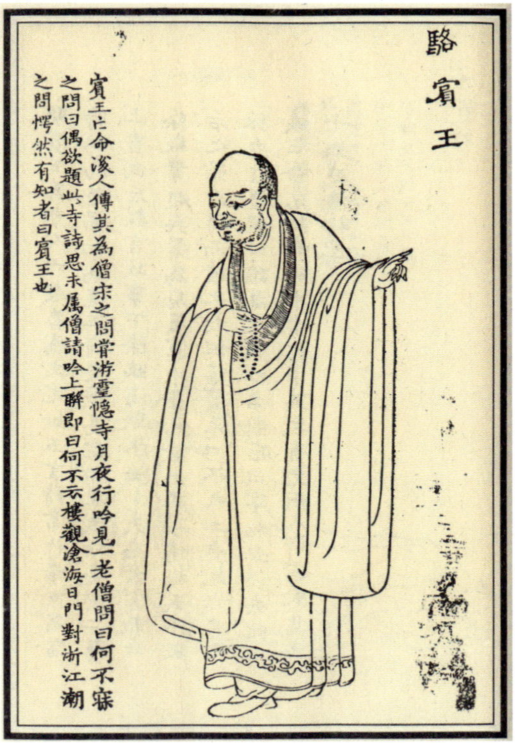

骆宾王像(《晚笑堂画传》)

今日水犹寒。”显然，作者以咏史为引，表现离别悲壮激烈的情感。骆宾王所作《代李敬业传檄天下文》(即《讨武曌檄》)[1]亦为传世之作。史载唐考功员外郎宋之问以事累贬黜，后放还。至杭州，游灵隐寺。当时夜月极明，他兴致一来，便在长廊行吟起来，且为诗曰:“鹫岭郁岧峣，龙宫锁寂寥。”第一联搜奇覃思，终不如意。时有一老僧点长命灯，坐在大禅床上，问曰:“少年夜久不寐，而吟讽甚苦,何耶? ”之问答曰:“弟子业诗，适遇欲题此寺，而兴思不属。”僧曰:“试吟上联。”即吟与之。再三吟讽，因曰:“何不云‘楼观沧海日，门对浙江潮’? ”宋之问听了愕然，讶其遒丽。又续终篇曰:“桂子月中落,天香云外飘。扪萝登塔远,刳木取泉遥。霜薄花更发,冰轻叶未凋。夙龄尚遐异,搜对涤烦嚣。待入天台路,看余度石桥。”宋之问《灵隐寺》诗，全诗虽以吟咏灵隐寺为主，但其中最为精警的句子却是遁入空门避祸的骆宾王所赠的一句“楼观沧海日，门对浙江潮”。第二天，宋之问要去拜访老僧，则不复见了。寺僧有知者告诉宋之问曰:“此骆宾王也。”宋之问诘之，答曰:“当徐敬业之败，与宾王俱逃，捕之不获。将帅虑失大魁，得不测罪。时死者数万人，因求类二人者函首以献。后虽知不死，不敢捕送。故敬业得为衡山僧，年九十余乃卒。宾王亦落发，遍游名山。至灵隐，以周岁卒。当时虽

[1]〔唐〕骆宾王著，〔清〕陈熙晋笺注:《骆临海集笺注》卷一〇，上海古籍出版社 1985 年版，第 329—338 页。

败，且以兴复唐朝为名，故人多获脱之。”[1]

唐代著名诗人孟浩然游历吴越，钱塘江潮给他留下了较深的印象。他的《与杭州薛司户登樟亭楼作》《与颜钱塘登樟楼望潮作》《初下浙江舟中口号》皆言及钱塘观潮之事。其中《与颜钱塘登樟楼望潮作》对壮阔江潮作了正面的描写：“百里闻雷震，鸣弦暂辍弹。府中连骑出，江上待潮观。照日秋云迥，浮天渤澥宽。惊涛来似雪，一坐凛生寒。”[2]孟浩然诗风历来以“清”见称，然此诗语甚壮伟，盖受江潮雄壮濡染所致。诗歌开篇以雷霆喻潮声之震撼，可谓先声夺人。潮涌未来之时，诗人正与友人鸣弦共乐，闻见潮声，众人皆舍清玄而观潮。江潮涌至，浪卷如雪，飞沫高溅，亦犹如秋雪纷下，使人寒意顿生。对比之下，孟浩然其他两言及钱江观潮的诗虽未对潮涌现象进行正面描写，但恰反映了诗人徘徊于仕隐、进退之间的心态。在《与杭州薛司户登樟亭楼作》中，奔腾的江潮唤起了诗人积极入世的心态：“山藏伯禹穴，城压伍胥涛。今日观溟涨，垂纶学钓鳌。”[3]面对滚滚江潮，诗人雄心勃发，希冀建立非凡的功业。而在《初下浙江舟中口号》中，孟浩然却呈现出截然不同的人生追求：“八月观潮罢，三江越海浔。回瞻魏阙路，空复子牟心。”[4]历览三江烟波浩渺、潮起潮落以后，诗人心情归于平静，曾经心怀魏阙之念也归于空灵。处于进退之间的孟浩然，一如钱塘江潮，潮涨时热烈澎湃，潮落后却归于安宁平缓。

与孟浩然友善的大诗人李白，与钱塘江建立了非常密切的关系。李白《别储邕之剡中》诗中即说：“舟从广陵去，水入会稽长。”即从扬州经运河南下，渡

[1]〔宋〕李昉：《太平广记》卷九一《骆宾王》，第605页；〔明〕郎瑛《七修类稿》卷二二《辩证类·宋骆诗》中对此事有详细靠辨：“杭灵隐寺‘鹫岭郁岧峣’之诗乃唐骆宾王集中所载，然有一二字不同，不能别其为谁所作，独刘文安定公之集云：‘初起二句乃宋之问诗，宋吟之而久无下韵，宾王隔壁朗吟，续以终篇，之问大骇，明发求见，则遁矣。’是知一首二人成之，故两系焉。世所传诵者如此，然《太平广记》又载，宋之问于灵隐夜吟未就，闻有人云：‘何不道“楼观沧海日，门对浙江潮”？’不知何人，有识者曰：‘此骆宾王也。’似此骆则二句矣。予又见一书云，之问正吟，遇老僧于殿灯之间应声成之，后知宾王。据后二书，两人皆相见矣，平日素知，不应又有何人之问及刘文安之说也。若只文安、《广记》之说，后世又不传骆之为僧也，诗亦未必各系之也，书俟博识。”

[2]〔清〕彭定求等：《全唐诗》卷一六〇，第1649页。

[3]〔清〕彭定求等：《全唐诗》卷一六〇，第1648页。

[4]〔清〕彭定求等：《全唐诗》卷一六〇，第1670页。

钱塘江，从西兴进入浙东，再沿剡溪溯流而上，登上天台的石梁，亦即今人所说的“浙东唐诗之路”。王士性《尺牍》卷中载“李白所梦游天姥，便拏舟下剡川、泊鉴湖、探禹穴、蹑会稽，修禊兰亭，弄潮钱塘而归，亦一快也”[1]。李白在《横江词》中亦对钱塘江潮奔涌表示了惊叹，诗云：“海神来过恶风回，浪打天门石壁开。浙江八月何如此，涛似连山喷雪来。”[2]钱塘江此种独绝奇观使得曾饱览壮丽山川的李白也心生惊异，则其雄壮可见一斑。在《送王屋山人魏万还王屋》中，李白再次写到了令人惊绝的钱塘江潮：“逸兴满吴云，飘飖浙江汜。挥手杭越间，樟亭望潮还。涛卷海门石，雪横天际山。白马走素车，雷奔骇心颜。”[3]李白创作此诗时，身处吴越，友人魏万从王屋山远道而来，两人当共同目睹了钱塘潮汐的壮观景象，因此，李白在送别友人之际，再次忆起与友人同度的难忘时刻。诗人以飘逸文笔，从视觉与听觉两方面集中地勾勒出钱塘江潮的神韵：潮涌来时，波涛如千百万的白马素车奔涌而至，惊涛席卷山石，水石相撞与潮水声产生的巨响骇人心魄。此外，李白在越中所作的《越中览古》《越女词》等诗篇，令浙东山水风物大为增色，其《梦游天姥吟留别》，还为天姥山这一道家圣地营造了富于神话氛围的艺术境界。[4]

李白像

盛唐诗人宋昱在《樟亭观涛》中同样也道出钱塘江潮的汹涌：“涛来势转雄，猎猎驾长风。雷震云霓里，山飞霜雪中。激流起平地，吹涝上侵空。翕辟乾坤异，盈虚日月同。艅艎从陆起，洲浦隔阡通。跳沫喷岩翠，翻波带景红。怒湍初抵北，却浪复归东。寂听堪增勇，晴看自发蒙。伍生传或谬，枚叟说难穷。

[1]〔明〕王世性：《王士性地理书三种》，上海古籍出版社 1993 年版，第 587 页。
[2]〔唐〕李白：《李太白全集》卷七，中华书局 1977 年版，第 402 页。
[3]〔唐〕李白：《李太白全集》卷一六，第 748—760 页。
[4] 参见邹志方：《浙东唐诗之路》并吴熊和《序》，浙江古籍出版社 1995 年版。

来信应无已，申威亦匪躬。冲腾如决胜，回合似相攻。委质任平视，谁能涯始终。”[1]诗人对潮汐的描绘与孟浩然、李白相近，皆突出钱塘江潮涛白如霜雪，潮声如雷霆的特点。不过在此诗中，诗人却较有创造性地以千军万马的互攻决战来比喻江潮。此外，更言听怒潮以增勇，言语间透露着盛唐文人所特有的豪迈之气。[2]

白居易是唐代最伟大的诗人之一。长庆二年（822），白居易以中书舍人移官杭州刺史，当时吴兴人钱徽、吴郡人李穰，均为文学名士，并且和白居易早有往来，于是诸人邀请当地名士，整日诗酒欢聚；“巧于应对，善歌舞”的官妓高玲珑、谢好好两人参与其中。白居易本人更是足迹遍及杭州的山山水水，钱江观潮、天竺赏桂、孤山听雨、韬光品茗、湖上夜游、白堤踏春……处处留下了诗人题咏抒怀的篇章。离杭以后，又作《寄题郡楼》诗：“官历二十政，宦游三十秋。江山与风月，最忆是杭州。”还念念不忘杭州。据学者统计，他一生留下的诗篇近3000首，是唐代诗人中存诗最多的一位，其在杭州所作的约200首[3]，且不少涉及钱塘江的潮。如《忆江南》词第二首：“江南忆，最忆是杭州。山寺月中寻桂子，郡亭枕上看潮头。何日更重游？”[4]又，“潮声夜入伍员庙，柳色春藏苏小家”等等。[5]此后不久，元稹为越州刺史、浙东观察使，“参其酬唱，每以筒竹盛诗来往”[6]，传为佳话。又，“会稽山水奇秀，稹所辟幕职，皆当时文士，而镜湖、秦望之游，月三四焉。而讽咏诗什，动盈卷帙。副使窦巩，海内诗名，与稹酬唱最多，至今称兰亭绝唱”[7]。

中晚唐时期的诗人在表现钱塘江潮时，诗意多与初盛唐诗人相近，不过部分诗篇也能自出新意。例如刘禹锡《白舍人自杭州寄新诗有柳色春藏苏小家

[1]〔清〕彭定求等：《全唐诗》卷一二一，第1217页。
[2] 以上参见傅璇琮、戴伟华：《唐诗中的钱塘江潮》，《浙江学刊》2011年增刊。
[3] 余荩：《合郡咸恩德，离别情依依——杭州与白居易》，周峰主编：《隋唐名郡杭州（修订版）》，浙江人民出版社1997年版，第165—178页。
[4]〔唐〕白居易：《白居易集》卷三四，第775页。
[5]〔宋〕葛立方：《韵语阳秋》卷一三，《历代诗话》下，中华书局1981年版，第585页。
[6]〔宋〕王谠著，周勋初校证：《唐语林校证》卷二，第144—145页。
[7]〔后晋〕刘昫：《旧唐书》卷一六六《元稹传》，第4336页。

之句因而戏酬兼寄浙东元相公》以“鳌惊震海风雷起，蜃斗嘘天楼阁成”[1]之句简言江潮气势；在《浪淘沙》中，诗人具体写到钱塘秋涛：“八月涛声吼地来，头高数丈触山回。须臾却入海门去，卷起沙堆似雪堆。”[2]刘禹锡创作好别出新意，在此诗当中也不例外，除了和前人一样极言钱塘秋涛的壮阔雄奇外，诗人更紧扣诗题，描写了潮水骤来急去后，遗留在河床上色白如雪的沙堆，这层层的沙堆的出现其实同样呈现潮涌排山倒海的力量。又如徐凝有《观浙江涛》诗云：“浙江悠悠海西绿，惊涛日夜两翻覆。钱塘郭里看潮人，直至白头看不足。”[3]诗歌写钱塘江潮部分，语句通俗流畅，诗意却并不新颖。[4]

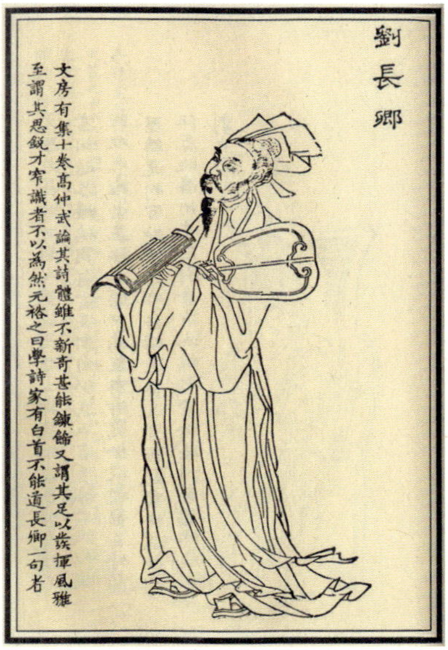

刘禹锡像（《晚笑堂画传》）

同样地，李廓《忆钱塘》“一千里色中秋月，十万军声半夜潮”[5]也道出了钱塘潮的排山倒海。钱起云“渔浦浪花摇素壁，西陵树色入秋窗”之类，皆钱塘城外江湖之景，盖行人客子于解鞍系缆顷刻所见尔。[6]

唐大和六年（832），与贾岛合称“姚贾”的姚合出任杭州刺史。姚合崇尚无为而治，其《杭州官舍偶书》诗说：“钱塘刺史谩题诗，贫褊无恩懦少威。春尽酒杯花影在，潮回画槛水声微。闲吟山际邀僧上，暮入林中看鹤归。无术理人人自理，朝朝渐觉簿书稀。”[7]可见他也和白居易一样常常流连杭州山水中。其《柳枝词》便述及钱塘江文化：“勾践初迎西子年，琉璃为帚扫溪烟。至今不

---

[1]〔清〕彭定求等：《全唐诗》卷三六〇，第4067页。
[2]〔清〕彭定求等：《全唐诗》卷三六五，第4123页。
[3]〔清〕彭定求等：《全唐诗》卷四七四，第5410页。
[4] 以上参见傅璇琮、戴伟华：《唐诗中的钱塘江潮》，《浙江学刊》2011增刊。
[5] 陈尚君辑校：《全唐诗补编》，中华书局1992年版，第171页。
[6]〔宋〕尤袤：《全唐诗话》卷五《郑谷》，《历代诗话》上，中华书局1981年版，第224、225页；〔宋〕葛立方：《韵语阳秋》卷一三，《历代诗话》下，第585页。
[7]〔清〕彭定求等：《全唐诗》卷五〇〇，第5732页。

改当时色，留与王孙系酒船。”姚合在杭期间，被尊为“诗宗”，即江南诗坛宗主。此时在他周围，渐渐聚集了一群旨趣相投的江南寒士、山水隐逸诗人，如诗僧清塞（周贺）、钱塘诗人郑巢、睦州（今淳安）诗人方干、睦州（今建德）诗人、李频等人，组成了晚唐杭州诗人群。

总的来看，到唐代时，钱塘江潮已成为杭州的一个具有标志性的自然景观，因此也有了“闲话钱塘郡，半年听海潮”[1]的说法。

（二）唐诗中的富春江

除钱江潮外，富春江的秀美风光也多见于唐人的诗作。如越州人严维与刘长卿善。刘长卿有《对酒寄维》云：“陋巷喜阳和，衰颜对酒歌。懒从华发乱，闲住白云多。郡简容垂钓，家贫学弄梭。门前七里濑，早晚子陵过。”严维答云：“苏耽佐郡时，近出白云司。药补清羸疾，窗吟绝妙词。柳塘春水漫，花坞夕阳迟。欲识怀君意，朝朝访檝师。”[2]刘采春诗：“那年离别日，只道往桐庐。桐庐人不见，今得广州书。”[3]在唐人的诗中，仍可见钱塘江沿线良好的生态。权德舆《新安江路》诗云：“深滩属浅滩，万转出新安。人远禽鱼静，山深古木寒。啸起青蘋末，吟瞩白云端。即事遂幽赏，何必挂儒冠。”[4]孟浩然《宿桐庐江寄广陵旧游》诗云：“山暝听猿愁，沧江急夜流。风鸣两岸叶，月照一孤舟。建德非吾土，维扬忆旧游。还将两行泪，遥寄海西头。”[5]韦庄《桐庐县作》诗亦云：“钱塘江尽到桐庐，水碧山青画不如。白羽鸟飞严子濑，绿蓑人钓季鹰鱼。潭心倒影时开合，谷口闲云自卷舒。此境只应词客爱，投文空吊木玄虚。”[6]

唐代伟大的诗人杜甫，同样把江南之游列为其早年的壮举之一，诗人晚年所作的《壮游》长诗，尤表现出对昔时浙东行踪的念念难忘、珍惜有加之情：“枕戈忆勾践，渡浙想秦皇。蒸鱼闻匕首，除道晒要章。越女天下白，鉴湖五

[1]〔唐〕李频：《陕府上姚中丞》，《全唐诗》卷五八九，第6894页。

[2]〔宋〕尤袤：《全唐诗话》卷三《严维》，《历代诗话》上，第154页。

[3]〔明〕胡应麟：《少室山房笔丛》卷二〇《艺林学山二·唐诗翻三百篇意》，上海书店出版社2001年版，第207页。

[4]〔清〕彭定求等：《全唐诗》卷三二五，第3656页。

[5]〔清〕彭定求等：《全唐诗》卷一六〇，第1640页。

[6]〔清〕彭定求等：《全唐诗》卷六九八，第8110页。

月凉。剡溪蕴秀异，欲罢不能忘。归帆拂天姥，中岁贡旧乡。”[1]他的诗歌还涉及钱塘江文化中的知名人物、特产和事实，如杜甫《饮中八仙歌》诗说“知章骑马如乘船，眼花落井水底眠”，将贺知章列为八仙之首。《后出塞五首》第四首云：“云帆转辽海，粳稻来东吴。越罗与楚练，照耀舆台躯。”述及钱塘江流域出产的稻米和越罗。《解闷》诗云：“商胡离别下扬州，忆上西陵故驿楼。为问淮南米贵贱，老夫乘兴欲东游。”[2]则述及这里的外贸情况。

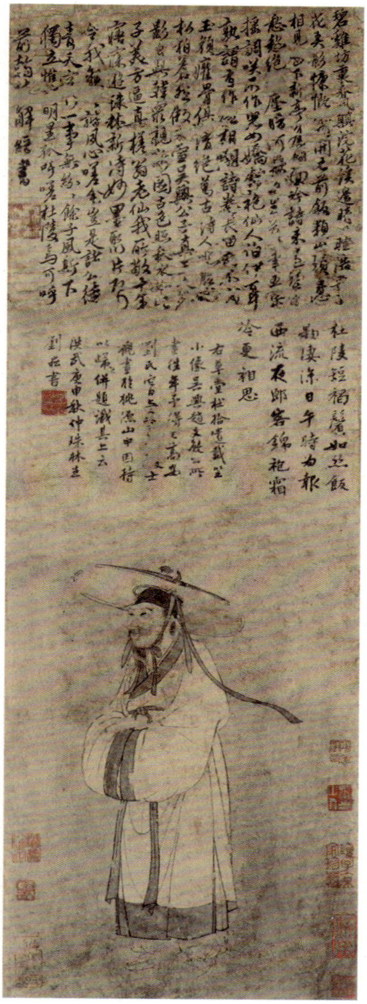

赵孟頫绘《杜甫像》

唐范摅《云溪友议》卷上《苎萝遇》还载有唐代诗人王轩发生在钱塘江流域的风流韵事。王轩少为诗，颇有才思。游西小江，泊舟苎萝山际，题西施石曰：“岭上千峰秀，江边细草春。今逢浣沙石，不见浣沙人。”俄见一女子，振瑀珰，扶石笋，低徊而谢曰：“妾自吴宫还越国，素衣千载无人识。当时心比金石坚，今日与君坚不得。”既欢会，复有恨别之辞。后萧山郭凝素，闻王轩之遇，每过浣纱溪，日夕长吟，屡题歌诗于石。寂尔无人，乃郁怏而返。进士朱泽嘲之，闻者莫不嗤笑。凝素内耻，无复斯游。诗云：“三春桃李本无言，苦被残阳鸟雀喧。借问东邻效西子，何如郭素拟素拟。[3]

（三）唐代钱塘江流域产生的知名诗人

除前述的初唐诗人骆宾王、许敬宗等之外，盛唐诗人丘为、贺知章，晚唐

［1］浦起龙：《读杜心解》卷一，中华书局1961年版，第159—161页。
［2］〔清〕彭定求等：《全唐诗》卷二三〇，第2517—2518页。
［3］〔宋〕李昉：《太平广记》卷二五七《朱泽》，第2002页。

诗人方干、李频、吴融等，都是当时的知名诗人。

贺知章（659—744）为唐代著名的大诗人。少时即以诗文知名。武后证圣元年（695）考中进士，初授国子四门博士，后迁太常博士。开元十年（722），由丽正殿修书使张说推荐入该殿书院，参与撰修《六典》《文纂》等书，未成，转官太常少卿。开元十三年为礼部侍郎、集贤院学士。后调任太子右庶子、侍读、工部侍郎。二十六年改官太子宾客、银青光禄大夫兼正授秘书监，因而人称“贺监”。在朝为官近50年，常和张旭、李白等饮酒赋诗，被称为“醉中八仙”，又和包融、张旭、张若虚一起被称为“吴中四士”。其诗文以绝句见长，除祭神乐章、应制诗外，写景、抒怀之作也是风格独特，清新潇洒，“名扬上京”。特别是他的诗作，不尚藻彩，不事雕饰，似乎无意求工却时有新意。正因为如此，使得贺知章在唐代七绝的发展史上，占有一席地位。[1]如《咏柳》：

贺知章像

碧玉妆成一树高，万条垂下绿丝条。

不知细叶谁裁出，二月春风似剪刀。[2]

全诗构思新颖，设喻巧妙，借咏柳赞美春天的勃勃生机，堪称咏物诗中之杰作。天宝三载（744）因年老上疏请求回家，得到批准。离京时，唐玄宗作诗为赠，皇太子李亨率百官送行。著名的《回乡偶书二首》之一“少小离家老大回，乡音难改鬓毛衰。儿童相见不相识，笑问客从何处来”[3]，以浅易的语言，真切地表达游子还乡时的复杂感受，令人体味不尽。此诗至今脍炙人

[1] 张炯、邓绍基、樊骏主编：《中华文学通史》，华艺出版社1997年版，第2卷，第78页。
[2] 〔清〕彭定求等：《全唐诗》卷一一二，第1147页。
[3] 〔清〕彭定求等：《全唐诗》卷一一二，第1147页。

口，千古传诵，被称为唐诗中的精华，奠定了他在盛唐诗坛的地位。其故居，据学者考证，在今湘湖南史家桥村，其地现已改名蜀山街道，其中尚有贺家园、思家桥等有关贺知章的文化遗存。为了纪念贺知章，当地人又把包括史家桥村在内的周边几个村合并，起名“知章村”，以纪念这位远去的古人。由于贺知章后迁居山阴，所以今绍兴市也有他的故居。《嘉泰会稽志》卷一三《古宅第》云：“唐秘贺监宅，在会稽县东北三里八十步。知章晚自号四明狂客。天宝初，请为道士还乡里，诏许之。以宅为千秋观，又求周公湖剡川一曲。宅今天长观也。”

丘为（约703—798），嘉兴人。初，累举不第，遂归山读书。天宝二年（743）登进士第。累官太子右庶子。为人至孝，据说因孝事继母，尝有灵芝生堂下，一时传为佳话。丘为80余岁时，母犹无恙，官给俸禄之半以奉养。为诗工于五言，善于炼句，甚得王维赞许，互有唱和。《全唐诗》卷一二九存诗13首，王重民《补全唐诗》又据敦煌遗书辑得5首。其诗与王维、孟浩然等人一样，多写田园山水，同属田园山水诗派。其《题农父庐舍》诗云：“东风何时至，已绿湖上山。湖上春已早，田家日不闲。沟塍流水处，耒耜平芜间。薄暮饭牛罢，归来还闭关。”使人如沐春风之中，心旷神怡。春风已至，且不言草木，只一个“绿”字，别有风情。终卷和平淡荡，却充满生活气息。难怪有人认为其人或如其诗，“不干天和”，所以能活到近百岁。[1]

方干（约809—888），字雄飞，睦州清溪（今淳安）人。幼有清才，以诗名于江南。然而连应十余试，只因其貌兔唇，有司恐为四夷笑中原乏士，终不得科名，遂归隐镜湖。所写的诗，清润小巧。王赞尝称之曰：“锓肌涤骨，冰莹霞绚，嘉肴自将，不吮余隽。丽不芬葩，苦不癯棘，当其得志，倏与神会。”孙郃尝称之曰：“其秀也，仙蕊于常花；其鸣也，灵鼍于众响。”[2]钱塘江潮的震撼给他留下了深刻的印象，因此他在《叙钱塘异胜》中云：“暖景融融寒景清，越台风送晓钟声。四郊远火烧烟月，一道惊波撼郡城。夜雪未知东岸绿，春风

[1] 贺裳：《载酒园诗话·又编》，参见孙映逵：《唐才子传校注》，中国社会科学出版社1991年版，第191页。

[2]〔宋〕葛立方：《韵语阳秋》卷二，《历代诗话》下，第493页。

犹放半江晴。谢公吟处依稀在，千古无人继盛名。”[1]《途中言事寄居远上人》以“震泽风帆归橘岸，钱塘水府抵城根”[2]来描述钱塘江潮。此外，方干推崇严光“富贵不能淫”的“高风亮节”，曾有《题严子陵祠》诗二首赞美富春江畔的严陵祠，诗云：

物色旁求至汉庭，一宵同寝见交情。
先生不入云台像，赢得桐江万古名。

苍翠云峰开俗眼，泓澄烟水浸尘心。
惟将道业为芳饵，钓得高名直到今。[3]

晚唐时期，睦州寿昌（浙江淳安县南）人李频、越州山阴人吴融等，也都是当时知名的诗人。

需要指出的是，唐代钱塘江流域还产生了一批当时满腹经纶、能诗会画，善于和士大夫知识阶层来往的高僧大德。史载：“江南多名僧，贞元、元和已来，越州有清江、清昼，婺州有乾俊、乾辅。时谓之会稽二清，东阳二乾。”[4]

九、唐朝钱塘江流域的饮茶风俗

（一）饮茶风气的盛行

唐代饮茶风气首先在南方流行起来。史载：“茶早采者为茶，晚采者为茗。《本草》云：‘止渴，令人不眠。’南人好饮之，北人初不多饮。”[5]到开元中，饮茶之风开始传入北方。唐中叶以后，饮茶之风大盛[6]。

说起饮茶，我们不能不谈到陆羽。陆羽（733—804），字鸿渐，一名疾，

[1]〔清〕彭定求等：《全唐诗》卷六五一，第7479页。

[2]〔清〕彭定求等：《全唐诗》卷六五二，第7487页。

[3]〔清〕彭定求等：《全唐诗》卷六五三，第7505页。

[4]〔宋〕王谠著，周勋初校注：《唐语林校注》卷四《栖逸》，第397页。

[5]〔唐〕封演著，赵贞信校注：《封氏闻见记校注》卷六《饮茶》，中华书局2005年版，第51页。

[6]林正三：《唐代饮茶风气探讨》，载台北“国立编译馆”《“国立编译馆”馆刊》1984年第2期。

字季疵。复州竟陵（今湖北天门）人，自称“桑苎翁”。活跃于中唐时代，“性嗜茶，始创煎茶法，至今鬻茶之家，陶为其像，置于炀器之间，云宜茶足利”[1]。又，“羽有文学，多意思，耻一物不尽其妙，茶术尤著。巩县陶者多为瓷偶人，号陆鸿渐，买数十茶器得一鸿渐，市人沽茗不利，辄灌注之”[2]。就是说，陆羽最先发明煎茶方法，并使长江流域各地种茶获利，以至于人们将他作为神灵供奉，大大促进了饮茶风气的兴盛。

陆羽与钱塘江流域的饮茶文化密切相关。据明代田艺蘅《煮泉小品》载：“严陵濑，一名七里滩，盖砂石上曰濑、曰滩也。总谓之浙江。但潮汐不及而且深澄，故入陆品耳。余尝清秋泊钓台下，取囊中武夷、金华二茶试之。固一水也，武夷则黄而燥冽，金华则碧而清香，乃知择水当择茶也。鸿渐以婺州为次，而清臣以白乳为武夷之右，今优劣顿反矣。意者所谓离其处，水功其半者耶？”[3]

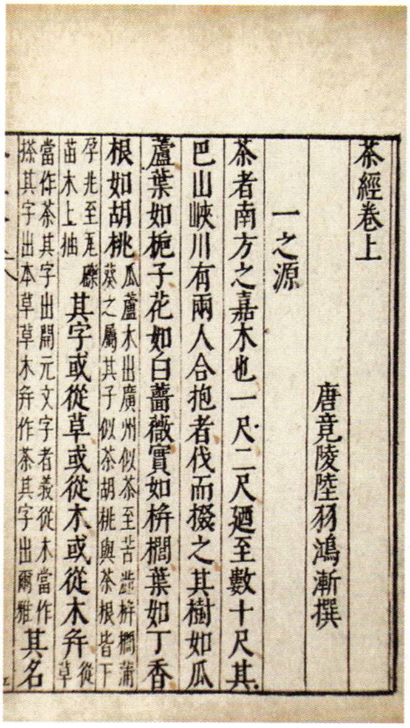
茶經卷上
唐竟陵陸羽鴻漸撰
一之源
茶者南方之嘉木也一尺二尺迺至數十尺其巴山峽川有兩人合抱者伐而掇之其樹如瓜蘆葉如梔子花如白薔薇實如栟櫚葉如丁香根如胡桃瓜蘆木出廣州似茶至苦澀栟櫚蒲葵之屬其子似茶胡桃與茶根皆下孕兆至瓦礫苗木上抽其字或從草或從木或從草木并從草當作茶其字出開元文字音義從木當作搽其字出本草草木并作荼其字出爾雅其名

陆羽《茶经》书影

中国茶叶博物馆前的茶圣陆羽塑像

[1]〔唐〕赵遴：《因话录》卷三《商部下》，上海古籍出版社 1979 年版，第 86 页。
[2]〔唐〕李肇：《唐国史补》卷中，第 34 页。
[3]〔明〕田艺蘅：《煮泉小品》，中华书局 2012 年版，第 129 页。

〔元〕赵原《陆羽烹茶图》

（二）龙舟竞渡

龙舟竞渡在钱塘江流域非常盛行。其俗“端午竞渡，于钱塘弄潮。先数日，于湖滨排列舟舸，结彩为亭槛，东西袤皆高数丈。”，杭州刺史崔涓前往巡视，“其夕北风，飘泊南岸。崔涓至湖上，大将惧乏事，涓问‘竞舟凡有几？’令齐往南岸，每一彩舫系以三五小舟，号令齐力鼓棹而引之，倏忽皆至”。[1]但当时的龙舟竞渡“连延数十日，作业不复忧。君侯馔良吉，会客陈膳羞。画鹢四来合，大竞长江流。建标明取舍，胜负死生求，一时欢呼罢，三月农事休”。即龙舟竞渡延续时间很长，贻误农时，当地百姓对胜负输赢十分看重，有时竟出现“疮眉血首争不定”的情况。有鉴于此，一些地方官曾设法予以禁止，但不久即由于当地百姓的请求，又重开竞渡。如诗人元稹在浙东观察使任内的诗文中可以看出他对竞渡的弊端多有了解，并且对禁止竞渡的作法表示理解。但他对龙舟竞渡还是持开放态度，在镜湖（今浙江绍兴南三

清佚名《赛龙舟图卷》

[1]〔宋〕王谠著，周勋初校证：《唐语林校证》卷三，第315页。

里）上建东武亭，“亭至宏敞，春秋为竞渡大设会之所”[1]。李绅任浙东观察使时，“增以板槛，延入湖中，足加步廊，以列环卫”[2]。

十、唐朝钱塘江流域的农民起义

（一）唐朝前期的社会矛盾和陈硕真起义

有唐一代，社会的主要矛盾仍然是统治阶级与被统治阶级的矛盾和地主阶级与农民阶级的矛盾，而且贯穿始终，一直都相当尖锐。所以唐朝各个时期都有农民起义发生。浙江在唐朝前期就发生了陈硕真起义。

陈硕真（？—653），女，睦州清溪（今淳安）人。她所领导的农民起义，爆发在唐高宗在位初年。唐朝，实际上在唐太宗在位后期由于其好尚珍奇，纵情畋游，人民赋役负担日益加重，农民的反抗斗争已经时有爆发。唐太宗还多次对外用兵，为攻打高丽，几次指令地方营造船舰。贞观二十二年（648）八月，唐太宗“敕越州都督府及婺、洪等州造海船及双舫千一百艘”[3]。沉重的赋役终于也落到了浙江人民的头上。睦州与婺州相邻，地产竹木生漆，必然也会深受影响。唐高宗的对外政策与唐太宗一脉相承，对朝鲜半岛继续大规模用兵。直到龙朔三年（663）攻占朝鲜半岛上的百济之前，才“以海东累岁用兵，百姓困于征调，士卒战溺死者甚众，诏罢三十六州所造船”[4]。可以说陈硕真起义起因于太宗，发难于高宗。

陈硕真是利用道教（符箓派）组织起义的。起义之前，陈硕真自称仙女下凡，能够役使鬼神，在民间树立起了很高的威望。唐朝政府对陈硕真的传教活动极为不满，一度将其逮捕入狱。但是这一做法使矛盾更加激化。陈硕真

---

[1]〔清〕彭定求等:《全唐诗》卷三九八《竞渡》《竞舟》，第4463—4464、4465页。

[2]〔清〕彭定求等:《全唐诗》卷四八一《东武亭》，第5477页。

[3]〔宋〕司马光:《资治通鉴》卷一九九《唐纪十五》，第13册，第6261页。按《太平寰宇记》卷九六，贞观元年改越州都督府管越、婺、泉、建、台、括六州，则《资治通鉴》中的“婺州”可能为“虔州”之误。

[4]〔宋〕司马光:《资治通鉴》卷二〇一《唐纪十七》，第14册，第6336页。

出狱以后，便于唐高宗永徽四年（653）十月戊申[1]，在睦州清溪梓桐地方的一个山村里正式举起反唐大旗，自称“文佳皇帝”，以妹夫章叔胤为仆射，童文宝为大将，建立了政权。同县人蒋宝率众响应起义。起义军很快发展到数万人。接着，章叔胤率部攻下了桐庐；陈硕真率部攻下了睦州（今建德梅城镇）、於潜（今临安於潜镇），进而进攻歙州（今安徽歙县），但是没有成功。陈硕真又命童文宝率领义军4000人掩袭婺州（今金华），州境“凡在僚属，莫能拒悍”[2]。后来婺州刺史崔义玄以司功参军崔玄籍为前锋，自己率州兵随后，攻打起义军根据地睦州。双方在下淮戍（今建德下涯）交战，起义军失利，被杀数千人。崔义玄进入睦州境。十一月底，崔义玄与前来镇压起义军的扬州长史房仁裕联兵进攻起义军，陈硕真、章叔胤被俘，英勇牺牲，起义失败。

陈硕真起义是唐朝前期规模和影响较大的一次农民起义。起义虽然不到两个月就被统治阶级镇压了下去，但是给刚上台不久的唐高宗以沉重打击。唐高宗在位之初所以政治比较清明，社会经济能继续发展，甚至被誉为“贞观遗风”，与贞观末年以及包括陈硕真在内的农民起义，不能说没有一定的关系。

陈硕真是中国历史上第一个称帝的女农民起义领袖。陈硕真作为一个农村妇女，竟能在唐王朝最为强盛的时期，敢于冲破封建礼教的重重束缚，揭竿而起，建立农民政权，将斗争矛盾直指封建王朝，不愧为杰出的巾帼英雄。她所表现出的中国妇女反抗封建统治的大无畏精神和行为，不仅丰富了中国农民起义史的内容，也对后世的农民起义产生了很大的影响。

（二）唐朝中期的社会矛盾和袁晁起义

唐朝中期（天宝元年至元和十五年，即742—820年），随着均田制的破坏，土地矛盾日益尖锐。而历时近八年的安史之乱，使黄河流域社会经济惨遭浩劫，江淮地区人民的赋役负担进一步加重，地方军阀势力的膨胀，使得社会矛盾愈

[1]〔后晋〕刘昫：《旧唐书》卷四《高宗纪》，第72页。陈硕真起义时间史籍尚有“永徽二年”“永徽之中”“永徽在历”“永徽五年”“永徽初”等说。

[2]《大周故银青光禄大夫使持节利州诸军事行利州刺史上柱国清河县开国子崔君墓志铭并序》，周绍良主编：《唐代墓志汇编》，上海古籍出版社1992年版，第930页。

趋严重，人民的反抗斗争骤然增加，尤其是江淮地区，被统治阶级称为“江淮多盗”[1]。

农民或凭借山岭险要，或依托江河湖海，也与统治阶级展开了不屈不挠的斗争。如天宝三载(744)二月，吴令光聚众起义，以大海为根据地，出没于台州、明州、温州等沿海地区，以致海路阻塞，公私断行。唐玄宗为之特颁《遣裴敦复往江东招讨海贼敕》，裴敦复会同晋陵太守刘同升、南海太守刘巨麟率军进剿。四月，起义军失利，吴令光被俘牺牲，起义失败。乾元(758—760)中，江淮荒年，新安农民聚众起义，所谓“江淮凶饥，相扇啸聚，而新安郡负山洞之阻，为害特甚”[2]。上元(760—761)、宝应间(762—763)，袁晁、陈庄、方清、许钦等在江淮起义，坚持斗争十余年，才被官军所镇压。又有武康(今德清武康镇)朱潭起义，一度攻打余杭(今杭州)，唐将辛孜筑城于吴撼山(在德清县城南)以镇压起义。广德(763—764)初年，余姚龚厉父子依据山岚率众起义，“劫明州之人，掠余姚之地，负阻海口，凭陵江干”，一度“拟得东瓯故地，窥南越僭迹”[3]。起义军聚散无常，山潜海匿，官军难以压制。后江东节度使一面派军将潘兰领辎驮数十，往来于山谷之间，引诱起义军，并以伏兵于便道伏击；同时派出左、中、右三支官军进攻起义军至青烟洞口。龚厉父子率军出战，先遇官军伏击，继而又遭官军夹攻，转战数十里，300余名起义军将士英勇牺牲，龚厉父子依然不屈不挠，又收集余部八九十人“更登高冈，背勇借势”，继续坚持斗争，直到英勇战死。广德年间，还有活动于海上的浙西张三霸起义，活动于江上的“横江之盗”，以及所谓浙东“海盗”起义等。大历七年(772)，吴、楚之地大旱，饥民聚于河湖起义者十之七八。建中年间(780—783)，东阳又有“山寇”出没。贞元间(785—805)，处州(今丽水)“山越寇攘，荡覆城寺”[4]。贞元中，又有“山贼栗锽诱山越为乱，陷浙东郡县”[5]，还处死了明州刺史卢云。

[1]〔后晋〕刘昫:《旧唐书》卷一九二《吴筠传》，第5129页。

[2]〔唐〕权德舆:《太中大夫守国子祭酒颍川县开国男赐紫金鱼袋赠户部尚书韩公行状》，《全唐文》卷五〇七，第5157页。

[3]〔唐〕独孤及:《毗陵集》卷五《为江东节度使奏破余姚草贼龚厉捷书表》，文渊阁《四库全书》本。

[4]〔唐〕权德舆:《唐故中书侍郎同中书门下平章事太子宾客赠户部尚书齐成公神道碑铭》，《全唐文》卷四九九，第5084页。

[5]〔后晋〕刘昫:《旧唐书》卷一七七《裴休传》，第4593页。

栗锽领导的起义最后在台州（今临海）为浙东团练观察使裴肃所败。

唐朝中期浙江规模最大的起义为浙东袁晁起义。起义的直接原因，是租庸使元载在江淮一带向农民征收所谓欠而未缴的租调，即自天宝十三载（754）至上元二年（761）因战乱而未缴的8年租调。在执行征收过程中，又严重违法乱纪，“择豪吏为县令而督之，不问负之有无，赀之高下，察民有粟帛者发徒围之，藉其所有而中分之，甚者什取八九，谓之白著。有不服者，严刑以威之。民有蓄谷十斛者，则重足以待命”。民谣《白著歌》曰：“上元官吏务剥削，江、淮之人多白著。”农民遂“相聚山泽为群盗，州县不能制”[1]。袁晁[2]，台州（今临海）人。原是一名县衙小吏。因同情农民而遭到鞭背，遂于唐代宗宝应元年（762）八月据翁山县（今舟山岛）起义，接着攻克台州，台州刺史史叙落荒而逃。九月，攻占信州（今江西上饶）。十月，攻占温州（今温州）、明州（今宁波），占领了浙江大部分地区，拥众近20万人。袁晁于是改元宝胜，建立了政权，委派公卿数十名，皆由百姓担任。“民疲于赋使敛者多归之”[3]，德清人朱泚、沈皓等也聚众响应，分守两洞，攻占城垒。

袁晁起义军的节节胜利，使唐王朝大为惊恐，刚即位不久的唐代宗，急忙抽调李光弼率军渡江前来镇压。李光弼是与郭子仪齐名的所谓“中兴”名将，其所部是平定安史之乱的主力之一。李光弼部进入浙江以后，立即分兵从衢州、婺州（今金华）两方面向起义军发起进攻。与此同时，一些地方官吏和地主豪绅也与李光弼军配合，对抗农民起义军。面对强敌，起义军奋勇应战。但是袁晁起义军虽然人数不少，却缺乏必要的军事训练和作战经验。宝应元年（762）十二月的衢州大战，起义军即为李光弼所败。翌年四月，起义军与唐军再次会战，经过“联日十余战”的殊死搏斗，最终战败，袁晁被俘（后被杀于长安）。袁晁被俘以后，其弟袁瑛率领五百骑突围而出，占据临海西北的紫溪洞，坚持斗争，唐朝军队驻兵洞口，封锁粮道，起义军誓死不屈，最后全部饿死洞中。

---

[1]〔宋〕司马光：《资治通鉴》卷二二二《唐纪三十八》，第15册，第7119页。

[2]《新唐书》卷六《代宗纪》一作“袁鼂”，即“袁晁”。《册府元龟》卷一二二《征讨》作“李鼂”，疑为“袁晁”之讹。

[3]〔宋〕司马光：《资治通鉴》卷二二二《唐纪三十八》，第15册，第7130页。

袁晁起义是唐朝中期的三大起义（另两次为宣、歙方清、陈庄起义和西原即今广西西部左、右江流域一带的农民起义）之一，给予唐朝统治者以十分沉重的打击，以至于袁晁起义被镇压以后，唐王朝不但废除了袁晁首义之地——明州翁山县，[1]而且留下了一批镇压袁晁起义的将领担任当地的州县长官，以继续镇压人民的反抗斗争。

（三）唐朝后期的社会矛盾和裘甫、王郢起义

唐朝后期（长庆元年至唐哀帝天祐四年，即821—907年），统治阶级内部矛盾、统治阶级与被统治阶级之间的矛盾，以及民族矛盾，都更趋尖锐。宦官专权，朋党相争，藩镇割据，政治黑暗，时人称之国为“九破”，民受“八苦”（“九破”即唐僖宗时翰林学士刘允章《直谏书》所说终年聚兵、蛮夷炽兴、权豪奢僭、大将不朝、广造佛寺、贿赂公行、长吏残暴、赋役不等、食禄人多而输税人少；“八苦”为官吏苛刻、私债征夺、赋税繁多、所由乞敛、替逃人差科、冤不得理而屈不得伸、冻无衣而饥无食、病不得医而死不得葬）。严重的社会危机已经无处不在，急风暴雨式的阶级大搏斗已经在所难免。

唐朝后期的人民反抗斗争主要集中在江淮地区。而这一地区的人民反抗斗争中，私盐和茶贩的斗争显得尤为突出。所以唐王朝在文宗的时候，已不把私盐、茶贩视为一般的走私活动，而是将私盐、茶贩与谋反作乱等同论处。但是尽管如此，私盐、茶贩的斗争却并没有停止，反而更加频繁了。私盐、茶贩们或结伙而行，挟持兵杖，与巡查官府进行武装斗争；或与江淮船夫、小商小贩及乡村民众互为表里，至令镇戍兵卒宁愿纵容而自身受罚，也不敢奈何私盐、茶贩。其时执掌朝政的李德裕为此深感忧虑，要求唐武宗于淮南、浙西、宣歙、江西、鄂岳等道沿江设置游弋船只，于要害去处扎营驻守，镇压私盐、茶贩。

唐朝后期浙江地区规模最大的人民反抗斗争为浙东裘甫起义和浙西王郢起义。

[1]〔宋〕王溥：《唐会要》卷七一《州县改置下·江南道》明州翁山县“广德元年三月四日因袁晁贼废”。《太平寰宇记》卷九八《江南东道·明州》系此事于大历六年，《乾道四明图经》卷七《昌国县》说为大历八年废翁山县，均误。参见李斌城主编：《中国农民战争史·隋唐五代十国卷》，人民出版社1988年版，第160页。

1.浙东裘甫起义

裘甫（一作仇甫、求甫），越州（今绍兴）人。出身贫苦农家，以贩私盐谋生。因不堪唐朝政府的严酷盐法，于大中十三年（859）十二月在象山起义，聚众百人，攻陷象山（今属浙江），屡败官军，明州为之“城门昼闭”，浙东为之震动。浙东观察使郑祗德先令讨击副使刘勍、副将范居植与台州军联合前往镇压。咸通元年（860）正月，裘甫在天台山桐柏观前大败官军，接着又率军占领剡县，开府库，募壮士，人数增至几千人。郑祗德又遣子将沈君纵、副将张公署、望海镇将李珪前往镇压。二月，起义军于三溪（今嵊州西南）南、北设下伏兵，同时截住溪流上游之水，迎击官军。待官军一到，稍作交战，佯装败走。当官军追击半涉溪水之时，起义军决堤放水，冲袭官军，同时两岸伏兵又起而进攻，水淹兵战，官军大败，几乎全军覆没，三将无一幸免。起义军由是声威大振，参加者四面云集，队伍迅速发展到三万人。裘甫遂将起义军分为三十二队，自称“天下都知兵马使”，改元“罗平”，铸印“天平”，并聚资粮，购良工，治器械，以图进一步对抗官军。接着，裘甫分兵进攻衢州、婺州（今金华）、明州（今宁波），但是均未取胜。于是遣兵进攻台州，攻破唐兴（今天台），随后又先后攻下上虞、余姚、慈溪、奉化、诸暨、宁海、象山等地。

唐懿宗眼看郑祗德已无能为力，改命颇负威名的前安南都护王式为浙东观察使，发忠武、义成和淮南等道重兵前往镇压。

面对重兵压境，起义军内部分为两派意见。一派以将领刘暀为代表，主张：“急引兵取越州，凭城郭，据府库，遣兵五千守西陵，循浙江筑垒以拒之；大集舟舰，得间，则长驱进取浙西，过大江，掠扬州货财以自实，还，修石头城而守之，宣、歙、江西必有响应者；遣刘从简以万人循海而南，袭取福建。如此，则国家贡赋之地尽入于我矣。”另一派以进士出身的王辂为代表，认为：“刘副使之谋，乃孙权所为也。彼乘天下大乱，故能据有江东，今中国无事，此功未易成也，不如拥众据险自守，陆耕海渔，急则逃入海岛，此万全策也。”[1]就当时形势而论，刘暀的建议显然是更适合起义军打破官军“围剿”并求得自身发展的。然而裘甫却采纳了王辂的意见。

四月，王式进入浙东。王式军事、政治并举，一方面以龙陂监战马及惯于“习

[1]〔宋〕司马光：《资治通鉴》卷二五〇《唐纪六十六》，第17册，第8083页。

险阻，便鞍马”[1]的吐蕃、回鹘兵组成骑兵，比配江淮兵，以加强官军的战斗力，又“集土团诸儿为向导”[2]，利用浙东地主武装配合作战，并利用起义军叛将“帅其徒为前锋，与贼战有功，乃奏以官”为诱饵，瓦解起义军斗志。另一方面，在政治上修军令，严军纪，不置烽燧，以安民心，又“命诸县开仓廪以赈贫乏”，以收买民心。一切准备就绪后，王式分东、南两路向起义军发起了进攻。起义军沃州寨（今新昌东南）、新昌寨（今新昌）、唐兴县次第为南路军攻陷。起义军孙马骑部也在宁海为东路军所破。接着刘晬、毛应天部又在唐兴南谷为南路军所破，毛应天战死。其时，唐懿宗应王式之请，又增派忠武、义成和昭义三道之兵至越州助战。王式令忠武将张茵将兵 300 屯唐兴，截断起义军南出之道；义成将高罗锐将兵 300 与台州土军合军，直趋宁海，攻打起义军根据地；昭义军跌跌戮将兵 400 配合东路军，阻遏起义军进入明州之道。接着，王式向起义军发起新的攻势，起义军在海游镇（今宁海南）、甬溪洞（今宁海西南）及将领刘平天寨均为官军所破，王式的军队与起义军交战 19 次，起义军连连失败。此时，起义军将令刘晬处死王辂，试图统一思想，重振起义军，但为时已晚。不久，宁海为高罗锐攻陷，裘甫率万余起义军退屯宁海西南陈馆下。接着起义军孙马骑部又在宁海西北为东路军所败，王皋也被收降，官军随即移军进攻裘甫。裘甫兵败，数千起义军将士牺牲。由于撤向海岛的宁海东北入海口已为王式所遣高罗锐堵塞，起义军刘从简所率水军其时又为官军所败，裘甫遂翻越黄罕岭（今奉化西北、剡州东），于六月初重返剡县。王式闻讯，速令东、南两路官军急趋剡县，围攻裘甫。

剡县城防坚固，起义军严防死守，全城百姓都参加了战斗，连妇女也不例外，用石块投击敌人，三天之中 83 战，官军始终不能破城。裘甫试图以假投降突围，但被王式识破，双方又鏖战三次。六月二十一日夜，裘甫、刘晬、刘庆等率领百余名将士再次以出降为名图谋突围。但就在裘甫“离城数十步时，突然为王式伏兵‘断其后’”，裘甫等措手不及，终于为王式所擒。刘晬、刘庆等 20 余人在越州即被王式腰斩，裘甫则被囚送京师。其时，起义军只有刘从简乘王式诸将陶醉于“擒（裘）甫，不复设备”之际，率领五百壮士突围而出，进入大

[1]〔宋〕司马光：《资治通鉴》卷二五〇《唐纪六十六》，第 17 册，第 8084 页。

[2]〔宋〕欧阳修、宋祁：《新唐书》卷一六七《王播传附王式传》，第 5120 页。

兰山（今奉化西北），据险自守。但毕竟大势已去，七月初亦为官军所败，刘从简撤至台州，为叛徒所杀。八月，裘甫在京师被杀。[1]

裘甫起义历时 8 个月，烽火燃遍浙东，威力震惊东南，给了统治者又一次沉重的打击。

2.浙西王郢起义

王郢原是唐朝的浙西狼山（今江苏南通南）镇遏使，[2]与其他 68 人曾立有战功。但是镇海军节度使赵隐仅赏以职名而不给衣粮，王郢等申诉无果，遂于唐僖宗乾符二年（875）四月起兵。起义以后，许多农民也纷纷加入，众至近万人，连克苏州（今江苏苏州）、常州（今江苏常州），接着又驾舟泛江入海，进入浙东、浙西和福建等地。乾符二年（875），唐僖宗发《讨伐王郢诏》，一方面进行诱降，一方面派遣前岩州刺史高杰为左骁卫将军、充沿海水军都知兵马使，率军镇压。结果，王郢反以“请降”之计，于乾符四年（877）正月诱俘了温州刺史鲁寔，由是“两浙震惊”[3]。

唐僖宗于是又以右龙武大将军宋皓为江南诸道招讨使，除原先所征诸道及福建、南海并虔、吉、衢、婺等州兵外，又发忠武、宣武、感化三军及宣、泗二州兵，新、旧共计 15000 余人，“围剿”王郢起义军。二月，王郢占据了望海镇（今镇海），又攻下明州（今宁波），继取台州（今临海），台州刺史王葆退守唐兴（今天台）。唐僖宗又“诏二浙、福建各出舟师以讨之”。镇海军节度使裴璩“严兵设备，不与之战，密招其党朱实降之，散其徒六七千人，输器械二十余万，舟航、粟帛称是。敕以（朱）实为金吾将军。于是郢党离散”[4]。裴璩的招降政策使起义军大受损失。王郢召集余部，重整队伍，向东前往明州，在路经甬桥镇时不幸被镇遏使刘巨容以筒箭射杀，起义遂败。

---

[1]〔宋〕司马光：《资治通鉴》卷二五〇《唐纪六十六》，第 17 册，第 8090 页。《旧唐书》卷一九《懿宗纪》系王式斩裘甫于咸通元年二月，误。

[2]〔宋〕司马光：《资治通鉴》卷二五二《唐纪六十八》，第 17 册，第 8178 页。《新唐书》卷九《僖宗纪》说为“突陈将”，《新五代史》卷六七《吴越世家》说为“裨将”，《唐大诏令集》卷一二〇《讨大诏令集》说“卒”。

[3]〔宋〕宋敏求：《唐大诏令集》卷一二〇《讨伐王郢诏》，第 638 页。

[4]〔宋〕司马光：《资治通鉴》卷二五三《唐纪六十九》，第 17 册，第 8190 页。《新唐书》卷九《僖宗纪》记此于乾符三年七月，误。

王郢起义在唐朝后期的财赋重地坚持斗争近两年，在唐末波澜壮阔的农民起义的形势下，促进了有利于农民起义方面态势的形成，也促使了王仙芝、黄巢起义队伍的迅速发展壮大。

（四）黄巢起义军在钱塘江的活动及其影响

唐僖宗乾符二年（875）五月，在濮阳（今河南濮阳南）爆发了王仙芝起义。六月，曹州冤句（今山东菏泽西南）人黄巢，响应王仙芝起义，很快形成了大规模的唐末农民起义。乾符五年王仙芝战死于湖北黄梅，余部大都归附了黄巢。黄巢鉴于北方官军兵力较强，遂渡过淮河、长江，进入江西，接着又进入浙东。八月，起义军占领杭州。九月，占领越州（今绍兴）。不久，越州为镇海军将张璘收复。于是黄巢决定继续南下。黄巢原本打算由海路南下福建，苦于一时无法筹集到船只，于是开辟了一条由衢州（今衢州市）穿越仙霞岭而至建州（今福建建瓯）的350多公里山路，并于十二月进入建州。乾符六年（879）攻克广州。同年黄巢由广州北上，经由江西进入浙江的杭州、衢州。第二年六月攻下睦州和婺州。七月，黄巢率领15万大军又渡江北上。

黄巢起义及其两次进入浙江和在浙江的军事胜利，曾经给浙江人民的反抗斗争带来了很大的影响。在这种影响之下，唐僖宗乾符四年（877），浙江曾爆发了周了髻攻打武义（今武义）和刘文聚众于镜湖（今绍兴）等起义，这两支起义军先后为宣歙观察使崔玹所镇压。

第六章

五代吴越国时期的钱塘江

李志庭　何勇强

唐末光启二年（887），钱镠被任命为杭州刺史，开始在杭州一带拥兵割据。景福二年（893），钱镠为镇海军节度使，由此控制了浙西地区。乾宁三年（893），平定董昌后，钱镠再任镇东军节度使，从此，基本控制了两浙地区。唐哀帝天祐元年（904），钱镠被封为吴王。后梁开平元年（907），钱镠被封为吴越王。龙德三年（923），又被封为吴越国王。于是，他就此建立吴越国，定都杭州，加名为“西府”，亦称“西都”，正式开始对这个城市的擘划经营，为今后杭州城市的进一步发展奠定坚实的基础。从此以后，杭州“邑屋之繁会，江山之雕丽”，一跃而成为中国东南的政治、经济和文化中心。[1]与此同时，钱镠还治钱塘后，号越州为东府[2]，杭州则称西府。西府与东府，隔江呼应，共镇两浙。后梁代唐之初，钱镠谋士罗隐曾劝其举兵讨梁，其言曰：“纵无成功，犹可退保杭、越，自为东帝，奈何交臂事贼。”[3]从罗隐的言论中可以看出，时人已将杭州与绍兴视为政治上紧密相连的共同体。[4]

[1] 南宋王明清《玉照新志》卷五说：“杭州在唐，虽不及会稽、姑苏二郡，因钱氏建国始盛。”

[2] 〔宋〕欧阳修：《新五代史》卷六七《吴越世家》，中华书局1974年，第838页。

[3] 〔清〕吴任臣：《十国春秋》，第1219页。

[4] 宋可达：《五代以降钱塘江两岸的地域耦合——以杭、绍为中心》，《云南大学学报（社会科学版）》2018年第1期。

第一节　钱镠建国

一、钱镠率八都兵渡江灭刘汉宏

（一）钱镠初建功业

钱镠像

钱镠（852—932），字具美，杭州临安（今临安）人。出身于石镜乡临水里一个“世田渔为事”、家道殷富的家庭。[1]据说钱镠降生之时，其家“后舍闻甲马之声甚众”，“复有红光满室”，其父钱宽“颇怪之”，欲弃之于井，唯其祖母坚持不允，才得以留养了下来，所以钱镠又有小字曰“婆留”[2]。

钱镠“自幼常与群儿聚戏于树阴、石上，或伐薪，必使群儿聚以供己，随多少而赏罚焉”[3]。总角之年，似乎已经表现出一种领导才干。钱镠7岁从师读书，16岁贩盐谋生，17岁习武，20岁习弩，21岁从军，22岁习剑戟。钱镠自己也说过：“七岁修文。”“束发以来，少贫苦，

[1]　钱镠生日参见阮元《两浙金石志》卷四《吴越投龙简文》、吴任臣《十国春秋》卷七七《武肃王世家上》及钱文选《钱氏家乘》卷五《武肃王年表》。《钱氏家乘》卷一二《吴越钱氏庆系谱世系》作二月二十六日生，误。又，其邑里或作“勋贵里”，此乃钱镠贵后所改里名。

[2]〔宋〕钱俨：《吴越备史》卷一《武肃王》，傅璇琮、徐海荣、徐吉军主编：《五代史书汇编》，第6171页。

[3]〔宋〕钱俨：《吴越备史》卷一《武肃王》，傅璇琮、徐海荣、徐吉军主编：《五代史书汇编》，第6171页。

肩贩负米以养亲。稍有余暇，温理《春秋》，兼读《武经》。十七而习兵法。”[1]其为文，粗通笔墨。《宣和书谱》卷五称钱镠“喜作正书，好吟咏，通图纬学。……所书复刚劲结密，似非出用武手”，《图绘宝鉴》卷二称钱镠“善墨竹”。其为武，所贩盐“每担盐斤有二百余，行走甚捷”，行军作战“骁勇绝伦”[2]，“善射与槊”[3]，马术也相当精湛。所有这些，为钱镠以后的戎马生涯打下了一个良好的基础。

唐懿宗咸通十三年（872），“江南多事，溪洞猖獗”，诸色乡兵土团所在皆起。钱镠亦弃农从戎，“大散家财，广招勇士”，“训父子以为军”，“训练义师，助州县平溪洞”[4]，从此踏上了军旅之路，是年钱镠21岁。

唐僖宗乾符二年（875）四月，浙西狼山（今江苏南通南）镇遏使王郢举兵反唐，唐僖宗敕本道征兵讨伐。石镜镇将董昌以捍卫乡里为名，募集乡兵，并以副职召钱镠参加其土团。钱镠应召，任偏将，率兵击破王郢。其后，钱镠即参与了镇压朱直、孙端，抵御入浙黄巢起义军等战争。平定朱直、孙端，被皮光业《吴越国武肃王庙碑铭》称作为钱镠之“初功”。其文曰：

> 其始者，王仙芝结衅中土，首构祸阶……自此聚祠乌合，草泽蜂飞。轻薄者固自披攘，谨厚者亦为剽悍。江南则朱直叛乱于唐山，孙端寇孽于安吉，西侵宛水，东患苕溪，郡县则终日登陴，生民则长时伏莽。王（钱镠）时郊居葛圃，嘉遁茅山，方当枕石漱泉，尚是褒衣博带，睹兹多事，慨然究怀，顾谓朋友曰：“丈夫须当拨乱平奸，岂可怀安端坐？”是日乃奋兹戎服，挂彼儒冠，大散家财，广招勇士。申令才举，行伍肃然，手仗义旗，身当劲敌。一月之内，二寇殄平，静千里之山川，救两郡之涂炭。是王之初功也。

朱直，据《吴越备史》记载为“山贼”，亦即东汉六朝时期“山越”的残

---

[1] 钱文选编：《钱氏家乘》卷六《武肃王遗训》，上海书店出版社1996年版，第139、140页。

[2] 钱文选编：《钱氏家乘》卷五《武肃王年表》，第114、115页。

[3] 〔宋〕欧阳修：《新五代史》卷六七《吴越世家》，中华书局1974年版，第836页。

[4] 钱文选编：《钱氏家乘》卷六《武肃王八训》，第139页；〔唐〕皮光业：《吴越国武肃王庙碑铭》，《全唐文》卷八九八，第9372页；〔唐〕李琪：《梁启圣匡运同德功臣淮南镇海镇东等军节度使淮南浙江东西等道观察处置营田招讨安抚兼盐铁制置发运等使开府仪同三司尚父守尚书令扬杭越等州大都督府长史上柱国吴越王钱公生祠堂碑》，《全唐文》卷八四七，第8903页。

余。孙端其人未详。唐山在今临安昌化，安吉即今安吉，宛溪在今安徽宣城南，苕溪即今苕溪。这些地方主要在杭州余杭郡和湖州吴兴郡界上天目山区。所以皮光业形容钱镠平朱直为“静千里之山川，救两郡之涂炭”。这是钱镠从戎以后初显身手。

大约乾符五年(878)，杭州各地在与朱直等“山贼”的战争中起来的乡兵土团，在镇海军节度使裴璩的协调下组建了一个组织松散的军事联盟——八都兵。按《新唐书·周宝传》，杭州八都为：“石镜都，董昌主之；清平都，陈晟主之；於潜都，吴文举主之；盐官都，徐及主之；新登都，杜稜主之；唐山都，饶京主之；富春都，文禹主之；龙泉都，凌文举主之。”《吴越备史》依次作临安县、余杭县、於潜县、盐官县、新登县、唐山县、富春县和龙泉县，[1]实即一县一都，“各聚千人以卫乡里”。大概因为董昌、钱镠的实力最大，并在平定朱直等人的军事行动中有所建树，所以八都兵建立之初，以董昌为首，又以钱镠为都指挥使。[2]钱镠抵御入浙黄巢起义军在广明元年(880)六月。其时，黄巢起义军偏师一支将至石镜镇，钱镠谓董昌曰：“黄巢以数万之众，逾越山谷，旗鼓相远，首尾不应。宜以伏兵袭之，或可少却耳。”黄巢偏师前军二千余众果然走崎岖山路而来，钱镠率领二十骑埋伏于草莽之中。起义军小将单骑先行，钱镠射之，应弦而死，伏兵起而攻之，起义军大败。钱镠又曰：“此术止可一举耳。大军必至，则众寡不敌矣。宜乘胜张虚声以慑之。”遂又进军屯驻一处名为八百里的地方，途中遇一老妪，钱镠告诫老妪曰：“后有兵至，当言‘临安屯兵八百里’。”不久，起义军大队果然至此，听说“临安屯兵八百里”，以为重兵在守，遂绕道而行。钱镠“伺其后军，杀获人马而还”[3]。这一战进一步提高了钱镠在军事上的声望。

---

[1] 龙泉县治所在今杭州余杭区余杭镇东南仓前镇。参见李志庭：《“龙井”未尝名“龙泉”》，《历史地理》第18辑，上海人民出版社2002年版，第353—355页。

[2] 关于“八都兵”的建都时间、创建人氏、各都名称、都将人员以及由八都到十三都的发展等，记载多有歧义，学术界意见也不一致。参见何勇强：《钱氏吴越国史论稿》第二章《八都兵》，浙江大学出版社2002年版，第53—74页。

[3] 〔宋〕钱俨：《吴越备史》卷一《武肃王》，傅璇琮、徐海荣、徐吉军主编：《五代史书汇编》，第6172—6173页。时间，各书记载不同。广明元年六月，系按《新唐书》卷八《僖宗纪》及《资治通鉴》卷二五三广明元年六月黄巢别将先后陷睦州、婺州和宣州之说推论。

（二）钱镠东征刘汉宏

刘汉宏，本为唐朝兖州小吏，随从唐军攻打王仙芝时劫辎重叛唐。后又为唐朝都统王铎收降，并表为宿州刺史。其时，浙东观察使柳瑫以贿赂得罪，其他官员“皆耻代之”，于是改授刘汉宏为浙东观察使。[1]唐僖宗因黄巢攻陷洛阳、长安而逃难蜀中期间，刘汉宏“贡输踵驿”有功，又被授为义胜军节度使，领浙东 7 州。刘汉宏既有浙东，野心渐大。

唐僖宗中和二年（882）秋七月，浙东观察使刘汉宏以天子西幸，乃遣其弟刘汉宥和都虞候辛约率兵二万，营于西陵，将图浙西，谋攻杭州，既烧渔浦，劫富春，兵势甚盛。董昌遣钱镠率师御敌。是月十二夜，将渡江，而星月皎然，兵不可渡。钱镠亲掬江沙而吞之，祝曰：“吾以义兵讨贼，天将见助，愿阴云蔽月，以济我师。”俄而云雾四起，咫尺晦暝。钱镠大喜，即先渡江，窃贼号纵火，斫其营，精兵继至，破贼殆尽。刘汉宥、辛约急忙逃走，拥入沟堑，士卒大半溺死，尸骸相枕。冬十月，刘汉宏又率衢、婺等四州兵七万余人，遣登高镇将王镇领之，营于江干，连营相属。董昌遣钱镠率领八都兵渡江击破之。钱镠遂率儒童镇将徐靖、浙江都游奕使阮结衔枚宵济，再次大破刘汉宏军，获汉宏所署主将宪官伪敕二百余道，俘馘万计，兵甲生口称是，归汉宏所掠民间妻女于乡里者数百人。是月，唐廷下诏，升钱钱镠为兼侍御史。这次战斗的情况，据《新唐书·刘汉宏传》记载：“镠率八都兵渡江，窃敌军号，斫其营。营中惊扰，因焚之，汉宥等皆走。汉宏复遣将黄珪、何肃屯诸暨、萧山，镠皆攻破之。与汉宏遇，战，大败之，杀何肃、辛约。汉宏易服持脍刀以遁，追者及之，汉宏曰：‘我宰夫也。’举刀示之，乃免。”[2]中和三年三月，刘汉宏又屯兵黄岭（萧山西南楼塔境，为萧山、富阳分界岭）、岩下、贞女等三镇，及山洞凡九十三所，皆千余人，以图大举，“发洞獠同攻董昌”。钱镠率八都兵，自富阳出兵破黄岭、岩下及山洞三十余所，生擒贞女镇将阳元宗、岩下镇将史弁等，仍焚其兵甲。四月，刘汉宏自领兵屯诸暨古剥岭至于亭山、龟山之下。王先攻诸暨，获粮二万余斛，旋破古剥岭、亭山等寨，贼皆宵遁。五月，汉宏

[1]〔宋〕钱俨：《吴越备史》卷一《武肃王》，傅璇琮、徐海荣、徐吉军主编：《五代史书汇编》，第 6175 页。

[2]〔宋〕欧阳修、宋祁：《新唐书》卷一九〇《刘汉宏传》，第 5488 页。

又遣将何肃、黄珪等，率本道排门军营于萧山、诸暨等处。钱镠击破其一万余人，生擒都虞候章公直，余皆退走。十月，刘汉宏仍不甘心，又遣弟汉容与辛约、巴立、李万敌等，会温、处等州兵，集合军队十万余众，从萧山、西陵大出战船，谋宵济袭董昌。钱镠自新沙由渔浦而攻击，戮何肃等，遂趋萧山。第二天复战，刘汉宏复举余党四万人来，钱镠乘胜大败之，斩其弟刘汉容及部将辛约及招讨判官谭升、都知兵马巴立、先锋李万敌，仍获刘汉宏伪淮海招讨使印一钮、战舰五百艘、马四千蹄，兵甲万计，俘馘千人。刘汉宏宵遁归越，仍令温州刺史朱褒"治大舰习战，以史惠、施坚实、韩公汶将其军"，伺机与董昌、钱镠决战。

中和四年（884），唐僖宗得知杭州董昌、钱镠与越州刘汉宏连连争战，遣宦官焦居璠为杭越通和使，专门调节董昌和刘汉宏的矛盾，要求董昌与刘汉宏罢兵修好，但是双方"皆不奉诏"。刘汉宏还派部下朱褒、韩公汶、施坚实等以舟兵屯望海，进攻董昌，董昌仍派遣钱镠迎战。

光启二年（886），钱镠出平水，部将成及夜率奇兵向刘汉宏发起进攻，攻破韩公汶于曹娥埭，并烧毁朱褒战舰，屯兵丰山（绍兴东北 30 公里），施坚实等人投降。刘汉宏率麾下 600 人逃往台州，钱镠攻破越州，斩刘汉宏母、妻、弟、侄及党羽史惠、史侃等于越州军门。台州刺史杜雄见刘汉宏大势已去，乘飨军之际灌醉了刘汉宏全部将士，"执（刘）汉宏以见董昌"。董昌令钱镠斩刘汉宏于会稽，族其家，彻底消灭了刘汉宏在浙江的势力。历时 5 年的杭、越之战以刘汉宏的彻底失败而告终，浙东 7 州从此为董昌所控制。

钱镠消灭刘汉宏，为董昌争得了浙东地区，也为自己争得了杭州。还在钱镠出征刘汉宏之前，钱镠曾建议董昌："除恶务去根本，不尔当为后患，愿以全师讨之。"[1]董昌当即许诺："汝能取越州，吾以杭州授汝。"[2]刘汉宏既亡，董昌徙镇浙东，自称知越州军府事，并践诺以杭州委钱镠。光启三年正月，唐朝授董昌为浙东观察使，钱镠为杭州刺史，后援杭越管内都指挥使。钱镠从此占据了杭州。

[1]〔宋〕钱俨：《吴越备史》卷一《武肃王》，傅璇琮、徐海荣、徐吉军主编：《五代史书汇编》，第 6175 页。

[2]〔宋〕司马光：《资治通鉴》卷二五六《唐纪七十二》，第 18 册，第 8339 页。

就在唐授钱镠为杭州刺史的光启三年（887）三月，镇海军部将刘浩与度支催勘使薛朗起兵反对镇海军节度使（驻润州）周宝，周宝逃奔常州，依常州刺史丁从实。五月，钱镠派遣都将杜稜、阮结、成及等攻占了润州和常州，并迎周宝进入杭州。光启四年九月，钱镠又命从弟钱球攻打。次年三月，钱镠攻克苏州，苏州刺史徐约赴海而死。至此，浙江西道润、常、苏、杭、湖、睦等六州，除睦州于中和四年（884）为余杭都将陈晟所占领，湖州为李师悦、李继徽（一作李彦徽）父子所掌握外，钱镠占据了润、常、苏、杭等四州，统一了浙西的大部分地区，直接与淮南杨行密相对。

二、钱镠与董昌西陵激战

钱镠是在董昌的提拔下得以出名的。平定刘汉宏之后，两人均因军功有所升迁，僖宗光启三年（887）朝廷拜钱镠为左卫大将军、杭州刺史，董昌为浙东观察使，又改义胜军为威胜军，以董昌为节度使，并封陇西郡王。又于杭州设武胜军，从钱镠为都团练使，以成及为副使。唐昭宗乾宁二年（895），浙东观察使董昌野心膨胀，据越州（今绍兴）起兵反唐。

董昌（？—896），杭州临安人。唐僖宗乾符二年（875），在讨伐反唐的王郢期间，以捍卫乡里为名，募集土团，因破山贼有功，被补为石镜镇将。反又因抗击朱直、孙端等地方小股起义军有功，被授为石镜镇都知兵马使。杭州八都兵建立时，董昌以石镜都将身份总领八都（钱镠时为都指挥使）。董昌既总领八都，遂由临安领兵进入杭州。其时朝廷新任命杭州刺史路审中虽已成行，但尚未到任。路审中行至嘉兴，得悉董昌已先入杭州，不敢再进。董昌遂自称杭州都押牙、知州事。唐朝政府亦不得不承认既成事实，诏授董昌为杭州刺史，授钱镠为都知兵马使、太子宾客。唐僖宗中和二年（882），浙东观察使刘汉宏图谋兼并浙西，董昌命钱镠率兵征讨。光启二年（886），刘汉宏败亡，董昌徙镇越州，自称知越州军府事。不久，唐朝政府正式授董昌为浙东观察使、义胜军节度使、检校尚书右仆射。

董昌初入越州时颇有廉俭之度，“为治廉平，人颇安之”，又“罢榷盐以悦人”。对唐朝朝廷亦贡赋有加，“当是时，天下贡输不入，独昌赋外献常三倍，旬一遣，以五百人为率，人给一刀，后期即诛，朝廷赖其入。”“京师丧乱，文籍多亡，越州有裴氏书楼，昌悉取其书以贡，授诸道采访图籍使。”朝廷为此亦累授开府仪同三司、检校太尉、同中书门下平章事，封爵陇西郡王[1]。但是面对当时堪称富庶的浙东七州和日益发展的割据局面，董昌自恃贡奉有功，遂寝自侈大，自“建生祠于越州，制度悉如禹庙”，还要求唐朝朝廷封自己为越王。但是朝廷却始终未封其为越王。董昌对此大为不满，曰：“朝廷欲负我矣，我累年贡献无算而惜越王邪！”[2]董昌于境内渐行峻法，不能决事，临民讼，以骰子掷之，而胜者为直。妖人应智、王温，巫韩媪等，以妖言迷惑董昌，献鸟兽为符瑞。牙将倪德儒谓董昌曰：“曩时谣言有罗平鸟主越人祸福，民间多图其形祷祠之，视王书名与图类。”因出图以示董昌。董昌见后大喜，遂于乾宁二年（895）二月二日披衮冕登越州子城门楼即皇帝位，称其国为大越罗平国，改元顺天，署城楼曰天册之楼，署寝曰明光殿，亭曰黄龙殿，令群下称其为“圣人”，以前杭州刺史李邈、婺州刺史蒋瓌、两浙盐铁副使杜郢、屯田郎中李瑜为相，又以吴瑶等为翰林学士，李畅之等为大将军。并移书钱镠，委钱镠为两浙都指挥使。

钱镠接书后，回信劝董昌：“首先以唐朝镇海军节度使、开国公的身份致书劝谏云：“窃镠与节度同起布衣，均膺组绶。既受皇家厚禄，宜尽臣下微忱。《诗》曰：‘大邦维翰。’《书》曰：‘以蕃王室。’惟屏惟翰，正我辈报国之职也。方今天子宽仁，在廷忠恕。我辈御巢微劳，伐宏寸录，过蒙拔擢，位至公王，感难胜任，愧无以酬。何期麾下壮心未满，别有所图。始则阴谋微露，疑信相参；今则僭号俨加，神人共忿。镠与节度生同里，起同时，又有寅恭之谊，相好之情。心有不忍，谊难缄默，敬奉一言以功曰：与其闭门作天子，使九族百姓受涂炭，不如开门作节度，俾子孙富贵无忧也！祸福去取，惟节度裁之。如以　言为然，及早改悔，仍尽臣节，尚可及矣。谨劝。”[3]言辞间，表示了对唐朝的耿耿忠心。董昌不听。钱镠曰：“董氏于吾有恩，不可遽伐。”遂将兵3万至越州城迎恩门下，念董昌对自己的知遇之恩，派遣其客沈滂面见董昌，对其实行兵谏，曰：“大王位兼将相，奈何舍安就危！将兵此来，以俟大王改过耳。纵大王不自惜，

[1]〔宋〕欧阳修、宋祁：《新唐书》卷二二五下《董昌传》，第6466—6467页。
[2]〔宋〕司马光：《资治通鉴》卷二五九《唐纪七十五》，第18册，第8460—8461页。
[3] 钱文选编：《钱氏家乘》卷八《遗文·劝董昌仍守臣节书》，第187—188页。

乡里士民何罪，随大王族灭乎？”董昌终于接受了钱镠的劝告，一方面给钱镠二百万缗钱以犒军，一方面执首谋者吴瑶、应智等人送钱镠军中，并表示自己以“待罪”之身，听由天子处置。“朝廷以董昌有贡输之勤，今日所为，类得心疾，诏释其罪，纵归田里。”[1]镠乃还兵。

董昌之变（即董昌称帝）本来到此已经结束。但是本来就有兼并浙东之心的钱镠却不肯就此罢休，而是继续上表朝廷，坚持“董昌僭逆，不可赦，请以本道兵讨之”。朝廷遂于五月“诏削董昌官爵，委钱镠讨之”[2]。于是就爆发了钱镠与董昌之间的浙西、浙东之战。

乾宁二年（895）六月，唐廷制授钱镠检校太傅、彭城郡王，兼浙江东道招讨制置、两浙盐铁发运等使。是月，钱镠奉诏出师征讨董昌。七月，制授钱镠起复云麾将军、上金吾卫大将军员外置同正员。董昌在应战的同时，又求援于淮南节度使、弘农王杨行密。杨行密心存争夺钱镠浙西之意，董昌的存在于浙东，显然对其有利，所以还在钱镠上表请讨董昌之时，即遣使劝说钱镠“董昌已改过，宜释之”。待钱镠出兵征讨董昌，杨行密立即作出反应，于是年九月派遣泗州防御使台濛进攻苏州，以牵制钱镠兵力，达到救援董昌的目的；同时上表朝廷，要求准许董昌自责，允其重修职贡，恢复其官职；还再次写信给钱镠说：“昌狂疾自立，已畏兵谏，执送同恶，不当复伐之。”

杨行密的要求当然不可能为钱镠所接受。于是，是年十月杨行密遣宁国节度使田頵、润州团练使安仁义进攻杭州西部诸镇，以救董昌。董昌自己也遣裨将陈郁、钟福、朱党屯于香严寺，又遣李蕙、崔温屯于石侯，并联络湖州将徐淑，会同淮南将魏约共围嘉兴。钱镠不得不遣武勇都指挥使顾全武、马步军都知兵马使王球率兵往救嘉兴，以应付浙西战线。不久淮南将柯原破苏州水栅，杭州西部紫溪、窜口、火口、建宁诸镇也纷纷为田頵、安仁义所下。然而钱镠守住了杭州西部要寨东安镇（今富阳新登），顾全武又打败了乌墩（今湖州乌镇）、光福（今苏州西南，近太湖）二寨之敌，挫败了杨行密南下杭州的意图。

乾宁三年（896），钱镠开始反攻，并将战线推向浙东。是年正月，安仁义出战船，从湖州将渡江，以应董昌。钱镠遣顾全武、许再思等守西陵，阻止安

[1]〔宋〕司马光：《资治通鉴》卷二六〇《唐纪七十六》，第 18 册，第 8467、8468—8469 页。
[2]〔宋〕司马光：《资治通鉴》卷二六〇《唐纪七十六》，第 18 册，第 8467、8468—8469 页。

仁义等渡江接应董昌。董昌又遣徐章、徐珣、李元宾屯兵肃清、四封、九乡之地。顾全武、王球出兵进攻，徐珣等率众投降。董昌又遣其将汤臼守石城（今绍兴东北），袁邠领兵守余姚。二月，钱镠命顾全武、许再思自西陵趋石城，又败汤臼于石城，生擒其党六百余人。其时，唐廷采纳杨行密之请，赦免董昌，复其官爵。但是钱镠不复听命，继续用兵讨伐董昌。尽管杨行密在浙西皇天荡（今江苏苏州东南）败钱镠兵，又进围苏州。顾全武、许再思在浙东却没有停止军事行动，并且于三月攻下余姚，袁邠坚壁自固，董昌增兵以救。顾全武遣武勇队主刘彦章截其冲要，生擒援将徐宣，斩首二百余级。董昌又遣暨阳镇将陈都自南秦丫口至于富阳渔浦等处屯聚。钱镠命王球等攻击，仍遣婺州兵及诸镇兵以应付。时陈都率其党千余人来降。四月，顾全武率师俘虏了袁邠及偏将潘荐等，计二千余人，钱镠以朱威复为永宁镇使。是月，顾全武进围越州城，屯兵城下。五月初一，董昌亲阅战于五云门，仍悬玉帛以诱钱镠军队，顾全武、许再思等率兵奋击，其党大败。董昌愕视而退，至是始惧，自去其帝号，复称节度使。次日，钱镠命分兵进攻，以顾全武充诸军都虞候、东面都知兵马使，与指挥使孟宝等攻五云门；王球充右副指挥使，与蒋熽攻亭山及申光门；陈章充右副指挥使，与钱颜攻关子门；许再思充马军都虞候、北面都知兵马使，攻昌安门；骆团充西面都指挥使，攻迎恩门。五月初三日，在越城即将被攻下之时，浙西苏州为杨行密所陷，刺史成及被执。当钱镠得悉苏州被陷时，急召顾全武商议，将分兵西陵，以备杨行密渡江浙东。顾全武觉得越州已唾手可得，弃之可惜，遂对钱镠说："贼之根本系于瓯越，岂以失一姑苏而遂逭天讨。顾先拔越城，然后复茂苑未迟。"要求暂置苏州于一边，继续攻打越州。钱镠采纳了顾全武的建议，并于十四日夜急攻越州城。十五日攻克外廓。十八日，钱镠遣董昌旧将骆团向董昌假传圣旨曰："奉诏，令大王致仕归临安。"董昌于是放弃抵抗，送上牌印，出居清道坊。十九日，顾全武遣武勇都监使吴璋以舟载董昌往归杭州，行至小江（今钱清江）南，董昌回头对左右说："吾与钱公俱起乡里，吾尝为大将，今何面复见之乎！"左右相对泣下，因瞋目大呼，投水而死。顾全武又杀董昌家眷300余人及宰相李邈、蒋瓌以下100余人，并传董昌首于京师，越州遂平定。钱镠命顾全武散府库金帛以赏将士，开仓廪以赈贫乏。[1]

钱镠与董昌之战，以钱镠大获全胜而告终。浙江东道自贞元三年（787）睦州改属浙江西道以后，向领越、明、台、温、处、婺、衢等七州。乾宁三年（896）钱镠虽然消灭了董昌，继任威胜军（旋改镇东军）节度使，但七州之中仅越州、明州、台州等三州为钱镠所占据，其他婺州、衢州若即若离，温州、处州则拥兵自立，根本与钱镠相对抗，但随后均为钱镠所降服。[2]

钱镠两次在西陵进行的战斗胜利，奠定了钱镠在浙江的军事地位，也为吴越国的建立奠定了坚实的基础，后来五代十国时期，钱镠执行“保境安民”政策，使浙江免遭兵火屠戮，为浙江这一时期的经济发展创造了条件。

三、吴越国的建立

（一）吴越国的建立

钱镠自乾符二年（875）弃农投军以后，历经镇压朱直、孙端，抵御黄巢起义军，平定刘汉宏等征战，直到景福元年（892）孙儒灭亡，被授为镇海军节度使、浙江西道观察处置使，才在唐末割据的局面中于浙西站稳了脚跟。接着开始向浙东发展。

乾宁三年（896）董昌灭亡以后，唐廷很快任命门下侍郎、同中书门下平章事王抟充威胜军节度使。但是钱镠既已消灭了董昌，事实上已经占据了浙东越州、明州等地，当然不愿意再让浙东落入他人之手。于是很快策划了一幕万民上书的活报剧，以“两浙吏民”的名义，请求朝廷“以钱镠兼领浙东”[3]。朝廷不得已而改王抟为吏部尚书、同中书门下平章事，于乾宁三年（896）十月，任命钱镠为镇海、镇东两军节度使，加检校太尉、兼中书令，满足了钱镠兼领两浙的愿望。镠如越州受命，还治钱塘，号越州为“东府”。

乾宁四年（897）八月，唐昭宗授钱镠为镇海、镇东军节度使，浙江东、西

[1]〔宋〕司马光：《资治通鉴》卷二六〇《唐纪七十六》，第18册，第8486—8488页。

[2] 以上见〔宋〕欧阳修：《新五代史》卷六七《吴越世家》，第3册，第835—838页。

[3]〔宋〕司马光：《资治通鉴》卷二六〇《唐纪七十六》，第18册，第8495页。

五代吴越国金书铁券（中国国家博物馆藏）

道观察处置等使，杭州、越州刺史，上柱国，彭城郡王（一说为吴王）。乾宁五年（光化元年，898）二月，钱镠上表朝廷，请将镇海军治所由润州移于杭州，朝廷允准，并加钱镠检校太师，改钱镠乡里曰广义乡勋贵里，钱镠素所居营曰衣锦营。婺州刺史王坛叛附于淮南，杨行密遣其将康儒策应王坛，因攻睦州。钱镠遣其弟铢败儒于轩渚，王坛逃奔宣州。昭宗诏钱镠图形凌烟阁，升衣锦营为衣锦城，石鉴山曰衣锦山，大官山曰功臣山。钱镠游衣锦城，宴故老，山林皆覆以锦，号其幼所尝戏大木曰“衣锦将军”。光化三年五月，唐昭宗诏封钱镠为南康王。是年，唐太子德王李裕僭立，遣使封钱镠为东安王。然而，钱镠未及受命而昭宗复位。光化四年（901）五月，唐昭宗封钱镠为彭城王。天复二年（902）五月，唐昭宗封钱镠为越王。钱镠巡衣锦城，武勇右都指挥使徐绾与左都指挥使许再思叛，焚掠城郭，攻打内城，镠子传瑛及其将马绰、陈为等闭门拒之。钱镠归杭后，至北郭门不得入。成及代镠与徐绾战，斩首百余级，徐绾退兵至龙兴寺驻扎。于是，钱镠微服逾城而入，并派遣马绰、王荣、杜建徽等分屯诸门，使顾全武备东府，顾全武曰：“东府不足虑，可虑者淮南尔，绾急，必召淮兵至，患不细矣。杨公大丈夫，今以难告，必能闵我。”钱镠认为顾全武的意见非常正确。顾全武又曰：“独行，事必不济，请择诸公子可行者。”钱镠曰：“吾尝欲以元璙婚杨氏。”乃使随全武到广陵。徐绾果召田頵于宣州。顾全武等至广陵，杨行密以女妻元璙，亟召頵还。田頵取镠钱百万，质镠子元瓘而归。

但是钱镠并不满足封越王，他认为自己“绾阖闾之封略，统勾践之山河”[1]，地兼吴、越，要求朝廷封自己为吴越王。朝廷没有同意。天祐元年（904）闰四

[1]〔五代〕钱镠：《天柱观记》，《全唐文》卷一三〇，第1304页。

月，由朱全忠说请，唐昭宗仍只改封钱镠为吴王，加食邑二千户，实封二百户。其时因为朝廷多事，未行册封之礼。钱镠建功臣堂，立碑纪功，列宾佐将校名氏于碑阴者五百人。直到天祐三年正月，唐哀帝才命所司择日备礼册封，并于九月遣使至杭州授钱镠吴王册。

天祐四年（907）四月，朱全忠废唐自立，改国号为大梁，改元开平。五月，进封钱镠为吴越王，食邑二千户，实封三百户，赐号启圣匡国功臣。满足了钱镠先前向唐朝朝廷提出过的要求，钱镠终于实现了“吴越双封，一王理事”的夙愿。[1]所以当时有人劝钱镠拒命，钱镠则说：“古人有言，屈身于陛下，是其略也，吾岂失为孙仲谋耶？”[2]欣然拜而受之。同年，升衣锦城为安国衣锦军。

后梁开平二年（908），钱镠改元天宝，执行自己的纪元。不久，即自称“吴越国王”[3]。后梁末帝龙德三年（923，钱镠天宝十六年）二月，后梁末帝朱瑱遣兵部侍郎崔协（或作晔）、刑部员外郎夏昭侯至杭州，册封钱镠为吴越国王。二月二十二日，钱镠正式建立了吴越国。[4]

（二）军政合一的王国体制

1.以国王为最高统治者的政治体制

吴越国的体制是唐朝后期藩镇体制的延续，是集国王和元帅于一身，以国王为最高统治者的政治体制和以元帅为最高统帅的军事体制相结合的军政合一王国体制。[5]

---

[1]〔五代〕钱镠：《镇东军墙隍神庙记》，《全唐文》卷一三〇，第1册，第574页。

[2]〔宋〕钱俨：《吴越备史》卷一《武肃王》，第42页；文莹：《湘山野录》卷中，中华书局1984年版，第35页。

[3] 贞明二年（916）钱镠撰写钟廷翰摄安吉主簿牒文时犹署“吴越王”，而龙德元年即921年西湖天真寺后灵化洞石壁钱镠题名已称“吴越国王”。参见诸葛计、银玉珍：《吴越史事编年》，浙江古籍出版社1987年版，第153、171页。

[4]《十国春秋》卷七八《武肃王世家》注云：“按《武原志》载《朱行先墓志铭》，题曰义忠国，是吴越国亦称为义忠国矣。”〔清〕吴任臣：《十国春秋》，中华书局1983年版，第3册，第1096页。

[5]〔宋〕欧阳修：《新五代史·十国世家年表》序云：“予闻于故老，谓吴越亦尝称帝改元，而求其事迹不可得。颇疑吴越后自讳之。及旁采闽、楚、南汉诸国之书，与吴越往来者多矣，皆无称帝之事。”迄今有关吴越改元的资料陆续有所发现，唯独“称帝”之事，不见任何资料。

吴越国的国王源于朝廷的册封，钱镠本人就先后被册封过南康王、彭城王、越王、吴王、吴越王、吴越国王。此后，后晋于天福二年(937)四月封钱元瓘为吴越国王，于天福八年(943)十月封钱弘佐为吴越国王；后汉于天福十二年(947)八月封钱弘倧为吴越王，于乾祐元年(948)八月封钱弘俶为吴越国王。而当后梁龙德三年(923)二月钱镠被封为吴越国王，建立吴越国的时候，“仪卫名称多如天子之制，谓所居曰宫殿，府署曰朝廷，教令下统内曰制敕，将吏皆称臣……表疏称吴越国”[1]。完全具备国家朝廷的规制。

吴越国王也建立了自己的宗庙制度。在故乡临安建有太庙。钱镠、钱元瓘、钱弘佐各有太祖、世宗、成宗等庙号。只有钱弘倧因为即位不久即遭废黜，而钱弘俶最后纳土归了宋，所以没有庙号。

钱镠还自立天宝、宝大、宝正等年号(一说还有广初)。大约自钱元瓘开始，遵循“善事中国，勿以易姓废事大之礼”祖训，才又改用中原王朝所行年号。

钱镠建吴越国，“置百官，有丞相、侍郎、郎中、员外郎、客省等使”[2]。依照唐玄宗开元以后制度，以丞相为百官之首，设有左右丞相。如杜建徽在钱镠建吴越国时曾被委任为左丞相。不过右丞相为何许人，不得而知。此外，见于记载的钱镠朝丞相还有许明，钱元瓘朝丞相有沈崧、皮光业、曹仲达、林鼎及杨岩、鲍君福(右丞相)等，钱弘佐朝丞相吴程、钱弘俶，钱弘倧朝丞相有元德昭，钱弘俶朝丞相有吴程、元德昭、钱弘儇、裴坚、沈虎子、崔仁冀等。

除丞相外，吴越国还设有同参相府事及权知政事、摄政事等官职。同参相府事相当于副丞相，钱元瓘朝，陆仁章、仰仁诠曾任此职，钱弘佐朝，郭师从曾任此职，钱弘倧朝钱弘俶曾任此职，钱弘俶朝，鲍修让曾任此职。权知政事、摄政事之职，见于记载的有曹仲达为钱元瓘朝“权知政事”，钱弘佐即位之初，曹仲达又为“摄政事”。

吴越国的侍郎、郎中、员外郎、客省使亦都沿袭唐制。侍郎为隋、唐尚书省吏部、户部、礼部、兵部、刑部、工部等六部次官，参掌国家行政，中唐以后实际主持各部事务。郎中为唐朝尚书省六部诸司长官，分曹处理政务。员外

[1]〔宋〕司马光:《资治通鉴》卷二七二《后唐纪一》，第19册，第8880页。
[2]〔宋〕司马光:《资治通鉴》卷二七二《后唐纪一》，第19册，第8880页。

郎为隋、唐尚书省六部诸司次官，协理司务。客省使为唐代宗时始置，为客省（唐代宗置以处四方使者及奏计）长官，掌接待奏计及外族使者。

2.以元帅为最高统帅的军事体制

钱镠及其继承者在吴越国，既是吴越王、吴越国王，也是吴越国的元帅、都元帅、大元帅。既是政治上的最高统治者，也是军事上的最高统帅。尽管吴越国王和元帅在名义上都是由中原王朝所授予。如钱镠在贞明二年（916）七月被授予诸道兵马元帅，贞明三年十月被授予天下兵马都元帅。钱元瓘在清泰三年（936）十二月授为天下兵马副元帅，天福四年（939）八月为天下兵马元帅，天福五年三月为天下兵马都元帅。钱弘佐在开运三年（946）三月授为东南面兵马都元帅，开运四年三月为诸道兵马都元帅。钱弘俶在乾祐二年（949）三月授为东南兵马都元帅，广顺元年（951）三月为诸道兵马都元帅，广顺二年二月为天下兵马元帅，显德元年（954）七月为天下兵马都元帅，建隆元年（960）四月为天下兵马大元帅。

元帅为总辖军务、职掌征伐的最高军事长官。吴越国历史上所有军务、征伐等事，无不令出钱镠、钱元瓘等“元帅”。

元帅设有元帅府，并置各级官吏。还在后梁于贞明二年（916）授钱镠为诸道兵马元帅的时候，即“诏诸道兵马元帅府开幕除吏，一同天策上将军府故事”[1]。所谓“一同天策上将军府故事”，即可以如天策上将军府那样“置长史、司马各一人，从事中郎二人，并掌通判府事。军咨祭酒二人，谋军事，赞相礼仪，应接宾客。曲签四人，掌宣传导引之事。主簿二人，掌省覆教命。录事二人，记室参军事二人，掌书疏表启，宣行教命。功、仓、兵、骑、铠、士六曹参军事各二人，参军事六人”[2]，是一个不小的机构。既然诏令诸道兵马元帅开府置官司“一同天策上将军府故事”，说明吴越国的元帅府可以或者已经设置了以上这些属官。此外，见于记载的元帅府属官还有元帅府判官（如皮光业、陈彦禧曾任此职）、元帅府掌书记（如黄夷简曾任此职）、元帅府都押衙（如王君承益）、元帅府府库使（如王某）、元帅府典谒（如沈韬

[1]〔宋〕钱俨:《吴越备史》卷一《武肃王》，傅璇琮、徐海荣、徐吉军主编:《五代史书汇编》，第6209页。

[2]〔宋〕司马光:《资治通鉴》卷一八九《唐纪五》胡三省注，第13册，第5931页。

文）等。[1]

吴越国元帅开府置官，由此遂形成以元帅为首的军事体制。而作为最高军事长官的元帅同时又为国王，从而又使得军政合而为一。

（三）吴越国的地方政区制度

吴越国的地方政区以州统县。

县是吴越国地方政区的基层组织。县的长官为县令。县下还有镇、戍，设有镇将、戍将。虽为军事需要而设，但也管辖一方之地。

州是吴越国县以上一级地方政区，上隶王国而下领县。州的长官为刺史。唐朝末年，州还有制置使之设。制置使本为一州的军事统辖者，钱镠利用自己杭越管内都指挥使的权限，因军事上的需要而临时任命部属担任州制置使，实际上成为各州真正地方长官。进入五代以后，随着钱镠统治地位的确立，才以刺史为一州主要长官。

与州为同级的还有军、府。军有安国衣锦军，名称源于后梁所赐安国县衣锦乡。因其地为钱镠发祥之地，所以虽仅一县之地，地位比之于州，设副指挥使或防遏指挥使领之。

吴越国设府始于后梁开平二年（908），时升杭州、越州为大都督府。吴越国以杭州为国都，遂称西都、西府；以越州为陪都，遂称东都、东府（或会稽府）。由于杭州、越州系吴越国国都、陪都，又为大都督府所治，所以地位比一般州为高。后梁以钱镠为杭、越等州大都督府长史，则大都督府长史为府的最高长官。此外，嘉兴县有钱林村，“吴越钱王镠微时，有旧馆于此，后贵，改为祖祠”[2]，钱镠遂按唐朝故事，于宝大元年（924）在嘉兴县置开元府，并割华亭、海盐二县属之。但开元府历时不长，后唐长兴三年（932）三月即为钱元瓘所罢，8年后的后晋天福五年（940）又置为秀州。

需要说明的是，在这一时期钱镠割钱塘、盐官二县之地为钱江县。[3]

---

[1] 何勇强：《钱氏吴越国史论稿》第三章。

[2] 〔元〕《至元嘉禾志》卷一一《寺院》“证圣院”条，《宋元方志丛刊》，第5册，第4488页。

[3] 〔明〕郎瑛：《七修类稿》卷二六《辩证类·仁和县》，第283页。

第二节　五代吴越国时期太湖及钱塘江的治理

一、五代吴越国时期钱塘江及杭州周边水系的治理

吴越国境内的水系，主要是钱塘江、太湖水系（苕溪、东江、娄江等），再就是江南运河与浙东运河。

（一）五代吴越国时期钱塘江的变迁

钱塘江是吴越国境内最主要的水系，流经吴越国衢、处、婺、睦、杭诸州。

由于钱塘江进入杭州湾的河口段都是疏松细致的沙质土壤，经不起涌潮的冲击、淘刷，同时上游夹带的泥沙和海潮卷来的沉积物不断淤填，致使钱塘江主流经常变迁，或南坍北涨，或北坍南涨，摇摆不定。但是，早期钱塘江的流向是比较稳定的，它从赭山、龛山之间入海，这一入海口被后人称为南大门。吴越国时期钱塘江即经此道入海。从12世纪以后，钱塘江河口的变迁逐渐变得频繁而明显。这很可能与吴越国前后的两浙地区大规模开发有关。人口的增加、农业的垦殖，致使钱塘江上游带来的泥沙不断增多。

钱塘江入海即为杭州湾。杭州湾北岸自4世纪来一直不断北坍、东移。唐宋时期，柘林、奉贤一带的海岸向东推移到奉城、大团之间。在海岸线东移过程中，受到约束的外海潮流强度日益增强，在它的冲刷与破坏下，引起海岸内（北）坍。王盘山以北的九涂十八滩、海盐东南五十里的贮水陂、十五里的望海镇，以及五里的望月亭，相继沦于海中。据估计，仅乍浦以南地区，自武则天久视元年（770）到北宋建隆元年（960）间，即有19公里宽的土地被海潮冲蚀。吴越国正处在这一变化的过程中。杭州湾南岸则处于涨—坍—再涨的循环

中。吴越国时期，杭州湾南岸处于外涨过程中，但变化不是非常明显、剧烈。

吴越国时期对钱塘江的治理主要有两件大事：一是修筑捍海塘；二是加强对钱塘江与其他几个重要水系进行疏通。

（二）五代吴越国时期太湖流域的治理

太湖出海道古称三江，即娄江、松江与东江。三江古时极大，尤其是唐时松江河口处宽二十里。唐时东江、娄江发生淤塞，太湖平原洼地变成沼泽，太湖范围出现了扩大化的趋势。宋人郑亶说："今二江已塞，而一江又浅。"其子郑侨也说："今则二江已绝，唯吴松一江存焉。"[1]可知娄江、东江到五代时已经淤塞。

吴越国控制浙西以后，为了维护太湖流域的圩田系统及其屯田，对太湖流域的水系进行了整治，"起长安堰至盐官，彻清水浦入于海"，又浚挖了许多河道，"开大盈、顾汇、柘湖，下金山小官浦以入海"，实际上代替了原来的东江；又"开无锡莲蓉河，武进庙堂港，常熟疏泾、梅里入大江"，实际上代替了原来的娄江。[2]同时，还修建了不少堤防和堰闸。

在浚挖河道方面，《宋史·毛渐传》即记载了四个水道系统："案钱氏有国时故事，起长安堰至盐官，彻清水浦入于海；开无锡莲蓉河，武进庙堂港，常熟疏泾、梅里（李）入大江；又开昆山七耳、茜泾、下张诸浦，东北道吴江；开大盈、顾汇、柘湖，下金山小官浦以入海。自是水不为患。"自长安堰至盐官的彻清水浦在今海宁境内，时属盐官县，为太湖流域东南地区水道。大盈浦、顾汇浦、柘湖、小官浦等在今上海金山、松江一带，为太湖流域东部地区水道。七耳、茜泾、下张诸浦在苏州、昆山一带，是太湖流域东部地区沟通吴淞江的水道。无锡莲蓉河、武进庙堂港、常熟疏泾、梅里（《琴川志》卷一考证为"梅李"之误，梅李在常熟县东18公里）为太湖流域东北部地区的水道。实际上《毛渐传》所说只是部分。根据郑亶《水利书》记载，太湖流域东北，松江口下，苏州、昆山、常熟县界，有七耳、茜泾、下张等港浦49条，在松江以南有大盈、顾汇等大浦27条，等等。这些港浦，或为吴越国所开，或经吴越国浚治，从而形成"七里十里而为一横塘"，"五里为一纵

[1]〔宋〕范成大：《吴郡志》卷一九《水利上》，《宋元方志丛刊》，第1册，第828页。

[2]〔元〕脱脱等：《宋史》卷三四八《毛渐传》，第32册，中华书局1977年版，第11040页。

浦”的水道网络。[1]

在太湖流域圩田系统外围的江海、太湖与圩田系统之间，圩田系统内部塘浦与耕田之间，高田与低田之间，吴越国修建了许多堤防和堰闸，以调节与控制圩田水量。旱则放塘浦之水入田灌溉，涝则排田中水入塘浦泄洪，以保障圩田农业生产正常进行。郑亶之子郑侨曾说：“浙西……自唐至钱氏时，其水源去委，悉有堤防、堰闸之制。旁分其支脉之流，不使溢聚，以为腹内畎亩之患。是以钱氏百年，岁多丰稔。”又说：“某闻钱氏循汉唐法，自吴江县松江而东至于海，又沿海而北至于扬子江，又沿江而西至于常州江阴界，一河一浦，皆有堰闸，所以贼水不入，久无患者。”[2]

由于整个太湖流域地势四周高而中间低洼，吴越国通过大量浚挖河道，修建堤防、堰闸，从而进一步发展了太湖平原的圩田系统及其屯田。

为了更好地保护太湖和钱塘江等，吴越国还设立都水使者、开江营等专职机构和专职队伍负责水利。《侨书大略》记：“浙西，昔有营田司。自唐至钱氏时，其来源去委，悉有堤防、堰闸之制。旁分其支脉之流，不使溢聚，以为腹内畎亩之患。是以钱氏百年间，岁多丰稔。”开江营负责修筑堤防、浚治浦港等圩田水利事项，钱镠“命于太湖旁置‘撩清卒’四部，凡七八千人，常为田事，治河筑堤，一路径下吴淞江，一路自急水港下淀山湖入海，居民旱则运水种田，涝则引水出田”。之后，在宝正二年（927）于杭州西湖“置撩兵千人，芟草浚泉”[3]。《琴川志》卷五《水利》云：“钱氏有国时，创开江营，置都水使者，以主水事。募卒为都，号曰撩浅。宋朝因之，有卒千人，为两指挥，第一在常熟，第二在昆山，专职修浚。自郡民朱勔进花石纲，尽夺营卒以往，开江营遂空。”又，《吴郡志》卷一九《水利》引郑亶《水利书》亦云：“古人治田，高下既皆有法。方是时也，田各成圩，圩必有长。每一年或二年，率逐圩之人，修筑堤防，浚治浦港。故低田之堤防常固，旱田之浦港常通也。至钱氏有国，而尚有撩清指挥之名者，此其遗法也。”可见开江营与撩浅军、撩清军，其名虽异，其实则一，

[1]〔宋〕范成大：《吴郡志》卷一九《水利上》引郑亶《水利书》，《宋元方志丛刊》，第1册，第830、831页。

[2]〔宋〕范成大：《吴郡志》卷一九《水利下》引，《宋元方志丛刊》，第1册，第832、834页。

[3]〔清〕吴任臣：《十国春秋》卷七八《武肃王世家下》，第3册，第1090页。

是一支按军队编制，专供役使修筑堤防、浚治浦港等太湖流域圩田及屯田事务的队伍。开江营设有将，而以都水使为统帅，即所谓“置都水使者，以主水事”。

为了屯种并管理屯田，吴越国太湖流域屯田区内设有营田军。宋人范仲淹《范文正公集·政府奏议》卷上《答手诏条陈十事》云：“臣询访高年，则云：‘曩时两浙未归朝廷，苏州有营田军四都，共七八千人，专为田事，导河筑堤，以减水患’。”明州也有营田军，王安石《王文公文集》卷四《上杜学士言开河书》云：“鄞之地邑，跨江负海，水有所去，故人无水忧。而深山长谷之水，四面而出，沟渠浍川，十百相通。长老言钱氏时置营田吏卒，岁浚治之，人无旱忧，恃以丰足。”

吴越国营田及营田军的管辖权均属国王，历任吴越国王皆兼任浙江东、西道营田使，其下又设营田副使、营田指挥使等主事。

自唐宋以后，太湖流域渐成中国经济最发达的区域。对太湖流域整治，对此后杭州甚至整个钱塘江下游北部地区经济的发展都起了极其重要的作用。

（三）五代吴越国对越州鉴湖等的治理

吴越国对越州镜湖的治理也非常重视，制订了严格的管理制度。宋代曾经担任过越州知州的曾巩，十分赞赏吴越国对鉴湖的管理，其在《序越州鉴湖图》中说：“鉴湖一曰南湖……南湖由汉历吴、晋以来，接于唐，又接于钱镠父子之有此邦，其利未尝废者，或以区区之地以当天下，或以数州为镇，或以一国自王，内有供养禄廪之须，外有贡输问馈之奉，非得晏然而已也。故强水土之政，以力本利农，亦皆有数，而钱镠之法最详，至今尚多传于人者，则其利之不废有以也。”

此外，还有民间自办的水利工程。如婺州武义县乡民任留在唐光化元年（898。其时婺州受钱镠节制）创筑的长安堰，利用熟溪之水，可灌溉农田万余亩。

二、修筑捍海塘

（一）五代钱塘江灾害

杭州濒临钱塘江，江水自富春奔腾东泻钱塘县境；潮汐则由海盐、盐官夺路汇入鳖子门而西上，每昼夜两次冲激江岸。唐代亦曾筑塘，但是泥塘不固，常受潮患。所谓“溯自唐贞观以前,居民修筑,不费官帑,塘堤不固,易于崩塌。迨后兵革顿兴,民亦屡迁,遂废修塘之工”。以致唐末五代之初,“江大地窄……堤岸冲啮殆尽。自秦望山东南十八堡数千万亩田地,悉成江面。民不堪命”[1]。这种现象至五代吴越国时期仍然非常严重,据文献记载,当时钱塘江共决溢四次,即:

大历十年(775)七月己未夜,杭州大风海溢,荡州郭五千余家,船千余只,死者四百余人;

景福二年(893)七月,浙江水溢,坏民居;

乾宁三年(896)七月,浙江水溢,坏民居;九月,浙江水溢,坏民居;

光化三年(900)九月,浙江水溢,坏民庐舍。

这四次决溢,严重危及了杭州社会经济的发展和居民的生命财产安全,同时也严重威胁运河的通航和安全。后梁开平四年(910),钱镠在后梁太祖朱温的上奏疏文中就曾经指出:“近年以来,海飓大作,怒涛掀簸,堤岸冲啮殆尽。自秦望山东南十八堡,数千万亩田地,悉成江面,民不堪命。……目击平原沃野,尽成江水汪洋。”[2]与此同时,新增沙岸的崩坍,“人坠垫溺……庶俾水反归壑,谷迁为陵。土不骞崩,人无荡析”[3]。值得一提的是,在这一轮钱塘潮成灾的背后隐含着钱塘江下游两岸地区生存环境的巨变,并在上述引言中明确提及,钱塘江大潮淹没了两岸的良田,甚至一些城市和村落也变成了江面,就连钱王新修的杭州城、都城生命线的两浙运河也有遭逢侵袭的风险,这才是吴越国王起而直面钱塘潮的社会原因所在。在这样的大灾大难面前,当务之急就是兴筑捍海堤,防止海潮灾害,以保障社会经济的继续发展和居民的生命财产安全。

(二)修建捍海塘

梁开平四年(910)八月,钱镠在候潮门外主持修筑捍海塘。史载“初定其基,而江涛昼夜冲激,沙岸板筑不能就。王命强弩五百,以射涛头,又亲筑胥

[1]〔民国〕钱文选编:《钱氏家乘》卷八《武肃王筑塘疏》,第186页。
[2]〔民国〕钱文选编:《钱氏家乘》卷八《武肃王筑塘疏》,第186页。
[3]〔唐〕白居易:《白居易全集》卷四〇《祭浙江文》,第902页。

山祠，仍为诗一章，函钥置于海门山。其末句曰：‘为报龙神并水府，钱塘借取筑钱城。’既而潮头避钱塘，遂趋西陵。王乃命运巨石，盛以竹笼，植巨材捍之，城基始定。其重濠累堑，通衢广陌，亦由是而成焉”。于是“大庀工徒，凿石填江”[1]，后人称为“钱氏捍海塘”，亦称“钱氏石塘”。[2]

此次修建海塘，开始用版筑之法。但是因为杭州钱塘江岸属软弱型地基，又受杭州湾强潮冲击，大浪淘沙激烈，所以版筑不成。于是改用“石囤木桩法”修塘，即“大竹破之为器，长数十丈，中实巨石。取罗山大木，长数丈，植之横为塘，依匠人为防之制。内又以土填之，外用木立于水际，去岸二丈九尺，立九木，作六重，象《易》既济、未济二卦”。“由是潮不能攻，沙土渐渍，岸益固也”[3]，终于建成了海塘。整个工程规模异常浩大，“计费十万九千四百四十缗，堤长三十三万八千五百九十三丈”[4]，这对于之前“居民修筑，塘堤不固”和年久失修的状况，无疑是巨大的改观。

用“石囤木桩法”修建的海塘，其抗御潮击的能力远远超过之前的泥塘，有效遏制了江潮的冲刷。这种竹笼填石与梶柱相结合的筑塘固塘方法，是中国海塘修建史上的一次重大突破，是海塘技术史上一次质的飞跃，标志着我国筑塘技术进入了一个新的历史阶段，具有划时代的意义，堪称当时世界上最先进的海塘施工法。史载“筑塘以石，自吴越王始”[5]，足见其对后世海塘修筑的巨大贡献。当然，钱氏捍海塘修成之后，并非一成不变，在宋时即“辄坏而复理”，[6]但这种建筑结构及其相应的措施，长期为后代所利用，直到元代才被“木柜石塘”所取代。

据学者研究，钱氏捍海塘的技术创新包含有如下四项内容：其一是筑堤的材料是用竹笼装载巨石，再用巨大的木材使其就地定位，这种修筑方法与都江

[1]〔宋〕薛居正等：《旧五代史》卷一三三，中华书局1976年版，第1771页。

[2]〔唐〕皮光业：《吴越国武肃王庙碑铭》，《全唐文》卷八九八，第9371—9377页。

[3]〔清〕吴任臣：《十国春秋》卷七七《武肃王世家上》，第1053页。

[4]〔民国〕钱文选编：《钱氏家乘》卷八《武肃王筑塘疏》，第187页。

[5]《两浙海塘通志》卷二〇《艺文》，王国平总主编：《钱塘江文献集成》第3册，杭州出版社2014年版，第305页。

[6]〔宋〕李焘：《续资治通鉴长编》卷八二“宋真宗大中祥符七年五月壬辰”条，中华书局1985年版，第7册，第1874页。

杭州江城路吴越国捍海塘考古发掘现场（原刊《杭州文物精萃》）

塘基础内侧护基木桩（原刊《文物》1985年第4期）

盛放石块的大竹筐（原刊《文物》1985年第4期）

堰宝瓶口的修筑方式如出一辙，而与普通的堤坝则大不相同，它不是实心坝，而是潮水和海水都可以穿行的乱世坝。正因为汹涌的海潮可以穿过坝体，因而海潮的冲力在坝的前方得到了极大的削减，从而减轻了海潮对坝的冲力，确保堤坝修成后可以长期保持牢固。其二，在堤的后背，不是直接接触需要保护的农田，而是沿着江岸留下了2丈9尺宽的空地作为缓冲。在涨潮时可以积满海水，因而称之为塘。这也与普通的江堤河堤修筑不同。其目的是留下了一个极大的缓冲带，以容纳过量的海水。避免涨潮时的巨量海水直接冲刷被保护的农田。能够意识到这一修补办法的必要性，显然是当地民众常年与海水拼搏的经验总结。绝不是内陆居民可能凭空想象出来的技术措施。单这一点，就足以证明钱氏所依托的社会文化，显然没有照搬传统经验，而是在特定的文化背景下做出了不同寻

杭州江城路吴越国捍海塘巨木捆扎细部（原刊《杭州文物精萃》）

五代吴越国捍海塘遗址出土的木桩（浙江省博物馆藏）

常的创新。其三，这样修筑的堤塘结构并不是封闭的储水塘，而是以江流和大海连为一体的互通水域及文中所说的按神禹之古迹，考前人之治堤，其水仍导入海。等海潮退去后，储积在塘中的水要彻底排入江海，形成空地，以备迎接下一次的海潮光临。虽然说是按照神禹之古迹，但就实质而言他与大禹治水有本质的区别，不是将汹涌的降水导入堤内，而是利用海潮的落差发挥缓冲水势的作用，因而这也只能是滨海民众才可能想出的创新之举。内地汉族居民断然不可能做出这样的创意。其实是用巨木为桩加固海堤，这样的技术措施与内地江河堤塘的修筑也大不一样，这些木桩都是打在河床的水陆交界面，涨潮时要浸泡到海水中，退潮后又会全部露出地面。凭常理推测似乎很易腐烂，难以做到常年稳固。殊不知，在海陆交错地带，木桩的表现会与陆地上大不一样。这是因为海水和河水的交错作用以及木材的不断水侵和不断晾干，陆上生长的河水生物和海里生长的生物都不能在这些木桩中壮大群落，这才使得看似容易腐烂的木材，一旦这样利用后，反而能够确保百年不毁。这同样是滨海居民才可能积累起来的本土生态知识和特有技术。钱氏只不过是能够将这些滨海居民的特有知识和技术融会贯通罢了。因而修堤的成功，不仅是特定社会文化的产物，也是当地民众智慧的结晶。[1]

钱氏捍海塘的原始面貌长期不为人所知，直到1983年初，杭州市南星桥凤山道口附近的江城路立体交叉桥施工现场发现了其中一段钱氏海塘遗迹，才

[1] 刘闯:《与潮水的抗争——从钱镠“射潮”看五代时期杭州地区居民的生存环境》，《原生态民族文化学刊》2014年第6卷第4期。

使这一伟大的历史工程重见天日。此次出土的海塘遗迹，与文献记载基本相符。从这次考古发掘看，钱氏捍海塘是用石头、竹木和细沙土等材料筑成的。海塘基础宽 25.25 米、面部宽 8.75 米、残高 5.05 米，属“竹笼石塘”结构。整个海塘由扎实稳固的基础、立于水际的巨大“滉柱”和建筑讲究的塘面保护层三部分构成。

基础由护基木桩、“竹笼沉石”等设施组成。基础的内侧是一排护基木桩，用拉木套接加固。护基木柱排列密集，间距很小。柱高 2 米、直径 0.2 米左右，柱尖削成圆锥状，紧贴泥塘斜向打入塘基。在木柱向泥塘一侧，紧贴一道竹篱笆，篱笆上还附贴一层芦苇草席。笆长 3.8 米、高 1.1 米左右，竹笆用竹篾编织的辫绳捆缚于护基木桩上。在护基木桩的上部还缚扎一根横木，这根横木将一根根护基木桩连成一体。横木和护基木桩也用竹绳缚扎，每扎一道都用一根细长木棍绞紧。护基木桩每隔 2 米左右，用一根长约 3 米的拉木加固。护基木桩经过这样加固，可以避免松软地基承重受压向外挤开的后果。

基础的外侧既要解决因松软地基承重受压而向外挤开的问题，又要防止潮汐冲击塘岸引起倒塌，因而其建筑结构远较内侧复杂。外侧基础由四排护基木桩和置于这四排护基木桩间的“竹笼沉石”、以及护基木桩外的“竹笼沉石”等部分组成。第一、四排护基木桩之间是一只只矩形大竹筐，盛满巨石。筐长 3 米、宽 2.5 米、高 1.5 米左右。筐的四角均用一根直径 0.1 米左右的木桩固定，在筐的内面用竹筋纵横缚扎夹住。第二、三排护基木桩插在筐内，并用竹绳和纵向框木相绑，以起到固定位置的作用。上述设施再用长达 8—9 米的大木拉住加固。

外侧四排护基木桩中的第一、二、三排垂直打入塔基，而第四排是斜向打入塘基，向内倾斜角为 15° 左右。桩木由里向外逐渐加长变粗，第一排木柱高 2 米上下，第三排则在 3 米左右，这三排木桩排列稀疏，桩木直径都不超过 0.25 米；而第四排护基木桩粗大，高度在 5 米以上，直径 0.3 米左右，排列密集，间距和里侧护基柱相同。[1]

关于“滉柱”的情况，文献记载说法不一。据沈括《梦溪笔谈》的记载，钱塘江在吴越国时曾筑石堤，堤外立大木桩十余行，称为“滉柱”（这种滉柱

[1] 以上据浙江省文物考古研究所：《五代钱氏捍海塘发掘简报》，《文物》1985 年第 4 期。

是用来保护堤防、减少潮水的冲击，现在一般叫“深水桩”)。宋仁宗宝元、康定年间，曾有人提议拔掉滉柱，可得几十根上好木料。当时杭州的地方长官觉得很有道理，便下令拔木取材。结果发现这些木桩都已经腐朽了，没什么用处；但石堤因为缺少了滉柱的保护，从此以后便受潮水冲激，不断塌陷。沈括说，当初吴越国人埋下木桩，本来就是为了消减潮水的势头，避开潮头直接冲击大堤。因为有滉柱的保护，尽管一百多年来受潮水冲击，但大堤安然无恙。杜杞担任两浙路转运使时，有人建议在浙江税场以东一带，将大堤后移几里，做成“月堤”(这种月堤大概是一种呈月牙形的弯堤，筑在大堤之外以保护大堤)。很多水工都同意兴筑月堤的意见，只有一个老水工不以为然，悄悄对同伙说，修筑月堤之后不会再有水患了，我们这些人还靠什么生活呢？那些同伙觉得对自己有利，都附和他的说法。转运使杜杞不知他们的奸计，没有修筑月堤，而将大批的钱财花在原来的大堤上，因此潮水的祸害仍年年不断，没有一个了局。沈括在写《梦溪笔谈》时，杭州又开始讲求月堤的好处了，江涛之害少了不少，但沈括认为月堤终究不如滉柱好，只是因为修造滉柱费用太大，所以一直没有修复。[1]

考古中发掘的“滉柱”排列错落有序，柱距1米左右。“滉柱”是海塘所用桩木中最粗大的，长度超过6米，直径不下0.3米，稍细的两根并立。在离塘岸的水际植打“滉柱”，既可以抗击潮水的冲击，又可以使潮水带来的泥沙在这里迂回沉积，起到保护海塘的作用。

钱氏捍海塘的内外坡保护层由于其功用和性质不同，采用了不同的建筑方法。内坡的保护层大部分用含铁量较高的砂石和带炭屑的炉渣状物质筑成。这种含铁量较高的物质遇到盐分氧化板结，形成坚硬牢固的保护层，厚度一般在0.1米左右。局部地方，保护层用黏黄泥筑打而成，厚度与此相当。这一植面保护层对保护塘沙、避免雨水冲刷流失，起到良好的作用。塘外坡是迎水面，它要迎接巨大浪潮的冲击。钱氏捍海塘系用抛石护岸的办法，即在培土筑塘的过程中，外侧铺上一层厚厚的石块，形成石头护塘面。海塘的顶面因被北宋堆积扰乱破坏，没有发现类似的加工层，但从海塘内坡面和整座

---

[1]〔宋〕沈括著，胡道静校证：《梦溪笔谈校证》卷一一《官政一》，上册，上海古籍出版社1987年版，第429—430页。

古书版画《钱王射潮》

海塘建筑讲究的情况看，塘顶面原来也应有与内坡相同的保护面。

据估计，钱氏捍海塘的筑塘步骤和过程大致如下：第一步，先在塘基外线打下大木桩作为基桩，内外两侧同时进行。外侧先在拟放矩形竹筐的地方铺上竹簟，将护基木柱和"滉柱"打入塘基和离岸的水中，然后套装"竹筐沉石"，编制"竹笼沉石"，缚扎竹篱笆，连接拉木，形成一个互相牵连的整体；内侧则是先打桩，然后将桩周围的土挖去一部分，形成一条工作槽，再缚扎竹笆，扎"位林木"，连接拉木。第二步工作是挑土筑塘，抛石护岸。最后是塘面的加工。

据说，海塘刚定基时，潮水汹涌，"江涛昼夜冲激沙岸，板筑不能就"。[1]古人迷信，以为"江涛昼夜冲激沙岸"，是江中的精灵鬼物在作怪。钱镠做了一些祭祀活动，一方面命人在钱塘江边筑起高楼，"以壮士数百人，候潮之至，以强弩射之"[2]，希望借此镇住那水中的精怪。由此潮头退避，事后"遂以铁铸成箭样，其大如秤，作亭泥路之旁，埋箭亭中，出土犹七尺许，以示镇压之意"。誓云："铁坏此箭出。"[3]另一方面，钱镠又筑胥山祠，祷告传说已经成为江海之神的伍子胥，并写诗一首：

天分浙水应东溟，日夜波涛不暂停。
千尺巨堤冲欲裂，万人力御势须平。

[1]〔宋〕钱俨：《吴越备史》卷一《武肃王》开平四年八月条，傅璇琮、徐海荣、徐吉军主编：《五代史书汇编》，第6205页。

[2]〔宋〕赞宁《传载》说是"三百"，此据《吴越备史》卷一《武肃王》，傅璇琮、徐海荣、徐吉军主编：《五代史书汇编》，第6205页。

[3]〔宋〕钱惟演：《射潮记》，《钱氏家乘》卷八《遗文》，见徐吉军主编：《吴越史著丛编》（下），浙江古籍出版社2017年版，第626—627页。

吴都地牢兵师广，罗到名高海众狞。

为报龙神并水府，钱塘且借作钱城。[1]

最后，潮退了，塘成了。此后便在杭州留下铁幢浦、铁箭巷等遗迹。[2]

钱氏捍海塘的建成，不仅遏止了“堤岸冲啮殆尽”“数千万亩田地，悉成江面”的形势进一步恶化，保障了杭州城市的安全，解除了居民的“盐卤之苦”。所以，钱镠在《奏捍海塘告成疏》中即说：修筑“钱氏捍海塘”，对于杭州乃“昔之汪洋浩荡，今成沃壤平原，东南水土长生，亦可储精气之美，人文之盛。今则征科有据，常赋无亏，岁获屡登，民亦奠业”。[3]《宋史》卷九七《河渠志》浙江条也对捍海塘给予了极高的评价：“浙江通大海，日受两潮。梁开平中，钱武肃王始筑捍海塘，在候潮门外。潮水昼夜冲激，版筑不就，因命强弩数百以射潮头，又致祷胥山祠。既而潮避钱塘，东击西陵，遂造竹器，积巨石，植以大木。堤岸既固，民居乃奠。”[4]有学者认为，钱镠修筑海塘后为当地民众带来的利益，可以归纳为两个方面：其一，奠定了杭州城繁荣的根基。它大大减轻了钱塘潮对杭州城的威胁，使杭州城得以形成钱塘江流域的经济政治中心。其二，它成功地捍卫了杭州周边民众的生命财产安全，加速了土地淡化，有利于发展农业生产，确保滨海新建农田的稳产高产。[5]所以，文天祥在《论五代史书武肃王事》中褒奖钱镠此举“非止一时之保安，实有千年之功德，洵湛百世之模楷”。

（三）修建龙山闸、浙江闸

钱镠在修建“钱氏捍海塘”的同时，为了确保整个杭州城在潮汐面前的安全，又在钱塘江北岸的运河入江口修建了龙山、浙江两闸，以遏江潮夹泥沙入

[1] 此诗出自《吴越钱氏传芳集》。《吴越备史》卷一《武肃王》仅录“为报龙神并水府，钱塘且借作钱城”两句。

[2]〔明〕田汝成：《西湖游览志》卷一九《南山分脉城外胜迹》“铁箭巷、铁幢浦”，上海古籍出版社 1980 年版，第 242 页。

[3]〔五代〕钱镠：《筑塘疏》，见〔清〕钱槐、钱瀛等辑：《诚应武肃王集》卷一，《杭州文献集成》第 31 册，浙江古籍出版社 2017 年版，第 294 页。

[4]〔元〕脱脱等：《宋史》卷九七《河渠志》，第 7 册，第 2396 页。

[5] 刘闯：《与潮水的抗争——从钱镠“射潮”看五代时期杭州地区居民的生存环境》，《原生态民族文化学刊》2014 年第 6 卷第 4 期。

河[1]，从而确保在大潮时被顶脱的钱塘江水不会漫入杭州城，并使江南运河的船只可以直接进出钱塘江。明代田汝成《西湖游览志》卷一《西湖总叙》中曾如此赞誉龙山、浙江两闸：

五代已前，江潮直入运河，无复遮捍。钱氏有国，乃置龙山、浙江两闸，启闭以时，故泥水不入。

龙山闸在今杭州闸口白塔岭一带，浙江闸在今南星桥三廊庙一带，这也是杭州白塔岭至三廊庙一段运河命名龙山河的由来。其时鉴于钱塘江潮含沙量较大，所以钱镠于运河入（钱塘）江口如复式船闸那样建上下两闸，钱塘江潮汛时开上闸关下闸放江潮入龙山河，潮汛过后关上闸，待泥沙沉淀以后，开下闸放水进入下一段运河即今中河，以延缓运河的淤塞，保障运河通航。钱镠采用复式船闸的形式以缓解钱塘江泥沙对运河的淤塞，也不失为一大创造。179年以后苏轼在杭州运河上建浑水、清水两闸，实师法于钱镠龙山、浙江两闸之制。

第三节　五代吴越国钱塘江的交通

一、罗刹石的消失

钱塘江一直以水波凶恶著称于世，五代以前，其作为横亘在两浙之间不可逾越的天险，严重阻碍了杭、越两地的往来；而五代之前钱塘江江心中旧有数石，即秦望山脚，横截江涛中，商旅舟楫经此，多值风涛所困而倾覆，故有“罗刹石”之谓。赞宁《传载略》云：“先是江心有石，即秦望山脚，横截波涛，中出崔嵬。然时商旅船到此，辄为风涛所困而倾覆，遂呼此为罗刹石。我国八月既望，必迎潮设祭，必动乐鼓舞其上。寻命更呼镇江石。开平已来沙涨，遂作

[1]〔清〕吴任臣：《十国春秋》卷七七，第1086页。

木阑围顶，今祭江亭是也。”[1]由此可见，当时钱塘江的交通需要承受巨大的风险。时人罗隐《钱塘江潮》便曰：

怒声汹汹势悠悠，罗刹江边地欲浮。
漫道往来存大信，也知反覆向平流。
任抛巨浸疑无底，猛过西陵只有头。
至竟朝昏谁主掌，好骑赪鲤问阳侯。[2]

把钱塘江比作恶魔罗刹，正揭露了它凶狠的一面。

罗刹石是钱塘江中早已有之的自然实体，它实际上是杭州秦望山向东面钱塘江的延伸，是裸露于钱塘江的一座小山的岩体，有根有基。因为杭州在很长的一段历史时期里只不过是一个山间小县，经济尚未开发，罗刹石与县城尚有一段距离，所以没有引起人们的注意。到了隋唐时期，随着江南运河的开凿和江南经济的开发，钱塘江航运日益繁忙，而且隋唐杭州州城又与罗刹石近在咫尺，罗刹石遂为人们所熟知，并屡见于唐人的笔端。

有唐一代描述罗刹石地理位置的已不乏其人。元稹在写给白居易的《重夸州宅旦暮景色兼酬前篇末句》中说：“为问西州罗刹岸，涛头冲突近何如？”[3]白居易回以《微之重夸州居其落句有西州罗刹之谑，因嘲兹石聊以寄怀》诗云：“君问西州城下事，醉中叠纸为君书。嵌空石面标罗刹，压捺潮头敌子胥。神鬼曾鞭犹不动，波涛虽打欲何如。谁知太守心相似，抵滞坚顽两有余。”[4]其时元稹任越州刺史，白居易任杭州刺史，所以元稹称杭州为西州。“为问西州罗刹岸”“君问西州城下事”，勾画了罗刹石在杭州城下、钱塘江岸的地理位置。元稹在《寄乐天二首》之二中又说：“休学州前罗刹石，一生身敌海波澜。”[5]李建勋则说：“何年遗禹凿，半里大江中。”[6]这就进一步明确了罗刹石位于杭

[1]〔宋〕赞宁:《传载略》，文渊阁《四库全书》本。
[2]〔清〕彭定求等:《全唐诗》卷六五八，第7613—7614页。
[3]〔宋〕元稹:《元稹集》卷二二，第245页。
[4] 谢思炜:《白居易诗集校注》卷二三，第1799页。
[5]〔唐〕元稹:《元氏长庆集》卷二一《律诗》，文渊阁《四库全书》本。
[6] 郑方坤《五代诗话》卷三:“今人止知钱塘江风涛甚险，故名为罗刹江，不知其江之中旧有数石横截江涛，舟楫经此，多为所坏，因呼为罗刹石，故江亦名之。唐李建勋诗云:‘何年遗禹凿，半里大江中。’正谓此也。《咸淳志》曰：五代开平中为潮沙涨没。今不知所在。”

州州城之前，伸入钱塘江半里的地理位置。根据王士伦先生的研究，隋朝杭州城界址南而由凤凰山绕西向北，东面接近盐桥河，但盐桥河不在城中。既然罗刹石在“州前”“半里天江中”，那就是说在凤凰山东麓柳浦一段钱塘江中。具体来说，将台山（古秦望山）东麓即今江干区南星桥三廊庙一带，应当就是罗刹石之所在。

钱镠立国之初，十分重视钱塘江的枢纽作用，其“大庀工徒，凿石填江，又平江中罗刹石”[1]，兹是，扫除了钱塘江航运线上一大威胁，为杭州港的发展进一步创造了便利。从此以后，海船可以直达杭州城下，江船也可以顺江直接入海，大大便利了杭州的水运条件，对杭州城的繁荣贡献极大。然也有许多人认为，罗刹石是潮沙淤没的。赞宁《传载略》载：“开平已来沙涨，遂作木阑围顶，今祭江亭是也。”宋代方志亦均持潮沙淤没之说。如《淳祐临安志》卷八《山川·城南诸山》：秦望山“近东南有罗刹石，大石崔嵬，横截江涛，商船海舶经比，多为风浪倾覆，因呼为罗刹石，后改名镇江石。五代开平中，为潮沙涨没”。此后，《咸淳临安志》、田汝成《西湖游览志》、《清一统志》等志书多沿用“潮沙涨没”一说。[2]

有学者认为，杭州的罗刹石处于钱塘江惊涛骇浪之中，人为凿平罗刹石与开凿绍兴青石山，显然不能相提并论。再说罗刹石至迟到唐朝的时候已经成了钱塘江航道的一大障碍，有唐一代杭州的良臣循吏不乏其人，如果能够凿平，恐怕也不必待到吴越国时。与罗刹石人为凿平的不可能性相反，为潮沙淤没的可能性却是完全存在的。如前人所说，杭州的西湖在秦汉时期还是一个与海（古钱塘江）相通的海湾。但是从汉朝开始，西湖以东的古钱塘江面已经出现了涨沙的现象。《越绝书》卷二曰：“天汉五年四月，钱塘江岑石不见。到七年，岑石复见。”此后淤沙不断增长，淤积的面积不断向东扩大，所以到了东汉的时候华信才能筑钱塘（约在今中河西岸），晋朝的时候凤凰山下的柳浦才会引起人们的注意，唐朝的时候崔彦曾才开三沙河（里沙河相当今菜市桥河；外

[1]〔宋〕薛居正：《旧五代史》卷一三三《钱镠传》，第1771页。
[2]〔元〕陶宗仪：《南村辍耕录》卷一二《浙江潮候》，中华书局1959年，第149页；〔明〕田汝成：《西湖游览志》卷二四，浙江人民出版社1980年版，第259页；〔明〕郎瑛：《七修类稿》卷二《天地类·罗刹江》，第14、20、22、24页。

沙河相当今江城路、大学路、刀茅巷一线；中沙河则界于里沙河、外沙河之间），钱塘江西岸的泥沙淤积正是这样一步一步地向东渐进。此后还在继续淤积。唐朝景福二年（893）仍有“涨沙一十五里”的记载[1]。吴越国天宝三年（910）钱镠筑“捍海石塘”，正是在这种潮沙外涨的形势之下进行的。如果说当年杭州段钱塘江岸始终成直冲潮头之势，不要说钱镠不能筑成“捍海石塘”，即使现在也难以为之。道理很简单，人类改造自然只能循自然规律而动，不能反其道而行之。陈师道《后山丛谈》卷三云：“钱塘江边土恶，不能堤。钱氏以薪为之，水至辄溃。”后来采取石囤木桩之法，才得以筑成“捍海石塘”。“钱塘江边土恶，不能堤”，也就是说钱镠是在钱塘江边新淤涨的地面修建“捍海石塘”。当然，“捍海石塘”距离钱塘江淤泥岸还应有一段距离，否则依然无法筑成。现代考古发掘表明，“捍海石塘”的地理位置在江干区南星桥三廊庙西北，由此可以推知，三廊庙（即罗刹石所在）一带其时已是潮沙淤积之地。总之，“平江中罗刹石”为溢美之词，不足为信。钱塘江上罗刹石应该是为潮沙淤没的。[2]

罗刹石被削平，使杭州等地的港口条件得到了较大的改善。此后，“舟楫辐辏，望之不见其首尾”[3]，使得杭州有条件成为著名的国际大都会。

二、钱塘江边的渡口和码头

吴越国钱塘江边的渡口、码头，主要有西兴、柳浦、碧波亭、范浦、临平等。

西兴原名西陵，在今杭州滨江区西兴街道，地处钱塘江东岸，是浙东运河入江（钱塘江）口，历来为江南运河杭州段交通浙东的重要渡口码头。唐朝末年，钱镠在西陵进行的两次战争，既为吴越立国奠定了基础，同时也使西陵城受到极大破坏，千疮百孔。为了扼守杭州和浙东，以及航运管理的需要，钱镠为吴越王后，于乾化二年（912）八月修建了西陵城，并以“陵”非吉语，于是

[1]〔宋〕钱俨：《吴越备史》卷一《武肃王》，傅璇琮、徐海荣、徐吉军主编：《五代史书汇编》，第 6189 页。

[2] 李志庭：《“罗刹石”考》，《浙江学刊》1995 年第 1 期。

[3]〔宋〕薛居正等：《旧五代史》卷一三三《钱俶传》，第 1775 页。

改“西陵”为“西兴”[1]，“西兴”之名遂沿用至今。

柳浦，在今杭州城南南星桥三廊庙，地处钱塘江西岸，与西兴隔江相望，是江南运河杭州段沟通钱塘江及浙东地区之所在。钱氏捍海石塘的修建，进一步捍卫了这一重要渡口码头。

碧波亭在今中河南段嵇接骨桥一带，为吴越国时修建。《吴越备史》卷二记载：后晋天福三年（938）十二月，钱元瓘“大阅马步军，泊艛艟于碧波亭”。《乾道临安志》卷二引晏殊《舆地志》谓：碧波亭“在旧治子城北门外。《五代史》载钱氏大阅兵于碧波亭。亭临水，面阔数丈”。《梦粱录》卷一二《城内外河》云：“盐桥运河南自碧波亭州桥，与保安水门里横河合，过望仙桥，直北至梅家桥出天宗水门。”它也是杭州运河上一个重要的码头。

三、慈云岭道路的开凿

慈云岭古道位于杭州玉皇山与将台山之间，北通湖滨，南达江干，是五代吴越国时期沟通杭州城市南北交通的要道。它由吴越国王钱镠主持开凿，并建西关城宇、台殿、水阁。工程始于后梁贞明五年（919），耗时6年，于后唐同光二年（924）完工。岭上原有吴越国王钱镠篆书摩崖石刻“开慈云岭记”：“梁单阏之岁，兴建龙山，至涒滩之年，开慈云岭，便建西关城宇，台殿水阁，今勒贞珉用记年月。甲申岁四月十五日吴越国王记。”共四十九字。宋熙宁三年（1070），陈延伯摩崖开凿“佛法僧”三大字。宋绍圣元年（1094），僧人惟性在原吴越国“新建镇国赞延遐岭石佛之记”上改凿“佛牙赞”。明代，慈云岭巅建江湖汇观亭，亭内旧有“江湖汇观”榜书，传说是吴越国著名文人罗隐所书。玉阳史际摩崖石刻“云泉”两大字。

自吴越王开凿慈云岭古道后，作为商贾行人上下码头的必经之地，这里留下许多往来文人的诗文题刻，如“忠孝廉节”“道”“乾坤一望”等。

---

[1]〔宋〕施宿：《嘉泰会稽志》卷一《西陵城》，《宋元方志丛刊》本，第7册，第6731—6732页。

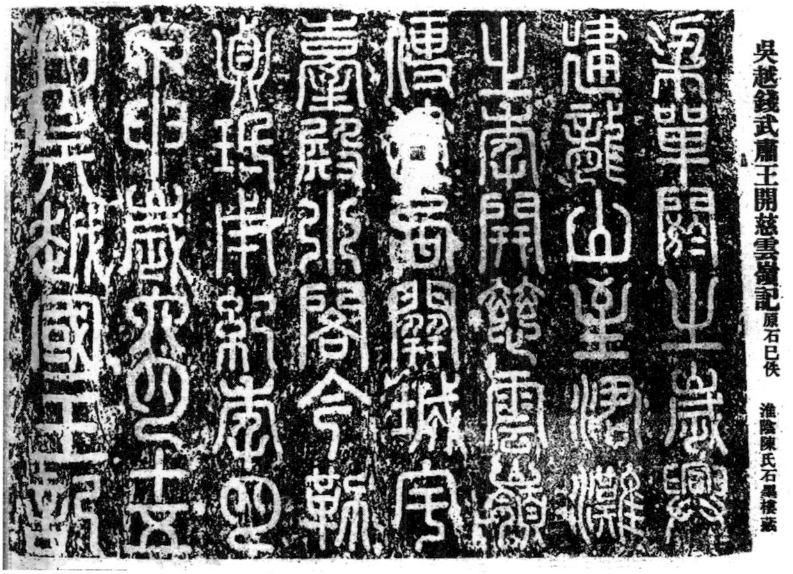

吴越国王钱镠篆书摩崖石刻《开慈云岭记》

四、海上交通的发达

五代吴越国时期，钱塘江两岸的交通条件得到了极大的改善，钱塘江航运业呈现出一片繁盛的景象。史载，吴越国王钱俶曾至钱塘江边，游碧浪亭，见钱塘江“潮水初满，舟楫辐辏，望之不见其首尾，王喜曰：‘吴越地去京师三千余里，而谁知一水之利有如此耶。’”[1]

吴越国海上交通的发达，在很大程度上是由当时分裂局面促成的。在景福元年（892）孙儒之乱结束到贞明四年（918）虔州之役这一阶段，钱镠与中原地区之间通过陆上通道发生联系。但由于中间是强大的杨氏政权，双方的联系又必须绕道福建、江西、湖南。从虔州之役到显德五年（958）淮南之役结束。杨行密攻占虔州，吴越国与中原王朝之间的陆上通道被切断，双方被迫通过海上进行交往。从此之后，双方的陆上联系直到周世宗征淮南之后才得以恢复。

南宋宰相吕颐浩在议置专管淮东浙西路和浙东福建路的沿海制置使各一员

[1]〔宋〕薛居正：《旧五代史》卷一三三《钱镠传》，第1775页。

钱俶像

时，曾说：“然敌人舟从大海北来抛洋，直至定海县，此浙东路也；自通州入料角，放洋至青龙港，又沿流至金山村、海盐县，直泊临安府江岸，此浙西路也。”[1]吕颐浩讲的实际上是南宋初两浙地区的航线。可见，从两浙地区向北，主要有两条海上通道，一为浙东路，一为浙西路，浙西路是一条近岸航路，浙东路则是一条远洋航线，它们的出海地点分别在临安与定海，即杭州与明州。尽管吕颐浩说的是南宋初的情况，但据《资治通鉴》记载，当时吴国攻占虔州，吴越与中原王朝的陆上通道被切断，“始自海道出登、莱，抵大梁”。胡三省注：“此即闽、越入贡大梁水程也。但吴越必就许浦或定海就舟，水程比闽为近耳。”[2]冯汉庸认为从许浦出发的就是浙西道，从定海出发的就是浙东道，这两条海路在五代时就已开通。[3]

但浙西路与浙东路之间并没有不可逾越的障碍，它们是可以互通的。据《资治通鉴》胡三省注：“今通州海门县崇明镇东海中有大洲，谓之天赐盐场，舟人扬帆遇顺，东南可以径至明州定海，西南可以至许浦，达苏州。”[4]既然许浦和定海分别是浙西路和浙东路的出海口，又由许浦可以直达定海，可见这两条航线之间互通是没有问题的。又《西溪丛语》卷上也说：“今自二浙至登州与密州，皆由北洋，水极险恶，然有自胶水镇三日而抵明州定海者。”说明浙西路与浙东路可以相通。

杭州和明州是吴越国两个重要的港口。杭州不仅是吴越国的首都，也是浙

---

[1]〔宋〕李心传：《建炎以来系年要录》卷五六绍兴二年七月甲申，中华书局1988年版，第986页。

[2]〔宋〕司马光：《资治通鉴》卷二七〇贞明四年十一月条胡三省注，第19册，第8836—8837页。

[3] 冯汉庸：《宋代国内海道考》，《文史》第26辑。

[4]〔宋〕司马光：《资治通鉴》卷二七八明宗长兴四年（933）九月条胡三省注。

西路、浙东路航道的交汇点。钱镠定都杭州、扩建州城、修筑捍海塘等等举措，以及吴越国鼓励海外贸易的政策，都为杭州港海外交通的发展创造了条件。又据文献记载，僧契盈陪吴越王游碧波亭，值潮水初满，“舟楫辐凑，望之不见其首尾”。吴越国王说：“吴越国去京师三千余里，而谁知一水之利有如此邪！”契盈回答说：“可谓‘三千里外一条水，十二时中两度潮’。”“舟楫辐辏，望之不见其首尾”，[1]正反映了杭州海上交通发达的情形。

第四节　杭越易位与城市建设

一、杭越易位

五代吴越国，钱塘江下游地区城市的发展，出现了一个极其重大的变化，这便是史上所谓的“杭越易位”。据宋代王明清《玉照新志》卷五说：“杭州在唐，繁雄不及姑苏、会稽二郡，因钱氏建国始盛。”现代著名的历史地理学家谭其骧先生在《杭州都市发展之经过》一文中对其变化的过程及其原因等有非常全面深入的阐述，现摘录如下：

> 唐代的杭州虽已被称为东南“大都”、“名郡”，但此所谓“大”与“名”，只是在一般郡治中比较地大、比较有名而已。实际当时东南的大都市，约可分为三等：属于第一等的是全国的经济首都扬州，属于第二等的是两浙的政治重心苏州与越州（今绍兴），第三等才能数到杭州。使杭州从第三等超升到第一等的是五代的吴越钱氏。
>
> 先说杭州与苏、越二州盛况的升降。王明清《玉照新志》说得很对：“杭州在唐，繁雄不及姑苏、会稽二郡，因钱氏建国始盛。”为什么钱氏的建国能使杭州的繁荣超过苏、越二州之上呢？当然是因为钱氏定都于

[1]〔清〕吴任臣：《十国春秋》卷八九《吴越十三》，第1290—1291页。

杭州。为什么钱氏要定都于新起的杭州，而不定都于较为繁荣的历史故都苏州或越州呢？杭州是钱武肃王起家发祥之地，此为原因之一，但不是主要的；主因在政区的变动。原来钱塘江两岸，自唐以前，经常分属于两个政区：在春秋为吴、越两国，在秦汉为吴、会稽二郡，在唐为浙西、浙东两道。政区既然分为两个，则浙西的都会当然在苏州（历史的，也是地理的中心）；浙东的都会当然在越州（历史中心。浙东地理中心在金华，但开发较晚）。杭州地处浙西的边隅，只能做一个属县或属郡。把两浙并为一个政区实始于吴越钱氏的建国；自两浙而言，则苏、越皆有偏处一隅之病，杭州正为地理中心所在，吴越国的首都，便非此莫属了。吴越盛时版图除在今浙省境内的十一州而外（其中秀州包有苏省旧松江府之地），北有苏州（包有旧太仓州之地），南有福州（包有旧福宁府之地）。此十三州虽地不甚大，惟自唐以来，已为全国精华所萃，而杭州为之首都，宜其盛况益骎骎日上，入宋遂为两浙路路治。两浙路统辖十又四州，较之吴越国境，南不得福州，北增常、润（旧镇江府）二州。

再说杭州怎样能进一步成为东南的亦且是全国的第一流大都会。关于这个问题，有名的欧阳修《有美堂记》，已经替我们解释得很明白：并不是杭州本身有了什么特殊原因使它突飞猛进，乃是兵燹把其他大都会惨烈地破坏了，而太平无事使杭州能够循序发展。不过《有美堂记》中所提到的，仅是从五代进入北宋时，南唐首都金陵与吴越首都钱塘遭际的不同："金陵以后服见诛，今其江山虽在，而颓垣废址，荒烟野草，过而览者，莫不为之踌躇而凄怆。"钱塘"顿首请命，不烦干戈，今其民幸富完安乐"，"邑屋华丽，盖十余万家"，"可谓盛矣"。实则推而广之，唐代许多第一流大都市如长安、洛阳、扬州等，入宋后往往令人"酸鼻"（洪迈《容斋随笔》论唐宋扬州之盛衰语），殆无一非兵燹之赐。要之，唐末五代是一个干戈扰攘、四方鼎沸的时代，独两浙在钱氏保据之下，晏然无事者垂九十年；两浙既然是当时惟一的乐土，因而杭州就成了乐土中的天堂；乐土中的天堂，其繁荣富盛，自非复其他兵乱之余的都会所可比拟了。北宋时杭州有"东南第一州"之誉（宋仁宗《赐梅挚出守杭州诗》），决非过当。《宋会要》载全国各地天圣、熙宁商税酒曲税额，杭居第一，汴都犹在其次；苏东坡也说："天下酒课之盛，未有如杭者。"（《开西湖状》）

上述两点，是促使杭州成为“东南第一州”的主因。[1]

谭其骧的这一观点非常精辟，得到了学术界的高度肯定，并长期成为共识。但后人周祝伟略有不同的看法，他认为，虽然杭越易位和钱塘江两岸区域的一体化发展在中晚唐时期就已经产生了，特别是杭州在唐代的发展是非常重要的，因此对吴越国政权的意义和作用评价不宜过高。[2]

二、城市建设

为了加强防御，适应战争需要，吴越国尤其是钱镠时期，掀起了一个建城的高潮。如钱镠在唐文德元年（888）筑嘉兴城，龙纪元年（889）筑临安茆山安众营，大顺元年（890）筑杭州夹城，大顺二年筑东安镇城，景福二年（893）筑杭州罗城，光化三年（900）建杭州使院，天复三年（903）筑婺州城，后唐天祐元年（904）筑常熟福山戍，天祐四年重筑余杭城，吴越国天宝二年（909）筑定海镇（一作望海镇），筑吴江县，天宝三年（910）筑杭州子城、筑捍海塘广杭州城，天宝四年筑松江南北二城锁栅，天宝五年增广杭州牙城、城西陵城，乾德四年（922）砖甃苏州城，宝大元年（924）建杭州西关城宇等。皮光业《吴越国武肃王庙碑》称钱镠筑城垒五十余处。钱镠以后，又有钱元瓘在天福三年（938）筑睦州城、天福四年拓秀州（嘉兴）罗城，钱俶在宋开宝七年（974）筑福州东南夹城等。

吴越国所建筑的城，作为军事防御体系，皆因地制宜而筑，修得相当坚固。例如东安城（今富阳新登），因山为城，环地为池，城周2571步，高2.7丈，辟有熙春、太平、顺成、宁海4城门，城外又限以城壕。据罗隐《东安镇新筑罗城记》记载，城成以后不三四年，杨行密派遣精锐攻城，“楼橹翔空，矢石交迸”，吴越国“军凭其城，毙贼将于城下者，其数盈千，濠塞堑堙。自是群寇不复有图南之意”[3]。此城直到明朝成化年间犹存。

---

［1］1948年3月6日《东南日报》第26期《云涛》。

［2］周祝伟：《7—10世纪杭州的崛起与钱塘江地区结构变迁》，社会科学文献出版社2006年版，第113—117页。

［3］〔清〕董诰等编：《全唐文》卷八九五，第9346页。

(一)杭城及城门的建筑

钱镠为了杭州城市的发展和政治、军事斗争形势的需要，开始扩建杭州城。

钱镠第一次扩建杭州城是在其被任命为杭州刺史的第四年，即唐昭宗大顺元年(890)闰九月，但不称罗城而名新夹城，这是因为依附旧城的缘故。城垣“环包氏山洎秦望山而回，凡五十余里，皆穿林架险而版筑焉”[1]。包氏山即今包家山，秦望山即今将台山。城垣大致由今包家山而南转西，经冷水源，至将台山，又转北沿八蟠岭至南屏山麓。[2]设城门二：一曰龙山门(即宋嘉会门，在今包家山脚。一说龙山门在六和塔西)；一曰西关门(在雷峰塔下)。这次筑城，主要扩建了隋朝杭州城的西南部。

第二次扩建杭州城是在钱镠被任命为镇海军节度使的当年，即唐昭宗景福二年(893)七月，钱镠又发动十三都兵士和民夫20余万人，新筑罗城。城垣“自秦望山由夹城东亘江干洎钱塘湖、霍山、范浦，凡七十里”[3]。罗城的修筑工程十分艰巨，由于“江涛势激，板筑不能就”，待后来“沙涨一十五里余，功乃成”[4]。钱塘湖即今西湖，霍山在昭庆寺后，范浦在艮山门外。即由今鼓楼向东北筑城，沿淳祐桥、菜市桥西侧至于艮山门，然后折而向西达武林门外，再曲折向南至昭庆寺后霍山。这次扩建拓展了隋朝杭州城的东北部，形成城外之城，故称罗城。[5]

钱镠在扩建杭州城的同时，又兴建了十座城门，据明郎瑛《七修类稿》所载:“钱镠时杭门十座，城自南秦望山，北抵夹城巷，东亘江干，西薄钱塘湖、

[1]〔宋〕钱俨:《吴越备史》卷一《武肃王》，傅璇琮、徐海荣、徐吉军主编:《五代史书汇编》，第6180页。明代马荩臣《吴越州考》作三十余里。〔清〕吴任臣:《十国春秋》卷七七《吴越一·武肃王世家上》。

[2] 李志庭:《“罗刹石”考》,《浙江学刊》1995年第1期;《唐末杭州城垣界址之我见》,《杭州大学学报(哲学社会科学版)》1996年第4期。

[3]〔宋〕钱俨:《吴越备史》卷一《武肃王》，傅璇琮、徐海荣、徐吉军主编:《五代史书汇编》，第6181页。

[4]〔宋〕钱俨:《吴越备史》卷一《武肃王》，傅璇琮、徐海荣、徐吉军主编:《五代史书汇编》，第6189页。

[5] 李志庭:《唐末杭州城垣界址之我见》,《杭州大学学报(哲学社会科学版)》1996年第4期。

霍山、范浦，凡七十里。曰朝天门，在吴山下，今镇海楼也；曰龙山门，在六和塔西；曰竹车门，在望仙桥东南；曰新门，在炭桥东；曰南土门，在荐桥门外；曰北土门，在旧菜市门外；曰盐桥门，在旧盐桥西；曰西关门，在雷峰塔下；曰北关门，在夹城巷；曰宝德门，在艮山门外无星桥。盖时城垣南北展而东西缩，故曰腰鼓城。”[1]据学者考证，朝天门，位于今鼓楼遗址；龙山门，即宋嘉会门，在今包家山脚，一说在六和塔西；竹车门，今江城路中段；新门、南土门，今菜市桥西东清巷口；西关门，位于雷峰塔下；北关门，亦称武林门；宝德门，亦称保德门，今艮山门外俞家桥附近。城门的建造十分讲究，如朝天门，据明人田汝成《西湖游览志》卷一三记载：“规石为门，上架危楼，楼基叠石，高四仞有四尺，东西五十六步，南北半之。中为通道，横架交梁，承以藻井，牙柱壁立三十有四，东西阅门对辟，名曰武台，夷敞可容兵士百许。武台左右北转，登石级两曲，达于楼上。楼之高，六仞有四尺，连基而会，十有一仞。贮鼓钟以司漏刻。”其后又陆续兴建了涌金门、天宗水门（为茅山河之所出）、余杭水门（为盐桥河之所出）、保安水门（为茅山河之所入）等水门，并设置了相应的关闸，以利航运、灌溉和防御。

钱镠的《杭州罗城记》详细记载此次筑城的经过，并在文中指出建筑杭州罗城的重要性：“千百年后，知我者以此城，罪我者亦以此城，苟得之于人而损之己者，吾无愧欤。”[2]至此，杭州“城凡三重”“十步一楼”，即在子城之外，又筑夹城、罗城，形似腰鼓，城墙上十步建一敌楼，可以说是固若金汤。唐昭宗乾宁四年（896）杨行密图谋进攻杭州，出兵前密遣僧祖肩侦察险易。祖肩观后警告杨行密：“此腰鼓城也，击之终不可得。”[3]杨行密于是放弃了进攻杭州的打算。

梁开平四年（910）八月，钱镠又一次扩建杭州城。《资治通鉴》卷二六七记载云：“吴越王镠筑捍海石塘，广杭州城，大修台馆。由是钱塘富庶，盛于东南。”钱镠诗说“为报龙王并水府，钱江借取筑钱城”，即指此。与此同时，

---

[1]〔明〕郎瑛：《七修类稿》卷六《天地类·钱氏杭城门名》，第 68 页。

[2]〔五代〕罗隐：《杭州罗城记》，雍文华校辑：《罗隐集》，中华书局 1983 年版，第 307 页。

[3]〔宋〕钱俨：《吴越备史》卷一《武肃王》，傅璇琮、徐海荣、徐吉军主编：《五代史书汇编》，第 6188 页。

钱镠复建候潮、通江等城门。

（二）宫室台馆

宫室、台馆的兴建是吴越国建筑业发展的一大标志。其中浙江境内主要集中在杭州，著名的有镇海军使院、监军使院和吴越国王的宫室台馆等。

1.镇海军使院

“使院”即节度使治所。按照唐朝制度，节度使在其驻地的州城之内筑牙（衙）城一重，称作“使院”，作为治所。使院前为节堂，以安置所赐旌节；后设厅，兼设宴席之用。因节度使常兼观察使及本州刺史，一身而带三职，所以又分设节度厅、观察厅与刺史厅，分别治事，相当于后世的合署办公。“使院”的最后为节度使私第，称为使宅。钱镠在唐昭宗乾宁三年（896）被任命为镇海（治润州即今江苏镇江）、镇东（治越州即今浙江绍兴）两军节度使。乾宁四年封为吴王。乾宁五年（898），唐朝中央同意钱镠关于将镇海军治所迁至杭州的请求，遂于光化三年（900）在杭州凤凰山东麓原来州治的基础上兴建镇海军使院，作为节度使与杭州大都督府的办公地点。罗隐《镇海军使院记》记载镇海军使院的建筑过程：“镇海军旧治京口，大丞相以钱塘之众，东戡汉宏，西歼逆朗。天子不欲易其土，故自符竹四命，然后移军于钱塘。生物以宜，租赋以便，斥去旧址，广以新规，廊开闬闳，拔起阶级，俾幢节之气色，貔武之出入，得以周旋焉。庚申年，加辟大厅之西南隅，以为宾从晏息之所。左界飞楼，右劘严城，地耸势峻，面约背敞，肥楹巨栋，间架相称，雕焕之下，朱紫苒苒，非若越之今而润之旧也。疆场之事，则议之于斯；聘好之礼，则接之于斯；生民之疾痛，则启之于斯；军旅之赏罚，则参之于斯；非徒以酒食骈罗，而语言嘲谑者也。……其余省秩卿曹，职领相次。自我朝藩服官属之盛无加也。”[1]因为其时钱镠已被封为吴王，又兼领两军节度使，所以杭州使院非同一般。当时这里是军事、行政、外交的办公地点，已具有一定的宫室规模。后来吴越国的国治，就建在镇海军使院的基础上。

光化四年（901）钱镠又在杭州建镇海军监军使院。吴蜕《镇东军监军使院记》称其院“重门洞开，列楹高峙，奔者走者，不敢仰视。周垣致密，显敞丰

[1]〔清〕董诰等编：《全唐文》卷八九五《罗隐》，第9345页。〔五代〕罗隐：《罗隐集》卷五《镇海军使院记》，第310—311页。

博，闻者惊骇，见者眙愕。东厢西序，窈窕深邃，前庑后轩，栉比星连，方塘曲沼，游鱼浴鸟，异竹奇花，蓝梢粉葩。复有大厦之前，木兰特异，盘阴袤丈，庇于广庭。越城之中，称为一绝”[1]。因为监军使是代表皇帝前来监督军队的，钱镠一向标榜最忠于唐朝中央，建筑自然也得讲究。

2.吴越国王城及宫殿建筑

钱元瓘像

吴越国王城在杭州凤凰山麓，是钱镠在隋唐杭州州治的基础上改建而成的，方圆九里，以山阜为宫室，重建新筑了许多宫室、台馆。如握发殿、都会堂、八会堂、阅礼堂、功臣堂、天宠堂、仙居堂、天册堂、思政堂、武功堂、大庆堂、瑶台院、咸宁院、天长楼、垒雪楼、青更楼等，组成了一个颇具规模的建筑群，其中当亦不乏假山莲池、曲水亭阁。

梁开平四年（910）三月，钱镠命钱元瓘修筑杭州子城。子城在凤凰山下，南有通越门（在凤凰山右），东北有双门（一作霍门，约在今瑞石山一带），城门皆铺以铁叶，坚固厚重。因为钱镠其时已为吴越王，所以子城实际上也就是钱镠王城。天宝五年（912）钱镠又“广阔牙城”[2]。《资治通鉴》卷二四一胡三省注云：“凡大城谓之罗城，小城谓之子城，又有第三重城以卫节度使居宅，谓之牙城。”子城、牙城亦即其后钱镠“所居曰宫殿，府署曰朝廷”[3]之所在。

都会堂，唐代称为虚白堂，堂前牡丹相传为白居易所植。钱镠重建，号八会亭，罗隐撰记。以钱镠平吴定越，讲武计议，共八次在此开会，故名。后更名为都会堂。罗隐有《虚白堂前牡丹花相传白太傅手植》诗：

欲询往事奈无言，六十年来此托根。

---

[1] 董诰等编：《全唐文》卷八二一，第 8652 页。
[2]〔民国〕钱文选编：《钱氏家乘》卷五《年表》，第 565 页。
[3]〔宋〕司马光：《资治通鉴》卷二四一《唐纪五十七》，第 17 册，第 7764 页；卷二七二《后唐纪一》，第 19 册，第 8880 页。

香暖几飘袁虎扇，格高长对孔融樽。
曾忧世乱阴难植，且喜春残色尚存。
莫背栏杆便相笑，与君俱受主人恩。[1]

既是对昔日虚白堂的追忆，也是对眼下吴越国都会堂的赞赏。

天宠堂，《吴越备史》卷四《大元帅吴越国王》载："乾祐元年春正月乙卯，王即位于天宠堂，赦境内租税，班赉有差。天宠堂，即忠献王重建，逮于废王，不克迁徙，至是而王临位焉。"

杭州以外，钱弘俶因徙废王钱弘倧居东府会稽，于是也在会稽"筑宫室，治园圃、花卉、山石、池塘、亭苑，奉废王曰娱悦之"[2]。

所有这些宫室、台馆建筑，无疑是吴越国建筑技术的最高成就和杰出代表，可惜它们都已湮没无存。

（三）御园和礼制建筑

除吴越国治外，在钱塘江之北、月轮峰旁还建有钱氏园（南果园），北宋开宝三年（970）建，为钱俶舍园，后由智觉禅师为镇钱江潮而建寿宁院，在此造六和塔。

秾华园遍植梅树，钱镠有《百花亭梅题二首》：

秾华园里万株梅，含蕊经霜待雪催。
莫讶玉颜无粉态，百花中最我先开。
吴山越岫种寒梅，玉律含芳待候催。
为应阳和呈雪貌，游蜂唯觉我先开。[3]

说的就是梅树遍地的情景。

五代后梁贞明七年（同年五月改龙德元年，921），吴越国王钱镠在玉皇山南麓山腰支脉天真山山顶的天真院建祭天郊台，又称登云台、拜郊台，后人称吴越郊坛或吴越郊台。另在灵化洞石壁上题名："梁龙德元年岁次辛未，十一

[1]〔五代〕罗隐著，潘慧惠校注：《罗隐集校注·甲乙集》第10卷，浙江古籍出版社1995年版，第290页。

[2]〔宋〕钱俨：《吴越备史》卷四，傅璇琮、徐海荣、徐吉军主编：《五代史书汇编》，第6249页。

[3] 陈尚君辑校：《全唐诗补编》，上册，第478页。

五代吴越国郊坛遗址

（选自张建庭主编《杭州文物精萃（不可移动文物图集）》，人民美术出版社 2003 年，第 143 页）

月壬午朔一日，天下都元帅吴越国王镠建置。”后吴越国王钱俶纳土归宋，于宋大中祥符元年（1008）改额“天真院”。山顶有灵化洞，亦名登云洞，深入百余步，阔十余丈，寺内小石幢，亦有吴越国时刻文。

第五节　五代吴越国钱塘江的经济

一、农业与渔业

五代吴越国统治者对发展生产极为重视，募民开辟荒亩，大兴水利，修治圩田，终于使农业生产较快地得到了恢复和发展。“吴越境内，绫绢绸绵，皆余教人广种桑麻。斗米十文，亦余教人开辟荒亩。”[1]由于水利的兴修和广大农民的辛勤劳动，圩田、屯田的发展，以及被荒芜农田的垦种，吴越国的农业生产得到了较好的恢复和发展。仅以粮食生产为例，钱镠在其遗训中说吴越国粮价是“斗米十文”“岁岁丰盈”[2]；范仲淹在《答手诏条陈十事》奏议中甚至说吴越国“民间钱五十文，籴白米一石”[3]。一般情况下，粮价是粮食丰歉的晴雨表，而粮食的丰盈与否，则是农业生产发达与否的重要标志。钱镠、范仲淹所说当然难免溢美，但是在一定程度上也反映出吴越国农业生产的发达状况。

据记载，大顺二年（891）十二月，钱镠曾以兵食资助杨行密攻打孙儒；显德二年（955）二月，钱弘俶曾一次性向后周军队供给稻米20万石。[4]按此推测，五代吴越国时期两浙的粮食生产对全国应该仍具重要意义。因为吴越国所处的两浙之地，尤其是位于钱塘江下游南北南岸的太湖流域和宁绍平原一带，自中唐以来一直就是国家主要粮食产地，每年作为赋税上缴的粮食足以影响朝廷的生死存亡。

农业除了粮食生产以外，蔬果种植和禽畜饲养也比唐朝有了发展，而且出现了商业化的倾向。

吴越国的渔业捕捞继承唐朝，也很发达，统治阶级由此还跟唐朝时那样将水产作为贡品上贡朝廷，并将征收鱼税作为一项收入。前者仅见诸记载的如钱弘俶在广顺二年（952）、三年供给后周的贡物及建隆四年（963）供给北宋的贡物中，即都有“海味”。后者如苏著《闲谈录》云：“钱氏之有国也，应西湖之捕鱼者必日纳数斤，谓之使宅鱼。有终日不及其数者，必市为供之。民颇怨叹。一日，武肃大设一图，上面磻溪直钩之事，武肃指示，命罗隐赋诗。应声曰：‘吕望当年展庙谟，直钩钓国更谁知？若教生在西湖上，也是须供使宅鱼。’武肃大笑，自是尽得蠲免。”[5]西湖“使宅鱼”是否就此一直得以蠲免，不得而知。

[1] 钱文选编：《钱氏家乘》卷六《武肃王遗训》，徐吉军主编：《杭州文献集成》第31册《吴越史著丛编》（上），第581页。
[2] 钱文选编：《钱氏家乘》卷六《武肃王遗训》，第581页。
[3] 〔宋〕范仲淹：《范文正奏议》卷上，文渊阁《四库全书》本。
[4] 〔宋〕王钦若等：《册府元龟》卷一九七《闰位部·纳贡献》，中华书局1985年版。
[5] 〔元〕陶宗仪：《说郛》卷一四，商务印书馆1927年排印本。

而就整个吴越国而言，欧阳修《新五代史·吴越世家》说是“自(钱)镠世常重敛其民以事奢僭，下至鸡鱼卵鷇，必家至而日取”。宋太宗淳化元年(990)十月十三日诏：“婺州金华、东阳两县陂湖，岁取鱼税，并除之，纵民采捕，吏勿禁。”[1]看来吴越国并没有全部免除鱼税，而是一直在征收鱼税。鱼税的征收固然是钱氏统治集团对渔民的苛重剥削，但也反映了吴越国渔业捕捞生产的发达。

吴越国的水产品制作也有了进一步的发展。《嘉泰吴兴志》卷一八《食用故事》记载：“鱼脯，《旧编》仪凤桥南鱼脯楼，吴越钱氏于此曝鱼脯，修贡上国。”在此，鱼脯的制作显然已经进入了手工业作坊制作，烹调料理也相当精到。《十国春秋》卷八七记载孙承祐归宋后，扈从宋太宗北征，“以橐驼负大斛贮水养鱼”，随时以新鲜活鱼烹饪脍鱼，“脍鱼具食，穷极水陆，人皆异之”，此举或也可称为创举。钱弘俶时有一位功德判官毛胜，“自以生居水国，餍享群鲜，号天馋居士。又以地产鱼虾海错，四方所无”，遂根据自己所见所食，“假以沧海龙君之命”，作《水族加恩簿》。全文以诙谐风趣的笔法，描述了42种水产的性状姿态、烹饪技巧、口味特色、药理作用，生动地反映了吴越国的饮食文化特色，展现了吴越国渔业生产的发展水平。[2]

二、手工业

五代时，吴越国的金属加工、秘色瓷器、造纸、雕版印刷、船舶制造、丝绸纺织、茶叶制作等技术都有了很大的提高，与其他各国相比较，许多方面处于领先的地位。其中尤以陶瓷烧制、雕版印刷等最为著称。

(一)陶瓷烧制

五代吴越国时期是浙江制瓷史上最繁荣的时期。窑场广布于今浙东绍兴、上虞、鄞州、慈溪、奉化、临海、天台、仙居、黄岩、温岭，浙南永嘉、东阳、武义以及浙北湖州等地。其中越窑系窑场主要密集分布在曹娥江沿岸、慈溪上林湖和鄞州东钱湖一带。瓯窑系窑场主要分布在楠溪江下游的东岸、罗溪、黄

[1]〔清〕徐松辑：《宋会要辑稿》食货一七之一二，第5册，中华书局1957年版，第5089页。
[2]〔清〕吴任臣：《十国春秋》卷八八《毛胜列传》，第3册，第1269—1270页。

浙江杭州五代吴越国钱元瓘墓出土的青瓷方盘（选自宿白主编《中华人民共和国重大考古发现》）

浙江杭州五代吴越国钱元瓘墓出土的青釉龙纹瓶（选自宿白主编《中华人民共和国重大考古发现》）

田和仁溪（乌牛溪）上游西部，特别是瑞安飞云江下游北岸及其支流南溪交汇的夹角地带，即陶峰、丰和、荆谷和梅屿等地。台州地区的窑址以温岭、临海等地较为密集。

瓷器的烧制技术也有了明显的提高。尤其是越窑秘色瓷，其制作之巧妙精美，已远远超过了唐朝，以至于时人有将秘色瓷直接断定为钱氏吴越国的特种瓷品者。秘色瓷的烧制成功和大量烧制，堪称当时瓷器艺术的顶峰。如宋朝的赵令畤在《侯鲭录》卷六云："今之秘色瓷，世言钱氏有国，越州烧进为贡奉之物，不得臣庶用之，故云'秘色'。"当然赵氏接着又考证其名说："比见陆龟蒙《越器》诗……乃知唐时已有秘色，非自钱氏始。"但从时人误以为出自"钱氏有国"也可以看出秘色瓷始于晚唐，而盛于五代。

浙江省文物考古工作者自1958年以来，在杭州、临安等地发掘清理了多座五代墓葬，出土了许多"秘色器"，器形有罂、壶、碗、盘、洗、碟、缸等等。这些"秘色瓷"制作十分精美，胎质细腻坚致，釉层均匀滋润，呈半透明状，釉色以青色和青绿为主，个别器盖呈炒米黄色，瓷缸有呈青黄色者。临安明堂山水邱氏（钱镠之母）墓出土的越窑青瓷器中，有油灯、香炉、盖罂、葵口碗、双系罐、四系坛、粉盒、油盒等25件，制作精细，式样优美，青釉晶莹、润泽，大多青中泛黄，当为"秘色瓷"无疑。还有白瓷17件，器形有海棠杯、把杯、花口盘、执壶、碗、杯托等，造型优美，通体施牙白釉，釉层均匀，胎壁坚薄，一般仅厚2毫米，胎色纯白细腻，瓷化程度极高，许多器口和圈足部位镶有金扣或银扣。[1]临安钱元玩（钱镠第19子，出家后号普光大师）墓出土的几件青瓷缸，宽厚唇，口下安环耳4个，耳根饰柿蒂形，上饰小圆饼3个，系仿铜器之铆钉，高37厘米，口径62.5—64.7厘米，底径35—38厘米。临安板桥吴氏墓出土的褐丝云纹四系瓶，瓶与瓷罂相似，唯腹部呈椭圆形，肩颈两侧置对称双复系，腹颈部绘酱褐色卷云纹，肩部绘覆莲，瓶高50.7厘米，腹径31.5厘米。如此大型的瓷缸、瓷瓶，无论是制坯成形，还是入窑烧成，都相当不易。杭州玉皇山麓钱元瓘墓出土的瓷罂，腹部浮雕双龙，龙身涂金。吴汉月墓因早期被盗，出土时器物多已破碎，其中出土能修复的壶、罐、碟、盘、碗等13件，玉器1件。这些瓷器制作十分工整，多素面无纹，式样优美、胎质细腻紧密，釉层均匀滋润，呈半透明状，当属秘色瓷器中具有代表性的成品。苏州七子山五代钱氏贵族墓葬中，亦出土过越窑青瓷金扣边碗一只。[2]这些发现说明吴越国确有用金银装饰瓷器的工艺，《宋史》《宋会要辑稿》等文献中“金扣越器”“金棱秘色瓷器”“金银饰陶器”等记载，信而有征。

慈溪上林湖、上虞窑寺前是吴越国设置官窑的地方。其中的窑寺前，明万历《上虞县志》称：“广教寺，在县西南三十里，昔置官窑三十六所，有官院故址。宋开宝辛未，有僧筑庵山下，为陶人所祷。吴越领华州节钺钱惟治创建为寺，名保安。治平丙午改今额，俗仍呼窑寺前。”钱惟治为吴越国废王钱弘倧长子，其所建保安寺与官窑有否直接关系，未详。但是此地至迟在北宋开宝辛未年（971）仍置官监窑烧瓷。窑寺前窑址分布很广，20世纪60年代初，浙江省文物考古工作者对窑寺前窑址进行了调查，发现许多产品的造型、纹饰与上林湖窑场所出难分彼此。

（二）金属加工

吴越国的银、白金的开采和冶铸仍很发达。根据记载，吴越国在给中原王朝的贡物当中，有大量的金、银、白金。如钱镠在宝大元年（924）贡后唐方物

[1] 浙江省文物考古研究所编：《浙江考古精华》，文物出版社1999年版，第206页。
[2] 廖志豪：《苏州七子山五代墓发掘简报》，《文物》1981年第2期。

晚唐水邱氏墓出土的鎏金银盖（浙江省文物考古研究所等《晚唐钱宽夫妇墓》）

晚唐水邱氏墓出土的鎏金银盖罐（浙江省文物考古研究所等《晚唐钱宽夫妇墓》）

晚唐水邱氏墓出土的鎏金银高足杯（浙江省文物考古研究所等《晚唐钱宽夫妇墓》）

中即有银器、金器；宝正三年（928）进后唐白金五千两。钱元瓘在应顺元年（934）献后唐白金五千锭，钱元球等四人贡后唐白金七千锭；清泰二年（935）贡后唐连金花食器二千两；天福二年（937）贡后晋金器五百两，白金一万两；天福五年贡后晋金器三百两，白金八千两。钱弘佐于天福七年贡后晋铤银五千两；开运三年（946）献后晋白金五千两。钱弘俶于乾祐三年（950）贡后汉银器六千两；显德三年（956）贡后周白金五千两，金花银器一千五百两；显德五年（958）四月，进后周白金一万两，同年闰七月贡后周白金五千两，八月贡白金五千两；乾德元年（963）贡宋白金万两，金银等器数百事；开宝九年（976）二月戊午贡宋宝玉金器五千余事，丙寅日进金玉宝器，又贡白金十万两；三月庚午献白金六万两，夏六月进宋银、绢、绵以万计，十一月赍金器五百事；太平兴国三年（978）三月己酉进宋金银器物三千两，翌日复进宝玉金银酒器等三千余两，时宋帝命射，每中的钱弘俶即进金银器三百两，帝中的凡六，钱弘俶合进一千八百两，夏四月，又上金银酒器无算。据清人吴任臣按宋两朝贡奉录统计，钱弘俶所贡仅金、

晚唐水邱氏墓出土的铜镜（浙江省文物考古研究所等《晚唐钱宽夫妇墓》）

晚唐水邱氏墓出土的箱奁鎏金银构件——鍪（浙江省文物考古研究所等《晚唐钱宽夫妇墓》）

银即分别有九万五千余两和一百一十万两，这还不包括装饰玳瑁器、陶器、龙凤舟、器械等所用金银。[1]除进贡以外，吴越国统治阶级享用的当也不在少数。如临安明堂山水邱氏墓出土的即有银高足杯、银盖罐等银器，还有金扣、银扣瓷器等。甚至战舰所配备的“火油”发射筒也以铁、银制作。拥有数量如此庞大的金、银器物，对于仅有两浙之地的吴越国而言绝非易事，其中一部分当来之于贸易所得，但相当一部分当是自己开采冶炼的。

雷峰塔地宫出土吴越国时期鎏金银阿育王塔

吴越国金、银等金属的镂、镌、扣、镶等加工工艺不同凡响。水邱氏墓出土的银高足杯，口径 8.5 厘米，底径 7.9 厘米，高 9.7 厘米，杯体纹以缠枝牡丹和涡纹，杯把纹以荷叶纹并錾刻 5 只展翅鸳鸯，刻工细腻，形态逼真。另一件银盖罐，高 14.2 厘米，平面略方，四角圆转，平底下设 4 个对称的叶形圆柱足，盖沿与器肩两侧分别铆焊铰链、搭襻，可以落锁，通体鎏金，饰以卷云纹和莲瓣纹，四面中间开光内分别鎏刻双龙、双狮及乐舞百戏。献给中原王朝的贡品中有

---

[1]〔清〕吴任臣：《十国春秋》卷八二“论曰”，第 3 册，第 1184 页。

金银饰龙凤船、银装器械、银装花榈橱子、金银饰陶瓷器、连金花食器、金排方盘龙带御衣、戏龙金带、佛头螺子青、山螺子、金饰玳瑁器等，不胜枚举，不乏稀世之宝，充分反映了吴越国金属工艺技术的高超。

（三）丝绸纺织

吴越国时期浙江丝织业的一个特点是官营手工业的产生与发展。《吴越备史》卷一记载："徐绾之叛，城中有锦工三百余人，皆润州人也。（钱传）瑛虑其为变，乃命曰：'王令百工悉免今日之作。'遂放出城门。"说明钱镠在杭州设有官营丝织业手工作坊，而且已有时日。钱传瑛矫令既称"悉免今日工作"，可见官营作坊此后依然存在。其时，一般的绢帛由民间生产，而精致的高级丝织物皆由官营手工业作坊织造。

吴越国的丝织品主要有越绫、吴绫、越绢、锦、缎等。吴越国的丝织品成衣制作技术精良，常常作为贡品进贡中原王朝。如钱镠宝大元年（924），向后唐进贡的就有龙凤衣，丝鞋，履子，盘龙凤锦织成红罗縠袍、袄、衫，御衣，红地龙凤锦被，等等。此前此后亦常以丝织成品衣作为贡品进贡。

吴越国时期浙江丝织业的产量也很大。以吴越国向中原朝廷进贡为例，根据记载，从907年钱镠封为吴越国王开始到978年钱俶"纳土"归宋的70余年中，吴越国向中原王朝进贡丝织品的有21个年份。有的一年之中几次进贡。最多的如后周显德五年（958）吴越国王钱弘俶向周世宗进贡的丝绸就达六次之多：二月进贡御衣、绫绢等物；四月进贡绫、绢各二万匹；闰七月进贡绢二万匹、细衣缎两千匹及御衣等；八月进贡绢一万匹；十一月进贡绵五万两；十二月又进贡了绢三万一千匹、绵十万两。[1]北宋太祖开宝九年（976）更甚：二月二十一日贡绢五万匹，二十二日贡绢三万匹，二十五日贡绵八十万两；三月初二日贡绢五万匹，初三日献绢六万匹；六月，所贡绢、绵以万计；十一月贺宋太宗即帝位，贡御衣，绢万匹。前后贡献共7次。就在宋太宗太平兴国三年（978）五月吴越国归宋之前两个月（即是年三月），还贡绫绵一万两、绢十万匹、绫二万匹、绵十万屯（六两为一屯）。如此贡奉，从另一个角度反映出吴越国丝织生产的盛况。正如钱文选在《追述钱武肃王治吴越功德，纠正欧史非议之谬

[1] 诸葛计、银玉珍：《吴越史事编年》，浙江古籍出版社1989年版，第322—328页。

诬》一文中说：钱镠“劝民从事农桑，桑麻遍野，至今千余年，江浙丝绸为全国之冠”。

（四）船舶制造

五代吴越国在钱塘江流域的杭州、越州、婺州以及台州、湖州等地都设有造船基地，打造了大量的船只。其中以战舰、龙舟、海船为最著。吴越国拥有战舰数百艘，这些战舰的建造非常特别，船头“皆刻龙头”，船中则配备“火油”发射筒。

吴越国的龙舟建造得非常富丽堂皇。如后周显德五年（958），吴越国王钱弘俶贺周世宗“车驾还京”，“进龙舟一艘、天禄舟一艘，皆饰以白金”[1]。宋朝建立以后，吴越国进贡的金银饰龙凤船竟达两百艘之多。据沈括《梦溪笔谈·补笔谈》卷二《权智》记载，吴越国进贡宋朝的龙舟，“长二十余丈，上为宫室层楼，设御榻以备游幸”，在当时是非常难得的船只。后因“岁久，腹败欲修治，而水中不可施工”，满朝文武竟一筹莫展，直到“熙宁中，宦官黄怀信献计，于金明池北凿大澳，可容龙船。其下置柱，以大木梁其上。乃决水入澳，引船当梁上，即车出澳中水。船乃于空中。完补讫，复以水浮船，撤去梁柱，以大屋蒙之，遂为藏船之室，永无暴露之患”。这一修船过程，及宋朝对于该船的珍爱有加，说明吴越国所打造的龙舟非同一般，也说明其时浙江的造船技术远在中原之上。

与吴越国和其他沿海地区的贸易及海外贸易的需要相适应，吴越国海船的打造也很发达。仅民间，有名可查的吴越商人如蒋承勋、季盈张、蒋衮、俞仁秀、张文过、盛德言等，都拥有自己建造的船只。日人中村新泰郎在《日中两千年》里曾说：五代时期，“仅从日本的史书中所见，前后算来，商船往来就有十四次，而实际上恐怕次数还要更多。这些往来的船只，全是中国船，日本船一只也没有。而中国船中，几乎又都是吴越的船只”[2]，充分说明吴越国造船业的先进和发达。

---

[1]〔清〕吴任臣：《十国春秋》卷八一，第3册，第1157、1158页。

[2]〔日〕木宫泰彦：《日中文化交流史·五代北宋篇》之《五代时期中日间船舶往来一览表》作15次。

（五）雕版印刷

吴越国时期，钱塘江流域的雕版印刷非常发达，这主要体现在佛经的大规模印刷上。吴越国所刻的印刷品，见于记载的主要是佛经，尤以钱弘俶时期为多。延寿和尚（904—975）曾为钱弘俶主持刻印过大量经文、佛图等，据说延寿曾亲手印《弥陀塔图》14万本。钱弘俶也曾仿照阿育王故事,造塔84000座，内藏《宝箧印心咒经》，颁行于各地。1917年吴兴天宁寺经幢石象鼻中曾出刻本《一切如来心秘密全身舍利宝箧印陀罗尼经》1卷。此经卷高为工部营造尺2寸5分，版心1寸9分半，每行8字或9字，经文共338行，后空一行题《宝箧印陀罗尼经》，并前后题共342行。经前有画，作人礼塔状，广2寸有奇，画前有题记4行，曰："天下都元帅吴越国王钱弘俶印宝箧印经八万四千部，在宝塔内供养，显德三年丙辰岁记。"[1]显德三年丙辰即956年。王国维认为"小经卷刊本传世者，以此卷为最古，即吾浙古刊之存者，亦以此卷为最古矣"。1924年杭州雷峰塔倾圮，在塔砖孔内也发现藏有《一切如来心秘密全身舍利宝箧印陀罗尼经》1卷，长2米，版心高6厘米，卷首题刊三行云："天下兵马大元帅吴越国王钱俶造此经八万四千卷，舍入西关砖塔，永充供养，乙亥八月日纪。"接着为扉画"佛礼图"，后面即为经文，凡271行，每行10字，唯第1行11字。"乙亥"即开宝八年（975）。1971年绍兴市城关镇出土铜铸金涂塔1座，该塔底盖铸有"吴越王俶敬造宝塔八万四千所，永充供养，乙丑岁记"等字，塔内小木筒中藏有《宝箧印经》1卷。此"乙丑"岁即宋乾德三年（965）。据目睹过吴兴天宁寺藏经的潘凤起说："此经卷之隐于石隙，阅九百六十年，而纸质完好，粘合处亦不脱离，尤足珍异。"目睹过雷峰塔初倒时面世的佛经的俞平伯也说："国内除敦煌所发见的唐写经外，恐怕要推此次发见为巨擘了。"[2]佛经亦是书籍的一种，面世的吴越国刻印的佛经，充分展示了其雕版印刷业的发达和高超的技术水平。

此外，吴越国茶叶的手工业制作也是发展迅速，仅贡献中原即每每动辄达数万斤之多，俨然成了茶叶生产之大区。

---

[1] 王国维:《观堂集林》卷二一《显德刊本宝箧印陀罗尼经跋》，中华书局1961年版，第4册，第1049页。

[2] 浙江省文物考古研究所:《雷峰遗珍》，文物出版社2002年版，第71页。

三、对外贸易

（一）对外贸易的繁荣

海上交通的发达促进了对外贸易的发展。吴越国与中原地区的陆上交通为吴、南唐所阻，双方往来多借海道进行。吴越国与中原地区贸易往来频繁，《旧五代史》记载："先是，滨海郡邑，皆有两浙回易务，厚取民利，自置刑禁，追摄王民，前后长吏利其厚赂，不能禁止。铢即告所部，不得与吴越徵负，擅行追摄，浙人惕息，莫敢干命。"[1]这里所记载的只是吴越国官方在中原设置贸易机构的情形，至于双方的民间贸易，不为史书所记载，很难推断具体情况。

吴越国依靠其发达的海上交通，除中原王朝与南方诸国外，与契丹、日本及朝鲜半岛诸国也有密切的联系。如吴越国与日本等国的交往，大部分是纯商业性的，即使政府间的往来也是通过商人进行的。

吴越国的海外贸易继承唐代后期，以明州、澉浦为主要海港，并通过江南运河、浙东运河交通杭州。主要贸易伙伴为朝鲜半岛和日本。吴越国输出海外的货物主要有丝织品、瓷器等物，从海外输入的主要有朝鲜的马匹、药材，日本的沙金、木材等。杭州有叫"椤木桥""椤木营"的地名，前者是因为原桥是用日本输入的椤木建造的，所以以椤木名桥；后者地处钱塘江岸，是当年堆放航海而来的椤木的地方。去日本的著名商人有蒋承勋、季盈张、蒋衮、俞仁秀、张文过、盛德言等人。日本村上天历元年（汉高祖天福十二年，947）日本左大臣藤原实赖给吴越国王的信件，以及日本村上天历七年（周太祖广顺三年，953）日本右大臣藤原师辅写给钱俶的信件即分别是由蒋衮、蒋承勋带回的。他们拥有自己的船舶，往来于吴越、日本之间，把香药、羊、纺织品等物带往日本，又把日本的砂金等物带回吴越。

除了朝鲜、日本以外，吴越国与其他海外国家也有贸易往来，如吴越国从大食输入过火油。《吴越备史》卷二记载，钱镠天宝十三年（920），其子钱元瓘在狼山江（今江苏南通东南狼山附近段长江）与吴国彭彦章水战，元瓘"进火

[1]〔宋〕薛居正：《旧五代史》卷一〇七《刘铢传》，第5册，第1415页。

油焚之”，大败吴军，作者注云：“火油得之海南大食国。”

吴越国的进口商品主要是畜牧产品。这可从中原王朝的赐物中推断得知。然而，在吴越国早期，有关记载极少，直到周、宋之后，这方面的记载才渐渐增多。《十国春秋》卷八一《忠懿王世家》搜集这方面的史料甚称详备。从中可见看出，吴越国从中原王朝获得的赐物主要是马、羊、骆驼等畜产品及武器。此外，就是金银器物及纺织品，但其数量与吴越上贡额相比，显得微不足道。

吴越国的出口商品主要有金银器、丝织品、茶叶、瓷器、香料、武器等。《册府元龟》卷一六九《帝王部·纳贡献》、卷一九七《闰位部·纳贡献》与《宋会要辑稿·蕃夷·历代朝贡》（蕃夷七之一至十）中有大量有关吴越国的入贡品物、数量的记载，据这些记载可以推知吴越国的一些主要出口商品，依内容多少排序主要的几项为：

（1）金银（器）。吴越国进贡中原诸朝的金银或金银器，数量极大。

（2）纺织品。有绫、越绢、锦绮、罗、金条纱、绢、绵、丝、色绫、䌷等等名目，其中绫有吴绫、异纹绫、大绫、色绫等多种。此外，吴越国还向中原王朝朝贡大批成衣。

（3）茶。自唐以后，茶叶渐渐成为流行饮料，两浙地区即是重要的茶叶产地，茶叶也成为吴越国最重要的出口商品之一。与此相类似的副食品还有干姜、酒及鱼等水产品，但数量都不是很多。最值得一提的是吴越国在显德五年向后周贡稻米二十万石。

（4）香料。香料在吴越国的出口商品中占据非常重要的地位，有点出乎人们的意料。香料并非吴越国的特产（如乳香，即原产于哈德拉毛、索马里），是从东南亚、西亚、非洲或南汉诸地进口的，这种情形说明吴越国在当时的国际贸易中扮演了中介角色。类似的商品还有象牙、水精、孔雀、真珠等，大概也是从南方进口。这反映吴越国在当时南北贸易中扮演了非常重要的中转站的角色。

（5）瓷器。既有金棱秘色瓷器、银涂金钔越器等高档瓷器，又有普通瓷器。

（6）武器，有洞牙弩、桐木枪、细红甲、宝装弓箭、弩、箭笴等。

这些产业都是吴越国的优势产业。吴越国丝织业、制瓷业和制茶业的繁荣已久为人们熟知。此外，吴越国金银制造业的发达也可从出考古中得到印证，今杭州境内发现大量吴越国时期的几座贵族墓葬，如钱镠母水邱氏、钱元瓘妻马氏、钱元瓘妾吴汉月的墓葬中有出土大量金银器物。钱镠母水邱氏去世时钱氏政权尚在草创时期，墓中出土金银数量、种类还不是很多，只发现金首饰11件。[1]钱元瓘妻马氏去世时下值吴越国盛期，马氏墓出土金银器物不但数量极大，而且种类丰富，墓中还出土很多玉器，有些玉饰品上粘有金箔。[2]

吴越国是一个擅长航海的民族，这种民族性格促成了吴越国航海贸易的发展，并获得丰厚的利润。《旧五代史》卷一三三《钱弘佐传》说吴越国“航海所入，岁贡百万，王人一致，所遗至广，故朝廷宠之，为群藩之冠”。小小的吴越国，竟然能从航海贸易收入之中每年拿出百万之数贡奉中原朝廷，足见其航海贸易规模非同一般，在五代十国当中，也堪称航海大国了。

（二）专门的对外贸易机构管理

吴越国设置了专门的机构管理或从事对外贸易。吴越国在首都设置客省使，在港口城市明州设置迎宾院，负责接待外国、外族使节、商旅。

吴越国还在中原七朝（唐、五代与宋）首都置进奏院，掌传送文书、情报，主持进贡，其职能兼及吴越国与中原王朝之间的朝贡贸易。

至于一般贸易，则由回易务负责进行。据《旧五代史·刘铢传》记载：“先是，滨海郡邑，皆有两浙回易务，厚取民利，[如有所负，回易吏]自置刑禁，追摄王民，前后长吏利其厚赂，不能禁止。铢即告所部，不得与吴越征负，擅行追摄，浙人惕息，莫敢干命。”又《十国春秋·拾遗》记载：“梁时，江淮道梗，吴越泛海通中国，于是沿海置博易务，听南北贸易。”博易与回易，它们字面上的意思是完全一样的，而且两者都置于北方沿海地区，因此很可能是同一机构的异名。而且，“博易务”的称呼是从《十国春秋》才开始的，也可能本来并无所谓“博易务”，后人将回易务讹为博易务。

除了博易务、回易务外，据记载吴越国可能还设有回图一类外贸机构。宋人郑亶在他的《水利书》中还提到撩浅军治水的经费开支问题，他建议北宋政

[1] 明堂山考古队：《临安县唐水邱氏墓发掘报告》，《浙江省文物考古研究所学刊》，1981年。
[2] 杭州市文物考古所、临安市文物馆：《浙江临安五代吴越国康陵发掘简报》，《文物》2000年第4期。

府“仿钱氏遗法，收图回之利，养撩清之卒”。“图回”很可能便是“回图”的异名。《吴越史事编年》后周世宗显德元年十月条载吴越国台州教练都知兵马使俞让的一则墓志铭，讲到俞让的第三男仁祚，他的头衔是“军事押衙、充当直都队将、知省回图库务、银青光禄大夫、检校太子宾客、兼监察御史、上柱国”；墓志铭又讲到俞让有两个女儿，其中第二个女儿嫁给“知省回图库务盛氏”，又说“回图虽设于一方，上供曾计之巨万”。可见，吴越国曾有“知省回图库务”这一官职。“上供曾计之巨万”，则反映了吴越国对外贸易数量巨大。[1]

第六节　五代吴越国钱塘江的文化

吴越国非常重视文化建设，这在文献保护方面可以看出。据《五代会要》卷一八《史馆杂录》载：长兴二年（931）十一月四日，史馆奏云：“当馆昨为大中已来迄于天祐四朝实录尚未纂修，寻具奏闻，谨行购募。敕命虽颁于数月，图书未贡于一编，盖以北土州城，久罹兵火，遂成灭绝，难可访求。……念江表列藩，湘南奥壤，至于闽、越，方属勋贤，戈鋋自扰于中原，屏翰悉全于外府，固多群士，富有奇书。其两浙、福建、湖广，伏乞特降诏旨，委各于本道，采访宣宗、懿宗、僖宗、昭宗以上四朝野史，及逐朝日历，除自银台事宜，内外制词百司沿革簿籍，不限卷数，据有者抄录进上。若民间收得，或隐士撰成，

[1] 另据《资治通鉴》卷二六六“后梁太祖开平二年七月”条，楚国曾采纳判官高郁的建议，在汴、荆、襄、唐、郢、复州置回图务，运茶到河南、河北出售，换回纺织品与战马。胡三省注：“回图务，犹今之回易场也。”又据同书卷二八三“齐王天福八年九月条”，河阳牙将乔荣跟赵延寿到契丹，契丹任命他为回图使，到后晋贸易。胡三省注：“凡外国与中国贸易者，置回图务，犹今之回易场也。”可见，回图与回易本来就是一回事，那么，回图务大概也就是回易务，“图回之利”也就是吴越国的外贸收入。以上两例“回图务”都设置于外国，与《十国春秋》所记吴越国的“博易务”同，博易、回易、回图，三者实际上可能是同一机构。

即令各列姓名，请议爵赏。从之。”奏议中也提到了“两浙”，这也是吴越国对文化发展的一项贡献。从文献记载和学术研究来看，吴越国时钱塘江流域的文化得到了一定的发展，在儒学、道教、佛教、史学、文学、绘画、书法、石窟造像、石刻、天文、建筑诸方面不乏成绩卓著者。

一、邱光庭的潮汐理论

到了唐末五代，邱光庭在王充《论衡》、窦叔蒙《海涛志》、卢肇《海潮赋》等著作所提出的潮汐理论基础上，通过进一步悉心观察，潜心研究，写出了《潮汐论》(《潮汐十论》)。

邱光庭（907—960），乌程（今浙江湖州南下菰城）人。曾在吴越国任太学博士。有集三卷，今存诗七首，有《兼明书》《唐教论》等。

在《潮汐论》一书中，邱光庭借助东海渔翁与西山隐者一问一答的形式阐述自己的观点，在前人的基础上提出了自己独到的潮汐理论。书中共列有40个问答，广泛地阐述了潮汐成因及其变化规律。邱光庭认为，海洋里的潮汐现象，并不是由于水本身造成的，不是像前人所说那样，是由于海水的扩张和收缩造成的。它的形成，主要是陆地作用所造成的。陆地处于大海的环抱和浮托之中，又随着“气”出入而上下移动。当“气”从陆地内部放出来时，陆地就要下降；当“气”进入陆地时，则陆地因此而上升。陆地下降，致使一部分海水流进江河，原来流进江河的水，又流回大海。水流入江湖，即是“潮”，流回大海，即是“汐”。人感觉不到陆地的升降运动，就像人坐在船上感觉一不到船在行进一样。每年的二月和八月（阴历）是阴阳之气相互交替的时候，而每月的初一和十五是阴阳二气发生变化的时候。阴阳之“气”在相互交变的时期，即每年的二月、八月，每月的初一、十五，非常强盛。这样，从地下散发的“气”必然多，“气”出得较多，陆地的下降幅度也就较大，地下降得大，潮水也来得大。这就是每年二、八月与每月朔望潮水特别大的原因。当然，由于一切事物的运动，总是先有感觉，再有反应，先微弱而后强烈。初一、十五的时候，“气”的变化虽已发生，但地的感应还较为微弱，所以真正的大潮往往要在初一、十五之后才能来到。[1]

[1] 中国古潮汐史料整理研究组:《中国古代潮汐论著选译》，科学出版社1980年版。

虽然邱光庭所持的“地浮于大海之中”以及“浑天”之说仍不免陈旧，但其“地有动息上下”的地球自动（自转）说、“气水相周日月行运”的潮汐与日月天体运行相关说等，都不乏科学性。

邱光庭在《论浙潮》中指出“浙江之潮特大”的原因，是因为“浙江发源独近，其水少（浙江之源近者三四百里，远者不过千里）。江水既少，则海水入多。水入既多，故其潮特大”；浙江“潮来有头”，是因为浙江（钱塘江）河口“地势广远，垂入海中（今人见海岸谓之海际，非也。殊不知地势渐低，为海水所漫，其际不可见也），地下则潮生，潮湿生于地际，自际涌，涌则蹙，蹙则奔，奔则有头”；又说“浙江之潮或东或西”的变化是因为泥沙沉积变化的缘故，“夫水之性，攻其盈而流其虚，沙随其流而积其虚，积而不已，变虚为盈，盈则受攻，终而复始，所以或东或西也”。[1]

根据现代科学考察，钱江潮的产生与变化，确实受到钱塘江河口和杭州湾一带天文、地理、水文、气象等多种因素的影响。钱塘江河口和杭州湾位于北纬 30°—31° 之间，就天文因素而言，除南岸湾口附近属非正规半日潮外，其余部位的潮汐均属半日潮，即一日有两次潮汐涨落，每次涨落历时 12 小时 25 分，两次涨落的幅度略有差别。阴历每月有两次大潮汛，分别在朔日（初一）之后两三天和望日（十五）之后两三天，而上弦（初七、初八）、下弦（廿二、廿三）之后的两三天则分别为小潮汛。每年阴历三月下半月至九月上半月太阳偏向地球北半球时，朔汛大潮大于望汛大潮，而且大潮期间日潮总是大于夜潮；而九月下半月至次年三月上半月太阳偏向地球南半球时，情况正好相反，朔汛大潮小于望汛大潮，大潮期间的日潮也总是小于夜潮。越接近春分和秋分，这种差异越小；越接近夏至和冬至，这种差异越大。就全年而言，则以春分和秋分前后的大潮较大。至于这个大潮的大小，则有 19.6 年的周期变化，其中一半时间春分大潮大，另一半时间秋分大潮大，大小的程度则是由小逐渐增大，然后由大逐渐减小。

钱塘江流域的降雨主要集中在梅雨季节和台风季节。4—8 月降雨量约占全年雨量的 54.4%，其时山水径流量也较大，河口河床处于冲刷状态；10 月—次年 2 月降雨量仅占全年雨量的 25.8%，其时山水径流量小，河口河床处于淤

[1] 董诰等编：《全唐文》卷八九九，第 9385 页。

积状态。由于上述原因,钱江潮的秋潮往往比春潮大。但是如果冬春雨水较多,该年份的春潮有时就不比秋潮逊色;而如果夏季干旱,该年份的秋潮可能就不那么壮观。

此外,风向和风力对钱江潮也有很大影响。钱塘江涌潮如果恰遇东风或东南风,在东风和东南风的推波助澜之下,钱江潮会更加雄伟。如果遇到西风或西南风,钱江潮就会大大逊色。[1]

由上述可见,邱光庭关于潮汐的论述、关于钱江潮的论述,有许多都与当前的科学测定和观察相符合。千余年前邱光庭能有如此见地,实属难能可贵。邱光庭的潮汐理论对后人有深刻影响,如宋人徐兢在《宣和奉使高丽图经》卷三十四《海道一》中有关潮汐的理论,即是从邱光庭继承而来。

二、喻皓与《木经》

在五代吴越国大兴塔寺的过程中,曾经涌现出不少技术高超的建筑匠师,但是留名至今的唯有喻皓一人。沈括《梦溪笔谈》卷一八《技艺》载:

> 钱氏据两浙时,于杭州梵天寺建一木塔,方两三级,钱帅登之,患其塔动。匠师云:"未布瓦,上轻,故如此。"乃以瓦布之,而动如初。无可奈何,密使其妻见喻皓之妻,赂以金钗,问塔动之因。皓笑曰:"此易耳。但逐层布板讫,便实钉之,则不动矣。"匠师如其言,塔遂定。盖钉板上下弥束,六幕相联如胠箧,人履其板,六幕相持,自不能动。人皆伏其精练。

由此可知,五代吴越国时,统治两浙地区的吴越国王钱镠派人在都城杭州凤凰山麓的梵天寺建造了一座方形的木塔。当这座塔才建好第三层的时候,这位征战多年而又笃信佛教的国王便带人前来巡看。当他登上木塔的第三层后,觉得木塔框架晃动不稳,便问主持施工的工匠是什么原因。工匠自信的解释说:"因为木塔上还没有铺瓦,上面轻,所以才这样。"可是等塔铺上瓦以后,人们登上去,塔身还是像原来一样晃动。这个工匠一时没有办法,生怕要被国王责备,这时有人提议:"何不请教喻皓解此难题?"

---

[1] 周潮生、钱旭中:《天下奇观钱江潮》,水利电力出版社1993年版,第17—19页。

喻皓是五代末北宋初一位著名的建筑工匠，杭州一带人，生年不详，卒于北宋端拱二年（989）。他在长期从事建筑实践中，勤于思索，善于学习，因而在木结构建造技术方面积累了丰富的经验，尤其擅长建筑多层的宝塔和楼阁。于是这位工匠偷偷派妻子去见喻皓的妻子，赠送给她金钗首饰作为礼品，侧面询问塔动的原因。喻皓得知此事后，笑着对来人说："这个问题很容易解决啊！只要在每层都铺上木板，用铁钉钉实，就不会晃动了。"那个工匠照喻皓说的办法去做，果然塔身稳定，人走上去就不再摇晃了。大概钉牢的木板上下紧紧约束，六个方位像箱子一样相互连接，人走在楼板上，下及四周板壁相护持，塔自然不能晃动。由此，人们都佩服喻皓造塔技术的精明练达。

欧阳修《归田录》说喻皓"有《木经》三卷行于世"。据说是喻皓让他的女儿"每卧则交手于胸为结构状"，过了几年才写成的。直到北宋末，李荐《洛阳名园记》"刘氏园"一节中还说："刘给亭园凉堂，高卑制度适惬可人意。有知《木经》者见之，且云：近世建造，率务竣工，故居者不便而易坏，惟此堂正与法合。"表示符合《木经》做法的厅堂，尺度合理，舒适耐用。《木经》今已无存，只在沈括《梦溪笔谈》卷一八中有片断记载，从中可反映喻皓建筑理论的大致状况。如他讲造舍之法："凡屋有三分：一自梁以上为上分；地以上（地坪以上、梁以下）为中分，阶（台基）为下分。"《营造法式》中的"定侧样"，就是进行房屋建筑设计时，在剖面上衡定这三部分的做法和尺寸。又说："凡梁长几何，则配极几何。以为榱等。如梁长八尺，配极三尺五寸，则厅堂法也，谓之上分。"文中的"极"，有的学者解释为脊高，即脊高与梁长的比例关系，也就是举高的关系。有的学者将"极"理解为"平梁"，即架梁的上下两根梁的长度比例关系，梁长八尺，极三尺五寸，适好是构成四分之一屋面坡度的梁架。《木经》又说："楹若干尺，则配堂基若干尺，以为榱等。若楹一丈一尺，则阶基四尺五寸之类，以至承栱榱桷皆有定法，谓之中分。"文中说明檐柱高与下出檐有一定的比例关系，柱高确定后，檐深以及铺作、檐椽的尺寸也可确定。《木经》又说："阶级有峻、平、慢三等，宫中也以御辇为法。凡自下而登，前竿垂尽臂、后竿展尽臂为峻道；前竿平肘、后竿平肩为慢道；前竿垂手、后竿平肩为平道。此谓之下分。"荷辇十二人，其中前二人为前毕，末后二人为后竿。文中以最前者与最后者荷辇的姿势相联系，以人体关节位置作为比较的尺度，作分区分阶级峻、平、慢的依据，可见喻皓已经掌握运用人体尺度的基础理论。[1]

三、罗隐的文学成就及其道教思想

（一）罗隐的生平事迹

罗隐（833—909），字昭谏，号江东生，杭州新登（今属富阳）人。祖知微，福唐县令。父修古，应开元礼科。隐本名横，早年忙于科举考试，因为《谗书》讽刺了时政，触犯了统治阶级，所以连考十次均遭落第，遂更名“隐”。咸通十一年（870）之后，奔波各地幕府求职，初从事湖南，历淮、润，做过几任小官，皆不得意。光启三年（887）润州发生兵变，镇海军节度使周宝被逐，罗隐回到家乡新登。同年，罗隐进入钱镠幕，深得钱氏信重。史载罗隐“及来谒王，惧不见纳，遂以所为《夏口诗》标于卷末，云：‘一个祢衡容不得，思量黄祖漫英雄’之句。王览之大笑，因加殊遇。复命简书辟之曰：‘仲宣远托刘荆州，都缘乱世；夫子辟为鲁司寇，只为故乡。’隐曰：‘是不可去矣。’王初授镇海节度，时命沈崧草谢表，盛言浙西繁富。成以示隐，隐曰：‘今浙西兵火之余，日不暇给，今朝廷执政方切于贿赂，此表入奏，执政岂无意于要求耶？’乃请更之。其略曰：‘天寒而麋鹿常游，日暮而牛羊不下。’朝廷见之，曰：‘此罗隐辞也。’及为《贺昭宗更名表》曰：‘上则虞舜之全文，右则姬昌之半字。’当时京师称为第一。”罗隐性不喜军旅，唯与丞相杜建徽善。宣州叛卒五千余人送款，钱镠收纳了他们，以为腹心。当时罗隐在钱镠幕下，

罗隐像

[1] 夏鼐：《〈梦溪笔谈〉中的喻皓木经》，《考古》1982年第1期。

屡谏以谓敌国之人不可轻信，但钱镠不听。钱镠初城杭州作为西府，新治城堞，楼橹甚盛，携宾僚巡览，顾谓左右曰：“百步一敌楼，足以言金汤之固。”罗隐知其为却敌之用，但假装不晓地说：“设此何用？”钱镠曰：“君岂不知欲备敌邪？”隐谬曰：“审如是，何不向里设之？”钱镠大笑曰：“本欲拒敌，设于内何用？”罗隐对曰：“以隐所见正当设于内耳。”盖指宣卒将为敌也。钱镠听后慢慢说：“敌楼不若内向。”后钱镠巡衣锦城，武勇指挥徐绾、许再思挟宣卒为乱，火青山镇，入攻中城，赖城中有备，绾等寻败。这次徐许之乱，几于钱氏覆国。人皆以为先见。[1]

有一天，罗隐生病，钱镠亲自前往看视，因题其壁云：“黄河信有澄清日，后代应难继此才。”罗隐坐起而续末句云：“门外旌旗屯虎豹，壁间章句动风雷。”罗隐由是以红纱罩覆其上，其后果无文嗣。

罗隐初为钱塘县令，寻授镇海军掌书记、节度判官、盐铁发运副使，授著作佐郎、司勋郎中，历迁谏议大夫、给事中，赐金紫。卒年77岁。著作有《吴越掌记集》3卷，《江东甲乙集》10卷，《江东后集》3卷，《湘南应用》3卷，《灵璧子》《两同书》10篇，《谗书》5卷，《淮海寓言》7卷等，多已散失。[2]今存《江东甲乙集》10卷并补遗1卷，《谗书》5卷，《两同书》2卷，《广陵妖乱志》1卷及杂著30余篇。

（二）罗隐的文学成就

罗隐的诗歌与散文创作代表了吴越国最高文学成就。

作为一个诗人，罗隐的诗有两个特色：一是用俗语，二是讽刺。《唐才子传》说罗隐“恃才忽睨，众颇憎忌。自以当得大用，而一第落落，传食诸侯，因人成事，深怨唐室。诗文多以讽刺为主，虽荒祠木偶，莫能免者”。大致说出了其为人和遭遇，以及对现实之所以不满的原因。由于罗隐对一些现实问题能够采取比较清醒的批判和揭发的态度，因而他的作品在思想上有一定光彩。如《感弄猴人赐朱绂》诗：

---

[1]〔宋〕沈括：《梦溪笔谈》卷一三，齐鲁书社2007年版，第90页。

[2] 罗隐著作，诸籍所载各有出入。今据〔清〕吴任臣：《十国春秋》卷八四《罗隐传》，第3册，第1220页。

十二三年就试期，五湖烟月奈何违。

何如买取胡孙弄，一笑君王便著绯。[1]

唐僖宗在黄巢起义军进入长安而逃往四川时，随行伎艺人有一个耍猴的，驯善的猴子能跟朝臣一起上朝，唐僖宗竟因此而赐耍猴人一件五品大官才能穿的绯袍。罗隐此诗就是对这种无能腐败的批判和揭露。又如《西施》诗：

家国兴亡自有时，吴人何苦怨西施。

西施若解倾吴国，越国亡来又是谁？[2]

这不仅是对“女祸亡国”论的批判，在李唐王朝业已显露出覆亡征兆的时候，诗人此作就有了更深刻的意义。

罗隐偶尔也有同情劳动人民，反映民间疾苦的作品。如《题磻溪垂钓图》：

吕望当年展庙谟，直钩钓国更谁如。

若教生在西湖上，也是须供使宅鱼。[3]

“使宅鱼”是钱镠向西湖渔民征收的一种苛捐杂税。据说钱镠读此诗后，废除了“使宅鱼”之征。

后人对罗隐诗作的评价毁誉参半。赞颂者如清人李调元《雨村诗话》卷下谓其诗“坚浑雄博”，称：“五代自以韩偓、韦庄二家为升堂入室，然执牛耳者，必推罗江东。”然批评者亦不乏其人，《丹铅总录》卷二〇谓其诗为“极恶劣者”。翁方纲《石洲诗话》卷二谓罗隐“极负诗名，而一望荒芜”。也有些人对罗隐诗作既有批评，又有赞誉。如王定保在《唐摭言》卷一〇即说罗隐“才雄而粗疏”。又元

〔清〕任伯年《西施浣纱图》

[1] 雍文华校辑：《罗隐集》，中华书局1983年版，第182页。

[2] 雍文华校辑：《罗隐集》，第45页。

[3] 雍文华校辑：《罗隐集》，第183页。

人辛文房在《唐才子传》中一方面称赞罗隐“诗笔尤俊拔，养浩然之气”，另一方面又说：“罗隐以褊急性成，动必嘲讪，率成谩作，顷刻相传。以其事业非不五鼎也，学术非不经史也，夫何齐东野人，猥巷小子，语及讥诮，必以隐为称首。凋丧淳才，揄扬秽德，白日能蔽于浮翳，美玉曾玷于青蝇，虽亦未必尽然，是皆阙慎微之豫。”又明人胡震亨《唐音癸签》卷八也说：“罗昭谏酣情饱墨，出之几不可了，未少佳篇，奈为浮渲所掩，然论笔材，自在伪国诸吟流上。”[1]对罗隐诗歌的批判多从其风格、语言两方面着手，或是批评他的文笔太过尖刻，或是批评他语言太过通俗。而这两点正是罗隐诗歌的最大特色，到今天一些批评家的眼中，这两点不仅已不再成为罗隐诗歌的缺点，反而成了优点。

罗隐在散文创作上也有不凡的成就，其代表作当数咸通八年（867）春自编的《谗书》，为五代成就最高的讽刺性小品文。罗隐在《谗书·重序》中说：“然文章之兴，不为举场也明矣。盖君子有其位，则执大柄以定是非；无其位，则著私书以疏善恶，斯所以警当世而诫将来也。”《谗书》中的愤激之情在作者的自序中跃然纸上：“取其所为书诋之曰：‘他人用是以为荣，而予用是以辱；他人用是以富贵，而予用是以困穷；苟如是，予之书乃自谗耳。’目曰谗书。”《谗书》的文章长于论史，借史论时，多有独到精辟的见解。方回跋《谗书》云：“所为《谗书》，乃愤闷不平之言，不遇于当世，而无所以泄其怒之所作。”近人鲁迅对此也有很高的评价，称它“几乎全部是抗争和愤激之谈”，是“一榻糊涂的泥塘里的光彩和锋铓”。[2]如《谗书》之中的《说天鸡》篇云：“狙氏子不得父术，而得鸡之性焉。其父畜养者，冠距不举，毛羽不彰，兀然若无饮啄意；洎见敌则他鸡之雄也，伺晨则他鸡之先也，故谓之天鸡。狙氏死，传其术于子焉。乃反先人之道，非毛羽彩错、嘴距铦利者不与之栖，无复向时伺晨之俦、见敌之勇，峨冠俯步，饮啄而已。吁！道之坏也，有是夫。”[3]大意是说儿子养鸡违背父辈教诲，不重视鸡的实际本领，只关心外表美丽，结果所养鸡全然无用。以此影射朝廷的用人政策。又《谗书》卷五《答贺兰友书》：“然仆之所学者，不徒以竞科级于今之人，盖将以窥昔贤之行止，望作者之堂奥，期以方寸

[1] 雍文华校辑：《罗隐集》附录，第358—378页。

[2] 鲁迅：《鲁迅全集》卷四《南腔北调集》，人民文学出版社2005年版。

[3] 雍文华校辑：《罗隐集》，第209页。

广圣人之道，可则垂于后代，不可则庶几致身于无愧之地，宁复虞时人之罪仆者欤？”又说：“其进于秉笔立言，扶植教化，当使前无所避，后无所逊，岂以吾道沉浮于流俗者乎？仲尼之于《春秋》，惧之者，乱臣贼子耳，未闻不乱不贼者疑仲尼于笔削之间。”[1]《谗书》之中此类作品甚多。罗隐的小品文往往就这样采用寓言的形式以讽喻现实，其间也有短小精悍、一针见血的议论之作，较之皮日休、陆龟蒙的小品文更富于艺术性。[2]可见，罗隐写诗作文的目的十分明确，是要“警当世而诫将来”的，用我们现在的话来说，是要为现实服务，而且，他的态度也十分坚定，“前无所避，后无所逊”。罗隐的所有文学作品，无论是诗歌，还是散文，实即是他这种文学思想的体现。

（三）罗隐的道教思想

罗隐奉道，受闾丘方远影响很深。[3]罗隐的道教思想主要体现在他的《两同书》中。《两同书》共分贵贱、强弱、损益、敬慢、厚薄、理乱、得失、真伪、同异、爱憎十篇，其中的思想内容大致可概括如下：第一，道德决定贵贱的社会思想。罗隐认为万事万物都有贵有贱，这是自然界的一般规律。人也不能例外，有贵贱之分，但一个人是贵是贱，不能以他所处的位置来决定，人之所以贵，人之所以贱，完全是由他的道德来决定的。罗隐出身于一个小官僚家庭，他在贵贱问题上持这种思想，从小的方面说，是他个人人生经历的写照，他出身低贱，仕途失意，对唐末宫廷的腐朽、官场的黑暗有切身体验；从大的方面说，他这种思想实际上也反映了唐宋之际士族没落、庶族上升、新兴的士大夫阶层逐渐形成的历史现实。第二是无为而治、驭臣有术的政治主张。罗隐认为一个人也好，一个国家也好，是强是弱，同样是由道德来决定的。而且，强弱之势也不是一成不变的，在一定的条件下，可以互相转化，强者可以化而为弱，弱者也可化而为强。这种转化的关键即在一个“德”字。联系到国家的治理上，罗隐得出结论，就是要以柔克刚，无为而治。罗隐还认为君主既离不开臣下，又担心臣

[1] 雍文华校辑：《罗隐集》，第231页。

[2] 张炯、邓绍基、樊骏主编：《中华文学通史》，第2卷，第238—239页；章培恒、骆玉明主编：《中国文学史》，中册，复旦大学出版社1996年版，第257—258页。

[3] 据《吴越备史》卷一《武肃王》天祐三年二月丁酉《闾丘方远附传》，罗隐与闾丘方远有师徒之谊。

下危害自己的统治，最理想的做法即是选任忠心耿耿的贤人。但忠奸贤愚，却是很难判断的。君主应用一套“术”来驾驭臣下，要建立君主与臣下的权力平衡，既不能大权独揽，这样臣下会无法治理国家，也不能把权力完全交给臣下，臣下权力过大也会危及君主自身的统治。君主还应在任用中考察臣下的德才品性，赏罚分明，不以个人的爱憎为转移。罗隐的社会政治思想半儒半道，他希望用道家的某些手段达到儒家所追求的盛世境界。

（四）罗隐的政治思想

罗隐憎恶君主专制制度之下的封建统治者昏庸腐败及对劳动人民的疯狂掠夺，遂以儒家民本思想为武器，大胆反对专制。他在《谗书·丹商非不肖》中提出尧废丹朱、舜废商均并非丹朱、商均不肖，“盖唐、虞欲推大器于公共，故先以不肖之名废之，然后俾家不自我而家，而子不自我而子”。亦即天下应是天下人之天下，不应是帝王一家之天下。在《谗书·莫雄之言》中，罗隐借用刘邦“居宜如是（秦宫）”和项羽“可取而代（秦始皇）”的所谓“英雄之言”，指出为一己之利夺取天下之帝王实与强盗劫掠财物无异。在《谗书·汉武山呼》中通过汉武帝居功骄纵、迷信神仙而造成不幸的历史教训，说明“前后左右之谀佞者，人坏之也；穷游极观者，事坏之也；发于感寤者，物坏之也。是三者，有一于是，则为国之大蠹”[1]。罗隐反对专制的言论，可称得上为明清思想家反对专制思想之先声。

《两同书》共分《贵贱》《强弱》《损益》《敬慢》《厚薄》《理乱》《得失》《真伪》《同异》《爱憎》等10篇，是一部从哲学角度表达政治理想的理论著作。所谓“两同”，亦即矛盾的对立统一。罗隐一方面将前5篇归本于老子，后5篇中有4篇归本于孔子，认为老子和孔子表面上有内外之别，实质上却有内在联系，前者是后者的基础，后者是前者的目的，老子学说与孔子学说既对立又统一，所以称为“两同”。另一方面，《两同书》每一篇都从对立的两个方面论述对立双方无不既有区别又有内在联系的关系，认为关键在于能否符合一个“仁”字。以“仁”修身，则贵、强、益、敬、厚，不然则贱、弱、损、慢、薄；以“仁”治国，则理、得、真、同、爱，不然则乱、失、伪、异、憎。罗隐就这样以“仁”

［1］ 以上参见《罗隐集校注》，浙江古籍出版社1995年版，第409、410、445页。

为出发点，将老子与孔子的某些观点“同”合，将老子的某些理论纳入儒学的轨道，借以宣传儒家政治理论，最终达到以儒家爱民、仁政治国的目的。[1]罗隐不但是晚唐五代儒学史上的一位重要人物，在中国古代辩证思想发展史上也是一位值得重视的人物。

四、吴越国崇佛与佛塔建设

王禹偁在《新修太和宫记》中说到钱氏的文化政策，曾有一句话：“五世其昌，三教具举。”事实上，儒、佛、道三教在吴越国的地位并不一致，道教的势力就远远没有佛教那样强大。有关吴越国崇佛的记载在文献中比比皆是，如《云间志》卷中《寺观》即说吴越“崇经象，传幢刹”。又《吴郡图经续记》卷中《寺院》也说“钱氏帅吴，崇向尤至”。

吴越国时期建造的一些佛教寺塔今尚存世，如梵天寺、白塔、六和塔、雷峰塔等，有些虽经后世改建，却仍活生生反映出吴越国当年佛教繁荣的景象。

（一）寺观

1.梵天寺

梵天寺建于后唐天祐元年（904），由吴越王钱镠建，名顺天院。据北宋范坰、林禹《吴越备史》卷一载：五代梁贞明二年（916）十二月，钱镠命恩州防御使钱铧，率官吏僧众，诣明州鄮县（今宁波鄞州）阿育王寺迎释迦佛骨舍利塔，归于城府。次年，在顺天院建八面九级的城南塔，奉藏释迦舍利。寺院也因塔名而改称为南塔寺。后周显德五年（958），杭城火灾频繁，殃及南塔，南塔被焚毁，所幸释迦舍利塔被一僧人抢出，后供奉于龙华寺。宋乾德三年（965）六月，吴越王钱俶重建南塔寺，并在殿宇前建刻有《陀罗尼经》石经幢一对。重建后的寺院规模宏大，有“月廊数百间”，寺内供奉武肃、文穆、忠献三王铜像，遍植白杨梅、卢橘等，成为当时名镇一时的寺院。同时，在寺内珍藏的5480卷《大藏经》制作精良，“碧纸银书，至佛号则用金书，牙签玉轴制作，甚是庄严”。

---

[1] 参见潘慧惠：《罗隐集校注前言》，第1—13页；许凌云：《中国儒学史·隋唐卷》，广东教育出版社1986年版，第283—289页。

2.圣果寺

圣果寺又名胜果寺，位于将台山与凤凰山之间苕帚湾西面。创建于唐乾宁年间（894—898），由文喜禅师初创，吴越国王钱镠在石壁上镌刻“西方三圣”及十六罗汉。北宋初，改名为胜果寺。圣果寺遗址有三佛石，“三佛”即西方三圣，分别为弥陀、观音、大势至，都以全跏趺式端坐于莲座上，高约 10 米，是杭州现存最大的佛像。

3.法雨寺

法雨寺位于理安山南、九溪十八涧山间，吴越国国王钱俶建造，伏虎禅师曾栖息于此。南宋时改名为理安寺。明吴之鲸《武林梵志》卷三《城外南山分脉》称其“南通徐村，北达龙井，七峰环绕，双涧合流，境地幽胜，视两峰、三竺，又一奇矣”。

4.云栖寺

云栖寺，位于梅家坞五云山西南的云栖坞内。始建于吴越国时，钱俶迎五云山静虑庵名僧志逢（即大扇和尚）主持。

5.天龙寺

天龙寺位于慈云岭西南，龙山之南，近八卦田。始建于唐代，时有天龙和尚在慈云岭之南龙山开山建寺，名天龙寺。宋乾德三年（965），吴越国王钱俶在此拓新寺宇，称天华寺，并延请镜清禅师住持。同时钱俶在寺后山岩造像，共有三龛：最南一龛为圆雕无量佛（即阿弥陀佛）造像，龛高 2.11 米，宽 1.73 米，作全跏趺坐式，闭目禅定，身后和头顶均有圈光，上饰火焰纹。由此向西数十步，另有一龛造像，龛高 2.71 米，宽 6.2 米，中间是弥勒，高 1.76 米，额部已残，端坐须弥座上，背后有火焰纹及头光和身光，两侧有无著和世亲造像，再两侧左为法花林菩萨，右为大妙相菩萨，又再两侧为力士像。无著和世亲均为古印度大乘佛教瑜伽宗主要创建者。世亲为弟，初习小乘，后随兄改习大乘成为“唯识学”重要理论家，故这一龛佛像为瑜伽行派造像。再一龛为观音像，高 0.6 米，头戴花冠，面目清秀，身披薄纱，颈挂璎珞，丰满多姿。

6.真际寺

真际寺位于五云山顶。后周显德三年（956）伏虎禅师结茅开山，静修说法。

相传那时五云山一带常有老虎出没，他经常携带一把大蒲扇，到山下人家化缘，所得钱财尽数用来买肉饲虎，并以自己的精诚感化猛虎。日久天长，猛虎终于被驯服，与其成为朋友，经常驮着他往返山中，“伏虎禅师”之名由此而得。乾德四年（966），五代吴越国大将凌超创华严道场，名静虑庵，又名定慧庵，奉为志逢终老之所。大中祥符元年（1008）改额“真际院”。

7.玉皇山福星观

玉皇山福星观位于玉皇山山顶。始建于唐玄宗年间（712—756）。此后，代都有名道来此修炼或取经。据清卓炳森《杭州玉皇山志》载，相传五代名道刘海蟾曾到此面壁9年，并留偈四句：“参出真空不夜天，嚷是我来我是嚷。无为一体主人公，玄妙消息永无穷。”

（二）塔幢

清朱彝尊有云：“寺塔之建，吴越武肃王倍于九国。”[1]

1.六和塔

六和塔，位于钱塘江北岸的月轮山南麓。“和”为“合”的转音，因此又称“六合塔”。“六和”取自佛教“六和敬”之义，即“身和同住、口和无争、意和同悦、戒和同修、见和同解、利和同均”。《晋书·五行志》又说：“气相伤谓之沴。六气和，则沴疾不生。”其意是寓修德祈年之意。开宝三年（970），吴越王钱俶舍杭州月轮山上南果园，命智觉禅师延寿和通慧禅师赞宁创建六和塔，以镇伏江潮。塔高九级，五十余丈。塔顶置明灯，为江面夜行船舶指明方向，起灯塔作用，这实际上是钱塘江上的导航设施。六和塔后于北宋宣和年间被焚毁。南宋绍兴二十二年（1152）重修，乾道元年（1165）完工。现存六和塔即是南宋重建的遗物，其中塔刹在明代曾经重新安装过，顶层也是明代重修的，外观十三层木檐则是清光绪二十六年（1900）重建的。该塔面对钱塘江，形象雄伟，新中国成立后重修一新。[2]至今，六和塔仍屹立钱塘江边，见证着钱塘江文化当年曾经的繁荣。

---

[1]〔清〕朱彝尊：《曝书亭集》卷四六《书钱武肃王造金涂塔事》，文渊阁《四库全书》本。

[2] 王士伦：《杭州六和塔》，《文物》1981年第4期。姚毓璆、郑祺生：《留住西湖水，亭榭缀群山——西湖和园林》，《吴越首府杭州》，浙江人民出版社1988年版。

六和塔

2.白塔

白塔耸立在杭州闸口钱塘江岸白塔岭上，建于吴越国末期。系采用白石建造，作仿木构楼阁式雕刻。外观八面九层，逐层收分，出檐深远，起翘舒缓，轮廓挺拔秀丽。最下面为基座，雕刻山峰、海浪，象征“九山八海”。其上立须弥座。束腰上刻佛经。再上分为九层，每层由塔身、塔檐和平座三部分组成。塔身每面转角处皆有倚柱，收分明显，柱头卷杀。中间又有两根槏柱，将每面分成三间，其中四个壁面的明间刻有壸门，并雕出实榻大门，门上雕有门钉，上部为直棂窗。倚柱之间，架以阑额，上刻“七朱八白”。塔身上浮雕佛像及经变故事。檐下斗拱为五铺作，单杪单下昂，隔跳偷心造。塔檐雕出椽子、

闸口白塔（老照片）

飞子、筒瓦板垅，檐口刻出勾头和滴水。翼角雕出老角梁、仔角梁和脊饰。平座即廊子下斗拱为四铺作，单杪计心造，平座前沿有柱洞。[1]

3.梵天寺经幢

梵天寺经幢位于杭州凤凰山东麓，系北宋乾德三年（965）吴越国王钱俶所建。是浙江省现存经幢中最高的两座，与全国最高的赵县经幢亦相差无几。经幢为一对，相距10余米，幢高15.76米，幢身八面，各部比例和谐，极富整体美感。经幢通体用太湖石凿就，雕刻精美，左右幢形制相同。经幢自下而上分别叠砌须弥座、幢身、腰檐、山花蕉叶、宝珠、仰莲、短柱等构件。基座由台基和须弥座相叠而成，台基浮雕“九山八海”，束腰处浮雕四条体态矫健、姿态略异的蟠龙。中层束腰处八面刻16个小佛龛，每龛内浮雕一尊戴宝冠的菩萨像，无胁侍，坐姿以结跏趺坐和半跏趺坐为主，印相不一。上层束腰处八面刻8个佛龛，龛内雕一佛、二弟子、二菩萨，佛均结跏趺坐于莲座上，前有供案，弟子及胁侍菩萨也立于仰莲上。须弥座上为八棱柱体的幢身，上刻行书体佛经，南幢为《大佛顶陀罗尼经》，北幢为《大随求即得大自在陀罗尼经》，字迹清晰隽秀。两幢均刻建幢记，也为行书体，文末署：“乾德三年乙丑岁六月庚子朔十五日甲寅日六，天下大元帅吴越国王钱俶建。”幢身上为仿木结构腰檐，施斗拱，每面刻一朵补间铺作，为六铺作双杪双下昂偷心造；转角为七

梵天寺经幢

[1] 浙江省文物局编：《文物考古资料》第1册，第89页。

铺作双杪双下昂偷心造。幢身之上叠有华盖、腰檐、山花蕉叶、宝珠、仰莲、方柱、覆莲等构件。檐外又刻出飞椽，檐口凿出瓦当、滴水，顶部刻瓦垄、檐、脊、戗兽等。幢腰檐以上依次叠砌几重山花蕉叶、宝珠、仰莲及短柱等。短柱四面均刻壶门状佛龛，龛内主尊多为结跏趺坐佛像和菩萨像，形象生动，线条流畅，保存较好。靠近幢顶部华盖下雕刻四只伽陵傧伽，均为人首鸟身，作舒肢展翅飞翔状，造型活泼生动。其上端饰如意云纹，幢顶为日月宝珠收刹。1961 年 4 月，梵天寺经幢被公布为浙江省省级文物保护单位。1981 年 5 月 13 日，被重新公布为省级文物保护单位。2001 年 6 月，被国务院公布为全国重点文物保护单位。

（三）造像

1.慈云岭造像

慈云岭造像位于玉皇山慈云岭南坡，即凤凰山右翼的将台山和玉皇山之间。后晋天福七年（942），吴越国王钱弘佐在慈云岭南建资延寺，并在石壁上凿龛造像，即慈云岭造像。造像整体采用圆雕的技法。主龛高 5.8 米，宽 10 米，顶部呈弧拱状，中塑“弥陀三尊”。本尊阿弥陀佛居中，左侧为观世音菩萨像，

慈云岭七佛造像（民国旧影）

右侧为大势至菩萨像。三佛像都作全跏趺坐式坐于莲花座上，莲座花瓣饱满，被须弥座托起；背光均作宝珠形，中间浮雕缠枝宝相花，边缘饰火焰纹。“弥陀三尊”的两侧还有菩萨和金刚力士。龛内上部左右浮雕向中间飞舞的飞天和迦陵频伽。龛楣上还刻有七尊佛像，细腻精致。龛楣两端，左边浮雕文殊菩萨骑狮，旁有拂菻，右边浮雕普贤菩萨骑象，旁有獠蛮。

在主龛的北侧，另有一地藏龛。龛高 3.90 米，宽 2.38 米，顶部也呈弧拱状。中间是地藏王像。地藏王像的两旁，立着供养人，男相，一为长者，另一人较年轻，均束发，左侧一人双手执物，右侧一人拱手至胸前。地藏龛的左上角，引出一道云气，渐高渐大，绕回龛楣，云际间浮雕出“六道轮回”，即：天道、人道、阿修罗道、地狱道、饿鬼道、畜生道。在主龛左侧有一摩崖石刻题记，题额为篆书：“新建镇国资延遐龄石像之记。”其下有宋绍圣元年（1094）惟性和尚凿平原文而改刻的正书“佛牙赞”。

1961 年，慈云岭造像作为五代吴越国造像中的精品，被浙江省人民政府公布为省级文物保护单位；2006 年 5 月，与天龙寺造像、烟霞洞造像合称为“西湖南山造像”，被国务院公布为全国重点文物保护单位，并入第二批全国重点文物保护单位飞来峰造像。

2.天龙寺造像

天龙寺造像位于慈云岭西南侧天龙寺后的崖壁上，坐北面南，背靠玉皇山。为宋乾德三年（965），吴越国王钱俶建天龙寺时所雕凿。造像存有东、中、西三龛，大小佛像共 11 尊（包括中龛两尊飞天）。中为主龛，以弥勒佛为主体造像，两侧分别为无著和世亲、法花林菩萨和大妙相菩萨、金刚力士像；东、西两龛分别是单尊水月观音像和阿弥陀佛像。中龛造像坐北朝南，位于三组造像最高处，中龛前台阶右侧为西龛单尊阿弥陀佛像，两龛相距 7.7 米，三组造像分布不规则，都根据地形因地制宜雕刻在岩壁上。三龛造像都依山建有保护亭，中龛以南台阶下平地建有管理房 2 间，用于日常管理维护，四周筑围墙，其中中龛、西龛处于保护围墙内。2006 年 5 月，天龙寺造像被国务院公布为全国重点文物保护单位。

（四）高僧

五代吴越国的高僧，以贯休、赞宁、延寿为代表。

贯休（832—912，一作913年卒），字德隐，俗姓姜氏，婺州兰溪人。7岁出家。曾在杭州灵隐寺居住，后于富春申屠山大雄寺之南结茅，再后西行至蜀，卒葬成都北门外。贯休擅长诗歌和佛像绘画，他写过多首有关钱塘江的诗歌。如《秋过钱塘江》：“巨浸东隅极，山吞大野平。因知吴相恨，不尽海涛声。黑气腾蛟窟，秋云入战城。游人千万里，过此白髭生。”[1]而在《怀钱唐罗隐、章鲁封》一诗中则称“风涩潮声恶”[2]，似对钱塘江潮嫌恶多于喜爱。他曾献给吴越国开国国君钱镠《献钱尚父》：“贵逼人来不自由，龙骧凤翥势难收。满堂花醉三千客，一剑霜寒十四州。鼓角揭天嘉气冷，风涛动地海山秋。东南永作金天柱，谁羡当时万户侯？”[3]这首诗中的“鼓角揭天嘉气冷，风涛动地海山秋”句道出了钱塘潮的排山倒海之势。传说钱镠却仍意有不足，希望他能将“十四州”改成“四十州”。贯休回答说：“州亦难添，诗亦难改。余孤云野鹤，何天不可飞耶？”即日便“一瓶一钵垂垂老，千水千山特特

贯休《十六罗汉图》之第三尊者：迦诺迦跋厘惰阇

贯休《十六罗汉图》之第一尊者：宾度罗跋啰惰阇

贯休《十六罗汉图》迦诺迦伐蹉

贯休《十六罗汉图》阿氏多

[1]〔唐〕彭定求等：《全唐诗》卷八二九，第9343页；〔唐〕释贯休：《禅月集》卷七，文渊阁《四库全书》本。

[2]〔清〕彭定求等：《全唐诗》卷八三〇，第9354页。

[3]〔清〕彭定求等：《全唐诗》卷八三七，第9436页。

来”[1]，离杭去往蜀地，只留下他所画的《十六罗汉像》在灵隐。所作罗汉具庞眉大目、朵颐隆鼻，富有艺术夸张意趣。据《宋高僧传》卷三〇记载，贯休“长于水墨，形似之状可观”，其在杭时曾受众安桥强氏药店之请，“出罗汉一堂”，并自称“每画一尊，必祈梦得应真貌，方成之”[2]。贯休最著名作品为“十六罗汉”，但是真迹传世极少。传世的十六罗汉有绢本、纸本、石刻本，据说多为宋代摹本，还有不少为后人伪托。

五、吴越国的天文学成就

吴越国的天文学成就在当时的天文星图中有充分反映。

吴越国的天文星图，迄今已相继在钱宽墓、水邱氏墓、钱元瓘墓、吴汉月墓中发现了4幅。钱宽墓天文星图绘制于895—900年之间，水邱氏墓天文星图绘制于901年，代表了唐朝末年或者说吴越国前期的天文学及天文星图的绘制水平。[3]因前两座墓在临安，此不赘述，而后两座墓则在杭州钱塘江边。

钱元瓘为钱镠第七子，吴越国第二任国王。卒于后晋天福六年（941）八月二十四日。天福七年二月十九日下葬于杭州龙山之南原（今杭州玉皇山南麓）。其墓于1965年发掘。后室顶盖有阴刻天文星图。天文星图外围圆圈直径1.895米，内规圆圈直径0.495米。全图以北极为中心，用阴线刻出紫微垣及二十八宿，应有星数218颗，缺星35颗，现存183颗星星。[4]

吴汉月（912—952）为吴越国王钱元瓘次妃，钱弘俶生母，钱塘（今浙江杭州）人。卒于后周广顺二年（952）六月十一日，八月下葬于钱塘慈云岭之西

[1]〔清〕吴任臣：《十国春秋》卷四七《贯休传》，第2册，第670页。《唐诗纪事》卷七五所载的文字与此多有差异：“贵逼身来不自由，几年勤苦蹈林丘。满堂花醉三千客，一剑霜寒十四州。莱子衣裳宫锦窄，谢公篇咏绮霞羞。他年名上凌烟阁，岂羡当时万户侯？”

[2]〔宋〕释赞宁：《宋高僧传》卷三〇《梁成都府禅院贯休诗》，下册，第750页。

[3] 参见李之川：《陵园长在，芳草萋萋——临安的吴越国文物遗迹》，周峰主编：《吴越首府杭州（修订版）》，浙江人民出版社1997年版，第174—175页。明堂山考古队：《临安县唐水邱氏墓发掘报告》，载《浙江省文物考古所学刊》，文物出版社1981年版，第94—104页。

[4] 浙江省文物局编：《文物考古资料》第2册，1984年印，第93页；浙江省文物局编：《文物考古资料》第3册，1984年印，第40页。

原(今杭州玉皇山麓慈云岭西、施家山南坡)。其墓于1958年12月发掘。该墓系土坑石椁墓，前有墓道，后为墓室。墓室呈长方形，分前后二室，长7.6米，宽2.87米，高3.1米。前室长2.6米，后室长5.0米。设门两道，左右两侧分立方形石柱一根，其上架石门楣。除前后两室的门框用整块青石凿成外，其余全用红砂石板砌成，交接处用榫卯衔接。墓前室两扇门扉上，雕有对称的两个侍女像，头挽双髻，髻顶及前发上各饰两朵精美的簪花；身穿广袖长衣，领襟对斜，腰带舒展，垂于身旁，下着褶裙，覆于足面，长裙拖地，露出端方鞋。脸型丰润，眉目传神，体态高雅。双手合持幡杆拢于胸前，迎风扬幡，极富动感，其雕刻的精美程度，代表了五代吴越国的文化发展水平。墓后室为主人的棺室，四壁上端刻宝相花，由大小相间的两方宝相花组成一长列花带，上面着有颜色，极具装饰性。四壁中部为四神浮雕：东壁浮雕苍龙，龙头昂起，张牙舞爪、龙身细长，刻出鳞甲，龙须向后飘拂，作腾空飞奔状。西壁浮雕白虎，除头部作虎形外，其他形态与苍龙基本相同。北壁正中的壶门式壁龛内浮雕玄武，龟的头部向下、尾巴上翘、四爪伸展；蛇身绕龟体前半部两圈半，蛇头盘曲向下。南壁应有朱雀的浮雕，早已被毁。四壁下部雕十二星官神像，分别立于壶门式壁龛内，一龛一像，每壁各刻三龛，自北壁正中“子”开始，顺时针方向排列。其中刻于二门门扉上的三龛已不存在，北壁正中一龛也被毁坏，其余八龛保存基本完好。神像均为道童立像。道童结发，

浙江杭州五代吴越国吴汉月墓墓门浮雕倚门侍女(选自宿白主编《中华人民共和国重大考古发现》)

浙江杭州五代吴越国吴汉月墓墓室浮雕青龙(选自宿白主编《中华人民共和国重大考古发现》)

头戴方冠。冠极小，仅能罩住头顶部的发髻，旁有簪孔，两侧垂带，系于颔下，身穿方领对襟广袖长衫，下着曳地长裙。脚踏方端鞋，鞋前端露于裙外。两壁自然下垂，双手拱于胸前，手中各捧一个生肖像。墓后室顶板阴面正中位置原也刻有天文图，天文星图外围圆圈直径 1.8 米，内规圆圈直径 0.426 米，刻有北斗星座及二十八宿，应有星数 189 颗，缺 11 颗，现存星数为 178 颗。与吴越国文穆王墓中出土的天文图极为相似，现收藏于杭州碑林。[1]

钱元瓘墓天文星图与吴汉月墓天文星图由于已经残破，因而无法进行具体星数完整程度的比较。但就星座而言，钱元瓘墓比水邱氏墓图增画了正座 3 座和附座 5 座；吴汉月墓图也增画了正座和附座各 1 座。从天文星图的质量来看，钱元瓘墓图质量更高。这两座墓的天文星图，充分反映了吴越国中后期的天文学及天文星图制作水平。

我国古代对天文学历来非常重视，而且取得了很大的成就。隋唐时期，无论是天文仪器的制作，还是对于天体日、月、星辰的观察，都有了进一步的发展。尤其是僧一行（683—727）对天文学的研究，突破了前人的成果，取得了重大的成就。随着天文学知识的发展和流传，还出现了观天认星的天文学普及读本《步天歌》（唐代王希明著。一说隋代丹元子著），以七字一句的诗歌形式，专门介绍三国时期吴太史令陈卓星图中 283 个星官，1464 个星辰，将整个天空分成 31 个天区，每个天区绘制了星图，图与诗歌互相配合，用以介绍天文科学知识。在敦煌发现的绢质星图，画有 1350 多颗星星。敦煌星图大约绘制于 8 世纪初，是现存世界上最早的星图（该图 1907 年被英国人斯坦因带走，现存英国大英博物馆），而且此图可能是更早的星图的抄本。[2]唐末五代时期，江南浙江一带出于适应日益发展的农业生产以及航海贸易需要等原因，对于天文学自然更为重视。天文星图作为丧葬礼仪和习俗而被应用，以致屡屡在吴越国墓葬中被发现，充分说明了人们对天文学的重视。已被发现的上述 4 幅天文星图，在我国已发现的古代石刻天文图中，不但时间最早，准确度也最高，就此而言，不能不说是吴越国在天文学上的杰出成就。

---

[1] 浙江省文物局编:《文物考古资料》第 3 册，第 33 页；浙江省文物局编:《文物考古资料》第 1 册，第 73—74 页。

[2] 杜石然等:《中国科学技术史稿》，科学出版社 1982 年版，上册，第 334 页。